T0278899

LAS LEYES DEL ÉXITO

EN DIECISÉIS LECCIONES

EDICIONES OBELISCO

Si este libro le ha interesado y desea que le mantengamos informado de nuestras publicaciones,
escríbanos indicándonos qué temas son de su interés (Astrología, Autoayuda, Ciencias Ocultas,
Artes Marciales, Naturismo, Espiritualidad, Tradición) y gustosamente le complaceremos.

Puede consultar nuestro catálogo en www.edicionesobelisco.com.

Colección Éxito
LAS LEYES DEL ÉXITO
Napoleon Hill

1.ª edición en versión bolsillo: julio de 2024

Título original:
The Law of Success in Sixteen Lessons

Traducción: *Verónica d'Ornellas*
Maquetación: *Marta Rovira Pons*
Diseño de cubierta: *Mònica Gil Rosón*
Corrección: *Aurèlia Vigil*

© 2001, Wilshire Book Company
© 2024, Ediciones Obelisco, S. L.
(Reservados los derechos para la presente edición)
Publicado por acuerdo con Wilshire Book Company,
Los Angeles, California, USA
www.mpowers.com

Edita: Ediciones Obelisco, S. L.
Collita, 23-25. Pol. Ind. Molí de la Bastida
08191 Rubí - Barcelona - España
Tel. 93 309 85 25
E-mail: info@edicionesobelisco.com

ISBN: 978-84-1172-183-7
DL B 21.151-2012

Impreso por CPI Black Print - Barcelona

Printed in Spain

NOTA DE LA PRESENTE EDICIÓN

Napoleon Hill escribió este libro en la década de 1920. Aunque algunos ejemplos puedan parecer anticuados y los sueldos y los precios de las cosas hayan variado mucho desde entonces, los mantenemos en la forma original en que el autor los escribió, sin adaptarlos a la época en que vivimos, por el valor intrínseco de la información y por ser totalmente comprensible su sentido e intención.

Dedicado a

ANDREW CARNEGIE,
quien me sugirió que escribiera el curso;

a HENRY FORD,
cuyos asombrosos éxitos constituyen los cimientos de prácticamente la totalidad de las dieciséis lecciones del curso,

y a EDWIN C. BARNES,
un socio de Thomas A. Edison en los negocios cuya estrecha amistad personal a lo largo de más de quince años ayudó al autor a «seguir adelante» a pesar de la gran variedad de adversidades y derrotas temporales que salieron a su encuentro mientras organizaba el curso.

¿Quién dijo que no podía hacerse? ¿Y qué grandes victorias se le reconocen a esa persona, que la capaciten para juzgar a otras correctamente?

Napoleon Hill

Una declaración personal del autor

A principios del siglo XX, un joven clérigo con el nombre de Gunsaulus anunció en los periódicos de Chicago que el domingo siguiente por la mañana daría un sermón titulado:

«Lo que haría si tuviera un millón de dólares!»

El anuncio llamó la atención de Philip D. Armour, el acaudalado rey de las conservas cárnicas, el cual decidió acudir a escuchar el sermón.

En su prédica, el doctor Gunsaulus imaginó un gran instituto de tecnología en el que se podría enseñar a jóvenes de ambos sexos a tener éxito en la vida desarrollando la capacidad de PENSAR en términos prácticos, más que teóricos, y donde se les enseñaría a «aprender haciendo». «Si yo tuviera un millón de dólares, dijo el joven predicador, pondría en marcha una academia así».

Cuando el sermón hubo finalizado, el señor Armour caminó por la nave lateral hasta el púlpito, se presentó y dijo: «Joven, creo que usted podría hacer todo lo que dijo que haría, y si se acerca a mi oficina mañana por la mañana le daré el millón de dólares que necesita». Siempre hay un capital abundante para quienes crean planes prácticos para utilizarlo.

Ése fue el principio del Armour Institute of Technology, una de las academias verdaderamente prácticas del país. Esta academia nació en la «imaginación» de un joven del que nunca habrían oído hablar fuera de la comunidad en la que predicaba, de no haber sido por su «imaginación», sumada al capital de Philip D. Armour.

Todos los grandes ferrocarriles, todas las instituciones financieras destacables, todas las iniciativas comerciales colosales y todos los grandes inventos tuvieron su inicio en la imaginación de alguna persona.

F. W. Woolworth creó el plan de la tienda de cinco y diez centavos en su «imaginación» antes de que éste se hiciera realidad, el cual lo convirtió en multimillonario.

Thomas A. Edison creó la máquina sonora, la máquina de imágenes en movimiento, la bombilla incandescente y otros numerosos inventos, en su propia «imaginación» antes de que éstos se convirtieran en una realidad.

Durante el incendio de Chicago (1871), muchos comerciantes cuyas tiendas se convirtieron en humo permanecieron junto a los rescoldos ardientes del lugar donde habían estado sus comercios, llorando su pérdida. Varios de ellos decidieron marcharse a otras ciudades y empezar de nuevo. En ese grupo se encontraba Marshall Field, que vio, en su propia «imaginación», la tienda más grande del mundo de venta al por menor ocupando el mismísimo lugar que había ocupado su tienda anterior, que en esos momentos era una masa ruinosa de rescoldos humeantes. Y esto se convirtió en una realidad.

Afortunado es el joven, o la joven, que aprende pronto en la vida a utilizar su imaginación, y más aún en esta era de grandes oportunidades.

La imaginación es una facultad de la mente que puede ser cultivada, desarrollada, extendida y ampliada mediante su uso. Si esto no fuera cierto, este curso de las QUINCE LEYES DEL ÉXITO nunca habría sido creado, puesto que fue concebido por primera vez en la «imaginación» del autor, a partir de la mera semilla de una idea que fue sembrada por un comentario casual de Andrew Carnegie.

Dondequiera que te encuentres, quienquiera que seas, cualquiera que sea tu ocupación actual, puedes convertirte en alguien más eficaz y, por ende, más productivo, mediante el desarrollo y el uso de tu «imaginación».

El éxito en este mundo es siempre una cuestión de esfuerzo individual, pero si crees que puedes tener éxito sin la cooperación de otras personas, te estás engañando. El éxito es una cuestión de esfuerzo individual sólo en la medida en que cada persona debe decidir, en su propia mente, lo que quiere; esto requiere del uso de la «imaginación». A partir de ese momento, conseguir el éxito dependerá de convencer a otras personas, con habilidad y con tacto, para que cooperen.

Para poder asegurarte la cooperación de otras personas; mejor dicho, para tener el derecho a pedir o esperar su cooperación, primero debes mostrarte dispuesto a cooperar con ellas. Por esta razón, deberías prestar una atención seria y meditada a la octava lección de este curso, el HÁBITO DE HACER MÁS QUE AQUELLO PARA LO QUE TE PAGAN. La ley en la que se basa dicha lección, por sí misma, prácticamente garantizaría el éxito a todo aquel que la aplique en cualquier cosa que haga.

En las páginas que siguen a esta introducción observarás una TABLA DE ANÁLISIS PERSONAL (págs. 86-87) en la que diez hombres han sido analizados para que los estudies y compares entre sí. Observa esta tabla detenidamente y fíjate en los «puntos de peligro» que significan el fracaso para aquellos que no tengan en cuenta estas señales. Ocho de los diez hombres analizados son conocidos por su éxito, mientras que dos de ellos podrían considerarse unos fracasados. Estudia detenidamente las razones por las que estos últimos fracasaron.

Luego, estúdiate a ti mismo. En las dos columnas que se han dejado en blanco para este propósito, al iniciar el curso haz una valoración de ti con respecto a las QUINCE LEYES DEL ÉXITO, y al final del curso repítela y observa tus progresos.

El propósito del curso de las LEYES DEL ÉXITO es permitirte averiguar cómo puedes ser más eficaz en el área laboral que has elegido. Con este fin, serás analizado y todas tus cualidades serán clasificadas para que puedas organizarlas y sacar el máximo provecho de ellas.

Es posible que no te guste el trabajo que tienes actualmente. Son dos las maneras de salir de él. Una es poner muy poco interés en lo que estás haciendo, con la intención de hacer justo lo suficiente para «ir tirando». Encontrarás una salida muy pronto, porque tus servicios ya no serán necesarios.

La otra manera, que es mejor, es convertirte en alguien tan productivo y eficaz en lo que estás haciendo actualmente que atraerás la atención favorable de quienes tienen el poder de ascenderte a un empleo de mayor responsabilidad y que sea más de tu agrado.

Tienes el privilegio de elegir qué camino tomarás.

Además, te recuerdo la importancia de la novena lección de este curso, con cuya ayuda podrías valerte de esta «mejor forma» de promoción.

Miles de personas caminaron sobre la gran mina de cobre de Calumet (Michigan) sin descubrirla. Únicamente un hombre solitario usó su «imaginación», cavó unos centímetros, investigó y descubrió uno de los depósitos de cobre más ricos del mundo.

Tú y todas las demás personas camináis, en un momento u otro, sobre vuestra «mina de Calumet». Descubrirla es cuestión de investigación y de usar la «imaginación». Este curso sobre las QUINCE LEYES DEL ÉXITO podría conducirte hasta tu «Calumet», y te sorprenderás cuando descubras que estabas justo encima de esa rica mina en el trabajo al que te dedicas actualmente. En su conferencia *Acres of Diamonds*, Russell Conwell nos dice que no es necesario que busquemos la oportunidad en la distancia, ¡que podemos encontrarla ahí donde estamos! ¡ÉSTA ES UNA VERDAD DIGNA DE SER RECORDADA!

NAPOLEON HILL
Autor de *Las leyes del éxito*

Agradecimiento del autor
por la ayuda recibida
durante la redacción de este curso

Este curso es el resultado de un detenido análisis de la vida laboral de más de cien hombres y mujeres que han alcanzado un éxito insólito en sus respectivas profesiones.

Durante más de veinte años, el autor de este curso ha estado reuniendo, clasificando, probando y organizando las quince leyes en las que se basa el curso. Mientras realizaba esta tarea, recibió la valiosa ayuda, en persona o mediante el estudio de la obra de su vida, de los siguientes hombres:

Henry Ford	Edward Bok
Thomas A. Edison	Cyrus H. K. Curtis
Harvey S. Firestone	George W. Perkins
John D. Rockefeller	Henry L. Doherty
Charles M. Schwab	George S. Parker
Woodrow Wilson	doctor C. O. Henry
Darwin P. Kingsley	General Rufus A. Ayers

Wm. Wrigley, Jr.

A. D. Lasker

E. A. Filene

James J. Hill

Capitán George M. Alexander
  (de quien el autor fue asistente)

Hugh Chalmers

doctor E. W. Strickler

Edwin C. Barnes

Robert L. Taylor
  («*Fiddling Bob*»)

George Eastman

E. M. Statler

Andrew Carnegie

John Wanamaker

Marshall Field

Wm. H. French

Juez Elbert H. Gary

William Howard Taft

doctor Elmer Gates

John W. Davis

Samuel Insul

F. W. Woolworth

Juez Daniel T. Wright
  (profesor de leyes del autor)

Elbert Hubbard

Luther Burbank

O. H. Harriman

John Burroughs

E. H. Harriman

Charles P. Steinmetz

Frank Vanderlip

Theodore Roosevelt

doctor Alexander Graham Bell*

De todos los hombres citados, quizá debería reconocer que Henry Ford y Andrew Carnegie son los que más han contribuido a la elaboración de este curso, y el motivo es que fue Andrew Carnegie quien me sugirió por primera vez que lo escribiera, y fue el trabajo de toda la vida de Henry Ford el que me proporcionó gran parte del material a partir del cual se desarrolló el curso.

El autor quiere agradecer aquí a todas estas personas el servicio prestado, sin el cual este curso nunca habría podido escribirse.

El autor ha podido estudiar de cerca a la mayoría de estos hombres. Con muchos de ellos disfruta, o disfrutó antes de su muerte, del privilegio de mantener una amistad personal, lo cual le permitió extraer de su filosofía una información a la que no habría tenido acceso en otras condiciones.

---

* *A quien el autor atribuye el mérito por la mayor parte de la primera lección.*

El autor está agradecido por haber disfrutado del privilegio de contar con la ayuda de los hombres más poderosos de la Tierra para la elaboración de las LEYES DEL ÉXITO. Este privilegio ha sido suficiente recompensa por el trabajo realizado, en el caso de que no recibiera ninguna otra.

Estos hombres han sido la piedra angular, los cimientos y el armazón de los negocios, las finanzas, la industria y el arte de gobernar en Estados Unidos.

El curso de las LEYES DEL ÉXITO compendia la filosofía y las reglas de procedimiento que convirtieron a estos hombres en un gran poder en el ámbito en el que pusieron su esfuerzo. La intención del autor ha sido presentar el curso en los términos más llanos y sencillos disponibles para que pueda ser dominado por jóvenes adolescentes de ambos sexos. Con la excepción de la ley psicológica a la que se denomina la «mente maestra» en la primera lección, el autor no afirma haber creado nada básicamente nuevo en este curso. No obstante, lo que ha hecho es organizar viejas verdades y leyes conocidas DE UNA FORMA PRÁCTICA Y ÚTIL, para que puedan ser adecuadamente interpretadas y aplicadas por la persona corriente cuyas necesidades exigen una filosofía de la sencillez.

Al comentar los méritos de las LEYES DEL ÉXITO, el juez Elbert H. Gary dijo: «Hay dos características destacables relacionadas con su filosofía que son las que más me impresionan. Una es la sencillez con que ha sido presentada y la otra es el hecho de que su solidez es tan evidente para todos que será aceptada de inmediato».

Se advierte al estudiante de este curso que no debe juzgarlo antes de haber leído las dieciséis lecciones completas. Esto se aplica especialmente a esta introducción, en la cual ha sido necesario incluir una breve referencia a temas de una naturaleza más o menos técnica y científica. El motivo de esto se hará evidente cuando el estudiante haya acabado de leer el curso.

El o la estudiante que empiece este libro con una mente abierta y se encargue de que siga estándolo hasta que llegue a la última página, será abundantemente recompensado con una visión más amplia y más precisa de la vida en su totalidad.

Contenidos de esta lección introductoria

1. El PODER: qué es y cómo crearlo y utilizarlo.
2. COOPERACIÓN: la psicología del esfuerzo cooperativo y cómo utilizarlo de forma constructiva.
3. La «MENTE MAESTRA»: cómo se crea a través de la armonía de propósito y esfuerzo de dos o más personas.
4. HENRY FORD, THOMAS A. EDISON Y HARVEY S. FIRESTONE: el secreto de su poder y su riqueza.
5. Los «SEIS GRANDES»: cómo hicieron que la LEY DE LA «MENTE MAESTRA» les deparara unas ganancias de más de veinticinco millones de dólares anuales.
6. La IMAGINACIÓN: cómo estimularla para que cree planes prácticos e ideas nuevas.
7. La TELEPATÍA: cómo pasa el pensamiento de una mente a otra a través del éter. Cada cerebro dispone tanto de una estación de emisión como de una estación receptora para el pensamiento.
8. Cómo LOS VENDEDORES Y LOS COMERCIANTES «perciben» los pensamientos de la gente a la que se dirigen, o «sintonizan» con ellos.
9. La VIBRACIÓN, descrita por el doctor Alexander Graham Bell, inventor del teléfono de larga distancia.
10. El AIRE y el ÉTER: cómo transportan vibraciones.
11. CÓMO y POR QUÉ las ideas «llegan» a la mente desde fuentes desconocidas.
12. La HISTORIA de la filosofía de las LEYES DEL ÉXITO, que abarca un período de más de veinticinco años de investigación y experimentación científica.
13. El JUEZ ELBERT H. GARY LEE, aprueba y sigue el curso de las LEYES DEL ÉXITO.
14. Andrew Carnegie, responsable del inicio del curso de las LEYES DEL ÉXITO.
15. El ENTRENAMIENTO DE LAS LEYES DEL ÉXITO: ayuda a un grupo de vendedores a ganar un millón de dólares.
16. El llamado «ESPIRITUALISMO» explicado.

17. El ESFUERZO ORGANIZADO, la fuente de todo poder.
18. CÓMO ANALIZARTE a ti mismo/a.
19. CÓMO SE HIZO UNA PEQUEÑA FORTUNA con una granja vieja, pobre y sin valor (?).
20. HAY UNA MINA DE ORO en tu ocupación actual si sigues las indicaciones y la buscas.
21. HAY UN CAPITAL ABUNDANTE A TU DISPOSICIÓN para desarrollar cualquier idea práctica o plan que seas capaz de concebir.
22. ALGUNAS de las RAZONES por las que la gente fracasa.
23. POR QUÉ HENRY FORD llegó a ser tan poderoso, y cómo pueden otras personas utilizar los principios que le dieron poder.
24. POR QUÉ ALGUNAS PERSONAS provocan la enemistad de otras sin saberlo.
25. EL EFECTO del contacto sexual como estimulante de la mente y creador de salud.
26. QUÉ ocurre en la orgía religiosa llamada el «renacimiento».
27. QUÉ hemos aprendido de la «Biblia de la naturaleza».
28. La QUÍMICA de la mente; cómo te creará o te destruirá.
29. QUÉ quiere decir «momento psicológico» en el arte de vender.
30. La MENTE pierde vitalidad: cómo «recargarla».
31. EL VALOR y el significado de la armonía en todo esfuerzo cooperativo.
32. ¿CUÁLES son los valores positivos de Henry Ford? La respuesta.
33. ÉSTA ES LA ERA de las fusiones y del esfuerzo cooperativo sumamente organizado.
34. WOODROW WILSON tuvo presente la LEY DE LA «MENTE MAESTRA» en su plan para una Liga de Naciones.
35. El ÉXITO es una cuestión de negociación táctica con otras personas.
36. TODO SER HUMANO posee al menos dos personalidades claras: una destructiva y otra constructiva.
37. EDUCACIÓN: por lo general se cree equivocadamente que significa instrucción o memorización de reglas. En realidad significa desarrollo de la mente humana desde el interior, a través de su despliegue y utilización.

38. DOS MÉTODOS para reunir conocimientos mediante la experiencia personal y asimilando el conocimiento obtenido por los demás a través de su experiencia.
39. ANÁLISIS PERSONAL de Henry Ford, Benjamin Franklin, George Washington, Abraham Lincoln, Theodore Roosevelt, Wm. Howard Taft, Woodrow Wilson, Napoleón Bonaparte, Calvin Coolidge y Jesse James.
40. Charla del autor «después de la lección».

El tiempo es un trabajador maestro
que sana las heridas de la derrota temporal,
equilibra las desigualdades
y corrige los errores del mundo.
Con el tiempo, ¡nada es «imposible»!

LAS LEYES DEL ÉXITO

Primera lección

LA MENTE MAESTRA

«¡Puedes hacerlo si crees que puedes!»

Éste es un curso sobre los fundamentos del éxito. El éxito depende, en gran medida, de que nos adaptemos a los escenarios siempre variables y cambiantes de la vida con un espíritu de armonía y serenidad. La armonía se basa en la comprensión de las fuerzas que conforman nuestro entorno; por lo tanto, este curso es, en realidad, un anteproyecto que puede seguirse directamente hasta llegar al éxito, porque ayuda al estudiante a interpretar, entender y sacar el máximo provecho de estas fuerzas ambientales de la vida.

Antes de empezar a leer las lecciones de las LEYES DEL ÉXITO, deberías saber un poco sobre la historia de este curso. Deberías saber exactamente qué es lo que promete a las personas que lo sigan hasta haber asimilado las leyes y los principios en que se basa. Deberías conocer sus limitaciones, así como sus posibilidades, para ayudarte en tu esfuerzo por tener un lugar en el mundo.

Desde el punto de vista del entretenimiento, el curso de las LEYES DEL ÉXITO ocuparía un pobre segundo puesto entre la mayoría de las publicaciones mensuales con «historias rápidas» que se pueden encontrar actualmente en los quioscos de periódicos.

El curso ha sido creado para la persona seria que dedica al menos una parte de su tiempo al asunto de tener éxito en la vida. El autor del curso de las LEYES DEL ÉXITO no ha tenido la intención de competir con aquellos que escriben puramente con el propósito de entretener. El objetivo del autor, al preparar este curso, ha tenido una naturaleza doble: esto es, en primer lugar, ayudar al estudiante serio a averiguar cuáles son sus puntos débiles, y en segundo lugar ayudar a crear un PLAN DEFINIDO para superarlos.

Los hombres y mujeres más exitosos de la tierra han tenido que corregir ciertas flaquezas en sus personalidades para poder empezar a tener éxito. Las más destacables de estas debilidades que se interponen entre los hombres y las mujeres y el éxito son la intolerancia, la codicia, la avaricia, los celos, la desconfianza, la venganza, el egoísmo, la vanidad, la tendencia a cosechar donde no han sembrado y el hábito de gastar más de lo que ganan.

Todos estos enemigos comunes de la humanidad, y muchos más que no se mencionan aquí, están tratados en el curso de las LEYES DEL ÉXITO de una forma que permite que cualquier persona de una inteligencia razonable pueda dominarlos con pocos esfuerzos y molestias.

Deberías saber, desde un inicio, que el curso de las LEYES DEL ÉXITO ha pasado hace ya mucho tiempo por el estado de experimentación; que tiene el reconocimiento de un historial de éxitos digno de seria consideración y análisis. Además, ha sido examinado y aprobado por algunas de las mentes más prácticas de su generación. Fue utilizado inicialmente a modo de conferencia, y su autor lo estuvo impartiendo en prácticamente todas las ciudades y muchas de las localidades más pequeñas de Estados Unidos durante un período de más de siete años. Es posible que tú fueras una de los muchos centenares de miles de personas que asistieron a dicha conferencia.

Durante las conferencias, el autor colocaba a algunos de sus asistentes entre el público con el propósito de interpretar la reacción de la gente, y así sabía exactamente qué efecto tenía sobre el público. Como resultado de este estudio y análisis, realizó varios cambios.

La primera gran victoria que obtuvo la filosofía de las LEYES DEL ÉXITO tuvo lugar cuando fue utilizada por el autor como base para un curso en el que 3.000 hombres y mujeres fueron entrenados como un ejército de ventas; la mayoría de aquellas personas no tenía ninguna experiencia previa en el ámbito comercial. A través de este entrenamiento fueron capaces de a ganar más de UN MILLÓN DE DÓLARES para ellas mismas y pagaron al autor 30.000 dólares por sus servicios, los cuales cubrían un período de aproximadamente seis meses.

Las personas y los pequeños grupos de vendedores que han encontrado el éxito con la ayuda de este curso son demasiado numerosas para mencionarlas en esta introducción, pero el número es grande y los beneficios que obtuvieron del curso fueron definitivos.

La filosofía de las LEYES DEL ÉXITO llamó la atención de Don R. Mellet, antiguo director del *Canton Daily News* (Ohio), que se asoció con el autor de este curso y se estaba preparando para presentar la renuncia como director del *Canton Daily News* y asumir la gestión empresarial de los asuntos del autor cuando fue asesinado el 16 de julio de 1926.

Antes de su muerte, el señor Mellet hizo los preparativos con el juez Elbert H. Gary, que entonces era el presidente del Consejo de la United States Steel Corporation, para presentar el curso de las LEYES DEL ÉXITO a todos los empleados de la empresa, con un coste total de alrededor de 150.000 dólares. Este plan se detuvo debido a la muerte del juez Gary, pero demuestra que el autor de las LEYES DEL ÉXITO ha desarrollado un plan educativo de naturaleza duradera. El juez Gary estaba eminentemente preparado para juzgar su valor, y el hecho de que analizara la filosofía de las LEYES DEL ÉXITO y estuviera dispuesto a invertir la enorme suma de 150.000 dólares en él demuestra la solidez de todo lo que se dice en favor del curso.

En esta introducción general observarás algunos términos técnicos que quizá no comprendas. No dejes que esto te preocupe ni intentes entenderlos desde el principio. Te quedarán claros cuando hayas leído el resto del curso. Toda esta introducción está concebida más bien como un trasfondo para las otras quince lecciones del curso, y deberías leerla como tal. No se te examinará sobre esta introducción, pero deberías leerla varias veces, ya que cada vez que lo hagas entenderás algún pensamiento o alguna idea que no comprendiste en las lecturas previas.

En esta introducción encontrarás una descripción de la recientemente descubierta ley de psicología, que es la piedra angular de todo logro personal destacado. El autor ha denominado «mente maestra» a esta ley, refiriéndose a una mente que se desarrolla a través de la cooperación armoniosa de dos o más personas que se alían con el propósito de realizar cualquier tarea dada. Si estás en el negocio de las ventas, podrías experimentar con esta LEY DE LA «MENTE MAESTRA» en tu trabajo diario de una forma provechosa. Se ha descubierto que un grupo mediano de vendedores es capaz de usar la ley con tanta eficacia que sus ventas pueden incrementarse en proporciones increíbles.

Se supone que un seguro de vida es lo más difícil de vender sobre la tierra. Esto no tendría por qué ser así, puesto que un seguro de vida es una necesidad, pero es cierto. A pesar de esto, un pequeño grupo de hombres que trabajaban para la Prudential Life Insurance Company, cuyas ventas son mayormente pequeñas pólizas, formó un reducido grupo amistoso con el propósito de experimentar con la LEY DE LA «MENTE MAESTRA», y el resultado fue que cada hombre del grupo consiguió vender más seguros durante los tres primeros meses del experimento que los que había vendido anteriormente en todo un año. Lo que puede lograr, con ayuda de este principio, cualquier grupo pequeño de vendedores inteligentes de seguros de vida que haya aprendido a aplicar la LEY DE LA «MENTE MAESTRA» asombrará incluso a los más optimistas e imaginativos.

Lo mismo puede decirse de otros grupos de vendedores que se dedican a vender mercancías y otras formas de servicio más tangibles que un seguro de vida. Ten esto en mente al leer esta introducción al curso de las LEYES DEL ÉXITO, y no sería poco razonable esperar que esta introducción, por sí sola, pudiera proporcionarte una comprensión de la ley suficiente para cambiar por completo el rumbo de tu vida.

Ningún hombre tiene la oportunidad
de disfrutar de un éxito permanente
hasta que empieza a buscar en el espejo
de la verdadera causa de todos sus errores.

NAPOLEON HILL

Lo que determina el nivel de éxito que tendrá un negocio son las personalidades que están detrás de él. Modifica esas personalidades de manera que sean más agradables y atractivas para los patrones del negocio, y éste florecerá. En cualquier gran ciudad de Estados Unidos se pueden comprar artículos de una naturaleza y unos precios similares en buen número de tiendas pero, sin embargo, verás que siempre hay una tienda que destaca, que vende más que las otras, y el motivo es que detrás de ella hay una persona, o personas, que ha prestado atención a la personalidad de quienes están en contacto con el público. La gente compra personalidades tanto como compra mercadería, y la pregunta es si no estarán más influidas por las personalidades con las que entran en contacto que por los artículos.

El seguro de vida ha sido reducido a una base científica tal que su coste no varía considerablemente, independientemente de la compañía a la que uno se lo compre; sin embargo, de los centenares de compañías aseguradoras que hay en el mercado, menos de una docena tienen la mayor parte del negocio en Estados Unidos.

¿Por qué? ¡Personalidades! El noventa y nueve por ciento de las personas que compran una póliza de vida desconoce su contenido y, lo que es más sorprendente aún, no parece importarle. Lo que en realidad están comprando es la agradable personalidad de algún hombre, o alguna mujer, que conoce el valor de cultivar una personalidad así.

Tu tarea en la vida, o al menos la parte más importante de ella, es alcanzar el éxito. El éxito, dentro del significado del término como lo expone este curso de las QUINCE LEYES DEL ÉXITO, es «alcanzar tu *claro objetivo principal* sin violar los derechos de otras personas». Independientemente de cuál sea tu meta principal en la vida, la alcanzarás con una dificultad mucho menor cuando hayas aprendido el delicado arte de aliarte con otras personas en una *iniciativa*, sin fricciones ni envidias.

Uno de los mayores desafíos en la vida, o quizás el mayor, es el de aprender el arte de la negociación armoniosa con los demás. Este curso ha sido creado con el propósito de enseñar a la gente a avanzar por la vida negociando con armonía y serenidad, libre de los efectos destructivos de los desacuerdos y las fricciones que cada año conducen a millones de personas a la desdicha, la pobreza y el fracaso.

Con esta declaración del propósito del curso, deberías ser capaz de aproximarte a las lecciones con la sensación de que está a punto de tener lugar una transformación absoluta en tu personalidad.

No puedes disfrutar de un éxito destacable en la vida si no tienes poder, y *nunca podrás disfrutar del poder si no tienes la suficiente personalidad para influir en otras personas a fin de que cooperen contigo en un espíritu de armonía*. Este curso te mostrará, paso a paso, cómo desarrollar una personalidad así.

La siguiente es una declaración de lo que puedes esperar recibir de las QUINCE LEYES DEL ÉXITO, lección a lección:

1. UN CLARO OBJETIVO PRINCIPAL te enseñará a ahorrar el esfuerzo que la mayoría de personas desperdicia en el intento de encontrar el trabajo de su vida. Esta lección te mostrará cómo acabar para siempre con la falta de propósito y a fijar tu corazón y tus manos en alguna meta definida, bien concebida, que será tu trabajo en la vida.

2. LA SEGURIDAD EN TI MISMO te ayudará a dominar los seis temores básicos que afectan a toda persona: el miedo a la pobreza, el miedo a la mala salud, el miedo a la vejez, el miedo a las críticas, el miedo a la pérdida del amor de alguien y el miedo a la muerte. Te enseñará cuál es la diferencia entre el egoísmo y la auténtica seguridad en uno mismo, la cual se basa en unos conocimientos claros y útiles.

3. EL HÁBITO DE AHORRAR te enseñará a distribuir tus ingresos sistemáticamente para que un porcentaje definido de ellos se vaya acumulando continuamente, y de este modo forme una de las más grandes fuentes de poder personal conocidas. Nadie puede tener éxito en la vida sin ahorrar dinero. No hay ninguna excepción a esta regla, y nadie puede escapar a ella.

4. LA INICIATIVA Y EL LIDERAZGO te enseñarán a convertirte en un líder en lugar de ser un seguidor en el campo en el que hayas elegido poner tus esfuerzos. Se desarrollará en ti un instinto de

liderazgo que hará que, gradualmente, gravites hacia la cima en todas las actividades en las que participes.

5. LA IMAGINACIÓN estimulará tu mente para que puedas concebir ideas nuevas y desarrollar nuevos planes que te ayudarán a alcanzar el objeto de tu *claro objetivo principal*. Esta lección te enseñará a crear nuevas ideas a partir de conceptos viejos y conocidos, y a dar *nuevos usos* a las viejas ideas. Esta lección, por sí sola, equivale a un curso muy práctico de ventas, y sin duda demostrará ser una verdadera mina de oro de conocimientos para la persona seriamente interesada.

6. EL ENTUSIASMO te permitirá «empapar» a todo aquel con quien entres en contacto de un interés por ti y por tus ideas. El entusiasmo es la base de una *personalidad agradable*, y debes tener una personalidad así para influir en los demás con objeto de conseguir su cooperación.

7. EL AUTOCONTROL es la «rueda de equilibrio» con la cual controlas tu entusiasmo y lo diriges hacia donde tú quieres. Esta lección te enseñará, de la manera más práctica, a convertirte en «el amo de tu destino, el capitán de tu alma».

8. EL HÁBITO DE HACER MÁS QUE AQUELLO PARA LO QUE TE PAGAN es una de las lecciones más importantes del curso de las LEYES DEL ÉXITO. Te enseñará a sacar provecho de la LEY DEL RENDIMIENTO CRECIENTE, la cual te asegurará una ganancia monetaria muy superior al servicio que prestas. Nadie puede llegar a ser un auténtico líder en ningún ámbito de la vida si no practica el hábito de trabajar más y hacer un trabajo mejor que aquel para el que se le paga.

9. UNA PERSONALIDAD AGRADABLE es el «fulcro» en el que debes colocar la «palanca» de tus esfuerzos y, una vez colocada con inteligencia, te permitirá eliminar montañas de obstáculos. Esta lección, por sí sola, ha producido una gran cantidad de

vendedores maestros. Ha desarrollado líderes de la noche a la mañana. Te enseñará a transformar tu carácter para que puedas adaptarte a cualquier ambiente, o a cualquier otra personalidad, de manera tal que puedas dominar fácilmente.

10. EL PENSAMIENTO CORRECTO es una de las importantes piedras angulares de todo éxito duradero. Esta lección te enseña a separar los «hechos» de la mera «información». Te enseña a organizar los datos conocidos en dos categorías: los «importantes» y los «no importantes». Te enseña a decidir qué es un dato «importante», y a construir unos planes de trabajo definidos, sea cual fuere tu vocación, basándote en la información.

11. LA CONCENTRACIÓN te enseña a centrar tu atención en un tema a la vez hasta que hayas desarrollado planes prácticos para dominarlo. Te enseñará a aliarte con otras personas de manera tal que puedas utilizar todos sus conocimientos para respaldarte en tus propios planes y propósitos. Te proporcionará un conocimiento laboral práctico de las fuerzas que te rodean y te mostrará cómo aprovechar y usar esas fuerzas para dar impulso a tus propios intereses.

12. LA COOPERACIÓN te enseñará el valor del trabajo en equipo en todo lo que hagas. En esta lección se te enseñará a aplicar la LEY DE LA «MENTE MAESTRA» que se describe en esta introducción y en la segunda lección de este curso. Dicha lección te enseñará a coordinar tus propios esfuerzos con los de otras personas de forma tal que la fricción, los celos, la lucha, las envidias y la codicia queden eliminados. Aprenderás a hacer uso de todo lo que otras personas han aprendido acerca del trabajo que estás realizando.

13. BENEFICIARTE DEL FRACASO te enseñará a convertir en escalones todos tus errores y fracasos del pasado y del futuro. Te mostrará cuál es la diferencia entre «fracaso» y «derrota temporal»: una diferencia muy grande y sumamente importante. Te enseñará a beneficiarte de tus propios fracasos y de los de los demás.

14. LA TOLERANCIA te enseñará a evitar los desastrosos efectos de los prejuicios raciales y religiosos que significan una derrota para millones de personas que se permiten enzarzarse en discusiones absurdas sobre estos temas, envenenando así sus propias mentes y cerrando las puertas a la razón y la investigación. Esta lección es la hermana gemela de la que trata sobre el pensamiento correcto, puesto que nadie se convierte en un pensador correcto si no practica la tolerancia. La intolerancia cierra el Libro del Conocimiento y escribe sobre su portada: «¡Fin! ¡Lo he aprendido todo!». La intolerancia convierte en enemigos a aquellos que deberían ser amigos. Destruye las oportunidades y llena la mente de dudas, desconfianza y prejuicios.

15. PRACTICAR LA REGLA DORADA te enseñará a hacer uso de esta gran ley universal de la conducta humana de manera tal que podrás conseguir fácilmente la cooperación armoniosa de cualquier persona o grupo de personas. La falta de comprensión de la ley en que se basa la filosofía de la Regla Dorada es una de las principales causas de fracaso de millones de personas que permanecen en la infelicidad, la pobreza y la carencia durante todas sus vidas. Esta lección no tiene absolutamente nada que ver con la religión bajo cualquier forma, ni tampoco con el sectarismo, y lo mismo se aplica a todas las demás lecciones de este curso de las LEYES DEL ÉXITO.

Si has de hablar mal de alguien,

no lo hagas, pero escríbelo:

escríbelo en la arena,

¡cerca de la orilla del mar!

NAPOLEON HILL

Cuando hayas dominado estas QUINCE LEYES y las hayas hecho tuyas, cosa que es posible lograr en un período de entre quince y treinta semanas, estarás preparado para desarrollar el poder personal suficiente para asegurarte la realización de tu *claro objetivo principal*.

El propósito de estas QUINCE LEYES es desarrollar o ayudarte a organizar todo el conocimiento que posees, y todo el que adquieras en el futuro, para que puedas convertirlo en tu poder.

Deberías leer el curso de las LEYES DEL ÉXITO con un cuaderno a tu lado, pues verás que, mientras lees, llegan a tu mente «ráfagas» de ideas sobre modos y medios para utilizar estas leyes en tu propio beneficio.

También deberías empezar a enseñar estas leyes a aquellas personas que más te interesan, ya que es un hecho conocido que cuanto más intenta uno enseñar un tema, más aprende sobre él. Un hombre que tenga una familia con niños y niñas, puede fijar indeleblemente estas QUINCE LEYES DEL ÉXITO en sus mentes, hasta tal punto que estas enseñanzas cambiarán completamente el rumbo de sus vidas. La persona en pareja debería interesar a su cónyuge para que estudie este curso a la par, por razones que serán evidentes antes de que hayas acabado de leer esta introducción.

El poder es uno de los tres objetos básicos de la actividad humana. Existen dos tipos de poder: el que se desarrolla mediante la coordinación de leyes físicas naturales y el que se desarrolla organizando y clasificando los conocimientos.

El poder que emana de unos conocimientos organizados es el más importante, puesto que pone a disposición de la persona una herramienta con la cual puede transformar, redirigir y, hasta cierto punto, aprovechar y utilizar la otra forma de poder.

El objeto de la lectura de este curso es marcar la ruta por la cual el estudiante puede viajar seguro mientras reúne la información que desea incorporar a su tejido de conocimientos.

Existen dos métodos importantes para reunir conocimientos; esto es, estudiando, clasificando y asimilando datos que han sido organizados por otras personas, y a través de nuestro propio proceso de reunión, organización y clasificación de datos, generalmente llamado «experiencia personal».

Esta lección trata principalmente sobre las maneras y los medios para estudiar los datos y la información reunidos y clasificados por otras personas.

El estado de progreso conocido como «civilización» no es más que la medida de conocimientos que la raza humana ha acumulado. Estos conocimientos son de dos tipos: mentales y físicos.

Entre los conocimientos útiles organizados por el ser humano, éste ha descubierto y catalogado los más de cien elementos químicos de los que están compuestas todas las formas materiales del universo.

Mediante el estudio, el análisis y unas medidas exactas, el ser humano ha descubierto la «grandeza» del aspecto material del universo, tal como está representado por los planetas, los soles y las estrellas, de algunos de los cuales se sabe que son más de diez millones de veces más grandes que el pequeño planeta en el que él vive.

Por otro lado, el ser humano ha descubierto la «pequeñez» de las formas físicas que constituyen el universo mediante la reducción de los poco más de cien elementos químicos a moléculas, átomos y, finalmente, a la partícula más pequeña: el electrón. Un electrón no puede verse; es apenas un centro de fuerza positivo o negativo. El electrón es el principio de todo aquello que tiene una naturaleza física.

Moléculas, átomos y electrones

Para comprender tanto el detalle como la perspectiva del proceso mediante el cual los conocimientos son reunidos, organizados y clasificados, me parece esencial que el estudiante empiece por las partículas más pequeñas y simples de la materia, puesto que son el abecé con el que la naturaleza ha construido la totalidad del marco de la parte física del universo.

La molécula está formada por átomos, de los cuales se dice que son pequeñas partículas invisibles que giran continuamente a la velocidad del rayo, basándose exactamente en el mismo principio que hace girar a la Tierra alrededor del Sol.

Se dice que estas pequeñas partículas de materia conocidas como átomos, que giran en un circuito continuo en la molécula, están hechas de electrones, que son las partículas más pequeñas.

Como ya he dicho, el electrón no es otra cosa que dos formas de fuerza. El electrón es uniforme, y de una sola clase, tamaño y naturaleza;

así pues, en un grano de arena o una gota de agua se reproduce el principio sobre cuya base opera todo el universo.

¡Qué maravilloso! ¡Qué estupendo! Puedes hacerte una ligera idea de la magnitud de todo esto la próxima vez que ingieras una comida, recordando que cada alimento que ingieres, el plato del que comes, los utensilios y la propia mesa, en última instancia, no son más que una colección de electrones.

En el mundo de la materia física, tanto si uno está contemplando la estrella más grande que flota por los cielos o el más diminuto grano de arena que pueda encontrar en la tierra, el objeto observado no es sino una colección organizada de moléculas, átomos y electrones que giran unos alrededor de los otros a una velocidad inconcebible.

Cada partícula de materia está en un continuo estado de movimiento sumamente agitado. Nada está nunca quieto, aunque para el ojo físico casi toda la materia física parece estar inmóvil. No hay ninguna materia física «sólida». La pieza más dura de acero no es sino una masa organizada de moléculas, átomos y electrones que giran. Además, los electrones en un trozo de acero son de la misma naturaleza y se mueven a la misma velocidad que los electrones que hay en el oro, la plata, el cobre o el peltre.

Los poco más de cien elementos químicos parecen ser distintos unos de otros, y lo son, porque están hechos de diferentes combinaciones de átomos (aunque los electrones en ellos son siempre iguales, excepto que algunos de ellos son positivos y otros negativos, lo cual significa que llevan una carga de electrificación positiva mientras que otros llevan una carga negativa).

No tengas miedo de una pequeña oposición.
Recuerda que la «cometa» del Éxito suele elevarse
contra el viento de la Adversidad,
¡no con él!

Mediante la ciencia de la química, la materia se puede descomponer en átomos que, en sí mismos, son inalterables. Los poco más de cien elementos son creados a través de, y a causa de, la combinación y modificación de las posiciones de los átomos. Esto ilustra el *modus operandi* de la química mediante la cual se produce este cambio de posición atómica, en términos de la ciencia moderna:

«Añada cuatro electrones (dos positivos y dos negativos) a un átomo de hidrógeno, y tendrá el elemento litio; expulse del átomo de litio (compuesto de tres electrones positivos y tres negativos) un electrón positivo y uno negativo, y tendrá un átomo de helio (compuesto de dos electrones positivos y dos negativos)».

Así pues, puede verse que los poco más de cien elementos químicos del universo difieren unos de otros únicamente en el número de electrones que componen sus átomos, y en el número y la disposición de dichos átomos en las moléculas de cada elemento.

Como ilustración, un átomo de mercurio contiene 80 cargas positivas (electrones) en su núcleo y 80 cargas negativas exteriores (electrones). Si el químico expulsara dos de sus electrones positivos ése átomo se convertiría, instantáneamente, en el metal conocido como platino. Si el químico fuese más allá y extrajese un electrón negativo («planetario»), el átomo de mercurio habría perdido entonces dos electrones positivos y uno negativo; es decir, una carga positiva en total. Por ende, conservaría 79 cargas positivas en el núcleo y 79 electrones exteriores negativos, ¡con lo que se convertiría en oro!

La fórmula mediante la cual este cambio electrónico podría producirse ha sido objeto de una búsqueda diligente por parte de los alquimistas a lo largo de los siglos, y por parte de los químicos modernos en la actualidad.

Es un hecho conocido para todo químico que, literalmente, decenas de miles de sustancias sintéticas pueden componerse a partir de únicamente cuatro tipos de átomos, a saber: hidrógeno, oxígeno, nitrógeno y carbono.

«Las diferencias en el número de electrones en los átomos les confieren diferencias cualitativas (químicas), aunque todos los átomos de cualquier elemento son químicamente semejantes. Las diferencias en el número y en la distribución espacial de estos átomos (en grupos de moléculas) constituyen diferencias tanto físicas como químicas en las sustancias, es decir, en los compuestos. Se producen sustancias bastante distintas mediante combinaciones de, precisamente, el mismo tipo de átomos, pero en diferentes proporciones.

»Retire un solo átomo de una molécula de unas determinadas sustancias y éstas podrán dejar de ser un compuesto necesario para la vida y se convertirán en un veneno mortal. El fósforo es un elemento y, por ende, contiene sólo un tipo de átomos; pero hay un fósforo que es amarillo y otro que es rojo, el cual varía con la distribución espacial de los átomos en las moléculas que lo componen.»

Puede afirmarse, como una verdad literal, que el átomo es una partícula universal con la que la naturaleza construye todas las formas materiales, desde un grano de arena hasta la estrella más grande que flota por el espacio. El átomo es el «componente esencial» a partir del cual ella desarrolla un roble o un pino, una roca de piedra arenisca o de granito, un ratón o un elefante. Algunos de los pensadores más hábiles han razonado que la tierra en la que vivimos, y cada partícula de materia que hay en ella, se inició con dos átomos que se adhirieron el uno al otro y que, a lo largo de cientos de millones de años de vuelo a través del espacio, fueron contactando y acumulando otros átomos hasta que, paso a paso, se fue formando el planeta. Esto, señalan, explicaría los numerosos y distintos estratos de las sustancias de la Tierra, como son las capas de carbono, los depósitos de mineral de hierro, de oro y plata, de cobre, etc.

Ellos argumentan que, a medida que la Tierra fue girando por el espacio, entró en contacto con diversos tipos de nebulosas de los que se apropió con prontitud por la ley de la atracción magnética. En la composición de la superficie de la Tierra se ven muchas cosas que apoyan esta teoría, aunque es posible que no haya ninguna prueba positiva de su solidez.

Estos datos relativos a las partículas más pequeñas analizables de la materia han sido mencionados brevemente como un punto de partida desde el cual nos encargaremos de determinar cómo desarrollar y aplicar la ley del poder.

Se ha señalado que toda materia está en un continuo estado de vibración o movimiento; que la molécula está formada por partículas de movimiento veloz llamadas átomos, los cuales, a su vez, están hechos de unas partículas que asimismo se mueven rápidamente, llamadas electrones.

El fluido vibrante de la materia

En cada partícula de materia hay un «fluido» o fuerza invisible que hace que los átomos giren unos alrededor de otros a una velocidad inconcebible.

Este «fluido» es una forma de energía que nunca ha sido analizada. Hasta el momento ha desconcertado a toda la comunidad científica. Muchos científicos creen que es la misma energía que denominamos electricidad; otros prefieren llamarlo vibración. Algunos investigadores creen que la velocidad con la que se mueve esta fuerza (llámala como quieras) determina en gran medida la naturaleza de la apariencia exterior visible de los objetos físicos del universo. Una velocidad de vibración de esta «energía fluida» produce lo que se conoce como «sonido». El oído humano es capaz de detectar únicamente el sonido producido por entre 32.000 y 38.000 vibraciones por segundo. A medida que la velocidad de las vibraciones por segundo aumenta por encima de aquello que llamamos sonido, éstas empiezan a manifestarse en forma de calor. El calor comienza con aproximadamente un millón y medio de vibraciones por segundo.

Todavía más arriba en la escala, las vibraciones empiezan a registrarse en forma de luz. Tres millones de vibraciones por segundo crean la luz violeta. Por encima de este número, las vibraciones emiten rayos ultravioleta (los cuales son invisibles para el ojo humano) y otras radiaciones invisibles.

Y todavía más arriba en la escala (en la actualidad nadie sabe exactamente a qué altura) las vibraciones crean la energía con la que el hombre piensa.

El autor de este libro cree que la parte «fluida» de toda vibración, de la cual emanan todas las formas conocidas de energía, es de naturaleza universal; que la parte «fluida» del sonido es igual a la parte «fluida» de la luz, siendo la diferencia efectiva entre sonido y luz únicamente una diferencia en la velocidad de la vibración, y también que la parte «fluida» del pensamiento es exactamente la misma que la del sonido, el calor y la luz, a excepción del número de vibraciones por segundo.

Del mismo modo que sólo hay una forma de materia física, de la cual están compuestos la Tierra y todos los demás cuerpos celestes (soles y estrellas), que es el electrón, también hay solamente una forma de energía «fluida», que hace que toda la materia se mantenga en un continuo estado de movimiento rápido.

Aire y éter

El vasto espacio entre los soles, las lunas, las estrellas y otros cuerpos celestes del universo está lleno de una forma de energía conocida como éter. El autor considera que la energía «fluida» que mantiene en movimiento todas las partículas de la materia es la misma que el «fluido» universal conocido como éter, que llena todo el espacio del universo. Dentro de una cierta distancia desde la superficie de la Tierra, que algunos calculan que es de unos 80 kilómetros, existe eso que llamamos aire, que es una sustancia gaseosa compuesta de oxígeno y nitrógeno. El aire es un conductor de vibraciones sonoras, pero un no conductor de luz y de las vibraciones más elevadas, las cuales son transportadas por el éter. El éter es conductor de todas las vibraciones, desde el sonido hasta el pensamiento.

El aire es una sustancia localizada que realiza, principalmente, el servicio de alimentar a toda vida animal y vegetal con oxígeno y nitrógeno, sin los cuales ninguna de las dos formas de vida existiría. El nitrógeno es una de las principales necesidades de la vida vegetal y el oxígeno es uno de los principales soportes de la vida animal. Cerca de la cumbre de las montañas muy elevadas, el aire se vuelve muy ligero porque contiene apenas un poco de nitrógeno, y éste es el motivo de que la vida vegetal no pueda existir ahí. Por otro lado, el aire «ligero» que encontramos a grandes alturas está compuesto principalmente de oxígeno, y ésta es la razón de que a los pacientes de tuberculosis se les envíe a zonas altas.

Presta un servicio mayor del que te pagan

por hacer, y al poco tiempo te pagarán

por más de lo que haces.

La ley del Rendimiento Creciente

se encarga de esto.

Pese a lo breve de esta exposición sobre las moléculas, los átomos, los electrones, el aire, el éter y cosas por el estilo, puede ser una lectura pesada para el estudiante, pero, como se verá en breve, un papel fundamental como base de esta lección.

No te desanimes si la descripción de esta base parece no tener ninguno de los efectos excitantes de la ficción moderna. Estás seriamente dedicado a averiguar cuáles son los poderes que tienes a tu disposición y cómo organizarlos y aplicarlos. Para completar este descubrimiento con éxito, debes combinar la determinación, la persistencia y un DESEO bien definido de reunir y organizar conocimientos.

El doctor Alexander Graham Bell, inventor del teléfono de larga distancia y una de las autoridades reconocidas en el tema de la vibración, se cita aquí para apoyar las teorías del autor sobre dicho tema:

Suponga que tiene el poder de hacer que una vara de hierro vibre a una frecuencia deseada en una habitación oscura. Al principio, al vibrar lentamente, su movimiento será percibido únicamente por un sentido: el del tacto. En cuanto se incrementen las vibraciones, un sonido suave emanará de ella y atraerá a dos sentidos.

A unas 32.000 vibraciones por segundo, el sonido será fuerte y estridente, pero a 40.000 vibraciones por segundo será silencioso y los movimientos de la vara no serán percibidos por el tacto. Sus movimientos no serán percibidos por ningún sentido humano.

Desde este punto hasta aproximadamente un millón y medio de vibraciones por segundo, no tenemos ningún sentido capaz de apreciar ningún efecto de las vibraciones que intervienen. Después de alcanzar esta etapa, el movimiento está indicado primero por la sensación de la temperatura y luego, cuando la vara se torna candente, por el sentido de la vista. A los tres millones de vibraciones, emite una luz violeta. Por encima de esto, emite rayos ultravioleta y otras radiaciones invisibles, algunas de las cuales pueden ser percibidas por ciertos instrumentos y empleadas por nosotros.

Ahora bien, se me ha ocurrido que debe de haber muchísimo que aprender sobre el efecto de esas vibraciones en la gran brecha en la que los sentidos humanos corrientes son incapaces de oír, ver o sentir el movimiento. El poder de enviar mensajes de radio por las vibraciones del éter se encuentra en esa brecha, pero ésta es tan grande que parece que tiene que haber mucho más. Uno debe tomar las máquinas de una forma práctica para facilitar nuevos sentidos, como hacen los instrumentos de radio.

¿Se puede decir, pensando en esta gran brecha, que no hay muchas formas de vibraciones que puedan darnos resultados tan maravillosos, o incluso más maravillosos, que las ondas de radio? A mi parecer, en esta brecha se encuentran las vibraciones que damos por sentado que son emitidas por nuestros cerebros y células nerviosas cuando pensamos. Pero entonces, por otro lado, podrían estar más arriba en la escala, más allá de las vibraciones que producen los rayos ultravioleta. (Nota: La última frase sugiere la teoría sostenida por este autor.)

¿Necesitamos un cable para transportar estas vibraciones? ¿No pasarán a través del éter sin un cable, como lo hacen las ondas de radio? ¿Cómo serán percibidas por quien las reciba? ¿Oirá una serie de señales o descubrirá que los pensamientos de otro hombre han entrado en su cerebro?

Podríamos realizar algunas especulaciones basadas en lo que sabemos sobre las ondas de radio, las cuales, como he dicho, son todo lo que podemos reconocer de una vasta serie de vibraciones que teóricamente deben existir. Si las ondas de pensamiento son similares a las ondas de radio, deben salir del cerebro y fluir eternamente por el mundo y por el universo. El cuerpo y el cráneo y otros obstáculos sólidos no significarían ninguna obstrucción a su paso mientras se mueven por el éter que rodea a las moléculas de toda sustancia, sin importar cuán sólida y densa sea ésta.

¿Se pregunta usted si no habría una constante interferencia y confusión si los pensamientos de otras personas estuvieran fluyendo por nuestros cerebros y estableciendo en ellos pensamientos que no se originaron en nosotros?

¿Cómo sabe usted que los pensamientos de otros hombres no están interfiriendo con los suyos? Yo he notado una buena cantidad de fenómenos de interferencias en la mente que nunca he sido capaz de explicar. Por ejemplo, está la inspiración, o el desánimo, que siente una persona que habla ante un público. Yo los he experimentado en muchas ocasiones en mi vida y nunca he podido definir exactamente cuáles son sus causas físicas.

En mi opinión, muchos descubrimientos científicos recientes apuntan a un día, quizá no muy lejano, en el que los hombres se leerán el pensamiento unos a otros, en que los pensamientos serán transmitidos directamente de cerebro a cerebro sin la intervención del habla, la escritura o cualquier otro método de comunicación que se conozca actualmente.

No es descabellado esperar que llegue un momento en el que podamos ver sin los ojos, oír sin los oídos y hablar sin la lengua.

En resumen, la hipótesis de que la mente puede comunicarse directamente con otra mente se apoya en la teoría de que el pensamiento, o la fuerza vital, es una forma de interferencia eléctrica, que puede ser recogido por inducción y transmitido a distancia, ya sea por medio de un cable o simplemente a través del éter, como es el caso de las ondas del telégrafo.

Existen muchas analogías que sugieren que el pensamiento es de la naturaleza de una interferencia eléctrica. Un nervio, que está hecho de la misma sustancia que el cerebro, es un excelente conductor de corriente eléctrica. La primera vez que transmitimos una corriente eléctrica a través de los nervios de un hombre muerto, nos chocó y asombró ver que se sentaba y se movía. Los nervios electrificados produjeron la contracción de los músculos de una forma muy similar a como lo hace la vida.

Los nervios parecen actuar sobre los músculos de una manera muy similar a la forma en que actúa la corriente eléctrica sobre un electroimán. La corriente magnetiza una barra de hierro colocada en ángulo recto con respecto a ella, y los nervios producen, a través de la corriente intangible de fuerza vital que fluye por ellos, la contracción de las fibras musculares que están colocadas en ángulos rectos con respecto a ellos.

Sería imposible citar las numerosas razones por las que el pensamiento y la fuerza vital pueden ser considerados de la misma naturaleza que la electricidad. La corriente eléctrica es considerada un movimiento en ondas del éter, la sustancia hipotética que llena todo espacio y que se extiende por todas las sustancias. Nosotros creemos que debe de haber éter porque, sin él, la corriente eléctrica no pasaría a través del vacío, ni la luz solar a través del espacio. Es razonable creer que únicamente un movimiento de ondas de un carácter similar puede producir los fenómenos del pensamiento y la fuerza vital. Podemos dar por sentado que las células del cerebro actúan como una batería y que la corriente producida fluye por los nervios.

Pero, ¿acaba ahí? ¿Acaso no sale del cuerpo en ondas que fluyen por el mundo entero sin ser percibidas por nuestros sentidos, del mismo modo que las ondas electromagnéticas pasaban inadvertidas antes de que Hertz y otros descubrieran su existencia?

Toda mente es una estación transmisora y una estación receptora

Este autor ha demostrado, en demasiadas ocasiones para ser enumeradas, al menos para su propia satisfacción, que todo cerebro humano es tanto una estación transmisora como una estación receptora de vibraciones de la frecuencia del pensamiento.

Todo fracaso es una bendición disfrazada,
siempre que enseñe alguna lección necesaria
que uno no podría haber aprendido sin él.
La mayoría de los llamados «fracasos»
sólo son derrotas temporales.

Si esta teoría resultara ser un hecho y se pudieran establecer métodos de control razonable, imaginad el papel que tendría en la reunión, clasificación y organización de conocimientos. La posibilidad, incluso la probabilidad, de una realidad así, ¡consterna a la mente humana!

Thomas Paine fue una de las grandes mentes del período revolucionario norteamericano. A él, quizá más que a cualquier otra persona, le debemos tanto el inicio como el final feliz de la Revolución, pues fue su mente aguda la que ayudó a redactar la Declaración de Independencia y a convencer a los firmantes de dicho documento de que fuese traducida a términos de realidad.

Al hablar de la fuente de su gran almacén de conocimientos, Paine la describió así:

Cualquier persona que haya hecho observaciones sobre el estado de desarrollo de la mente humana mediante la observación de su propia mente, sólo puede haber constatado que hay dos tipos definidos de eso que llamamos pensamientos: los que producimos en nosotros mismos a través de la reflexión y el acto de pensar, y los que llegan a la mente de forma espontánea. Siempre he seguido la regla de tratar a estos visitantes voluntarios con cortesía, cuidando de examinar, de la mejor manera posible, si valía la pena albergarlos; y de ellos he adquirido prácticamente todos los conocimientos que tengo. En cuanto al aprendizaje que cualquier persona obtiene de la educación escolar, éste sirve únicamente como un pequeño capital, para encaminarla a que inicie un aprendizaje por sí misma posteriormente. Toda persona erudita es, finalmente, su propia maestra, y la razón de esto es que los principios no pueden grabarse en la memoria; su lugar de residencia mental es la comprensión, y nunca son tan duraderos como cuando se inician por concepción.

En las palabras precedentes, Paine, el gran patriota y filósofo norteamericano, describía una experiencia que en un momento u otro tiene toda persona. ¿Quién es tan desafortunado como para no haber recibido pruebas positivas de que existen pensamientos, e incluso ideas completas, que «aparecen» en la mente provenientes de fuentes externas?

¿Qué medios de transmisión hay para tales visitantes, si no es el éter? El éter llena el espacio ilimitado del universo. Es el medio de transmisión de todas las formas de vibración conocidas, como el sonido, la luz y el calor. ¿Por qué no habría de ser, también, el medio de transmisión de la vibración del pensamiento?

Toda mente o todo cerebro está directamente conectado con todos los demás cerebros por medio del éter. Todo pensamiento emitido por cualquier cerebro puede ser captado instantáneamente e interpretado por todos aquellos que estén «en buena relación con» el cerebro emisor. Este autor está tan seguro de esto como de que la fórmula H_2O producirá agua. Imagina, si puedes, el papel que desempeña este principio en todos los ámbitos de la vida.

Tampoco es la probabilidad de que el éter sea el transmisor del pensamiento de una mente a otra la más asombrosa de sus actuaciones. Este autor es de la creencia de que toda vibración de pensamiento emitida por cualquier cerebro es recogida por el éter y mantenida en movimiento en ondas de longitud indirectas que se corresponden en longitud con la intensidad de la energía utilizada para su emisión; que estas vibraciones se mantienen eternamente en movimiento; que son una de las dos fuentes de las cuales emanan los pensamientos que «aparecen» en la mente de una persona, siendo la otra un contacto directo e inmediato a través del éter con el cerebro que emite la vibración del pensamiento.

Así pues, se verá que, si esta teoría es cierta, el espacio infinito de todo el universo es, y continuará siendo, literalmente una biblioteca mental en la cual se pueden encontrar todos los pensamientos emitidos por la humanidad.

El autor está sentando aquí las bases de una de las hipótesis más importantes enumeradas en la lección titulada «Seguridad en uno mismo», un hecho que el estudiante debería tener en cuenta al aproximarse a ella.

Ésta es una lección sobre los CONOCIMIENTOS ORGANIZADOS. La mayoría de los conocimientos útiles que la raza humana ha heredado han sido preservados y registrados con precisión en la Biblia de la naturaleza. Al repasar las páginas de esta Biblia inalterable, el ser humano ha leído la historia de la magnífica lucha a partir de la cual se ha desarrollado la actual civilización. Las páginas de esta Biblia están hechas de los elementos físicos de los que se compone esta Tierra y los demás planetas, y del éter que llena todo el espacio.

Al repasar las páginas escritas en piedra y cubiertas cerca de la superficie de esta tierra en la que vive, el ser humano ha descubierto los huesos, los esqueletos, las huellas y otras pruebas inequívocas de la historia de la vida animal, colocadas ahí para iluminarlo y guiarlo de la mano de la madre naturaleza a través de unos períodos de tiempo increíbles. Las pruebas son sencillas e inequívocas. Las grandes páginas de piedra de la Biblia de la naturaleza que se encuentra en esta tierra y las interminables páginas de dicha Biblia representada por el éter en la que todos los pensamientos humanos del pasado han sido grabados, constituyen una auténtica fuente de comunicación entre el Creador y el ser humano. Esta Biblia se inició antes de que el hombre hubiera llegado a la etapa del pensamiento; de hecho, fue antes de que alcanzara el estado de desarrollo de la ameba (animal unicelular).

Esta Biblia está por encima y más allá del poder de modificación humano. Además, no cuenta su historia en unas lenguas muertas antiguas, ni en jeroglíficos de razas semisalvajes, sino en un lenguaje universal que puede leer todo aquel que tenga ojos. La Biblia de la naturaleza, de la que se derivan todos los conocimientos dignos de tenerse, no puede ser modificada o estropeada en modo alguno por el hombre.

El descubrimiento más maravilloso del ser humano hasta el momento es el del principio de la radio, que funciona con la ayuda del éter, el cual es una parte importante de la Biblia de la naturaleza. Imagina al éter recogiendo la extraordinaria vibración del sonido y transformando la audiofrecuencia en una radiofrecuencia, transportándola a una estación receptora correctamente sintonizada y volviéndola a transformar ahí en su forma original de audiofrecuencia, y todo esto en un segundo. No debería sorprender a nadie que una fuerza así pueda recoger la vibración del pensamiento y mantener esa vibración eternamente en movimiento.

El hecho establecido y conocido de la transmisión instantánea de sonido a través del éter por medio del moderno aparato de radio, hace que la teoría de la transmisión de la vibración del pensamiento de mente a mente deje de ser una posibilidad y se convierta en una probabilidad.

La «mente maestra»

Ahora llegamos al siguiente paso en la descripción de las maneras y los medios con los que uno puede reunir, clasificar y organizar conocimientos útiles, mediante la alianza armoniosa de dos o más mentes, a partir de las cuales se desarrolla una «mente maestra».

El término «mente maestra» es abstracto y no tiene equivalente en el ámbito de la realidad conocida, excepto para un pequeño número de personas que han realizado un estudio detallado del efecto de una mente sobre otras.

Este autor ha buscado en vano en todos los libros de texto y ensayos disponibles sobre el tema de la mente humana, pero no ha encontrado en ninguno de ellos ni siquiera la mínima referencia al principio que aquí se describe como la «mente maestra». El término llamó la atención del autor por primera vez en una entrevista con Andrew Carnegie, tal como se describe en la segunda lección.

La química de la mente

Este autor considera que la mente está hecha de la misma energía «fluida» universal que la del éter que llena el universo. Tanto el lego como el investigador científico saben que algunas mentes colisionan al entrar en contacto, mientras que otras muestran una afinidad natural entre ellas. Entre los dos extremos del antagonismo natural y la afinidad natural que surgen en este encuentro o contacto, hay una amplia gama de posibilidades de diversas reacciones de una mente sobre otra.

Algunas mentes se adaptan unas a otras de una forma tan natural que el «amor a primera vista» es el resultado inevitable del contacto. ¿Quién no ha tenido una experiencia así? En otros casos, son tan antagónicas que ya en el primer encuentro surge una violenta aversión mutua. Estos resultados se dan sin que medie palabra y sin la menor señal de que alguna de las causas habituales del amor y el odio estén actuando como estímulo.

Es bastante probable que la «mente» esté compuesta de un fluido, o sustancia, o energía —llámala como quieras— similar al éter (en el caso de

que no sea la misma sustancia). Cuando dos mentes se acercan lo suficiente para establecer contacto, la combinación de las unidades de esta
«sustancia mental» (llamémosla los electrones del éter) produce una
reacción química e inicia unas vibraciones que afectan a los dos individuos de una forma placentera o desagradable, según el caso.

El efecto del encuentro entre dos mentes es evidente incluso para el
observador más casual. ¡Todo efecto ha de tener una causa! ¿Qué podría
ser más razonable que sospechar que la causa del cambio en la actitud
mental entre dos mentes que acaban de entrar en contacto no es otra que
la interferencia de los electrones o unidades de cada una de ellas en el
proceso de reorganizarse en el nuevo campo creado por dicho contacto?

Creer en lo heroico produce héroes.

Disraeli

Con el propósito de sentar unas bases sólidas para esta lección, hemos
recorrido un largo camino hacia el éxito admitiendo que el encuentro
entre dos mentes, o el hecho de que entren en contacto, produce en
cada una de ellas un «efecto» o estado de ánimo observable, bastante
distinto al que existía inmediatamente antes de dicho contacto. Aunque
sería deseable, no es esencial conocer la «causa» de esta reacción de
mente sobre mente. Que esta reacción tiene lugar en todos los casos es
un hecho conocido que nos proporciona un punto de partida desde el
cual podemos mostrar lo que significa el término «mente maestra».

Una «mente maestra» puede crearse al juntar o fusionar, con un espíritu de perfecta armonía, dos o más mentes. De esta fusión armoniosa, la
química de la mente crea una tercera mente de la que se pueden apropiar
y que pueden utilizar todas las mentes individuales, o una de ellas. La
«mente maestra» seguirá siendo accesible mientras exista la alianza
amistosa y armoniosa entre las mentes individuales. En el momento en
que esta alianza se rompa, se desintegrará, y toda evidencia de su anterior existencia desaparecerá.

Este principio de la química de la mente es la base y la causa de prácticamente todos los llamados casos de «almas gemelas» y «triángulos eternos», muchos de los cuales, desafortunadamente, acaban en divorcios y son ridiculizados por gente ignorante e inculta que crea vulgaridad y escándalos a partir de una de las más grandes leyes de la naturaleza.

Todo el mundo civilizado sabe que los dos o tres primeros años de relación después de la boda suelen estar marcados por muchos desacuerdos, de una naturaleza más o menos insignificante. Éstos son los años de «adaptación». Si el matrimonio sobrevive a ellos, estará más que capacitado para convertirse en una alianza permanente. Ninguna persona casada, con experiencia, negará estos hechos. Una vez más, vemos el «efecto» sin comprender la «causa».

Aunque hay otras causas que contribuyen a ello, mayormente, la falta de armonía durante estos primeros años de matrimonio se debe a la lentitud de la química de las mentes para unirse armoniosamente. Dicho de otro modo, los electrones o unidades de energía denominados «la mente» no suelen ser extremadamente amistosos ni antagónicos en su primer contacto; pero, a través de la relación constante se adaptan gradualmente en armonía, excepto en las raras ocasiones en que la relación tiene el efecto opuesto y desemboca, tarde o temprano, en una hostilidad abierta entre estas unidades.

Es un hecho conocido que cuando un hombre y una mujer llevan entre diez y quince años de convivencia, se vuelven particularmente indispensables el uno para el otro, aunque es posible que no haya ni la menor evidencia del estado mental llamado amor. Asimismo, sexualmente, esta asociación y relación no sólo desarrolla una afinidad natural entre las dos mentes, sino que, de hecho, hace que las dos personas adquieran una expresión facial similar y se parezcan marcadamente en muchos otros aspectos. Cualquier analista competente de la naturaleza humana puede encontrarse dentro de una muchedumbre y encontrar a la esposa de un hombre después de que éste le haya sido presentado. La expresión de los ojos, el contorno del rostro y el tono de voz de las personas que han estado unidas en matrimonio durante mucho tiempo, llegan a asemejarse marcadamente.

Tan marcado es el efecto de la química de la mente humana que cualquier orador experimentado puede interpretar rápidamente la forma en que sus declaraciones son aceptadas por el público. El antagonismo en la mente de una sola persona en una audiencia de mil personas puede ser rápidamente detectado por el orador que ha aprendido a «sentir» y registrar los efectos del antagonismo. Asimismo, el orador puede hacer estas interpretaciones sin observar las expresiones de los rostros de la gente, o sin que ésta le influya en modo alguno. Por este motivo, el público puede lograr que un orador alcance grandes alturas de oratoria, o bien hacerlo fracasar, sin emitir ni un sonido ni mostrar una sola expresión de satisfacción o disgusto en su rostro.

Todo *maestro vendedor* sabe cuándo ha llegado el momento del «cierre psicológico»; no por lo que el posible comprador le dice, sino por el efecto de la química de su mente, según es interpretada o «sentida» por el vendedor. A menudo, las palabras contradicen las intenciones de quien las pronuncia, pero una correcta interpretación de la química de la mente no deja ninguna escapatoria a dicha posibilidad. Todo vendedor capaz sabe que la mayoría de compradores tiene el hábito de fingir una actitud negativa prácticamente hasta el punto culminante de una venta.

Todo abogado capaz ha desarrollado un sexto sentido que le permite «sentir» cómo debe abrirse camino a través de las palabras astutamente elegidas del testigo que está mintiendo, e interpretar correctamente aquello que está pensando, mediante la química mental. Muchos abogados han desarrollado esta habilidad sin conocer su fuente real; poseen la técnica pero no comprenden el concepto científico en que se basa; muchos vendedores han hecho lo mismo.

Quien tenga un don en el arte de interpretar correctamente la química de las mentes de los demás puede, en sentido figurado, entrar por la puerta de la mansión de cualquier mente y explorar todo el edificio, fijándose en todos los detalles, y volver a salir teniendo una imagen completa del interior de la casa, sin que el propietario se entere de que ha recibido una visita. En la lección sobre el pensamiento correcto veremos que se puede dar un uso muy práctico a este principio (que tiene que ver con el principio de la química de la mente). Aquí se menciona meramente como una aproximación a los puntos más importantes de esta lección.

Ya se ha dicho suficiente como introducción al principio de la química de la mente y para demostrar, con ayuda de experiencias cotidianas y observaciones al azar del propio estudiante, que en cuanto dos mentes se acercan se produce un cambio mental perceptible en ambas, que algunas veces se registra como antagonismo y otras como simpatía. Cada mente tiene lo que se podría denominar un campo eléctrico. La naturaleza de dicho campo varía dependiendo del «estado de ánimo» de la mente individual que está detrás, y de la naturaleza de la química mental creada por el «campo».

Este autor considera que el estado normal o natural de la química de cualquier mente individual es el resultado de su herencia física, sumada a la naturaleza de los pensamientos que han dominado a dicha mente, y que toda mente está cambiando de continuo, en la medida en que la filosofía y los hábitos generales de la persona modifican la química de su mente. El autor cree que estos principios son ciertos. ¡Es un hecho conocido que cualquier persona puede cambiar voluntariamente la química de su mente, haciendo que atraiga o repela a todos aquellos con los que entre en contacto! Dicho de otro modo, cualquier persona puede adoptar una actitud mental que atraerá y agradará a los demás, o que los repelerá y provocará una enemistad con ellos, y esto sin la ayuda de palabras, expresiones faciales o cualquier otra forma de movimiento corporal o ademán.

Ahora vuelve a la definición de la «mente maestra» (una mente que se desarrolla a partir de la combinación y coordinación de dos o más mentes, en un espíritu de perfecta armonía) y captarás el significado completo de la palabra «armonía» tal como se usa aquí. Dos mentes no se mezclarán ni podrán coordinarse a menos que esté presente el elemento de la perfecta armonía, que es donde reside el secreto del éxito o del fracaso en prácticamente todos los negocios y las asociaciones sociales.

Todo director de ventas, todo comandante del ejército y todo líder en cualquier ámbito de la vida comprende la necesidad de un *esprit de corps*, un espíritu de entendimiento y cooperación comunes, para alcanzar el éxito. Este espíritu común de armonía de propósito se obtiene mediante la disciplina, voluntaria u obligada, de una naturaleza tal que las mentes individuales se combinen formando una «mente maestra», con lo cual se quiere decir que la química de las mentes individuales se modifica de manera tal que éstas se combinan y funcionan como si fuesen una sola.

Los métodos mediante los cuales tiene lugar este proceso de unión son tan numerosos como las personas implicadas en las distintas formas de liderazgo. Cada líder tiene su propio método para coordinar las mentes de sus seguidores. Uno utilizará la fuerza; otro la persuasión. Uno jugará con el temor a las penalidades, mientras que otro jugará con las recompensas, con la finalidad de reducir las mentes individuales de un determinado grupo de personas a un punto en que puedan combinarse y formen una mente común. El estudiante no tendrá que buscar profundamente en la historia de los gobiernos, la política, los negocios o las finanzas para descubrir la técnica empleada por los líderes en estos ámbitos en el proceso de combinar las mentes de las personas para formar una mente común. Sin embargo, los líderes verdaderamente grandes del mundo han sido dotados por la naturaleza de una combinación de química mental favorable como núcleo de atracción para otras mentes. Napoleón fue un ejemplo notable de un hombre que poseía una mente magnética con una marcada tendencia a atraer a todas las mentes con las que entraba en contacto. Los soldados lo seguían a una muerte segura sin dudarlo gracias a la naturaleza estimulante o atractiva de su personalidad, y esa personalidad no era ni más ni menos que la química de su mente.

Si no crees en la cooperación, observa lo que ocurre cuando un vagón pierde una rueda.

Ningún grupo de mentes puede combinarse para formar una «mente maestra» si uno de los individuos que lo componen posee una mente extremadamente negativa y repelente. Las mentes negativas y positivas no se mezclarán en el sentido que aquí se describe como una «mente maestra». La falta de conocimiento de este hecho ha llevado a la derrota a muchas personas que, de lo contrario, habrían sido líderes capaces.

Cualquier líder capaz que comprenda este principio de la química de la mente puede combinar de modo temporal las mentes de casi cualquier grupo de personas, de tal forma que represente una mente común, pero la composición se desintegrará prácticamente en el preciso instante en que la presencia del líder se retire. Las más exitosas organizaciones de ventas de seguros de vida y otro tipo de personal de ventas se reúnen una vez por semana, o más a menudo, con el propósito de... ¿de qué?

Con el propósito de unir las mentes individuales para crear una «mente maestra» que, durante un número limitado de días, ¡servirá como estímulo para las mentes individuales!

Puede ocurrir, y generalmente ocurre, que los líderes de estos grupos no entiendan lo que en realidad tiene lugar en estas reuniones, que suelen llamarse «reuniones de impulso». La rutina de estas reuniones suele dedicarse a charlas del líder y otros miembros del grupo y, ocasionalmente, de alguien que no pertenece a él, mientras las mentes de las personas establecen contacto y se recargan unas a otras.

El cerebro de un ser humano puede compararse con la batería eléctrica, en el sentido de que se puede agotar o descargar, haciendo que su propietario se sienta abatido, desanimado y carente de «impulso». ¿Quién es tan afortunado que no ha sentido esto jamás? El cerebro humano, cuando se encuentra en un estado de agotamiento, debe ser recargado, y la forma en que esto se hace es mediante el contacto con una o más mentes vitales. Los grandes líderes comprenden la necesidad de este proceso de «recarga» y, además, saben cómo conseguir ese resultado. *¡Este conocimiento es la principal característica que distingue a un líder de un seguidor!*

Afortunada es la persona que comprende este principio lo bastante bien como para mantener su cerebro vitalizado o «recargado» poniéndolo periódicamente en contacto con una mente más vital. El contacto sexual es uno de los estímulos más eficaces con los cuales la mente puede recargarse, siempre y cuando el contacto se realice con inteligencia, entre un hombre y una mujer que sientan un afecto mutuo genuino. Cualquier otro tipo de relación sexual resta vitalidad a la mente. Cualquier practicante competente de la psicoterapia puede «recargar» un cerebro en pocos minutos.

Antes de dejar atrás esta breve referencia al contacto sexual como medio para revitalizar una mente agotada, me parece apropiado llamar la atención sobre el hecho de que todos los grandes líderes, en cualquier ámbito de la vida en el que hayan surgido, han sido y son personas de naturaleza altamente sexual. (La palabra «sexo» no es una palabra indecente. Puedes encontrarla en todos los diccionarios.)

Existe una creciente tendencia entre los médicos mejor informados y otros profesionales de la salud, a aceptar la teoría de que todas las enfermedades se inician cuando el cerebro humano se encuentra en un estado de agotamiento o debilidad. Dicho de otro modo, es un hecho conocido que una persona con un cerebro perfectamente vitalizado es prácticamente, o enteramente, inmune a cualquier tipo de enfermedad.

Todo médico inteligente, de cualquier escuela o de cualquier tipo, sabe que en todos los casos en los que se produce una curación, es la «naturaleza» o la mente la que cura la enfermedad. Las medicinas, la fe, la imposición de manos, la quiropráctica, la osteopatía y todas las otras formas de estímulo externo no son más que una ayuda artificial a la naturaleza o, para expresarlo correctamente, meros métodos para poner en marcha la química de la mente con la finalidad de que ésta reajuste las células y los tejidos del cuerpo, revitalice el cerebro y, por lo demás, haga que la máquina humana funcione con normalidad. Hasta el médico más ortodoxo reconocerá la verdad de esta afirmación.

¿Cuáles pueden ser, entonces, las posibilidades de los futuros avances en el campo de la química de la mente? A través del principio de la combinación armoniosa de mentes se puede disfrutar de una salud perfecta. Con la ayuda de este mismo principio, se puede desarrollar el poder suficiente para resolver el problema de la presión económica que afecta continuamente a todas las personas.

Podemos juzgar las posibilidades futuras de la química mental haciendo inventario de sus logros en el pasado, teniendo en cuenta el hecho de que éstos han sido, en gran medida, el resultado de un descubrimiento accidental y de la reunión accidental de unas mentes. Nos estamos aproximando a una época en la que el profesorado de las universidades enseñará la química de la mente del mismo modo que actualmente se enseñan otras asignaturas. Entretanto, el estudio y la experimentación en relación con este tema abren perspectivas de posibilidades para el estudiante individual.

La química de la mente y el poder económico

Es un hecho demostrable que la química de la mente puede ser aplicada adecuadamente a los asuntos cotidianos del mundo económico y comercial.

A través de la combinación de dos o más mentes, en un espíritu de perfecta armonía, el principio de la química de la mente puede desarrollar el poder suficiente para permitir a las personas cuyas mentes han sido así combinadas realizar hazañas aparentemente sobrehumanas. El poder es la fuerza con la que el ser humano alcanza el éxito en cualquier empresa. El poder, en cantidades ilimitadas, puede ser disfrutado por cualquier grupo de hombres y mujeres que tengan la sabiduría para sumergir sus propias personalidades y sus propios intereses individuales inmediatos, mediante la unión de sus mentes en un espíritu de perfecta armonía.

Observa, con provecho, ¡la frecuencia con que aparece la palabra «armonía» en esta introducción! No puede darse el desarrollo de una «mente maestra» ahí donde no exista el elemento de una perfecta armonía. Las unidades individuales de la mente no se combinarán con las unidades individuales de otra mente hasta que un espíritu de perfecta armonía de propósito haya estimulado y dado calor a ambas. En el momento en que dos mentes empiecen a tomar caminos de interés divergentes, las unidades individuales de cada una de ellas se separarán y el tercer elemento, conocido como la «mente maestra», el cual emanó de la alianza amistosa o armoniosa, se desintegrará.

Llegamos, ahora, al estudio de algunos de los hombres famosos que han acumulado un gran poder (y también grandes fortunas) mediante la aplicación de la química de la mente.

Empecemos nuestro estudio con tres hombres de los que se sabe que disfrutaron de un gran éxito en sus respectivos ámbitos de *iniciativa* económica, de negocios y profesionales.

Sus nombres son Henry Ford, Thomas A. Edison y Harvey S. Firestone. De los tres, Henry Ford es, con mucho, el más importante, pues tiene relación con el poder económico y financiero. El señor Ford fue considerado, en su época, el hombre más poderoso del mundo. Muchas personas que lo han estudiado consideran que es el hombre más poderoso que ha existido jamás.

Por lo que se sabe, el señor Ford es el único hombre vivo que ha existido jamás con el poder suficiente para superar a la administración monetaria de Estados Unidos. El señor Ford reúne millones de dólares con la misma facilidad con que un niño llena su cubo de arena mientras juega en la playa. Quienes estaban en posición de saberlo, han dicho que, si lo necesitara, el señor Ford podría recabar dinero, reunir mil millones de dólares y disponer de ellos en una semana. Nadie que conozca los logros de Ford duda de esto. Quienes lo conocen bien saben que podría hacerlo sin más esfuerzo que el que pone un hombre promedio en reunir el dinero para pagar el alquiler mensual de su casa. Si le hiciera falta, Ford podría haber conseguido este dinero mediante la aplicación inteligente de los principios en los que se basa este curso.

Mientras el nuevo automóvil del señor Ford estaba en proceso de perfeccionamiento, en 1927, se dice que recibió pedidos por adelantado, pagados al contado, para más de 375.000 coches. A un precio aproximado de seiscientos dólares por automóvil, esto sumaría 225 millones de dólares los cuales recibió antes de que un solo coche fuese entregado. Tal es el poder de la confianza en la capacidad de Ford.

La valentía es el ejército permanente del alma, que la protege de la conquista, el pillaje y la esclavitud.

HENRY VAN DYKE

El señor Edison, como todo el mundo sabe, es filósofo, científico e inventor. Fue, probablemente, el estudiante de la Biblia más entusiasta de la tierra; pero un estudiante de la Biblia de la naturaleza, y no de las miríadas de biblias escritas por el hombre. El señor Edison tenía una comprensión tan aguda de la Biblia de la madre naturaleza, que aprovechó y combinó, para el bien de la humanidad, más leyes naturales que cualquier persona que haya vivido jamás. Fue él quien unió la punta de una aguja y una pieza de cera giratoria de manera tal que la vibración de la voz humana pudiera ser registrada y reproducida mediante la moderna máquina sonora.

(Y podría ser Edison el que finalmente permitiera que el ser humano recoja e interprete correctamente las vibraciones del pensamiento que ahora están registradas en el universo infinito del éter, del mismo modo que le ha permitido registrar y reproducir la palabra hablada).

Fue Edison quien aprovechó por primera vez el rayo e hizo que sirviera como una luz para uso humano con la ayuda de la bombilla eléctrica incandescente. Fue él quien le dio al mundo el moderno cinetoscopio.

Éstos son apenas algunos de sus logros destacables. Estos «milagros» modernos que él ha realizado (no con trucos, bajo la falsa pretensión de un poder sobrehumano, sino a la luz radiante de la ciencia) superan todos los llamados «milagros» que se describen en los libros de ficción hasta ahora escritos.

El señor Firestone es el espíritu motor de la gran industria Firestone Tire de Akron, Ohio. Sus éxitos industriales son tan conocidos allí donde haya automóviles, que no es necesario añadir ningún comentario especial.

Estos tres hombres iniciaron sus carreras comerciales y profesionales sin tener ningún capital y con una formación escasa del tipo que normalmente llamamos «educación». Los tres tienen ahora una buena formación; los tres son ricos; los tres son poderosos. Ahora, averigüemos cuál fue la fuente de su riqueza y su poder. Hasta el momento hemos estado tratando únicamente con el efecto, pero el auténtico filósofo desea comprender la *causa* de un efecto dado.

Es de conocimiento público que el señor Ford, el señor Edison y el señor Firestone son amigos íntimos y desde hace muchos años, y que en el pasado acostumbraban a pasar una temporada en el bosque una vez al año para descansar, meditar y recuperarse.

Pero, por lo general, no se sabe (y es una duda crucial si estos tres hombres lo saben) que entre ellos existe un vínculo de armonía que ha hecho que sus mentes se combinen y hayan formando una «mente maestra» que es la verdadera fuente de poder para cada uno de ellos. Esta mente común, que emana de la coordinación de las mentes individuales de Ford, Edison y Firestone, les ha permitido «sintonizar» con fuerzas (y fuentes de conocimiento) con las que la mayoría de las personas no están familiarizadas en absoluto.

Si el estudiante duda, ya sea del principio o de los efectos aquí descritos, debe recordar que más de la mitad de las teorías expresadas en este libro son un hecho conocido. Por ejemplo, se sabe que estos tres hombres tienen un gran poder. Se sabe que son ricos. Que empezaron sin tener un capital y con una escasa educación. Que establecen contactos periódicos entre sus mentes. Que estos contactos son armoniosos y amistosos. Se sabe, en fin, que sus logros son tan sobresalientes como para que resulte imposible compararlos con los de otras personas en sus respectivos campos de actividad.

Todos estos «efectos» son conocidos para prácticamente todos los escolares del mundo civilizado y, por lo tanto, no puede haber ninguna duda en lo que respecta a los efectos.

Podemos estar seguros de un hecho relacionado con la *causa* de los logros de Edison, Ford y Firestone, y es que sus éxitos no se basaron, en modo alguno, ni en trucos, ni en engaños, ni en lo «sobrenatural», ni en las llamadas «revelaciones», ni en ninguna otra forma de ley que no fuera natural. Estos hombres no poseen una provisión de trapaza. Trabajan con las leyes naturales; leyes que, en su mayoría, son conocidas por todos los economistas y líderes en el campo de la ciencia, con la posible excepción de la ley en que se basa la química de la mente. Y, sin embargo, la química de la mente no está lo bastante desarrollada para ser clasificada por los científicos en su catálogo de leyes conocidas.

Una «mente maestra» puede ser creada por cualquier grupo de personas que coordinen sus mentes en un espíritu de perfecta armonía. El grupo puede estar formado por cualquier número de personas, a partir de dos. Los mejores resultados surgirán si se combinan entre seis y siete mentes.

Se ha sugerido que Jesucristo descubrió cómo hacernos utilizar el principio de la química de la mente, y que Sus actuaciones aparentemente milagrosas surgieron del poder que desarrolló mediante la unión de las mentes de los doce discípulos. Se ha señalado que, cuando uno de los discípulos (Judas Iscariote) dejó de tener fe, la «mente maestra» se desintegró inmediatamente y Jesús se enfrentó a la mayor catástrofe de Su vida. Cuando dos o más personas armonizan sus mentes y producen el efecto conocido como la «mente maestra», cada miembro del grupo adquiere el poder de contactar con los conocimientos y de reunirlos a través de las mentes «subconscientes» de todos los demás. Este poder es inmediatamente perceptible, pues tiene el efecto de estimular la mente y elevar su velocidad de vibración y, por otra parte, se manifiesta en la forma de una imaginación más vívida y la conciencia de lo que parece ser un sexto sentido. A través de este sexto sentido las nuevas ideas llegan «en ráfagas» a la mente. Estas ideas adquieren la naturaleza y la forma del tema que domina la mente de la persona. Si el grupo entero se ha reunido con el propósito de discutir un tema dado, las ideas sobre él llegarán a las mentes de todos los presentes, como si una influencia externa las estuviera dictando.

Las mentes de quienes participan en la «mente maestra» se parecen a los imanes, al atraer ideas y estímulos de pensamiento de una naturaleza altamente organizada y práctica, provenientes de... ¡nadie sabe dónde! El proceso de combinación de mentes que se describe aquí como «mente maestra» podría compararse con el acto de alguien que conecta muchas baterías eléctricas a un único cable de transmisión, con lo que «aumenta» la potencia que fluye por dicha línea. Cada batería añadida incrementa la potencia que pasa por la línea por la cantidad de energía que transporta la batería. Exactamente eso es lo que ocurre en el caso de la combinación de mentes para formar una «mente maestra». Cada mente, por el principio de la química mental, estimula a las restantes del grupo, hasta que la energía de la mente crece tanto que penetra en la energía universal conocida como éter, y conecta con ella, y ésta, a su vez, entra en contacto con todos los átomos del universo.

El moderno aparato de radio demuestra en gran medida la teoría aquí expuesta. Se deben levantar poderosas estaciones de emisión o transmisión para que la vibración del sonido sea «aumentada» antes de que pueda ser recogida por la energía vibratoria más elevada del éter y transportada en todas direcciones. Una «mente maestra» formada por varias mentes individuales combinadas para producir una fuente de energía vibratoria, constituye prácticamente un equivalente exacto de la estación transmisora de radio.

Todo orador ha sentido la influencia de la química de la mente, pues es un hecho conocido que cuando las mentes individuales del público están «de acuerdo» con el orador (sintonizadas con la velocidad de vibración de la mente de la persona que habla), hay un entusiasmo perceptible en la mente de éste, el cual hace que se eleve hasta unas alturas de oratoria que sorprenden a todos, incluido él mismo.

Los primeros cinco a diez minutos del discurso promedio están dedicados a lo que se conoce como «calentamiento». Esto hace referencia al proceso a través del cual las mentes del orador y su público se combinan en un espíritu de perfecta armonía.

Los hombres dejan de interesarnos al descubrir
sus limitaciones. El único pecado es la limitación.
Basta con que topes una vez con las limitaciones
de un hombre, y todo habrá acabado con él.

EMERSON

Todo orador sabe lo que ocurre cuando este estado de «perfecta armonía» no se materializa en una parte del público.

Los fenómenos aparentemente sobrenaturales que tienen lugar en las reuniones espiritistas son el resultado de la reacción de unas mentes del grupo sobre otras. Estos fenómenos rara vez se empiezan a manifestar antes de entre diez y veinte minutos una vez formado, porque ése es, aproximadamente, el tiempo requerido para que las mentes del grupo se armonicen y se unan.

Los «mensajes» recibidos por los miembros de un grupo espiritista probablemente provienen de una de dos fuentes, o de ambas, y éstas son:

1ª El vasto almacén de la mente subconsciente de algún miembro del grupo.

2ª El almacén universal del éter, en el cual, muy probablemente, se guardan todas las vibraciones del pensamiento.

No hay ninguna ley natural conocida ni ninguna razón humana que apoye la teoría de la comunicación con personas que han fallecido.

Es un hecho conocido que cualquiera puede explorar el almacén de conocimientos de otra mente mediante este principio de la química mental, y parece razonable suponer que este poder puede extenderse para incluir el contacto con cualquier vibración que esté disponible en el éter, si es que la hay.

La teoría de que todas las vibraciones superiores y más refinadas, como aquellas que emanan del pensamiento, son conservadas en el éter proviene del hecho de que tanto la materia como la energía (los dos elementos conocidos del universo) no pueden ser creadas ni destruidas. Es razonable suponer que todas las vibraciones que han sido «aumentadas» lo suficiente para ser recogidas y absorbidas por el éter, seguirán existiendo eternamente. Las vibraciones inferiores, que no se mezclan con el éter ni tampoco entran en contacto con él de otras maneras, posiblemente viven una vida natural y desaparecen.

Todos los llamados genios probablemente se ganaron su reputación porque, por mera casualidad o de algún otro modo, formaron alianzas con otras mentes, lo cual les permitió «aumentar» sus propias vibraciones mentales hasta el punto en que pudieron entrar en contacto con el vasto Templo del Conocimiento que está grabado y archivado en el éter del universo. Todos los grandes genios, según la información que este autor ha podido reunir, eran personas altamente sexuales. El hecho de que el contacto sexual sea el mayor estimulante mental conocido aporta color a la teoría aquí descrita.

Investigando más a fondo la fuente del poder económico, tal como se manifiesta en los logros del hombre en el ámbito de los negocios, estudiemos el caso del grupo de Chicago conocido como los «Seis Grandes», que está formado por Wm. Wrigley, Jr., propietario del negocio de chicles que lleva su nombre y cuyos ingresos individuales, según dicen, son superiores a los quince millones de dólares al año; John R. Thompson, que dirige la cadena de restaurantes que lleva su nombre; el señor Lasker, propietario de la agencia de publicidad Lord & Thomas; el señor McCullough, propietario de la Parmalee Express Company, el negocio de transferencias más grande de Estados Unidos; y los señores Ritchie y Hertz, propietarios del negocio de taxis Yellow Taxicab.

Una compañía fiable de información financiera ha estimado que los ingresos anuales de estos seis hombres son superiores a los veinticinco millones de dólares, o un promedio de más de cuatro millones de dólares al año cada uno. El análisis de este grupo completo de seis hombres revela el hecho de que ninguno de ellos tuvo ninguna ventaja educativa especial; que todos empezaron sin un capital ni un gran préstamo; que sus logros financieros se han debido a sus propios planes individuales y no a un giro afortunado de la rueda del azar.

Hace muchos años, estos seis hombres formaban una alianza amistosa y se reunían durante unas temporadas establecidas con el propósito de ayudarse unos a otros con ideas y sugerencias en sus diversas y variadas líneas de *iniciativa* empresarial.

Con la excepción de Hertz y Ritchie, ninguno de los seis estaba relacionado en modo alguno con ninguna sociedad legal. Estas reuniones servían estrictamente al propósito de cooperar en la base de intercambio para ayudarse unos a otros con ideas y sugerencias y, ocasionalmente, endosando vales y otras fianzas para asistir a algún miembro del grupo que tuviera alguna emergencia que hacía necesaria dicha ayuda.

Se dice que cada una de las personas que pertenecen a este grupo de los «Seis Grandes» es varias veces millonaria. Como regla general, no hay nada que merezca un comentario especial en beneficio de alguien que no hace otra cosa que acumular unos cuantos millones de dólares. No obstante, hay algo relacionado con el éxito económico de este grupo de hombres en particular que bien vale un comentario, un estudio, un análisis e incluso una emulación, y ese «algo» es el hecho de que han aprendido a coordinar sus mentes individuales, combinándolas en un espíritu de perfecta armonía y han creado así una «mente maestra» que abre, para cada miembro del grupo, unas puertas que están cerradas para la mayor parte del género humano.

La United States Steel Corporation es una de las organizaciones industriales más fuertes y poderosas del mundo. La idea a partir de la cual nació este gran gigante industrial en la mente de Elbert H. Gary, un abogado como cualquier otro que nació y se crió en un pueblo de Illinois, cerca de Chicago.

El señor Gary se rodeó de un grupo de hombres cuyas mentes combinó con éxito en un espíritu de perfecta armonía, y creó así el espíritu motor de la gran United States Steel Corporation.

Allí donde busques, dondequiera que encuentres un éxito sobresaliente en los negocios, las finanzas, la industria o en cualquier profesión, puedes estar seguro de que, detrás de él, está una persona que ha aplicado el principio de la química de la mente, a partir del cual se ha creado una «mente maestra». Estos éxitos destacados suelen dar la impresión de ser obra de una sola persona, pero busca detenidamente y podrás encontrar a otros individuos cuyas mentes han estado coordinadas con la suya. Recuerda que dos o más personas pueden poner en funcionamiento el principio de la química de la mente para crear una «mente maestra».

El poder (el potencial humano) son ¡conocimientos organizados, expresados a través de esfuerzos inteligentes! No se puede decir que ningún esfuerzo esté organizado a menos que las personas implicadas en él coordinen sus conocimientos y su energía con un espíritu de perfecta armonía. La falta de esta coordinación armoniosa de los esfuerzos es la causa principal de prácticamente todos los fracasos en los negocios.

Este autor ha realizado un interesante experimento en colaboración con los alumnos de un instituto muy conocido. Se le pidió a cada estudiante que escribiera un trabajo sobre «Cómo y por qué se hizo rico Henry Ford». Cada alumno o alumna, debía describir, como parte de este, cuál creía que era la naturaleza de los verdaderos activos de Ford y detallar en qué consistían. La mayoría de los alumnos reunió informes financieros e inventarios de los activos de Ford y los utilizó como base para calcular su riqueza.

Entre las «fuentes de la riqueza de Ford» se incluían cosas como el efectivo que tenía en los bancos, las existencias de materias primas y productos acabados, los bienes raíces y edificios, y el fondo de comercio, calculado en alrededor de un diez a un veinticinco por ciento del valor de los activos materiales.

No puedes llegar a ser un poder en tu comunidad, ni alcanzar un éxito duradero en ninguna iniciativa valiosa, si antes no tienes la grandeza suficiente para hacerte responsable de tus propios errores y derrotas.

Sólo un alumno, de un grupo de cientos, respondió lo siguiente:

Los activos de Henry Ford consisten, principalmente, en dos elementos: 1) un capital de explotación, unas materias primas y productos acabados, y 2) los conocimientos del propio Henry Ford, adquiridos con la experiencia, y la cooperación de una organización bien preparada que entiende cómo aplicar dichos conocimientos para el mayor provecho desde el punto de vista de Ford. Es imposible calcular, de una forma que se aproxime a lo correcto, el valor real en dólares y centavos de cualquiera de estos dos grupos de activos pero, en mi opinión, los valores relativos son:

✓ Los conocimientos organizados de la Organización Ford . . . . 75 %

✓ El valor de los activos en efectivo y físicos de cualquier naturaleza, incluyendo materias primas y productos acabados . . . . 25 %

Este autor es de la opinión de que esta información no pudo ser reunida por el joven que la firmaba sin la ayuda de una o más mentes sumamente analíticas y experimentadas.

Incuestionablemente, el mayor activo que posee Henry Ford es su propio cerebro. A continuación, vendrían los cerebros de su círculo inmediato de colaboradores, pues ha sido mediante la coordinación de éstos como se han acumulado los activos físicos que él controla.

Destruye cada planta que posee la Ford Motor Company: cada máquina, cada átomo de materias primas o acabadas, cada automóvil terminado y cada dólar depositado en cualquier banco, y Ford seguiría siendo el hombre más poderoso, económicamente, sobre la Tierra. Los cerebros que han construido el negocio de Ford podrían volver a duplicarlo en poco tiempo. Siempre hay capital disponible, en cantidades ilimitadas, para cerebros como el de Ford.

Según lo que este autor ha podido averiguar por sus propios medios, Ford es el hombre más poderoso del mundo (económicamente) porque tiene el concepto más agudo y práctico del principio de los conocimientos organizados de todos los seres humanos del planeta.

A pesar del gran poder y éxito económico de Ford, es posible que frecuentemente haya cometido errores en la aplicación de los principios mediante los cuales ha acumulado dicho poder. Poca duda cabe de que, a menudo, sus métodos de coordinación mental han sido toscos; deben de haberlo sido al principio de esta experiencia, antes de que adquiriese la sabiduría de aplicación que, naturalmente, llegaría con la madurez de los años.

Tampoco cabe mucha duda de que la aplicación de Ford del principio de la química de la mente fue, al menos en sus inicios, el resultado de una alianza casual con otras mentes, en particular con la de Edison. Es más que probable que la excepcional comprensión de las leyes de la naturaleza por parte del señor Ford inicialmente fuera el resultado de su alianza amistosa con su propia esposa mucho antes de haber conocido a Edison o a Firestone. Hay muchos hombres que nunca llegan a saber que la verdadera fuente de su éxito la crean sus esposas mediante la aplicación del principio de la «mente maestra». La señora Ford es una mujer excepcionalmente inteligente, y este autor tiene motivos para creer que fue su mente, combinada con la de su marido, la que proporcionó al señor Ford su primer paso real hacia el poder.

Se puede mencionar, sin restar al señor Ford ningún honor o gloria, que en los inicios de su experiencia tuvo que combatir a los poderosos enemigos de la incultura y la ignorancia en mayor medida que Edison o Firestone, los cuales, por herencia natural, estaban dotados de la más afortunada aptitud para adquirir y aplicar conocimientos. Ford tuvo que extraer su talento del enmaderado basto y tosco de su herencia.

En un período de tiempo increíblemente breve, Ford ha dominado a tres de los enemigos más tenaces de la humanidad y los ha transformado en unos activos que constituyen los cimientos mismos de su éxito. Estos enemigos son: la ignorancia, la incultura ¡y la pobreza!

Cualquier hombre capaz de hacer frente a estas tres fuerzas salvajes y, además, aprovecharlas y utilizarlas para un buen fin, bien se merece un estudio a fondo por parte de las personas menos afortunadas.

* * * *

¡Estamos viviendo en una era de poder industrial! La fuente de todo este poder es el esfuerzo organizado. La dirección de las empresas industriales no sólo tiene a unos trabajadores individuales eficazmente organizados, sino que además, en muchos casos, se han efectuado fusiones de industrias de tal manera y a fin de que estas uniones (como en el caso de la United States Steel Corporation, por ejemplo) acumulen un poder prácticamente ilimitado.

Difícilmente podemos ver las noticias de los acontecimientos de un día sin que haya algún reportaje sobre una fusión de negocios, industrial o económica, que ponga enormes recursos en manos de una empresa y cree así un gran poder. Un día se trata de un grupo de bancos, otro día es una cadena de ferrocarriles; al día siguiente es una combinación de plantas de acero, todos fusionándose con el propósito de generar poder a través de un esfuerzo sumamente organizado y coordinado.

El conocimiento, de naturaleza general y no organizado, no es poder; es únicamente potencial de poder: el material a partir del cual se puede desarrollar el auténtico poder. Cualquier biblioteca moderna contiene un registro no organizado de todos los conocimientos de valor de los que es heredera la actual etapa de la civilización, pero estos conocimientos no representan el poder, puesto que no están organizados.

Para sobrevivir, todas las formas de energía y todas las especies de la vida animal y vegetal deben estar organizadas. Los animales descomunales cuyos huesos han llenado el cementerio de huesos de la naturaleza a través de la extinción han dejado una prueba muda, pero certera de que la falta de organización significa aniquilación.

Desde el electrón (la partícula de materia más pequeña) hasta la estrella más grande del universo: éstas y todas las cosas materiales que hay entre esos dos extremos ofrecen una prueba positiva de que una de las primeras leyes de la naturaleza es la de la ORGANIZACIÓN. Afortunado es el individuo que reconoce la importancia de esta ley y se ocupa de familiarizarse con las diversas formas en que ésta puede aplicarse beneficiosamente. El empresario astuto no sólo ha reconocido la importancia de la LEY DEL ESFUERZO ORGANIZADO, sino que ha hecho de esta ley la urdimbre y la trama de su PODER.

Sin tener absolutamente ningún conocimiento del principio de la química de la mente, o de la existencia de dicho principio, muchos hombres han acumulado un gran poder solamente mediante la organización

LAS LEYES DEL ÉXITO

de los conocimientos que poseían. La mayoría de todos cuantos han descubierto el principio de la química de la mente y lo han desarrollado convirtiéndolo en una «mente maestra», han tropezado con este conocimiento por pura casualidad, a menudo sin llegar a reconocer la verdadera naturaleza de su descubrimiento, o a comprender la fuente de su poder.

Este autor es de la opinión de que las personas vivas que actualmente estén haciendo uso conscientemente del principio de la química de la mente para desarrollar el poder a través de la combinación de mentes, pueden contarse con los dedos de las manos, dejando, quizás, algunos dedos libres. Si esta estimación es al menos ligeramente cierta, el estudiante verá rápidamente que apenas hay un ligero peligro de que el campo de la práctica de la química de la mente esté superpoblado.

Es un hecho sabido que una de las tareas más difíciles que puede realizar cualquier hombre de negocios es la de inducir a quienes están asociados con él a coordinar esfuerzos en un espíritu de armonía. Fomentar una cooperación continua entre un grupo de trabajadores, en cualquier *iniciativa*, es prácticamente imposible. Únicamente los líderes más eficientes pueden lograr este objetivo tan deseado, pero, de vez en cuando, un líder así asoma en el horizonte en el campo de la industria, negocios o finanzas, y entonces el mundo oye hablar de un Henry Ford, un Thomas A. Edison, un John D. Rockefeller, un E. H. Arriman o un James J. Hill.

Poder y éxito, ¡son prácticamente sinónimos! Uno emana del otro; por lo tanto, cualquier persona que tenga los conocimientos y la capacidad de desarrollar el poder a través del principio de la coordinación armoniosa de esfuerzos entre mentes individuales, o de cualquier otra forma, puede tener éxito en cualquier *iniciativa* razonable que pueda tener un término provechoso.

* * * *

Jamás, en la historia del mundo, ha habido tanta abundancia de oportunidades como la que hay actualmente para quien esté dispuesta a servir antes de intentar cobrar.

No se debe dar por sentado que una «mente maestra» surgirá inmediatamente, como las setas, de todos los grupos de mentes que pretendan coordinarse en un espíritu de armonía. La armonía, en el sentido real de la palabra, es tan poco frecuente en los grupos de personas como el cristianismo genuino entre quienes se proclaman cristianos.

La armonía es el núcleo a cuyo alrededor se debe desarrollar el estado de la mente conocido como «mente maestra». Sin este elemento no puede haber una «mente maestra», una verdad que nunca se repetirá lo suficiente.

En su propuesta para establecer una Sociedad de las Naciones, Woodrow Wilson tenía en mente el desarrollo de una «mente maestra» compuesta de grupos de mentes que representasen a las naciones civilizadas del mundo. El concepto de Wilson fue la idea humanitaria de mayor alcance que la mente humana ha creado jamás, porque trataba sobre un principio que contiene el poder suficiente para establecer una verdadera hermandad del hombre sobre la Tierra. La Sociedad de las Naciones, o una combinación similar de mentes internacionales, en un espíritu de armonía, sin duda acabará siendo una realidad.*

El momento en que tal unidad de mentes tenga lugar dependerá en gran medida del tiempo requerido para que las grandes universidades y las instituciones educativas no sectarias reemplacen la ignorancia y la superstición con comprensión y sabiduría. Este momento se acerca a pasos agigantados.

La psicología de la reunión evangelista

La antigua celebración religiosa conocida como *revival* ofrece una oportunidad favorable para el estudio del principio de la química de la mente conocido como «mente maestra».

Se observará que la música desempeña un papel importante a la hora de crear la armonía esencial para la unión de un grupo de mentes en una reunión evangelista. Sin la música, la reunión resultaría insípida.

Durante los servicios evangelistas, el líder de la reunión no tiene ninguna dificultad para crear armonía en las mentes de los devotos, pero es un hecho conocido que este estado de armonía no dura más que la pre-

---

* La Sociedad de Naciones fue creada por el Tratado de Versalles, en 1919. Se disolvió en 1946, al constituirse las Naciones Unidas.

sencia del líder, después de lo cual la «mente maestra» que él ha creado temporalmente se desintegra.

Al estimular la naturaleza emocional de sus seguidores, en un escenario adecuado y con el embellecimiento del tipo de música adecuada, el evangelista no tiene ninguna dificultad para crear una «mente maestra» que se convierte en algo perceptible para todo aquel que entra en contacto con ella. El aire mismo se carga con una influencia positiva y agradable que modifica la química de todas las mentes presentes. El evangelista llama a esta energía «el Espíritu del Señor». Este autor, a través de unos experimentos realizados con un grupo de investigadores científicos y personas no expertas (que desconocían la naturaleza del experimento), ha creado el mismo estado mental y la misma atmósfera positiva sin denominarla así. En muchas ocasiones, este autor ha sido testigo de la creación de la misma atmósfera positiva en un grupo de hombres y mujeres dedicados al negocio de las ventas, sin llamarla el Espíritu del Señor.

El autor ayudó a dirigir una escuela de ventas para Harrison Parker, fundador de la Sociedad Cooperativa de Chicago, y mediante el uso del mismo principio de la química de la mente al que el evangelista llama el Espíritu del Señor, transformó de tal manera la naturaleza de un grupo de 3.000 hombres y mujeres (ninguno de los cuales tenía experiencia en ventas), que realizaron ventas por un valor superior a los diez millones de dólares en seguros en menos de nueve meses, y ganaron más de un millón de dólares para sí mismos.

Se descubrió que la persona promedio que se apuntaba en esta escuela llegaba a su punto máximo de poder de ventas en el lapso de una semana, al cabo de la cual era necesario revitalizar su cerebro mediante una reunión de ventas del grupo. Estas reuniones de ventas se realizaban en prácticamente las mismas condiciones que las modernas reuniones evangelistas, con un equipo de escena bastante parecido, incluida la música y los altavoces de «gran potencia» que animaban a los vendedores de una forma muy similar a como lo hace el pastor evangelista.

Llámalo religión, psicología, química de la mente o como tú quieras (todo se basa en el mismo principio), pero no hay nada más seguro que el hecho de que dondequiera que un grupo de mentes entra en contacto en un espíritu de perfecta armonía, cada una de las mentes del grupo es inmediatamente complementada y reforzada por una energía perceptible denominada la «mente maestra».

Por lo que este autor afirma saber, esta energía desconocida podría ser el Espíritu del Señor, pero funciona de una forma igualmente beneficiosa cuando se la llama por cualquier otro nombre.

El cerebro humano y el sistema nervioso constituyen una compleja maquinaria que pocos entienden; quizá nadie. Cuando es controlada y dirigida adecuadamente, se puede hacer que esta maquinaria realice maravillosas proezas, y si no es controlada, realizará maravillas de naturaleza fantástica y fantasmagórica, como puede verse al examinar a los inquilinos de cualquier residencia para enfermos mentales.

El cerebro humano tiene una conexión directa con un continuo influjo de energía de la cual el hombre deriva su poder para pensar. El cerebro recibe esta energía, la mezcla con la energía producida por los alimentos ingeridos y la distribuye a cada parte del cuerpo con ayuda de la sangre y el sistema nervioso. De este modo, se convierte en eso que llamamos vida.

Nadie parece saber de qué fuente proviene esta energía exterior; lo único que sabemos es que necesitamos tenerla o, de lo contrario, moriremos. Parece razonable suponer que esta energía no es otra que aquella que llamamos éter, y que fluye al cuerpo junto con el oxígeno del aire mientras respiramos. Todo cuerpo humano normal posee un laboratorio químico de primera y una provisión de químicos suficiente para realizar la tarea de descomponer, asimilar, mezclar y componer los alimentos que introducimos en el cuerpo, para luego distribuirlos ahí donde sean necesarios para el desarrollo de éste.

Se han realizado prueba extensas, tanto en humanos como en animales, para demostrar que la energía conocida como la mente realiza un papel importante en esta operación química de mezclar y transformar los alimentos en las sustancias requeridas para desarrollar y mantener el cuerpo en buen estado. Es sabido que la preocupación, la excitación o el miedo interfieren con el proceso digestivo, y que en casos extremos detienen por completo este proceso, con el resultado de enfermedad o muerte. Por lo tanto, es evidente que la mente interviene en la química de la digestión y la distribución de los alimentos.

Muchas autoridades eminentes creen que, aunque nunca se haya demostrado científicamente, la energía conocida como «mente» o «pensamiento» puede ser contaminada por unidades negativas o «antisociales» hasta el punto de que todo el sistema nervioso altere su funcionamiento, haya interferencias en la digestión y se manifiesten diversas y variadas formas de enfermedad. Las dificultades económicas y los amores no correspondidos están a la cabeza de la lista de causas de estos problemas de la mente.

Un entorno negativo, como el que existe ahí donde algún miembro de la familia está continuamente «regañando» a una persona, interferirá con la química de su mente, hasta el punto de que perderá la ambición y se sumirá gradualmente en el olvido. Por esto, el antiguo dicho de que la esposa de un hombre puede «edificarlo» o «destrozarlo» es, literalmente, cierto. En una lección posterior se dedica todo un capítulo sobre este tema a las mujeres casadas.

Todo estudiante de la escuela secundaria sabe que ciertas combinaciones de alimentos, si son ingeridas, producirán indigestión, dolor agudo e incluso muerte. Una buena salud depende, en parte, de una combinación de alimentos que «armonice». Pero la armonía de las combinaciones de alimentos no es suficiente para asegurar una buena salud; también debe haber armonía entre las unidades de energía conocidas como la mente.

Un hombre ya está medio derrotado desde el momento en que empieza a sentir lástima de sí mismo, o a urdir una coartada con la que poder explicar sus defectos.

La «armonía» parece ser una de las leyes de la naturaleza, sin la cual no podría haber una ENERGÍA ORGANIZADA, ni absolutamente ninguna forma de vida.

La salud del cuerpo, así como la de la mente, se construye literalmente en torno, a partir de y basándose en ¡el principio de la armonía! Cuando los órganos del cuerpo dejan de trabajar en armonía, esa energía que conocemos como vida se empieza a desintegrar y la muerte se acerca.

En el momento en que la armonía cesa en la fuente de cualquier forma de energía organizada (poder), las unidades de dicha energía son arrojadas a un estado caótico de desorden y el poder se torna neutral o pasivo.

La armonía es también el núcleo a cuyo alrededor desarrolla el poder el principio de la química de la mente conocido como «mente maestra». Destruye esta armonía y destruirás el poder que emana del esfuerzo coordinado de un grupo de mentes individuales. Esta verdad ha sido afirmada, reafirmada y presentada de todas las formas que este autor ha sido capaz de concebir, sin una interminable repetición, porque esta lección será inútil a menos que el estudiante capte este principio y aprenda a aplicarlo.

El éxito en la vida, con independencia de a qué llame uno éxito, es mayormente una cuestión de adaptación al entorno de manera que haya armonía entre la persona y su ambiente. El palacio de un rey se convierte en la casucha de un campesino si la armonía no abunda entre sus paredes. Expresado a la inversa, la choza de un campesino puede contener más felicidad que la mansión de un hombre rico, si se crea armonía en la primera y no en la última.

Sin una perfecta armonía, la ciencia de la astronomía sería tan inútil como «los huesos de un santo», porque las estrellas y los planetas chocarían unos con otros y se desembocaría en un estado de caos y desorden.

Sin la ley de la armonía, una bellota podría crecer para convertirse en un árbol heterogéneo compuesto de madera de roble, álamo, arce y de cualquier otra cosa. Sin la ley de la armonía, la sangre podría depositar los alimentos que hacen crecer a las uñas en el cuero cabelludo, donde se supone que debería crecer el pelo, y así crear un crecimiento córneo que los supersticiosos podrían confundir fácilmente con una señal de la relación del hombre con cierto caballero con cuernos imaginario, mencionado a menudo por los más primitivos. Sin la ley de la armonía, no puede haber organización de conocimientos, porque uno se podría preguntar: ¿qué son los conocimientos organizados, sino la armonía de hechos, verdades y leyes naturales?

En el momento en que la discordia empieza a entrar por la puerta principal, la armonía empieza a salir por la puerta trasera, por así decirlo, tanto si esto se aplica a una asociación comercial como al movimiento ordenado de los planetas en el cielo.

Si el estudiante tiene la impresión de que el autor está poniendo un acento indebido en la importancia de la ARMONÍA, debe recordar que la falta de ella es la primera, y a menudo la última y única, ¡causa del FRACASO! No puede haber poesía, ni música, ni oratoria, digna de ser tenida en cuenta sin la presencia de la armonía.

La buena arquitectura es, en gran medida, una cuestión de armonía. Sin armonía, una casa no es más que una masa de material de construcción, más o menos monstruosa. La administración sensata de los negocios cimenta las bases mismas de su existencia en la armonía.

Todo hombre bien vestido, o toda mujer bien vestida, es una imagen viva de la armonía y un ejemplo de ella en movimiento.

Con todas estas ilustraciones cotidianas del importante papel que desempeña la armonía en los asuntos del mundo —mejor dicho, en el funcionamiento del universo— ¿cómo podría cualquier persona inteligente dejar la armonía fuera de su META DEFINIDA en la vida? No tendría una «meta definida» si omitiera la armonía como la piedra principal de sus cimientos.

* * * *

El cuerpo humano es una organización compleja de órganos, glándulas, vasos sanguíneos, nervios, células cerebrales, músculos, etc. La energía mental que estimula la acción y coordina los efectos de las partes que componen el cuerpo es también una pluralidad de energías siempre variables y cambiantes. Desde el nacimiento hasta la muerte, hay una lucha continua, que a menudo adopta el carácter de combate abierto, entre las fuerzas de la mente. Por ejemplo, la lucha de por vida entre las fuerzas motivadoras y los deseos de la mente humana, que tiene lugar entre los impulsos del bien y del mal, es conocida por todos.

Todo ser humano posee al menos dos claros poderes mentales o personalidades, y se han llegado a descubrir hasta seis personalidades diferenciadas en una persona. Una de las tareas más delicadas del hombre es la de armonizar estas fuerzas mentales para que puedan ser organizadas y dirigidas hacia la consecución ordenada de un objetivo dado. Sin este elemento de armonía, ninguna persona puede convertirse en un pensador acertado.

No es de extrañar que los líderes en los negocios y empresas industriales, así como los de la política y otros ámbitos, encuentren tan difícil organizar grupos de personas para que funcionen con vistas a la consecución de un objetivo dado sin fricciones. Cada ser humano individual posee en su interior fuerzas que son difíciles de armonizar, incluso cuando se lo situa en el ambiente más favorable para la armonía. Si la química de la mente de la persona es tal que las unidades de la misma no pueden ser armonizadas fácilmente, piensa cuánto más difícil debe ser armonizar un grupo de mentes para que funcionen como una, de una forma ordenada, a través de lo que se conoce como una «mente maestra».

El líder que desarrolla y dirige con éxito las energías de una «mente maestra» debe tener tacto, paciencia, perseverancia, seguridad en sí mismo, un conocimiento íntimo de la química de la mente y la capacidad de adaptarse (en un estado de perfecta serenidad y armonía) a las circunstancias rápidamente cambiantes, sin mostrar ni la menor señal de contrariedad.

¿Cuántas personas hay que puedan estar a la altura de este requisito?

El líder de éxito debe tener la habilidad de cambiar el color de su mente, como un camaleón, para adaptarse a todas las circunstancias que surjan en relación con el objeto de su liderazgo. Además, debe poseer la habilidad para cambiar de un estado de ánimo a otro sin mostrar ningún indicio de enfado o falta de autocontrol. El líder de éxito debe comprender las QUINCE LEYES DEL ÉXITO y ser capaz de poner en práctica cualquier combinación de éstas siempre que la situación lo exija.

Sin esta habilidad, ningún líder puede ser poderoso y, sin poder, ningún líder puede resistir mucho tiempo.

El significado de la educación

Durante mucho tiempo, ha existido una idea general equivocada acerca del significado de la palabra «educar». Los diccionarios no han ayudado a eliminar este malentendido, porque han definido la palabra «educar» como el acto de impartir conocimientos.

La palabra «educar» tiene sus raíces en la palabra latina *educo*, que significa desarrollar *desde dentro;* educar; extraer; desarrollar mediante la ley del uso.

La naturaleza detesta la ociosidad en todas sus formas. Ella da vida continuamente sólo a aquellos elementos que están en uso. Amarra un brazo, o cualquier otra parte del cuerpo, dejando de utilizarla, y esa parte ociosa pronto se atrofiará y perderá vida. Invierte el orden: dale a un brazo un uso mayor que el normal, como el que le da el herrero que se pasa el día empuñando un pesado martillo, y ese brazo (desarrollado desde dentro) se hará más fuerte.

El poder emana de los conocimientos organizados pero, cuidado, «emana de ellos» ¡a través de su aplicación y uso!

Un hombre puede convertirse en una enciclopedia andante de conocimientos sin poseer ningún poder de valor. Estos conocimientos se convierten en poder únicamente en la medida en que están organizados, clasificados y puestos en acción. Algunas de las personas más cultas que el mundo ha conocido poseían muchos menos conocimientos generales que otras a las que se conocía como necias, siendo la diferencia entre las dos que las primeras dieron un uso a cuantos conocimientos poseían, mientras que las segundas no realizaron dicha aplicación.

Busca el consejo de aquellos que te dirán la verdad sobre ti mismo, aunque te duela oírla. El mero elogio no producirá esa mejora que necesitas.

Una persona con una «buena formación» es alguien que sabe cómo conseguir todo lo que necesita para la realización de su propósito principal en la vida, sin vulnerar los derechos de los demás. Podría ser una sorpresa para muchos de los llamados «eruditos» saber que no se acercan siquiera a la calificación de hombres «cultos». También podría ser una gran sorpresa para muchos de los que creen padecer una falta de «cultura» saber que tienen una buena «educación».

El abogado de éxito no es necesariamente el que memoriza el mayor número de principios legales. Por el contrario, el abogado de éxito es aquel que sabe dónde encontrar un principio legal, además de una variedad de opiniones que apoyan dicho principio y que encajan en las necesidades inmediatas de un determinado caso.

En otras palabras, el abogado de éxito es aquel que sabe dónde encontrar la ley que quiere cuando la necesita.

Este principio se aplica, con igual fuerza, a los asuntos de la industria y los negocios. Henry Ford recibió apenas una escasa educación escolar primaria, pero es uno de los hombres con mejor «educación» del mundo, porque adquirió una habilidad tal para combinar las leyes naturales y económicas, por no hablar de las mentes de las personas, que tuvo el poder de conseguir cualquier cosa material que deseara.

Hace unos años, durante la guerra mundial, el señor Ford entabló una demanda contra el *Chicago Tribune*, acusando a dicho periódico de la publicación difamatoria de unas declaraciones acerca de él, según las cuales Ford era un inculto, un pacifista ignorante, etc.

Cuando la demanda llegó a juicio, los abogados del *Tribune* se comprometieron a demostrar, con el propio Ford, que su declaración era verdad; que él era un ignorante, y con este objetivo en mente lo catequizaron e interrogaron severamente sobre todo tipo de temas. Una de las preguntas que le hicieron fue: «¿Cuántos soldados enviaron los británicos para reprimir la rebelión en las colonias en 1776?». Con una sonrisa seca en el rostro, Ford replicó con aplomo: «No sé exactamente cuántos, pero he oído decir que fueron muchos más de los que regresaron».

Su resupuesta produjo una sonora carcajada del tribunal, el jurado y los espectadores que se encontraban en la sala, e incluso del frustrado abogado que había hecho la pregunta.

Esta línea de interrogatorio continuó durante una hora o más, mientras Ford mantenía una perfecta calma. Pero al final, después de permitir que los sabihondos abogados jugaran con él hasta cansarlo, y en respuesta a una pregunta que fue particularmente desagradable e insultante, Ford se incorporó, señaló con el dedo al abogado interrogador y replicó:

«Si realmente quisiera responder a la pregunta ridícula que me acaba de hacer, o a cualquiera de las otras que me ha estado haciendo, permítame que le recuerde que tengo una serie de botones eléctricos sobre mi escritorio y con sólo presionar el botón adecuado podría llamar a los hombres que podrían darme la respuesta correcta a todas las preguntas que me ha hecho, y a muchas otras que usted no tiene la inteligencia necesaria para formular ni para responder. Ahora bien, ¿tendría la amabilidad de decirme por qué habría de molestarme en llenar mi mente con un montón de detalles inútiles para responder a todas las preguntas absurdas que cualquiera me puede hacer, cuando estoy rodeado de hombres que pueden proporcionarme toda la información que necesito cuando la requiero?».

Esta respuesta está citada de memoria, pero esencialmente relata la respuesta de Ford.

Se hizo el silencio en la sala de justicia. El abogado que realizaba el interrogatorio dejó caer la mandíbula y sus ojos se abrieron de par en par; el juez se inclinó hacia delante desde el tribunal y miró en dirección al señor Ford. Muchos de los miembros del jurado despertaron y miraron a su alrededor como si hubiesen oído una explosión (en realidad la habían oído).

Un importante clérigo que estaba presente en la sala en esos momentos, dijo posteriormente que la escena le había recordado la que debió ocurrir cuando Jesucristo estaba siendo juzgado ante Poncio Pilatos, justo después de que Él le diera su famosa respuesta a la pregunta de Pilatos de «¿Qué es la verdad?».

En el lenguaje de la época, la respuesta de Ford dejó frío al interrogador.

Hasta el momento de esa respuesta, el abogado había estado disfrutando considerablemente de la diversión que él creía estar generando a expensas de Ford, al exhibir hábilmente sus propios conocimientos generales y comparándolos con lo que él deducía que era la ignorancia de Ford acerca de muchos aspectos.

¡Pero esa respuesta estropeó la diversión del abogado!

Además demostró, de nuevo (a todos los que tuvieran la inteligencia necesaria para aceptar las pruebas), que la verdadera educación implica desarrollar la mente, no sólo reunir y clasificar conocimientos.

Probablemente, Ford no habría podido nombrar las capitales de todos los estados de Estados Unidos, pero podría haber reunido el «capital» con el que «hacer girar las ruedas» en cada estado de la Unión, y de hecho lo hizo.

La educación, no lo olvidemos, se compone del poder para conseguir todo lo que uno necesita cuando lo necesita, sin vulnerar los derechos de otras personas. Ford encaja bien con esta definición, y por el motivo que este autor ha intentado dejar claro aquí, mediante el relato del incidente anterior relacionado con la sencilla filosofía de Ford.

Muchos hombres «eruditos» fácilmente podrían tender una trampa a Ford con un laberinto de preguntas que él no podría responder por sí solo. Pero Ford podría replicar y librar una batalla en la industria o las finanzas que exterminaría a esos mismos hombres, con todos sus conocimientos y toda su sabiduría.

Ford no podría entrar en su laboratorio químico y descomponer el agua en los átomos de hidrógeno y oxígeno que la componen, y luego volver a combinarlos en su orden inicial, pero sabría cómo rodearse de químicos que lo hicieran para él, si tal fuera su deseo. El hombre que puede utilizar inteligentemente los conocimientos poseídos por otra persona es tanto o más sabio que la persona que meramente posee los conocimientos, pero no sabe qué hacer con ellos.

El rector de una conocida universidad heredó una gran extensión de unas tierras muy pobres. Estas tierras no tenían árboles de valor comercial, ni minerales, ni otros elementos valiosos y, por lo tanto, no era más que una fuente de gastos para él, pues tenía que pagar impuestos. El estado construyó una carretera que atravesaba las tierras. Un hombre «inculto» que pasaba por dicha carretera con su automóvil observó que esta tierra pobre se encontraba en lo alto de una montaña que tenía una vista maravillosa de varios kilómetros en todas direcciones. Él (el ignorante) observó también que la tierra estaba cubierta con una vegetación de pequeños pinos y otros arbustos. El hombre compró dos hectáreas de tierra a 250 dólares la hectárea y construyó una casa de madera única cerca de la carretera pública, a la que añadió un gran comedor. Cerca de la casa instaló una gasolinera y construyó una docena de cabañas de madera de una sola habitación a lo largo de la carretera, las cuales alquilaba a los turistas a tres dólares la noche, cada una. El comedor, la gasolinera y las cabañas le proporcionaron unas ganancias netas de 15.000 dólares el primer año.

Al año siguiente, el hombre amplió su plan añadiendo 50 cabañas más, cada una de ellas de tres habitaciones, las cuales alquila ahora como casas de campo para el verano a gente de la ciudad más cercana, a un alquiler de 150 dólares por temporada.

El material de construcción no le costó nada, pues crecía en sus tierras en abundancia (esas mismas tierras que el rector universitario consideró sin valor). Además, la apariencia única e inusual de los bungalós hechos de troncos servía a efectos publicitarios, mientras que muchos habrían considerado una calamidad tener que construir con un material tan tosco.

A menos de ocho kilómetros del lugar donde se encontraban estas cabañas, este mismo hombre compró una vieja granja inservible de seis hectáreas, a 625 dólares la hectárea, un precio que el vendedor consideró sumamente elevado.

Construyendo un dique de 30 metros de longitud, el comprador de esta vieja granja convirtió un riachuelo en un lago que cubría algo más de media hectárea de tierra, lo llenó de peces y luego vendió la granja en forma de solares de construcción a personas que querían un lugar para veranear junto al lago. Las ganancias totales obtenidas de esta sencilla transacción fueron de más de 25.000 dólares, y el tiempo requerido para su consumación fue de un verano.

Sin embargo, este hombre de visión e imaginación no había sido «educado» en el sentido ortodoxo del término.

Cuando pierdas el sentido del humor,

consigue un trabajo de ascensorista porque,

de todos modos, tu vida estará llena

de subidas y bajadas.

Hemos de tener en cuenta el hecho de que, mediante estas simples ilustraciones del uso de los conocimientos organizados, uno puede educarse y llegar a ser poderoso.

Al hablar de la transacción que aquí se relata, el rector universitario que había vendido dos hectáreas de tierras inservibles (?) por 500 dólares, dijo: «¡Piense en ello! Ese hombre, al que la mayoría de nosotros llamaría ignorante, mezcló su ignorancia con dos hectáreas de tierras inservibles e hizo que la combinación produjera anualmente más de lo que yo gano en cinco años de aplicación de mi supuesta educación».

* * * *

En cada estado de Estados Unidos se encuentra una oportunidad, o decenas de ellas, para utilizar la idea aquí descrita. A partir de ahora, proponte estudiar la configuración de todos los terrenos que veas semejantes al que se describe en esta lección y es posible que encuentres un lugar adecuado que permita desarrollar una *iniciativa* similar para hacer dinero. La idea es particularmente adaptable a localidades donde haya pocas playas, ya que a la gente naturalmente le gustan estas comodidades.

El automóvil ha provocado la construcción de un gran sistema de carreteras públicas en Estados Unidos. En casi todas ellas hay un lugar adecuado para construir una «ciudad de cabañas» para turistas que una persona con la imaginación y seguridad en sí misma necesarias puede convertir en una mina de oro. Estás rodeado de oportunidades para hacer dinero. Este curso fue diseñado para ayudarte a verlas y para informarte de cómo sacar el máximo provecho de ellas cuando las hayas descubierto.

¿Quién puede beneficiarse de la filosofía de las LEYES DEL ÉXITO?

✓ **Directivos ferroviarios** que quieran mejorar el espíritu de cooperación entre sus empleados y el público al que sirven.

✓ **Personas asalariadas** que deseen aumentar su poder adquisitivo y ofrecer sus servicios para obtener más beneficios.

✓ **Vendedores** que deseen ser maestros en el campo que han escogido. La filosofía de las LEYES DEL ÉXITO abarca todas las leyes de ventas conocidas e incluye muchos elementos que no aparecen en ningún otro curso.

✓ **Directivos de plantas industriales** que comprenden la importancia de que haya una mayor armonía entre sus empleados.

✓ **Empleados ferroviarios** que deseen establecer récords de eficacia que los conducirán a puestos de mayor responsabilidad, con una mejor paga.

✓ **Comerciantes** que quieran ampliar sus negocios añadiendo más clientes. La filosofía de las LEYES DEL ÉXITO ayudará a cualquier comerciante a aumentar su negocio, pues le enseñará a hacer una publicidad «ambulante» para cada cliente que entre en su tienda.

✓ **Representantes automovilísticos** que quieran aumentar la capacidad de venta de sus comerciales. Una gran parte del curso de las LEYES DEL ÉXITO fue desarrollada a partir del trabajo y la experiencia del mayor vendedor de automóviles vivo y, por lo tanto, es particularmente útil para el jefe de ventas que esté dirigiendo los esfuerzos de los vendedores de coches.

✓ **Agentes de seguros** que deseen conseguir más asegurados y aumentar los seguros de los que ya los tienen. Un vendedor de seguros de vida en Ohio vendió una póliza de 50.000 dólares a uno de los directivos de la Central Steel Company como resultado de una sola lectura de la lección sobre beneficiarse de los fracasos. Este mismo vendedor se ha convertido en uno de los hombres estrella del personal de la New York Life Insurance Company como consecuencia de su entrenamiento en las QUINCE LEYES DEL ÉXITO.

✓ **Maestros de escuela** que quieran llegar la cima en su ocupación actual, o que estén buscando una oportunidad para entrar en el ámbito de los negocios, que es más lucrativo, como trabajo para toda la vida.

✓ **Estudiantes** que estén indecisos respecto al ámbito al que desean dedicar su vida profesional. El curso de las LEYES DEL ÉXITO contiene un servicio completo de ANÁLISIS PERSONAL que ayuda al estudiante, o la estudiante, de esta filosofía a decidir cuál es el trabajo más adecuado.

✓ **Banqueros** que deseen ampliar su negocio mediante métodos mejores y más refinados para servir a sus clientes.

✓ **Empleados bancarios** que sean ambiciosos, para que se preparen con vistas a puestos ejecutivos en el ámbito de la banca, o en algún campo comercial o industrial.

✓ **Médicos y dentistas** que deseen extender su práctica sin violar la ética de su profesión mediante una publicidad directa. Un eminente médico ha dicho que el curso de las LEYES DEL ÉXITO bien vale mil dólares para cualquier hombre o mujer cuya ética profesional le impida anunciarse de una forma directa.

✓ **Promotores** que quieran desarrollar combinaciones nuevas y hasta ahora no explotadas en los negocios o en la industria. Dicen que el principio que se describe en esta lección introductoria supuso una pequeña fortuna para un hombre que la utilizó como base para una promoción inmobiliaria.

✓ **Vendedores inmobiliarios** que quieran descubrir nuevos métodos para aumentar las ventas. Esta lección introductoria contiene una descripción de un plan inmobiliario enteramente nuevo que sin duda producirá fortunas para muchos de los que lo pongan en práctica. Este plan podría ponerse en funcionamiento en prácticamente cualquier estado. Además, puede ser empleado por personas que nunca han promovido una empresa.

✓ **Agricultores** que deseen descubrir nuevos métodos para comercializar sus productos con la finalidad de que produzcan mayores beneficios netos, y los propietarios de tierras apropiadas para la promoción de subdivisión bajo el plan al que se hace referencia al final de esta lección introductoria. Miles de agricultores tienen «minas de oro» en las tierras de su propiedad no aptas para el cultivo, las cuales podrían utilizarse para fines recreativos y de descanso, con beneficios muy elevados.

✓ **Taquígrafos y contables** que buscan un plan práctico para ascender a puestos más altos y mejor pagados. Se dice que el curso de las LEYES DEL ÉXITO es el mejor curso que se ha escrito jamás sobre el tema de vender servicios personales.

✓ **Impresores** que deseen aumentar el volumen de su negocio y una producción más eficaz como consecuencia de una mayor cooperación entre sus propios empleados.

✓ **Obreros** que tengan la ambición de progresar hacia puestos de mayor responsabilidad en un trabajo que suponga más responsabilidades y, en consecuencia, ofrezca un salario mejor.

✓ **Abogados** que deseen ampliar su clientela mediante métodos serios y éticos, que atraigan la atención, de una forma favorable, de un mayor número de personas que necesiten servicios legales.

✓ **Ejecutivos** que quieran ampliar su actual negocio o deseen manejar el volumen actual con un gasto menor, como consecuencia de una mayor cooperación entre sus empleados.

✓ **Propietarios de lavanderías** que quieran ampliar su negocio enseñando a sus empleados a servir de una forma más cortés y eficaz.

✓ **Directivos de aseguradoras** que deseen una organización de ventas mayor y más eficiente.

✓ **Directores de cadenas de tiendas** que quieran un mayor volumen de negocio como consecuencia de unos esfuerzos individuales más eficaces en las ventas.

✓ **Personas casadas** que sean infelices y, por ello, no tengan éxito, debido a una falta de armonía y cooperación en el hogar.

A todos los que se describen en la clasificación precedente, la filosofía de las LEYES DEL ÉXITO les ofrece una ayuda concreta y rápida.

La única fortuna que vale la pena encontrar

es un propósito en la vida;

y no lo hallarás en tierras extrañas,

sino en tu propio corazón.

ROBERT LOUIS STEVENSON

Resumen de la lección introductoria

El propósito de este resumen es ayudar al estudiante a dominar la idea central en torno a la cual se ha desarrollado esta lección. Esta idea está representada por el término «mente maestra», el cual ha sido descrito en gran detalle a lo largo de la lección.

Todas las ideas nuevas, y especialmente las de naturaleza abstracta, sólo encuentran cabida en la mente humana después de mucha repetición. Ésta es una verdad conocida que explica el énfasis, en este resumen, en el principio conocido como «mente maestra».

Una «mente maestra» puede ser desarrollada mediante una alianza amistosa, en un espíritu de armonía de propósito, entre dos o más mentes. Éste es el lugar adecuado para explicar que, a partir de toda alianza de mentes, tanto si hay un espíritu de armonía como si no, se desarrolla otra mente que afecta a todos lo que participan. Jamás se han encontrado dos o más mentes sin crear otra mente a partir del contacto, pero esta creación invisible no es siempre una «mente maestra». A partir del encuentro de dos o más mentes se puede desarrollar (y ocurre con demasiada frecuencia) un poder negativo que es justamente lo opuesto a una «mente maestra».

Ciertas mentes, como ya se ha afirmado a lo largo de esta lección, no pueden unirse en un espíritu de armonía. Este principio tiene una analogía comparable en la química, cuya consulta puede ayudar al estudiante a captar con mayor claridad el principio al que aquí se hace referencia.

La fórmula química del H_2O (que significa la combinación de dos átomos de hidrógeno con uno de oxígeno), por ejemplo, convierte estos dos elementos en agua. Un átomo de hidrógeno y un átomo de oxígeno no producirán agua; además, ¡no pueden asociarse en armonía!

Hay muchos elementos conocidos que, cuando se combinan, se transforman inmediatamente: dejan de ser inofensivos y se convierten en sustancias venenosas mortales. Dicho de otro modo, muchos elementos venenosos conocidos se neutralizan y se vuelven inofensivos cuando se combinan con determinados elementos. Del mismo modo que la combinación de ciertos elementos cambia toda su naturaleza, la combinación de ciertas mentes cambia sus naturalezas y produce un cierto grado de lo que se llama una «mente maestra», o su opuesto, que es altamente destructivo.

Cualquier hombre que haya descubierto que es incompatible con su suegra ha experimentado la aplicación negativa de este principio conocido como la «mente maestra». Por alguna razón todavía desconocida para los investigadores en el campo del comportamiento de la mente, la mayoría de estas suegras parecen afectar a los maridos de sus hijas de una forma altamente negativa, pues el encuentro de sus mentes con las de sus yernos crea una influencia sumamente antagónica, en lugar de crear una «mente maestra». Este hecho es demasiado conocido como una verdad, de modo que no es necesario realizar un comentario extenso.

Algunas mentes no armonizarán y no pueden unirse para formar una «mente maestra». Es responsabilidad del líder agrupar a su gente de manera tal que quienes hayan sido colocados en los puntos más estratégicos de la organización sean personas cuyas mentes *puedan combinarse y así lo hagan* en un espíritu de amistad y armonía.

La habilidad para agrupar a la gente de esta forma es la principal característica sobresaliente del liderazgo. En la segunda lección de este curso, el estudiante descubrirá que esta habilidad fue la primera fuente del poder y la fortuna acumulada por Andrew Carnegie.

Sin saber absolutamente nada acerca del aspecto técnico del negocio del acero, Carnegie combinó y agrupó de tal manera a los hombres que componían su «mente maestra», que creó la industria siderúrgica más exitosa que se conoció en el mundo en su época.

El gigantesco éxito de Henry Ford se origina en la eficiente aplicación de este mismo principio. Aun teniendo toda la seguridad personal que un hombre puede tener, Ford no dependió de sí mismo a la hora de adquirir los conocimientos necesarios para un desarrollo exitoso de sus industrias. Al igual que Carnegie, se rodeó de personas que le proporcionaron los conocimientos que él no poseía, ni podía poseer.

Las alianzas más eficaces, cuya consecuencia ha sido la creación del principio conocido como «mente maestra», han sido aquellas desarrolladas a partir de la combinación de las mentes de hombres y mujeres. La razón de esto es el hecho de que las mentes de hombres y mujeres se unen más fácilmente en armonía que las mentes exclusivamente masculinas. Además, el estímulo añadido del contacto sexual suele favorecer en el desarrollo de una «mente maestra» entre un hombre y una mujer.

Es un hecho conocido que el hombre de la especie está más entusiasta y más alerta para «la caza», sea cual fuere la meta o el objeto de la persecución, cuando está inspirado y solicitado por una mujer.

Esta característica humana empieza a manifestarse en el hombre en la edad de la pubertad, y continúa haciéndolo a lo largo de su vida. La primera prueba de ella puede observarse en el deporte, cuando los chicos juegan ante un público femenino. Retira a las mujeres del público y el juego conocido como fútbol pronto se convertirá en un asunto sumamente insípido. Un chico se lanzará a un partido de fútbol casi con un empuje sobrehumano si sabe que la chica que le gusta lo está observando desde la tribuna.

Y ese mismo muchacho se lanzará al juego de acumular dinero con el mismo entusiasmo si es inspirado y animado por la mujer que le gusta; especialmente si ella sabe cómo estimular su mente con la suya mediante la

LEY DE LA «MENTE MAESTRA». Por otro lado, esa misma mujer, con una aplicación negativa de la LEY DE LA «MENTE MAESTRA»: reproches, celos, egoísmo, codicia, vanidad, ¡podría arrastrar a este hombre a una derrota segura!

Elbert Hubbard comprendía tan bien el principio aquí descrito que, cuando descubrió que la incompatibilidad entre su primera esposa y él lo estaba arrastrando hacia una derrota segura, se enfrentó a la opinión pública divorciándose de ella y casándose con la mujer que, según dicen, fue su principal fuente de inspiración.

No cualquier hombre tendría el valor de desafiar a la opinión pública como lo hizo Hubbard, ¿pero quién es lo bastante sabio para decir que su acto no fue para el mayor beneficio de todos los implicados?

¡La principal ocupación de un hombre en la vida es triunfar! El camino al éxito puede estar, y por lo general lo está, obstruido por muchas influencias que deben ser eliminadas para que se pueda alcanzar el objetivo. Uno de los obstáculos más perjudiciales es el de una alianza desafortunada con mentes que no armonizan. En tales casos, se debe romper la alianza o, de lo contrario, el desenlace será sin duda la derrota y el fracaso.

La persona que domine los seis temores básicos, uno de los cuales es el miedo a las críticas, no dudará en realizar lo que a una mente más convencional le parecería una acción drástica cuando se encuentre limitado y atado por alianzas antagónicas, sin importar de qué naturaleza sean o de quién se trate. Es un millón de veces mejor encontrarse con las críticas y enfrentarse a ellas que ser arrastrado al fracaso y el olvido a causa de unas alianzas que no son armoniosas, al margen de que éstas sean de negocios o sociales.

Para ser absolutamente franco, el autor está justificando aquí el divorcio cuando las condiciones que rodean al matrimonio son tales que la armonía no puede prevalecer. No es mi intención transmitir la creencia de que la falta de armonía no pueda ser eliminada mediante otros métodos que no sean el divorcio, pues hay casos en que la causa del antagonismo puede ser eliminada y la armonía establecida sin que se dé el paso extremo del divorcio.

Aunque es cierto que algunas mentes no se combinan en un espíritu de armonía, y que no pueden ser forzadas o inducidas a hacerlo debido a la naturaleza química de los cerebros de las personas, no te apresures a hacer que el otro miembro de tu alianza cargue con toda la responsabilidad por la falta de armonía. *Recuerda*: ¡el problema podría ser de tu propio cerebro!

Recuerda, también, que una mente que no consigue armonizar con una o más personas, y no lo hará, puede hacerlo perfectamente con otro tipo de mentes. El descubrimiento de esta verdad ha producido cambios radicales en los métodos para emplear al personal. Ya no se suele despedir a alguien porque no encaja en el puesto para el que se lo contrató originariamente. El jefe con discernimiento coloca a la persona que no encaja ahí en algún otro puesto, en el cual, según se ha demostrado más de una ocasión, puede convertirse alguien valioso.

Si no puedes hacer grandes cosas,

recuerda que puedes hacer

pequeñas cosas con grandeza.

El estudiante de este curso debería asegurarse de que comprende plenamente el principio descrito aquí como la «mente maestra» antes de continuar con el resto de lecciones de este curso. La razón de ello es que prácticamente todo el curso está estrechamente relacionado con esta ley del funcionamiento de la mente.

Si no estás seguro de entenderla, comunícate con el autor del curso y obtén una mayor explicación haciendo las preguntas que desees respecto a los puntos sobre los que crees necesitar más información. El tiempo que dediques a pensar seriamente en la LEY DE LA «MENTE MAESTRA» y a considerarla nunca será demasiado, pues cuando la hayas dominado y hayas aprendido a aplicarla, se abrirán nuevos mundos de oportunidades ante ti.

Esta lección introductoria, aunque no fue concebida como una lección aparte del curso de las LEYES DEL ÉXITO, contiene la información suficiente para permitir que el estudiante con aptitudes para las ventas se convierta en un maestro vendedor.

Cualquier organización de ventas puede hacer un uso eficaz de la LEY DE LA «MENTE MAESTRA» mediante la organización de los vendedores en grupos de dos o más personas que se alíen en un espíritu de cooperación amistosa y apliquen esta ley tal como en esta lección se sugiere.

Un representante de una conocida marca de automóviles, que empleaba a doce vendedores, dividió su organización en seis grupos de dos hombres cada uno, con la finalidad de aplicar la LEY DE LA «MENTE MAESTRA», con el resultado de que todos los vendedores establecieron unos nuevos récords de ventas muy elevados.

Esta misma organización ha creado lo que denomina el «Club de uno por semana», lo cual significa que cada miembro ha vendido una media de un coche por semana desde que se organizó el club. ¡Los resultados de este esfuerzo han sido una sorpresa para todos!

A cada miembro del club se le entregó una lista de cien probables compradores de automóviles. Cada vendedor envía una postal a la semana a cada uno de sus cien probables compradores y realiza llamadas personales al menos a diez de ellos cada día. Cada postal está limitada a la descripción de sólo una ventaja del automóvil que el vendedor está ofreciendo, y en ella se solicita una entrevista personal. Las entrevistas han aumentado rápidamente, ¡al igual que las ventas! El representante que emplea a estos hombres ha ofrecido una bonificación adicional en efectivo a cada vendedor que se gane el derecho de pertenecer al «Club de uno por semana» mediante una venta media semanal de un coche. Este plan ha infundido una nueva vitalidad a toda la organización. Además, los resultados del plan aparecen en el registro semanal de ventas de cada comercial.

Las empresas aseguradoras podrían adoptar un plan similar con una gran efectividad. Mediante la aplicación de este plan, cualquier director general con *iniciativa* podría doblar o incluso triplicar fácilmente el volumen de su negocio con el mismo número de vendedores.

Prácticamente no habría que hacer ningún cambio en el método de uso del plan. El club podría llamarse el «Club de una póliza por semana», lo cual querría decir que cada miembro se propondría vender cada semana al menos una póliza de un monto mínimo acordado.

El estudiante de este curso que haya dominado la segunda lección y entienda cómo aplicar lo esencial de ella («Un *claro objetivo principal*») podrá hacer un uso mucho más eficaz del plan aquí descrito.

No pretendo que cualquier estudiante se disponga a aplicar los principios de esta lección introductoria, antes de haber dominado al menos las próximas cinco lecciones del curso de las LEYES DEL ÉXITO.

El propósito principal de esta lección introductoria es establecer algunos de los principios sobre los cuales se funda este curso. En las lecciones individuales del curso se describen estos principios con mayor detalle y en ellas se enseña al alumno, de una forma muy clara, cómo aplicarlos.

La organización de venta de automóviles mencionada en este resumen se reúne una vez por semana a la hora de la comida y dedica una hora y media a discutir las formas y los medios de aplicación de los principios de este curso. Esto proporciona a cada persona la oportunidad de beneficiarse de las ideas de todos los demás miembros de la organización.

Para la comida, se ponen dos mesas. En una de ellas se sientan todos aquellos que se han ganado el derecho a ser miembros del «Club de uno por semana». En la otra, en la que se utilizan platos de metal en lugar de porcelana, se sientan todos aquellos que no se han ganado tal derecho de pertenencia. Huelga decir que estos últimos son reprendidos afablemente por los miembros más afortunados que se encuentran sentados en la otra mesa.

Es posible realizar una variedad prácticamente infinita de adaptaciones de este plan, tanto en este ámbito de ventas como en otros. *¡La justificación para su puesta en práctica es que da resultados!*

No sólo se ve recompensado el jefe o director de la organización, sino también cada uno de los miembros del personal de ventas.

Este plan ha sido descrito brevemente con el propósito de mostrar al estudiante de este curso cómo realizar una aplicación práctica de los principios aquí explicados. La prueba final de cualquier teoría, regla o principio, ¡es que realmente funcione! La LEY DE LA «MENTE MAESTRA» ha demostrado su solidez porque funciona.

Si comprendes esta ley, ya estás preparado para pasar a la segunda lección, en la cual serás iniciado más extensa y profundamente en la aplicación de los principios descritos en esta lección introductoria.

Un ganador nunca abandona,
¡y quien abandona nunca gana!

AVISO: Estudia detenidamente esta tabla y compara la puntuación de estos diez hombres antes de puntuarte en las dos columnas de la derecha.

LAS QUINCE LEYES DEL ÉXITO	Henry Ford	Benjamin Franklin	George Washington	Theodore Roosevelt	Abraham Lincoln	Woodrow Wilson
I. Un claro objetivo principal	100	100	100	100	100	100
II. Seguridad en uno mismo	100	80	90	100	75	80
III. El hábito de ahorrar	100	100	75	50	20	40
IV. Iniciativa y liderazgo	100	60	100	100	60	90
V. Imaginación	90	90	80	80	70	80
VI. El entusiasmo	75	80	90	100	60	90
VII. Autocontrol	100	90	50	75	95	75
VIII. El hábito de hacer más que aquello para lo que te pagan	100	100	100	100	100	100
IX. Una personalidad agradable	50	90	80	80	80	75
X. Un pensamiento correcto	90	80	75	60	90	80
XI. La concentración	100	100	100	100	100	100
XII. La cooperación	75	100	100	50	90	40
XIII. Beneficiarse del fracaso	100	90	75	60	80	60
XIV. La tolerancia	90	100	80	75	100	70
XV. Practicar la Regla de Oro	100	100	100	100	100	100
PROMEDIO GENERAL	91	90	86	82	81	79

Los diez hombres que han sido analizados en este cuadro son muy conocidos en el mundo entero. Ocho de ellos son conocidos como hombres de éxito, mientras que dos de ellos se consideran generalmente como personas que han fracasado. Los fracasados son Jesse James y Napoleón Bonaparte. Han sido analizados por comparación. Observa detalladamente dónde han obtenido una puntuación de cero y verás por qué fracasaron. *Una puntuación de cero en cualquiera de las* QUINCE LEYES DEL ÉXITO *es suficiente para provocar un fracaso*, aunque todas las demás sean elevadas.

Evalúate en estas dos columnas, antes y después de haber acabado de leer el curso *Las leyes del éxito*.

William H. Taft	Napoleón Bonaparte	Calvin Coolidge	Jesse James	ANTES	DESPUÉS
100	100	100	0		
50	100	60	75		
30	40	100	0		
20	100	25	90		
65	90	50	60		
50	80	50	80		
80	40	100	50		
100	100	100	0		
90	100	40	50		
80	90	70	20		
100	100	100	75		
100	50	60	50		
60	40	40	0		
100	10	75	0		
100	0	100	0		
75	70	71	37		

Observa que todos los hombres de éxito tienen una puntuación de 100% en un *claro objetivo principal*. Éste es un prerrequisito para el éxito en todos los casos, sin excepción. Si deseas realizar un experimento interesante, reemplaza los diez nombres que aparecen en la tabla con los nombres de diez personas que conozcas, cinco de ellas con éxito y cinco que hayan fracasado, y puntúa a cada una de ellas. Cuando hayas acabado, PUNTÚATE A TI MISMO, y procura darte cuenta de si realmente sabes cuáles son tus puntos débiles.

TUS SEIS ENEMIGOS MÁS PELIGROSOS
Una charla con el autor después de la lección

Los seis espectros son: el miedo a la pobreza, el miedo a la muerte, el miedo a la mala salud, el miedo a perder el amor, el miedo a la vejez y el miedo a las críticas.

Toda persona en la tierra le teme a algo, y la mayoría de los miedos son heredados. En este ensayo puedes estudiar los seis miedos básicos que más daño hacen. Tus temores deben ser dominados para que puedas triunfar en cualquier empresa que valga la pena en la vida. Averigua cuántos de los seis miedos te están perjudicando, pero lo más importante es que, además, decidas cómo vas a derrotarlos.

En esta imagen tienes la oportunidad de estudiar a tus seis peores enemigos. No son unos enemigos hermosos, pero el artista que realizó esta ilustración no dibujó a los seis personajes tan feos como son en realidad. De haberlo hecho, nadie le habría creído.

    Mientras vayas leyendo sobre estos personajes tan nefastos, analízate y averigua cuáles te hacen más daño.

*   *   *   *

El propósito de este ensayo es ayudar a los lectores del curso a deshacerse de estos mortíferos enemigos. Fíjate que los seis personajes van detrás de ti, donde no puedas verlos convenientemente.

Todo ser humano en esta tierra está atado, en alguna medida, por estos MIEDOS invisibles. El primer paso necesario para eliminar a estos enemigos es averiguar dónde y cómo los adquiriste.

Los miedos se apoderaron de ti a través de dos formas de herencia. Una es conocida como la herencia física, a la que Darwin dedicó tantos estudios. La otra es conocida como la herencia social, a través de la cual los miedos, las supersticiones y las creencias de las personas que vivieron durante las edades bárbaras han pasado de generación en generación.

Estudiemos, primero, el papel que ha tenido la herencia física en la creación de estos seis MIEDOS BÁSICOS. Si empezamos desde el principio, descubriremos que la naturaleza ha sido una creadora cruel. Desde la forma de vida más primitiva hasta la más elevada, la naturaleza ha permitido que las formas de vida más fuertes se alimenten de las más débiles.

Los peces devoran a los gusanos y los insectos, comiéndoselos enteros. Los peces son presa de las aves. Las aves son cazadas por las formas de vida animal más elevadas, y así sucesivamente, hasta llegar al hombre. Y el hombre caza a todas las otras formas inferiores de vida animal, ¡y al propio hombre!

Toda la historia de la evolución es una cadena ininterrumpida de manifestaciones de crueldad y destrucción de los más débiles por parte de los más fuertes. No es de extrañar que las formas más débiles de vida animal hayan aprendido a TEMER a las más fuertes. La conciencia del miedo surge en todo animal vivo.

*   *   *   *

Hasta aquí lo que nos llegó por herencia física. Ahora examinemos la herencia social y descubramos qué papel ha representado en nuestra configuración. El término «herencia social» hace referencia a todo lo que nos han enseñado, a todo lo que aprendemos o recogemos a partir de la observación y la experiencia con otros seres vivos.

Deja de lado cualquier prejuicio y opinión fija que puedas haberte formado, al menos temporalmente, y conocerás la verdad acerca de tus seis peores enemigos:

1. ¡EL MIEDO A LA POBREZA! Hace falta valor para decir la verdad sobre la historia de este enemigo de la humanidad, y más valor todavía para oír la verdad cuando te la cuentan. El miedo a la pobreza surge del hábito del hombre de aprovecharse económicamente de los demás. Los animales que tienen instinto, pero no la capacidad de pensar, se atacan unos a otros físicamente. El hombre, con su sentido de la intuición superior, y teniendo la poderosa arma del pensamiento, no devora a otros físicamente, pues obtiene más placer devorándolos económicamente. En este sentido, el ser humano es un agresor tan grande, que prácticamente todos los estados y naciones se han visto obligados a crear leyes, y en gran número, para proteger a los débiles de los fuertes. Todas las leyes que fueron creadas para impedir las estafas son una prueba indiscutible de la tendencia natural del hombre a aprovecharse económicamente de su hermano más débil.

2. ¡EL MIEDO A LA VEJEZ! Este miedo surge de dos causas principales. En primer lugar, del pensamiento de que la vejez puede traer consigo la pobreza. En segundo lugar, de las falsas y crueles enseñanzas sectarias, que se han mezclado tan bien con los fuegos del infierno, que todos los seres humanos aprendieron a temer a la vejez porque significaba acercarse a otro mundo, quizá más horrible que éste.

3. EL MIEDO A LA MALA SALUD: Este miedo nace tanto de la herencia física como de la herencia social. Desde el nacimiento hasta la muerte, se libra una eterna batalla dentro de todo cuerpo físico: una batalla entre grupos de células, uno de ellos conocido como los constructores amigables del cuerpo y los otros como los destructores o «gérmenes de enfermedades».

Para empezar, la semilla del miedo nace en el cuerpo físico como resultado del cruel plan de la naturaleza de permitir que las formas más fuertes de vida celular ataquen a las más débiles. La herencia social ha representado su papel a través de la falta de higiene y conocimientos sanitarios, y también por medio de la inteligente manipulación de la ley de la sugestión por parte de aquellas personas que se benefician de la MALA SALUD.

4. EL MIEDO A LA PÉRDIDA DEL AMOR DE ALGUIEN: Este miedo llena los hospitales psiquiátricos con personas enfermizamente celosas, pues los celos no son sino otra forma de enfermedad. También llena los tribunales de divorcios y provoca muertes y otras formas crueles de castigo. Es algo que proviene del pasado y ha sido transmitido de generación en generación, a través de la herencia social, desde la edad de piedra, cuando un hombre atacaba a otro para robarle la pareja mediante la fuerza física. Actualmente el método ha cambiado en cierta medida, pero la práctica no ha desaparecido. En lugar de utilizar la fuerza física, ahora el hombre le roba la pareja a otro con bonitos lazos de colores, automóviles veloces, whisky de contrabando, piedras brillantes y mansiones solariegas. El hombre va mejorando: ahora «seduce» donde antes «atacaba».

5. EL MIEDO A LAS CRÍTICAS: Resulta difícil determinar exactamente cómo y dónde adquirió el hombre este miedo, aunque no cabe duda de que lo tiene. Pero no pierde el pelo por este temor. La calvicie es producto de los sombreros demasiado ajustados que cortan la circulación en la raíz del cabello. Las mujeres rara vez se quedan calvas, porque llevan los sombreros más sueltos. Pero, por miedo a las críticas, el hombre dejaría de lado su sombrero y conservaría su cabello. Los fabricantes de ropa no han tardado en capitalizar este miedo básico de la humanidad. Cada temporada cambian los estilos, porque saben que pocas personas tienen el valor de ponerse ropa de la temporada anterior a «lo que lleva todo el mundo». Si dudáis

de esto (vosotros, caballeros), pasead por la calle llevando puesto el sombrero de paja de ala estrecha que estaba de moda el año pasado, cuando el estilo de este año exige un ala ancha. O vosotras (damas), dad un paseo por la calle en una mañana de Pascua con el sombrero que se llevaba el año pasado. Observad cuán incómodas os sentís, gracias a vuestro enemigo invisible, el MIEDO A LAS CRÍTICAS.

6. ¡EL MIEDO A LA MUERTE! Durante decenas de miles de años el hombre ha estado haciendo las preguntas que siguen sin hallar respuesta: «¿de dónde venimos?»; «¿a dónde vamos?». Los más astutos en esta carrera no han tardado en ofrecer una respuesta a esta eterna pregunta; «¿De dónde vengo y a dónde iré después de morir?». «Entra en mi tienda, dice un líder, y podrás ir al cielo cuando mueras». Entonces el cielo era imaginado como una ciudad maravillosa cuyas calles estaban cubiertas de oro y adornadas con piedras preciosas. «Quédate fuera de mi tienda y podrás ir directamente al infierno.» Entonces imaginaban el infierno como un horno ardiente donde la pobre víctima podría tener la desgracia de arder eternamente en el azufre. ¡No me extraña que la humanidad tema a la muerte!

* * * *

Echa otra mirada a la imagen que aparece al principio de este apartado y determina, si puedes, cuál de los seis miedos básicos te está haciendo más daño. Un enemigo descubierto es un enemigo casi derrotado.

Gracias a las escuelas y las universidades, el hombre está descubriendo lentamente a estos seis enemigos. La herramienta más efectiva para luchar contra ellos es la de los conocimientos organizados. La ignorancia y el miedo son hermanos mellizos; por lo general, se los encuentra juntos.

De no ser por la ignorancia y la superstición, los seis miedos básicos desaparecerían de la naturaleza humana en una generación. En toda biblioteca pública se puede encontrar el remedio a estos seis enemigos de la humanidad, siempre que uno sepa qué libros debe leer.

Empieza por leer *The Science of Power* [La ciencia del poder] de Benjamin Kidd y te habrás librado de la mayoría de tus seis miedos básicos. A continuación, lee el ensayo de Emerson sobre la compensación. Luego elige algún buen libro sobre la autosugestión e infórmate sobre el principio a través del cual tus creencias de hoy se convierten en las realidades de mañana. *Mind In the Making* [La evolución de la mente y del pensamiento humano] de Robinson, te proporcionará un buen comienzo hacia la comprensión de tu propia mente.

* * * *

La ignorancia y la superstición de las edades bárbaras te han sido transmitidas por el principio de la herencia social. Pero tú vives en una era moderna. En cada mano puedes ver pruebas de que todo efecto tiene una causa natural. Empieza ahora a estudiar los efectos a través de sus causas, y no tardarás en librar a tu mente de la carga de los seis miedos básicos.

Comienza informándote acerca de las personas que han acumulado una gran riqueza y averigua la causa de estos logros. Henry Ford es un buen caso para empezar. En el breve período de veinticinco años ha acabado con la pobreza y se ha convertido en el hombre más poderoso sobre la Tierra. Su éxito no se debió a la suerte, ni a la casualidad, ni a un accidente. Fue consecuencia de su cuidadosa observación de ciertos principios que están a tu disposición, como lo estuvieron para él.

Que no te quepa ninguna duda: Henry Ford no está atado por los seis miedos básicos. Si sientes que estás demasiado lejos de Ford para poder estudiarlo con precisión, empieza eligiendo a dos personas que conozcas de cerca; una de ellas debe representar tu idea del fracaso y la otra debe corresponderse con tu idea del éxito. Averigua qué hizo que una fuera un fracaso y la otra un éxito. Consigue datos reales. En el proceso de reunir esta información, te habrás dado una gran lección sobre causa y efecto.

Las cosas jamás «ocurren» simplemente. Todo, desde la forma animal más inferior que se arrastra por el suelo o que nada en el mar, hasta el hombre, es el EFECTO del proceso evolutivo del ser humano. La evolución es «cambio ordenado». No hay «milagros» relacionados con este cambio ordenado.

No sólo las formas físicas y los colores de los animales experimentan una transformación lenta y ordenada, sino que también la mente humana está experimentando cambios continuamente. Aquí es donde reside tu esperanza de mejorar. Tienes el poder de obligar a tu mente a pasar por un proceso de cambio bastante veloz. En un solo mes de autosugestión adecuadamente dirigida, puedes sojuzgar cada uno de tus seis miedos básicos. En doce meses de esfuerzo persistente, puedes llevarlos a todos hacia un rincón donde nunca más podrán hacerte ningún daño serio.

Mañana te parecerás a los pensamientos dominantes que mantienes vivos en tu mente hoy. Siembra en tu mente la semilla de la determinación de derrotar a tus seis miedos básicos y en ese preciso momento ya tendrás media batalla ganada. Mantén esta intención en tu mente y, poco a poco, irá expulsando a tus seis peores enemigos hasta que estarán fuera de tu vista, ya que sólo existen en tu propia mente.

La persona poderosa no le teme a nada, ni siquiera a Dios. La persona poderosa ama a Dios, ¡pero jamás lo teme! El poder duradero nunca surge del miedo. Cualquier poder que esté construido a partir del miedo se derrumbará y se desintegrará. Si comprendes esta gran verdad, nunca serás tan desafortunado como para intentar llegar al poder a través de los miedos de personas que puedan deberte una lealtad temporal.

> El hombre está hecho de cuerpo y alma para actos
> de propósito elevado; para volar incansable sobre las alas
> más audaces de la fantasía, para convertir intrépidamente
> los dolores más agudos en sosiego, y saborear las alegrías que
> produce la combinación de los sentidos y el espíritu;
>
> O está hecho de vileza y aflicción,
> para arrastrarse en el estercolero de sus miedos,
> para encogerse ante cada sonido, para apagar las llamas
> del amor natural en el sensualismo, para conocer
> esa hora bendita en la que sobre sus días inútiles
> la helada mano de la muerte pondrá su sello,
> pero teme la cura, aunque odia la enfermedad.

Uno es el hombre que será en el futuro; el otro,
el hombre en que el vicio lo ha convertido ahora.

SHELLEY

La calumnia es uno de los males más destructivos.

Rompe corazones humanos

y arruina reputaciones

con una crueldad desconocida

en relación con todos los otros males.

Después de todo, el mejor rosal no es el que tiene menos espinas, sino el que da las mejores rosas.

HENRY VAN DYKE

LAS LEYES DEL ÉXITO

Segunda lección

UN CLARO OBJETIVO PRINCIPAL

«¡Puedes hacerlo si crees que puedes!»

Estás iniciando un curso de filosofía que, por primera vez en la historia del mundo, ha sido organizado a partir de los factores que se sabe que han sido utilizados, y siempre deberán serlo, por las personas que han triunfado.

El estilo literario ha estado completamente subordinado a la explicación de los principios y leyes incluidos en este curso, para que puedan ser asimilados fácilmente por personas de todos los ámbitos de la vida. Algunos de los principios que en él se describen son conocidos por todos los lectores; otros se explican aquí por primera vez. Desde la primera hasta la última lección, debería tenerse en cuenta que el valor de la filosofía reside enteramente en los estímulos de los pensamientos que se producen en la mente del estudiante, y no solamente en las propias lecciones. Dicho de otro modo, este curso está pensado como un estimulante de la mente que hará que el alumno, o la alumna, organice y dirija las fuerzas de su mente hacia una meta clara, aprovechando así el magnífico poder que la mayoría de la gente desperdicia en pensamientos intermitentes, carentes de propósito.

Para tener éxito es esencial una gran determinación, con independencia de cuál sea la idea que uno tenga de la definición de éxito. Sin embargo, la determinación es una cualidad que puede exigir que pensemos en muchos temas relacionados, y por lo general suele ser así.

Este autor hizo un largo viaje para ver a Jack Dempsey entrenarse para una lucha que estaba próxima. Observé que no se apoyaba enteramente en un tipo de ejercicio, sino que recurría a varias formas. El saco de arena lo ayudaba a desarrollar un grupo de músculos, y también ejercitaba sus ojos para que fuesen rápidos. Las pesas entrenaban otro grupo de músculos. Correr desarrollaba los músculos de sus piernas y sus caderas. Una ración de alimentos equilibrados le proporcionaba las sustancias necesarias para desarrollar musculatura sin grasa. Las horas de sueño adecuadas, la relajación y los hábitos de descanso favorecían otras cualidades que Dempsey debía poseer para ganar.

El estudiante de este curso está dedicado a la tarea de entrenarse para el éxito en la batalla de la vida, o debería estarlo. Para ganar se debe prestar atención a muchos factores. Una mente bien organizada, alerta y enérgica, es el resultado de diversos estímulos, y todos ellos se describen claramente en estas lecciones. Sin embargo, hay que recordar que, para su desarrollo, la mente requiere una variedad de ejercicios, al igual que el cuerpo físico necesita muchas formas de ejercicio sistemático.

Los adiestradores enseñan ciertos pasos a los caballos, haciéndolos pasar por encima de obstáculos que los obligan a desarrollar aquéllos mediante el hábito y la repetición. La mente humana debe ser adiestrada de una manera similar, a través de diversos estímulos que inspiren pensamientos.

Antes de haber profundizado mucho en esta filosofía, observarás que la lectura de estas lecciones provoca también un fluir de pensamientos que abarcan una amplia gama de temas. Por esta razón, el estudiante debería leer el curso teniendo a mano un cuaderno y un lápiz, y seguir la práctica de poner por escrito esos pensamientos o «ideas» a medida que van apareciendo en su mente. Si hace caso de esta sugerencia, cuando haya leído el curso una o dos veces, tendrá una colección de ideas suficiente para transformar todo su plan. Al seguir esta práctica, pronto notará que la mente se ha convertido en una especie de imán, en el sentido de que atraerá ideas útiles «de la nada», como dice un importante científico que ha experimentado con este principio durante muchísimos años.

No te harás ningún favor si sigues este curso teniendo siquiera la ligera sensación de que no necesitas adquirir más conocimientos de los que ahora posees. En verdad, ningún hombre sabe lo suficiente sobre ningún tema digno de conocerse como para creer que tiene la última palabra al respecto.

En la larga y ardua tarea de intentar eliminar algo de mi propia ignorancia y hacer sitio para algunas de las verdades prácticas de la vida, a menudo he visto en mi imaginación al Gran Hacedor, que se encuentra en el pórtico de entrada a la vida y escribe «pobre tonto» en la frente de aquellos que creen ser sabios y «pobre pecador» en la de aquellos que se creen santos. Lo cual, traducido al lenguaje de cada día, quiere decir que ninguno de nosotros sabe gran cosa y que la propia naturaleza de nuestro ser nunca puede conocer todo lo que necesitamos saber para vivir con sensatez y disfrutar de la vida mientras estamos aquí.

¡La humildad es la precursora del éxito! Hasta que no seamos humildes en nuestros propios corazones, no seremos aptos para beneficiarnos grandemente de las experiencias y los pensamientos de los demás. ¿Esto te parece un sermón sobre la moralidad? Bueno, ¿y qué, si lo es?

Incluso los «sermones», por muy secos y faltos de interés que parezcan, pueden resultar beneficiosos si sirven para reflejar la sombra de nuestro verdadero ser, para que podamos tener una idea aproximada de nuestra insignificancia y superficialidad. ¡El éxito en la vida se basa en gran medida en nuestro conocimiento del ser humano!

El mejor lugar para estudiar al hombre-animal es tu propia mente, llevando a cabo un inventario lo más exacto posible de TI MISMO. Cuando te conozcas a fondo (si alguna vez llegas a hacerlo), también sabrás mucho sobre los demás. Para conocer a los demás, no por lo que aparentan ser, sino tal como son en realidad, estúdialos a través de:

✓ La postura corporal y su forma de caminar.
✓ El tono de su voz, su cualidad, su entonación, su volumen.
✓ Los ojos: si la mirada es furtiva o directa.
✓ El uso de las palabras, su tendencia, naturaleza y cualidad.

A través de estas ventanas abiertas puedes, literalmente, «adentrarte en el alma de una persona» ¡y echar una mirada a la persona real! Avanzando un paso más, si quieres conocer a una persona, estúdiala cuando:

- ✓ Esté enfadada
- ✓ Esté enamorada
- ✓ Haya dinero de por medio
- ✓ Esté comiendo (sola, y crea que nadie la observa)
- ✓ Esté escribiendo
- ✓ Tenga problemas
- ✓ Esté alegre y triunfante
- ✓ Esté alicaída y derrotada
- ✓ Se enfrente a una catástrofe de naturaleza peligrosa
- ✓ Intente dar una «buena impresión» a los demás
- ✓ Le informen de la desgracia de otra persona
- ✓ Le informen de la buena fortuna de otra persona
- ✓ Pierda en cualquier tipo de deporte
- ✓ Gane en los deportes
- ✓ Esté sola, en una actitud meditativa

Para poder conocer a alguien tal como es, debes observarlo en todos los estados de ánimo mencionados, y quizá más, lo cual prácticamente equivale a decir que no tienes derecho a juzgar a los demás con una mirada. Las apariencias cuentan, no cabe duda de ello, pero también suelen ser engañosas.

Este curso ha sido diseñado de manera tal que el estudiante que lo domine pueda examinarse a sí mismo y a los demás mediante métodos que no sean de «discernimiento instantáneo». El alumno que domine esta filosofía podrá mirar a través de la capa exterior de adornos personales, ropa, cultura y cosas por el estilo, y entrar directamente en el corazón de todo aquello que lo rodea.

¡Ésta es una promesa muy amplia! No la habría hecho si, como autor de esta filosofía, no supiera, por mis años de experimentación y análisis, que esta promesa puede realizarse.

Algunas personas que han examinado los manuscritos de este curso me han preguntado por qué no lo he llamado «Curso de maestría en el arte de vender». La respuesta es que el término «arte de vender» suele asociarse con la comercialización de productos o servicios y, por lo tanto, esto reduciría y limitaría su verdadera naturaleza. Es cierto que éste es un curso sobre el «arte de vender», siempre y cuando uno tenga una visión «más profunda que la media» sobre el significado de este arte. Esta filosofía está pensada para permitir que quienes la dominen se abran camino por la vida con éxito, «vendiendo» con la mínima cantidad de resistencia y fricción. De modo que, un curso así debe ayudar al estudiante a organizar y hacer uso de muchas verdades que no son tenidas en cuenta por la mayoría de la gente que pasa por la vida siendo mediocre.

Ninguna persona ha recibido una «educación» si no conoce al menos «de oídas» la «ley de la compensación», tal como la describió Emerson («Toda acción lleva en sí su recompensa»).

No todas las personas tienen deseos de conocer la verdad sobre todos los asuntos que afectan de una forma esencial a la vida. Una de las mayores sorpresas que se ha llevado el autor de este libro, en relación con sus actividades de investigación, es ver que muy poca gente está dispuesta a oír la verdad cuando ésta le muestra sus propias debilidades. ¡Preferimos la ilusión a la realidad! Las nuevas verdades, si son aceptadas, son tomadas con el proverbial grano de sal. Algunos de nosotros exigimos más que una pizca de sal; exigimos la suficiente para salar tanto las nuevas ideas que acaben siendo inservibles.

Por estos motivos, tanto la lección introductoria del curso como esta lección tratan temas que pretenden allanar el camino para las nuevas ideas de manera que no representen una conmoción tan severa para la mente del estudiante.

El pensamiento que el autor desea «transmitir» ha sido explicado claramente por el director de la *American Magazine* en un editorial que apareció en un número reciente, con las siguientes palabras:

Recientemente, en una noche lluviosa, Carl Lomen, el rey de los renos de Alaska, me contó una historia real. Desde entonces, la he tenido en mente. Y ahora la voy a transmitir.

Hace unos años, cierto esquimal de Groenlandia —cuenta Lomen— fue llevado a una de las expediciones norteamericanas al Polo Norte. Más adelante, como recompensa por sus fieles servicios, lo llevaron a la ciudad de Nueva York para una visita corta. Ante todos los milagros de la vista y el sonido, se quedó absolutamente maravillado. Cuando regresó a su aldea natal contó historias de edificios que se elevaban hasta la propia faz del cielo, de tranvías que describió como casas que se movían a lo largo de un sendero y en los que la gente vivía mientras éstos avanzaban, de puentes gigantescos, luces artificiales, y de todos los otros deslumbrantes encantos de la metrópolis.

Los habitantes de su pueblo se lo quedaron mirando con frialdad y luego lo dejaron. Y a partir de ese momento, en todo el pueblo lo apodaron "Sagdluk", que quiere decir "el mentiroso", nombre que arrastró con vergüenza hasta su tumba. Mucho antes de su muerte, su nombre original había sido olvidado por completo.

Cuando Knud Rasmussen viajó de Groenlandia a Alaska, estuvo acompañado de un esquimal groenlandés llamado Mitek (pato de flojel). Mitek visitó Copenhague y Nueva York, donde vio muchas cosas por primera vez y quedó sumamente impresionado. Luego, al regresar a Groenlandia, recordó la tragedia de Sagdluk y decidió que no era conveniente contar la verdad. En lugar de eso, narraría historias que su pueblo pudiera comprender, y así salvaría su reputación.

De modo que les contó que él y el doctor Rasmussen guardaban un kayak en las orillas de un gran río, el Hudson, y que cada mañana se iban en él a cazar. Había patos, gansos y focas en abundancia, y disfrutaron enormemente de la visita.

A los ojos de sus compatriotas, Mitek es un hombre muy honesto. Sus vecinos lo tratan con un respeto poco habitual.

El camino de quien dice la verdad siempre ha sido escabroso. Sócrates tuvo que tomar la cicuta, Cristo fue crucificado, Esteban lapidado, Bruno quemado en la hoguera, Galileo aterrorizado hasta retractarse de sus «verdades estelares», y uno podría seguir eternamente ese rastro cruento por las páginas de la historia.

Hay algo en la naturaleza que hace que nos sintamos ofendidos por el impacto de las ideas nuevas.

Odiamos que se modifiquen las creencias y prejuicios que hemos heredado junto con los muebles de la familia. En la madurez, muchos de nosotros hibernamos y vivimos de los viejos fetiches. Si una idea nueva invade nuestra madriguera, nos levantamos de nuestro sueño invernal gruñendo.

Los esquimales, al menos, tenían alguna excusa. No eran capaces de visualizar las asombrosas imágenes que dibujaba Sagdluk. Sus sencillas vidas habían estado circunscritas durante demasiado tiempo a la triste noche del Ártico.

Pero no hay ningún motivo correcto para que la persona media cierre su mente a nuevos «puntos de vista» sobre la vida. Sin embargo lo hace, de todos modos. No hay nada más trágico (o más corriente) que la inercia mental. Por cada diez personas físicamente perezosas, se encuentran diez mil con las mentes estancadas. Y las mentes estancadas son los lugares donde se engendran los miedos.

Un viejo granjero en Vermont solía acabar siempre sus plegarias con este ruego: «Oh, Dios, ¡dame una mente abierta!». Si más personas siguieran su ejemplo podrían evitar estar paralizadas por los prejuicios. Y qué lugar tan agradable para vivir sería el mundo.

* * * *

Todas las personas deberían proponerse reunir ideas nuevas de fuentes distintas del entorno donde viven y trabajan.

Si la mente no busca nuevas ideas, se marchita, se estanca, se estrecha y se cierra. El agricultor debería visitar la ciudad con frecuencia y caminar entre rostros extraños y edificios altos. Entonces regresaría a su granja con la mente renovada, con más valor y entusiasmo.

El hombre de la ciudad debería ir al campo de vez en cuando y renovar su mente con vistas nuevas y distintas de aquellas asociadas a sus labores diarias.

Todo el mundo necesita un cambio de ambiente mental a intervalos regulares, del mismo modo que en la alimentación son esenciales el cambio y la variedad. La mente se vuelve más alerta, más elástica y está más preparada para trabajar con rapidez y precisión después de haberse dado un baño de ideas nuevas, fuera de su propio ámbito de trabajo cotidiano.

Como estudiante de este curso, dejarás de lado temporalmente el conjunto de ideas con que realizas tus tareas diarias y entrarás en un campo de ideas enteramente nuevas (y, en algunos casos, desconocidas hasta el momento).

¡Espléndido! Al final de este curso, te encontrarás con un nuevo surtido de ideas que te harán más eficiente, más entusiasta y más valiente, sin importar qué tipo de trabajo tengas.

¡No temas a las ideas nuevas! Pueden representar para ti la diferencia entre el éxito y el fracaso.

Algunas de las ideas presentadas en este curso no requerirán más explicaciones o pruebas de su solidez porque son conocidas para prácticamente todo el mundo. Otras son nuevas y, por esa misma razón, es posible que muchos de los estudiantes de esta filosofía duden de si deben aceptarlas como ideas razonables.

Cada uno de los principios descritos en este curso ha sido probado concienzudamente por el autor, y la mayoría de los principios incluidos han sido probados por decenas de científicos y por personas bastante capaces de distinguir entre lo meramente teórico y lo práctico.

Por ello, sabemos que todos los principios aquí reunidos son practicables exactamente del modo en que se afirma que lo son. No obstante, a ningún alumno o alumna de este curso se le pide que acepte nada de lo que se afirme en estas lecciones sin antes haber comprobado, mediante pruebas, experimentos y análisis, que dicha afirmación es sólida.

El principal mal que el estudiante debe evitar es el de formarse opiniones sin basarse en DATOS claros, lo cual me recuerda la famosa advertencia de Herbert Spencer:

Hay un principio que es un obstáculo para cualquier información, que es una prueba contra cualquier argumento y que deja al hombre en la más absoluta ignorancia. Este principio es el de descartar antes de examinar.

Sería bueno que tuvieras presente este principio cuando estudies la LEY DE LA «MENTE MAESTRA» que se describe en las lecciones. Esta ley representa un principio enteramente nuevo del funcionamiento de la mente y, sólo por este motivo, a muchos estudiantes les resultará difícil aceptarla como razonable antes de haber experimentado con ella.

Por lo general, no existe eso de «Conseguir algo a cambio de nada». A la larga, uno obtiene exactamente aquello por lo que ha pagado, tanto si está comprando un coche como una barra de pan.

Sin embargo, cuando uno reflexiona acerca de la consideración de la LEY DE LA «MENTE MAESTRA» como verdadera base de la mayoría de los éxitos de los llamados genios, esta ley adquiere un aspecto que exige algo más que meras opiniones de «juicio instantáneo».

Muchos de los científicos que han manifestado su opinión sobre el tema al autor de esta filosofía creen que la LEY DE LA «MENTE MAESTRA» es la base de prácticamente todos los logros más importantes resultantes del esfuerzo grupal o cooperativo.

Según Alexander Graham Bell, la LEY DE LA «MENTE MAESTRA», tal como se describe en esta filosofía, no sólo era razonable, sino que todas las instituciones educativas superiores deberían estar enseñándola como parte de sus cursos de psicología.

Charles P. Steinmetz dijo que él había experimentado con esta ley y había llegado a la misma conclusión que la que se afirma en estas lecciones, mucho antes de haber hablado del tema con el autor de la filosofía de las LEYES DEL ÉXITO.

¡Luther Burbank y John Burroughs hicieron declaraciones similares! Edison nunca fue interrogado sobre el tema, pero otras declaraciones suyas indican que aprobaría la ley como una posibilidad, o como una realidad.

El doctor Elmer Gates dio su aprobación a esta ley en una conversación con el autor hace más de quince años. El doctor Gates es un científico del más alto nivel, de la altura de Steinmetz, Edison y Graham Bell.

El autor de esta filosofía ha hablado con decenas de hombres de negocios inteligentes que, aunque no eran científicos, aseguraron creer en la solidez de la LEY DE LA «MENTE MAESTRA». Es, por tanto, difícilmente excusable que personas con menos capacidad de juzgar tales asuntos se formen opiniones sobre esta ley, sin una investigación seria y sistemática.

* * * *

Permíteme presentarte una breve descripción de lo que es esta lección ¡y lo que se supone que va a hacer *por ti!*

Habiéndome preparado para la práctica de la ley, ofreceré esta presentación como un planteamiento de mi caso. Las pruebas que lo respaldan serán presentadas en las dieciséis lecciones que componen el curso.

Los datos a partir de los cuales se ha preparado este curso han sido reunidos durante más de veinticinco años de negocios y experiencia profesional, y mi única explicación de la puesta en práctica bastante libre que hago a lo largo del curso es que escribo a partir de mi *experiencia de primera mano*. Antes de que se publicara este curso sobre las LEYES DEL ÉXITO, los manuscritos fueron presentados a dos importantes universidades con la petición de que fuesen leídos por profesores competentes con el objeto de eliminar o corregir cualquier afirmación que pareciera poco razonable desde el punto de vista económico. Ellos accedieron a esta petición y los manuscritos fueron examinados concienzudamente, con el resultado de que no se realizó ni un solo cambio, con excepción de una o dos ligeras modificaciones en la redacción.

Uno de los profesores que examinó el manuscrito se expresó, en parte, de la siguiente manera: «Es una tragedia que no se enseñe a cada chico y chica que entra en la escuela secundaria los quince capítulos principales de su curso sobre las LEYES DEL ÉXITO. Es una lástima que ni la gran universidad con la que estoy relacionado ni todas las demás incluyan su curso como parte de sus planes de estudios».

Puesto que este curso está pensado como un mapa o anteproyecto que te guiará para que alcances esa codiciada meta llamada «Éxito», ¿acaso no estaría bien definir aquí el éxito?

El éxito es el desarrollo del poder con el que uno consigue cualquier cosa que desea en la vida sin interferir con los derechos de los demás.

Quisiera poner especial énfasis en la palabra «poder», ya que está relacionada indisolublemente con el éxito. Vivimos en un mundo y una época de intensa competencia, y la ley de la supervivencia del más apto es visible en todas partes. Debido a esto, todo aquel que desee disfrutar de un éxito duradero debe conseguirlo mediante el uso del poder. Y ¿qué es el *poder*?

El poder es energía *organizada* o esfuerzo *organizado*. El motivo de que este curso se llame, apropiadamente, las LEYES DEL ÉXITO, es que enseña cómo organizar los *datos*, los *conocimientos* y las facultades de nuestra propia mente en una unidad de poder. Este curso te ofrece una clara promesa: *A través de su dominio y aplicación podrás conseguir cualquier cosa que desees, haciendo sólo un matiz: «dentro de lo razonable».*

Esta aclaración tiene en cuenta tu educación, tu sabiduría o la falta de ella, tu resistencia física, tu temperamento y todas las demás cualidades mencionadas en las dieciséis lecciones de este curso, como los factores más esenciales para la consecución del éxito.

Sin ninguna excepción, quienes han alcanzado un éxito fuera de lo común lo han hecho, consciente o inconscientemente, ayudándose de los quince factores principales en que se basa este curso, o en buena parte de ellos. Si dudas de esta afirmación, entonces domina estas lecciones para que puedas realizar un análisis con una precisión razonable y estudiar a personas como Carnegie, Rockefeller, Hill, Arriman, Ford y otras parecidas que han acumulado grandes fortunas, y verás que comprendían y aplicaban el principio del *esfuerzo organizado* que aparece a lo largo de este curso.

A principios de siglo entrevisté al señor Carnegie con el propósito de escribir una historia sobre él. Durante la entrevista le pregunté a qué atribuía su *éxito*. Con un brillo alegre en los ojos, dijo: «Jovencito, antes de responder a su pregunta, le pediré por favor que defina el término "éxito"».

Quedó a la espera, pero al darse cuenta de que me sentía incómodo ante su pregunta, continuó: «Cuando habla de "éxito" se está refiriendo a mi dinero, ¿no es así?». Le aseguré que el dinero era el baremo con el que la mayoría de la gente medía el éxito, y entonces él replicó: «Ah, bien, si lo que quiere es saber cómo conseguí mi dinero, *si eso es lo que usted llama "éxito"*, responderé a su pregunta diciéndole que aquí, en nuestro negocio, tenemos una «mente maestra», y dicha mente está formada por más de una veintena de personas que conforman mi plantilla personal de supervisores, directores, contables, químicos y otros profesionales necesarios. Ninguna persona en este grupo es la «mente maestra» de la que le hablo, pero la suma total de las mentes del grupo, coordinadas, organizadas y dirigidas a un fin *claro*, en un espíritu de cooperación armoniosa, constituyen el poder que me hizo ganar dinero. No hay dos mentes en el grupo exactamente iguales, pero cada uno de sus miembros hace lo que se espera que haga y lo hace mejor de lo que podría hacerlo cualquier otra persona en el mundo».

Ahí, en ese momento, quedó sembrada en mi mente la semilla a partir de la cual se desarrolló este curso, pero no echó raíces ni germinó hasta más adelante. Esta entrevista marcó el inicio de años de investigación que desembocaron, finalmente, en el descubrimiento del principio de psicología descrito en la lección introductoria como la «mente maestra».

Escuché todo lo que dijo el señor Carnegie, pero fueron necesarios los conocimientos obtenidos en varios años de contacto posterior con el mundo de los negocios para poder asimilar lo que él me había dicho y captar y comprender claramente el principio que estaba detrás, que no era otro que el principio del *esfuerzo organizado* en el que se funda este curso de las LEYES DEL ÉXITO.

El grupo de empleados de Carnegie constituía una «mente maestra», y dicha mente estaba tan bien organizada y coordinada, era tan poderosa, que podría haber acumulado millones de dólares para su jefe en prác-

SEGUNDA LECCIÓN: UN CLARO OBJETIVO PRINCIPAL

ticamente cualquier tipo de empresa de naturaleza comercial o industrial. El negocio siderúrgico al que dicha mente estaba dedicada era sólo un accidente en relación con la acumulación de riqueza de Carnegie. Esa misma riqueza podría haberse reunido si la «mente maestra» hubiese estado orientada al negocio del carbón, de la banca o de la alimentación, precisamente porque detrás de la mente, estaba el *poder*: el tipo de poder que *tú* conseguirás cuando organices las facultades de tu propia mente y te alíes con otras mentes bien organizadas para la consecución de un *claro objetivo principal* en la vida.

Si eres capaz de perder en una carrera

sin culpar a otra persona,

tienes muchas posibilidades

de tener éxito más adelante

en el camino de la vida.

Una investigación exhaustiva con varios de los antiguos socios del señor Carnegie en los negocios, que se realizó una vez iniciado este curso, demuestra de modo concluyente, no sólo que la ley que denominamos la «mente maestra» existe, sino que además ha sido la principal fuente del éxito del señor Carnegie.

Es posible que, de entre los socios de Carnegie, ninguno lo haya conocido tan bien como el señor C. M. Schwab. En las siguientes palabras, el señor Schwab ha descrito con gran precisión ese «algo» sutil en la personalidad del señor Carnegie, que le permitió ascender hasta alturas tan asombrosas.

«Nunca he conocido a un hombre con tanta imaginación, inteligencia vivaz y comprensión instintiva. Percibías que él sondeaba tus pensamientos y evaluaba todo lo que habías hecho o podrías hacer alguna vez. Parecía saber cuál iba a ser tu próxima palabra antes de que la pronunciaras. El juego de su mente era deslumbrante y su hábito de la observación minuciosa le proporcionaba una reserva de conocimientos sobre innumerables asuntos.

»Pero su cualidad sobresaliente, entre una dotación tan rica, era el poder de inspirar a otros hombres. Irradiaba confianza. Podías vacilar respecto a algo y discutir el tema con el señor Carnegie. En un instante, él te hacía ver que estaba bien y luego conseguía que lo creyeras absolutamente, o podía resolver tus dudas señalando sus puntos débiles. Esta cualidad de atraer a los demás y luego estimularlos surgía de su propia fuerza.

»Los resultados de su liderazgo fueron excelentes. Creo que nunca antes en la historia de la industria había habido un hombre que, sin entender los detalles del funcionamiento de su negocio y sin ninguna pretensión de exhibir conocimientos técnicos sobre el acero o acerca de ingeniería, fuese capaz de construir una empresa así.

»*La habilidad del señor Carnegie para inspirar a las personas se apoyaba en algo más profundo que una capacidad de juicio.*»

En esta última frase, el señor Schwab expresa un pensamiento que corrobora la teoría de la «mente maestra» a la que el autor de este curso atribuye la principal fuente del poder de Carnegie.

Además, el señor Schwab ha confirmado la afirmación de que Carnegie podría haber tenido tanto éxito en cualquier otro negocio como el que tuvo en el del acero. Es obvio que su éxito se debió a su comprensión de su propia mente y de las mentes de otros hombres, y no meramente a sus conocimientos en concreto del negocio siderúrgico.

Este pensamiento es sumamente reconfortante para quienes todavía no han logrado un éxito tan sobresaliente, pues demuestra que el éxito es únicamente una cuestión de aplicar de modo correcto las leyes y los principios que están al alcance de todo el mundo; y no debemos olvidar que dichas leyes están descritas plenamente en las dieciséis lecciones de este curso.

El señor Carnegie aprendió a aplicar la LEY DE LA «MENTE MAESTRA». Esto le permitió organizar las facultades de su propia mente y las de otras mentes, y amarlas todas en pos de un *claro objetivo principal*.

Todo estratega, ya sea en los negocios, en la guerra, en la industria o en otros ámbitos, comprende el valor del esfuerzo *organizado*, coordinado. Todo estratega militar conoce el valor de sembrar semillas de discordia en las fuerzas enemigas, porque esto quiebra el poder de coordinación que está detrás de la oposición. Durante la Primera Guerra Mundial, se oyeron muchas cosas sobre los efectos de la propaganda, y me parece exagerado decir que las fuerzas desorganizadoras de la propaganda fueron mucho más destructivas que todas las armas y explosivos utilizados en la guerra.

Uno de los puntos decisivos más importantes de la Primera Guerra Mundial llegó cuando los ejércitos aliados fueron colocados al mando del general francés, Foch. Militares bien informados afirman que ésta fue la jugada que significó la condena de los ejércitos enemigos.

Cualquier puente ferroviario moderno es un excelente ejemplo del valor del *esfuerzo organizado* porque demuestra con claridad y sencillez, que miles de toneladas de peso pueden ser soportadas por un grupo comparativamente pequeño de barras y travesaños de acero dispuestos de manera tal que el peso se reparte por todo el conjunto.

Había un hombre que tenía siete hijos que casi siempre estaban a la greña. Un día, los reunió y les informó que deseaba demostrarles lo que significaba exactamente su falta de esfuerzo cooperativo. Había preparado un haz de siete ramas que ató cuidadosamente. Uno a uno, fue pidiendo a sus hijos que tomaran el haz y lo rompieran. Todos lo intentaron, pero fue en vano. Entonces el hombre cortó las cuerdas y le entregó una rama a cada uno de sus hijos, pidiéndole que la rompiera sobre su rodilla. Cuando todas las ramas estuvieron rotas, el hombre dijo a sus hijos con tranquilidad:

«Cuando vosotros, muchachos, trabajáis juntos con espíritu de armonía, os parecéis a ese haz de ramas, y nadie puede derrotaros; pero cuando os peleáis unos con otros, cualquiera derrotaros, uno por uno».

En esta historia del hombre y sus siete hijos pendencieros hay una lección digna de tenerse en cuenta y que podría aplicarse a las personas de una comunidad, a los jefes y los empleados de un lugar de trabajo, o al estado y la nación en que vivimos.

El *esfuerzo organizado* puede convertirse en un poder, pero también puede ser un poder peligroso, a menos que sea guiado con inteligencia, y ésta es la razón principal de que las dieciséis lecciones de este curso estén dedicadas en gran parte a describir cómo dirigir el poder para que nos conduzca al *éxito*; a ese tipo de éxito que se funda en la verdad, la justicia y la equidad que conducen a la *felicidad* máxima.

Una de las tragedias destacables de esta era de lucha y locura por el dinero es el hecho de que muy pocas personas están dedicadas a la tarea que más aman. Uno de los objetivos de este curso es ayudar a cada estudiante a descubrir su lugar particular de dedicación profesional en el mundo, donde pueda encontrar tanto prosperidad material como *felicidad* en abundancia. Con este propósito, una tabla de análisis del carácter acompaña a la decimosexta lección. Esta tabla está diseñada para ayudar al estudiante a examinarse a sí mismo y a descubrir qué habilidades latentes o fuerzas ocultas se encuentran dormidas en su interior.

Todo este curso está pensado como un estímulo que te permita verte a ti mismo, o a ti misma, tal como eres, y ver tus fuerzas ocultas tal como son, y para despertar en ti la ambición, la visión y la determinación que te harán avanzar y reclamar lo que es legítimamente tuyo.

Hace menos de treinta años, había un hombre que trabajaba en la misma tienda que Henry Ford, haciendo prácticamente el mismo tipo de trabajo que él. Se ha dicho que aquel hombre en realidad era un trabajador más competente que Ford, en ese empleo en particular. Actualmente, ese hombre sigue dedicándose al mismo tipo de trabajo, con un salario inferior a los cien dólares semanales, mientras que Ford es el hombre más rico del mundo.

¿Cuál es la diferencia destacable entre estos dos hombres, que ha creado una distancia tan grande entre ellos en términos de riqueza material? Simplemente ésta: Ford comprendió y aplicó el principio del *esfuerzo organizado*, mientras que el otro hombre no lo hizo.

Mientras escribo estas líneas, en la pequeña ciudad de Shelby, Ohio, se está aplicando por primera vez en la historia del mundo este principio del *esfuerzo organizado* con el propósito de producir una alianza más estrecha entre las iglesias y las empresas de una comunidad.

Los clérigos y los hombres de negocios han formado una alianza, con el resultado de que prácticamente cada iglesia de la ciudad respalda enteramente a cada hombre de negocios, y cada hombre de negocios respalda de lleno a cada iglesia. El efecto ha sido el fortalecimiento de las iglesias y de las empresas, hasta tal punto que se ha dicho que sería prácticamente imposible que cualquier miembro de ninguno de los dos sectores fracasara en su profesión; los demás miembros de la alianza no lo permitirían.

He aquí un ejemplo de lo que puede ocurrir cuando grupos de personas forman una alianza con el propósito de aunar el poder combinado del grupo detrás de cada unidad individual. La alianza ha supuesto para la ciudad de Shelby ventajas materiales y morales como las que disfrutan muy pocas ciudades de esas dimensiones en Estados Unidos. El plan ha funcionado de una forma tan eficaz y tan satisfactoria que ahora se está produciendo un movimiento para ampliarlo a otras ciudades norteamericanas.

Para tener una visión más concreta de cómo este principio del *esfuerzo organizado* puede llegar a ser tan poderoso, detente un momento y deja que tu imaginación dibuje una imagen de cuál sería el probable resultado si cada iglesia, cada periódico, cada club de rotarios, cada asociación de caridad, cada club de publicidad, cada asociación de mujeres y cada una de las demás organizaciones cívicas de naturaleza similar de tu ciudad, o de cualquier otra, formaran una alianza con el propósito de aunar su poder y utilizarlo en beneficio de todos los miembros de estas organizaciones. ¡Los resultados que podrían conseguirse fácilmente con una alianza de este tipo superan la imaginación!

Una buena enciclopedia contiene
la mayoría de datos conocidos del mundo,
pero si éstos no son organizados
y expresados en términos de acción,
resultan tan inútiles como las dunas.

En el mundo del *esfuerzo organizado* son tres los poderes destacables: las iglesias, las escuelas y la prensa. Piensa en lo que podría ocurrir fácilmente si estos tres grandes poderes y moldeadores de la opinión pública se aliaran con el propósito de producir cualquier cambio que fuera necesario en la conducta humana. En una sola generación, podrían modificar las actuales reglas de ética en los negocios, por ejemplo, de tal manera que sería prácticamente un suicidio económico para cualquiera intentar realizar la mínima transacción de negocios bajo cualquier regla que no fuera la Regla de Oro. Una alianza así podría tener la suficiente influencia para cambiar, en una sola generación, las tendencias en los negocios, en la sociedad y en la moral de todo el mundo civilizado. Una alianza de este tipo tendría el suficiente poder para *introducir* en las mentes de las próximas generaciones cualquier ideal deseado.

El poder es *esfuerzo organizado*, ¡como ya se ha dicho! ¡Y el éxito se basa en el poder!

Para que tengas un concepto claro de lo que significa el término «esfuerzo organizado», he utilizado los ejemplos anteriores, y para enfatizarlo aún más repetiré la afirmación de que la acumulación de una gran riqueza y la obtención de cualquier posición elevada en la vida como las que constituyen aquello que comúnmente llamamos *éxito*, se basan en tener la visión necesaria para comprender y la capacidad de asimilar y aplicar los importantes principios de las dieciséis lecciones de este curso.

El curso está en total armonía con los principios de economía y los de psicología aplicada. Observarás que, en aquellas lecciones que dependen para su aplicación práctica, de unos conocimientos de psicología, se ha incluido una explicación suficiente de los principios psicológicos implicados para que puedan comprenderse fácilmente.

Antes de entregar al editor los manuscritos de este curso, fueron presentados a algunos de los más importantes banqueros y hombres de negocios de Estados Unidos para que fuesen examinados, analizados y criticados por las mentes más prácticas. Uno de los banqueros más conocidos de Nueva York devolvió los manuscritos con el siguiente comentario:

Tengo un máster de la universidad de Yale, pero estaría dispuesto a intercambiar todo lo que ese título me ha dado con lo que me habría aportado su curso de las LEYES DEL ÉXITO si hubiese tenido el privilegio de que se incluyeran en mi formación cuando estudiaba en Yale.

Mi esposa y mi hija también han leído los manuscritos, y mi mujer ha llamado a su curso "el teclado maestro de la vida", porque cree que todos aquellos que comprendan cómo aplicarlo podrán interpretar una sinfonía perfecta en sus respectivas profesiones, igual que un pianista es capaz de tocar cualquier melodía cuando domina el teclado del piano y los fundamentos de la música.

No hay dos personas sobre la tierra exactamente iguales y, por este motivo, no se espera que dos personas obtengan de este curso el mismo resultado. Cada estudiante debería leerlo, entenderlo y luego apropiarse de aquella parte de su contenido que necesite para desarrollar una personalidad bien formada.

Para que esta apropiación pueda realizarse adecuadamente, será necesario que el estudiante realice un autoanálisis, mediante el uso del cuestionario que viene en la decimosexta lección del curso, con el propósito de averiguar cuáles podrían ser sus deficiencias. Este cuestionario no debería llenarse antes de que el alumno, o la alumna, domine plenamente los contenidos de todo el curso, pues sólo entonces estaría en posición de responder a las preguntas con una mayor precisión y comprensión respecto a sí mismo. Con la ayuda de este cuestionario, un analista del carácter con experiencia puede llevar a cabo un inventario de las propias facultades con la misma facilidad y precisión con que un comerciante puede hacer inventario de las mercancías que hay en sus estanterías.

Este curso ha sido compilado con el propósito de ayudar a cada alumno a descubrir cuáles son sus talentos naturales, y también con la finalidad de que pueda organizar, coordinar y poner en uso los conocimientos obtenidos de la experiencia. Durante más de veinte años he estado reuniendo, clasificando y organizando el material que forma parte de este curso. Durante los últimos catorce años he analizado a más de dieciséis mil hombres y mujeres, y todos los datos importantes reunidos en estos análisis han sido cuidadosamente organizados e introducidos aquí. Estos análisis produjeron muchos datos interesantes que me han ayudado a lograr que este curso sea práctico y aplicable. Por ejemplo, descubrí que el 95 % de todas las personas analizadas era un fracaso y que sólo el 5 % era un éxito. (Cuando utilizo el término «fracaso» quiero decir que no encontraron la felicidad y que satisfacían las necesidades normales de la vida con unos esfuerzos casi intolerables). Quizás esta sea aproximadamente la proporción de éxitos y fracasos que podría encontrarse si toda la gente del mundo fuese analizada con precisión. La lucha por la mera existencia es terrible para las personas que no han aprendido a organizar y dirigir sus talentos naturales, mientras que para quienes han logrado el dominio del principio del *esfuerzo organizado*, cubrir esas necesidades, así como adquirir muchos lujos, es algo comparativamente sencillo.

Uno de los datos más asombrosos que salieron a la luz en esos análisis fue el descubrimiento de que el 95 % de los que fueron clasificados como fracasos se encontraban dentro de ese grupo *porque no tenían un claro objetivo principal en la vida*, mientras que el 5 % que formaba el grupo de éxito no sólo tenían propósitos *claros*, sino también *planes definidos* para la consecución de sus objetivos.

Otro dato importante que revelaron estos análisis fue que el 95 % que conformaba el grupo de fracasados se dedicaba a un trabajo que no le agradaba, mientras que el 5 % formado por las personas de éxito hacía lo que más le gustaba. Dudo que una persona pueda ser un fracaso si se dedica a lo que más le gusta. Otro dato importante que mostraron los análisis fue que todas las personas que constituían el 5 % que tenía éxito se habían formado el hábito de ahorrar dinero sistemáticamente, mientras que el 95 % que era un fracaso no ahorraba nada. Este punto se merece una seria consideración.

Ninguna posición en la vida puede ser segura,

y ningún logro puede ser permanente,

a menos que se hayan construido sobre la base

de la verdad y la justicia.

Uno de los principales objetivos de este curso es ayudar al estudiante a realizar el trabajo que ha elegido de una forma que le proporcione los mayores beneficios posibles, tanto en dinero como en felicidad.

Un *claro objetivo principal*

La clave de toda esta lección podría hallarse en la palabra «claro». Es terrible saber que la mayor parte de habitantes del mundo van por la vida a la deriva, sin un propósito, sin tener ni la mínima idea de para qué trabajo están más capacitadas y sin conocer siquiera la necesidad de tener un objetivo *claro* por el que luchar.

Existe una razón, psicológica y económica a la vez, para elegir un *claro objetivo principal* en la vida. Dediquemos nuestra atención en primer lugar al aspecto psicológico de la cuestión. Hay un principio de psicología bien establecido que dice que los actos de una persona siempre están en armonía con los pensamientos dominantes de su mente.

Cualquiera que sea el *claro objetivo principal* que se fije de forma intencionada en la mente y se mantenga ahí, con la determinación de realizarla, acabará impregnando toda la mente subconsciente hasta que influirá automáticamente en la acción física del cuerpo en dirección a la consecución de ese propósito.

Tu *claro objetivo principal* en la vida debería ser escogido con sumo cuidado y, una vez seleccionado, deberías escribirlo en un papel y colocarlo en un lugar donde lo veas al menos una vez al día. El efecto psicológico de este gesto es grabar tu propósito en la mente subconsciente con tanta fuerza que ésta lo acepte como una pauta o anteproyecto que acabará dominando tus actividades en la vida y te conducirá, paso a paso, hasta el logro del objetivo que está detrás de dicho propósito.

El principio psicológico mediante el cual puedes grabar tu *claro objetivo principal* en tu subconsciente se denomina «autosugestión», o sugestión que uno se hace repetidamente a uno mismo. Éste es un grado de autohipnosis, pero no debes tener miedo en este sentido, pues este principio es el mismo que ayudó a Napoleón a salir de una situación de pobreza en Córcega y llegar a la dictadura de Francia. Fue con la ayuda de este mismo principio como Thomas A. Edison ascendió desde sus modestos inicios como vendedor de periódicos hasta una posición en la que es reconocido como uno de los principales inventores del mundo. Fue a través de la ayuda de este mismo principio como Lincoln superó el poderoso abismo existente entre sus humildes orígenes en una cabaña de madera en las montañas de Kentucky y la presidencia de la nación más poderosa del mundo. Fue con la ayuda de este mismo principio como Theodore Roosevelt se convirtió en uno de los líderes más agresivos que haya llegado jamás a la presidencia de Estados Unidos.

No es necesario tenerle ningún miedo al principio de la autosugestión, siempre y cuando te asegures de estar luchando por un objetivo que te proporcionará una felicidad duradera. Asegúrate de que tu *propósito claro* sea constructivo, de que su realización no causará problemas o infelicidad a nadie, de que te aportará paz y prosperidad, y luego aplica el principio de autosugestión, en la medida de tu comprensión, para alcanzar rápidamente tu objetivo.

En la calle, en la esquina que está justo frente a la habitación en la que me encuentro escribiendo, veo a un hombre que se pasa ahí todo el día, vendiendo cacahuetes. Siempre está ocupado. Cuando no está realizando una venta, está tostando y empaquetando los cacahuetes en unas bolsitas. Él pertenece al gran ejército que constituye el 95 % que no tiene un *propósito claro* en la vida. Vende cacahuetes, no porque le guste más que cualquier otra cosa que podría estar haciendo, sino porque nunca se ha sentado a pensar en un *propósito claro* que podría aportarle más beneficios por su trabajo. Vende cacahuetes porque va a la deriva en el mar de la vida, y una de las tragedias de su trabajo es el hecho de que esa misma cantidad de esfuerzo que está invirtiendo en él, si lo dirigiera por otras vías, le aportaría unos beneficios mucho más grandes.

Otra de las tragedias del trabajo de este hombre es el hecho de que está utilizando inconscientemente el principio de la autosugestión, pero lo hace para su propio perjuicio. Sin duda, si se pudiera recrear una imagen de sus pensamientos, no habría nada en ella, excepto un tostador de cacahuetes, unas bolsitas de papel y un grupo de personas comprándole. Este hombre podría salir del negocio de venta de cacahuetes si tuviera, en primer lugar, la visión y la ambición para imaginarse a sí mismo en una profesión más rentable, y luego la perseverancia para mantener esa imagen en su mente hasta que lo influya para dar los pasos necesarios a fin de entrar en dicha profesión. El esfuerzo que él pone en su trabajo le reportaría unos beneficios sustanciales si lo dirigiera hacia la realización de un *propósito claro* que le ofreciera mayores ganancias.

Uno de mis amigos más cercanos es uno de los escritores y conferenciantes más conocidos de este país. Hace aproximadamente diez años, captó las posibilidades de este principio de autosugestión e inmediatamente comenzó a utilizarlo y a ponerlo en funcionamiento. Diseñó un plan para su aplicación que resultó ser sumamente eficaz. En esa época, no era ni escritor ni conferenciante.

Cada noche, justo antes de irse a dormir, cerraba los ojos y veía, *en su imaginación*, una larga mesa de juntas en la que colocaba (en su imaginación) a ciertos hombres conocidos cuyas características él deseaba que penetraran en su propia personalidad. Al final de la mesa sentaba a Lincoln y, en el otro extremo, colocaba a Napoleón, a Washington, a Emerson y a Elbert Hubbard. Luego procedía a hablar con esas figuras imaginarias que había sentado a su imaginaria mesa de juntas, de una forma similar a la siguiente:

Señor Lincoln, deseo construir en mi propio carácter esas cualidades de imparcialidad y paciencia con toda la humanidad y el agudo sentido del humor que fueron sus características más destacadas. Necesito esas cualidades y no estaré satisfecho hasta haberlas desarrollado.

Señor Washington, deseo construir en mi propio carácter esas cualidades de patriotismo y autosacrificio y liderazgo que fueron sus características más destacadas.

Señor Emerson, deseo construir en mi propio carácter esas cualidades de visión y capacidad de interpretar las leyes de la naturaleza tal como están escritas en las rocas de los muros de la prisión y en los árboles que crecen y en los arroyos que fluyen y en las flores y en los rostros de los niños, que eran sus características más destacadas.

Napoleón, deseo construir en mi propio carácter esas cualidades de independencia y capacidad estratégica de superar obstáculos y beneficiarse de los errores, y de sacar fuerzas de las derrotas, las cuales eran sus características más destacadas.

Señor Hubbard, deseo desarrollar la capacidad de igualar, e incluso superar, la habilidad que usted tenía para expresarse con un lenguaje claro, conciso y vigoroso.

Noche tras noche, durante varios meses, vio a esos hombres sentados alrededor de esa mesa de juntas imaginaria, hasta que finalmente había grabado sus características más destacables en su propia mente subconsciente con tanta claridad que empezó a desarrollar una personalidad que era un compuesto de todas aquéllas que admiraba.

La mente subconsciente se puede comparar con un imán, y cuando se la ha cargado y llenado completamente con cualquier *propósito claro*, tiene una marcada tendencia a atraer todo lo que sea necesario para la realización del mismo. Los iguales se atraen, y se puede ver la prueba de esta ley en cada brizna de hierba y en cada árbol que crece. La bellota atrae de la tierra y el aire las sustancias necesarias para convertirse en un roble. Jamás produce un árbol que es en parte roble y en parte álamo. Cada grano de trigo que es sembrado en la tierra atrae las sustancias necesarias para que crezca un tallo de trigo. Nunca comete un error, haciendo que crezcan avena y trigo del mismo tallo.

Y los seres humanos también están sujetos a la ley de la atracción. Entra en cualquier pensión barata de barrio y verás que las personas que tienen la misma inclinación mental general se relacionan entre ellas. Por otro lado, si entras en cualquier comunidad próspera, ahí encontrarás personas de la misma tendencia general que se relacionan entre ellas. La gente que tiene éxito siempre busca la compañía de otras personas de éxito, mientras que las que se encuentran en el lado mísero de la vida siempre buscan la compañía de quienes están en circunstancias similares: «a la desdicha le encanta tener compañía».

No le «digas» al mundo
lo que eres capaz de hacer:
«¡Demuéstraselo!».

El agua busca su nivel con una certeza que no es mayor que aquella con la que el hombre busca la compañía de otros que estén en su mismo nivel general, económico y mental. Un profesor de la Universidad de Yale y un vagabundo analfabeto no tienen nada en común. Serían muy infelices si se los obligara a estar juntos durante mucho tiempo. El agua y el aceite están tan dispuestos a mezclarse como las personas que no tiene nada en común. Todo ello nos conduce hasta la siguiente afirmación: atraerás a personas que armonicen con tu propia filosofía de vida, tanto si lo deseas como si no. Siendo esto cierto, ¿acaso no ves la importancia de vitalizar tu mente con un *claro objetivo principal* que atraerá hacia ti a personas que serán una ayuda y no un obstáculo? Supón que tu *claro objetivo principal* está muy por encima del lugar que ocupas actualmente en la vida. ¿Y qué? Es tu privilegio o, mejor dicho, tu *DEBER*, aspirar a lo más alto en vida. Te debes a ti mismo y a tu comunidad poner el listón muy alto para ti.

Existen muchas evidencias que justifican la creencia de que no hay nada, *dentro de lo razonable*, que no pueda conseguir la persona cuyo *claro objetivo principal* esté bien desarrollado. Hace unos años, Louis Victor Eytinge fue sentenciado a cadena perpetua en la prisión de Arizona. En la época de su encarcelamiento, era un hombre «malo» en todos los sentidos, según reconocía él mismo. Además, se creía que le quedaba un año de vida, debido a la tuberculosis. Si alguien tenía motivos para sentirse desanimado, ése era Eytinge. La animadversión popular contra él era intensa, y no tenía un solo amigo en el mundo que pudiera darle ánimos o ayudarlo. Entonces ocurrió algo en su propia mente que le devolvió la salud, acabó con la temida «plaga blanca» y, finalmente, abrió las puertas de la prisión y le devolvió la libertad.

¿Qué fue ese «algo»? Simplemente esto: Eytinge se decidió a acabar con la plaga blanca y recuperar la salud. Ése fue un *objetivo principal* muy *claro*. Había transcurrido menos de un año desde el momento en que tomó la decisión, y ya había ganado. Entonces amplió ese *claro objetivo principal* decidiéndose a obtener la libertad. Al poco tiempo, los muros de la prisión dejaron de rodearlo.

Ningún entorno indeseable es lo bastante fuerte para retener a un hombre o una mujer que sabe cómo aplicar el principio de autosugestión en la creación de un *claro objetivo principal*. Tal persona puede liberarse de las cadenas de la pobreza, destruir los gérmenes de la enfermedad más mortífera, elevarse desde una baja posición social en la vida para obtener poder y abundancia.

Todos los grandes líderes basan su liderazgo en un *claro objetivo principal*. Los seguidores siguen de buena gana a un líder cuando saben que éste es una persona con un *claro objetivo principal* que tiene el valor de respaldar ese propósito con la acción. Incluso un mal caballo sabe cuando un conductor con un *claro objetivo principal* toma las riendas, y se somete a él. Cuando un hombre con un *claro objetivo principal* se abre paso entre una multitud, todo el mundo se hace a un lado y le deja pasar, pero si un hombre vacila y muestra con sus actos que no está seguro de qué camino desea seguir, la multitud le pisará los pies y se negará a moverse ni un centímetro.

En ningún lugar es tan notoria o más perjudicial la falta de un *claro objetivo principal* que en la relación entre un padre o una madre y su hijo o hija. Los niños perciben con mucha rapidez la actitud vacilante de sus padres y se aprovechan de ella con bastante facilidad. Lo mismo ocurre en todos los ámbitos de la vida: las personas con un *claro objetivo principal* inspiran respeto y llaman la atención en todo momento.

Hasta aquí lo que respecta al punto de vista psicológico de un *propósito claro*. Veamos ahora el aspecto económico de la cuestión.

Si un buque a vapor perdiera su timón en medio del océano y empezara a dar vueltas en círculos, pronto agotaría su combustible sin llegar a la costa, a pesar de que gastaría la energía suficiente como para ir y venir varias veces allí. El hombre que trabaja sin un *claro objetivo principal* respaldado por un plan definido para su consecución, se asemeja al buque que ha perdido el timón. El trabajo duro y las buenas intenciones no son suficientes para llevar a una persona al éxito, pues ¿cómo puede alguien estar seguro de que ha alcanzado el éxito, a menos que haya establecido en su mente el objetivo claro que desea?

Toda casa bien construida empezó siendo un *propósito claro*, además de un plan definido en la forma de una serie de anteproyectos. Imagina qué ocurriría si uno intentara construir una casa de cualquier modo, sin planos. Los trabajadores se molestarían unos a otros, el material de construcción se amontonaría por todo el terreno antes de que los cimientos estuvieran acabados y todos los que estuvieran trabajando ahí tendrían una idea diferente de cómo se debería construir la casa. El resultado: caos y malentendidos, y un coste prohibitivo.

Sin embargo, ¿alguna vez te has parado a pensar que la mayoría de la gente acaba el colegio, acepta un empleo o entra en un negocio o en una profesión sin tener ni la más ligera idea de nada que se parezca, siquiera remotamente, a un *propósito claro* o un plan definido? En vista del hecho de que la ciencia nos ha proporcionado maneras y medios razonablemente precisos para analizar el carácter y determinar para qué trabajo son más aptas las personas, ¿no os parece que es una tragedia moderna que el noventa y cinco por ciento de la población adulta del mundo esté constituida por hombres y mujeres que son un fracaso porque no han encontrado su lugar adecuado en el mundo laboral?

Si el *éxito* depende del poder, y si el poder es ESFUERZO ORGANIZADO, y si el primer paso hacia la organización es tener un *propósito claro*, entonces se puede ver fácilmente por qué dicho propósito es esencial.

Hasta que una persona elige un *objetivo claro* en la vida, disipa sus energías y esparce sus pensamientos por tantos temas y en tantas direcciones distintas, que no lo conducen al poder, sino a la indecisión y la debilidad.

Con la ayuda de una pequeña lupa puedes darte una gran lección sobre el valor del ESFUERZO ORGANIZADO. Puedes utilizarla para concentrar los rayos del sol en un punto *definido* con tanta fuerza que quemarán un tablón y harán un agujero en él. Retira la lupa (que representa el *propósito claro*) y los mismos rayos de sol caerán sobre el mismo tablón durante un millón de años sin quemarlo.

Mil pilas, si son organizadas adecuadamente y conectadas unas a otras con cables, producirán la energía suficiente para hacer funcionar una máquina de un buen tamaño durante varias horas, pero toma cada una de esas pilas por separado y ni una sola de ellas produciría la energía suficiente para encenderla. Las facultades de tu mente podrían ser comparadas apropiadamente con esas pilas. Cuando las organizas de acuerdo con el plan que se explica en las dieciséis lecciones de este curso de las LEYES DEL ÉXITO y las diriges hacia la consecución de un *propósito claro* en tu vida, entonces estás aprovechando el principio cooperativo o acumulativo a partir del cual se desarrolla el *poder*, al que llamamos ESFUERZO ORGANIZADO.

El consejo de Andrew Carnegie fue el siguiente: «Coloca todos tus huevos en una canasta y luego vigila la canasta para asegurarte de que nadie le dé una patada». Con esto quería decir, por supuesto, que no deberíamos disipar nuestras energías tomando vías secundarias. Carnegie era un economista sensato y sabía que la mayoría de personas tendrían éxito si aprovecharan y dirigieran sus energías para hacer una sola cosa bien.

Cuando el plan que está detrás de este curso nació, recuerdo que le llevé el primer manuscrito a un profesor de la Universidad de Texas y, con espíritu entusiasta, le sugerí que había descubierto un principio que me resultaría muy útil en todos los discursos que pronunciara en público a partir de ese momento, porque estaría mejor preparado para organizar y ordenar mis pensamientos. Él miró el resumen de los quince puntos durante unos minutos, luego se volvió hacia mí y me dijo:

«Sí, tu descubrimiento te ayudará a hacer mejores discursos, pero eso no será lo único que haga. Te ayudará también a ser un escritor más efectivo, pues en tus escritos anteriores he percibido una tendencia a dispersar tus pensamientos. Por ejemplo, si empezabas a describir una bella montaña en la distancia, podías apartarte de la descripción, llevando la atención hacia un hermoso macizo de flores silvestres, a un arroyo o a un pájaro que canta, desviándote aquí y ahí, en zigzag, antes de llegar, finalmente, al verdadero punto desde el cual se veía la montaña. En el futuro, tendrás menos dificultades para describir un objeto, tanto hablando como escribiendo, porque *tus quince puntos representan las bases mismas de la organización*».

**La mejor compensación
por hacer las cosas
es la capacidad de hacer más.**

En una ocasión, un hombre que no tenía piernas conoció a otro que era ciego. Para demostrar concluyentemente que el hombre lisiado era un *hombre de visión*, le propuso al ciego formar una alianza que sería sumamente beneficiosa para ambos. «Déjeme que me suba a su espalda, le dijo al ciego, y entonces yo utilizaré sus piernas y usted podrá usar mis ojos. Entre los dos nos las arreglaremos con mayor rapidez.»

Del esfuerzo conjunto nace un poder más grande. Ésta es una característica que merece ser repetida varias veces, *porque constituye una de las partes más importantes de los cimientos de este curso.* Las grandes fortunas del mundo han sido acumuladas mediante el uso de este principio de los esfuerzos conjuntos. Aquello que un hombre puede realizar con una sola mano, durante toda una vida, es, en el mejor de los casos, exiguo, por muy organizado que sea, pero lo que puede conseguir con el principio de alianza con otras personas es prácticamente ilimitado.

Esa «mente maestra» a la que se refirió Carnegie durante mi entrevista con él estaba formada por más de una veintena de mentes. En dicho grupo había personas de prácticamente todos los temperamentos y tendencias. Cada una de ellas estaba ahí para representar un determinado papel, y no hacía otra cosa. Había entre estas personas una comprensión y un trabajo en equipo perfectos. La tarea de Carnegie consistía en mantener la armonía entre ellas, y lo hacía maravillosamente bien.

Si estás familiarizado con el fútbol americano, sin duda sabrás que el equipo ganador es el que coordina mejor los esfuerzos de sus jugadores. El trabajo en equipo es el que gana; lo mismo ocurre en el gran juego de la vida.

En tu esfuerzo por alcanzar el *éxito*, deberías tener siempre en mente la necesidad de saber lo que quieres —saber exactamente cuál es tu *propósito claro*— y el valor del principio del *esfuerzo organizado* para la realización de aquello que constituye tu *propósito claro*.

De una forma un tanto vaga, prácticamente todo el mundo tiene un propósito claro, es decir, ¡el deseo de tener *dinero*! Pero ése no es un *propósito claro* dentro del significado del término tal como se utiliza en esta lección. Para que tu propósito se pueda considerar *claro*, aunque éste sea la acumulación de dinero, tendrías que decidir cual será el método preciso con el que pretendes ganar ese dinero. Sería insuficiente que dijeras que harás dinero entrando en algún tipo de negocio. Tendrías que decidir exactamente dónde te colocarás. Además, tendrías que decidir bajo qué normas administrativas dirigirás tu negocio.

Al responder a la pregunta: «¿Cuál es tu propósito claro en la vida?» incluida en el cuestionario que he utilizado para analizar a más de dieciséis mil personas, muchos respondieron lo siguiente:

«Mi propósito claro en la vida es ser tan útil al mundo como me sea posible y ganarme bien la vida».

Esta respuesta es casi tan *clara*... ¡como preciso es el concepto que tiene una rana del tamaño del universo!

El objetivo de esta lección no es informarte de cuál debería ser el trabajo de tu vida, pues sin duda esto sólo podría hacerse después de un análisis completo de tu persona, sino que pretende ser un medio para grabar en tu mente un sólido concepto del valor de tener un *propósito claro* de alguna naturaleza, y de la importancia de comprender el principio del *esfuerzo organizado* como un medio que te permita adquirir el poder necesario para materializar tu *propósito claro*.

Una observación detenida de la filosofía de los negocios de más de cien hombres y mujeres que han tenido un éxito destacado en sus respectivas profesiones reveló el hecho de que cada una de ellas era una persona de decisión rápida y clara.

La costumbre de trabajar con un *claro objetivo principal* desarrollará en ti el hábito de tomar decisiones con rapidez, y esto te ayudará en todo lo que emprendas. Además, el hábito de trabajar con un *claro objetivo principal* te ayudará a concentrar toda tu atención en cualquier tarea dada hasta que la hayas dominado.

La concentración de esfuerzos y el hábito de trabajar con un *claro objetivo principal* son dos de los factores esenciales para el éxito que siempre van unidos. Uno conduce al otro.

Los hombres de negocios de éxito más conocidos eran todos hombres de decisión rápida que siempre trabajaban con un propósito principal destacado como su meta primera.

He aquí algunos ejemplos destacables:

- ✓ Woolworth eligió como su *claro objetivo principal* establecer en Estados Unidos una cadena de tiendas de «Todo a cinco y diez centavos», y concentró su mente en esta única tarea hasta que «la realizó, y ella lo realizó a él».
- ✓ Wrigley centró su mente en la producción y venta de paquetes de chicles a cinco centavos y convirtió esta única idea en millones de dólares.
- ✓ Edison se concentró en la tarea de armonizar las leyes naturales y consiguió con sus esfuerzos producir más inventos útiles que ninguna otra persona hasta entonces.
- ✓ Henry L. Doherty se concentró en la construcción y el funcionamiento de plantas de servicio público y se hizo multimillonario.
- ✓ Ingersoll se concentró en un reloj de un dólar, llenó la tierra de «tic-tacs», y esta idea le reportó una fortuna.

✓ Statler se concentró en un «servicio de hotel hogareño» y se hizo rico, y útil, para los millones de personas que recurrían a su servicio.

✓ Edwin C. Barnes se concentró en la venta de Edison Dictating Machines y se retiró siendo todavía joven, con más dinero del que necesitaba.

✓ Woodrow Wilson concentró su mente en la Casa Blanca durante veinte años y se convirtió en su inquilino principal gracias a sus conocimientos sobre el valor de ceñirse a un *claro objetivo principal.*

✓ Lincoln concentró su mente en liberar a los esclavos y, mientras lo hacía, se convirtió en el más grande presidente norteamericano.

✓ Martin W. Littleton oyó un discurso que le infundió el deseo de convertirse en un gran abogado. Concentró su mente en este único objetivo y se convirtió en un abogado de gran éxito en Estados Unidos, que cobraba cuantiosos honorarios por sus casos.

✓ Rockefeller se concentró en el petróleo y se convirtió en el hombre más rico de su generación.

✓ Ford se concentró en los automóviles y se convirtió en el hombre más rico y poderoso que había existido jamás.

✓ Carnegie se concentró en el acero y sus esfuerzos le proporcionaron una gran fortuna y plasmaron su nombre en las bibliotecas públicas de toda Norteamérica.

✓ Gillette se concentró en una hoja de afeitar, le proporcionó al mundo entero un «afeitado perfecto» y se hizo multimillonario.

✓ George Eastman se concentró en Kodak y esta idea le proporcionó una fortuna, al tiempo que hacía felices a millones de personas.

✓ Russell Conwell se concentró en una simple conferencia, *Acres of Diamonds*, y la idea le hizo ganar muchísimo dinero.

✓ Hearst se concentró en los diarios sensacionalistas e hizo que la idea tuviera un valor de millones de dólares.

✓ Helen Keller se concentró en aprender a hablar y, a pesar de ser sorda, muda y ciega, realizó su *claro objetivo principal.*

✓ John H. Patterson se concentró en las cajas registradoras y se hizo rico, y consiguió que los demás fuesen más «cuidadosos».

✓ El Kaiser Guillermo II de Alemania se concentró en la guerra y consiguió una buena dosis de ella, ¡no lo olvidemos!

✓ Fleischmann se concentró en el humilde bizcochito de levadura e hizo que las cosas crecieran en todo el mundo.

✓ Marshall Field se concentró en los grandes almacenes de venta al por menor y se hicieron realidad ante sus ojos.

✓ Philip Armour se concentró en el negocio de la carnicería y creó una gran industria, así como una gran fortuna.

✓ Millones de personas se concentran a diario en la POBREZA y el FRACASO y obtienen ambas cosas en abundancia.

✓ Los hermanos Wright se concentraron en el avión y dominaron los aires.

✓ Pullman se concentró en el coche-cama y la idea lo hizo rico, y millones de personas pudieron viajar cómodamente.

✓ La *liga antivicio* se concentró en la «ley seca» y (para bien o para mal) la hizo realidad.

Cualquiera puede «empezar», ¡pero sólo los animosos «acabarán»!

Así, podemos ver que todo aquel que tiene éxito trabaja con algún propósito claro y destacado como objeto de sus esfuerzos.

Hay alguna cosa que puedes hacer mejor que cualquier otra persona en el mundo. Busca hasta que averigües cuál es la profesión para ti y conviértela en tu *claro objetivo principal*, y luego organiza todas tus fuerzas y «ataca» con la convicción de que ganarás. En tu búsqueda del trabajo para el que estás más capacitado, o capacitada, sería bueno que tengas presente el hecho de que probablemente tendrás un mayor éxito si averiguas cuál es el trabajo que más te gusta, pues es sabido que, por lo general, se tiene éxito en la profesión en la que se puede poner todo el corazón y toda el alma.

Por el bien de la claridad y el énfasis, volvamos a los principios psicológicos en los que se basa esta lección, porque si no consiguieras comprender la verdadera razón para establecer un *claro objetivo* principal en tu mente, ello significaría un desaprovechamiento que no te puedes permitir. Estos principios son los siguientes:

1°. Todo movimiento voluntario del cuerpo humano es provocado, controlado y dirigido por el *pensamiento*, a través del funcionamiento de la mente.

2°. La presencia de cualquier pensamiento o idea en tu conciencia tiende a producir un sentimiento asociado y a impulsarte a transformar ese sentimiento en una acción muscular apropiada que esté en perfecta armonía con la naturaleza del sentimiento.

Por ejemplo, si piensas en guiñar el ojo y no hay en ese momento ninguna influencia o pensamiento opuesto en tu mente que detenga la acción, el nervio motor trasladará ese pensamiento desde el centro de gobierno, en tu cerebro, e inmediatamente tendrá lugar la acción muscular apropiada o correspondiente.

Explicaré este principio desde otro ángulo: Por ejemplo, eliges un *propósito claro* como el trabajo de tu vida y te decides a llevarlo a cabo. *Desde el preciso instante en que haces esta elección, este propósito se convierte en el pensamiento dominante en tu conciencia, y estás continuamente alerta, en busca de datos, información y conocimientos que te permitan alcanzar dicho objetivo.* Desde el momento en que siembras en tu mente un *propósito claro*, ésta comienza a reunir y almacenar, consciente e inconscientemente, el material con el que realizarás ese propósito.

El *deseo* es el factor que determina cuál será tu *propósito claro* en la vida. Nadie puede elegir tu *deseo* dominante por ti, pero una vez que lo has seleccionado, se convierte en tu *claro objetivo principal* y ocupa el lugar central en tu mente hasta que es satisfecho cuando lo conviertes en una realidad, a menos que tú permitas que los deseos enfrentados lo aparten.

Para enfatizar el principio que estoy intentando explicar, creo que no es poco razonable sugerir que, para asegurar una realización exitosa, tu *claro objetivo principal* debería venir respaldado por un *ardiente deseo* de conseguirlo. He notado que los chicos y chicas que entran en la universidad y se pagan los estudios trabajando parecen sacarles más provecho que aquellos a quienes se los pagan. El secreto de esto podría residir en que quienes están dispuestos a trabajar para poder estudiar son afortunados al tener un *ardiente deseo* de recibir una educación, y casi seguro dicho deseo se realizará, siempre y cuando su objetivo esté dentro de lo razonable.

La ciencia ha establecido, más allá de toda duda, que por el principio de la autosugestión, cualquier *deseo* profundamente arraigado satura todo el cuerpo y la mente con la naturaleza del deseo y, literalmente, convierte la mente en un poderoso imán que atraerá a su objeto, si está dentro de lo razonable. Para el conocimiento de aquellos que quizá no han interpretado correctamente el significado de esta afirmación, intentaré explicar este principio de otra manera. Por ejemplo, el mero hecho de desear un automóvil no hará que éste llegue rodando, pero si hay un *ardiente deseo* de tenerlo, te conducirá a la acción adecuada, a través de la cual podrás pagarlo.

El mero hecho de desear la libertad nunca liberaría a un hombre que ha sido encarcelado si no es lo bastante fuerte como para impulsarlo a hacer algo que le haga merecedor de aquella.

Éstos son los pasos que van desde el *deseo* hasta la realización: Primero, el *deseo ardiente*, luego la cristalización de dicho deseo en un *propósito claro* y, a continuación, la *acción* adecuada suficiente para alcanzar dicho propósito. *Recuerda que estos tres pasos siempre son necesarios para asegurarte el éxito.*

Una vez conocí a una chica muy pobre que tenía un *ardiente deseo* de encontrar un marido rico, y finalmente lo consiguió, pero no sin antes haber transformado dicho deseo en el desarrollo de una personalidad muy atractiva, la cual, a su vez, atrajo al marido deseado.

Yo solía tener el *deseo ardiente* de poder analizar el carácter adecuadamente, y dicho deseo era tan persistente y estaba tan profundamente arraigado que prácticamente me impulsó a dedicar diez años a la investigación y el estudio de hombres y mujeres.

George S. Parker fabrica una de las plumas estilográficas más finas del mundo y, a pesar de que su negocio está dirigido desde la pequeña ciudad de Janesville, Wisconsin, ha extendido su producto por todo el planeta y su pluma se vende en todos los países civilizados del mundo. Hace más de veinte años, el señor Parker estableció en su mente su *propósito claro*, y éste era el de producir la mejor pluma estilográfica que se pudiera comprar. Respaldó dicho propósito con un *deseo ardiente* de su realización; por cierto, si tienes una pluma estilográfica, es muy probable que seas poseedor de una prueba de que le ha proporcionado un gran éxito.

Tú eres un contratista y un constructor y, al igual que los hombres que construyen casas a partir de madera, ladrillos y acero, tú debes trazar una serie de planos a partir de los cuales darás forma a tu *edificio del éxito*. Estás viviendo en una era maravillosa, en la que los materiales necesarios para el *éxito* son abundantes y baratos. Tienes a tu disposición, en los archivos de las bibliotecas públicas, los resultados detalladamente recopilados de miles de años de investigación que cubren prácticamente todas las especialidades a las que uno podría querer dedicarse. Si te quieres convertir en un predicador, tienes a mano toda la historia de lo que han aprendido los hombres que te han precedido en este campo. Si deseas ser mecánico, tienes a mano toda la historia de los inventos de máquinas y el descubrimiento y el uso de metales y objetos de material metálico. Si deseas ser abogado, tienes a tu alcance toda la historia de los procedimientos legales. A través del Departamento de Agricultura, en Washington, tienes a tu disposición todo lo que se ha aprendido sobre cultivos y agricultura, y lo puedes utilizar si deseas encontrar el trabajo de tu vida en este campo.

El mundo nunca ha estado tan resplandeciente de *oportunidades* como hoy. En todas partes hay una demanda cada vez mayor de los servicios del hombre o la mujer que haga mejor una ratonera, u ofrezca un mejor servicio de taquigrafía, o dé un mejor sermón, o cave una mejor zanja, o dirija un banco más servicial.

Esta lección no habrá acabado hasta que tú hayas decidido cuál será tu *claro objetivo principal* en la vida y luego hayas puesto por escrito una descripción de dicho propósito y lo hayas colocado en un lugar donde puedas verlo cada mañana al levantarte y cada noche cuando te vayas a dormir.

La dejadez es... pero, ¿por qué hablar de ella? Sabes que *tú* eres quien corta tu propia madera y quien busca tu propia agua y quien da forma a tu propio *claro objetivo principal* en la vida; por lo tanto, ¿para qué insistir en aquello que ya sabes?

Un *claro objetivo principal* es algo que debes crear para ti. Ninguna otra persona lo creará en tu lugar ni tampoco se creará por sí solo. ¿Qué vas a hacer al respecto? ¿Y cuándo? ¿Y cómo?

Empieza ahora mismo a analizar tus deseos y averigua qué es lo que quieres, y luego decídete a conseguirlo. La tercera lección te indicará el próximo paso a dar y te mostrará cómo debes proceder. Nada se deja al azar en este curso. Cada paso está claramente señalado. Tu papel consiste en seguir las indicaciones hasta llegar a tu destino, que está representado por tu *claro objetivo principal*. Ten claro ese objetivo y respáldalo con una persistencia que no reconozca la palabra «imposible».

Cuando llegues a elegir tu *claro objetivo principal*, ten en cuenta que no puedes *apuntar* demasiado alto. Ten en mente también la invariable verdad de que no llegarás a ninguna parte si empiezas en ninguna parte. Si tu objetivo en la vida es vago, tus logros también lo serán, y podríamos añadir, también, que serán sumamente *exiguos*. *Debes saber qué quieres, cuándo lo quieres, por qué lo quieres y* CÓMO *pretendes conseguirlo*. Esto es lo que los profesores y los estudiantes de psicología conocen como la fórmula QCPC: «qué, cuándo, por qué y cómo».

Cada frase que un hombre escribe,

cada acto que realiza,

y cada palabra que pronuncia,

sirven como prueba inequívoca

de la naturaleza de aquello

que está en lo más profundo de su corazón,

una confesión que no puede negar.

Lee esta lección cuatro veces, a intervalos semanales entre una y otra. La cuarta vez que la leas captarás muchas cosas que no viste la primera vez.

El que consigas dominar este curso y hacer que te traiga el éxito dependerá, en gran medida, si no por completo, de lo fielmente que sigas TODAS las instrucciones que contiene.

No establezcas tus propias reglas de estudio. Sigue las reglas que se establecen en este curso, pues son el resultado de muchos años de reflexión y experimentación. Si deseas experimentar, espera a haber dominado este curso de la forma en que sugiere este autor. Por el momento, conténtate con ser el estudiante. Esperemos que te conviertas en el maestro, así como el estudiante, cuando hayas seguido el curso hasta haberlo dominado.

Si sigues las instrucciones ofrecidas en este curso para la orientación de sus estudiantes, no puedes fallar, de la misma manera que el agua no puede correr montaña arriba por encima del nivel de su fuente.

Instrucciones para aplicar los principios de esta lección

A lo largo de la lección introductoria de este curso te familiarizaste con el principio de psicología conocido como la «mente maestra».

Ahora estás preparado para empezar a utilizar este principio como un medio para convertir tu *claro objetivo principal* en una realidad. Quizás hayas pensado que de nada sirve tener un *claro objetivo principal* a menos que uno tenga, también, un plan muy definido y práctico para hacerlo realidad.

Tu primer paso consiste en decidir cuál será tu meta principal en la vida. Tu siguiente paso será escribir una afirmación clara y concisa de dicho objetivo. Ésta debería ir seguida de una explicación, por escrito, del plan o planes a través de los cuales pretendes alcanzar el objeto de tu aspiración.

El propósito de esta alianza amistosa es emplear la ley de la «mente maestra» como apoyo a tus planes. Deberías establecer una alianza entre tú y quienes tienen presente lo que es mejor para ti. Si estás casado, tu pareja debería ser uno de los miembros de esta alianza, siempre y cuando entre vosotros haya una situación normal de confianza y comprensión. Los otros miembros de esta alianza podrían ser tu madre, tu padre, tus hermanos o hermanas, o algunos amigos íntimos.

Si eres una persona soltera, tu pareja, si la tienes, debería ser un miembro de tu alianza. Esto no es ninguna broma: ahora estás estudiando una de las leyes más poderosas de la mente humana y te harás un gran favor si sigues con seriedad y de todo corazón las reglas expuestas en esta lección, aunque no sepas a ciencia cierta a dónde te conducirán.

Aquellos que se unan a ti en la formación de una alianza amistosa con el propósito de ayudarte en la creación de una «mente maestra» deberían firmar, contigo, tu declaración de tu *claro objetivo principal*. Cada miembro de tu alianza debe estar plenamente familiarizado con la naturaleza de tu objetivo para formarla. Además, cada uno de ellos debe estar sinceramente de acuerdo con este objetivo y apoyarte completamente. Cada miembro de tu alianza debe tener una copia por escrito de tu declaración de tu *claro objetivo principal*. Con esta excepción, sin embargo, *te indico explícitamente que debes guardar en secreto tu objetivo principal*. El mundo está lleno de personas recelosas que dudan y no sería nada bueno para tu causa que esas personas con mentes desconfiadas se mofaran de ti y de tus ambiciones. Recuerda: lo que necesitas son ánimos amigables y ayuda, no mofas y dudas.

Si crees en la oración, haz que tu *claro objetivo principal* sea objeto de tus rezos al menos una vez cada veinticuatro horas, y con más frecuencia si fuese conveniente. Si crees que hay un Dios que puede ayudar y que ayudará a quienes luchan de todo corazón para ser útiles al mundo de una forma constructiva, sin duda sentirás que tienes derecho a pedir su ayuda para lograr aquello que debería ser lo más importante en la vida para ti.

Si las personas que han sido invitadas a formar parte de tu alianza amistosa creen en la oración, pídeles que ellas también incluyan el objeto de esta alianza en sus oraciones diarias.

A continuación, viene una de las reglas más esenciales que *debes seguir*. Haz que uno o todos los miembros de tu alianza amistosa te digan, en los términos más positivos y claros que conozcan, *que saben que puedes realizar tu claro objetivo principal y que lo harás*. Esta afirmación o declaración deberían hacértela al menos una vez al día, o con mayor frecuencia, si es posible.

Estos pasos deben seguirse de modo persistente, ¡con la certeza absoluta de que te llevarán a donde tú quieres ir! No bastará con llevar a cabo estos planes durante unos pocos días o unas pocas semanas y luego interrumpirlos. *Debes seguir el procedimiento descrito hasta que alcances tu claro objetivo principal, sin importar el tiempo que se requiera*.

De vez en cuando, quizá sea necesario que cambies los planes que has adoptado para la realización de tu *claro objetivo principal*. Realiza estos cambios sin vacilar. Ningún ser humano tiene la previsión suficiente para crear planes que no necesiten ninguna modificación o cambio.

Si cualquier miembro de tu alianza amistosa pierde la fe en la ley conocida como la «mente maestra», retira inmediatamente a esa persona y reemplázala con otra.

«Sí, tuvo éxito, ¡pero estuvo a punto de fracasar!» Esto les ocurrió también a Robert Fulton y a Abraham Lincoln y a prácticamente todas las demás personas a las que llamamos triunfadoras. Nadie ha alcanzado jamás un éxito que valga la pena sin haberse encontrado alguna vez con, al menos, un pie al borde del fracaso.

Andrew Carnegie le dijo al autor de este curso que había encontrado necesario sustituir a algunos de los miembros de su «mente maestra». De hecho, afirmó que, con el tiempo, prácticamente todos los miembros originales de su alianza habían sido retirados y reemplazados con alguna otra persona capaz de adaptarse con mayor lealtad y entusiasmo al espíritu y el objetivo de la alianza.

No puedes tener éxito si estás rodeado de socios desleales y poco amigables, sea cual sea tu *claro objetivo principal*. El éxito se edifica sobre unas bases de lealtad, fe, sinceridad, cooperación y otras fuerzas positivas con las que uno debe reforzar su entorno.

Muchos de los estudiantes de este curso querrán formar alianzas amistosas con aquellas personas con las que están asociados profesionalmente o en los negocios, con el objeto de alcanzar el éxito en estos ámbitos. En tales casos, se deben seguir las mismas reglas de actuación que se han descrito aquí. El objeto de tu *claro objetivo principal* podría ser uno que te beneficie individualmente, o bien uno que beneficie al negocio o profesión con la que estás relacionado. La ley de la «MENTE MAESTRA» funcionará de la misma manera en cualquiera de los casos. Si fracasas en la aplicación de esta ley, ya sea de forma temporal o permanente, *el motivo será que algún otro miembro de tu alianza no entró en el espíritu de ésta con fe, lealtad y sinceridad de propósito.* ¡Vale la pena leer esta última frase una segunda vez!

El objeto de tu *claro objetivo principal* debería convertirse en tu *hobby*. Deberías practicarlo continuamente; deberías dormir con él, comer con él, jugar con él, trabajar con él, vivir con él y PENSAR con él.

Puedes conseguir cualquier cosa que desees si lo deseas con suficiente intensidad, y continúas deseándolo, siempre y cuando el objetivo deseado esté dentro de lo razonable, ¡Y REALMENTE CREAS QUE LO CONSEGUIRÁS! No obstante, existe una diferencia entre únicamente «desear» algo y REALMENTE CREER que lo conseguirás. No comprender esta diferencia ha significado el fracaso para millones de personas. Los «hacedores» son los «creyentes» en todos los ámbitos de la vida. Quienes creen que pueden conseguir el objeto de su *claro objetivo principal* no reconocen la palabra «imposible». Tampoco reconocen la derrota temporal. Saben que van a tener éxito, y si un plan falla, lo reemplazan rápidamente con otro.

Todo logro digno de mención ha tenido algún tipo de contratiempo temporal antes de que llegara el éxito. Edison realizó más de diez mil experimentos antes de conseguir que la primera máquina sonora grabara las palabras «María tenía un corderito».

Si hay una palabra que debería destacar en tu mente en relación con esta lección, ésa es la palabra «perseverancia».

Ahora tienes en tu poder la contraseña para el éxito. Sólo tienes que abrir la puerta del Templo del Conocimiento y entrar en él. Pero debes ir al Templo; él no vendrá a ti. Si estas leyes son nuevas para ti, al principio no te resultará fácil «ir». Tropezarás varias veces, ¡pero sigue avanzando! Pronto llegarás a la cumbre de la montaña que has estado escalando y verás, en los valles a tus pies, el rico estado del conocimiento que será tu recompensa por tu fe y tus esfuerzos.

Todo tiene un precio. No existe la posibilidad de «recibir algo a cambio de nada». En tus experimentos con la LEY DE LA «MENTE MAESTRA» estás maniobrando con la naturaleza en su forma más noble y elevada. La naturaleza no puede ser engañada, ni se le pueden hacer trampas. Ella te entregará el objeto de tus esfuerzos cando hayas pagado su precio, que es: ¡un esfuerzo continuo, inflexible y perseverante!

¿Qué más se podría decir sobre este punto? Te he mostrado *qué hacer, cuándo hacerlo, cómo hacerlo* y *por qué deberías hacerlo.* Si logras dominar la siguiente lección, que versa sobre la seguridad en uno mismo, entonces tendrás la fe suficiente que te permitirá seguir las instrucciones que se ofrecen como guía en esta lección.

> ¡Soy el amo de los destinos humanos!
> La fama, el amor y la fortuna están a mi servicio.
> Por ciudades y campos camino; penetro en
> desiertos y mares remotos, y al pasar junto
> a casuchas y mercados y palacios, tarde o temprano,

llamo, espontáneamente, ¡a cada puerta una vez!
Si están durmiendo, despiertan;
si están de banquete, se levantan
antes de que yo me retire. Es la hora del destino,
y quienes me siguen alcanzan todos los estados
que los mortales desean, y conquistan a todo enemigo,
excepto a la muerte; pero aquellos que dudan o vacilan,
condenados al fracaso, la penuria y el infortunio,
me buscan en vano e imploran inútilmente.
Yo no respondo, ¡y jamás regreso!

INGALLS

Por no ocuparse de ampliar su visión,

muchos hombres

se pasan la vida haciendo una sola cosa.

Entre todos los misterios que nos rodean, nada es más cierto que el hecho de que estamos en presencia de una Energía Infinita y Eterna de la cual proceden todas las cosas.

Herbert Spencer

LAS LEYES DEL ÉXITO

Tercera lección

SEGURIDAD EN UNO MISMO

«¡Puedes hacerlo si crees que puedes!»

Antes de acercarnos a los principios fundamentales en los que se basa esta lección, sería bueno que tuvieras en cuenta que es práctica, que te ofrece los descubrimientos de más de veinticinco años de investigación y que tiene la aquiescencia de los científicos más importantes del mundo, hombres y mujeres, que han probado cada uno de los principios implicados.

El escepticismo es un enemigo mortal del progreso y el desarrollo personal. Si vas a enfocar esta lección con la sensación de que fue escrita por algún teórico de tres al cuatro que nunca ha comprobado los principios en los que se basa, ya puedes dejar este libro y detenerte aquí mismo.

Ciertamente, éstos no son tiempos para el escéptico, porque ésta es una era en la que se han descubierto y utilizado más leyes de la naturaleza que en toda la historia de la humanidad. En tres décadas hemos sido testigos del dominio de los aires, hemos explorado el océano, prácticamente hemos eliminado las distancias en la Tierra, hemos aprovechado el rayo y hecho que haga girar las ruedas de la industria, hemos conseguido que crezcan seis briznas de hierba ahí donde antes sólo crecía una y tenemos una comunicación instantánea entre las naciones del mundo. Verdaderamente, ésta es una era de iluminación y desarrollo, pero apenas hemos empezado a arañar la superficie del conocimiento. No obstante, cuando hayamos abierto la puerta que conduce al poder secreto que reside en nuestro interior, este nos proporcionará los conocimientos que harán que todos los descubrimientos anteriores, por comparación, caigan en el olvido.

El pensamiento es la forma de energía más organizada que el hombre conoce, y ésta es una era de experimentación e investigación que, sin duda, nos aportará una mayor comprensión de esa fuerza misteriosa llamada pensamiento que yace en nuestro interior. Ya hemos averiguado lo suficiente sobre la mente humana como para saber que una persona puede desprenderse de los efectos acumulados de miles de generaciones de *miedo*, con la ayuda del principio de la *autosugestión*. Hemos descubierto que la persona que domina el *miedo* puede avanzar hacia el éxito en prácticamente cualquier *iniciativa*, a pesar de todos los esfuerzos que se hagan por derrotarla.

El desarrollo de la *seguridad en uno mismo* comienza con la eliminación de ese demonio llamado *miedo*, que se sienta sobre el hombro de la persona y le susurra al oído: «*No puedes hacerlo; tienes miedo de intentarlo; tienes miedo de la opinión pública; tienes miedo de fracasar; tienes miedo de no tener la capacidad de hacerlo*».

Este demonio del *miedo* está siendo arrinconado. La ciencia ha encontrado un arma letal con la que podemos eliminarlo, y esta lección sobre la *seguridad en uno mismo* la ha traído para ti, para que la utilices en tu batalla contra el enemigo número uno del progreso: *el miedo*.

Los seis miedos básicos de la humanidad

Toda persona hereda la influencia de los seis miedos básicos. Dentro de estos seis miedos, se pueden englobar los miedos menores. Aquí se enumeran los seis miedos básicos o principales y se describen las fuentes de las que se cree que emanan. Los seis miedos básicos son:

1. El miedo a la pobreza.
2. El miedo a la vejez.

3. El miedo a las críticas.
4. El miedo a la pérdida del amor de alguien.
5. El miedo a la mala salud.
6. El miedo a la muerte.

Estudia la lista, haz un inventario de tus propios miedos y determina bajo cuál de los seis encabezados los puedes clasificar. Todo ser humano que ha alcanzado la edad del entendimiento está atado, en alguna medida, al menos a uno de estos seis miedos básicos. Como un primer paso para la eliminación de estos seis males, examinemos las fuentes de las que los hemos heredado.

Herencia física y social

Todo lo que el ser humano es, tanto física como mentalmente, lo adquirió a través de dos formas de herencia; una de ellas se conoce como herencia física y la otra como herencia social.

A través de la ley de la herencia física, el hombre ha evolucionado desde la ameba (una forma animal unicelular), pasando por las etapas de desarrollo correspondientes a todas las formas animales que hay sobre la Tierra, incluyendo aquellas de las que se sabe que existieron pero que actualmente están extintas.

Cada generación por la que el hombre ha pasado ha añadido a su naturaleza algo de las características, los hábitos y la apariencia física de dicha generación. La herencia física del hombre, por lo tanto, es una colección heterogénea de muchos hábitos y formas físicas.

Parece haber poca duda, o ninguna, de que aunque los seis miedos básicos del hombre no podrían haber sido adquiridos por herencia física (pues son estados mentales y, por lo tanto, imposibles de transmitir a través de la herencia física), es evidente que, a través de la herencia física, se ha proporcionado un lugar de alojamiento de lo más favorable para ellos. Es un hecho conocido, por ejemplo, que todo el proceso de la evolución física se basa en la muerte, la destrucción, el dolor y la crueldad; que el transporte de los elementos de la tierra, en su ascenso por la evolución, se basa en la muerte de una forma de vida para que otra forma superior pueda subsistir. Toda vegetación vive «comiendo» los elementos del suelo y del aire. Todas las formas de vida animal viven «comiendo» alguna otra forma más débil, o alguna forma de vegetación.

Las células de toda vegetación tienen un nivel de inteligencia sumamente elevado, al igual que las de toda forma de vida animal.

Indudablemente, las células animales de un pez han aprendido, a través de la amarga experiencia, que el grupo de células animales conocido como depredador marino ha de ser muy temido.

Por el hecho de que muchas formas animales (incluida la mayoría de seres humanos) vivan alimentándose de animales más pequeños y débiles, la «inteligencia celular» de estos animales que penetra en el hombre y se vuelve parte de él, lleva consigo el MIEDO que es la consecuencia de la experiencia de haber sido comidos vivos.

Esta teoría podría parecer descabellada y, de hecho, podría no ser cierta, pero al menos es una teoría lógica, como mínimo. El autor no pone ningún énfasis particular en ella, ni tampoco insiste en que explique ninguno de los seis miedos básicos. Existe otra explicación mucho mejor de la fuente de estos miedos, la cual procederemos a examinar, comenzando con una descripción de la herencia social.

Con mucho, la parte más importante de la constitución del hombre llega a él a través de la ley de la herencia social, y este término hace referencia a los métodos mediante los cuales una generación impone en las mentes de la generación siguiente su control inmediato de las supersticiones, creencias, leyendas e ideas que ella, a su vez, heredó de la generación precedente.

Se debería entender que el término «herencia social» se refiere a cualquiera de las fuentes a través de las cuales una persona adquiere conocimientos, como son la educación religiosa y la de cualquier otra naturaleza, la lectura, las conversaciones, la narración de cuentos y todo tipo de inspiración de pensamientos que provenga de lo que suele entenderse como «experiencias personales».

A través del funcionamiento de la ley de la herencia social, cualquiera que tenga el control de la mente de un niño puede sembrar en ella, mediante una enseñanza intensa, cualquier idea, sea verdadera o falsa, de manera tal que el niño la aceptará como cierta y ésta pasará a formar parte de su personalidad, al igual que cualquier célula u órgano de su cuerpo físico (e igualmente difícil de cambiar en su naturaleza).

RECUERDA que

cuando te citas con otra persona

asumes la responsabilidad de la puntualidad,

y que no tienes derecho

a retrasarte ni un solo minuto.

Es a través de la ley de la herencia social como el evangelista siembra en la mente del niño dogmas, credos y ceremonias religiosas demasiado numerosos para ser descritos, sosteniendo dichas ideas ante su mente hasta que ésta las acepta y las graba para siempre como parte de su creencia irrevocable.

La mente de un niño que no ha llegado a la edad del entendimiento general, durante un período promedio, pongamos, de los dos primeros años de su vida, es plástica, está abierta, limpia y libre. Cualquier idea que siembre en una mente así alguien en quien el niño confíe, echará raíces y crecerá, por así decirlo, de manera tal que nunca podrá ser erradicada o eliminada, sin importar cuán opuesta a la lógica o a la razón sea.

Muchos entusiastas de la religión afirman que pueden implantar los dogmas de su religión tan profundamente en la mente de un niño, que no puede haber en ella lugar para ninguna otra religión, ni en forma total ni parcial. Estas afirmaciones no son totalmente exageradas.

Mediante esta explicación de cómo opera la ley de la herencia social, el estudiante estará preparado para analizar las fuentes de las que el ser humano hereda los seis miedos básicos. Además, cualquier estudiante (excepto aquellos que todavía no hayan crecido lo suficiente para examinar la verdad que pasa por los «rincones predilectos» de sus propias supersticiones) puede comprobar la solidez del principio de la herencia social tal como se aplica aquí a los seis miedos básicos, sin salirse de sus propias experiencias personales.

Por suerte, prácticamente todas las pruebas que se ofrecen en esta lección son de una naturaleza tal que todo aquel que busque sinceramente la verdad podrá determinar por sí solo si son razonables o no.

Al menos por el momento, deja de lado tus prejuicios y tus ideas preconcebidas (claro que siempre podrás volver atrás y recuperarlos) mientras estudiamos el origen y la naturaleza de los seis peores enemigos del hombre, los seis miedos básicos, empezando por:

El miedo a la pobreza

Hace falta valor para decir la verdad sobre el origen de este miedo, y más valor todavía, quizá, para aceptarla una vez que se ha dicho. El miedo a la pobreza surgió de la tendencia hereditaria del ser humano a aprovecharse económicamente de los demás. Casi todas las formas animales inferiores poseen instinto, pero en apariencia no tienen la capacidad de razonar y pensar; por ende, se atacan unos a otros físicamente. El hombre, con su sentido superior de la intuición, el pensamiento y la razón, no devora a otros hombres físicamente, ¡pero obtiene una mayor satisfacción devorándolos económicamente!

De todas las eras del mundo de las que sabemos algo, la era en que vivimos parece ser la del culto al dinero. Una persona se considera menos que el polvo de la tierra si no puede exhibir una importante cuenta bancaria. Nada provoca tanto sufrimiento y humillación en el hombre como la pobreza. No es de extrañar que le tenga miedo. A través de una larga lista de experiencias heredadas con el hombre-animal, el ser humano ha aprendido que no siempre puede confiar en dicho animal cuando se trata de asuntos de dinero u otras muetras de posesiones terrenales.

Muchos matrimonios tienen su inicio (y a menudo también su final) únicamente sobre la base de la riqueza atesorada por una de las partes implicadas, o de ambas. ¡No es de extrañar que los juzgados de divorcio estén tan ocupados!

La palabra «sociedad» bien podría escribirse «$ociedad», porque está inseparablemente asociada al dinero. Tan ansioso está el hombre por poseer riqueza, que la adquirirá de cualquier forma posible: si puede, lo hará con métodos legales y, si no, lo hará con otros métodos.

¡El miedo a la pobreza es algo terrible! Una persona es capaz de asesinar, robar, violar físicamente o cometer otro tipo de violación sobre los derechos de los demás y, aun así, seguir estando bien considerada por otras personas, SIEMPRE que no pierda su riqueza. La pobreza, por ende, es un crimen; una especie de pecado imperdonable. ¡No es de extrañar que el hombre la tema!

Todo código de leyes en el mundo es una prueba de que el miedo a la pobreza es uno de los seis miedos básicos de la humanidad, pues en todo libro de leyes se pueden encontrar diversas y variadas normas pensadas para proteger a los débiles de los más fuertes. Invertir tiempo intentando demostrar que el miedo a la pobreza es uno de los temores heredados del ser humano, o que este miedo se origina en la naturaleza humana de engañar a otras personas, sería como intentar demostrar que tres por dos es seis. Obviamente, ningún hombre le temería jamás a la pobreza si tuviera alguna base para confiar en los demás, pues hay todo tipo de alimentos, cobijo, ropa y lujos suficientes para cubrir las necesidades de todos los seres humanos que pueblan la Tierra, y todas estas bendiciones las podrían disfrutar todas las personas, si no fuera por el canallesco hábito del hombre de intentar expulsar a todos los demás «cisnes» del canal, incluso cuando ya tiene todo lo que necesita, y más.

El miedo a la vejez

Este temor surge, principalmente, de dos fuentes. En primer lugar, del pensamiento de que la vejez puede traer consigo la POBREZA. En segundo lugar (siendo, de lejos, la fuente más corriente de su origen), de las enseñanzas falsas y sectarias que han sido mezcladas tan bien con el «infierno» y con los «purgatorios» y otras pesadillas. Los seres humanos han aprendido a temer a la vejez porque ésta significaba la aproximación a otro mundo, posiblemente mucho más HORRIBLE que éste, el cual ya se considera bastante malo.

En el miedo básico a la vejez, el ser humano tiene dos razones muy sensatas para mostrar esa aprensión: una que surge de la desconfianza de los demás, los cuales podrían arrebatarle los bienes terrenales con que cuenta, y otra que emana de las terribles imágenes del mundo que vendrá, las cuales fueron sembradas de forma profunda en su mente a través de la ley de la herencia social, mucho antes de que él llegara a poseer dicha mente. ¿Acaso habría de sorprender que el hombre tema a la aproximación de la vejez?

El miedo a las críticas

Podría resultar difícil, acaso imposible, determinar claramente cómo adquirió el hombre este miedo básico, pero una cosa es segura: que está muy desarrollado en él.

Algunos creen que este temor hizo su aparición en la mente del hombre en la época en que surgió la política. Otros creen que su fuente puede encontrarse no mucho antes de la primera reunión de una organización femenina conocida como «club de mujeres». Otra escuela de humoristas atribuye su origen a los contenidos de la Biblia, en cuyas páginas abundan unas formas de crítica sumamente mordaces y violentas. Si esta última afirmación es correcta, y si quienes creen literalmente en todo lo que encuentran en la Biblia no se equivocan, entonces Dios es el responsable del miedo inherente del ser humano a las críticas, puesto que Él hizo que la Biblia se escribiera.

Este autor, dado que no es humorista ni «profeta», sino una persona corriente, se inclina a atribuir el miedo básico a las críticas a esa parte de la naturaleza heredada del hombre que lo impulsa, no sólo a arrebatar a los de su misma especie sus bienes y mercancías, sino también a justificar sus actos mediante la censura al carácter de los demás.

El miedo a las críticas adopta muchas formas distintas, la mayoría de las cuales son de naturaleza frívola y trivial, incluso hasta el punto de acabar siendo infantiles.

Los hombres calvos, por ejemplo, lo son por su miedo a las críticas. Sus cabezas se tornan calvas debido a la protección de sombreros con cintas que aprietan y cortan la circulación en las raíces del cabello. Los hombres no llevan sombrero porque realmente lo necesiten o por comodidad, sino principalmente porque «todo el mundo lo hace», y la persona se conforma y sigue la costumbre, no vaya a ser que alguien la critique.

Las mujeres rara vez son calvas, o tienen poco pelo, porque llevan sombreros sueltos, cuyo único propósito es dar una apariencia.

Pero no te imagines que las mujeres estén libres del miedo a las críticas asociadas a los sombreros. Si cualquier mujer afirma ser superior al hombre en referencia a este temor, ¡pídele que se pasee por las calles llevando un sombrero de una o dos temporadas anteriores!

En toda alma se ha depositado

la semilla de un gran futuro,

pero dicha semilla jamás podrá germinar,

ni mucho menos crecer hasta la madurez,

si no es prestando un servicio útil.

Los fabricantes de todo tipo de ropa no han tardado en capitalizar este miedo básico a las críticas que es una maldición para la humanidad. Cada temporada, se puede observar que los «estilos» de varias prendas de vestir cambian. ¿Quién establece los «estilos»? Desde luego, no es el comprador, sino el fabricante. ¿Por qué cambian los estilos con tanta frecuencia? Obviamente, estos cambios se realizan para que el fabricante pueda vender más. Por esa misma razón, los fabricantes de automóviles (salvo contadas excepciones) cambian los estilos cada temporada.

El fabricante de ropa sabe cuánto teme el animal humano llevar una prenda de vestir pasada de moda respecto a «lo que se lleva ahora». ¿No es esto cierto? ¿Acaso no lo respalda tu propia experiencia?

Hemos estado describiendo la forma en que se comporta la gente bajo la influencia del miedo a las críticas, tal como se aplican a las cosas insignificantes y frívolas de la vida. Examinemos ahora el comportamiento humano bajo este temor cuando tiene que ver con asuntos más importantes que afectan a las relaciones humanas.

Tomemos, como ejemplo, a prácticamente cualquier persona que haya alcanzado la edad de «madurez mental» (entre treinta y cinco y cuarenta años de edad, como promedio general); si uno pudiera leer su mente, descubriría en ella una incredulidad muy marcada acerca de la mayoría de historias que se transmiten de carácter religioso, y una actitud de rebeldía hacia ellas. ¡Fuerte y poderoso es el miedo a las críticas!

Hubo una época, y no muy lejana, en la que la palabra «descreído» significaba la ruina para aquel a quien se aplicara. Por lo tanto, es patente que no faltan motivos para que el ser humano tema a las críticas.

El miedo a la pérdida del amor de alguien

La fuente en la que se origina este miedo necesita poca descripción, pues es evidente que surgió de la inclinación humana de robarle la pareja al otro; o, al menos, de tomarse libertades con ella, sin que su legítimo «amo» y señor lo supiera. Por naturaleza, todos los hombres son polígamos, pero la afirmación de esta verdad es negada, por supuesto, por quienes o son demasiado viejos para funcionar sexualmente con normalidad, o bien, por una u otra razón, han perdido el contenido de ciertas glándulas responsables de la tendencia del varón hacia la pluralidad del otro sexo.

No puede haber muchas dudas de que los celos y todas las otras formas similares de esquizofrenia, en mayor o menor grado, surgieron del temor heredado del hombre a la pérdida del amor de alguien.

De todos los «locos cuerdos» estudiados por este autor, el representado por un hombre que está celoso de alguna mujer, o por una mujer que está celosa de algún hombre, es el más raro y extraño. Afortunadamente, el autor sólo ha tenido una experiencia personal de este tipo de locura, pero de ella aprendió lo suficiente para afirmar que el miedo a la pérdida del amor de alguien es uno de los más dolorosos, si no el más doloroso, de los seis miedos básicos. Y me parece razonable añadir que este temor hace más estragos en la mente humana que cualquiera de los demás, y a menudo ha desembocado en formas más violentas de locura permanente.

El miedo a la mala salud

Este temor tiene su origen, en gran medida, en las mismas fuentes de las que derivan el miedo a la pobreza y a la vejez.

El miedo a la mala salud debe estar estrechamente asociado a la pobreza y la vejez porque también desemboca en la frontera de los «mundos terribles» que el ser humano desconoce, pero de los que ha oído algunas historias inquietantes.

Este autor tiene serias sospechas de que, quienes se dedican al negocio de vender métodos para mantener la buena salud, han tenido mucho que ver con que el miedo a la enfermedad se mantenga vivo en la mente humana.

Por más tiempo del que la raza humana es capaz de registrar, el mundo ha conocido múltiples y diversos tipos de terapias y proveedores de salud. Si una persona se gana la vida manteniendo sana a la gente, me parece natural que utilice todos los medios a su alcance para convencerla de que necesita sus servicios. Por ende, es posible que, con el tiempo, esas personas transmitan por herencia el miedo a la mala salud.

El miedo a la muerte

Para muchos, éste es el peor de los seis miedos básicos, y la razón es evidente, incluso para el estudiante anecdótico de psicología.

Las terribles punzadas del miedo asociado a la muerte pueden atribuirse directamente al fanatismo religioso. Esta fuente es más responsable de este temor que la combinación de todas las demás.

Los llamados «paganos» no tienen tanto miedo a la muerte como los «civilizados», especialmente esa porción de la población «civilizada» que está bajo la influencia de la teología.

Durante cientos de millones de años, el hombre se ha estado haciendo las preguntas, aún sin responder (quizá porque no se puedan contestar): «¿de dónde?» y «¿adónde?»: «¿De dónde vengo y a dónde iré después de la muerte?».

Los miembros de la raza humana más astutos e ingeniosos, así como los honestos pero crédulos, no han tardado en ofrecer respuestas a estas preguntas. De hecho, responder a estas preguntas se ha convertido en una de las llamadas profesiones «eruditas», a pesar de que se requiere muy poca educación para entrar en ellas.

Observa, ahora, cuál es la mayor fuente del origen del miedo a la MUERTE. «Entra en mi tienda, abraza mi fe, acepta mis dogmas (y paga mi salario) y yo te daré un billete que te permitirá entrar directamente en el cielo cuando mueras», dice el líder de una forma de sectarismo. «Quédate fuera de mi tienda, dice el mismo líder, e irás directamente al infierno, donde arderás durante toda la eternidad».

Aunque es posible que en realidad el autodenominado líder no sea capaz de proporcionar un salvoconducto al cielo ni, por falta de dicha provisión, de hacer que el desafortunado buscador de la verdad descienda a los infiernos, la posibilidad de lo segundo parece tan terrible que se apodera de la mente y crea el miedo de los miedos: ¡el miedo a la muerte!

En realidad, ninguna persona sabe, y ninguna persona ha sabido jamás, cómo es el cielo o el infierno, o si dichos lugares existen, y esta falta de un conocimiento claro abre la puerta de la mente humana para dejar que el charlatán entre y controle dicha mente con su provisión de prestidigitación y toda clase de trucos, engaños y fraudes.

La verdad es, ni más ni menos, ésta: que nadie sabe y nadie ha sabido jamás de dónde venimos al nacer y adónde vamos al morir. Cualquier persona que afirme lo contrario, o se está engañando a sí misma, o es una impostora consciente que hace un negocio de vivir sin ofrecer un servicio de valor aprovechándose de la credulidad humana.

No obstante, he de decir en favor de estas personas que la mayoría de quienes se dedican a «vender entradas al cielo» en realidad no sólo creen que saben dónde está el cielo, sino también que sus credos y fórmulas ofrecen un pasaje seguro a todo aquel que los siga. Esta creencia puede resumirse en una palabra: «Credulidad!».

Los líderes religiosos generalmente hacen la declaración general y tajante de que la actual civilización debe su existencia al trabajo realizado por las iglesias. Este autor, en lo que le respecta, está dispuesto a aceptar que estas afirmaciones son correctas si, al mismo tiempo, se le permite añadir que, incluso si lo que afirman es verdad, los teólogos no pueden jactarse de gran cosa.

Pero no es cierto (no puede serlo) que la civilización se haya desarrollado debido a los esfuerzos de las iglesias organizadas y los credos, si con el término «civilización» nos estamos refiriendo al descubrimiento de las leyes naturales y a los diversos inventos de los cuales el mundo es el actual heredero.

La opinión de este autor es que, si los teólogos desean reclamar esa parte de la civilización que tiene que ver con la conducta del ser humano con los demás, son perfectamente libres de hacerlo, pero si, por otro lado, pretenden atribuirse el mérito por todos los descubrimientos científicos de la humanidad, se me permita protestar enérgicamente.

Difícilmente basta con afirmar que la herencia social es el método mediante el cual el ser humano reúne todos los conocimientos que llegan a él a través de los cinco sentidos. Es más acertado señalar CÓMO funciona la herencia social, en todas las aplicaciones distintas que sean necesarias para darle al estudiante una amplia comprensión de dicha ley.

Empecemos con las formas inferiores de vida animal y analicemos el modo en que son afectadas por la ley de la herencia social.

Hace poco más de treinta años, poco después de empezar a examinar las principales fuentes de las que el ser humano reúne los conocimientos que lo convierten en lo que es, este autor descubrió el nido de un urogallo encrespado. El nido estaba colocado de tal manera que el ave madre podía verse desde una distancia considerable cuando se encontraba en él. Con la ayuda de un par de binoculares, observé de cerca al ave hasta que los polluelos salieron del huevo. Dio la casualidad de que la observación diaria rutinaria se realizó sólo unas horas después de que los jóvenes pájaros salieran del cascarón, de modo que, deseoso de saber qué ocurriría, este autor se acercó al nido. La madre de los polluelos permaneció cerca hasta que el intruso se encontraba a unos tres metros de donde estaba ella, y entonces encrespó las plumas, alargó un ala por encima de una de sus patas y se alejó cojeando, fingiendo estar lisiada. Al estar un tanto familiarizado con los trucos de las aves madre, el autor no la siguió, sino que, en lugar de eso, se acercó al nido a echar un vistazo a los pequeños. Sin mostrar la menor señal de miedo, éstos lo miraron, moviendo sus cabecitas hacia un lado y hacia el otro. El autor alargó la mano y cogió a uno de ellos. Sin mostrar ningún temor, el polluelo permaneció en la palma de su mano. Volví a dejar al pajarito en su nido y me alejé a una distancia prudente para dar a la madre la oportunidad de regresar.

La espera fue breve. Al cabo de poco rato empezó a acercarse al nido con cautela, hasta encontrarse a pocos centímetros de éste, y entonces abrió las alas y corrió tan rápido como pudo, emitiendo una serie de sonidos similares a los de una gallina cuando ha encontrado algún bocado de alimento y desea llamar a su nidada para que participe de él.

La madre reunió a los pajaritos y continuó estremeciéndose de una forma sumamente excitada, agitando las alas y encrespando las plumas. Uno casi podía entenderla mientras daba a sus polluelos su primera lección de defensa personal, mediante la ley de la herencia social:

¡Criaturitas tontas! ¿Es que no sabéis que los hombres son vuestros enemigos? Qué vergüenza que hayáis dejado que os toque con sus manos. ¡Es un milagro que no se os haya llevado y os haya comido vivos! La próxima vez que veáis a un hombre acercarse, no os dejéis ver. Tendeos en el suelo, corred bajo las hojas, id a cualquier parte para esconderos y no os dejéis ver hasta que el enemigo esté muy lejos.

Los pajarillos escucharon el sermón con un intenso interés. Cuando la madre se quedó en silencio, el autor comenzó a aproximarse una vez más al nido. Cuando estaba a unos dos metros de distancia de la cautelosa familia, la madre pájaro empezó a arrastrar el ala y a cojear como si estuviera lisiada con la finalidad de llevarlo hacia otra dirección. Este autor observó el nido, pero su mirada fue en vano. ¡Los pequeños polluelos habían desaparecido! Habían aprendido rápidamente a evadir a su enemigo natural, gracias a su instinto.

Una vez más, el autor se retiró, esperó a que la madre ave hubiera reunido a su familia, y luego salió para visitarlos, con resultados similares. Cuando se aproximó al lugar donde había visto a la madre por última vez, no había ni el menor rastro de los pequeños.

Cuando era un niño, este autor capturó a un pequeño cuervo y lo convirtió en su mascota. El pájaro llegó a estar bastante satisfecho con su entorno doméstico y aprendió a realizar varios trucos que requerían una inteligencia considerable. Cuando el pájaro ya era lo bastante mayor como para volar, se le permitía ir a donde quisiera. En ocasiones, desaparecía durante varias horas, pero siempre volvía a casa antes del anochecer.

Un día, unos cuervos salvajes se enzarzaron en una pelea con un búho en un campo cercano a la casa donde vivía el cuervo domesticado. En cuanto éste oyó el «cau, cau, cau» de sus parientes salvajes, voló al techo de la casa y, dando muestras de una gran agitación, empezó a caminar de un extremo a otro de la casa. Finalmente, abrió las alas y voló hacia la «batalla». El autor lo siguió para ver qué ocurría. En pocos minutos, encontró a su cuervo. Estaba posado en las ramas inferiores de un árbol y en una rama, justo encima de él, había dos cuervos salvajes parloteando y caminando de un lado para otro, actuando de una forma muy parecida a como se comportan los padres enfadados al castigar a sus hijos.

Cuando el autor se acercó, los dos cuervos salvajes salieron volando. Uno de ellos dio algunas vueltas en círculo alrededor del árbol, al tiempo que dejaba escapar un terrible chorro de «lenguaje insultante», el cual, sin duda, estaba dirigido a su inconsciente pariente que no había tenido la sensatez de volar mientras podía.

Llamé a mi cuervo, pero no me prestó ninguna atención. Aquella noche regresó, pero no quiso ni acercarse a la casa. Se posó en una rama elevada de un manzano y habló en la lengua de los cuervos durante unos diez minutos, comunicando, sin lugar a dudas, que había decidido regresar a la vida salvaje de sus compañeros. Luego se alejó volando y no volvió hasta dos días más tarde, cuando regresó y habló un poco más en su «lengua», pero manteniéndose a una distancia prudencial. Después de esto, se marchó y nunca más volvió.

¡La herencia social le había robado al autor un precioso animal doméstico! El único consuelo que recibió por la pérdida de su cuervo fue pensar que había mostrado una gran deportividad al regresar para informarlo de su intención de partir. Muchos labradores habían abandonado la granja sin tomarse la molestia de esta formalidad.

Es un hecho conocido que el zorro devora todo tipo de aves y animales pequeños, excepto a la mofeta. No es necesario explicar la razón por la cual la mofeta disfruta de esta inmunidad. Un zorro puede atacar a una mofeta una vez, ¡pero nunca dos! Por este motivo, el pellejo de una mofeta clavado a un gallinero mantendrá a todos los zorros a una distancia prudencial, excepto a los muy jóvenes e inexpertos. El olor de una mofeta, una vez que se experimenta, ya nunca se olvida. Ningún otro olor se le parece ni remotamente. No está registrado que ninguna zorra madre haya enseñado jamás a sus cachorros a detectar el olor familiar de una mofeta y mantenerse alejados de él, aunque todos los que conocen la idiosincrasia de los zorros saben que éstos y las mofetas nunca buscan refugio en la misma cueva.

Pero una lección es suficiente para enseñar al zorro todo lo que necesita saber sobre las mofetas. Mediante la ley de la herencia social, que opera a través del sentido del olfato, una lección sirve para toda una vida.

Se puede cazar una rana toro con un anzuelo de pesca adhiriéndole un pequeño trozo de tela roja, o cualquier otro objeto de dicho color, y balanceándolo delante de sus narices. Es decir, se puede cazar a la rana de esta manera, siempre y cuando se quede enganchada la primera vez que muerda la carnada, pero si no se queda bien retenida y consigue escapar, o si siente la punta del anzuelo al morder pero no queda atrapada, jamás volverá a cometer el mismo error. Este autor pasó varias horas intentando sigilosamente enganchar a un espécimen particularmente deseable que había querido morder el anzuelo pero había fallado, antes de saber que una sola lección de herencia social basta para enseñar a un humilde batracio que no debe meterse con los trocitos de franela roja.

Hace tiempo, este autor tenía un precioso perro de raza Airedale que le provocaba una infinita irritación por su costumbre de venir a casa con un pollito en la boca. Cada vez que lo hacía, se le quitaba el pollo y se le daba una tunda, pero sin resultado; a él le seguían gustando las aves de corral.

Con el propósito de salvar al perro, si era posible, y como un experimento con la herencia social, el animal fue llevado a la granja de un vecino que tenía una gallina y algunos pollitos recién salidos del cascarón. A continuación, colocaron a la gallina en el granero y encerraron al perro con ella. En cuanto todos habían desaparecido de su vista, el perro se acercó lentamente a la gallina, olfateó el aire en su dirección una o dos veces (para asegurarse de que era el tipo de carne que estaba buscando) y luego dio un salto hacia ella. Mientras tanto, la gallina había estado haciendo su propia «investigación», pues salió al encuentro del perro. Es más, se enfrentó a él con un revuelo de alas y patas que él nunca antes había experimentado. El primer asalto lo ganó claramente la gallina. Pero un bonito pájaro gordo no iba a escapársele de las patas con tanta facilidad, pensó el perro. Entonces, retrocedió una distancia corta y luego volvió a la carga. Esta vez, la gallina se subió a su espalda, le clavó las garras en la piel ¡e hizo buen uso de su afilado pico! El perro se retiró a su esquina, buscando a todo el mundo, como si estuviera esperando oír a alguien hacer sonar la campana y anunciar la suspensión de la contienda hasta que él recuperase la orientación, pero la gallina no quería tiempo para deliberar: hizo que su adversario saliera corriendo y demostró que conocía el valor de la ofensiva manteniéndolo lejos.

¿No es extraño que lo que más tememos
es aquello que nunca ocurre?
¿Que destruyamos nuestra iniciativa
por miedo al fracaso, cuando en realidad
el fracaso es un «tónico» de lo más útil
y debería ser aceptado como tal?

Uno casi podía entenderla mientras perseguía al pobre Airedale de un rincón a otro, produciendo una serie de sonidos rápidos que verdaderamente se asemejaban a las protestas de una madre enfurecida llamada a defender a sus hijos de los ataques de unos muchachos mayores.

¡El Airedale era un pobre soldado! Después de correr por el granero de una esquina a otra durante unos dos minutos, se echó al suelo, lo más plano que podía, e hizo lo posible por protegerse los ojos con las patas;

la gallina parecía estar haciendo un intento especial por picoteárselos. Entonces, el propietario de la gallina entró en el granero y la recuperó (o, para ser más exactos, recuperó al perro), lo cual no pareció contar con la desaprobación del can.

Al día siguiente, colocaron a la gallina en el sótano donde dormía el perro. En cuanto éste la vio, metió la cola entre las patas ¡y corrió hacia un rincón! Nunca más intentó atrapar a una gallina. Bastó con una lección de herencia social, a través del sentido del «tacto», para enseñarle que, aunque perseguir gallinas podía ofrecer cierta diversión, también entrañaba muchos riesgos. Todos estos ejemplos, con excepción del primero, describen el proceso de reunir conocimientos mediante la experiencia directa. Observa la marcada diferencia entre los conocimientos reunidos a través de la experiencia directa y aquellos que se obtienen mediante la formación de los jóvenes por parte de los mayores, como en el caso del urogallo encrespado y sus polluelos.

Las lecciones más impresionantes son aquellas que aprenden los jóvenes de los mayores, a través de métodos de enseñanza sumamente coloridos o cargados de emoción. Cuando la madre urogallo extendió sus alas, encrespó las plumas, agitándose como un hombre sufriendo de perlesía y se dirigió a sus crías de una forma sumamente excitada, sembró en sus corazones el miedo al hombre de manera tal que nunca lo olvidaran.

El término «herencia social», tal como se utiliza en lo que atañe a esta lección, se refiere particularmente a todos los métodos mediante los cuales los padres, o quienes tengan autoridad sobre el niño, le enseñan una idea, un dogma, un credo, una religión o un sistema de conducta ética antes de que llegue a una edad en la que pueda razonar y reflexionar por sí solo sobre tales enseñanzas (estimando la edad de dicho poder de razonamiento, digamos, entre los siete y doce años).

Existen miríadas de formas de *miedo*, pero ninguna es más devastadora que el miedo a la pobreza y a la vejez. Llevamos nuestros cuerpos como si fuesen esclavos, porque tenemos tanto miedo a la pobreza que deseamos acumular dinero para... ¡la vejez! Esta forma corriente de *miedo* tiene tanto efecto sobre nosotros que hacemos trabajar en exceso a nuestros cuerpos y provocamos precisamente aquello que nos esforzamos por evitar.

Qué tragedia ver a un hombre obligándose a trabajar duro cuando empieza a llegar al poste de los cuarenta años en la carretera de la vida, esa edad en la que apenas está empezando a madurar mentalmente. A los cuarenta una persona justo está entrando en la edad en la que es capaz de ver, comprender y asimilar la escritura de la naturaleza, tal como aparece en los bosques, en los arroyos que fluyen y en los rostros de las personas y de los niños, pero este *miedo* endiablado la impulsa de tal manera que se ciega y se pierde en el laberinto de los *deseos* en conflicto. Pierde de vista el principio del *esfuerzo organizado* y, en lugar de asirse de las fuerzas de la naturaleza que son visibles a su alrededor y dejar que éstas la lleven a las cumbres del éxito, las desafía, y éstas se convierten en fuerzas de destrucción.

Quizá ninguna de estas grandes fuerzas de la naturaleza esté más disponible para el desarrollo del ser humano que el principio de la autosugestión, pero el desconocimiento de esta fuerza está llevando a la mayoría de la raza humana a aplicarla de manera tal que actúa como un impedimento, y no como una ayuda.

Enumeremos aquí los datos que nos muestran cómo tiene lugar la aplicación errónea de una gran fuerza de la naturaleza:

He aquí un hombre que se encuentra con alguna decepción: un amigo resulta ser falso, o un vecino parece indiferente. Sin dilación decide (mediante la autosugestión) que no se puede fiar de ningún hombre y que todos los vecinos son desagradecidos. Estos pensamientos se instalan tan profundamente en la mente subconsciente que tiñen toda su actitud hacia los demás.

Ahora, vuelve a lo que se dijo en la segunda lección acerca de que los pensamientos dominantes de una persona atraen a la gente que tiene pensamientos similares.

Aplica la ley de la atracción y pronto comprenderás con claridad por qué el escéptico atrae a otros escépticos.

Invierte el principio: tenemos a un hombre que sólo ve lo mejor en todas las personas con las que entra en contacto. Si sus vecinos parecen indiferentes, no se fija en esto, pues *se ocupa* de llenar su mente con pensamientos dominantes de optimismo, buen humor y fe en los demás. Si la gente le habla de mala manera, él responde con suavidad. Mediante el funcionamiento de esta eterna ley de la atracción, atrae hacia sí mismo la atención de personas cuyos pensamientos dominantes y actitud hacia la vida armonizan con los suyos.

Sigamos este principio un paso más allá: aquí tenemos un hombre que ha recibido una buena educación y cuenta con la capacidad de prestar al mundo algún servicio necesario. En algún lugar, en algún momento, ha oído decir que la modestia es una gran virtud y que empujarse a sí mismo al frente del escenario en el juego de la vida huele a chamusquina. Entra sigilosamente por la puerta trasera y se sienta atrás, mientras que otros participantes en el juego de la vida avanzan valientemente hacia la parte delantera. Él se queda en la última fila porque *teme* «lo que *ellos* puedan decir». La opinión pública, o aquello que él cree que es tal cosa, lo ha empujado hasta la parte posterior, y el mundo apenas se entera de que existe. Su educación no vale de nada porque él *teme* que el mundo se entere de que la ha recibido. Está *sugestionándose* continuamente (utilizando, así, la gran fuerza de la autosugestión en su propio detrimento) pensando que debe pasar inadvertido para no ser criticado, como si las críticas pudieran hacerle algún daño o vencer a su propósito.

Tenemos a otro hombre que ha nacido en un hogar pobre. Desde el primer día que recuerda, ha visto signos de pobreza. Ha oído hablar de pobreza. Ha sentido la fría mano de la pobreza sobre sus hombros, y ésta le ha impresionado de tal forma que la ha fijado en su mente como una maldición *que debe soportar*. De una manera bastante inconsciente, es víctima de la creencia de que «si naces pobre, siempre serás pobre», hasta que dicha creencia se convierte en el pensamiento dominante en su mente. Se asemeja a un caballo al que le ponen guarniciones y lo maltratan hasta que olvida que tiene el poder potencial para desprenderse de ellas. La autosugestión lo está relegando a la parte posterior del escenario de la vida. Al final, acaba convirtiéndose en alguien que siempre *abandona*. Su ambición ha desaparecido. Las oportunidades ya no se cruzan en su camino o, si lo hacen, él no es capaz de verlas. *¡Ha aceptado su DESTINO!* Es un hecho sabido que las facultades de la mente, al igual que los miembros del cuerpo, se atrofian y se extinguen si no se utilizan. La seguridad en uno mismo no es una excepción. Se desarrolla cuando es utilizada, pero, de lo contrario, desaparece.

Una de las principales desventajas de la riqueza heredada es el hecho de que, con demasiada frecuencia, lleva a la inactividad y a la pérdida de la seguridad en uno mismo. Hace algunos años, la señora E. B. McLean dio a luz a un niño en la ciudad de Washington. Se decía que su herencia estaba en torno a los cien millones de dólares. Cuando sacaban a pasear a este bebé en su cochecito, iba rodeado de niñeras, asistentes de niñeras, detectives y otros sirvientes cuya tarea consistía en asegurarse de que no le ocurriera nada malo. Durante el transcurso de los años, esta vigilancia se mantuvo. El niño no tenía que vestirse solo, tenía sirvientes que lo vestían. Éstos lo vigilaban mientras dormía y mientras jugaba. No se le permitía hacer nada que algún sirviente pudiera hacer por él. El niño creció y llegó a la edad de diez años. Un día, estaba jugando en el jardín y vio que habían dejado abierta la verja de la parte trasera. En toda su vida, nunca había salido solo por esa verja y, por supuesto, eso era exactamente lo que deseaba hacer. En un descuido, cuando los sirvientes no estaban mirando, salió corriendo por esa verja y, antes de llegar al medio de la calle, fue atropellado por un automóvil y murió. Había utilizado los ojos de sus sirvientes hasta el punto que los suyos ya no le sirvieron como lo habrían hecho si él hubiese aprendido a utilizarlos.

Tu trabajo y el mío son peculiarmente similares:
Yo estoy ayudando a las leyes de la naturaleza
a crear especímenes de vegetación más perfectos,
mientras que tú, con la filosofía de las LEYES DEL ÉXITO,
estás utilizando esas mismas leyes para crear
especímenes más perfectos de pensadores.

LUTHER BURBANK

Hace veinte años, el hombre para el que yo trabajaba como secretario envió a sus dos hijos a estudiar fuera. Uno de ellos fue a la Universidad de Virginia y el otro a un instituto en Nueva York. Parte de mi tarea era extender mensualmente un cheque de cien dólares para cada uno de ellos. Éste era su dinero para gastos menores, y podían utilizarlo como quisieran. Recuerdo cuánto envidiaba a aquellos chicos cuando extendía esos cheques cada mes. A menudo me preguntaba por qué la mano del destino me había llevado a un mundo de pobreza. Podía mirar al futuro y ver que esos muchachos llegarían a ocupar posiciones elevadas en la vida, mientras que yo seguiría siendo un humilde oficinista.

A su debido tiempo, los chicos volvieron a casa con sus títulos. Su padre era un hombre rico que tenía bancos, ferrocarriles, minas de carbón y otras propiedades de gran valor. A los muchachos les esperaban unos buenos puestos como empleados de su padre.

Pero veinte años de tiempo pueden hacer malas pasadas de una forma cruel a aquellos que nunca han tenido que luchar. Quizá la mejor manera de expresar esta verdad sería diciendo que *el tiempo ofrece, a quienes nunca han tenido que luchar, la oportunidad de hacerse malas pasadas a sí mismos*. En cualquier caso, estos dos muchachos trajeron a casa otras cosas, aparte de sus títulos. Regresaron con una capacidad muy desarrollada para beber grandes cantidades de alcohol, *capacidad que desarrollaron gracias a los cien dólares que cada uno de ellos recibía todos los meses y que hacían que no tuvieran la necesidad de esforzarse.*

Su historia es larga y triste, y sus detalles no te interesarán, pero te interesará conocer su final. Mientras escribo esta lección, tengo sobre mi mesa un ejemplar del periódico que se publica en la ciudad donde viven estos muchachos. Su padre está arruinado y su costosa mansión, donde nacieron sus hijos, ha sido puesta a la venta. Uno de los chicos murió de *delirium tremens* y el otro está en una residencia para enfermos mentales.

No todos los hijos de los ricos acaban de una forma tan desafortunada, pero, no obstante, aún es una realidad que la inacción lleva a la atrofia y ésta, a su vez, provoca una pérdida de la ambición y de la seguridad en uno mismo, y sin estas cualidades esenciales, una persona irá por la vida sobre las alas de la incertidumbre, del mismo modo que una hoja puede ser llevada de aquí para allá en el seno de vientos sin rumbo fijo.

Lejos de ser una desventaja, tener que esforzarse es decididamente una ventaja, pues desarrolla esas cualidades que, de lo contrario, permanecerían eternamente inactivas. Muchas personas han encontrado su lugar en el mundo por haberse visto obligadas a luchar para subsistir desde una edad muy temprana en la vida. La falta de conocimiento de las ventajas de tener que luchar ha impulsado a más de un padre a decir: «Yo tuve que trabajar duro cuando era joven, *¡pero me ocuparé de que mis hijos lo tengan fácil!*». Pobres criaturas inconscientes. Tenerlo «fácil» suele resultar ser la mayor desventaja que un hombre o una mujer pueda experimentar. Hay peores cosas en este mundo que verse obligado a ponerse a trabajar prematuramente en la vida: la ociosidad forzosa es mucho peor que el trabajo forzoso. Verte obligado a trabajar, y a *hacerlo lo mejor que puedas*, cultivará en ti la templanza, el autocontrol, la fuerza de voluntad, la satisfacción y tantas otras virtudes que el holgazán nunca conocerá.

No tener necesidad de luchar no sólo produce la debilitación de la ambición y de la fuerza de voluntad, sino que, además, instala en la mente de la persona un estado de letargo que conduce a la pérdida de la seguridad en sí misma, lo cual es aún más peligroso. La persona que deja de luchar porque el esfuerzo ya no es necesario está aplicando, literalmente, el principio de autosugestión para minar el poder de su propia seguridad en sí misma. Al final acabará cayendo en un estado mental en el que realmente verá con mayor o menor desprecio a la persona que está obligada a seguir adelante.

La mente humana, si me perdonáis la insitencia, puede compararse a una batería eléctrica: puede ser positiva o negativa. La seguridad en uno mismo es la cualidad con la que la mente se recarga y se vuelve positiva. Apliquemos esta línea de razonamiento al arte de vender y veremos cuál es el papel que desempeña la seguridad en uno mismo en este gran campo de acción. Uno de los más grandes vendedores que este país ha conocido jamás había trabajado previamente en la redacción de un periódico. Valdrá la pena que analices el método mediante el cual se ganó el título de «el principal vendedor del mundo».

Este hombre era un joven tímido con una naturaleza algo reservada. Era una de esas personas que cree que es mejor entrar sigilosamente por la puerta trasera y sentarse en la parte de atrás en el escenario de la vida. Una noche, asistió a una conferencia sobre el tema de esta lección, la seguridad en uno mismo, y quedó tan impresionado que abandonó de la sala de conferencias con la firme determinación de salir de la rutina a la que se había dejado arrastrar.

Fue a ver al director comercial del periódico, solicitó un puesto como representante publicitario y empezó a trabajar a comisión. Todos en la oficina esperaban verlo fracasar, pues este tipo de ventas requiere de un tipo de habilidades sumamente positivas. Él se retiró a su despacho y elaboró una lista de un determinado tipo de comerciantes a los que tenía intención de llamar. Se podría pensar que, naturalmente, haría una lista de los nombres de las personas a las que creía que les podría vender con el menor esfuerzo, *pero no hizo nada de eso*. Puso en su lista únicamente nombres de comerciantes a los que otros representantes habían llamado sin conseguir obtener ni una venta. Antes de hacer la primera llamada, se fue a un parque, sacó su lista de doce nombres, la leyó unas cien veces, diciéndose lo siguiente mientras leía: «*Me comprarás un espacio publicitario antes de fin de mes*».

A continuación, empezó a hacer sus llamadas. El primer día cerró tratos con tres de los doce «imposibles». Durante el resto de la semana hizo ventas con dos más. Al final del mes había abierto cuentas publicitarias con todos, con excepción de uno de los comerciantes que tenía en la lista. El mes siguiente no hizo ninguna venta, porque no realizó ninguna llamada, excepto a aquel comerciante obstinado. Cada mañana, cuando abría la tienda, él estaba ahí para entrevistarse con dicho comerciante y cada mañana el hombre le respondía «No». El comerciante sabía que no iba a comprar un espacio publicitario, pero el joven hacía oídos sordos. Cuando el comerciante le decía que *no*, él no lo oía, sino que seguía yendo a verlo. El último día del mes, después de haberle dicho a este persistente joven que *no* en treinta ocasiones consecutivas, tuvo lugar este diálogo entre ambos:

—Mire, jovencito, usted ha desperdiciado todo un mes intentando hacerme una venta; ahora bien, lo que yo quisiera saber es ¿por qué ha perdido su tiempo?

—No he perdido mi tiempo en absoluto –replicó él–. «He estado asistiendo a la escuela y usted ha sido mi maestro. Ahora conozco todos los argumentos que un comerciante puede plantear para no tener que comprar y, además de eso, he estado entrenándome en la autoconfianza.

Entonces el comerciante dijo:

—Le confesaré algo. Yo también he estado yendo a la escuela y usted ha sido mi maestro. Me ha enseñado una lección de perseverancia que vale mucho dinero para mí, y para mostrarle mi aprecio le voy a pagar sus honorarios como profesor haciéndole una solicitud de un espacio publicitario.

Y así fue como consiguió la mejor cuenta publicitaria del Philadelphia North American. Asimismo, esto marcó el inicio de una reputación que convirtió al joven en millonario.

> Nadie puede convertirse
>
> en un gran líder de la humanidad,
>
> a menos que haya bondad en su propio corazón
>
> y dirija con sugerencias y amabilidad,
>
> en lugar de hacerlo por la fuerza.

Tuvo éxito porque robusteció deliberadamente su propia mente con la suficiente seguridad en sí mismo para convertirla en una fuerza irresistible. Cuando se sentó para confeccionar esa lista de doce nombres hizo algo que el noventa y nueve por ciento de la gente no habría hecho: eligió los nombres de las personas a las que creía que sería difícil hacerles una venta, porque comprendió que, de la resistencia que encontraría al intentar venderles, obtendría fuerza y seguridad en sí mismo. Fue uno de los pocos que entendieron que todos los ríos y *algunos hombres* no son rectos porque siguen el camino de la menor resistencia.

* * *

Voy a desviarme y a romper aquí la línea de pensamiento por unos momentos para apuntar unos consejos para las esposas de los hombres. Recuérdalo: estas líneas están dirigidas únicamente a las esposas y no se espera que los maridos lean lo que se dice aquí.

Habiendo analizado a más de dieciséis mil personas, la mayoría de las cuales eran hombres casados, he aprendido algo que puede ser de valor para las esposas. Permitidme que exprese mis pensamientos en estas palabras:

Tienes en tu interior el poder para despedirte cada día de tu marido cuando se va a su trabajo, a su negocio o a ejercer su profesión, transmitiéndole un sentimiento de seguridad en sí mismo que le hará avanzar con éxito por los momentos difíciles del día y hará que por la noche vuelva a casa sonriente y feliz. Un conocido mío del pasado se casó con una mujer que tenía una dentadura postiza. Un día, a su esposa se le cayó la dentadura y la placa se rompió. El marido recogió los pedazos y empezó a examinarlos. Mostró tanto interés en ellos, que su mujer le dijo: «Podrías fabricar una dentadura como ésa si te decidieras a hacerlo».

Este hombre era un granjero cuyas ambiciones nunca lo habían llevado más allá de las fronteras de su pequeña granja, hasta que su esposa hizo aquel comentario. Ella se acercó a él, apoyó su mano sobre el hombro de su marido y lo animó a que intentara dedicarse a la odontología. Finalmente lo convenció para que empezara la formación y se convirtió en uno de los dentistas más importantes y exitosos del estado de Virginia. Lo conozco bien, ¡porque es mi padre!

Nadie puede predecir las posibilidades de éxito que le esperan a un hombre que es respaldado por su esposa y animado a tener iniciativas cada vez más grandes y mejores, pues es sabido que una mujer es capaz de estimular a un hombre de tal manera que éste realizará hazañas casi sobrehumanas. Es tu derecho y tu deber animar a tu marido e instarlo a ir adelante en empresas que valgan la pena, hasta que encuentre su lugar en el mundo. Tú, más que cualquier otra persona en el mundo, puedes inducirlo a realizar un mayor esfuerzo. Hazle creer que nada, dentro de lo razonable, está fuera del alcance de su capacidad de realización y le habrás hecho un favor que tendrá un gran alcance para ayudarlo a ganar en la batalla de la vida.

* * * *

Uno de los hombres más exitosos en su especialidad en Norteamérica atribuye todo su éxito a su esposa. Cuando estaban recién casados, ella escribió un credo que él firmó y colocó sobre su escritorio. He aquí una copia del credo:

Creo en mí mismo. Creo en quienes trabajan conmigo. Creo en mi patrón. Creo en mis amigos. Creo en mi familia. Creo que Dios me proporcionará todo lo que necesito para tener éxito si me esfuerzo por ganármelo mediante un servicio fiel y honesto. Creo en la oración y nunca cerraré los ojos para dormir sin haber rezado para recibir orientación divina con la finalidad de ser paciente con los demás y tolerante con quienes no creen como yo. Creo que el éxito es el resultado del esfuerzo inteligente y que no depende de la suerte ni de prácticas astutas, ni de engañar a los amigos, a otras personas o a mi jefe. Creo que obtendré de la vida exactamente lo que invierta en ella y, por lo tanto, tendré cuidado de comportarme con los demás como me gustaría que ellos actuaran conmigo. No hablaré mal de las personas que no me gustan. No despreciaré mi trabajo, sin importar lo que vea hacer a los demás. Ofreceré el mejor servicio del que soy capaz porque me he comprometido a tener éxito en la vida y sé que el éxito siempre es el resultado de un esfuerzo consciente y eficiente. Por último, perdonaré a quienes me ofendan porque soy consciente de que en ocasiones yo también ofenderé a otras personas y necesitaré su perdón.

Firmado ....

La mujer que escribió este credo era una psicóloga práctica de primera categoría. Con la influencia y la orientación de una mujer así como compañera, cualquier hombre puede alcanzar un éxito destacable.

Analiza este credo y notarás con qué libertad se utiliza el pronombre personal. Comienza con una afirmación de seguridad en uno mismo, lo cual es perfectamente adecuado. Ninguna persona podría hacer suyo este credo sin desarrollar una actitud positiva que atraiga hacia ella a personas que la ayudarán en su lucha por el éxito.

Éste sería un credo espléndido para ser adoptado por todos los vendedores. Adoptarlo no le vendría nada mal a *tus* oportunidades para el éxito. ¡Debes *practicarlo*! Léelo una y otra vez hasta que te lo sepas de memoria. Luego repítelo al menos una vez al día hasta que lo hayas convertido, literalmente, en tu estructura mental.

Ten una copia del texto ante de ti como un recordatorio diario de tu compromiso de practicarlo. Con ese gesto, estarás haciendo un uso eficiente del principio de la autosugestión como un medio para desarrollar la seguridad en ti mismo. No importa lo que otros puedan decir sobre tu procedimiento. Sólo recuerda que tener éxito es asunto tuyo y que este credo, si lo dominas y lo aplicas, será de gran ayuda para ti.

En la segunda lección aprendiste que cualquier idea que fijes con firmeza en tu mente subconsciente mediante la repetición de una afirmación se convierte automáticamente en un plan o anteproyecto que utiliza un poder invisible para dirigir tus esfuerzos hacia la consecución del objetivo mencionado en el plan.

También has aprendido que el principio a través del cual puedes fijar en tu mente cualquier idea que elijas se denomina «autosugestión», lo cual quiere decir, simplemente, una sugestión que le das a tu propia mente. Éste era el principio de autosugestión en el que Emerson estaba pensando cuando escribió: «Nada puede proporcionarte la paz, ¡excepto tú mismo!».

Sería bueno que también recordaras que *nada puede proporcionarte el éxito, excepto tú mismo*. Ciertamente, necesitarás la cooperación de otras personas si aspiras a conseguir un éxito de gran alcance, pero nunca obtendrás esa cooperación a menos que vitalices tu mente con la actitud positiva de la seguridad en ti mismo.

Quizá te hayas preguntado por qué unas pocas personas ascienden a puestos bien remunerados mientras que otros individuos de su entorno, con la misma formación y que aparentemente trabajan tanto como ellas, no avanzan. Elige a dos personas cualesquiera, de estos dos tipos, y estúdialas, y verás que la razón por la que una avanza y la otra permanece inmóvil te resultará bastante evidente: descubrirás que la que avanza *cree en sí misma*. Descubrirás que respalda esta creencia con una acción tan dinámica y decidida que hace saber a los demás que cree en sí misma. También notarás que esta seguridad en sí misma es contagiosa, impulsora, persuasiva y que atrae a los demás.

También encontrarás que la persona que no avanza muestra claramente, con la expresión de su rostro, la postura de su cuerpo, su falta de energía en su caminar, la irresolución con la que se expresa, que carece de seguridad en sí misma.

Nadie prestará mucha atención a una persona que no tiene seguridad en sí misma. No atrae a los demás porque su mente es una fuerza negativa que repele, en lugar de atraer.

Si quieres que una cosa se haga bien, llama a una persona muy ocupada para que la haga. Las personas muy ocupadas suelen ser las más esmeradas y concienzudas en todo lo que hacen.

En ningún otro ámbito es tan importante la seguridad en uno mismo, o la falta de ella, como en el ámbito de las ventas, y no hace falta ser un analista del carácter para determinar, en cuanto ves a un vendedor, si posee la cualidad de la seguridad en sí mismo. Si la tiene, las señales de su influencia estarán inscritas en todo su ser. Te inspirará confianza en él y en el producto que está vendiendo mientras habla.

Ahora llegamos al punto en el que estás preparado para aprehender el principio de la autosugestión y hacer un uso directo de él a fin de desarrollarte y convertirte en una persona positiva, dinámica y segura de ti misma.

Debes copiar esmeradamente la siguiente fórmula, firmarla y confiarla a tu memoria:

Fórmula de la seguridad en mí mismo

1°. Sé que tengo la capacidad de alcanzar el objeto de mi *claro propósito*. Por lo tanto, *me exijo* una acción persistente, decidida y continua para su realización.

2°. Me doy cuenta de que los pensamientos dominantes de mi mente acaban reproduciéndose en la acción corporal exterior y que se transforman gradualmente en una realidad física; por lo tanto, me concentraré mentalmente durante treinta minutos diarios en la tarea de pensar en la persona que deseo ser, creando una imagen mental de ella y luego convirtiendo esa imagen en una realidad a través del servicio práctico.

3°. Sé que, por el principio de la autosugestión, cualquier deseo que mantenga con persistencia en mi mente acabará buscando su expresión por algún medio práctico para realizarlo y, por lo tanto, dedicaré diez minutos al día a exigirme desarrollar los factores que se mencionan en las dieciséis lecciones de este curso de las LEYES DEL ÉXITO.

4°. He diseñado claramente y puesto por escrito una descripción de mi *claro propósito* en la vida para los próximos cinco años. He puesto un precio a mis servicios para cada uno de estos cinco años: un precio que pretendo *ganar* y *recibir*, mediante la estricta aplicación del principio del servicio eficiente y satisfactorio que proporcionaré por adelantado.

5°. Soy plenamente consciente de que ninguna riqueza o posición puede durar mucho tiempo a menos que esté edificada sobre las bases de la verdad y la justicia. Por lo tanto, *no participaré en ninguna transacción que no beneficie a todos los implicados.* Tendré éxito atrayendo hacia mí las fuerzas que deseo utilizar y la cooperación de otras personas. Induciré a otros a servirme porque yo los serviré primero a ellos. Eliminaré el odio, la envidia, los celos, el egoísmo y el cinismo mediante el desarrollo del amor por toda la humanidad, porque sé que una actitud negativa hacia los demás nunca me atraerá el éxito. Haré que los demás *crean en mí* porque yo creeré en ellos y en mí.

Firmaré esta fórmula con mi nombre, la guardaré en mi memoria y la repetiré en voz alta una vez al día con absoluta *fe* en que influirá gradualmente en toda mi vida para que yo pueda llegar a ser un/a trabajador/a de éxito y feliz en el ámbito profesional que he elegido.

Firmado ....

Antes de firmar esta fórmula con tu nombre, asegúrate de que tienes intención de seguir sus instrucciones. Detrás de esta fórmula hay una ley que ninguna persona puede explicar. Los psicólogos la llaman «autosugestión» y no van más allá, pero deberías tener en cuenta un punto sobre el que no existe ninguna incertidumbre, y es que, sea lo que sea, esta ley *¡realmente funciona!*

Otro punto importante es el hecho de que, del mismo modo que la electricidad hace girar las ruedas de la industria y sirve a la humanidad de innumerables formas, o puede extinguir la vida si se aplica erróneamente, este principio de la autosugestión también te hará ascender por la ladera de la paz y la prosperidad, o descender por el valle de la infelicidad y la pobreza, según la aplicación que le des. Si llenas tu mente de dudas e incredulidad acerca de tu capacidad de tener éxito, entonces el principio de la autosugestión tomará este espíritu de incredulidad y lo colocará en tu mente subconsciente como pensamiento dominante y, de una forma lenta pero segura, te llevará hasta el remolino del *fracaso*. Pero, si llenas tu mente de una radiante seguridad en ti mismo, o en ti misma, el principio de la autosugestión tomará esta creencia y la establecerá como tu pensamiento dominante y te ayudará a superar los obstáculos que encuentres en el camino, hasta que llegues a la cima de la montaña del éxito.

El poder del hábito

Habiendo experimentado yo mismo todas las dificultades que se encuentran en el camino de quienes no tienen los conocimientos para hacer una aplicación práctica de este gran principio de la autosugestión, permíteme que te presente el principio del hábito, con cuya ayuda podrás aplicar fácilmente el principio de la autosugestión en cualquier dirección y con cualquier propósito.

El hábito surge del entorno, de hacer lo mismo, de pensar lo mismo, o bien de repetir las mismas palabras una y otra vez. Un hábito podría compararse con la ranura en un disco de fonógrafo, mientras que la mente humana podría compararse con la aguja que encaja en dicha ranura. Cuando un hábito se ha formado bien mediante la repetición del pensamiento o la acción, la mente tiende a adherirse a él y a seguir su curso de una forma tan cercana como la aguja del fonógrafo sigue la ranura en el disco.

El hábito se crea al dirigir *repetidamente* uno de los cinco sentidos de la vista, el oído, el olfato, el tacto y el gusto, o más de uno, en una dirección dada. Es mediante este principio de la repetición como se forma el dañino hábito de las droga; es a través de este mismo principio como el deseo de tomar bebidas embriagadoras se convierte en un hábito.

Cuando un hábito está bien establecido, automáticamente controlará y dirigirá nuestra actividad corporal, y ahí podemos encontrar un pensamiento capaz de convertirse en un poderoso factor en el desarrollo de la *seguridad en uno mismo*. Ese pensamiento es el siguiente: *voluntariamente y, si es necesario, obligándote, dirige tus esfuerzos y tus pensamientos en una dirección deseada hasta haber desarrollado el hábito que será tuyo, y continúa dirigiendo voluntariamente tus esfuerzos en esa misma dirección.*

El objetivo de escribir y repetir la fórmula de la seguridad en ti mismo es crear el hábito de hacer que *creer en ti mismo/a* sea el pensamiento dominante en tu mente hasta que arraigue en tu subconsciente por el principio del *hábito*.

Aprendiste a escribir dirigiendo repetidamente los músculos de tu brazo y de tu mano sobre ciertos contornos conocidos como letras, hasta que finalmente te formaste el hábito de trazarlos. Ahora escribes con facilidad y rapidez, sin tener que trazar cada letra lentamente: escribir se ha convertido en un *hábito* para ti.

El principio del hábito se adherirá a las facultades de tu mente del mismo modo en que influirá en los músculos físicos de tu cuerpo, como podrás comprobar fácilmente dominando y aplicando esta lección sobre la seguridad en uno mismo. Cualquier afirmación que repitas con frecuencia, o cualquier *deseo* que siembres profundamente en tu mente mediante la repetición de una afirmación, acabará buscando expresión a través de tus esfuerzos corporales, físicos, externos. Este principio del hábito es la base sobre la que está edificada esta lección acerca de la seguridad en uno mismo, y si comprendes y sigues las indicaciones que se dan en ella, pronto sabrás más sobre la LEY DEL HÁBITO que lo que te podrían enseñar mil lecciones como ésta, y teniendo un conocimiento de primera mano.

Ahora sólo tienes una vaga idea de las posibilidades que están dormidas en tu interior, esperando a que la mano de la visión te anime, y esa idea no crecerá a menos que desarrolles la suficiente seguridad en ti mismo como para elevarte por encima de las influencias acomodaticias de tu entorno actual.

Eres afortunado si has aprendido a diferenciar la derrota temporal del fracaso, y más afortunado aún si conoces la verdad de que la semilla del éxito está latente en cada derrota que experimentas.

La mente humana es una maquinaria maravillosa y misteriosa, y esto es algo que recordé hace unos meses cuando releí uno de los ensayos de Emerson que trata sobre las leyes espirituales. Me ocurrió algo extraño: encontré en ese ensayo, que había leído anteriormente en varias ocasiones, muchas cosas en las que nunca antes había reparado. Vi más cosas que en lecturas anteriores, porque el desarrollo de mi mente desde la última lectura me había preparado para una interpretación más amplia.

La mente humana se despliega continuamente, como los pétalos de una flor, hasta que alcanza el máximo de su desarrollo. Cuál es ese máximo, dónde acaba, o si acaba o no, son preguntas que no se pueden responder, pero el grado de desarrollo parece variar según la naturaleza de la persona y la medida en que hace trabajar su mente. Al parecer, una mente a la que se obliga o se pide que tenga pensamientos analíticos todos los días continúa desplegando y desarrollando mayores poderes de interpretación.

En Louisville, Kentucky, vive el señor Leo Cook, un hombre que prácticamente no tiene piernas y debe desplazarse en una carretilla. A pesar de esa minusvalía es de nacimiento, es el propietario de una gran industria y es millonario por su propio esfuerzo. Ha demostrado que una persona puede arreglárselas muy bien sin piernas si tiene una seguridad en sí misma muy desarrollada.

En la ciudad de Nueva York se puede ver a un joven fuerte, robusto e inteligente, sin piernas, que se desplaza por la Quinta Avenida, todas las tardes, gorra en mano, mendigando para ganarse la vida. Su cabeza es, probablemente, tan sensata y tan capaz de pensar como la media.

Este joven podría emular lo que el señor Cook, de Louiseville, ha hecho, si *se considerara a sí mismo como el señor Cook se considera a sí mismo*.

Henry Ford tiene más millones de dólares de los que jamás necesitará o utilizará. No muchos años antes, trabajaba como empleado de una tienda de máquinas, con una educación escasa y ningún capital. Decenas de otras personas, algunas de ellas con cerebros mejor organizados que el suyo, trabajaban cerca de él. Ford se desprendió de la conciencia de pobreza, desarrolló la seguridad en sí mismo, pensó en el éxito y lo consiguió. A las personas que trabajaban con él les podría haber ido igual de bien si hubiesen *pensado* como él.

Hace unos años, a Milo C. Jones, de Wisconsin, le acometió una parálisis. Tan grave fue la apoplejía, que no podía darse la vuelta en la cama, ni mover ningún músculo del cuerpo. Su cuerpo físico estaba inutilizado, pero a su cerebro no le ocurría nada malo, de modo que empezó a funcionar en serio, probablemente por primera vez en su vida. Acostado boca arriba en la cama, el señor Jones hizo que su cerebro crease un *propósito claro*. Dicho propósito era de una naturaleza prosaica y humilde, pero era *claro* y era un *propósito*, algo que este hombre nunca antes había conocido.

Su *propósito claro* era el de fabricar salchichas de cerdo. Reunió a su familia a su alrededor, les contó sus planes y empezó a dirigirlos para que llevaran sus planes a la acción. Sin tener ninguna ayuda, excepto una mente sensata y una gran *seguridad en sí mismo*, Milo C. Jones difundió el nombre y la reputación de «Little Pig Sausage» por todo Estados Unidos y, además, acumuló una fortuna. Todo esto lo logró después de que la parálisis le impidiera trabajar con las manos. Ahí donde reina el *pensamiento*, ¡se puede encontrar poder!

Henry Ford ha hecho millones de dólares y sigue haciéndolos cada año, porque *creía en Henry Ford* y transformó esa creencia en un *propósito claro*, el cual respaldó con un plan definido. Los otros operarios que trabajaban con Ford durante los primeros años de su carrera, no visualizaban nada, excepto un sobre con la paga semanal, y eso fue lo único que consiguieron. No exigían nada fuera de lo normal de sí mismos. Si quieres *obtener más*, asegúrate de *exigirte* más a ti mismo. Fíjate que esta exigencia ¡debe hacerse en *ti mismo!*

Me viene a la mente un famoso poema cuyo autor expresaba una gran verdad psicológica:

> Si crees que estás derrotado, lo estás;
> Si crees que no te atreverás, no lo harás;
> Si te gustaría ganar, pero crees que no puedes,
> Es casi seguro que no ganarás.
>
> Si crees que perderás, has perdido,
> Pues en el mundo descubrimos
> Que el éxito empieza en la voluntad de una persona:
> Todo depende del estado de ánimo.
>
> Si crees que eres superior, lo eres:
> Debes tener pensamientos elevados para ascender.
> Tienes que estar seguro de ti mismo
> Para poder ganar algún premio.
>
> Las batallas de la vida no siempre las gana
> el hombre más fuerte o el más rápido;
> Pero, tarde o temprano, el hombre que gana
> Es aquel que cree que puede hacerlo.

No te hará ningún daño memorizar este poema y usarlo como un instrumento de trabajo en el desarrollo de la seguridad en ti mismo.

En algún lugar de tu naturaleza hay «algo sutil» que, si fuese despertado por la influencia exterior adecuada, te llevaría a unas alturas de éxito que jamás habrías anticipado. Del mismo modo que un virtuoso puede coger un violín y hacer que emita los compases musicales más bellos y cautivadores, también existe una influencia externa que puede apoderarse de tu mente y hacerte avanzar en el campo profesional que has elegido e interpretar una gloriosa sinfonía de *éxito*. Ninguna persona sabe qué fuerzas ocultas están latentes dentro *de ti*. Tú, tú mismo, no conoces tu capacidad de éxito, y nunca la conocerás hasta que entres en contacto con ese estímulo particular que te despierta a una mayor acción y amplía tu visión, desarrolla la seguridad en ti mismo y te lleva a un *deseo* más profundo de éxito.

El único hombre que no comete errores
es aquel que nunca hace nada.
No temas a los errores, pero nunca
cometas el mismo error dos veces.

ROOSEVELT

No es poco razonable esperar que alguna afirmación, idea o palabra estimulante de este curso sobre las LEYES DEL ÉXITO te sirva como el acicate necesario que dará una nueva forma a tu destino y redirigirá tus pensamientos y energías llevándolos por un camino que, al final, te conducirá hasta tu anhelada meta en la vida. Aunque resulta extraño es cierto que, a menudo, los cambios decisivos en la vida llegan en los momentos más insospechados y de la forma más inesperada. Me viene a la mente el típico ejemplo de cómo algunas experiencias de la vida aparentemente insignificantes resultan ser las más importantes, y estoy relatando este caso porque también muestra lo que una persona puede lograr cuando despierta a una comprensión plena del valor de la seguridad en uno mismo. El incidente al que me refiero ocurrió en la ciudad de Chicago, cuando yo estaba dedicado al trabajo del análisis del carácter. Un día, un mendigo se presentó en mi oficina y me pidió una entrevista. Mientras trabajaba, levanté la mirada y lo saludé, y él dijo: «He venido a ver al hombre que escribió este librito», al tiempo que extraía de su bolsillo un ejemplar de un libro titulado *La seguridad en uno mismo*, que yo había escrito muchos años atrás. «Debe de haber sido la mano del destino, continuó, la que colocó este librito en mi bolsillo ayer por la tarde, porque yo ya estaba preparado para lanzarme al lago Michigan. Prácticamente había llegado a la conclusión de que todo y todos, incluido Dios, estaban en mi contra, hasta que leí este libro, y me proporcionó un nuevo punto de vista, y el valor y la esperanza que me ayudaron a aguantar durante la noche. Decidí que si podía ver al hombre que lo había escrito, él me podría ayudar a levantarme una vez más. Ahora estoy aquí y quisiera saber qué puede hacer usted por alguien como yo».

Yo lo había estado estudiando de pies a cabeza mientras él hablaba y, para ser sincero, debo admitir que, en lo más profundo de mi corazón, no creía que pudiera hacer nada por él, pero no se lo quise decir. La mirada húmeda de sus ojos, las marcas de desánimo en su rostro, la postura del cuerpo, la barba de diez días, el ademán nervioso de este hombre, todo ello me transmitía la sensación de que no tenía esperanzas, pero no tuve el valor de decírselo, de modo que le rogué que se sentara y me contara toda su historia. Le pedí que fuese absolutamente franco y me dijera, con la mayor exactitud posible, lo que le había llevado al extremo mísero de la vida. Le prometí que, después de oír toda la historia, le diría si podía ayudarlo o no; él procedió al relato. Su historia era, en síntesis, la siguiente: Había invertido toda su fortuna en un pequeño negocio manufacturero. Cuando se inició la Guerra Mundial en 1914, le resultó imposible conseguir la materia prima necesaria para el funcionamiento de su fábrica y, en consecuencia, fracasó. La pérdida económica le rompió el corazón y alteró su mente de tal forma que abandonó a su mujer y a sus hijos y se convirtió en un mendigo. Había estado meditando tristemente sobre su ruina, hasta que llegó al punto en que estaba considerando el suicidio.

Cuando acabó su historia, le dije: «Lo he escuchado con mucho interés y me gustaría que hubiera algo que yo pudiera hacer para ayudarlo, pero *no hay absolutamente nada que yo pueda hacer*».

Se puso tan pálido como si estuviera muerto en su ataúd. Se derrumbó en la silla, dejó caer el mentón sobre su pecho y apenas alcanzó a decir: «No hay nada más que hablar». Esperé unos segundos, y luego le dije: «Aunque no hay nada que yo pueda hacer por usted, hay un hombre en este edificio que le puedo presentar, si usted quiere, que puede ayudarlo a recuperar la fortuna que ha perdido y hacer que se vuelva a levantar». Estas palabras apenas habían salido de mis labios cuando él se puso de pie de un salto, me tomó de las manos y dijo: «Por el amor de Dios, lléveme hasta ese hombre».

Me animó ver que me lo pedía «por el amor de Dios». Esto indicaba que todavía había una chispa de esperanza en su pecho, de modo que lo agarré del brazo y lo llevé hasta el laboratorio en el que se realizaban mis pruebas psicológicas para el análisis del carácter y me detuve con él delante de lo que parecía ser una cortina sobre una puerta. Abrí la cortina y descubrí un largo espejo en el que el hombre se vio reflejado de la cabeza a los pies. Señalando al espejo, le dije:

«He ahí el hombre que le prometí que le presentaría. Ése es el único hombre en este mundo que puede hacer que usted se vuelva a levantar y, si usted no se sienta y se familiariza con él, conociéndolo como nunca antes lo había conocido, ya puede marcharse y arrojarse al lago Michigan, porque no será de ningún valor para usted mismo, ni para el mundo, hasta que conozca mejor a este hombre».

Dio un paso adelante, acercándose al espejo. Se frotó el rostro barbudo con las manos, se estudió de cuerpo entero durante unos minutos, luego retrocedió un paso, dejó caer la cabeza hacia adelante y comenzó a llorar. Yo sabía que la lección había llegado a su destino, de modo que lo acompañé hasta el ascensor y me despedí de él. Nunca esperé volver a verlo, y dudaba que esa lección hubiese bastado para ayudarlo a recuperar su lugar en el mundo, porque parecía haber llegado demasiado lejos para ser rescatado. No sólo parecía estar *bajo*, sino también prácticamente *fuera*.

Unos días más tarde, me encontré con este hombre en la calle. Su transformación había sido tan absoluta, que apenas lo reconocí. Caminaba enérgicamente, con la cabeza echada hacia atrás. La vieja postura furtiva y nerviosa de su cuerpo había desaparecido. Iba vestido todo él con ropa nueva. Tenía un aspecto próspero y se sentía próspero. Me detuvo y me contó lo que había ocurrido para que tuviera lugar una transformación tan rápida de un estado de terrible desconsuelo a uno de esperanza y promesa.

«Justamente me dirigía a su oficina, explicó, para darle la buena noticia. El mismo día que estuve en su despacho, salí como un pobre mendigo y, a pesar de mi aspecto, me vendí al precio de un salario de tres mil dólares anuales. *Piense en ello, amigo, ¡tres mil dólares al año!* Y mi patrón me adelantó el dinero suficiente para comprarme ropa nueva, como puede ver usted mismo. También me adelantó algo de dinero para que se lo enviara a mi familia y ahora vuelvo a estar en el camino hacia el éxito. Cuando pienso que hace sólo unos días había perdido toda esperanza, fe y valor, y que estaba pensando en suicidarme, me parece como un sueño. Iba a decirle que uno de estos días, cuando menos se lo espere, le haré otra visita y, cuando lo haga, seré un hombre de éxito. Traeré conmigo un cheque, firmado en blanco y pagadero a su nombre, y usted podrá rellenarlo con la cantidad que quiera, porque me ha salvado de *mí mismo* al presentarme a *mí mismo*: a ese yo al que nunca conocí, hasta que usted me colocó frente al espejo y señaló a mi *verdadero* yo».

Cuando ese hombre se dio media vuelta y se alejó entre la multitud en las calles de Chicago, vi, por primera vez en mi vida, cuánta fuerza, cuánto poder y cuántas posibilidades hay ocultas en la mente de la persona que nunca ha descubierto el valor de la *confianza en uno mismo*. Ahí y en ese momento, decidí que yo también me colocaría delante del mismo espejo y me señalaría con un dedo acusador por no haber descubierto la elección que yo había ayudado a otra persona a aprender. Efectivamente, me coloqué delante del mismo espejo y, al hacerlo, en ese preciso instante, fijé en mi mente, como mi *propósito claro* en la vida, la determinación de ayudar a hombres y mujeres a descubrir las fuerzas que están dormidas en su interior. El libro que tienes en tus manos es una prueba de que mi propósito claro ha sido llevado a cabo.

El hombre cuya historia he relatado llegó a convertirse en presidente de una de las empresas más grandes y de más éxito en su ámbito en Estados Unidos, con un negocio que se extiende de costa a costa, y desde Canadá hasta México.

Poco después del incidente que acabo de relatar, una mujer vino a mi oficina para que le hiciera un análisis personal; entonces era maestra en la escuela pública de Chicago. Le entregué un cuadro de análisis y le pedí que lo rellenara. Cuando sólo llevaba unos minutos trabajando en ello, regresó a mi despacho, me entregó el cuadro y me dijo: «No creo que vaya a rellenar esto». Le pregunté por qué había decidido no rellenarlo, y ella replicó: «Para ser absolutamente franca con usted, una de las preguntas de este cuadro me ha hecho pensar y ahora sé lo que me ocurre. Por lo tanto, me parece innecesario pagarle a usted para que me analice». Dicho esto, la mujer se marchó, y no volví a saber de ella hasta dos años más tarde. Se fue a la ciudad de Nueva York, se convirtió en escritora publicitaria para una de las agencias más importantes del país y su salario, en la época en que me escribió, era de 10.000 dólares anuales.

Esta mujer me envió un cheque para cubrir el coste de mi análisis, porque sentía que yo me había ganado esa paga, a pesar de que no le dispensé el servicio que suelo ofrecer a mis clientes. Es imposible predecir que un incidente aparentemente insignificante pueda llevar a una importante coyuntura decisiva en la carrera de una persona, pero no se puede negar el hecho de que, quienes tienen una clara seguridad en sí mismos, pueden reconocer más rápidamente estas «coyunturas decisivas».

El amor, la belleza, la alegría y la plegaria
están eternamente construyendo,
echando abajo y reconstruyendo
los cimientos del alma de cada ser humano.

Una de las pérdidas irreparables para la raza humana reside en la falta de conocimiento de que existe un método definido mediante el cual cualquier persona con una inteligencia media puede desarrollar la seguridad en sí misma. Es una pérdida inconmensurable para la civilización que a los hombres y mujeres jóvenes no se les enseñe este método conocido para desarrollar la seguridad en sí mismos antes de que finalicen su educación, pues alguien que no tenga fe en sí mismo no está realmente educado en el justo sentido del término.

Cuánta gloria y satisfacción recibiría el hombre o la mujer que pudiera desmontar la cortina del *miedo* que cuelga sobre la raza humana y no deja entrar el sol del entendimiento que proporciona la seguridad en uno mismo, dondequiera que sea evidente.

Ahí donde el *miedo* tiene el control, el éxito notable se convierte en una imposibilidad, y esto me trae a la mente la definición de *miedo* que expresó un gran filósofo:

> El miedo es la mazmorra de la mente hacia la que corre, donde se oculta y retira. El miedo trae la superstición y la superstición es el puñal con el que la hipocresía asesina al alma.

Delante de la máquina de escribir con la que estoy redactando el manuscrito de este curso cuelga un cartel con la siguiente frase, en grandes letras:

> «Cada día tengo más *éxito* en todos los sentidos.»

Un escéptico que leyó este cartel me preguntó si realmente creía en «esas cosas», y yo repliqué: «Por supuesto que no. Lo único que han hecho por mí es ayudarme a salir de las minas de carbón, donde empecé trabajando como peón, y encontrar un lugar en el mundo en el que estoy ayudando a más de cien mil personas, en cuyas mentes estoy sembrando ese mismo pensamiento positivo que muestra ese cartel. Por lo tanto, ¿por qué habría de creer en ello?». Cuando este hombre se disponía a marcharse, dijo: «Bueno, quizá después de todo haya algo en este tipo de filosofía, porque yo siempre he tenido miedo de ser un fracaso, y hasta el momento, mis temores se han cumplido plenamente».Tus pensamientos te están condenando a la pobreza, la infelicidad y el fracaso, o te están llevando hacia las alturas de un gran éxito. Si tú te *exiges* el éxito y respaldas esta exigencia con una acción inteligente, ganarás con toda seguridad. Pero ten en cuenta que hay una diferencia entre *exigir* el éxito y limitarse a desearlo. Deberías averiguar cuál es la diferencia y sacar provecho de ella.

¿Recuerdas lo que dice la Biblia (búscalo, en alguna parte del evangelio de Mateo) acerca de quienes tienen una fe como un grano de mostaza? Dedícate a la tarea de desarrollar la seguridad en ti mismo al menos con esa cantidad de fe, o más. No te preocupes por «lo que dirán *los demás*», porque *ellos* te serán de muy poca ayuda en tu ascenso por la ladera de la montaña de la vida hacia el objeto de tu *propósito claro*. Tienes en tu interior todo el poder que necesitas para conseguir cualquier cosa que desees o necesites en este mundo, y una de las mejores maneras de hacerte con este poder es *creer en ti*.

Cree en ti, pero no le digas al mundo lo que eres capaz de hacer: ¡DEMUÉSTRALO!

«Conócete a ti mismo, conócete a ti mismo.» Ésta ha sido la recomendación de todos los filósofos en todas las épocas. Cuando *realmente* te conozcas a ti mismo, sabrás que no es ninguna tontería colgar un cartel delante de ti que diga: «Cada día tengo más éxito en todos los sentidos», con el debido respeto por la persona que popularizó este lema. No tengo miedo de colocar este tipo de sugestión delante de mi escritorio y, lo que es más, no tengo miedo de creer que me influirá de tal manera que me convertiré en un ser humano más positivo y decidido.

Hace más de veinticinco años, aprendí mi primera lección sobre la construcción de la seguridad en mí mismo. Una noche, estaba sentado delante de una chimenea escuchando una conversación entre dos hombres mayores sobre el tema del capital y el trabajo. Sin ser invitado, me uní a la charla y dije algo acerca de que los patrones y los empleados deberían solucionar sus diferencias sobre la base de la Regla de Oro. Mis comentarios atrajeron la atención de uno de los hombres, el cual se volvió hacia mí, con una expresión de sorpresa en el rostro y dijo: «Caramba, eres un muchacho muy listo, y si pudieras salir ahí fuera y recibir una educación dejarías tu huella en el mundo». Aquel comentario cayó sobre oídos «fértiles», aunque era la primera vez que alguien me decía que yo era listo, o que podría realizar algo de valor en la vida. Ese comentario me hizo pensar y, cuanto más dejaba que mi mente permaneciera en ese pensamiento, más seguro estaba de que detrás de esas palabras había una posibilidad.

Podría decirse sinceramente que, sea cual fuere el servicio que estoy ofreciendo al mundo y el bien que pueda hacer, debería atribuirle el mérito a ese comentario casual.

Las sugestiones como ésta suelen ser muy poderosas, sobre todo cuando son deliberadas y expresadas por uno mismo. Regresa ahora a la fórmula de la seguridad en uno mismo y domínala, pues te conducirá a la «central eléctrica» de tu propia mente, donde accederá a una fuerza capaz de llevarte hasta la misma cima de la Escalera del Éxito.

Debo recomendarte, sin embargo, que aprendas cuál es la diferencia entre la seguridad en uno mismo, que se basa en un conocimiento razonable de lo que sabes y lo que puedes hacer, y el egotismo, que sólo se basa en lo que *querrías* saber o poder hacer. Aprende la diferencia entre estos dos términos o, de lo contrario, te convertirás en alguien aburrido, ridículo e irritante para las personas cultas e inteligentes. La seguridad en uno mismo es algo que nunca debería proclamarse o anunciarse, si no es a través de la realización inteligente de actos constructivos.

Si eres seguro de ti mismo, la gente de tu entorno reconocerá esta realidad. Deja que sean ellos quienes hagan este descubrimiento. Se sentirán orgullosos de su listeza al haberlo hecho, y tú estarás libre de toda sospecha de egotismo. La persona que tiene un nivel de egotismo sumamente elevado nunca es perseguida por las oportunidades, sino por las críticas y los comentarios desagradables. Las oportunidades hacen amistad mucho más fácil y rápidamente con la seguridad en uno mismo, que con el egotismo. El autoengrandecimiento nunca es una medida correcta de la propia seguridad. Ten esto en mente y deja que tu seguridad en ti mismo hable a través del servicio constructivo ofrecido sin aspavientos o agitación.

La seguridad en uno mismo es producto del conocimiento. Conócete a ti mismo, averigua cuánto sabes (y lo poco que sabes), por qué lo sabes y cómo vas a utilizarlo. Los «embusteros» acaban mal, así que no finjas saber más de lo que realmente sabes. La ostentación no tiene sentido, porque cualquier persona culta te calibrará con bastante precisión después de haberte oído hablar durante tres minutos. Lo que realmente eres hablará con tanta fuerza que lo que «afirmas» ser no será oído.

Si haces caso de esta advertencia, las cuatro últimas páginas de esta lección pueden marcar uno de los puntos decisivos más importantes de tu vida.

Ahora estás preparado para la cuarta lección, que te llevará un paso más arriba en la Escalera del Éxito.

EL DESCONTENTO
Una charla con el autor después de la lección

El marcador está en la puerta de entrada a la vida y escribe «pobre tonto» en la frente del hombre sabio y «pobre pecador» en la frente del santo.

¡El supremo misterio del universo es la vida! Venimos aquí sin nuestro consentimiento, ¡sin saber de dónde! Nos vamos sin nuestro consentimiento, ¡sin saber adónde!

Estamos intentando eternamente resolver este gran enigma de la «VIDA» y, ¿con qué propósito y con qué fin? Ningún pensador puede tener ninguna duda de que somos colocados en esta Tierra por una clara razón. ¿Acaso no es posible que el poder que nos colocó aquí sepa qué hará con nosotros cuando pasemos al otro lado de la Gran Separación?

¿No sería un buen plan atribuirle al Creador, que nos puso aquí en la tierra, el mérito de tener la suficiente inteligencia para saber qué hacer con nosotros cuando hayamos fallecido? ¿O deberíamos hacernos con la inteligencia y la capacidad de controlar la vida futura a nuestra manera? ¿Acaso no es posible que podamos cooperar con el Creador de una forma inteligente asumiendo el control de nuestra conducta en esta tierra con la finalidad de ser decentes unos con otros y hacer todo el bien que podamos de todas las formas posibles durante esta vida, dejando el más allá en manos de alguien que probablemente sabe mejor que nosotros qué es lo que más nos conviene?

En la ilustración de la página anterior, el artista nos cuenta una historia muy poderosa. Desde el nacimiento hasta la muerte, la mente siempre está buscando aquello que no posee.

El niño pequeño que juega con sus juguetes en el suelo ve a otro niño con un juguete distinto e, inmediatamente, intenta hacerse con él.

La niña (que ya ha crecido) cree que la ropa de otra mujer es más favorecedora que la suya y se dedica a copiarla.

El niño (que ya ha crecido) ve a otro hombre con una colección mejor de ferrocarriles o bancos o comercios y se dice: «¡Qué afortunado! ¡Qué afortunado! ¿Cómo puedo separarlo de sus posesiones?».

F. W. Woolworth, el rey de la tienda de «Todo a cinco y diez centavos», se detuvo en la Quinta Avenida en Nueva York, contempló el elevado edificio Metropolitan y dijo: «¡Qué maravilla! ¡Construiré uno mucho más alto!». El éxito que coronó su vida tenía la medida del edificio Woolworth. Dicho edificio se alza como un símbolo temporal de la naturaleza humana de superar la obra de otras personas. Un MONUMENTO A LA VANIDAD DEL HOMBRE, ¡CON POCA COSA MÁS PARA JUSTIFICAR SU EXISITENCIA!

El muchachito andrajoso que reparte diarios en los puestos callejeros, con la boca bien abierta, envidia al hombre de negocios que se baja de su coche y se dirige a la oficina. «Qué feliz sería yo, se dice el chico, si tuviera un Lizzie». Y el hombre de negocios, sentado tras su escritorio en su oficina, piensa en qué feliz sería si pudiera añadir otro millón de dólares a su ya abultada cuenta corriente.

La hierba siempre es más dulce al otro lado de la cerca, dice el burro, mientras estira el cuello intentando llegar ahí.

Lleva a un grupo de chicos a un manzanar y pasarán junto a las hermosas manzanas maduras caídas en el suelo. Las rojas y jugosas que cuelgan peligrosamente de las ramas altas tienen un aspecto mucho más tentador, y los muchachos treparán para cogerlas.

El hombre casado observa con timidez a las mujeres primorosamente vestidas que pasan por la calle y piensa en lo afortunado que sería si su esposa fuese tan bonita como ellas. Es posible que ella sea mucho más bonita, pero a él se le escapa su belleza porque, bueno, porque «la hierba siempre es más verde al otro lado de la cerca». La mayoría de los casos de divorcio se deben a esta tendencia del hombre a saltar al otro lado de la cerca, a los prados de otra persona.

La felicidad siempre está a la vuelta de la esquina; siempre a la vista, pero fuera de nuestro alcance. La vida nunca está completa, no importa lo que tengamos o cuánto de ello poseamos. Una cosa exige alguna otra cosa para que la acompañe. Una dama se compra un bonito sombrero. Necesita un traje que haga juego con él. Esto exige a su vez unos zapatos nuevos, un bolso y unos guantes, y otros accesorios que acaban en una gran factura que quizá no se pueda permitir.

El hombre anhela tener un hogar: sólo una simple casita junto al bosque. La construye, pero no está completa, porque debe tener arbustos, flores y una arquitectura de jardines que la acompañe; aún así, no está completa. Quiere que tenga una bonita cerca que la rodee, con una entrada de coches de gravilla. Eso exige que haya un automóvil y un garaje para guardarlo.

Se han añadido todos estos pequeños toques, ¡pero es inútil! Ahora el lugar es demasiado pequeño. El hombre necesita una casa con más habitaciones. El Ford Coupé debe ser sustituido por un Cadillac Sedán, para que haya sitio para más personas en las excursiones a campo traviesa. Y así, la historia prosigue, ¡ad infinitum!

El hombre joven recibe un salario suficiente para que él y su familia puedan vivir cómodamente. Entonces llega un ascenso y un aumento de sueldo de mil dólares anuales. ¿Pone él esos mil dólares adicionales en una cuenta de ahorros y sigue viviendo como antes? No hace nada de eso. Inmediatamente, debe cambiar su viejo coche por uno nuevo; debe añadir un nuevo porche a la casa. Su esposa necesita ropa nueva. La mesa debe ponerse con mejor y más comida. (Pobre estómago gimiente.) Al final del año, ¿ha mejorado su situación con ese aumento? ¡En absoluto! Cuanto más gana, más quiere, y esta regla se aplica tanto a la persona que tiene millones como a la que tiene unos pocos miles.

Un joven elige a una muchacha que le gusta, convencido de que no puede vivir sin ella. Cuando la ha conseguido, ya no está seguro de poder continuar conviviendo. Si un hombre sigue soltero, se pregunta por qué es tan estúpido de privarse de las alegrías de la vida de casado. Si se casa, se pregunta de qué modo su mujer lo cogió lo bastante desprevenido como para «pescarlo».

Y el dios del Destino exclama: «¡Ay, tontos, tontos! Estáis condenados si LO HACÉIS y estáis condenados si NO LO HACÉIS.»

En todas las coyunturas de la vida, los diablillos del descontento están al fondo en las sombras, con una sonrisa burlona en sus rostros, gritando: «¡Toma el camino que prefieras! ¡Al final te atraparemos!».

Al final, el hombre se desilusiona y empieza a aprender que la felicidad y la satisfacción no son de este mundo. Inicia la búsqueda de la contraseña que le abrirá las puertas de algún otro mundo que él desconoce. Sin duda, debe de haber felicidad al otro lado de la gran separación. Desesperado, su corazón cansado y agobiado recurre a la religión en busca de consuelo y ánimos. Pero sus problemas no han terminado, ¡apenas acaban de empezar! «Entra en nuestra tienda y acepta nuestro credo, dice una secta, y podrás ir directamente al cielo después de morir». El pobre hombre duda, observa y escucha. Entonces oye la llamada de otro tipo de religión cuyo líder dice: «Aléjate del otro campo, ¡o irás directamente al infierno! Ellos sólo salpicarán un poco de agua sobre tu cabeza, pero nosotros te empujaremos durante todo el camino, asegurando así un tránsito seguro a la tierra prometida».

En medio de estas declaraciones sectarias, el pobre hombre vacila. Al no saber si tomar una dirección u otra, se pregunta qué religión le ofrece el camino más seguro, hasta que la esperanza se desvanece.

> Yo mismo, cuando era joven, frecuentaba
> a doctores y santos, y oía grandes discusiones
> acerca de esto y aquello, pero siempre salía
> por la misma puerta por la que había entrado.

Siempre buscando, pero sin encontrar jamás: así podría describirse la lucha del hombre por la felicidad y la satisfacción. Va probando una religión tras otra, uniéndose finalmente a la «Gran Iglesia» a la que el mundo ha llamado la «Condenada». Su mente se convierte en un eterno signo de interrogación que busca aquí y allá una respuesta a las preguntas: «¿De dónde venimos? ¿Hacia dónde vamos?».

> La esperanza mundana que los hombres
> ponen en sus corazones se convierte en cenizas

o prospera, y al poco tiempo, como nieve
que cae sobre el rostro polvoriento del desierto
iluminando una o dos horas, ha desaparecido.

¡La vida es un perpetuo signo de interrogación! Lo que más queremos siempre está a la distancia embrionaria del futuro. Nuestro poder para adquirir siempre está, aproximadamente, ¡una década por detrás de nuestro poder de DESEAR! Y si alcanzamos eso que deseamos, ¡ya no lo queremos! Afortunada es la muchacha que aprende esta gran verdad y mantiene a su amante siempre conjeturando, siempre protegiéndose para no perderla.

Nuestro autor favorito es un héroe y un genio hasta que lo conocemos en persona y nos enteramos de la triste verdad de que, después de todo, es sólo un hombre. «¿Cuántas veces debemos aprender esta lección? Los hombres dejan de interesarnos cuando descubrimos sus limitaciones. El único pecado es la limitación. En cuanto te topas con las limitaciones de un hombre, todo ha acabado con él.» (Emerson).

Qué hermosa es la montaña a la distancia; pero, en cuanto nos acercamos a ella, descubrimos que no es más que una pobre colección de rocas, tierra y árboles.

De esta verdad surgió el adagio que se repite con tanta frecuencia: «Lo conocido no se aprecia».

La belleza, la felicidad y la satisfacción son estados de la mente. Nunca se puede disfrutar de ellos, excepto a través de la visión desde la distancia. La pintura más hermosa de Rembrandt se convierte en una mera mancha de pintura si nos acercamos demasiado.

Destruye la esperanza de los sueños no cumplidos en el corazón de una persona y habrás acabado con ella. En cuanto alguien deja de albergar la visión de un logro futuro, está acabado. La naturaleza ha creado al hombre de manera tal que su mayor felicidad y la única que es duradera es aquella que siente al perseguir algún objetivo aún no alcanzado. La anticipación es más dulce que la realización. Aquello que está a la mano no satisface. La única satisfacción duradera es aquella que proviene de la persona que mantiene viva en su corazón la ESPERANZA de un logro futuro. Cuando dicha esperanza muere, puedes escribir FIN en el corazón del hombre.

La mayor inconsistencia de la vida es el hecho de que la mayoría de las cosas que creemos no es cierta. Russell Conwell escribió la conferencia más popular que se ha dado jamás en lengua inglesa y la tituló *Acres of Diamonds*. La idea central de la conferencia era la afirmación de que uno no necesita buscar las oportunidades en la distancia; que las oportunidades pueden encontrarse en la cercanía de tu propio nacimiento. ¡Quizá! Pero, ¿cuántos lo creen?

Las oportunidades pueden encontrarse dondequiera que uno las busque, ¡y en ningún otro lugar! Para la mayoría de la gente, la cosecha tiene mejor aspecto al otro lado de la cerca. Qué fútil instar a alguien a intentar buscar su suerte en su pequeño pueblo natal, cuando está en la naturaleza humana buscar oportunidades en cualquier otro lugar.

No te preocupes de que la hierba parezca más dulce al otro lado de la cerca. La naturaleza ha querido que así sea. De este modo nos atrae y nos prepara para la tarea de crecer a través de la lucha, la cual dura toda la vida.

El pacto más elevado que podemos hacer
con otra persona es: que siempre haya
verdad entre nosotros dos.

EMERSON

LAS LEYES DEL ÉXITO

Cuarta lección

EL HÁBITO DE AHORRAR

*«El hombre es una combinación de carne, huesos, sangre,
pelo y células cerebrales. Éstos son los materiales
de construcción con los que da forma, mediante la ley
del hábito, a su propia personalidad».*

Aconsejar a alguien que ahorre dinero sin describirle cómo hacerlo sería como dibujar un caballo y escribir debajo de él: «Esto es un caballo». Es evidente para todos que ahorrar dinero es uno de los elementos necesarios para el éxito, pero la gran pregunta que predomina en las mentes de la mayoría de las personas que no ahorran es: «¿Cómo puedo hacerlo?».

Ahorrar dinero es únicamente una cuestión de *hábito*. Por esa razón, esta lección empieza con un breve análisis de la LEY DEL HÁBITO. Es literalmente cierto que el ser humano da forma a su personalidad a través de la LEY DEL HÁBITO. Mediante la repetición, cualquier acto que se realice unas cuantas veces se convierte en un hábito, y la mente parece no ser más que una masa de fuerzas motivadoras que emanan de nuestros hábitos diarios.

Cuando un hábito ha sido fijado en la mente, nos impulsa voluntariamente a la acción. Por ejemplo, si sigues diariamente una ruta dada para llegar a tu trabajo o a algún otro lugar que visites con frecuencia, pronto se habrá formado el hábito, y tu mente te conducirá por dicha ruta sin que haya ningún pensamiento por tu parte. Además, si sales con la intención de ir en otra dirección, sin pensar continuamente en dicho cambio, te encontrarás siguiendo la misma vieja ruta.

Los oradores han descubierto que contar una y otra vez la misma historia, que puede estar basada en pura ficción, hace que entre en juego la LEY DEL HÁBITO y, al cabo de poco tiempo, ya no saben si la historia es cierta o no.

Muros de limitación que se construyen mediante el hábito

Millones de personas pasan por la vida en la pobreza y la escasez porque han hecho un uso destructivo de la LEY DEL HÁBITO. Al no comprender ni esta ley, ni la ley de la atracción mediante la cual «los iguales se atraen», quienes permanecen en la pobreza rara vez se dan cuenta de que están ahí como consecuencia de sus propios actos.

> El único favor duradero que un progenitor
> puede hacerle a su hijo
> es ayudar al niño a ayudarse a sí mismo.

Fija en tu mente el pensamiento de que tu habilidad se limita a una determinada capacidad de ganar dinero y nunca ganarás más que eso, porque la LEY DEL HÁBITO establecerá una clara limitación de la cantidad que eres capaz de ganar, tu mente subconsciente aceptará dicha limitación y pronto sentirás que «decaes» hasta que, finalmente, estarás tan atrapado por el miedo a la pobreza (uno de los seis miedos básicos) que las oportunidades ya no llamarán a tu puerta; tu condena estará sellada y tu destino fijado.

La formación del HÁBITO DE AHORRAR no significa que debas limitar tu capacidad de ganar dinero, sino exactamente lo contrario: que aplicarás esta ley no sólo para que conserve lo que ganas, de forma sistemática, sino para que te coloque en el camino de las grandes oportunidades y te proporcione la visión, la seguridad en ti mismo, la imaginación, el entusiasmo, la iniciativa y el liderazgo necesarios de modo que realmente aumente tu capacidad de ganar dinero.

Para explicar esta gran ley de otro modo, digamos que cuando realmente comprendes la LEY DEL HÁBITO puedes asegurarte el éxito en el gran juego de hacer dinero «haciendo que los dos extremos de dicho juego vayan hacia el centro». Ésta es la forma de proceder:

1º. A través la LEY DEL CLARO OBJETIVO PRINCIPAL, estableces en tu mente una descripción clara y precisa de lo que deseas, incluyendo la cantidad de dinero que pretendes ganar. Tu mente subconsciente se apropia de esta imagen que has creado y la utiliza como un anteproyecto, gráfico o mapa según el cual moldeará tus pensamientos y tus actos convirtiéndolos en planes prácticos para alcanzar la meta de tu objetivo principal, o propósito. A través de la LEY DEL HÁBITO mantienes el objeto de tu claro objetivo principal fijo en tu mente (de la forma que se describe en la segunda lección) hasta que queda permanentemente implantado en ella. Esta práctica destruirá la conciencia de pobreza y colocará en su lugar una consciencia de prosperidad. Empezarás a EXIGIR prosperidad, empezarás a esperarla, comenzarás a prepararte para recibirla y usarla con sabiduría, pavimentando así el camino o preparando el escenario para el desarrollo del HÁBITO DE AHORRAR.

2º. Habiendo aumentado así tu capacidad de ganar dinero, harás otro uso de la LEY DEL HÁBITO estableciendo en tu declaración escrita de tu *claro objetivo principal*, el ahorro de una proporción dada de todo el dinero que ganes. Así, a medida que tus ingresos aumenten, tus ahorros también lo harán en proporción.

Si, por un lado, te animas continuamente y te exiges una capacidad cada vez mayor de ganar dinero y, por otro lado, separas sistemáticamente una cantidad definida de todos tus ingresos, pronto llegarás a un punto en el que habrás eliminado todas las limitaciones imaginarias de tu propia mente y entonces habrás iniciado el camino hacia la independencia económica. ¡No hay nada más práctico o que pueda realizarse más fácilmente que esto!

Invierte el funcionamiento de la LEY DEL HÁBITO estableciendo en tu mente el miedo a la pobreza y pronto temerás reducir tu capacidad de ganar dinero, hasta que apenas serás capaz de ganar el dinero suficiente para atender a tus verdaderas necesidades. Los editores de diarios podrían crear el pánico en una semana si llenaran sus columnas con noticias sobre auténticos fracasos de negocios en el país, a pesar de que, en comparación con el número total de negocios existentes, muy pocos realmente fracasan. Las llamadas «olas de delincuencia» son, en gran medida, producto del periodismo sensacionalista. Un solo caso de asesinato, si es explotado por los periódicos del país con titulares escalofriantes, es suficiente para iniciar una verdadera «ola» de crímenes similares en diversas localidades. Después de la repetición en los periódicos de la historia del asesinato de Hickman*, empezaron a ocurrir casos similares en otras partes del país.

Todos somos víctimas de nuestros hábitos, no importa quién seamos o cuál sea nuestra vocación. Cualquier idea que se fije de forma deliberada en la mente o que uno permita que se instale en ella, como resultado de la sugestión, el entorno, la influencia de los otros, etcétera, sin duda nos impulsará a realizar actos que están de acuerdo con la naturaleza de dicha idea.

Desarrolla el hábito de pensar y hablar de prosperidad y abundancia, y muy pronto empezarán a manifestarse pruebas materiales en forma de oportunidades más amplias, nuevas e inesperadas. ¡Los iguales se atraen! Si te dedicas a los negocios y has desarrollado el hábito de hablar y pensar que «los negocios van mal», los negocios irán mal. Un pesimista, si se le permite continuar con su influencia destructiva durante el tiempo suficiente, puede destruir el trabajo de media docena de personas competentes, y lo hará instalando en las mentes de sus colegas pensamientos de pobreza y fracaso. No te relaciones con este tipo de hombre o mujer.

Uno de los banqueros de más éxito del estado de Illinois tiene este cartel colgado en su despacho privado:

> «Aquí sólo hablamos y pensamos en la abundancia. Si usted tiene una historia de infortunio, por favor, guárdesela, pues no la queremos.»

---

*. En 1927, el joven Edward Hickman secuestró y asesinó a una niña de doce años. Fue capturado poco después. Se lo juzgó y condenó a muerte. Murió en 1928.

Ninguna empresa quiere los servicios de un pesimista, y quienes entienden las leyes de la atracción y el hábito no tolerarán a un pesimista, del mismo modo que no permitirían a un ladrón rondar por su lugar de trabajo, porque dicha persona destruirá la utilidad de quienes lo rodean.

Eres un imán humano y estás atrayendo continuamente a personas cuyas características armonizan con las tuyas.

En decenas de miles de hogares, el tema general de conversación es la pobreza y la escasez, y eso es exactamente lo que están obteniendo. Piensan en la pobreza, hablan de pobreza, aceptan la pobreza como lo que les ha tocado en la vida. Su razonamiento es que, si sus antepasados fueron pobres antes que ellos, ellos también deben seguir siéndolo.

La conciencia de pobreza se forma como resultado del hábito de pensar en ella y de temerla. «¡Aquello que temía me ha ocurrido!»

La esclavitud de la deuda

La deuda es un amo despiadado, un fatal enemigo del HÁBITO DE AHORRAR. La pobreza, por sí sola, es suficiente para destruir toda ambición, la seguridad en uno mismo y la esperanza, pero añádele la carga de una deuda y todas las personas que son víctimas de estos dos amos crueles y severos estarán prácticamente condenadas al fracaso.

Nadie puede realizar su mejor trabajo, ni expresarse en términos que impongan respeto, ni crear o llevar a cabo un propósito claro en la vida, si tiene una pesada deuda que pende sobre su cabeza. La persona que está atada a la esclavitud de la deuda es tan impotente como el esclavo que está atado por la ignorancia, o por auténticas cadenas.

Este autor tiene un amigo íntimo cuyos ingresos son de mil dólares al mes. A su esposa le encanta la «sociedad» y trata de aparentar unos ingresos de 20.000 dólares anuales, cuando en realidad son 12.000, con el resultado de que este pobre hombre suele tener una deuda de aproximadamente ocho mil dólares. Todos los miembros de su familia tienen el hábito de gastar, que adquirieron de su madre. Los hijos, dos chicas y un chico, ahora están en una edad en la que piensan en ir a la universidad, pero esto es imposible a causa de las deudas de su padre. El resultado es la discordia entre él y sus hijos, lo cual hace que toda la familia esté infeliz y abatida.

Es terrible incluso pensar en pasar por la vida como un prisionero encadenado, atado y siendo «propiedad» de otra persona a causa de las deudas. La acumulación de deudas es un hábito. Al principio es algo pequeño y empieza a alcanzar enormes proporciones lentamente, paso a paso, hasta que finalmente se apodera de tu propia alma.

Miles de jóvenes empiezan su vida de casados con deudas innecesarias amenazándolos y nunca consiguen quitarse ese peso de encima. Cuando la novedad del matrimonio se empieza a desvanecer (como suele ocurrir), la pareja empieza a sentir la vergüenza de la escasez, y este sentimiento crece hasta que a menudo desemboca en un abierto descontento mutuo y, finalmente, en el divorcio.

Una persona que está atada por la esclavitud de la deuda no tiene el tiempo ni la disposición mental para establecer o desarrollar ideales, con el resultado de que, con el tiempo, acaba yendo a la deriva, hasta que termina poniendo limitaciones a su propia mente, y con ellas se encierra tras los muros de la prisión del MIEDO y la duda, de la que no escapa jamás.

¡Ningún sacrificio es demasiado grande para evitar la infelicidad de la deuda! «Piensa en lo que te debes a ti mismo y a quienes dependen de ti, y decídete a no deberle nada a nadie», es el consejo de un hombre de mucho éxito cuyas primeras oportunidades fueron destruidas por las deudas. Este hombre tomó conciencia lo bastante pronto como para desprenderse del hábito de comprar aquello que no necesitaba y, finalmente, pudo salir de la esclavitud.

La mayoría de las personas que desarrollan el hábito de la deuda no tendrán la fortuna de tomar conciencia a tiempo para salvarse, porque la deuda es como las arenas movedizas, en tanto que tiende a hundir a su víctima cada vez más profundamente en el fango.

El miedo a la pobreza es uno de los más destructivos de los seis miedos básicos que se describen en la tercera lección. La persona que se endeuda excesivamente es atrapada por el miedo a la pobreza, su ambición y la seguridad en sí misma se paralizan, y cae gradualmente en el olvido. Existen dos tipos de deudas, y son tan distintos en su naturaleza que merecen ser descritos aquí, como sigue:

✓ Hay deudas que se adquieren por darse lujos que acaban degenerando en una calamidad.

✓ Hay deudas que se adquieren en el curso de una transacción profesional o de negocios, que representan un servicio o mercancías que pueden ser reconvertidos en activos.

El primer tipo de deudas es el que se debe evitar; el segundo tipo puede adquirirse, siempre que la persona que adquiere estas deudas utilice el buen juicio y no sobrepase los límites razonables. En el momento en que uno compra algo que está más allá de sus limitaciones, entra en el terreno de la especulación, y la especulación devora más personas de las que enriquece. Prácticamente todas las personas que viven por encima de sus medios se sienten tentadas a especular con la esperanza de que podrán recuperar, con un solo giro de la rueda de la fortuna, por así decirlo, todo lo que adeudan. La rueda suele detenerse en el lugar equivocado y estas personas, lejos de deshacerse de la deuda, entran en la especulación y acaban más atadas y esclavizadas aún.

El miedo a la pobreza destruye la fuerza de voluntad de sus víctimas, y éstas son incapaces de recuperar sus fortunas perdidas y, lo que es más triste aún, pierden la ambición de librarse de la esclavitud de la deuda. Difícilmente pasa un día sin leer al menos una noticia en los periódicos sobre algún suicidio como consecuencia de la preocupación por las deudas. La esclavitud de la deuda provoca más suicidios cada año que todas las demás causas combinadas, lo cual tan solo es una muestra de lo cruel que es el miedo a la pobreza.

Durante la guerra, millones de hombres se adentraron en las trincheras sin retroceder, sabiendo que la muerte podía sobrevenirles en cualquier momento. Esos mismos hombres, cuando se enfrentan al miedo a la pobreza, suelen encogerse y suicidarse, por la pura desesperación, que paraliza su razonamiento.

La persona que está libre de deudas puede erradicar la pobreza y alcanzar un éxito económico destacado, pero, si está atada por las deudas, tal logro es sólo una posibilidad remota, y nunca algo accesible.

El miedo a la pobreza es un estado mental negativo y destructivo. Además, el estado mental negativo tiende a atraer otros estados mentales similares. Por ejemplo, el miedo a la pobreza puede atraer el miedo a la mala salud, y estos dos temores pueden atraer el Miedo a la Vejez, de manera que la víctima se encontrará pobre, con mala salud y envejeciendo mucho antes del momento en que debería empezar a mostrar signos de vejez.

¡Millones de tumbas prematuras, anónimas, se han llenado por este cruel estado mental conocido como el miedo a la pobreza!

Hacia 1916, un hombre joven ocupaba un puesto de responsabilidad en el City National Bank, de la ciudad de Nueva York. Dado que vivía por encima de sus ingresos, adquirió una gran cantidad de deudas, las cuales le trajeron preocupaciones, hasta que su hábito destructivo empezó a revelarse en su trabajo y fue despedido del banco.

Este hombre consiguió otro puesto, ganando menos dinero, pero sus acreedores lo avergonzaron de tal forma que decidió renunciar y marcharse a otra ciudad, donde esperaba escapar de ellos hasta haber acumulado el dinero suficiente para pagar sus deudas. Los acreedores saben cómo encontrar a sus deudores, de modo que muy pronto estaban pisándole los talones a este joven, cuyo jefe se enteró de su endeudamiento y lo despidió de su trabajo.

Entonces, el joven buscó un empleo en vano durante dos meses. Una noche fría, subió a la azotea de uno de los edificios más altos de Broadway y se lanzó al vacío: la deuda tenía una víctima más.

¿Quién te dijo que no podía hacerse?
¿Y qué gran logro puede atribuirse esa persona
que la autorice a utilizar la palabra «imposible»
con tanta libertad?

Cómo dominar el miedo a la pobreza

Para eliminar el miedo a la pobreza se deben dar dos pasos muy claros, siempre que uno esté en deuda. En primer lugar, acaba con el hábito de comprar a crédito y, a continuación, paga gradualmente las deudas que ya has adquirido. Estando libre de la preocupación del endeudamiento, estás preparado para renovar los hábitos de tu mente y redirigir su curso hacia la prosperidad. Adopta, como parte de tu claro objetivo principal, el HÁBITO DE AHORRAR una proporción constante de tus ingresos, aunque no sea más que una moneda al día. Muy pronto, este hábito empezará a apoderarse de tu mente y realmente disfrutarás ahorrando.

Cualquier hábito puede ser interrumpido creando en su lugar algún otro hábito más deseable. Todos aquellos que alcanzan la independencia económica deben sustituir el hábito de «gastar» por el de «ahorrar».

Limitarse a interrumpir un hábito indeseable no basta, pues tales hábitos tienden a reaparecer, a menos que el lugar que solían ocupar en la mente sea llenado con algún otro hábito de distinta naturaleza.

La interrupción de un hábito deja un «hueco» en la mente, y éste debe ser llenado con alguna otra forma de hábito o, de lo contrario, el viejo hábito regresará y reclamará su lugar.

A lo largo de este curso se han descrito muchas formulas psicológicas que se ha pedido al estudiante que memorice y practique. Encontrarás una fórmula así en la tercera lección, cuyo objeto es desarrollar la seguridad en uno mismo (págs. 168-169). Estas fórmulas pueden ser asimiladas, para que formen parte de tu maquinaria mental, a través de la LEY DEL HÁBITO, siempre que sigas las instrucciones de uso que las acompañan.

Doy por sentado que estás esforzándote por alcanzar una independencia económica. La acumulación de dinero no es difícil cuando has dominado el miedo a la pobreza y desarrollado en su lugar el HÁBITO DE AHORRAR. El autor de este curso se sentiría sumamente decepcionado al saber que cualquier persona que lo está estudiando, leyendo ésta o cualquiera de las otras lecciones, haya tenido la impresión de que el éxito se mide sólo por el dinero.

No obstante, es cierto que el dinero representa un factor importante en el éxito, y se le debe dar el valor adecuado en cualquier filosofía que pretenda ayudar a la gente a llegar a ser útil, feliz y próspera.

La fría, cruel y despiadada verdad es que, en esta era de materialismo, el ser humano no es más que unos granos de arena que pueden ser arrastrados despreocupadamente por todos los vientos de las circunstancias, ¡a menos que esté atrincherado detrás del poder del dinero!

La genialidad puede ofrecer muchas recompensas a quienes la posean, pero la realidad sigue siendo que, sin el dinero necesario para darle expresión, no es más que un honor vacío, como un esqueleto. ¡La persona que no tiene dinero está a merced de la que sí lo tiene! Y esto ocurre independientemente de las habilidades que pueda tener, la educación que haya recibido o la genialidad innata con que haya sido dotada por la naturaleza.

No se puede negar el hecho de que las personas te evaluarán en gran medida a la luz de los balances bancarios, independientemente de quién seas o lo que puedas hacer. La primera pregunta que surge en las mentes de la mayoría de las personas, cuando conocen a un extraño es: «¿Cuánto dinero tiene?». Si tiene dinero, se le abren las puertas de los hogares y las oportunidades de negocios que aparecen en su camino; se le prodigan todo tipo de atenciones. Es un «príncipe» y, como tal, le corresponde lo mejor del mundo. Pero si las suelas de sus zapatos están gastadas, su ropa no está planchada, su cuello está sucio y muestra claramente signos de una economía empobrecida, el infortunio será su suerte, pues la muchedumbre que pase a su lado le pisará los pies y echará a su rostro el humo de la falta de respeto. Estas afirmaciones no son agradables, pero tienen una virtud: ¡son ciertas!

La mencionada tendencia a juzgar a la gente por el dinero que tiene, o por su poder para controlarlo, no se limita a un tipo de personas. Todos la tenemos en cierta medida, tanto si lo reconocemos como si no.

Thomas A. Edison es uno de los más famosos y respetados inventores del mundo, pero no sería desacertado decir que hubiese continuado siendo prácticamente un personaje desconocido y oscuro, de no haber tenido el hábito de preservar sus recursos y la capacidad de ahorrar dinero.

Henry Ford nunca habría llegado a la primera base con su «coche sin caballos», si no hubiera desarrollado muy pronto en la vida el HÁBITO DE AHORRAR. Además, si el señor Ford no hubiese preservado sus recursos y no se hubiese resguardado detrás de su poder, habría sido «devorado» por sus competidores o por aquellos que deseaban codiciosamente arrebatarle su negocio desde muchísimos años atrás.

Muchas personas han recorrido un largo camino hacia el éxito, y han acabado tropezando y cayendo para no volver a levantarse, por no disponer de dinero en momentos de emergencia.

La tasa de «mortalidad» de los negocios cada año debido a la falta de un capital de reserva para emergencias es impresionante. A esta única causa se deben más fracasos de negocios, ¡que a todas las demás causas juntas! Los fondos de reserva son esenciales para el funcionamiento exitoso de un negocio.

Asimismo, las cuentas de ahorros son esenciales para el éxito de muchas personas. Sin unos ahorros, la persona sufre de dos formas: en primer lugar, por la incapacidad de aprovechar las oportunidades que sólo se le presentan a la persona con dinero disponible y, en segundo lugar, por la vergüenza de tener que hacer una llamada de emergencia imprevista para conseguir dinero.

También se podría decir que, al no haber desarrollado el HÁBITO DE AHORRAR, la persona sufre en un tercer aspecto, debido a la falta de ciertas cualidades esenciales para el éxito que derivan de practicar aquél.

Las monedas de uno, cinco y diez centavos que la persona promedio deja que se le escapen de las manos, si fuesen ahorradas sistemáticamente y se las hiciera trabajar del modo adecuado, acabarían produciendo independencia económica.

Por cortesía de la destacada Asociación de Construcción y Préstamos, se ha confeccionado la siguiente tabla, que muestra lo que sumaría el ahorro mensual de cinco, diez, veinticinco o cincuenta dólares al cabo de diez años. Estas cifras son asombrosas cuando se trata de considerar el hecho de que la persona promedio gasta entre cinco y cincuenta dólares mensuales en compras inútiles o en el llamado «entretenimiento».

Cada fracaso, cada adversidad, cada pena,

pueden ser una bendición disfrazada,

siempre que ablande la parte animal

de nuestra naturaleza.

LA SORPRENDENTE FORMA EN QUE EL DINERO CRECE

AHORRO DE 5 $ AL MES (Sólo 17 centavos al día)

	Cantidad ahorrada	Ganancia	Ahorros + ganancias	Valor retirado
1er año	60,00$	4,30 $	64,30 $	61,30 $
2° año	120,00 $	16,55 $	136,00 $	125,00 $
3er año	180,00 $	36,30 $	216,30 $	191,55 $
4° año	240,00 $	64,00 $	304,00 $	260,20 $
5° año	300,00 $	101,00 $	401,00 $	338,13 $
6° año	360,00 $	140,00 $	500,00 $*	414,75 $*
7° año	420,00 $	197,10 $	617,10 $	495,43 $
8° año	480,00 $	257,05 $	737,05 $	578,32 $
9° año	540,00 $	324,95 $	864,95 $	687,15 $
10° año	600,00 $	400,00 $	1.000,00 $	1.000,00 $

AHORRO DE 10 $ AL MES (Sólo 33 centavos al día)

	Cantidad ahorrada	Beneficio	Ahorros + beneficios	Valor retirado
1er año	120,00 $	8,60 $	128,60 $	122,60 $
2° año	240,00 $	33,11 $	273,11 $	250,00 $
3er año	360,00 $	72,60 $	432,60 $	383,10 $
4° año	480,00 $	128,00 $	608,00 $	520,40 $
5° año	600,00 $	202,00 $	802,00 $	676,25 $
6° año	720,00 $	280,00 $	1.000,00 $*	829,50 $*
7° año	840,00 $	394,20 $	1.234,20 $	990,85 $
8° año	960,00 $	514,10 $	1.474,10 $	1.156,64 $
9° año	1.080,00 $	649,90 $	1.729,90 $	1.374,30 $
10° año	1.200,00 $	800,00 $	2.000,00 $	2.000,00 $

AHORRO DE 25 $ AL MES (Sólo 83 centavos al día)

	Cantidad ahorrada	Beneficio	Ahorros + beneficios	Valor retirado
1er año	300,00 $	21,50 $	321,50 $	306,50 $
2° año	600,00 $	82,75 $	682,75 $	625,00 $
3er año	900,00 $	181,50 $	1.081,50 $	957,75 $
4° año	1.200,00 $	320,00 $	1.520,00 $	1.301,00 $
5° año	1.500,00 $	505,00 $	2.005,00 $	1.690,63 $
6° año	1.800,00 $	700,00 $	2.500,00 $*	2.073,75 $*

7º año	2.100,00 $	985,50 $	3.085,50 $	2.477,13 $
8º año	2.400,00 $	1.285,25 $	3.685,25 $	2.891,60 $
9º año	2.700,00 $	1.624,75 $	4.324,75 $	3.435,75 $
10º año	3.000,00 $	2.000,00 $	5.000,00 $	5.000,00 $

AHORRO DE 50 $ AL MES (Sólo 1.66 $ AL DÍA)

	Cantidad ahorrada	Beneficio	Ahorros + beneficios	Valor retirado
1er año	600,00 $	43,00 $	643,00 $	613,00 $
2º año	1.200,00 $	165,00 $	1.365,50 $	1.250,00 $
3er año	1.800,00 $	363,00 $	2.163,00 $	1.915,50 $
4º año	2.400,00 $	640,00 $	3.040,00 $	2.602,00 $
5º año	3.000,00 $	1.010,00 $	4.010,00 $	3.381,25 $
6º año	3.600,00 $	1.400,00 $	5.000,00 $*	4.147,50 $*
7º año	4.200,00 $	1.971,00 $	6.171,00 $	4.954,25 $
8º año	4.800,00 $	2.570,50 $	7.370,50 $	5.783,20 $
9º año	5.400,00 $	3.249,50 $	8.649,50 $	6.871,50 $
10º año	6.000,00 $	4.000,00 $	10.000,00 $	10.000,00 $

Hacer y ahorrar dinero es una ciencia, pero las reglas para acumular dinero son tan sencillas que cualquiera las puede seguir. El principal requisito es la voluntad de subordinar el presente al futuro, eliminando los gastos innecesarios en darse caprichos.

Un joven que estaba ganando 20 dólares semanales como chófer de un importante banquero neoyorquino, fue convencido por su patrón para que llevara la cuenta exacta de cada centavo que gastaba durante una semana. La siguiente es una lista detallada de sus gastos:

Tabaco	0,75 $
Chicles	0,30 $
Cafetería	1,80 $
Cine	1,00 $
Barbería, incluidas propinas	1,60 $
Periódico, a diario y los domingos	0,22 $
Limpiabotas.	0,30 $
TOTAL	7,47 $
Casa y comida	12,00 $
Calderilla	0,53 $
TOTAL	20,00 $

Estas cifras cuentan una trágica historia que podría aplicarse a miles de personas, no sólo al joven que llevó esta cuenta. De los 20 dólares que ganaba, sólo ahorró 53 céntimos. Gastó 7,47 dólares en artículos que podrían haberse reducido enormemente y la mayoría de los cuales podrían haberse eliminado del todo. De hecho, afeitándose él mismo y lustrando sus propios zapatos, podía haber ahorrado todos los centavos de los 7,47 dólares.

Ahora vuelve a la tabla confeccionada por la Asociación de Construcción y Préstamos y mira a cuánto ascendería el ahorro de 7,47 dólares semanales. Supón que este joven hubiera ahorrado solamente la cantidad de 25 dólares mensuales. Dicha cifra habría aumentado hasta la suma de cinco mil dólares al cabo de los primeros diez años.

El joven en cuestión tenía veintiún años cuando llevó esta cuenta de sus gastos. De haber ahorrado 25 dólares mensuales, al llegar a los treinta y un años podría haber tenido una cantidad sustancial de dinero en el banco, y estos ahorros le habrían proporcionado muchas oportunidades que lo habrían conducido directamente a la independencia económica.

A algunas personas cortas de mira les gusta señalar el hecho de que nadie puede hacerse rico por el mero hecho de ahorrar unos pocos dólares semanales. Esto puede ser cierto, en lo que respecta al razonamiento, pero el otro lado de la historia es que incluso el ahorro de una pequeña suma de dinero lo coloca a uno en una posición en la que, a menudo, esa pequeña cantidad puede permitirle aprovechar unas oportunidades de negocio que le facilitarán, de un modo directo y bastante rápido, la independencia económica.

Deberías copiar y pegar en un espejo la tabla de las páginas 200-201, que mostraba a cuánto asciende el ahorro de cinco dólares semanales al cabo de diez años, para que te mire a la cara cada mañana cuando te levantes y cada noche cuando te retires, si todavía no has adquirido el hábito del ahorro sistemático. Esta tabla debería ser reproducida en letras y números de dos centímetros de altura y colocada en las paredes de todas las escuelas públicas del país, donde pudiera servir de recordatorio constante para todos los escolares del valor del HÁBITO DE AHORRAR.

Hace unos años, antes de pensar seriamente en el valor del HÁBITO DEL AHORRO, este autor hizo una cuenta del dinero que se le había escapado de las manos. La cantidad era tan alarmante, que tuvo como consecuencia que escribiera esta lección e incluyera el HÁBITO DE AHORRAR dentro de las QUINCE LEYES DEL ÉXITO.

A continuación ofrezco una descripción detallada de dicha cuenta:

4.000 dólares	heredados, invertidos en un negocio automovilístico con un amigo que perdió todo el dinero en un año.
3.600 dólares	de dinero ganado con diversos escritos para revistas y periódicos, gastado inútilmente.
30.000 dólares	ganados del entrenamiento de 3.000 vendedores con la ayuda de la filosofía de las LEYES DEL ÉXITO, invertidos en una revista que no tuvo éxito porque no había una reserva de capital que la respaldara.
3.400 dólares	ganados con conferencias públicas, seminarios…, que se fueron gastando a medida que entraron.
6.000 dólares	es la cantidad aproximada que podría haber ahorrado durante un período de diez años, de un dinero ganado regularmente, a un ritmo de ahorro de sólo 50 dólares mensuales.

47.000 dólares	es la cantidad total.

Este dinero, si hubiese sido ahorrado e invertido a medida que era recibido, en asociaciones de construcción y ahorro, o en algún otro sector que diera un interés compuesto, habría crecido hasta alcanzar la suma de 94.000 dólares en el momento en que estoy escribiendo este artículo.

Este autor no es víctima de ninguno de los hábitos corrientes de derroche, como el juego, la bebida o la diversión excesiva. Resulta casi increíble que un hombre cuyos hábitos de vida son razonablemente moderados pueda gastar 47.000 dólares en poco más de diez años, sin tener nada que enseñar a cambio del dinero, ¡pero qué le vamos a hacer!

Una reserva de capital de 94.000 dólares, trabajando a interés compuesto, es suficiente para dar a cualquier persona toda la libertad económica que necesita.

Me viene a la memoria una ocasión en la que el presidente de una gran empresa me envió un cheque de 500 dólares por un discurso que yo había pronunciado en un banquete para sus empleados, y recuerdo con claridad lo que pasó por mi mente cuando abrí la carta y vi el cheque. Yo deseaba un automóvil nuevo y ese cheque ascendía exactamente a la cantidad requerida para el primer pago. Antes de que hubiera estado treinta segundos en mis manos, ya lo había gastado.

Quizás ésta sea la experiencia de la mayor parte de la gente. Piensan más en cómo van a gastar lo que tienen, que en la manera y los medios para ahorrarlo. La idea de ahorrar, y el autocontrol y el sacrificio personal que deben ir con ella, siempre va acompañada de pensamientos poco placenteros, pero, ay, qué emocionante es pensar en gastar.

Hay un motivo para esto, y es el hecho de que casi todos nosotros hemos desarrollado el hábito de gastar, al tiempo que hemos desatendido el HÁBITO DE AHORRAR, y cualquier idea que visite la mente humana en raras ocasiones no es tan bienvenida como aquella que la visita con frecuencia.

En realidad, el HÁBITO DE AHORRAR puede convertirse en algo tan fascinante como el hábito de gastar, pero antes debe convertirse en un hábito regular, bien arraigado y sistemático. Nos gusta hacer aquello que se repite con frecuencia, lo cual es sólo otra manera de afirmar lo que los científicos ya han descubierto: que somos víctimas de nuestros hábitos.

El hábito de ahorrar dinero requiere más fuerza de carácter del que la mayoría de la gente ha desarrollado, porque ahorrar significa la negación y el sacrificio de diversiones y placeres de muchos tipos.

Precisamente por esta razón, quien desarrolla el hábito de ahorrar adquiere, al mismo tiempo, muchos otros hábitos necesarios para alcanzar el éxito: especialmente el autocontrol, la seguridad en uno mismo, la valentía, la serenidad y la ausencia de temor.

¿Cuánto debería uno ahorrar?

La primera pregunta que surge es: «¿Cuánto debería uno ahorrar?». La respuesta no puede ofrecerse en pocas palabras, pues la cantidad que uno debería ahorrar depende de muchos factores, algunos de los cuales pueden caer bajo tu control, pero otros podrían no estarlo.

Hablando en términos generales, una persona que gana un sueldo debería distribuir sus ingresos aproximadamente de la siguiente manera:

Cuenta de ahorros	20 %
Vivir: ropa, comida y vivienda	50 %
Educación	10 %
Recreación	10 %
Seguro de vida	10 %
	100 %

No obstante, a continuación indicamos la distribución aproximada que la persona promedio hace de sus ingresos:

Cuenta de ahorros	*Nada*
Vivir: ropa, comida y vivienda	60 %
Educación	0 %
Recreación	35 %
Seguro de vida	5 %
	100 %

Bajo el epígrafe «Recreación» se incluyen, por supuesto, muchos gastos que en realidad no «recrean», como bebidas alcohólicas, celebraciones y otras cosas similares, que en realidad pueden servir para minar la propia salud y destruir el carácter.

Un analista del ser humano con experiencia afirmó que, examinando el presupuesto mensual de una persona, podía adivinar con gran precisión qué tipo de vida llevaba; también dijo que obtenía la mayor parte de su información del epígrafe «Recreación». De modo que éste es un epígrafe que debe observarse con el mismo cuidado con que el empleado de un invernadero vigila el termómetro que controla la vida y la muerte de sus plantas.

Quienes llevan un control de su presupuesto suelen incluir un apartado llamado «diversión», el cual, en la mayoría de los casos, resulta ser pernicioso, pues reduce enormemente los fondos y, llevada al extremo, acaba también con nuestra salud.

Ahora mismo, estamos viviendo en una era en la que el apartado de «diversión» es demasiado elevado en nuestros presupuestos. Decenas de miles de personas que no ganan más de cincuenta dólares semanales están gastando una tercera parte de sus ingresos en lo que ellas llaman «diversión», que viene en una botella con una etiqueta cuestionable, que cuesta entre seis y doce dólares el litro. Estas personas imprudentes no sólo están gastando un dinero que debería ir a una cuenta de ahorros, sino que además están destruyendo su carácter y su salud, lo cual es mucho más peligroso.

Un cuidadoso análisis de 178 hombres conocidos
por sus éxitos reveló que todos ellos
habían fracasado varias veces antes de conseguirlo.

Esta lección no pretende ser un sermón sobre moral, ni sobre ningún otro tema. Aquí estamos tratando unos datos fríos que, en gran medida, constituyen el material de construcción con el que se puede crear el éxito. No obstante, éste es un lugar apropiado para expresar una realidad que tiene tanto que ver con el tema de alcanzar el éxito que no puede ser omitida sin que se debilite todo el curso en general y esta lección en particular.

El autor de este curso ¡no es un reformador! Tampoco es un predicador sobre la moral, pues este campo tan útil ya está bien cubierto por otras personas muy capacitadas. Lo que se afirma aquí, por lo tanto, pretende ser una parte necesaria de un curso de filosofía cuyo propósito es señalar un camino seguro por el que uno puede viajar en dirección al logro honorable.

Durante el año 1926, este autor estuvo asociado con Don R. Mellett, que en esa época era el editor del *Canton* (Ohio) *Daily News*. El señor Mellett estaba interesado en la filosofía de las LEYES DEL ÉXITO porque, según él, ofrecía consejos sensatos para los hombres y mujeres jóvenes que realmente desean avanzar en la vida. En las páginas del *Daily News*, estaba llevando a cabo una feroz batalla contra las fuerzas del hampa de Canton. Con ayuda de detectives e investigadores, algunos de los cuales fueron proporcionados por el gobernador de Ohio, el señor Mellett y este autor reunieron una información precisa sobre cómo estaba viviendo la mayoría de la gente de Canton.

En julio de 1926, el señor Mellett fue asesinado en una emboscada; actualmente, cuatro hombres, uno de ellos antiguo miembro de la policía de Canton, están cumpliendo una condena de cadena perpetua en la penitenciaría estatal de Ohio por dicho crimen.

Durante la investigación de las condiciones de la delincuencia en Canton, todos los informes llegaban al despacho de este autor y, por lo tanto, los datos aquí descritos son absolutamente exactos.

Uno de los directivos de una gran planta industrial, cuyo salario era de 6.000 dólares anuales, le pagaba a un contrabandista de licores de Canton unos trescientos dólares mensuales por las bebidas alcohólicas (si a «eso» se le puede llamar así) que utilizaba para su «diversión». Su esposa participaba de esta «diversión», que tenía lugar en su propia casa.

Un cajero de banco, cuyo sueldo era de 150 dólares mensuales, gastaba un promedio de 75 dólares al mes en bebidas alcohólicas y, además de este imperdonable gasto de dinero de un salario no demasiado alto, frecuentaba unas compañías que más adelante significarían su ruina.

El supervisor de una gran planta manufacturera, cuyo salario era de 5.000 dólares anuales, y que debería haber estado ahorrando al menos 125 dólares al mes, en realidad no ahorraba nada. La cuenta de su contrabandista ascendía a 150 dólares al mes.

Un policía cuyos ingresos eran de 160 dólares mensuales estaba gastando más de cuatrocientos al mes en fiestas en un motel cercano. Dónde conseguía la diferencia entre sus ingresos oficiales y sus gastos reales es una pregunta de la cual no salía muy airoso.

Un empleado bancario cuyos ingresos, según puede calcularse de sus declaraciones de impuestos de años anteriores, eran de aproximadamente ocho mil dólares anuales, tenía una cuenta mensual de más de quinientos dólares con un contrabandista durante los tres meses en los que sus actividades fueron investigadas por los detectives de Mellet.

Un joven que trabajaba en unos grandes almacenes por un sueldo de 20 dólares semanales estaba gastando un promedio de 35 dólares por semana con un contrabandista de alcohol. Se da por sentado que le estaba robando la diferencia a su jefe. Los problemas estaban esperando a este joven a la vuelta de la esquina, aunque este autor desconoce si ya se han «encontrado».

Un vendedor que trabajaba para una compañía de seguros, cuyos ingresos se desconocen porque iba a comisión, estaba gastando un promedio de 200 dólares mensuales con un contrabandista. No se encontró ningún registro de ninguna cuenta de ahorros y se dio por hecho que no la tenía. Esta suposición fue confirmada más tarde cuando la compañía para la que el joven trabajaba lo hizo arrestar por malversación de sus fondos. Sin duda, estaba gastando el dinero que debería haber entregado a la compañía. Acabó cumpliendo una larga condena en la penitenciaría estatal de Ohio.

Un muchacho que asistía a la escuela secundaria gastaba grandes sumas de dinero en bebidas alcohólicas. No se pudo averiguar el monto exacto porque pagaba en efectivo en cuanto las conseguía y, por lo tanto, en los registros del contrabandista no figuraba la cantidad exacta. Más adelante, los padres de este chico lo hicieron encerrar «para salvarlo de sí mismo». Se descubrió que estaba robando dinero de unos ahorros que su madre guardaba en algún lugar de la casa. Había robado y gastado más de trescientos dólares de este dinero cuando lo descubrieron.

Este autor dirigió un Departamento de Conferencias en cuarenta y una escuelas secundarias, donde pronunciaba una conferencia al mes durante toda la temporada escolar. Los directores de estas escuelas afirmaban que menos de un 2 % de los alumnos mostraba una tendencia a ahorrar dinero, y un estudio realizado con la ayuda de un cuestionario preparado a tal propósito reveló que sólo un 5 % de los estudiantes, de un total de 11.000 adolescentes, creía que el hábito de ahorrar era uno de los elementos fundamentales para el éxito. ¡No me extraña que los ricos se estén haciendo cada vez más ricos y los pobres cada vez más pobres!

Puedes decir que ésta es una afirmación «socialista», si quieres, pero los datos confirman su exactitud. En un país de derrochadores como éste, en el que millones de personas gastan cada moneda que llega a sus manos, no es difícil que cualquiera se haga rico.

Hace muchos años, antes de la actual ola de consumismo que se ha extendido por todo el país, F. W. Woolworth inventó un método muy sencillo para captar las monedas de cinco y diez centavos que millones de personas tiran a la basura, y su sistema le proporcionó más de cien millones de dólares en pocos años. Woolworth ya ha muerto, pero su sistema para ahorrar monedas de cinco y diez centavos continúa funcionando, y su fortuna sigue en aumento.

Las tiendas de «Todo a cinco y diez centavos» suelen tener la parte delantera pintada de rojo vivo. Éste es un color apropiado, pues el rojo representa el peligro. Cada una de estas tiendas es un asombroso monumento que demuestra con precisión que uno de los principales defectos de esta generación es el hábito de gastar. ¡Todos somos víctimas del hábito!

> Todo vendedor haría bien en recordar
> que nadie quiere algo de lo que
> alguien está intentando «deshacerse».

Desgraciadamente para la mayoría de nosotros, somos criados por unos padres que no tienen ni idea de lo que es la psicología del hábito y, sin ser conscientes de su error, la mayoría de ellos ayudan y animan a sus hijos a desarrollar la costumbre de gastar, al consentir en exceso el gasto de dinero y porque carecen de una formación en el HÁBITO DE AHORRAR. Los hábitos adquiridos en la más temprana infancia se adhieren a nosotros para toda la vida. Ciertamente, es afortunado el niño, o la niña, cuyos padres comprenden el valor del HÁBITO DE AHORRAR en la formación del carácter, y lo inculcan en las mentes de sus hijos. Ésta es una formación que produce muchas satisfacciones.

Dale a cualquier persona cien dólares que no esperaba recibir y, ¿qué hará? Pues empezará a imaginar en su propia mente cómo puede gastar ese dinero. Docenas de cosas que necesita, o que cree necesitar, pasarán por su mente, pero podemos apostar con bastante seguridad que nunca se le ocurrirá abrir una cuenta de ahorros con esa cantidad (a menos que ya haya adquirido el HÁBITO DE AHORRAR). Antes de que llegue la noche los habrá gastado, o al menos habrá decidido cómo los va a gastar, añadiendo así más leña al ya avivado fuego del hábito de gastar. ¡Estamos gobernados por nuestros hábitos!

Hace falta fuerza de carácter, determinación y el poder de una firme decisión para abrir una cuenta de ahorros y luego irle añadiendo una porción regular, aunque sea pequeña, de todos los ingresos subsiguientes.

Existe una regla con la que uno puede determinar, con mucho adelanto, si alguna vez disfrutará de la libertad y la independencia económicas universalmente deseadas por todo ser humano, y esta regla no tiene absolutamente nada que ver con el volumen de sus ingresos.

La regla es que, si una persona tiene el hábito sistemático de ahorrar una proporción definida de todo el dinero que gana o recibe por otras vías, es prácticamente seguro que se colocará en una posición de independencia económica. Si no ahorra nada, *es absolutamente seguro que nunca será independiente, sin importar cuáles sean sus ingresos.*

La única excepción a esta regla es que una persona que no ahorre posiblemente pueda heredar una suma de dinero tan grande que le sería imposible gastarla, o que pueda heredarla bajo un fideicomiso que la proteja para él, pero estas eventualidades son bastante remotas; tanto que, de hecho, TÚ no puedes confiar en que te ocurra ese milagro.

Este autor tiene el gusto de conocer bastante de cerca a cientos de personas de todos los puntos de Estados Unidos y de algunos países del extranjero. Durante cerca de veinticinco años ha estado observando a muchas de ellas y, por ello, puede atestiguar, de primera mano, cómo viven, por qué algunas de ellas han fracasado mientras que otras han tenido éxito, y los motivos tanto del éxito como del fracaso.

Esta lista de conocidos incluye a hombres que controlan cientos de millones de dólares y que son propietarios de muchos millones que han adquirido, y también a hombres que han tenido millones de dólares que se les escaparon de las manos, y que ahora no cuentan con nada.

Con el propósito de mostrar al estudiante de esta filosofía exactamente de qué modo la LEY DEL HÁBITO se convierte en una especie de eje en torno al cual giran el éxito o el fracaso, y exactamente por qué ningún hombre puede llegar a ser económicamente independiente si no desarrolla el hábito del AHORRO SISTEMÁTICO, describiré los hábitos de vida de algunos de estos conocidos.

Empezaremos con la historia completa, narrada con sus propias palabras, de un hombre que ha hecho un millón de dólares en el campo de la publicidad, pero que ahora no tiene nada como muestra de sus esfuerzos. Esta historia apareció por primera vez en la revista *American Magazine*, y se reproduce aquí por cortesía de los directores de dicha publicación.

La historia es cierta, y ha sido incluida como parte de esta lección porque su autor, el señor W. C. Freeman, está deseoso de hacer públicos sus errores, con la esperanza de que otras personas puedan evitarlos.

«HICE UN MILLÓN DE DÓLARES, PERO AHORA YA NO TENGO NI UN CENTAVO»

Aunque es embarazoso y humillante, confesar públicamente un error importante que ha hecho que actualmente mi vida sea bastante desastrosa, he decidido efectuar esta declaración por el bien que pueda hacer.

Voy a explicar claramente cómo dejé que escapara de mis manos todo el dinero que he ganado hasta ahora en mi vida, que se aproxima al millón de dólares. Esta suma la gané con mi trabajo en el campo de la publicidad, excepto unos miles de dólares que reuní de los veinticinco años enseñando en escuelas rurales y escribiendo artículos para algunos semanarios y periódicos.

Quizás un solo millón no parece mucho dinero en estos tiempos en que se hacen muchos más incluso miles de millones, pero sigue siendo una gran suma de dinero. Si hay alguien que piense lo contrario, que cuente hasta un millón. La otra noche intenté imaginar cuánto se tardaría en hacerlo. Descubrí que podía contar hasta cien en un minuto. Partiendo de esta base, tardaría veinte jornadas de ocho horas, más seis horas y cuarenta minutos adicionales para realizar esta proeza. Dudo mucho que, si a usted o a mí nos asignaran la tarea de contar un millón de billetes de un dólar, con la promesa de que todos ellos serían nuestros al acabar, pudiéramos hacerlo. Probablemente nos volveríamos locos, y entonces, no nos serviría de mucho ese dinero, ¿verdad?

Permítanme decir al iniciar mi historia, que no me arrepiento, ni por un minuto, de haber gastado el noventa por ciento del dinero que gané. Desear recuperar ese noventa por ciento a estas alturas me haría sentir que le habría negado mucha felicidad a mi familia y a tantos otros.

De lo único que me arrepiento es de haber gastado *todo* mi dinero, y más. Si hoy tuviera ese diez por ciento que podría haber ahorrado fácilmente, tendría cien mil dólares bien invertidos y ninguna deuda. Si tuviera ese dinero, real y verdaderamente me sentiría rico, y sólo quiero decir esto, pues nunca he tenido el deseo de acumular el dinero por el dinero.

Mi época como maestro de escuela y corresponsal de periódicos conllevaba algunas preocupaciones y responsabilidades, pero me enfrentaba a ellas con optimismo.

Me casé a los veintiún años, con el absoluto beneplácito de nuestros padres, quienes creían profundamente en la doctrina predicada por Henry Ward Beecher, de que «los matrimonios tempranos son matrimonios virtuosos». Exactamente un mes y un día después de mi boda, mi padre tuvo una muerte trágica. Murió asfixiado por el gas del carbón. Habiendo sido un educador durante toda su vida (y uno de los mejores) no había acumulado ningún dinero.

Cuando él se marchó de nuestro círculo familiar, estuvo en nuestras manos el sobreponernos y salir adelante, lo cual hicimos.

Aparte del vacío que dejó en nuestro hogar la muerte de mi padre (mi mujer, mi madre, mi única hermana y yo vivíamos juntos), teníamos una vida feliz, a pesar de que nos resultaba difícil llegar a fin de mes.

Mi madre, que era una mujer excepcionalmente talentosa y llena de recursos (había sido maestra de escuela con mi padre hasta que yo nací), decidió abrir las puertas de nuestra casa a un matrimonio, viejos amigos de la familia. Vinieron a vivir con nosotros y lo que nos pagaban por el alojamiento nos ayudaba a cubrir los gastos. Mi madre era famosa en todas partes por los maravillosos platos que preparaba. Más adelante, dos mujeres bien situadas, amigas de la familia, vinieron a vivir con nosotros, con lo que nuestros ingresos aumentaron.

Mi hermana ayudaba por su parte dando clases a niños de cinco a seis años en el gran salón de nuestra casa; mi esposa contribuía lo suyo encargándose de la costura y el zurcido.

Eran días felices. Ninguno de los habitantes de la casa era extravagante, ni tenía ninguna tendencia de esta clase, excepto yo, quizá, pues siempre he tenido la inclinación a ser muy pródigo con el dinero. Me gustaba hacer regalos a la familia e invitar a los amigos.

Cuando nuestro primer bebé, un niño, llegó a nuestro hogar, todos creímos que el cielo nos había abierto las puertas. Los padres de mi esposa, que tenían el más intenso y profundo interés por nuestros asuntos, y que siempre estaban dispuestos a echar una mano, estaban igual de felices con la llegada de su primer nieto. Mi cuñado, que era mucho mayor que mi mujer, y soltero, al principio no entendía la alegría que sentíamos todos, pero al poco tiempo incluso él empezó a pavonearse. ¡Qué diferencia hace un bebé en una casa!

Estoy enumerando estos detalles, meramente para mostrar cómo viví la primera parte de mi vida. No tenía la oportunidad de gastar mucho dinero y, sin embargo, nunca he sido tan feliz como en esos tiempos.

Lo extraño de todo esto es que la experiencia de aquella época no me enseñó el valor del dinero. Si alguien recibió alguna vez una lección práctica para guiarse en el futuro, ciertamente ése fui yo.

Pero permítanme que les cuente cómo me afectó esta experiencia temprana. El nacimiento de mi hijo me inspiró a hacer algo para ganar más dinero del que obtenía enseñando en la escuela y escribiendo artículos para los diarios. Yo no quería que mi esposa, mi madre y mi hermana sintieran que tendrían que continuar colaborando indefinidamente en la manutención de la familia. ¿Por qué había de contentarse un tipo grande, fuerte y sano como siempre había sido yo, y con una habilidad razonable, con seguir siendo un rayo en la rueda? ¿Por qué no podía ser toda la rueda, en lo que se refería a mantener a la familia?

Siguiendo mi deseo de hacer más dinero, empecé a vender libros, además de enseñar y escribir para los diarios. Esto me hizo ganar un poco de dinero suplementario. Finalmente dejé la enseñanza y me concentré en la venta de libros y en escribir para los periódicos.

Mi actividad como vendedor de libros me llevó a Bridgeton, Nueva Jersey. Fue ahí donde realmente empecé a hacer dinero. Para hacer este trabajo tenía que pasar mucho tiempo fuera de casa, pero realmente valía la pena. En unas pocas semanas gané más dinero para enviar a casa del que había aportado a la familia en un año siendo maestro de escuela y corresponsal de prensa. Después de peinar todo el territorio en la zona de Bridgeton, me interesé por un diario de dicha ciudad, el *Morning Star*. Me dio la impresión de que el director y editor de este periódico necesitaba un ayudante, de modo que lo llamé y se lo dije. «Cielo santo, joven, ¿cómo puedo hacer para contratarlo? ¡No gano el dinero suficiente ni para mantenerme a mí mismo!»

«A eso me refiero», dije. «Creo que juntos podemos hacer que el *Star* sea un éxito. Le diré lo que haré: trabajaré para usted durante una semana cobrando un dólar al día. Al final de la semana, si lo he hecho bien, esperaré que me pague tres dólares al día durante la segunda semana, y luego, si sigo haciéndolo bien, esperaré que me pague seis dólares diarios durante la tercera semana, y a partir de entonces continuaré hasta que el diario gane lo suficiente como para que usted me pague 50 dólares semanales».

El propietario estuvo de acuerdo con mi propuesta. Al cabo de dos meses me estaba pagando 50 dólares semanales, cantidad que en aquella época se consideraba un gran sueldo. Empecé a sentir que estaba bien encaminado para hacer dinero, aunque, para lo único que lo deseaba era para que mi familia estuviera más cómoda. Cincuenta dólares semanales era cuatro veces más de lo que ganaba como maestro de escuela.

Mi trabajo en el *Star* incluía escribir editoriales (no muy brillantes), ser reportero (uno corriente), escribir y vender publicidad (bastante exitosa), corregir, cobrar facturas… Llevaba un ritmo frenético durante seis días a la semana, pero podía soportarlo, porque estaba fuerte y sano y, además, el trabajo era muy interesante. También colaboraba con el *New York Sun*, el *Philadelphia Record* y el *Trenton Times* (N. J.), lo cual me proporcionaba una media de 150 dólares mensuales, pues éste era un buen territorio noticiable.

En el *Star* aprendí una lección que acabó dando forma al curso de mi vida. Descubrí que se puede ganar mucho más dinero vendiendo publicidad para los diarios que escribiendo para ellos: la publicidad saca agua de las piedras.

Hice una maniobra publicitaria en el *Star* (un reportaje de la industria de las ostras del sur de Jersey, pagado por los productores de ostras) por el que obtuvimos 3.000 dólares en efectivo, que el director dividió al cincuenta por ciento conmigo. Nunca había visto tanto dinero junto en toda mi vida. ¡Piense en ello! Mil quinientos dólares: veinticinco por ciento más de lo que había ganado en dos años como maestro de escuela y en tareas sueltas.

¿Ahorré ese dinero, o una parte de él? No lo hice. ¿Qué sentido tenía? Con él podía hacer tantas cosas para hacer feliz a mi esposa, mi hijo, mi madre y mi hermana, que tardé menos en dejarlo escapar que en ganarlo. Pero, ¿no habría sido una buena cosa guardar este dinero para alguna emergencia?

Mi trabajo en Bridgeton atrajo la atención de Sam Hudson, corresponsal en Nueva Jersey del *Philadelphia Record*, quien era un ejemplo resplandeciente de ese tipo de periodista cuyo mayor placer en la vida es hacer cosas por los demás.

Sam me dijo que ya era hora de que me instalara en una gran ciudad. Él creía que el éxito estaba en mí. Dijo que me conseguiría un trabajo en Filadelfia y lo hizo, de modo que me mudé con mi mujer y mi bebé a Germantown. Me pusieron a cargo del departamento publicitario en *Germantown Gazette*, una publicación semanal.

Al principio no hice tanto dinero como el que había ganado en Bridgeton, porque tuve que renunciar a mi corresponsalía. Las noticias para esa sección eran cubiertas por otros corresponsales. Pero, al poco tiempo, estaba haciendo un veinticinco por ciento más de dinero. El *Gazette* aumentó su tamaño tres veces para poder incluir la publicidad y cada vez yo recibí un sustancial aumento de sueldo.

Además de esto, obtuve el empleo de reunir noticias sociales para la edición dominical del *Philadelphia Press*. Bradford Merrill, director general de dicho periódico, que ahora es un ejecutivo muy importante en un periódico de Nueva York, me asignó un gran territorio para cubrir. Esto me mantenía ocupado todas las noches de la semana, excepto la de los sábados. Me pagaban a cinco dólares la columna, pero yo escribía una media de siete columnas cada domingo, con lo que ganaba 35 dólares semanales adicionales.

Era más dinero del que podía gastar, y lo gastaba. No sabía nada sobre la administración de mis gastos. Simplemente dejaba que el dinero se fuera tal como llegaba. No tenía tiempo, o creía que no lo tenía, para vigilar mis gastos.

Un año más tarde fui invitado a formar parte del personal de publicidad del *Philadelphia Press*, una gran oportunidad para un hombre joven, pues recibí una maravillosa instrucción bajo la dirección de William L. McLean, actual propietario del *Philadelphia Evening Bulletin*. Todavía conservaba mi trabajo como recopilador de noticias sociales, de modo que mis ingresos eran aproximadamente los mismos que en Germantown.

Pero, al cabo de poco tiempo, mi trabajo atrajo la atención de James Elverson, padre, editor del antiguo *Saturday Night* y del *Golden Days*, que acababa de comprar el *Philadelphia Inquirer*. Me ofreció la dirección de publicidad de dicho diario, y acepté.

Esto significó un gran aumento de mis ingresos. Poco después llegó un importante aumento de mi familia, con el nacimiento de una hija. Entonces pude hacer lo que había deseado desde que nació mi hijo. Reuní a la familia bajo un mismo techo: mi mujer, mis dos bebés, mi madre y mi hermana. Por fin podía librar a mi madre de cualquier preocupación o responsabilidad y, mientras vivió, jamás volvió a tener ninguna de las dos cosas. Murió a los ochenta y un años, veinticinco años después de la muerte de mi padre. Nunca olvidaré las últimas palabras que me dijo: «Will, desde el día que naciste, jamás me has dado ni un minuto de preocupación, y si hubiese sido la reina de Inglaterra no habría tenido más cosas de las que tú me has dado».

En esa época, yo estaba ganando cuatro veces más dinero del que había ganado mi padre como superintendente de escuelas públicas en la ciudad de Phillipsburg, Nueva Jersey.

Sin embargo, todo el dinero salía de mis bolsillos con la misma facilidad con que el agua fluye por un desagüe. Con cada aumento de mis ingresos, los gastos crecían, lo cual, supongo, es el hábito de la mayoría de la gente. Pero no había ninguna razón sensata para permitir que mis gastos fueran superiores a mis ingresos, y yo lo hacía. Empecé a acumular deudas y, a partir de ese momento, nunca dejé de estar endeudado.

Sin embargo, no me preocupaba por mis deudas, pues creía que podría saldarlas en cualquier momento. Jamás se me ocurrió (hasta veinticinco años más tarde) que, al final, las deudas no sólo me traerían una gran ansiedad y desdicha, sino que, además, perdería amigos y credibilidad.

Pero debo felicitarme por una cosa: aunque daba rienda suelta a mi gran defecto (gastar dinero con la misma rapidez con que lo ganaba, y a menudo con mayor rapidez), nunca descuidé mi trabajo. Siempre estaba intentando encontrar más cosas que hacer y siempre las encontraba. Pasaba muy poco tiempo con mi familia. Llegaba a casa cada noche a la hora de cenar y jugaba con los bebés hasta que era hora de acostarlos, y luego regresaba a la oficina y a menudo trabajaba.

Así pasaron los años. Llegó otra hija. Más adelante quise que mis hijas tuvieran un pony y un carro, y que mi hijo tuviera un caballo para montar. Entonces pensé que necesitaba unos caballos para ir de un sitio a otro con la familia, llevándonos en un cupé cerrado o una tartana; conseguí todo eso. Pero, en lugar de un caballo y un carruaje, o quizá un par de caballos, lo cual hubiese sido suficiente para nuestras necesidades, y era algo que nos podíamos permitir, yo quería tener un establo, con todo lo que conlleva. Esto me supuso casi una cuarta parte de mis ingresos anuales.

Luego empecé a jugar al golf. Entonces tenía cuarenta y un años. Me metí en el juego como me metía en el trabajo: ponía en él todo mi corazón. Aprendí a jugar bastante bien. Mi hijo y mi hija mayor jugaban conmigo, y ellos también se desenvolvían bien.

Era necesario que mi hija menor pasara el invierno en el sur y el verano en los Adirondacks; pero, en lugar de que su madre fuera sola con ella, pensé que estaría bien que mis otros dos hijos las acompañaran. Este plan se llevó a cabo. Todos los inviernos iban a Pinehurst, en Carolina del Norte, y en verano a lugares de veraneo caros en Adirondacks o en New Hampshire.

Este tren de vida requería una gran cantidad de dinero. Mis dos hijos mayores eran unos entusiastas del golf y gastaban muchísimo dinero en él; yo también desembolsaba bastante dinero en cursos de golf en Nueva York. Entre los tres ganamos 80 premios, la mayoría de los cuales están ahora en depósito. Un día me senté y calculé lo que me habían costado estos premios. Descubrí que cada trofeo me había costado

250 dólares, o un total de 45.000 dólares en un período de quince años, un promedio de 3.000 dólares anuales. Desorbitado, ¿no es verdad?

Solía invitar lujosamente en mi casa. La gente de Montclair me consideraba millonario. Con frecuencia, invitaba a grupos de hombres de negocios a pasar un día jugando al golf en el club y luego a cenar conmigo por la noche. Se hubieran quedado satisfechos con una sencilla cena en casa, pero no, yo tenía que ofrecerles algo elaborado realizado por un *catering* famoso. Estas cenas nunca me costaban menos de diez dólares el cubierto, lo cual no incluía el dinero que gastaba en la música que se tocaba mientras cenábamos, pues yo hacía venir a mi casa a un cuarteto de música negra. Nuestro comedor tenía capacidad para acoger cómodamente a veinte personas sentadas, y lo llené en varias ocasiones.

Todo era muy encantador y me gustaba ser su anfitrión. De hecho, me hacía muy feliz. Nunca me paré a pensar con cuánta rapidez estaba acumulando deudas. Llegó un día en el que empezaron a molestarme sobremanera. Había invitado a tanta gente al club de golf en un mes, pagando las comidas, los puros y las cuotas de los *greens*, que mi cuenta ascendió a 450 dólares. Esto llamó la atención de los directores del club, todos buenos amigos míos y muy interesados en mi bienestar. Se encargaron de decirme que estaba gastando demasiado dinero y que, por mi bien, me invitaban a controlar mis gastos.

Este incidente me asustó. Me hizo pensar seriamente, durante mucho tiempo, en deshacerme de mis caballos y mis coches, lo cual, ciertamente, era un gran sacrificio. Renuncié a nuestra casa y nos mudamos otra vez a la ciudad, pero no dejé ninguna factura sin pagar en Montclair, pues había pedido un préstamo para liquidarlas. Siempre me resultaba fácil conseguir todo el dinero que deseaba, a pesar de mis conocidos defectos económicos.

He aquí dos detalles anecdóticos sobre mi experiencia durante mis «fulgurantes cuarenta»: además de gastar dinero tontamente y, quizá, temerariamente, lo prestaba con la misma negligencia. Al limpiar mi escritorio en casa antes de mudarnos a la ciudad, encontré un paquete de facturas de deudas que sumaban un total de 40.000 dólares. Era un dinero que le había proporcionado a prácticamente cualquiera que me lo pidiera. Las rompí todas, pero me di cuenta de que, si hubiese tenido ese dinero en la mano, no habría debido ni un dólar.

Uno de los prósperos hombres de negocios al que había invitado en varias ocasiones y que, a su vez, me había invitado a mí, me dijo: «Billy, tengo que dejar de salir contigo. Gastas demasiado dinero para mí. No puedo seguir tu ritmo».

Piensen que esta frase venía de un hombre que estaba ganando más dinero que yo. Esto debería haberme hecho reaccionar, pero no fue así. Seguí gastando de la misma manera y creyendo estúpidamente que me lo estaba pasando bien, sin pensar en el futuro. Ese hombre es ahora uno de los vicepresidentes de una de las instituciones financieras más importantes de Nueva York y se dice que vale millones de dólares. Debí haber hecho caso de su consejo.

En otoño de 1908, después de mi desastrosa experiencia de seis meses en otra rama de los negocios luego de mi renuncia a la organización de Hearst, retomé el trabajo periodístico como director de publicidad del *New York Evening Mail*. Había conocido a Henry L. Stoddard en mi época en Filadelfia, cuando él era corresponsal de política para el *Press*.

A pesar de estar agobiado por las deudas, hice el mejor trabajo de mi vida en el *Evening Mail* y, durante los cinco años que estuve asociado con ellos, gané más dinero del que había ganado jamás. Además, el señor Stoddard me concedió el privilegio de editar unas charlas sobre publicidad, las cuales aparecieron en el periódico durante mil días consecutivos de publicación y con las que gané más de cincuenta y cinco mil dólares.

El señor Stoddard era un hombre muy generoso de muchas otras formas y a menudo me pagaba sumas de dinero especiales por hacer lo que él consideraba cosas insólitas en la manera de desarrollar el negocio. Durante este período, yo estaba tan endeudado que, para que las cosas marcharan lo mejor posible, pero sin reducir mis gastos en absoluto, le pedía prestado dinero a Pedro para pagarle a Pablo, y a Pablo para pagarle a Pedro. Esos 55.000 dólares obtenidos de las charlas de publicidad habrían pagado de sobras todas mis deudas y además me habrían dejado un «regalito». Pero lo gastaba todo con una facilidad absoluta, como si no tuviera ni una preocupación en el mundo.

En 1915 inicié mi propio negocio de publicidad. Desde ese momento hasta la primavera de 1922, mis honorarios alcanzaron unas cifras muy elevadas. Yo seguía haciendo más dinero que nunca y gastándolo con la misma rapidez con que lo ganaba, hasta que finalmente mis amigos se cansaron de hacerme préstamos.

Si yo hubiese mostrado la mínima inclinación a frenar mis gastos sólo en un diez por ciento, esos hombres maravillosos habrían estado dispuestos a ir al cincuenta por ciento conmigo, permitiéndome que les pagara un cinco por ciento y ahorrara el otro cinco. A ellos no les preocupaba tanto recuperar el dinero que me habían prestado, como ver que yo me tranquilizara.

El colapso de mis negocios llegó hace cinco años. Dos amigos que me habían apoyado lealmente se impacientaron y me dijeron que, francamente, yo necesitaba una lección drástica. Y me la dieron. Fui obligado a declararme en bancarrota, lo cual casi me rompe el corazón. Sentí que todas las personas que conocía me señalaban con el dedo y se mofaban de mí. Era absurdo. Aunque hubo comentarios, no eran en absoluto desagradables. Eran la expresión de una profunda lástima por el hecho de que un hombre que había alcanzado tanto prestigio en su profesión y había ganado tanto dinero, se hubiera permitido tener problemas económicos.

Orgulloso y sensible hasta la médula, sentí la desgracia de la bancarrota de una forma tan aguda que decidí marcharme a Florida, donde en una ocasión había hecho un trabajo especial para un cliente. Me pareció que era la llegada de El Dorado. Imaginé que, quizás, en pocos años podría reunir el dinero suficiente para saldar completamente todas mis deudas. Durante un tiempo, pareció que iba a realizar este sueño, pero me quedé atrapado en el gran colapso del sector inmobiliario. De modo que aquí estoy, de vuelta en la vieja ciudad donde anteriormente tenía una gran capacidad económica y cientos de amigos y partidarios.

Ha sido una experiencia extraña. Pero una cosa es segura: finalmente he aprendido la lección. Estoy seguro de que se me volverán a presentar oportunidades para salir adelante, y que recuperaré mi capacidad de ganar dinero. Y cuando llegue ese momento, sé que seré capaz de vivir mejor que nunca con el *cuarenta* por ciento de mis ingresos. Luego dividiré el sesenta por ciento restante en dos partes, apartando un treinta por ciento para pagar a mis acreedores y un treinta por ciento para seguros y ahorros.

Si me permitiera deprimirme por mi pasado o llenar mi mente de preocupaciones, no sería capaz de seguir luchando para salir adelante. Además, sería desagradecido con mi Creador, que me ha concedido una salud estupenda durante toda mi vida. ¿Acaso hay mayor bendición?

Sería desagradecido con la memoria de mis padres, cuya espléndida formación me ha mantenido bastante arraigado en los valores morales. Finalmente, soltarse las amarras morales es infinitamente más grave que alejarse de las reglas económicas. No estaría apreciando el ánimo y el apoyo que he recibido, en cantidades generosas, de cientos de hombres de negocios y demasiados buenos amigos que me han ayudado a construir una buena reputación en mi profesión. Estos recuerdos son la luz del sol en mi vida. Y los utilizaré para pavimentar el camino hacia mi éxito futuro.

Con abundancia de salud, una fe inquebrantable, una energía inagotable, un optimismo incesante y una infinita confianza en que uno puede ganar la batalla, aunque empiece tarde en la vida a darse cuenta del tipo de lucha que debe librar... ¿hay algo, excepto la muerte, que lo pueda detener?[1]

La historia del Señor Freeman simboliza la experiencia de otras miles de personas y de su relación con el dinero, además de mostrarnos cómo trabaja la mente de un consumidor a la hora de gastar sus ingresos y quedarse sin ahorros.

La recopilación de estadísticas sobre los ingresos y los gastos familiares de más de dieciséis mil familias de los hombres que han sido analizados por este autor revelan algunos datos que serán muy útiles a la persona que desee presupuestar sus ingresos y desembolsos sobre una base de trabajo práctica, razonable y económica.

Los ingresos promedio están entre los 100 y los 300 dólares mensuales. El presupuesto, cubriendo los ingresos entre estas dos cifras, debería ser como sigue:

---

1. Reproducido por cortesía de *The American Magazine*. Copyright: The Crowell Publishing Company, 1927.

Una familia formada por dos personas, cuyos ingresos sean de 100 dólares mensuales, debería arreglárselas para apartar al menos entre 10 y 12 dólares cada mes para la cuenta de ahorros. El coste de viviendo, o alquiler, no debería superar los 25 o 30 dólares mensuales. Los gastos de alimentos debería ser de una media de entre 25 y 30 dólares. La ropa debería mantenerse dentro de un gasto de entre 15 y 20 dólares mensuales. La recreación y los imprevistos deberían mantenerse entre los 8 y los 10 dólares mensuales.

Piensa bien antes de hablar, porque tus palabras pueden sembrar la semilla del éxito o del fracaso en la mente de alguna otra persona.

Una familia cuyos ingresos sean de 100 dólares mensuales, en el caso de que éstos aumentaran a 125 dólares, debería ahorrar al menos 20 dólares cada mes. Una familia de dos personas, cuyos ingresos sean de 150 dólares mensuales, debería presupuestar sus fondos de la siguiente manera:

Ahorros, 25 dólares. Alojamiento o alquiler, entre 35 y 40 dólares. Comida, entre 35 y 40 dólares. Ropa, entre 20 y 30 dólares. Recreación, entre 15 y 20 dólares.

Una familia de dos, con un salario o unos ingresos de 300 dólares mensuales, debería dividirlos aproximadamente como sigue:

Ahorros, entre 55 y 65 dólares. Alojamiento o alquiler, entre 40 y 60 dólares. Comida, entre 45 y 60 dólares. Ropa, entre 35 y 45 dólares. Recreación y educación, entre 50 y 75 dólares.

Algunos argumentarían que una familia de dos, con un salario de 300 dólares mensuales, podría vivir como tan poco dinero como la que gana sólo 100 o 125 dólares. No obstante, esto no es del todo correcto, pues alguien que tiene la capacidad de ganar 300 dólares mensuales, por lo general, debe relacionarse con un tipo de personas que obligan a tener una mejor apariencia y aumentar los gastos de ocio.

Un hombre soltero que gane 100, 150 o 300 dólares mensuales debería ahorrar considerablemente más de lo que podría ahorrar, ganando lo mismo, un hombre con familia. Como regla general, un soltero que no tiene a nadie que dependa de él y que no está endeudado, debería vivir con un presupuesto de 50 dólares al mes para alojamiento y comida, y no excederse de los 30 dólares mensuales para ropa y quizá 10 para ocio. Estas cantidades deberían aumentarse ligeramente si se gana entre 150 y 300 dólares mensuales.

Un muchacho que viva lejos de su casa y cuyos ingresos semanales sean de solamente 20 dólares debería ahorrar 5 dólares de esa cantidad; el resto debería cubrir los gastos de alimentación, alojamiento y vestido.

Una muchacha que viva lejos de su casa, con los mismos ingresos, requeriría una cantidad ligeramente superior para ropa, pues las prendas femeninas suelen ser más caras que las masculinas y, por lo general, para las mujeres es más importante cuidar su apariencia personal que para los hombres.

Doy gracias por haber nacido pobre,

por no haber llegado a este mundo

cargando con los caprichos de unos padres ricos,

con una bolsa de oro colgando del cuello.

Una familia de tres podrá ahorrar una cantidad considerablemente menor que una familia de dos. No obstante, con raras excepciones, como los casos en que la familia tiene una deuda que debe pagarse con dinero de los ingresos mensuales, cualquier familia puede ahorrar al menos un cinco por ciento del total de los ingresos.

Actualmente, es una práctica corriente que las familias compren automóviles a cuotas mensuales que implican un gasto excesivamente elevado comparado con sus ingresos; un hombre cuyos ingresos le permitan comprarse un Ford, no tiene por qué comprarse un Studebaker. Debería refrenar sus deseos y contentarse con un Ford. Muchos solteros se gastan todo lo que ganan, y a menudo también se endeudan, porque tienen automóviles que no guardan proporción con sus ingresos. Esta práctica tan habitual es fatal para el éxito, pues la independencia económica forma una parte de él en muchísimos casos.

El sistema de pago a plazos se ha vuelto tan corriente, y es tan fácil comprar prácticamente cualquier cosa que uno desee, que la tendencia a gastar desproporcionadamente con respecto a nuestros ingresos está aumentando mucho. La persona que se ha decidido a tener una independencia económica debe refrenar este impulso. Cualquiera que lo intente puede conseguirlo.

Otro mal, que es al mismo tiempo una maldición y una bendición, es el hecho de que este país es tan próspero que el dinero llega fácilmente y, si no se vigila, también se va fácilmente. Durante la Primera Guerra Mundial, hubo una demanda constante de prácticamente todo lo que se fabricaba en Estados Unidos, y esta situación de prosperidad ha hecho que la gente empiece a gastar de una forma descuidada e injustificada.

No hay ninguna virtud en «mantener el ritmo que marcan los demás» cuando ello implica sacrificar el hábito de ahorrar una cantidad fija de nuestros ingresos. A la larga, es mucho mejor que la gente considere que estamos un poco por detrás de los tiempos, que pasar por la juventud, la madurez y finalmente la vejez sin haber desarrollado el hábito del ahorro sistemático.

Es mejor sacrificarnos durante la juventud, que vernos obligados a hacerlo en la madurez, como tendrán que hacerlo todos aquellos que no hayan desarrollado el hábito de ahorrar.

No hay nada tan humillante, que conlleve tanto dolor y sufrimiento, como la pobreza en la vejez, cuando los servicios personales ya no son vendibles y uno debe depender de los familiares o de instituciones de caridad para subsistir.

Todas las personas deberían mantener un sistema de presupuestos, tanto si están casadas como si son solteras, pero ninguno de ellos funcionará si la persona que intenta mantenerlo no tiene el valor de reducir gastos en cuestiones como la diversión y el ocio.

Si sientes que tienes tan poca fuerza de voluntad que consideras necesario seguir el ritmo de la gente con la que te relacionas socialmente, y cuyos ingresos son superiores a los tuyos, o que gasta todo su dinero alocadamente, entonces ningún sistema presupuestario puede ser de utilidad para ti.

Estoy agradecido por las adversidades que se han cruzado en mi camino, porque me han enseñado tolerancia, comprensión, autocontrol, perseverancia y otras virtudes que quizá nunca hubiera conocido.

Adquirir el HÁBITO DE AHORRAR implica que, al menos hasta cierto punto, debes alejarte de todos, excepto de un grupo de amigos bien elegido que disfrute de tu compañía sin que tengas que ofrecerle un entretenimiento elaborado.

Admitir que te falta el valor para recortar tus gastos con la finalidad de poder ahorrar dinero, incluso una pequeña cantidad, equivale a reconocer, al mismo tiempo, que careces del carácter necesario para alcanzar el éxito.

Se ha demostrado, en demasiadas ocasiones para poder relatarlas, que las personas que han adquirido el HÁBITO DE AHORRAR siempre tienen preferencia en los puestos de responsabilidad; por lo tanto, ahorrar no sólo añade ventajas a la naturaleza del empleo preferido y una cuenta bancaria más cuantiosa, sino que, además, aumenta la capacidad de ganar dinero.

Cualquier empresario preferirá contratar a una persona que ahorra con regularidad, no por el mero hecho de que lo haga, sino por las características que posee, que la hacen más eficiente. Muchas firmas no contratarían a un hombre o una mujer que no fuese capaz de ahorrar.

Debería ser una práctica normal que todas las empresas exijan a sus empleados que ahorren dinero. Esto sería una bendición para miles de personas que, de otro modo, no tendrían la fuerza de voluntad para adquirir ese hábito.

Henry Ford se ha esforzado mucho, quizá tanto como sea oportuno, en exhortar a sus empleados no sólo a ahorrar, sino también a gastar con inteligencia y a vivir de una forma sensata y económica. La persona que anima a sus empleados a adquirir el hábito de ahorrar es un filántropo práctico.

Las oportunidades que se presentan a quienes han ahorrado

Hace unos años, un hombre joven llegó a Filadelfia, proveniente del distrito agrícola de Pensilvania, y entró a trabajar en una imprenta. Uno de sus compañeros de trabajo tenía acciones en la Compañía de Construcción y Préstamos, y había adquirido el HÁBITO DE AHORRAR cinco dólares semanales, a través de esta asociación. Este joven fue convencido por su compañero para que abriera una cuenta con la Compañía de Construcción y Préstamos. Al cabo de tres años había ahorrado 900 dólares. La imprenta para la que trabajaba tenía dificultades financieras y estaba a punto de cerrar. Él acudió en su rescate con el dinero que había ahorrado en pequeñas cantidades y, a cambio, recibió una participación del 50 % en el negocio.

> Afortunada es la persona que ha aprendido
> que la forma más segura de «recibir»
> es «dar» primero,
> ofreciendo algún tipo de servicio útil.

Inaugurando un sistema de economía estricta, ayudó a la empresa a pagar sus deudas y actualmente está obteniendo, con la mitad de los beneficios, algo más de veinticinco mil dólares anuales. Si este joven no hubiese adquirido el HÁBITO DE AHORRAR, esta oportunidad jamás se le habría presentado, o, de haberlo hecho, él no habría estado preparado para aprovecharla.

Cuando el automóvil Ford fue perfeccionado, durante sus primeros días de existencia, Henry Ford necesitó un capital para impulsar la fabricación y la venta de su producto, y recurrió a unos amigos que habían ahorrado unos cuantos miles de dólares, entre los que se encontraba el senador Couzens. Estos amigos acudieron en su ayuda, aportaron unos miles de dólares y, más adelante, recibieron millones de dólares como beneficios.

Cuando Woolworth puso en marcha su plan de las tiendas de «Todo a cinco y diez centavos», no tenía capital, pero acudió a unos amigos que habían ahorrado unos miles de dólares mediante una economía de lo más estricta y un gran sacrificio. Estos amigos lo apoyaron y, más adelante, recibieron cientos de miles de dólares en concepto de beneficios.

Van Heusen (que tenía fama de usar cuellos blandos) concibió la idea de producir cuellos semiblandos para hombres. Su idea era sensata, pero no tenía ni un centavo para promoverla. Recurrió a unos amigos que tenía sólo unos centenares de dólares, los cuales lo ayudaron a empezar, y «los cuellos» los hicieron millonarios a todos.

Los hombres que empezaron el negocio de «El Producto Cigar» sólo contaban con un pequeño capital, pero lo que sí tenían era un dinero que habían ahorrado de sus ganancias como fabricantes de puros. Se les ocurrió una buena idea y sabían cómo hacer un buen puro, pero de no haber tenido algo de dinero ahorrado, dicha idea hubiera muerto al nacer. Con sus escasos ahorros, lanzaron el puro y, unos años más tarde, vendieron el negocio a la American Tobacco Company por ocho millones de dólares.

Detrás de prácticamente todas las grandes fortunas, uno puede encontrar, en sus inicios, un HÁBITO DE AHORRAR muy desarrollado.

John D. Rockefeller era un contable corriente, y concibió la idea de desarrollar el negocio del petróleo cuando ni siquiera éste era considerado un negocio. Necesitaba un capital y, puesto que había desarrollado el HÁBITO DE AHORRAR y así había demostrado que podía guardar los fondos de otras personas, no tuvo dificultad en conseguir que le prestaran el dinero que necesitaba. Se puede afirmar con certeza que la base real de la fortuna de Rockefeller es el HÁBITO DE AHORRAR dinero desarrollado cuando trabajaba como contable, con un sueldo de 40 dólares mensuales.

James J. Hill era un pobre joven que trabajaba como telegrafista con un sueldo de 30 dólares mensuales. Él concibió la idea del Gran Sistema Ferroviario del Norte, pero su idea no guardaba proporción con su capacidad económica. No obstante, había adquirido el hábito de ahorrar dinero y, con su escaso sueldo, había ahorrado lo suficiente para pagar los gastos de un viaje a Chicago, donde despertó el interés de unos capitalistas para financiar su plan. El hecho de que él hubiera ahorrado dinero con un pequeño salario fue considerado una buena prueba de que era un hombre al que se podía confiar el dinero de otras personas.

La mayoría de los empresarios no confían su dinero a otra persona, a menos que haya demostrado su capacidad de cuidar de su propio dinero y de utilizarlo sabiamente. Esta prueba, aunque suele ser embarazosa para quienes no han adquirido el HÁBITO DE AHORRAR, es muy práctica.

Un hombre joven que trabajaba en una imprenta en la ciudad de Chicago deseaba abrir un pequeño taller de impresión. Fue a ver al director de una casa de abastecimiento para imprentas y le hizo saber cuál era su deseo, declarando que deseaba un crédito para comprar una prensa, algunos tipos y otros artículos pequeños.

La primera pregunta que le planteó el director fue: «¿Ha ahorrado algún dinero?». ¡Lo había hecho! De su sueldo de 30 dólares semanales, había ahorrado 15 dólares por semana con regularidad durante casi cuatro años. Consiguió el crédito que quería. Más adelante, consiguió un crédito mayor, y en la actualidad posee una de las imprentas más exitosas de la ciudad de Chicago. Su nombre es George B. Williams, y el autor de este curso lo conoce muy bien, y puede dar fe de todos los datos que aquí se mencionan. Muchos años después de este incidente, el autor de este curso conoció al señor Williams y, al final de la guerra, en 1918, fue a verlo para pedirle un préstamo de varios miles de dólares con la finalidad de publicar la revista *Golden Rule Magazine*. La primera pregunta que me hizo fue: «¿Ha adquirido el hábito de ahorrar dinero?». A pesar de que yo había perdido en la guerra todo el dinero que había ahorrado, el mero hecho de haber adquirido el HÁBITO DE AHORRAR fue la base real por la que obtuve un préstamo de más de treinta mil dólares.

En cada esquina hay una oportunidad, pero sólo existen para quienes tienen dinero a mano, o pueden disponer de él porque han adquirido el HÁBITO DE AHORRAR y han desarrollado las otras características que acompañan a la formación de este hábito, que se engloban bajo el término general de «carácter».

J. P. Morgan dijo en una ocasión que preferiría prestar un millón de dólares a una persona con un carácter firme, que hubiera adquirido el HÁBITO DE AHORRAR, que mil dólares a alguien sin carácter, que fuera un derrochador. Hablando en términos generales, ésta es la actitud que tiene el mundo hacia las personas que son ahorradoras.

Ocurre a menudo que una pequeña cuenta de ahorros de no más de doscientos o trescientos dólares es suficiente para adentrarse en la autopista que conduce a la independencia económica.

El Amor y la Justicia son los verdaderos árbitros
de las disputas. Dales una oportunidad
y ya no desearás derrotar a un hermano
que permanece al borde de la carretera de la vida.

Hace unos años, un joven inventor creó un artículo para el hogar que era único y práctico pero, como muchos inventores, estaba en desventaja por no disponer de dinero para comercializar su invento. Además, al no haber adquirido el HÁBITO DE AHORRAR, le resultó imposible conseguir que los bancos le prestaran dinero.

Su compañero de piso, un joven mecánico que había ahorrado 200 dólares, acudió en su ayuda con esta pequeña suma de dinero. De este modo tuvieron suficientes artículos fabricados para empezar. Salieron y vendieron la primera provisión, de casa en casa. Luego volvieron, mandaron fabricar una segunda provisión y así sucesivamente, hasta haber acumulado (gracias a la economía y los ahorros del compañero de piso) un capital de mil dólares. Con esto, además de algún crédito que consiguieron, compraron las herramientas para fabricar su propio producto.

Seis años más tarde, el joven mecánico vendió su participación del 50 % del negocio por 250.000 dólares. De no haber sido por el HÁBITO DE AHORRAR, que le permitió acudir al rescate de su amigo inventor, jamás hubiera manejado tanto dinero, en toda su vida.

Este caso podría multiplicarse mil veces, con apenas una ligera variación de los detalles, pues describe bastante bien los comienzos de muchas de las grandes fortunas que se han hecho o se están haciendo en Estados Unidos. Podría parecer una realidad triste y cruel, pero no deja de ser una realidad que, si no tienes dinero y no has desarrollado el HÁBITO DE AHORRAR, no tendrás suerte en lo que respecta a aprovechar la oportunidad de hacer dinero.

No hace ningún daño repetir –de hecho, debería repetirse una y otra vez– que el verdadero inicio de casi todas las fortunas, grandes o pequeñas, ¡es la formación del HÁBITO DE AHORRAR dinero! Establece firmemente este principio básico en tu mente y estarás bien adentrado en el camino que conduce a la independencia económica.

Es triste ver a un hombre maduro que se ha sentenciado a la fatigosa rutina del trabajo duro todos los años de su vida porque ha descuidado la formación del HÁBITO DE AHORRAR, pero, sin embargo, actualmente, sólo en Estados Unidos hay millones de personas viviendo así.

¡Lo más grande en la vida es la LIBERTAD! Y no puede haber una verdadera libertad sin un grado razonable de independencia económica. Es terrible estar atado a un determinado lugar, a una determinada tarea (quizá una que nos disgusta) por un determinado número de horas, todos los días laborables de la semana, durante toda la vida. En cierto sentido, es como estar en prisión, puesto que nuestra libertad de acción está siempre limitada. Realmente, no es mejor que estar en la cárcel con el privilegio de un «recluso de confianza» y, en cierto sentido incluso es peor, porque el hombre que es prisionero ha escapado a la responsabilidad de conseguir un lugar donde dormir, algo que comer y ropa.

La única esperanza de escapar de este trabajo de por vida que restringe la libertad es adquiriendo el HÁBITO DE AHORRAR dinero y luego mantenerlo, por mucho sacrificio que nos cueste. No hay otra salida para millones de personas; a menos que seas una de esas raras excepciones, esta lección y todos estos datos presentados están destinados a TI, ¡y están dirigidos a ti!

> No pidas prestado, ni prestes, pues a menudo se pierden tanto
> el préstamo como el amigo, y pedir prestado embota el filo de
> la prudente administración. Esto por encima de todo: sé fiel a
> tu propio ser, y resultará que, como la noche sigue a día, no
> podrás ser falso con ningún hombre.
>
> WILLIAM SHAKESPEARE

Todo pasa a la par, temporalmente;
sólo la verdad sigue siendo permanente.

LAS LEYES DEL ÉXITO

Quinta lección

INICIATIVA Y LIDERAZGO

«¡Puedes hacerlo si crees que puedes!»

Antes de que procedas al dominio de esta lección, dirige tu atención al hecho de que, a lo largo de este curso, se produce una perfecta coordinación de pensamientos. Observarás que las dieciséis lecciones armonizan y se combinan unas con otras para crear una cadena perfecta que ha sido construida, eslabón a eslabón, con los factores que entran en el desarrollo del poder a través del *esfuerzo organizado*.

Observarás, también, que los principios fundamentales de psicología aplicada forman las bases de todas estas lecciones, aunque en cada una de ellas se lleve a cabo una aplicación distinta.

Esta lección, que versa sobre la *iniciativa* y el *liderazgo*, sigue a la lección sobre la seguridad en uno mismo, porque nadie podría convertirse en un líder eficaz ni tomar la iniciativa en ninguna gran tarea si no cree en sí mismo.

Iniciativa y *Liderazgo* son términos que se asocian en esta lección porque el *Liderazgo* es esencial para alcanzar el *Éxito*, y la *Iniciativa* es la base misma sobre la que se construye esta cualidad del *liderazgo*, tan necesaria. La *iniciativa* es tan esencial para el éxito como lo es el eje para la rueda de un vagón.

Y, ¿qué es la *iniciativa*? Es esa cualidad tan poco corriente que mueve —mejor dicho, impulsa— a una persona a hacer lo que debe hacerse *sin que se le diga que lo haga*. Elbert Hubbard se expresó en estos términos sobre el tema de la *iniciativa*:

El mundo entrega sus grandes premios, tanto en dinero como en honores, por una cosa, y es la iniciativa. ¿Qué es la iniciativa? Te lo diré: Es hacer lo debes hacer sin que te digan que lo hagas. Pero, después de hacer lo que debes sin que te lo digan, viene el hacerlo cuando te lo dicen una vez. Es decir: «Llévele este mensaje a García». Aquellos que son capaces de transmitir un mensaje consiguen grandes honores, pero su paga no siempre está en proporción. Luego están esas personas que hacen lo que deben hacer únicamente cuando la necesidad les da una patada en el trasero, y éstas obtienen indiferencia en lugar de honores, y una paga miserable. Este tipo de individuos pasa la mayor parte del tiempo sacando brillo a un banco con una historia de mala suerte. Luego, más abajo aún en la escala, tenemos al tipo que no hará lo que debe, ni siquiera cuando alguien se toma la molestia de enseñarle cómo hacerlo y se queda para ver que lo haga; él siempre pierde los empleos y recibe el desprecio que se merece, a menos que tenga un papá rico, en cuyo caso el destino lo espera pacientemente a la vuelta de la esquina con una porra. ¿A qué grupo perteneces tú?

Puesto que se esperará que hagas inventario de ti mismo y determines cuál de los quince factores de este curso necesitas más, después de haber acabado la última lección, podrías empezar a prepararte para esta análisis respondiendo a la pregunta que ha formulado Elbert Hubbard: *¿A qué grupo perteneces?*

Una de las peculiaridades del *liderazgo* es el hecho de que nunca se encuentra en aquellas personas que no han adquirido el *hábito* de tomar la iniciativa. El *liderazgo* es algo a lo que debes invitarte a entrar; nunca se lanzará sobre ti. Si analizas a fondo a todos los líderes que conoces, verás que no sólo ejercitaron la *iniciativa*, sino que realizaron su trabajo con un *propósito claro* en la mente. También verás que poseían esa cualidad que se describe en la tercera lección de este curso: *seguridad en sí mismos*.

Estos hechos se mencionan en esta lección porque te beneficiará observar que las personas de éxito utilizan *todos* los factores que se tratan en las dieciséis lecciones de este curso, y por la razón, más importante, de que te beneficiará entender a fondo el principio del *esfuerzo organizado* que este curso pretende establecer en tu mente.

Éste parece ser el lugar adecuado para afirmar que este curso no pretende ser un *atajo* hacia el éxito, ni tampoco una fórmula mecánica que puedes utilizar para conseguir un éxito notable sin esfuerzo por tu parte. Su *verdadero* valor reside en el *uso* que le des, y no en el curso en sí mismo. Su propósito principal es ayudarte a desarrollar en ti las quince cualidades tratadas en sus dieciséis lecciones, y una de las cualidades más importantes es la *iniciativa*, que es el tema de esta lección.

Cuando no sepas qué hacer o qué rumbo tomar, sonríe.

Así relajarás la mente y dejarás que

el sol de la felicidad entre en tu alma.

Ahora procederemos a aplicar el principio en que se funda esta lección, describiendo en detalle cómo sirvió con éxito para completar una transacción de negocios que la mayoría de personas consideraría difícil.

En 1916 yo necesitaba 25.000 dólares para crear una institución educativa, pero ni tenía esta suma ni la suficiente garantía subsidiaria para pedirlos prestados por las vías bancarias normales. ¿Me lamenté de mi suerte o creí que podría conseguirlo si algún pariente rico o un buen samaritano acudía en mi rescate prestándome el capital necesario? ¡Nada de eso!

Simplemente hice lo que te aconsejaré que hagas a lo largo de este curso. En primer lugar, hice que la obtención de este capital fuese mi *claro objetivo principal*. En segundo lugar, tracé un *plan* completo para convertir este *objetivo* en una realidad. Respaldado por la suficiente seguridad en mí mismo y estimulado por la *iniciativa*, procedía a llevar mi plan a la acción. Pero, antes de llegar a la etapa de «acción» del plan, más de seis semanas de estudios, esfuerzos y pensamientos constantes y perseverantes le fueron dedicadas. Si un plan ha de ser sólido, debe estar construido con un material cuidadosamente seleccionado. Observarás aquí la aplicación del principio del ESFUERZO ORGANIZADO, a través de la operación con la que es posible unir o asociar varios intereses de tal manera que *cada uno de ellos* sea fortalecido sobremanera y cada uno de ellos apoye a todos los demás, igual que un eslabón en una cadena sostiene a todos los demás.

Yo quería estos 25.000 dólares en capital con el propósito de crear una escuela de publicidad y ventas. Necesitaba dos cosas para la organización de esta escuela: una eran los 25.000 dólares de capital, los cuales no tenía, y la otra era el curso de formación adecuado, que *sí tenía*. Mi problema era *aliarme* con algún grupo de personas que necesitaran aquello que yo tenía y que me pudieran proporcionar ese capital. Esta alianza tenía que hacerse mediante un plan que beneficiaría a todos los implicados.

Cuando hube completado mi plan y me sentí satisfecho de que fuese equitativo y sensato, se lo presenté al propietario de una escuela de negocios muy conocida y respetada que, justo en ese momento, se estaba enfrentando a una competencia bastante intensa y necesitaba desesperadamente un plan para enfrentarse a ella.

Mi plan fue presentado, aproximadamente, en estos términos:

Considerando que usted posee una de las escuelas de negocios más respetadas de la ciudad y considerando que necesita un plan con el que enfrentarse a la dura competencia en su campo y considerando que su buena reputación le ha proporcionado el honor que necesita y considerando que yo tengo el plan que lo ayudará a enfrentarse con éxito a esta competencia, acordemos aliarnos mediante un plan que le proporcionará a usted aquello que necesita y, al mismo tiempo, me proveerá a mí de algo que me hace falta.

Luego procedía a desarrollar mi plan con estas palabras:

He escrito un curso sumamente práctico de publicidad y ventas. Habiendo creado este curso a partir de mi propia experiencia real formando y dirigiendo a vendedores y a partir de mi experiencia planificando y dirigiendo muchas campañas publicitarias exitosas, tengo el respaldo de abundantes pruebas de su solidez.

Si usted utiliza su crédito para ayudar a comercializar este curso, yo lo colocaré en su escuela de negocios como uno de los departamentos existentes de su plan de estudios y me haré cargo por completo de este departamento recién creado. Ninguna otra escuela de negocios de la ciudad podrá competir con usted, porque no existe ninguna escuela que tenga un curso como éste. La publicidad que haga para promocionar este curso servirá, además, para estimular la demanda de su curso de negocios habitual. Puede cobrar a mi departamento la suma íntegra de lo que gaste en esta publicidad, y esta factura será pagada por él, cosa que le proporcionará la ventaja acumulativa que revertirá en sus otros departamentos sin coste alguno para usted.

Ahora bien, supongo que usted querrá saber en qué me beneficio yo con esta transacción, y se lo diré. Quiero que usted haga un contrato conmigo en el cual se acuerde que, cuando los ingresos de mi departamento igualen la suma que usted ha pagado o se ha comprometido a pagar por la publicidad, mi departamento y mi curso de publicidad y ventas empezarán a ser míos y que tendré el privilegio de separar este departamento de su escuela y dirigirlo bajo mi propio nombre.

El plan fue aprobado y se cerró el contrato. (Por favor, ten en cuenta que mi *propósito claro* era conseguir 25.000 dólares, para los cuales yo no tenía ninguna seguridad que ofrecer.)

El espacio que ocupas y la autoridad que ejercitas
se pueden medir con exactitud matemática
por el servicio que ofreces.

En poco menos de un año, el Colegio de Negocios había pagado una cifra ligeramente superior a la que yo pedía para la publicidad y el lanzamiento de mi curso y los otros gastos que acarrea el funcionamiento de este departamento recién organizado, mientras que el departamento había reunido y devuelto a la escuela, en cuotas de instrucción, una suma equivalente a la que ésta había gastado. De modo que empecé a hacerme cargo de la dirección del departamento, como un negocio próspero y autosuficiente, de acuerdo con los términos de mi contrato.

De hecho, este departamento recién creado no sólo sirvió para atraer a los alumnos de otros departamentos de la escuela, sino que, al mismo tiempo, las cuotas de instrucción reunidas a través de este nuevo departamento bastaron para que fuese autosuficiente antes del final del primer año. Ahora puedes ver que, aunque la escuela no me prestó ni un centavo de capital real, no obstante me proporcionó el crédito que sirvió exactamente para el mismo fin.

Dije que mi plan estaba fundado en la equidad; que contemplaba un beneficio para todas las partes implicadas. El beneficio que yo obtuve fue el uso de los 25.000 dólares, que dieron como resultado un negocio fuerte y autosuficiente hacia el final del primer año. El beneficio que obtuvo la escuela fueron los alumnos conseguidos para su curso habitual de comercio y negocios como consecuencia del dinero gastado en publicidad para mi departamento, pues toda la publicidad se realizó bajo el nombre de la escuela.

Actualmente, dicha escuela de negocios es una de las más exitosas de su tipo, y destaca como un monumento de la sólida evidencia que demuestra el valor del *esfuerzo conjunto*. Este incidente ha sido narrado, no sólo porque muestra el valor de la *iniciativa* y el *liderazgo*, sino porque conduce al tema tratado en la próxima lección de este curso sobre las LEYES DEL ÉXITO, que es la *imaginación*.

Por lo general, son varios los planes a través de los cuales se puede alcanzar un objetivo deseado, y a menudo resulta ser cierto que los métodos obvios y habituales no son los mejores. En el caso relatado, el método usual habría sido pedir prestado el dinero a un banco. Se puede ver que, en este caso, dicho método no era factible debido a que no había una garantía subsidiaria disponible.

Un gran filósofo dijo en una ocasión: «*La iniciativa es la llave maestra que abre la puerta de la oportunidad*».

No recuerdo de qué filósofo se trataba, pero sé que era *grande* por la sensatez de su declaración.

Ahora procederemos a esbozar el procedimiento exacto que debes seguir si quieres convertirte en una persona de *iniciativa* y *liderazgo*.

1°. Debes dominar el hábito de la *dilación* y eliminarlo de tu carácter. Este hábito de dejar para mañana lo que deberías haber hecho la semana pasado o el año pasado o hace veinte años está corroyendo las partes vitales de tu ser, y no podrás lograr nada hasta que te hayas librado de él. El método mediante el cual eliminas la *dilación* se basa en un principio de psicología muy conocido y científicamente demostrado al cual, en las dos lecciones precedentes, nos hemos referido como autosugestión. Copia la siguiente fórmula y colócala visiblemente en tu habitación en un lugar donde puedas verla al retirarte a dormir por la noche y al levantarte por la mañana:

INICIATIVA Y LIDERAZGO

Habiendo escogido un *claro objetivo principal* como mi trabajo para esta vida, ahora comprendo que es mi deber convertir este objetivo en una realidad.

Por lo tanto, adquiriré el hábito de realizar alguna acción *concreta* cada día que me acercará un paso más a la consecución de mi *claro objetivo principal*.

Sé que la *dilación* es un enemigo mortal de todos aquellos que desean convertirse en líderes en cualquier empresa, y eliminaré este hábito de mi carácter de la siguiente manera:

a. Haciendo cada día algo concreto que tenga que hacerse, sin que nadie me diga que lo haga.

b. Mirando a mi alrededor hasta encontrar al menos una cosa que pueda hacer cada día, algo que no haya estado habituado a hacer y que será de valor para otras personas, sin la expectativa de una paga.

c. Hablándole a al menos una persona nueva, cada día, sobre el valor de practicar este hábito de hacer algo que debe hacerse sin que te digan que lo hagas.

d. Puedo ver que los músculos del cuerpo se hacen más fuertes en proporción a cómo son utilizados, por lo tanto comprendo que el *hábito de la iniciativa* también se fija proporcionalmente a la medida en que es practicado.

e. Me doy cuenta de que donde debo empezar a desarrollar el *hábito de la iniciativa* es en las cosas pequeñas, corrientes, relacionadas con mi trabajo diario y, por lo tanto, acudiré a mi trabajo cada día como si lo estuviera haciendo únicamente con el propósito de desarrollar este necesario *hábito de la iniciativa*.

f. Comprendo que practicando este *hábito* de tomar la *iniciativa* en relación con mi trabajo diario, no sólo lo estaré desarrollando, sino que, además, atraeré la atención de personas que valorarán más mis servicios como resultado de esta práctica.

Firmado ....

Sea cual fuere la dedicación que tienes ahora, cada día te coloca frente a la oportunidad de brindar algún servicio, fuera del curso de tus deberes habituales, que será de valor para otras personas. Al dar este servicio adicional, por tu propia iniciativa, ciertamente comprendes que no lo estás haciendo con el objetivo de recibir una recompensa económica. Lo estás dando porque te proporciona formas y medios para ejercitar, desarrollar y fortalecer el espíritu agresivo de la *iniciativa* que debes poseer para poder convertirte en una figura destacada en el campo que has elegido como tu trabajo para esta vida. Quienes trabajan solamente por el *dinero* y que sólo reciben dinero como paga, siempre están mal pagados, no importa cuánto reciban. El dinero es necesario, pero los grandes premios de la vida no pueden medirse en billetes y monedas.

Ninguna cantidad de dinero podría ocupar el lugar de la felicidad, la dicha y el orgullo que le pertenecen a la persona que cava la mejor zanja, o construye el mejor gallinero, o deja el suelo más limpio al barrerlo, o prepara la mejor comida; a toda persona normal le encanta crear algo que sea mejor que el promedio. El gozo de *crear* una obra de arte es tal que no puede ser reemplazado por el dinero ni por ninguna otra forma de posesión material.

Tengo a mi servicio a una joven que abre, selecciona y responde gran parte de mi correspondencia personal. Empezó a trabajar para mí hace más de tres años y su tarea en aquella época consistía en tomar los dictados cuando se le pedía. Su sueldo era aproximadamente el mismo que reciben otras personas por un servicio similar. Un día, le dicté el siguiente lema y le pedí que lo pasara a máquina para mí:

Recuerda que tu única limitación es aquella
que estableces en tu propia mente.

Mientras me entregaba la hoja escrita a máquina, me dijo: «Su lema me ha dado una idea que va a ser muy valiosa tanto para usted como para mí». Le dije que me alegraba de haberle sido útil. Este incidente no tuvo ningún efecto particular en mi mente, pero a partir de aquel día pude ver que había tenido un efecto *enorme* en la mente de la chica. Empezó a regresar a la oficina después de cenar y realizaba un servicio para el que no se le pagaba ni se esperaba que realizase. Sin decirle que lo hiciera, empezó a traer a mi despacho cartas que había respondido por mí. Había estudiado mi estilo y estas cartas estaban hechas tan bien como podría haberlas hecho yo, y en algunos casos mucho mejor. Ella mantuvo esta costumbre hasta que mi secretaria personal renunció. Cuando empecé a buscar a alguien para que ocupara su puesto, qué podía ser más natural que recurrir a esta joven para ocuparlo. Antes de que tuviera tiempo de ofrecerle el puesto, *ella ya lo había ocupado por propia iniciativa*. Mi correspondencia personal empezó a llegar a mi mesa con el nombre de una nueva secretaria adjuntado, y esa secretaria era ella. En su tiempo libre, en horas extra, sin una paga adicional, ella se había preparado para el mejor puesto entre mis empleados.

Pero eso no es todo; esta muchacha se volvió tan llamativamente eficiente que empezó a atraer la atención de otras personas que le ofrecieron puestos atractivos. Le he subido el sueldo varias veces y ahora recibe un salario cuatro veces mayor que el que ganaba cuando empezó a trabajar para mí como una taquígrafa corriente y, a decir verdad, estoy a su merced en este asunto, porque se ha vuelto tan valiosa para mí que no puedo arreglármelas sin ella.

Eso es iniciativa transformada en términos prácticos, comprensibles. Estaría descuidando mis deberes si no dirigiera tu atención hacia una ventaja que la *iniciativa* le ha aportado a esta joven, aparte de un sueldo mucho mayor. Ha desarrollado en ella un espíritu de alegría que le proporciona una felicidad que la mayoría de taquígrafos no llegan a conocer jamás. Su trabajo no es trabajo: es un juego interesante al que se dedica. Aunque llega a la oficina antes que los taquígrafos corrientes y se queda hasta mucho después de que ellos han visto el reloj marcar las *cinco en punto y la hora de marcharse*, sus horas son, de lejos, mucho más cortas que las de esos otros empleados. Las horas laborables no se hacen interminables para quienes son felices en su trabajo.

Esto nos lleva al siguiente paso en nuestra descripción del procedimiento exacto que debes seguir para desarrollar la *iniciativa* y el *liderazgo*.

2°. Ciertamente, entenderás que la única manera de tener *felicidad* es brindándola a los demás, esto mismo se aplica al desarrollo de la *iniciativa*. La mejor forma de desarrollar esta cualidad esencial en ti es encargándote de interesar a quienes te rodean para que hagan lo mismo. Es sabido que una persona aprende mejor aquello que se esfuerza por enseñar a los demás. Si pertenece a algún credo o a alguna fe religiosa, lo primero que hará será salir e intentar «vendérsela» a los demás. En proporción exacta a la medida en que impresione a los demás, se impresionará *a sí misma*.

En el campo de las ventas, es un hecho conocido que ningún vendedor tiene éxito vendiendo hasta que domine el arte de venderse *a sí mismo*. Dicho inversamente, ningún vendedor puede esforzarse por vender algo a otras personas sin venderse a sí mismo, tarde o temprano, aquello que está intentando vender a los demás.

Cualquier frase que una persona repita una y otra vez con el propósito de inducir a otras a creerla, ella también llegará a creerla, y esto se aplica tanto si la frase es verdadera como si es falsa.

Ahora puedes ver la ventaja de ocuparte de *hablar de la iniciativa*, *pensar en la iniciativa, comer la iniciativa, dormir la iniciativa y practicar la iniciativa*. Al hacerlo, estarás convirtiéndote en una persona de *iniciativa* y *liderazgo*, pues es un hecho sabido que la gente seguirá fácilmente, de buena gana y voluntariamente a aquel que muestre con sus actos que es una persona de *iniciativa*.

En el lugar en que trabajas o la comunidad en la que vives, entra en contacto con otras personas. Ocúpate de interesar, a cada una de las que te escuchen, en el desarrollo de la *iniciativa*. No será necesario que expreses tus razones para hacerlo, ni tampoco que anuncies que lo estás haciendo. *Simplemente hazlo*. En tu mente comprenderás, sin duda, que lo estás haciendo porque esta práctica te ayudará y, al menos, no hará ningún daño a quienes estés influyendo con la misma práctica.

Si deseas probar un experimento que será interesante y provechoso para ti, elige a una persona que conozcas y que sepas que nunca hace nada que no se espere que haga, y empieza a venderle tu idea de la *iniciativa*. No te detengas después de haber hablado del tema sólo una vez; coméntalo siempre que se presente una oportunidad conveniente. Enfoca el tema desde un ángulo distinto en cada ocasión. Si realizas este experimento con tacto y de una forma enérgica, pronto observarás un cambio en la persona con la que has estado probándolo. Y observarás otra cosa que es más importante aún: *¡Verás un cambio en ti!* No dejes de probar este experimento. No puedes hablar de *iniciativa* con los demás sin haber desarrollado el deseo de practicarla tú mismo. Mediante el funcionamiento del principio de la autosugestión, cada afirmación que dirijas a los demás deja su huella en tu propia mente subconsciente, y esto se aplica tanto si tus afirmaciones son verdaderas como si son falsas. A menudo has oído el dicho: «El que a hierro mata a hierro muere». Correctamente interpretado, esto significa simplemente que estamos atrayendo continuamente hacia nosotros e incorporando en nuestro propio carácter y personalidad aquellas cualidades que nuestra influencia está ayudando a crear en los demás. Si ayudamos a otros a desarrollar el hábito de la *iniciativa*, nosotros, a su vez, desarrollamos el mismo hábito. Si sembramos las semillas del odio, la envidia y el desánimo en los demás, nosotros, a su vez, desarrollaremos esas cualidades en nosotros mismos. Este principio a través del cual el ser humano acaba pareciéndose en su propia naturaleza a aquellos a quienes admira está expresado plenamente en la historia de

Hawthorne, *The Great Stone Face* [El gran rostro de piedra], una historia que todo padre debería hacer leer a sus hijos.

Ahora llegamos al siguiente paso en nuestra descripción del procedimiento exacto que debes seguir para desarrollar la *iniciativa* y el *liderazgo*.

3º. Antes de continuar, me propongo que se entienda lo que se quiere decir con el término «liderazgo», tal como se utiliza en relación con este curso de las LEYES DEL ÉXITO. Existen dos tipos de liderazgo, y uno de ellos es tan devastador y destructivo como el otro es útil y constructivo. El tipo devastador, que no conduce al *éxito*, sino a un *absoluto fracaso*, es el que adoptan los seudolíderes que *imponen* su liderazgo en sus reticentes seguidores. No será necesario describir aquí a este tipo ni señalar los campos en los que se practica, con excepción del campo de la guerra, y en él mencionaremos a un ejemplo notable: el de Napoleón.

Napoleón era un *líder*; no cabe duda de eso, pero condujo a sus seguidores y a sí mismo a la destrucción. Los detalles están registrados en la historia de Francia y de su pueblo, donde puedes estudiarlos si lo deseas.

El tipo de *liderazgo* que se recomienda en este curso no es el de Napoleón, aunque debo admitir que él poseía todos los elementos esenciales necesarios para un gran liderazgo, a excepción de uno: le faltaba como objetivo tener el espíritu de ser de ayuda a los demás. Su deseo de obtener el poder que llega con el liderazgo se basaba únicamente en el autoengrandecimiento. Su deseo de liderazgo se construyó sobre la base de la ambición personal, y no sobre el deseo de elevar al pueblo francés a un nivel más alto y más noble en los asuntos de las naciones.

El tipo de *liderazgo* que se recomienda en este curso de formación es el que conduce a la autodeterminación, la libertad, el desarrollo de uno mismo, la iluminación y la justicia; es del tipo que perdura. Por ejemplo, y en contraste con el tipo de *liderazgo* por el que Napoleón llegó a destacar, consideremos a nuestro propio plebeyo norteamericano, Lincoln. El objeto de su *liderazgo* era llevar la verdad, la justicia y la comprensión al pueblo de Estados Unidos. Aunque murió como un mártir de su creencia en este tipo de *liderazgo*, su nombre ha quedado grabado en el corazón del mundo por su bondad amorosa, que sólo puede traer cosas buenas.

Mima tus visiones y tus sueños,

pues son los hijos de tu alma,

los anteproyectos

de tus logros fundamentales.

Tanto Lincoln como Napoleón dirigieron ejércitos en la guerra, pero los objetivos de su *liderazgo* fueron tan distintos como la noche al día. Para ayudarte a entender los principios en los que se basa este curso, podría citar fácilmente ejemplos de *liderazgo* de la actualidad del tipo que empleó Napoleón o del que Lincoln utilizó como base de su trabajo en la vida, pero no es esencial; tu propia capacidad para investigar y analizar a las personas que son protagonistas en todos los campos bastará para que puedas encontrar a aquellas que pertenecen a un tipo u otro. Tu propio discernimiento te ayudará a decidir aquel al que prefieres emular.

No puede haber ninguna duda en tu mente en cuanto al tipo de *liderazgo* que se recomienda en este curso, y no debería haber ningún interrogante respecto a cuál de los dos tipos descritos adoptarás como tuyo. Sin embargo, no damos ningún consejo sobre este tema, porque este curso ha sido preparado como un medio de presentar a los estudiantes los principios fundamentales a partir de los que se desarrolla el poder, y no como un sermón sobre conducta ética. Presentamos tanto las posibilidades constructivas como las posibilidades destructivas de los principios aquí esbozados, para que puedas familiarizarte con ambas, pero dejamos enteramente a tu discreción la elección y la aplicación de los mismos, convencidos de que tu inteligencia te ayudará a hacer una elección sabia.

El castigo del liderazgo*

En todos los campos de actividad humana, quien ocupe el primer puesto debe vivir perpetuamente bajo la luz blanca luz de la publicidad. Tanto si el liderazgo es de una persona como de un producto manufacturado, la emulación y la envidia siempre estarán presentes.

En el arte, la literatura, la música y la industria, la recompensa y el castigo siempre son los mismos. La recompensa es un reconocimiento extendido; el castigo, un rechazo y una detracción feroces.

Cuando el trabajo de una persona se convierte en un modelo para el mundo entero, también se convierte en blanco de las flechas de unos pocos envidiosos. Si su obra es meramente mediocre, la dejarán tranquila; pero si llega a ser una obra maestra, un millón de lenguas se pondrán en movimiento.

Los celos no enseñan su lengua viperina al artista que produce una pintura corriente. Cualquier cosa que escribas, pintes, interpretes musicalmente, cantes o construyas, nadie se esforzará por superarte o calumniarte a menos que tu obra lleve el sello de un genio. Muchísimo tiempo después de que una gran obra, o una buena obra, haya sido realizada, las personas que se sienten decepcionadas o envidiosas continúan exclamando que eso no se puede hacer.

Voces malvadas se alzaron contra el autor de las LEYES DEL ÉXITO antes de que la tinta de su primer libro hubiese secado. Plumas envenenadas fueron lanzadas tanto contra el autor como contra su filosofía en cuanto estuvo impresa la primera edición del curso.

Pequeñas voces malévolas del ámbito del arte se levantaron contra nuestro propio Whistler como un saltimbanqui, mucho antes de que el mundo entero lo aclamara por su gran genio artístico.

Multitudes acudían a Beyreuth a rezar en el santuario musical de Wagner, mientras que el pequeño grupo de los que había destronado y desplazado argumentaban airadamente que él no era un verdadero músico.

El mundo cerrado continuaba protestando que Fulton nunca podría construir un buque de vapor, mientras que el mundo más abierto acudió en masa a las orillas del río para verlo pasar. Las voces pequeñas y estre-

*. Cortesía de Cadillac Motor Car Co.

chas gritaban que Henry Ford no duraría un año más, pero por encima del estrépito de ese parloteo infantil, Ford continuó con sus asuntos en silencio y se convirtió en el hombre más rico y poderoso del planeta.

El líder es atacado por ser un líder, y el esfuerzo por igualarlo es una prueba más de su liderazgo. Al no poder igualarlo o superarlo, el seguidor intenta despreciarlo y destruirlo, lo cual no hace sino confirmar la superioridad de la persona a la que intenta suplantar; no hay nada nuevo en esto. Es tan viejo como el mundo y tan viejo como las pasiones humanas: la envidia, el miedo, la codicia, la ambición y el deseo de eclipsar. Y todo esto no sirve de nada. Si el líder realmente lidera, ¡sigue siendo el LÍDER!

El maestro poeta, el maestro pintor, el maestro obrero: cada uno de ellos es atacado y cada uno conserva sus laureles a través de los siglos. Aquello que es bueno o grandioso se da a conocer, no importa cuán fuerte sea el clamor de la negación. Un verdadero líder no puede ser difamado o dañado por las mentiras de los envidiosos, porque todos esos intentos sólo sirven para resaltar su capacidad, y la verdadera capacidad siempre encuentra un seguimiento generoso. Los intentos de destruir el verdadero liderazgo son un trabajo perdido, porque aquello que merece vivir, ¡vive!

* * * *

Ahora regresaremos al comentario del tercer paso del procedimiento que debes seguir para desarrollar la *iniciativa* y el *liderazgo*. Este tercer paso hace que volvamos a repasar el principio del *esfuerzo organizado*, tal como se describe en las lecciones anteriores de este curso.

Ahora ya sabes que ninguna persona puede conseguir resultados duraderos de largo alcance sin la ayuda y la cooperación de otras. Ya sabes que, cuando dos o más personas se alían en una iniciativa, con un espíritu de armonía y entendimiento, cada una de ellas multiplica así su propia capacidad de tener éxito. En ningún lugar es más evidente esto que en la industria o el negocio en el que hay un perfecto trabajo de equipo entre el jefe y sus empleados. Dondequiera que encuentres ese trabajo en equipo, encontrarás prosperidad y buena voluntad por ambas partes.

Se dice que «cooperación» es la palabra más importante de la lengua. Tiene un papel importante en los asuntos del hogar, en la relación entre marido y mujer, y entre padres e hijos. Tiene un papel importante en los asuntos de estado. Tan importante es este principio de cooperación, que ningún líder puede llegar a ser poderoso, ni durar mucho tiempo, si no lo comprende y lo aplica en su *liderazgo*.

La falta de cooperación ha destruido más negocios que todas las otras causas combinadas. En mis veinticinco años de experiencia y observación activa en los negocios, he sido testigo de la destrucción de todo tipo de negocios por culpa de la discordia y la falta de aplicación del principio de cooperación. En la práctica del derecho, he observado la destrucción de hogares y casos de divorcio sin fin como consecuencia de la falta de cooperación entre marido y mujer. En el estudio de la historia de las naciones es evidente de un modo alarmante que la falta de esfuerzos cooperativos ha sido una maldición para la raza humana en todas las épocas.

Tú estás pagando, y tus hijos y los hijos de tus hijos continuarán pagando, el coste de la guerra más cara y destructiva que el mundo ha conocido jamás, porque las naciones todavía no han aprendido que una parte del mundo no puede sufrir sin que el mundo entero sea dañado y sufra.

Servicio, *sacrificio* y *autocontrol* son tres palabras que debe entender muy bien la persona que consiga hacer algo que sea útil para el mundo.

Esta misma regla se aplica, con un efecto eficaz, en la conducta del comercio y la industria modernos. Cuando un negocio se desorganiza y se viene abajo por las huelgas y otro tipo de desacuerdos, tanto los jefes como los empleados sufren una pérdida irreparable. Pero el daño no acaba ahí: esta pérdida se convierte en una carga para el público y adopta la forma de precios más elevados y escasez de artículos de primera necesidad.

Las personas que, en Estados Unidos, alquilan sus casas están sintiendo la carga, en este preciso momento, de la falta de cooperación entre contratistas, constructores y trabajadores. Tan incierta se ha vuelto la relación entre los contratistas y sus jefes que los primeros no quieren hacerse cargo de un edificio sin añadir al coste una suma arbitraria suficiente para protegerlos en caso de que haya problemas laborales. Este coste adicional incrementa el precio de los alquileres y coloca unas cargas innecesarias sobre las espaldas de millones de personas. En este caso, la falta de cooperación entre unos pocos hombres coloca cargas muy pesadas y casi insoportables sobre millones de personas.

El mismo mal existe en el funcionamiento de nuestros ferrocarriles. La falta de armonía y cooperación entre los directivos y los trabajadores ha hecho que sea necesario que los ferrocarriles aumenten las tarifas de mercancías y pasajeros y, esto, a su vez, ha aumentado el coste de los artículos de primera necesidad en proporciones casi intolerables. Aquí, una vez más, la falta de cooperación entre unos pocos produce privación para millones de personas. Estos hechos son citados sin el afán o el deseo de responsabilizar a nadie de esta falta de cooperación, pues el objeto de este curso es ayudar a los alumnos a obtener información.

Se puede afirmar en puridad que el elevado coste de la vivienda que actualmente se manifiesta en todas partes ha crecido debido a la falta de aplicación del principio de *liderazgo* cooperativo. Quienes deseen desacreditar los actuales sistemas de gobierno y de dirección empresarial pueden hacerlo, pero en el análisis final es evidente para todos, excepto para quienes no están buscando la *verdad*, que los males del gobierno y de la industria han surgido por la falta de *cooperación*.

Tampoco se puede decir con verdad que todos los males del mundo están confinados a los asuntos del estado y de la industria. Echa una mirada a las iglesias y observarás los efectos dañinos de la falta de cooperación. No estoy citando a ninguna iglesia en particular, pero analiza cualquier iglesia o grupo de ellas en las que impera la falta de coordinación y verás pruebas de la desintegración que limita el servicio que podrían prestar. Por ejemplo, observa un pueblo o una ciudad pequeña promedio en la que ha surgido la rivalidad entre las iglesias, y fíjate en lo que ha ocurrido, especialmente en aquellas ciudades pequeñas en las que el número de iglesias muestra una gran desproporción con la población.

A través del esfuerzo armonizado y la cooperación, las iglesias del mundo podrían tener la suficiente influencia para hacer que la guerra fuese una imposibilidad. A través de este mismo principio de esfuerzo cooperativo, las iglesias y los líderes de los negocios y la industria podrían eliminar la picardía y las prácticas poco honradas, y todo esto podría producirse rápidamente.

Estas posibilidades no se mencionan con un espíritu de crítica, sino únicamente para ilustrar el poder de la cooperación y subrayar mi creencia en el poder potencial de las iglesias del mundo. De modo que, para que no haya ninguna posibilidad de que lo dicho aquí sobre las iglesias sea malinterpretado, repetiré eso que he dicho tan a menudo en persona: esto es, que de no haber sido por la influencia de las iglesias, ningún hombre podría estar a salvo al caminar por la calle. Los hombres estarían lanzándose unos a los cuellos de otros como lobos y la civilización todavía estaría en la era prehistórica. No me quejo del trabajo que han realizado las iglesias, sino del trabajo que *podrían haber realizado* mediante *el liderazgo* basado en el principio del esfuerzo coordinado y cooperativo, el cual podría haber llevado a la civilización al menos un millar de años más adelante de donde está hoy; todavía no es demasiado tarde para dicho liderazgo.

Para que puedas captar mejor el principio fundamental del esfuerzo cooperativo, te animo a que acudas a la biblioteca pública y leas *The Science of Power* [La ciencia del poder] de Benjamín Kidd. De las decenas de volúmenes de algunos de los pensadores más respetables del mundo que he leído en los últimos quince años, ningún libro me ha aportado una comprensión tan absoluta de las posibilidades del esfuerzo cooperativo como éste. Al recomendarte que lo leas, no es mi intención ratificar el libro en su totalidad, pues expone algunas teorías con las que no estoy de acuerdo. Si lo lees, hazlo con una mente abierta y toma de él sólo aquello que sientas que puedes usar en tu beneficio para alcanzar el que es tu *claro objetivo principal*. El libro estimulará el *pensamiento*, y ése es el mayor servicio que un libro puede prestar. De hecho, el objetivo principal de este curso sobre las LEYES DEL ÉXITO es estimular el *pensamiento* deliberado: particularmente el tipo de *pensamiento* que está libre de tendencias y prejuicios y buscar la *verdad*, sin importar dónde, cómo o cuándo se la pueda encontrar.

Durante la Primera Guerra Mundial, tuve la fortuna de escuchar el análisis de un gran soldado sobre cómo ser un *líder*. Este análisis fue entregado a los que estudiaban para ser oficiales en el segundo campo de entrenamiento de Fort Sheridan por el mayor C. A. Bach, un oficial del ejército tranquilo y modesto que ejercía de instructor. He conservado una copia de este discurso porque creo que es una de las mejores lecciones sobre *liderazgo* que se han registrado jamás.

La sabiduría del discurso del mayor Bach es tan importante para la persona de negocios que aspira al *liderazgo*, o para el jefe de sección, o para el taquígrafo, o para el encargado de una tienda, o para el presidente de una fábrica, que lo he conservado como parte de este curso. Con la esperanza de que, por medio de él, esta excelente disertación sobre el *liderazgo* llegue a manos de todos los jefes y todos los trabajadores y todas las personas ambiciosas que aspiren a él en cualquier ámbito de la vida. Los principios en los que se basa este discurso son tan aplicables al *liderazgo* en los negocios, en la industria y en las finanzas como lo son a una conducta eficaz en la guerra.

El mayor Bach habló así:

En breve, cada uno de vosotros controlará las vidas de cierto número de hombres. Tendréis a vuestro cargo a unos ciudadanos leales pero sin entrenamiento, que buscarán en vosotros instrucción y orientación. Vuestra palabra será su ley. Vuestro comentario más casual será recordado. Vuestros gestos serán imitados. Vuestra vestimenta, vuestros andares, vuestro vocabulario, vuestra forma de mandar, serán copiados.

Cuando os incorporéis a vuestra organización encontraréis ahí a un grupo de hombres serviciales que no os pedirán más que las cualidades que les inspirarán respeto, lealtad y obediencia. *Estarán perfectamente preparados y ansiosos por seguiros, siempre y cuando vosotros los podáis convencer de que tenéis esas cualidades. Cuando llegue el momento en que consideren que no las poseéis, ya podéis despediros. Vuestra utilidad en dicha organización habrá llegado a su fin.* (Qué cierto es esto en todo tipo de *liderazgo*).

Desde el punto de vista de la sociedad, el mundo podría dividirse en líderes y seguidores. Las profesiones tienen sus líderes, el mundo financiero tiene sus líderes. En todo este liderazgo es difícil, o quizás imposible, separar del elemento del puro liderazgo ese elemento egoísta de beneficio o ventaja personal para el individuo, sin el que cualquier liderazgo perdería su valor.

Es únicamente en el servicio militar donde los hombres sacrifican libremente sus vidas por una fe, donde están dispuestos a sufrir y a morir por el bien o para evitar un mal, donde podemos esperar realizar el liderazgo en su sentido más exaltado y desinteresado. Por lo tanto, cuando digo *liderazgo* me estoy refiriendo al *liderazgo militar*.

Dentro de pocos días la gran mayoría de vosotros recibirá la graduación de oficial. Estas graduaciones no os convertirán en líderes; os convertirán solamente en oficiales. Os colocarán en una posición en la que podréis convertiros en líderes si poseéis los atributos adecuados. Pero debéis obrar bien, no tanto con vuestros superiores, como con los hombres que están a vuestro cargo.

Los hombres deben seguir a oficiales de batalla que no son líderes, y lo harán, pero la fuerza que impulsa a estos hombres no es el entusiasmo, sino la disciplina. Avanzan vacilantes y temblorosos, planteándose la pregunta que callan: «¿Qué hará a continuación?». Estos hombres obedecen las palabras de sus órdenes, pero nada más. Desconocen absolutamente la devoción a su comandante, el entusiasmo exaltado que desdeña el riesgo personal, el *autosacrificio* para asegurar su seguridad personal. Sus piernas los hacen avanzar porque el cerebro y el entrenamiento les dicen que *deben* hacerlo. Su espíritu no los acompaña.

Los soldados fríos, pasivos, insensibles no consiguen grandes resultados. No llegan muy lejos y se detienen en cuanto pueden. El liderazgo no sólo exige, sino que también recibe, la obediencia voluntaria, resuelta, decidida y la lealtad de los hombres; y una devoción que les hará seguir, cuando llegue el momento, a su rey no coronado hasta el infierno y regresar a él, si es necesario.

Os preguntaréis: «Entonces, ¿en qué consiste el *liderazgo*? ¿Qué debo hacer para convertirme en un líder? ¿Cuáles son los atributos del liderazgo, y cómo puedo cultivarlos?».

El *liderazgo* es un compuesto de una serie de cualidades. (Del mismo modo que el *éxito* es un compuesto de los quince con los que se construyó este curso.) Entre las más importantes, nombraría la seguridad en uno mismo, la autoridad moral, el autosacrificio, el paternalismo, la justicia, la iniciativa, la decisión, la dignidad y el valor.

La *seguridad en uno mismo* proviene, en primer lugar, del conocimiento exacto; en segundo lugar, de la capacidad de impartir ese conocimiento, y, en tercer lugar, del sentimiento de superioridad que es su consecuencia natural. Todas estas cosas le dan aplomo a un oficial. Para dirigir, ¡debes *saber*! Puedes engañar a todos tus hombres durante un tiempo, pero no puedes hacerlo todo el tiempo. Los hombres no tendrán confianza en un oficial a menos que éste sepa lo que hace, y debe saberlo desde abajo.

El oficial debería saber más sobre el aspecto teórico que su primer sargento y el oficinista de su compañía juntos; debería saber más sobre el comedor que el sargento encargado de él; debería saber más sobre las enfermedades del caballo que el herrador de su tropa. Debería ser al menos tan buen tirador como cualquier hombre de su compañía.

Si el oficial no sabe y demuestra el hecho de no saber, es enteramente humano que el soldado se diga: «Al diablo con él. No sabe tanto como yo sobre este tema», y que haga caso omiso, calmadamente, de las instrucciones recibidas.

¡Nada sustituye al conocimiento preciso!

Debéis estar tan bien informados que los hombres os busquen para haceros preguntas; que vuestros colegas oficiales se digan unos a otros: «Pregúntale a Smith. Él sabe».

Y cada oficial, no sólo debería conocer a fondo los deberes de su propio rango, sino que debería estudiar los de los dos rangos superiores a él. Esto confiere un beneficio doble. Así, se prepara para los deberes que pueden caerle en suerte en cualquier momento durante la batalla y, además, adquiere un punto de vista más amplio que le permite apreciar la necesidad de dar órdenes y aplicarse más inteligentemente a su ejecución.

El oficial, no sólo debe tener conocimientos, sino que debe ser capaz de plasmar lo que sabe en un lenguaje correcto, atrayente y enérgico. Debe aprender a hacer lo que tenga que hacer y hablar sin tener vergüenza. Me han dicho que en los campos de entrenamiento británicos a los que estudian para ser oficiales se les pide que den charlas de diez minutos sobre cualquier tema que elijan. Ésta es una práctica excelente, porque para hablar con claridad uno debe pensar con claridad, y el pensamiento claro y lógico se expresa en órdenes claras y positivas.

Aunque la seguridad en uno mismo es el resultado de saber más que tus hombres, la autoridad moral sobre ellos se basa en tu convicción de que eres un hombre mejor. Para obtener y mantener esta autoridad debes tener autocontrol, resistencia y vitalidad física, y fuerza moral. Debes tener tanto autocontrol que, aunque en la batalla estés muerto de miedo, nunca lo demuestres. Porque, si con un movimiento presuroso o unas manos temblorosas, o un cambio de expresión, o una orden apresurada que es revocada inmediatamente, indicas tu estado mental, éste se reflejará en tus hombres en un grado mucho mayor.

En guarnición o en el campo, surgirán muchas situaciones que pondrán a prueba vuestro mal genio y destruirán la dulzura de vuestra disposición. Si en esos momentos perdéis los estribos, no os merecéis estar a cargo de los hombres. Porque los hombres furiosos dicen y hacen cosas de las que después, casi invariablemente, se arrepienten.

Un oficial nunca debería pedir disculpas a sus hombres. Además, un oficial nunca debería ser culpable de un acto por el cual su sentido de la justicia le diga que debería disculparse.

Otro elemento necesario para obtener autoridad moral reside en la posesión de la suficiente vitalidad y resistencia físicas para soportar las pruebas por las que vosotros y vuestros hombres tendréis que pasar, y un espíritu intrépido que os permita, no sólo aceptarlas con alegría, sino también minimizar su magnitud.

Tomaos vuestros problemas con buen humor, conceded poca importancia a vuestras pruebas y ayudaréis esencialmente a crear en vuestra organización un espíritu cuyo valor en los momentos de tensión es incalculable.

La *fuerza moral* es el tercer elemento para adquirir una autoridad moral. Para ejercer una fuerza moral tenéis que vivir limpiamente; debéis tener el suficiente poder mental para ver lo correcto y desear hacer lo correcto.

¡Sed un ejemplo para vuestros hombres!

Un oficial puede ser un poder para el bien o un poder para el mal. No les deis un sermón: eso sería más que inútil. Vivid el tipo de vida que os gustaría que ellos llevaran, y os sorprenderá ver cuántos os imitan.

Un capitán gritón y profano que es descuidado en su apariencia personal tendrá una compañía gritona, profana y sucia. *Recuerda lo que te digo: ¡Tu compañía será el reflejo de ti mismo!* Si tienes una compañía corrompida, será porque eres un capitán corrompido.

El *autosacrificio* es esencial para el liderazgo. Darás y darás, todo el tiempo. Darás de ti físicamente, pues las horas más largas, el trabajo más duro y las mayores responsabilidades le tocan al capitán. Él es el primero en levantarse por la mañana y el último en acostarse por la noche. Trabaja mientras otros duermen. Darás de ti mentalmente, comprendiendo y valorando los problemas de los hombres que estén a tu cargo. La madre de éste ha muerto y aquel otro ha perdido todos sus ahorros con la quiebra de un banco. Es posible que quieran ayuda, pero, más que nada, desean *comprensión*. No cometas el error de rechazar a estos hombres arguyendo que tienes tus propios problemas, pues cada vez que lo hagas estarás *arrojando fuera una piedra de los cimientos de tu casa.*

Tus hombres son tus cimientos, y tu casa de *liderazgo* se desmoronará a menos que descansen seguros sobre ellos. Por último, darás de tus propios escasos recursos económicos. Con frecuencia, gastarás tu propio dinero para conservar la salud y el bienestar de tus hombres o para ayudarlos cuando tengan algún problema. Por lo general, lo recuperarás. Con mucha frecuencia, deberás sacarlo de tu cuenta de ganancias y pérdidas. A pesar de eso, el coste vale la pena.

Cuando digo que el paternalismo es esencial para el liderazgo, estoy utilizando el término en su mejor sentido. No me estoy refiriendo a esa forma de paternalismo que arrebata a los hombres la *iniciativa*, la *confianza en sí mismos* y el *respeto a sí mismos*. Me refiero al paternalismo que se manifiesta en un interés vigilante para con el consuelo y bienestar de quienes están a vuestro cargo.

Los soldados son un poco como niños. Uno tiene que ocuparse de que tengan alojamiento, comida y ropa, dándoles lo mejor que sus esfuerzos puedan ofrecer. Uno debe ocuparse de que tengan algo que comer antes de pensar en su propia comida, que cada uno de ellos tenga la mejor cama que se le pueda proporcionar, antes de pensar en dónde va a dormir uno. Uno debe estar mucho más preocupado por la comodidad de sus hombres que por la de uno mismo y debe cuidar la salud de éstos. Uno debe conservar sus fuerzas cuidándose de no exigirles un esfuerzo innecesario o un trabajo inútil.

Y, al hacer todas estas cosas, estaréis infundiendo vida a algo que, de lo contrario, sería una mera máquina. Estaréis creando un alma en vuestra organización que hará que la masa responda a vosotros como un solo hombre. Y eso es espíritu.

Y cuando tu organización tenga este espíritu, despertarás una mañana y descubrirás que la situación se ha invertido: que en lugar de que tú veles constantemente por ellos, ellos, sin que te dieras cuenta, han asumido la tarea de velar por ti. Descubrirás que siempre alguien tiene el detalle de ocuparse de que tu tienda, si la tienes, sea armada con prontitud; de que te traigan la mejor y más limpia ropa de cama; de que dos huevos hayan sido añadidos a tu cena, cuando nadie más los tiene; que un hombre adicional esté ayudando a tus hombres a darle un buen almohazamiento a tu caballo; que tus deseos sean adivinados; que todos los hombres se ofrezcan a ayudar. Y, entonces, ¡lo habrás *conseguido!*

¡*No podéis tratar a todos los hombres igual!* Un castigo que un hombre despreciaría encogiéndose de hombros es una angustia mental para otro. Un comandante de una compañía que, por una ofensa dada, tiene una norma de castigo que se aplica a todos, o es indolente o es demasiado estúpido para hacerse cargo de la personalidad de sus hombres. En su caso, la justicia es, ciertamente, ciega.

Estudiad a vuestros hombres con el mismo cuidado que pone un cirujano en estudiar un caso difícil. Y, cuando estéis seguros de vuestro diagnóstico, aplicad el remedio. Y recordad que lo aplicáis para efectuar una curación, no meramente para ver sufrir a la víctima. Quizá sea necesario profundizar, pero, cuando estéis satisfechos con vuestro diagnóstico, no os alejéis de vuestro propósito por una falsa simpatía hacia el paciente.

La justicia al dar un castigo va de la mano con la justicia del reconocimiento. Todo el mundo odia a un «cerdo humano». Cuando uno de vuestros hombres haya realizado un trabajo especialmente estimable, encargaos de que reciba la recompensa adecuada. *Moved cielo y tierra a fin de conseguirla para él.* No intentéis quitársela y quedárosla vosotros. Podéis hacerlo y salir airosos, pero habréis perdido el respeto y la lealtad de vuestros hombres. Tarde o temprano, los demás oficiales, vuestros hermanos, se enterarán de ello y os esquivarán como a un leproso. En la guerra hay suficiente gloria para todos. Dadle al hombre que está bajo vuestro mando lo que se merece. *El hombre que toma y nunca da no es un líder.* Es un parásito.

Hay otro tipo de justicia: aquella que impedirá que un oficial abuse de los privilegios de su rango. Cuando exijáis respeto de los soldados, aseguraos de tratarlos con el mismo respeto. Desarrollad su hombría y su respeto por sí mismos. No intentéis destruirla.

Que un oficial sea despótico e insultante en el trato hacia los reclutas es un acto cobarde. Amarra al hombre a un árbol con las sogas de la disciplina y luego lo golpea en la cara sabiendo bien que él no podrá devolverle el golpe.

La consideración, la cortesía y el respeto de los oficiales hacia los reclutas no son incompatibles con la disciplina. Forman parte de nuestra disciplina. Sin iniciativa y decisión, ningún hombre puede esperar dirigir.

En las maniobras veréis con frecuencia que, cuando surge una emergencia, ciertos hombres dan al instante y calmadamente unas órdenes; más tarde, al analizarlas, se verá que, aun no siendo lo más adecuado, se le acercan mucho. Veréis que, en una emergencia, otros hombres se ponen muy nerviosos; sus cerebros se niegan a funcionar, o dan una orden apresurada y luego la revocan; dan otra orden y también la revocan. En pocas palabras, dan todas las señales inequívocas de estar muertos de miedo.

Del primer hombre se puede decir: «Ese hombre es un genio. No ha tenido tiempo de razonar. Actúa intuitivamente». ¡Ni hablar! El genio es meramente la capacidad de esmerarse infinitamente. El hombre que está preparado es el hombre que se ha preparado. Ha estudiado de antemano las situaciones posibles que se pueden presentar, y ha confeccionado planes provisionales para cubrir dichas situaciones. Cuando se enfrenta a una emergencia, está preparado para hacerle frente. Debe tener la suficiente viveza mental para valorar el problema al que se enfrenta y el poder para razonar rápidamente, con la finalidad de determinar qué cambios son necesarios en su plan ya formulado. Además, debe tener la decisión para ordenar la ejecución y mantenerse firme en sus órdenes.

Cualquier orden razonable en una emergencia es mejor que ninguna. La situación está ahí. Enfréntate a ella. Es mejor hacer algo y equivocarse que dudar, ir preguntando por ahí qué es lo más adecuado y luego acabar no haciendo nada. Y, una vez decidida una línea de acción, manteneos en ella. No vaciléis. Los hombres no tienen ninguna confianza en un oficial que no tiene las cosas claras.

Ocasionalmente, seréis llamados a enfrentaros a una situación que ningún ser humano razonable podría prever. Si te has preparado para enfrentarte a otras emergencias que sí podrías prever, el entrenamiento mental que habrás obtenido de esta forma te permitirá actuar rápidamente y con calma.

Con frecuencia, deberás actuar sin recibir órdenes de una autoridad superior. El tiempo no te permitirá esperar a recibirlas. Aquí interviene, una vez más, la importancia de estudiar el trabajo de los oficiales que están por encima de ti. Si comprendes ampliamente toda la situación y puedes formarte una idea del plan general de tus superiores, esto, junto con tu preparación previa para las emergencias, te permitirá determinar que la responsabilidad es tuya y dar las ordenes necesarias sin demora.

El elemento de la *dignidad personal* es importante en el liderazgo militar. Sé amigo de tus hombres, pero no un amigo íntimo. Tus hombres deberían respetarte, *¡no temerte!* Si tus hombres se permiten una cierta familiaridad, es tu culpa, no la suya. Y, por encima de todo, no te rebajes buscando su amistad o tratando de congraciarte con ellos. Te despreciarán por ello. Si eres digno de su lealtad, respeto y devoción, sin duda te darán todas estas cosas sin que las pidas. Si no lo eres, nada de lo que hagas conseguirá que te las ganes.

Es sumamente difícil que un oficial sea dignificado si lleva un uniforme sucio, manchado y una barba de seis días. Un hombre así carece de respeto por sí mismo, y el respeto por uno mismo es un factor imprescindible para la dignidad.

Es posible que haya muchas ocasiones en las que tu trabajo acarree ropa sucia y un rostro sin afeitar. Todos tus hombres tendrán el mismo aspecto. En esas ocasiones, hay una amplia justificación para tu apariencia. De hecho, sería un error tener un aspecto demasiado limpio, pues ellos pensarían que no estás haciendo tu parte. Pero, en cuanto esta ocasión poco habitual haya pasado, sé un ejemplo de pulcritud personal.

Y luego mencionaría el *valor*. Necesitaréis el valor moral tanto como el valor mental: ese tipo de valor moral que te permite seguir sin vacilar un determinado curso de acción que tu discernimiento te ha indicado como el más apropiado para garantizar los resultados deseados.

En muchas ocasiones, especialmente en la acción, descubrirás que, después de haber dado tus órdenes para que se haga una determinada cosa, te acosarán los recelos y las dudas; verás, o creerás ver, otros medios mejores para conseguir el objetivo buscado. Te sentirás fuertemente tentado a cambiar tus órdenes. No lo hagas hasta que quede claramente manifiesto que tus primeras órdenes eran radicalmente erróneas. Porque, si lo haces, volverás a preocuparte por dudar de la eficacia de tus segundas órdenes.

Cada vez que cambias tus órdenes sin una razón evidente, debilitas tu autoridad y la confianza de tus hombres. Ten el valor moral para mantenerte firme en tu orden y llévala a cabo.

El valor moral exige, además, que asumas la responsabilidad de tus propios actos. Si tus subordinados han llevado a cabo tus órdenes lealmente y el movimiento que has dirigido es un fracaso, el fracaso es *tuyo*, no de ellos. Tuyo habría sido el honor, en caso de que hubiese sido un éxito. Asume la culpa si resulta ser un desastre; no intentes pasárselo a un subordinado para convertirlo en el chivo expiatorio. Ése sería un acto cobarde. Además, necesitarás valor moral para determinar el destino de quienes están a tus órdenes. Con frecuencia, serás consultado para recomendaciones para promociones o degradaciones de oficiales y suboficiales bajo tu mando inmediato.

Ten claramente presentes en tu mente tu *integridad personal* y tu deber hacia tu país. No permitas que los sentimientos de amistad personal te desvíen de un estricto sentido de la justicia. Si tu propio hermano es tu alférez y encuentras que no es apto para su graduación, apártalo. Si no lo haces, tu falta de valor moral podría tener como consecuencia la pérdida de vidas valiosas.

Por otro lado, si se te pide una recomendación respecto a un hombre que, por razones personales, te desagrada enormemente, no dejes de hacerle plena justicia. Recuerda que tu objetivo es el bien general, no la satisfacción de un rencor personal.

Estoy dando por sentado que tenéis valor físico. No necesito deciros cuán necesario es. El valor es más que la valentía. La valentía es no tener miedo, es ausencia de temor. El más imbécil puede ser valiente, porque carece de la mentalidad para apreciar el peligro; no sabe lo suficiente como para tener miedo.

Sin embargo, el valor es esa firmeza de espíritu, ese temple moral que, a pesar de que reconoce plenamente el peligro implicado, no obstante continúa con la empresa. La valentía es física; el valor es mental y moral. Puedes tener frío en todo el cuerpo; tus manos pueden temblar; tus piernas pueden flaquear; tus rodillas pueden estar listas para ceder: ése es el miedo. Si, no obstante, sigues adelante; si a pesar de esa deserción física continúas dirigiendo a tus hombres contra el enemigo, entonces tienes valor. Las manifestaciones físicas del miedo pasarán. Es posible que las experimentéis sólo una vez. Son la «fiebre» del cazador que intenta matar a su primer venado. No debes ceder a ellas.

Hace varios años, mientras asistía a un curso sobre demoliciones, la clase de la que yo era miembro estaba manipulando dinamita. El instructor dijo respecto a esta manipulación: «Debo advertirles, caballeros, de que sean cuidadosos en el uso de estos explosivos. Un hombre sólo tiene un accidente». Y yo os advierto lo mismo. Si cedéis al miedo, sin duda os acosará en vuestra primera acción; si mostráis cobardía, si dejáis que vuestros hombres avancen mientras vosotros buscáis el cráter de una granada, nunca volveréis a tener la oportunidad de dirigirlos.

Utiliza tu criterio para exigir a tus hombres muestras de valor o valentía física. *No le pidas a ningún hombre que vaya a donde tú no irías.* Si tu sentido común te dice que el lugar es demasiado peligroso para que tú te aventures en él, entonces también es demasiado peligroso para ese hombre. Sabes que su vida es tan valiosa para él como la tuya lo es para ti.

Ocasionalmente, algunos de vuestros hombres deberán exponerse a un peligro que vosotros no podréis compartir. Se debe enviar un mensaje pasando por una zona barrida por el fuego. Pedís voluntarios. Si vuestros hombres os conocen y saben que «tenéis razón», nunca os faltarán voluntarios, porque sabrán que vuestro corazón está en el trabajo, que estáis dando lo mejor de vosotros a vuestro país, que llevaríais de buena gana el mensaje vosotros mismos si pudierais. Vuestro ejemplo y entusiasmo los habrán inspirado.

Y, por último, si aspiráis al liderazgo, os recomendaría que estudiarais a los hombres. Poneos en su piel y averiguad que hay dentro. Algunos hombres son bastante distintos a lo que aparentan en la superficie. Determinad el funcionamiento de su mente.

Gran parte del éxito del general Robert E. Lee como líder podría atribuirse a su habilidad como *psicólogo*. Conocía a la mayoría de sus enemigos de la época de West Point; conocía el funcionamiento de sus mentes y estaba convencido de que harían determinadas cosas en determinadas circunstancias. Prácticamente en todos los casos fue capaz de anticipar sus movimientos y bloquear la ejecución.

No podéis conocer a vuestro enemigo en esta guerra de la misma manera. Pero podéis conocer a vuestros propios hombres. Podéis estudiar a cada uno de ellos para determinar dónde reside su fuerza y dónde su debilidad; en qué hombre se puede confiar hasta el último aliento y en cuál no.

¡Conoce a tus hombres, conoce tus asuntos, conócete a ti mismo!

En toda la literatura no encontrarás una descripción del *liderazgo* mejor que esta. Aplícala a ti mismo, a tu negocio, a tu profesión, o a tu lugar de trabajo, y observarás lo mucho que te sirve como guía.

Pon excusas a los fallos de los demás, si lo deseas,

pero, si quieres alcanzar el liderazgo

en cualquier empresa, asume

una estricta responsabilidad por tus actos.

El discurso del mayor Bach bien podría ser entregado a cada chico y cada chica que se gradúan de la escuela secundaria. Bien podría entregarse a cada universitario. Bien podría convertirse en el libro de reglas para cada persona que esté en una posición de liderazgo sobre otras, sin importar de qué vocación, negocio o profesión se trate.

En la segunda lección aprendiste cuál es el valor de un *claro objetivo principal*. Quiero enfatizar aquí que tu objetivo debe ser activo y no pasivo. Un *objetivo claro* nunca será más que un mero deseo, a menos que te conviertas en una persona de iniciativa y lo persigas de una forma *agresiva* y *perseverante* hasta que se haya realizado.

Nunca llegarás a ninguna parte sin perseverancia, y esto es algo que no me cansaré de repetir. La diferencia entre la perseverancia y la falta de ella es la misma que la diferencia entre desear algo y decidir positivamente que lo conseguirás.

Nadie que piense adecuadamente juzgará a otra persona por lo que sus enemigos digan de ella.

Para convertirte en una persona de iniciativa debes formarte el hábito de seguir el contenido de tu *claro objetivo principal* de una forma *agresiva* y *perseverante* hasta que lo hayas adquirido, tanto si esto te toma un año como si te toma veinte. Más vale no tener ningún *claro objetivo principal* antes que tener uno sin el esfuerzo *continuado* para alcanzarlo.

Si no das algún paso cada día que te acerque a la realización de tu *claro objetivo principal*, entonces no estás sacando el máximo provecho de este curso. No te engañes ni te equivoques creyendo que el fin de tu *claro objetivo principal* se materializará si te limitas a esperar. La materialización llegará a través de tu propia determinación, respaldada por tus propios planes cuidadosamente establecidos y tu propia iniciativa para llevarlos a la acción, o no llegará en absoluto.

Uno de los principales requisitos para el *liderazgo* es el poder de tomar una DECISIÓN firme y rápida. El análisis de más de 16.000 personas reveló el hecho de que los líderes siempre son personas de decisión rápida, incluso en asuntos de poca importancia, mientras que el seguidor NUNCA es una persona de decisión rápida. ¡Esto es algo que vale la pena recordar!

El seguidor, en cualquier ámbito de la vida en que lo encuentres, es una persona que rara vez sabe lo que quiere. Vacila, se anda con dilaciones y en realidad se niega a tomar una decisión, incluso en los asuntos de menor importancia, a menos que un líder lo induzca a hacerlo.

Saber que la mayoría de la gente no es capaz de tomar decisiones rápidamente y no lo hace, cuando las llega a tomar, es de gran ayuda para el líder que sabe lo que quiere y tiene un plan para conseguirlo.

Se observará aquí cuán estrechamente relacionadas están las dos leyes que se tratan en la segunda lección y en ésta. El líder no sólo trabaja con un *claro objetivo principal*, sino que tiene un plan muy definido para alcanzarlo. Se verá también que la LEY DE LA SEGURIDAD EN UNO MISMO se convierte en una parte importante del equipo de trabajo del líder.

La razón principal por la que un seguidor no llega a tomar decisiones es que carece de la seguridad en sí mismo para hacerlo. Todo líder hace uso de la LEY DE UN PROPÓSITO CLARO, la LEY DE LA SEGURIDAD EN UNO MISMO y la LEY DE LA INICIATIVA Y EL LIDERAZGO. Y si es un líder destacado y exitoso, hará uso también de las leyes de la imaginación, el entusiasmo, el autocontrol, la personalidad agradable, el pensamiento correcto, la concentración y la tolerancia. Sin el uso combinado de todas estas leyes, nadie puede convertirse en un verdadero gran líder. La omisión de una sola de estas leyes disminuye el poder del líder proporcionalmente.

Algo va mal en el hombre cuya esposa e hijos no lo reciben afectuosamente cuando llega a casa.

Un vendedor para la LaSalle Extension University fue a ver a un agente inmobiliario en un pueblo del oeste con el propósito de intentar venderle un curso sobre el arte de la venta y administración de empresas.

Cuando el vendedor llegó a la oficina del posible alumno, encontró al caballero escribiendo una carta con una máquina de escribir anticuada con el «método de los dos dedos». El vendedor se presentó, luego procedió a explicar sus asuntos y a describir el curso que había venido a vender.

El agente inmobiliario lo escuchó con aparente interés. Cuando la charla para vender había finalizado, el vendedor vaciló, esperando alguna señal de «sí» o «no» de su posible cliente. Creyendo que quizá su charla no había sido lo bastante contundente, explicó brevemente, por segunda vez, los méritos del curso que estaba vendiendo.

Entonces el vendedor hizo la pregunta directa: «Usted quiere este curso, ¿no es así?». Con una forma de hablar lenta y pesada, el agente inmobiliario respondió: «Bueno, la verdad es que no sé si lo quiero o no».

Sin duda, estaba diciendo la verdad, porque era uno de los millones de hombres a los que les cuesta tomar decisiones.

Ningún hombre puede pensar correctamente hasta que aprenda a separar la realidad de las meras habladurías y la información.

Siendo un hábil juez de la naturaleza humana, el vendedor se levantó, se puso el sombrero, volvió a colocar el material en su maletín y se dispuso a marcharse. Entonces recurrió a unas tácticas un tanto drásticas, y sorprendió al agente inmobiliario con esta asombrosa declaración: «Voy a correr el riesgo de decirle algo que no le va a gustar, pero que podría ayudarlo».

«¡Eche una mirada a la oficina en la que trabaja! El suelo está sucio, las paredes llenas de polvo, la máquina de escribir que utiliza parece como si fuera la que utilizó Noé en el Arca durante la gran inundación, sus pantalones forman bolsas en las rodillas, el cuello de su camisa está sucio, su cara está sin afeitar y la mirada en sus ojos me dice que está derrotado.

»Por favor, enfádese, porque eso es precisamente lo que quiero que haga, porque es posible que eso consiga que usted haga algo que lo ayude y ayude a quienes dependen de usted.

»Puedo ver en mi imaginación la casa en la que vive. Varios niños pequeños, ninguno muy bien vestido, y quizá ninguno demasiado bien alimentado; una madre cuyo vestido está tres temporadas pasado de moda, cuyos ojos tienen la misma mirada de derrota que los suyos. Esta mujercita ha permanecido a su lado, pero a usted no le ha ido tan bien en la vida como ella esperaba que le fuera cuando se casaron.

»Por favor, recuerde que ahora no estoy hablando con un posible estudiante, porque yo no le vendería este curso en este momento en particular aunque se ofreciera a pagarlo en efectivo y por adelantado, porque, si lo hiciera, usted no tendría la iniciativa para terminarlo, y no queremos tener fracasos en nuestra lista de estudiantes.

»Lo que le estoy diciendo ahora quizás haga que me resulte imposible venderle algo en el futuro, pero hará algo por usted que nunca antes había experimentado, siempre y cuando lo invite a pensar. Ahora bien, le diré en pocas palabras exactamente por qué está derrotado, por qué está escribiendo cartas con una máquina de escribir vieja, en un despacho viejo y sucio, en un pueblo: *¡porque no tiene la fuerza para tomar una decisión!*

»Durante toda su vida, usted se ha ido formando el hábito de evadir la responsabilidad de tomar decisiones y ahora ha llegado a un punto en el que le resulta imposible hacerlo. Si me hubiese dicho que quería el curso, o que no lo quería, yo podría haber sentido simpatía por usted, porque habría sabido que lo que le hacía dudar era la falta de dinero. Pero, ¿qué dijo usted? Pues admitió que no sabía si lo quería o no.

»Si piensa en lo que le he dicho, estoy seguro de que reconocerá que ha adquirido el hábito de evadir la responsabilidad de tomar decisiones firmes en prácticamente todos los asuntos que le incumben.»

El agente inmobiliario se quedó pegado a su silla, con la boca abierta, los ojos saliéndose de sus órbitas por el asombro, pero no hizo ningún intento de responder a la severa crítica.

El vendedor se despidió y se dirigió a la puerta. Cuando la hubo cerrado detrás de sí, la volvió a abrir, entró otra vez en la oficina con una sonrisa en el rostro, tomó asiento delante del pasmado agente inmobiliario, y explicó su conducta de esta forma:

«No lo culpo en absoluto por sentirse herido debido a mis comentarios. De hecho, en cierto modo espero que se haya sentido ofendido, pero ahora déjeme que le diga una cosa, de hombre a hombre. Creo que usted es inteligente y estoy seguro de que es hábil, pero ha caído en un hábito que lo ha fustigado. Ningún hombre está derrotado hasta que está bajo tierra. Es posible que esté hundido temporalmente, pero puede volver a levantarse, y yo soy lo bastante buena persona como para tenderle mi mano y ofrecerle mi ayuda, si acepta mis disculpas por lo que le he dicho.

»Usted no pertenece a este pueblo. Se moriría de hambre en el negocio inmobiliario en este lugar, incluso aunque fuese un líder en su campo. Cómprese ropa nueva, no importa si tiene que pedir dinero prestado para hacerlo, y luego vaya a Saint Louis conmigo, y yo le presentaré a un hombre del negocio inmobiliario que le dará la oportunidad de ganar algún dinero y, al mismo tiempo, le enseñará algunas cosas importantes sobre este trabajo que podrá capitalizar más adelante.

»Si no tiene el crédito suficiente para comprarse la ropa que necesita, yo correré con los gastos en una tienda en Saint Louis donde tengo una cuenta abierta. Estoy hablando con la mayor seriedad y mi oferta de ayuda se basa en la motivación más elevada por la que puede actuar un ser humano. Tengo éxito en mi propio campo, pero no siempre ha sido así. Yo he pasado exactamente por lo que usted está pasando ahora, pero lo importante es que lo pasé y lo superé, igual que va a hacer usted si sigue mis consejos. ¿Vendrá conmigo?»

El agente inmobiliario empezó a ponerse de pie, pero sus piernas flaquearon y volvió a hundirse en su silla. A pesar de que era un tipo grande y robusto, el típico «machote», sus emociones lo embargaron y rompió a llorar.

Hizo un segundo intento y se puso de pie, le dio la mano al vendedor, le agradeció su amabilidad y le dijo que seguiría sus consejos, pero que lo haría a su manera.

Le pidió una hoja de inscripción, se apuntó al curso del arte de vender y administración de empresas, realizó el primer pago con monedas y le dijo al vendedor que volvería a saber de él.

Tres años más tarde, este agente inmobiliario contaba con una organización de sesenta vendedores y uno de los negocios inmobiliarios más prósperos de la ciudad de Saint Louis. El autor de este curso (que era director publicitario en la LaSalle Extension University en la época de este incidente) ha estado en la oficina de este agente inmobiliario en muchas ocasiones y lo ha observado durante un período de más de quince años. Es un hombre completamente distinto de la persona entrevistada por el vendedor de LaSalle aquél día, y lo que lo hizo cambiar es lo mismo que te hará cambiar A TI: es el poder de decisión que tan esencial resulta para el liderazgo.

Este agente inmobiliario es ahora un líder en el campo de los bienes raíces. Está dirigiendo los esfuerzos de otros vendedores y ayudándolos a ser más eficientes. Este cambio en su filosofía ha convertido la derrota temporal en éxito. Cada nuevo vendedor que va a trabajar para este hombre es llamado a su despacho privado antes de ser contratado y éste le cuenta la historia de su propia transformación, palabra por palabra, tal como ocurrió cuando el vendedor de LaSalle tuvo su primer encuentro con él en su pequeña y paupérrima oficina inmobiliaria.

Hace unos dieciocho años, el autor de este curso hizo su primer viaje al pueblo de Lumberport, en el oeste de Virginia. En aquella época, el único medio de transporte que iba de Clarksburg, el centro cercano más grande, hasta Lumberport, era el ferrocarril Baltimore & Ohio y una línea eléctrica interurbana que recorría cinco kilómetros del pueblo, pero uno podía hacer los tres kilómetros a pie, si quería.

Al llegar a Clarksburg descubrí que el único tren que iba a Lumberport por la mañana ya había partido y, puesto que no quería esperar al tren de la tarde, hice el viaje en tranvía, con la intención de caminar los tres kilómetros. Durante el camino comenzó a llover, y esa distancia tuvieron que ser navegada a pie, a través de un profundo barro amarillento. Cuando llegué a Lumberport mis zapatos y mis pantalones estaban llenos de barro y mi disposición para la experiencia no era la mejor.

El dominio de las QUINCE LEYES DEL ÉXITO es el equivalente de una póliza de seguros contra el fracaso.

SAMUEL GOMPERS

La primera persona con la que me encontré fue con V. L. Hornor, quien entonces era cajero del Banco de Lumberport. En un tono de voz bastante alto, le pregunté: «¿Por qué no hacen que se extienda la línea del tranvía desde el cruce hasta Lumberport, para que sus amigos puedan entrar y salir del pueblo sin ahogarse en el barro?».

«¿Vio usted un río con riberas elevadas en la frontera del pueblo, al entrar?». Respondí que lo había visto. «Bueno, continuó, ésa es la razón por la que los tranvías no entran en el pueblo. El coste de un puente sería de aproximadamente cien mil dólares, y eso es más de lo que la compañía propietaria de la línea del tranvía está dispuesta a invertir.

Llevamos diez años intentando conseguir que construyan una línea que entre en el pueblo».

«¡Intentándolo!», estallé. «¿Con cuánto empeño lo han intentado?» «Les hemos ofrecido todos los incentivos que podíamos permitirnos, como un derecho de paso gratuito desde el cruce hasta el pueblo, y el libre uso de las calles, pero ese puente es el obstáculo. Sencillamente no quieren correr con el gasto. Argumentan que no pueden permitírselo debido a los escasos beneficios que recibirían de una extensión de cinco kilómetros».

En ese momento, ¡la filosofía de las LEYES DEL ÉXITO empezó a venir en mi ayuda! Le pregunté al señor Hornor si sería tan amable de dar conmigo un paseo junto al río, para que pudiéramos ver el lugar que estaba causando tantas inconveniencias. Respondió que lo haría encantado.

Cuando llegamos al río, empecé a hacer inventario de todo lo que tenía a la vista. Observé que las vías del ferrocarril de Baltimore & Ohio iban a lo largo de las orillas del río, a ambos lados; que el camino vecinal atravesaba el río sobre un desvencijado puente de madera, y que las dos entradas a él estaban sobre varias extensiones de la vía del ferrocarril, pues la compañía ferroviaria tenía su patio de maniobras en ese punto.

Mientras nos encontrábamos ahí, un tren de mercancías bloqueó el paso al puente y varios grupos de personas se detuvieron a ambos lados del tren, esperando la oportunidad para pasar. El tren mantuvo el camino bloqueado durante aproximadamente veinte minutos.

Teniendo en mente esta combinación de circunstancias, hacía falta poca imaginación para ver que había tres grupos distintos que estaban, o podían estar, interesados en la construcción de un puente como el que se necesitaba para aguantar el peso de un tranvía.

Era evidente que la compañía ferroviaria Baltimore & Ohio estaría interesada en tal puente, ya que eso retiraría el camino vecinal de su patio de maniobras y la preservaría de un posible accidente en el cruce, por no hablar de la pérdida de tiempo y los gastos derivados de cortar los trenes para permitir el paso de la gente.

Además, era evidente que los comisarios del condado estarían interesados en el puente, ya que elevaría el nivel del camino vecinal y lo haría más utilizable para el público. Y la compañía propietaria del tranvía estaba interesada en el puente, pero no quería cargar con todo el gasto.

Todos estos datos pasaron por mi mente mientras estuve ahí y observé cómo el tren de mercancías era cortado para permitir el paso del tráfico.

Un *claro objetivo principal* ocupó mi mente, además de un plan definido para su realización. Al día siguiente reuní a un comité de la gente del pueblo formado por el alcalde, los miembros del consejo y algunos ciudadanos importantes, y visitamos al superintendente de sección de la Compañía Ferroviaria de Baltimore & Ohio en Grafton. Lo convencimos de que quitar el camino vecinal de sus vías ferroviarias valía un tercio del coste del puente. A continuación fuimos a ver a los comisarios del condado y descubrimos que se mostraban bastante entusiastas con la posibilidad de tener un puente nuevo pagando sólo un tercio de su coste. Prometieron hacerse cargo de ese tercio siempre y cuando nosotros consiguiéramos los otros dos.

Luego fuimos a ver al presidente de la Compañía de Tracción, propietaria de la línea del tranvía, en Fairmont, y le hicimos una oferta de donar todos los derechos de paso y pagar dos tercios del coste del puente con la condición de que él empezara a construir una línea que entrara en el pueblo en breve. También lo encontramos receptivo. Tres semanas más tarde se había firmado un contrato entre la compañía ferroviaria de Baltimore & Ohio, la Compañía de Tracción del Valle de Monongahela y los comisarios del condado de Harrison County, el cual garantizaba la construcción del puente, asumiendo cada uno de ellos un tercio de su coste.

Al cabo de dos meses, el derecho de paso estaba siendo evaluado y el puente estaba en marcha, y tres meses más tarde los tranvías estaban entrando en Lumberport con regularidad.

Este incidente significó mucho para el pueblo de Lumberport, porque lo proveyó de transporte, cosa que permitió que la gente entrara y saliera de la ciudad sin un esfuerzo innecesario.

También significó mucho para mí, porque me sirvió para presentarme como alguien que «conseguía que las cosas se hicieran». De esta transacción surgieron dos ventajas muy claras. El principal abogado de la Compañía de Tracción me ofreció un puesto como su asistente, y más adelante fue una forma de presentación que derivó en mi contratación como jefe de publicidad de la LaSalle Extension University.

En aquella época, Lumberport era un pueblo; Chicago, en cambio, ya era una gran ciudad y además estaba ubicada a una considerable distancia de él, pero la noticia de la iniciativa y el liderazgo siempre encuentra la manera de desarrollar alas y viajar.

En la transacción descrita, se combinaron cuatro de las QUINCE LEYES DEL ÉXITO. Éstas son:

✓ Un *claro objetivo principal*
✓ Seguridad en uno mismo
✓ Imaginación e iniciativa
✓ Liderazgo

La ley de hacer más que aquello para lo que te pagan también entró, de algún modo, en la transacción, porque nadie me ofreció nada y en realidad no esperaba que me pagaran por lo que hice.

Para ser absolutamente franco, me presenté al trabajo de conseguir que se construyera el puente más que nada como un desafío a aquellos que decían que no podía hacerse, y no con la esperanza de que se me pagara por ello, pero con mi actitud convencí al señor Hornor de que podía conseguir que se hiciera el trabajo, y él no tardó en lanzarse y ponerme a prueba.

Podría ser útil hacer notar aquí el papel que tuvo la imaginación en esta transacción. Durante diez años, los habitantes de Lumberport habían estado intentando conseguir que el tranvía entrara en el pueblo. No debe concluirse que dicho pueblo careciera de hombres hábiles, porque eso sería inexacto. De hecho, había muchos hombres capaces en el pueblo, pero habían estado cometiendo el error que con tanta frecuencia cometemos todos: intentar resolver el problema a través de una única fuente, mientras que en realidad contaban con tres fuentes de solución.

Cien mil dólares era demasiado dinero para que lo asumiera una sola empresa en la construcción de un puente, pero cuando el coste se distribuyó entre tres grupos interesados, la cantidad que debía aportar cada uno era más razonable.

Debemos plantear la pregunta: «¿Por qué ningún habitante del pueblo pensó en esta solución de tres vías?». En primer lugar, estaban tan cerca de su problema que no conseguían tener perspectiva, una visión a distancia que les habría sugerido la solución. Éste también es un error corriente, y uno que siempre es evitado por los grandes líderes. En segundo lugar, los lugareños nunca antes habían coordinado sus esfuerzos, ni habían trabajado como un grupo organizado, con el único propósito en mente de conseguir que una línea del tranvía entrara en el pueblo. Este también es un error corriente que cometen personas de todos los ámbitos de la vida: el de no trabajar al unísono, con un amplio espíritu de cooperación.

Al no formar parte de esta comunidad, tuve menos dificultades para conseguir una acción cooperativa que las que hubiera tenido alguien de su propio grupo. Con demasiada frecuencia, en las pequeñas comunidades hay un espíritu de egoísmo que impulsa a cada individuo a creer que sus ideas deben prevalecer. Una parte importante de la responsabilidad de un líder es inducir a las personas a subordinar sus propias ideas e intereses al bien de la totalidad, y esto se aplica a asuntos de naturaleza cívica, comercial, social, política, económica o industrial.

El éxito —no importa cuál sea el concepto que se tenga del término— casi siempre es cuestión de la capacidad que uno tenga para conseguir que los demás subordinen sus propias individualidades y sigan a un líder. El líder que cuenta con la personalidad y la imaginación para convencer a sus seguidores de que acepten sus planes y los lleven a cabo fielmente, siempre es un líder capaz.

El tiempo es la mano poderosa que mece
la cuna eterna del progreso y cuida de la humanidad
luchadora durante ese período en que el hombre
necesita ser protegido de su propia ignorancia.

La próxima lección, que trata sobre la IMAGINACIÓN, te llevará un paso más allá hacia el arte de un LIDERAZGO discreto. De hecho, el liderazgo y la imaginación están aliados de una forma tan estrecha y esencial para el éxito, que no puede aplicarse provechosamente uno sin el otro. La iniciativa es la fuerza motriz que empuja al líder hacia delante, pero la Imaginación es el espíritu guía que le dice por dónde ir.

La imaginación permitió al autor de este curso analizar el problema del puente de Lumberport, descomponerlo en las tres partes que lo componían y reunirlas en un plan práctico de trabajo. Prácticamente todos los problemas pueden descomponerse en partes que son más manejables, como tales, de lo que lo son cuando están unidas formando un todo. Quizá una de las ventajas más importantes de la imaginación sea que permite que uno divida todos los problemas en las partes que los componen y luego los monte en combinaciones más favorables.

Se ha dicho que las batallas en una guerra no se ganan o se pierden en la línea de fuego, una vez iniciada aquella, sino detrás de ella, a través de la estrategia sensata, o la falta de ella, utilizada por los generales que las planifican. Lo que es cierto en la guerra se aplica también a los negocios y a la mayoría de problemas a los que nos enfrentamos a lo largo de la vida. Ganamos o perdemos, dependiendo de la naturaleza de los planes que diseñamos y llevamos a cabo, un hecho que sirve para enfatizar el valor de las LEYES DE LA INICIATIVA Y EL LIDERAZGO, LA IMAGINACIÓN, LA SEGURIDAD EN UNO MISMO y el CLARO OBJETIVO PRINCIPAL. Con un uso inteligente de estas cuatro leyes, uno puede diseñar planes para cualquier propósito, los cuales no podrán ser derrotados por ninguna persona o grupo de personas que no empleen o comprendan estas leyes.

¡No se puede escapar de la verdad que aquí se afirma!

El esfuerzo organizado es un esfuerzo que está dirigido según un plan que ha sido concebido con ayuda de la imaginación, guiado por un claro objetivo principal, y al que se da impulso con la iniciativa y la seguridad en uno mismo. Estas cuatro leyes se combinan formando una y se convierten en poder en manos de un líder. Sin su ayuda, el liderazgo eficaz resulta imposible.

* * * *

Ahora estás preparado para la lección sobre la imaginación. Léela teniendo en mente todo lo que se ha afirmado aquí y así adquirirá para ti un significado más profundo.

La vida no es una copa que hay que vaciar; es una medida que se debe llenar.

Hadley

LA INTOLERANCIA
Una charla con el autor después de la lección

Si debes dar expresión a los prejuicios, el odio y la intolerancia, no lo digas hablando: escríbelo. Escríbelo en la arena, cerca de la orilla del mar.

Cuando el amanecer de la inteligencia se extienda por el horizonte oriental del progreso humano, y la ignorancia y la superstición hayan dejado sus últimas huellas en las arenas del tiempo, quedará registrado en el último capítulo del libro de los crímenes del hombre que su pecado más grave fue el de la intolerancia.

La intolerancia más amarga proviene de los prejuicios religiosos, raciales y económicos y las diferencias de opinión. ¿Cuándo, Dios mío, comprenderemos los pobres mortales la locura de intentar destruirnos unos a otros porque tenemos creencias religiosas y tendencias raciales distintas?

El tiempo que nos ha sido adjudicado en esta Tierra no es más que un momento fugaz. Al igual que una vela, se nos enciende, brillamos durante un instante y luego nos apagamos. ¿Por qué no podemos aprender, durante esta breve visita terrestre, a vivir de manera tal que cuando la gran caravana llamada Muerte se acerque y anuncie que la visita ha llegado a su fin estemos preparados para plegar nuestras tiendas y seguirla silenciosamente hasta el gran misterio, sin miedo y sin temblar?

Cuando cruce al otro lado, espero no encontrar judíos, ni gentiles, ni católicos, ni protestantes, ni alemanes, ingleses o franceses. Espero encontrar tan sólo almas humanas, que todos sean hermanos y hermanas, y no estén marcados por la raza, el credo o el color, pues deseo acabar con la intolerancia, para poder descansar en paz durante toda la eternidad.

En la página anterior verás una imagen que describe la inutilidad del combate. Los dos venados machos están peleando hasta el final, cada uno de ellos creyendo que será el ganador. A un lado, la hembra espera al ganador, sin saber que mañana los huesos de ambos combatientes estarán blanqueándose al sol.

«Pobres animales tontos», dirá alguien. Quizá, pero no muy distintos de la familia humana. El hombre se enfrenta a sus hermanos en un combate mortal debido a la competencia. Las tres principales formas de competencia son de naturaleza sexual, económica y religiosa.

Hace veinte años, una gran institución educativa era un negocio floreciente y prestaba un gran servicio a miles de estudiantes. Los dos propietarios de la escuela se casaron respectivamente con dos hermosas y talentosas mujeres especialmente hábiles en el arte de tocar el piano. Las dos esposas se enzarzaron en una discusión sobre quién era más diestra en este arte. El desacuerdo llegó a implicar a los dos maridos y se convirtieron en amargos enemigos. Ahora los huesos de esa escuela que un día fuera próspera «se están blanqueando al sol».

Los dos machos que aparecen en la ilustración de la página anterior se enfrentan por la atención de la hembra. Los dos «machos humanos» se enfrentaron por el mismo impulso.

* * * *

En una de las grandes plantas industriales, dos jóvenes capataces se enfrentaron porque uno recibió una promoción que el otro creía que él debería haber tenido. Durante más de cinco años, la silenciosa resaca del odio y la intolerancia se hizo patente. Los hombres que estaban bajo las órdenes de cada uno de los capataces se contagiaron del espíritu de enemistad que veían aflorar en sus superiores. Lentamente, el espíritu de venganza se comenzó a extender por toda la planta. Los hombres se dividieron en pequeñas camarillas. La producción empezó a bajar. Luego llegaron las dificultades económicas y, finalmente, la quiebra para la compañía.

Ahora los huesos de un negocio que solía ser próspero «están blanqueándose al sol», y los dos capataces y varios miles de personas se han visto obligados a empezar de nuevo en otro campo.

* * * *

En las montañas del oeste de Virginia vivían dos tranquilas familias de montañeros, los Hatfield y los McCoy. Habían sido vecinos amistosos durante tres generaciones. Un día, un cerdo que pertenecía a la familia McCoy se coló por la cerca y entró en el campo de maíz de la familia Hatfield. Los Hatfield soltaron a su perro para que atacara al cerdo. Los McCoy se vengaron matando al perro. Entonces se inició una enemistad que ha durado tres generaciones y ha costado muchas vidas de Hatfield y Mc Coy.

En un elegante barrio de Filadelfia, han construido sus casas algunos caballeros adinerados. En cada casa está escrita la palabra «INTOLERANCIA». Un hombre construye una elevada cerca de acero delante de su casa. El vecino de al lado, para no quedarse a la zaga, construye una cerca el doble de alta. Otro se compra un coche nuevo y su vecino lo supera comprándose dos. Uno remodela su vivienda añadiendo un porche de estilo colonial; el vecino de al lado construye un porche nuevo y un garaje al estilo español por añadidura. La gran mansión en la cima de la colina da una recepción que trae una larga fila de automóviles llenos de personas que no tienen nada en común con el anfitrión. A ésta le siguen una serie de «recepciones» en toda la «costa dorada», cada una de ellas intentando superar a las demás.

El «míster» (aunque no lo llaman así en los barrios elegantes) acude a su empresa en el asiento trasero de un Rolls Royce llevado por un chófer y un criado. ¿Por qué va a trabajar? ¡Para ganar dinero, por supuesto! ¿Para qué quiere más dinero si ya tiene millones de dólares? Para poder seguir superando a sus ricos vecinos.

La pobreza tiene algunas ventajas: nunca impulsa a los pobres a enfrentarse en un intento de superar a sus vecinos.

Dondequiera que uno vea a unos hombres enfrentados en un conflicto, puede averiguar la causa del enfrentamiento y encontrará una de las tres causas de intolerancia: las diferencias de opinión religiosa, la competencia económica o la competencia sexual.

La próxima vez que observes a dos hombres enzarzados en cualquier tipo de hostilidad mutua, cierra los ojos y piensa durante un instante y podrás verlos, en su naturaleza transformada, pareciéndose mucho a los ciervos machos de la ilustración. A un lado podrás ver el objeto del combate: un montón de oro, un emblema religioso o una hembra (o hembras).

Recuerda, el propósito de este ensayo es exponer algunas de las verdades sobre la naturaleza humana, con el objeto de hacer que los lectores piensen. El escritor no busca la gloria ni el elogio, y probablemente no reciba ninguna de las dos cosas en relación con este tema en particular.

Andrew Carnegie y Henry C. Frick hicieron más que cualquiera por establecer la industria siderúrgica; los dos ganaron millones de dólares para sí mismos. Pero llegó el día en que la intolerancia económica surgió entre ellos. Para mostrar su desprecio por Frick, Carnegie construyó un elevado rascacielos y lo llamó el «edificio Carnegie». Frick se vengó levantando un edificio mucho más alto, junto al de Carnegie, y llamándolo el «edificio Frick».

Estos dos caballeros se enfrentaron en una lucha hasta el final. Por lo que se sabe, Carnegie perdió la cordura y quizá más. Lo que perdió Frick, sólo lo saben él y el guardián de los grandes registros. En su recuerdo, sus huesos «se están blanqueando bajo el sol» de la posteridad.

Los empresarios siderúrgicos en la actualidad están llevando los asuntos de otra manera. En lugar de enfrentarse, ahora «entrelazan juntas directivas», con el resultado de que cada uno de ellos es una unidad sólida y fuerte de la totalidad de la industria. Los empresarios siderúrgicos de hoy en día entienden la diferencia entre el significado de las palabras competencia y cooperación; una diferencia que el resto de nosotros también haría bien en comprender.

*   *   *   *

En Inglaterra, los hombres que son propietarios de minas y aquellos que dirigen los sindicatos de trabajadores, se enfrentaron. De no haber sido por las cabezas más frías que solucionaron el conflicto, los huesos del imperio británico (incluyendo a los propietarios de la industria y a los sindicatos) pronto habrían yacido «blanqueándose al sol». Un año de combate abierto entre los sindicatos y los propietarios de la industria en

Gran Bretaña habría significado la aniquilación del imperio británico. Las otras naciones del mundo se habrían apropiado de toda la maquinaria económica que actualmente controla este país.

¡Que los líderes de la industria norteamericana y el sindicalismo no lo olviden!

* * * *

Quince factores entran en juego en la consecución del éxito. Uno de ellos es la tolerancia. Los otros catorce se mencionan en varias ocasiones en esta serie de lecciones.

La intolerancia sujeta las piernas del hombre con los grilletes de la ignorancia y cubre sus ojos con las costras del miedo y la superstición. La intolerancia cierra el libro del conocimiento y escribe en su tapa: «No vuelvan a abrir este libro. La última palabra ha sido escrita en él». No es tu deber ser tolerante, ¡es tu privilegio!

Al leer este artículo, recuerda que plantar la semilla de la intolerancia es la única y exclusiva ocupación de algunos hombres. Todas las guerras, todas las huelgas y todas las demás formas de sufrimiento humano producen beneficios para algunos. Si esto no fuera cierto, no habría guerras, ni huelgas, ni otras formas similares de hostilidad.

Actualmente, en Estados Unidos, hay un sistema de propaganda bien organizado cuyo objetivo es incitar a la contienda y la hostilidad entre los propietarios de empresas y las personas que trabajan en ellas. Echa otra mirada a la ilustración al principio de este artículo y podrás ver lo que ocurre a quienes se enfrentan en conflictos laborales, y recuerda que siempre son los huesos de los trabajadores (y no los de los líderes sindicales o de las empresas) los que «yacen blanqueándose al sol» cuando la contienda ha llegado a su fin.

* * * *

Cuando sientas que te estás preparando para enfrentarte a alguien, recuerda que será más provechoso que, en lugar de eso, ¡OS DÉIS LA MANO! Un apretón de manos cálido y sentido no deja ningún hueso blanqueándose al sol.

El amor es el único lazo en la oscura nube de la vida. Es el Lucero del Alba y de la Noche. Brilla sobre la cuna del bebé y vierte su brillo sobre la tumba silenciosa. Es la madre del Arte, el que inspira al poeta, al patriota y al filósofo. Es el aire y la luz de cada corazón, el constructor de cada hogar, el que aviva el fuego en cada corazón. Fue el primero en soñar con la inmortalidad. Llena el mundo con su melodía, pues la Música es la voz del Amor. El Amor es el mago, el encantador que convierte las cosas sin valor en Alegría y hace reyes y reinas con arcilla corriente. Es el perfume de la flor maravillosa —el corazón— y sin esa pasión sagrada, ese desvanecimiento divino, somos menos que bestias; pero con él, la Tierra es el Cielo y nosotros somos dioses.

INGERSOLL

Cultiva el amor por el otro y ya no querrás enfrentarte a él en un combate fútil. El amor hace de cada hombre el guardián de su hermano.

¡El amor es, verdaderamente, luz celestial;
una chispa de ese fuego inmortal
compartido con los ángeles, por Alá dado,
para que nuestros bajos deseos, desde la Tierra, sean elevados.
La devoción eleva a la mente,
pero el propio Cielo desciende en el amor;
un sentimiento de la Divinidad capturado
para alejar de uno todo pensamiento sórdido;
un rayo de Aquel que todo lo ha creado;
una gloria que rodea al alma.

BYRON

¿Nadie te ha dado nunca una oportunidad?

¿Se te ha ocurrido alguna vez

crear oportunidades para ti?

Llamo holgazán al hombre que podría
estar mejor empleado.

Sócrates

LAS LEYES DEL ÉXITO

Sexta lección

IMAGINACIÓN

«¡Puedes hacerlo si crees que puedes!»

La imaginación es el taller de la mente humana, en el que las viejas ideas y los hechos establecidos pueden ser reorganizados en nuevas combinaciones y tener nuevos usos. Un diccionario moderno define *imaginación* de la siguiente manera:

«El acto del intelecto constructivo de agrupar los materiales del conocimiento o el pensamiento en sistemas nuevos, originales y racionales; la facultad constructiva o creativa; tener una imaginación poética, artística, filosófica, científica y ética.

»El poder de la mente de imaginar; la formación de imágenes, ilustraciones o representaciones mentales de objetos o ideas, particularmente de objetos de percepción sensorial ¡y de razonamiento matemático! También, la reproducción y combinación, normalmente con una modificación más o menos irracional o anormal, de imágenes o ideas de la memoria o hechos de la experiencia que uno recuerda».

Se ha dicho que la imaginación es el poder creador del alma, pero esto es un tanto abstracto y profundiza en el significado más de lo que es necesario para el estudiante de este curso, que sólo desea utilizarla como un medio para obtener ventajas materiales o crematísticas en la vida.

Si has dominado y comprendido a fondo las lecciones anteriores, sabrás que los materiales con los que construiste tu *claro objetivo principal* fueron reunidos y combinados en tu imaginación. También sabrás que la *seguridad en ti mismo*, la *iniciativa* y el *liderazgo* deben crearse en tu imaginación para que puedan convertirse en una realidad, pues es en el taller de tu imaginación donde pondrás en funcionamiento el principio de la autosugestión para crear esas cualidades tan necesarias.

Esta lección sobre la imaginación podría considerarse el «eje» de este curso, pues todas sus lecciones nos traen hasta aquí y hacen uso del principio en el que se basa, del mismo modo que todos los cables del teléfono llegan hasta la oficina de intercambio para llegar a su fuente de transmisión. Nunca tendrás un *propósito claro* en la vida, nunca tendrás *seguridad en ti mismo*, nunca tendrás *iniciativa y liderazgo*, a menos que crees primero estas cualidades en tu *imaginación* y te veas en posesión de ellas.

Del mismo modo que el roble se desarrolla a partir del germen que se encuentra en la bellota y el pájaro se desarrolla a partir del germen que permanece durmiente en el huevo, así también tus logros materiales se desarrollarán a partir de los planes *organizados* que crees en tu *imaginación*. Primero está el pensamiento, luego la organización de dicho pensamiento en ideas y planes y, a continuación, la transformación de esos planes en una realidad. El comienzo, como observarás, está en tu *imaginación*.

La imaginación tiene una naturaleza interpretativa y creativa. Puede examinar hechos, conceptos e ideas, y crear nuevas combinaciones y planes a partir de ellos. Por su capacidad de interpretar, la imaginación tiene un poder que no se le suele atribuir; es decir, el poder de registrar vibraciones y ondas de pensamiento que se ponen en movimiento desde fuentes externas, del mismo modo que el aparato receptor de radio capta las vibraciones del sonido. El principio a través del cual funciona esta capacidad de interpretación de la imaginación se denomina telepatía: la comunicación de pensamientos de una mente a otra, en distancias largas o cortas, sin la ayuda de instrumentos mecánicos o físicos, tal como se explica en la lección introductoria de este curso.

La telepatía es un factor importante para el estudiante que se está preparando para hacer un uso eficaz de la imaginación, ya que esta capacidad telepática capta continuamente ondas de pensamiento y vibraciones de todo tipo. Los llamados «discernimiento instantáneo» y «corazonadas» que impulsan a la persona a formarse una opinión o a decidir un curso de acción que no está en armonía con la lógica y la razón suelen ser el resultado de ondas de pensamiento a la deriva que han sido registradas en la imaginación.

El aparato de radio nos ha permitido comprender que los elementos del éter son tan sensibles y están tan vivos que hay todo tipo de ondas de sonido volando continuamente de un lado a otro a la velocidad del rayo. Sólo hay que entender la radio moderna para comprender también el principio de la telepatía. Este principio se ha establecido tan bien, a través de las investigaciones psicológicas, que tenemos una abundancia de pruebas de que dos mentes que están adecuadamente sintonizadas y en armonía la una con la otra pueden enviar y recibir pensamientos a grandes distancias sin la ayuda de aparatos mecánicos de ningún tipo. Rara vez se han armonizado tan bien dos mentes que las cadenas del pensamiento pudieran ser registradas de esta forma, pero hay pruebas suficientes para establecer el hecho de que partes del pensamiento organizado han sido captadas.

Para que puedas comprender cuán estrechamente entrelazados están los quince factores en los que se basa este curso, considera, por ejemplo, lo que ocurre cuando un vendedor que carece de seguridad en sí mismo y en sus productos, va a ver a un posible comprador. Tanto si el posible comprador es consciente de ello, como si no lo es, su imaginación «percibe» inmediatamente la falta de seguridad en la mente del vendedor. De hecho, los propios *pensamientos* del vendedor están minando sus esfuerzos. Esto explicará, desde otro ángulo, por qué la *seguridad en uno mismo* es uno de los factores más importantes en la gran lucha por el éxito.

El principio de la telepatía y la ley de la atracción, a través de la cual los iguales se atraen, explican muchos fracasos. Si la mente tiene la tendencia a atraer del éter aquellas vibraciones de pensamiento que armonizan con los pensamientos dominantes de una mente dada, puedes entender fácilmente por qué una mente negativa que se recrea en el fracaso y carece de la fuerza vitalizante de la seguridad en uno mismo no atraería a una mente positiva dominada por pensamientos de *éxito*.

Es posible que estas explicaciones sean un tanto abstractas para el estudiante que no ha realizado ningún estudio en particular de los procesos de funcionamiento de la mente, pero considero necesario introducirlas para ayudarlo a comprender el tema de esta lección y hacer un uso práctico de ella. Con demasiada frecuencia, la imaginación es considerada meramente como algo indefinido, inasible, indescriptible, que no hace otra cosa que crear ficción. Es este desprecio popular de los poderes de la imaginación lo que ha hecho necesarias estas referencias más o menos abstractas a uno de los conceptos más importantes de este curso. El tema de la imaginación no sólo es un factor importante en sí mismo, sino que es uno de los más interesantes, como podrás observar cuando empieces a ver cómo afecta a todo lo que haces para alcanzar tu *claro objetivo principal*.

Verás cuán importante es el tema de la *imaginación* cuando te detengas para darte cuenta de que es la única cosa en el mundo sobre la que tienes un control absoluto. Otras personas te pueden privar de tu riqueza material y engañarte de mil maneras, pero nadie te puede privar del control y el uso de la *imaginación*. La gente te puede tratar injustamente, como suele hacerlo; puede privarte de tu libertad, pero *no puede* quitarte el privilegio de utilizar tu *imaginación* como tú quieras.

El poema más inspirador de toda la literatura fue escrito por Leigh Hunt cuando era un prisionero pobre en una prisión inglesa en la que había sido injustamente encerrado debido a su visión avanzada de la política. Este poema está titulado *Abou Ben Adhem*, y está reeditado aquí como recordatorio de que una de las cosas más grandes que puede hacer un ser humano, en su imaginación, es perdonar a quienes lo han tratado injustamente:

Abou Ben Adhem (Dios quiera que su tribu crezca)
una noche, de un profundo sueño de paz despertó,
y a la luz de luna que entraba en su habitación,
embelleciéndola como un lirio en flor,
vio a un ángel escribiendo en un libro de oro.
La paz extrema había hecho a Ben Adhem osado,

y a la presencia en la habitación preguntó:
«¿Qué escribes?». La visión levantó la cabeza,
y, con una mirada absolutamente dulce,
respondió: «Los nombres de quienes aman al Señor».
«¿Y está el mío entre ellos?», dijo Abou. «No, no lo está»,
replicó el ángel. Abou habló más quedo,
pero jovialmente todavía, y dijo: «Te ruego, entonces,
que me escribas como alguien que ama a sus semejantes».
El ángel escribió y desapareció. A la noche siguiente
se apareció otra vez, con una gran luz resplandeciente,
y le mostró los nombres bendecidos por el amor de Dios,
y, he aquí que ¡el nombre de Ben Adhem precedía a todos los demás!

El hombre que habla mal de su prójimo inconscientemente revela la verdadera naturaleza de su yo interior.

La civilización misma debe su existencia a hombres como Leigh Hunt, en cuyas fértiles *imaginaciones* se retratan los valores más elevados y más nobles de las relaciones humanas. Abou Ben Adhem es un poema que nunca morirá, gracias a este hombre que vio en su *imaginación* la esperanza de un ideal que es constructivo.

El problema principal actualmente con este mundo reside en nuestra falta de comprensión del poder de la *imaginación*, porque si entendiéramos su gran potencial podríamos usarlo como un arma para acabar con la pobreza, la infelicidad, la injusticia y la persecución, y esto podría hacerse en una sola generación. Ésta es una afirmación bastante amplia, y nadie entiende mejor que el autor de este curso cuán inútil sería si el principio en el que se funda no fuera explicado en términos de una naturaleza más práctica, cotidiana. Por lo tanto, procedamos a describir lo que queremos decir.

Para que esta descripción sea comprensible debemos aceptar el principio de la telepatía como una realidad, a través de cuya operación cada pensamiento que liberamos se registra en las mentes de otras personas. No necesitamos dedicar ningún tiempo a demostrar que la telepatía es una realidad, puesto que esta lección sobre la *imaginación* no puede tener en absoluto valor para el estudiante que no se ha informado lo suficiente de modo que comprenda y acepte la telepatía como un principio establecido. Daremos por sentado que eres alguien que acepta y entiende este principio.

A menudo habrás oído hablar de la «psicología de masas», que no es otra cosa que alguna idea fuerte, dominante, que ha sido creada en la mente de uno o más individuos y se registra en las mentes de otras personas por el principio de la telepatía. Tan fuerte es el poder de la psicología de masas que, a menudo, dos hombres que se están peleando en la calle pueden iniciar un altercado al que se una la gente que pasa por ahí sin saber siquiera por qué está peleando, o con quién.

En el día del armisticio, en 1918, tuvimos pruebas abundantes que demostraban la realidad del principio de la telepatía a una escala que el mundo no había visto nunca antes. Recuerdo claramente la impresión en mi mente de ese azaroso día. Tan fuerte fue, que me despertó a eso de las tres de la madrugada, tan eficazmente como si alguien me hubiese levantado mediante la fuerza física. Al sentarme en la cama supe que algo fuera de lo normal había ocurrido, y tan intenso y estimulante fue el efecto de esta experiencia, que me levanté, me vestí y salí a las calles de Chicago, donde me encontré con miles de personas que habían sentido el toque de la misma influencia. Todo el mundo preguntaba: «*¿Qué ha ocurrido?*».

Lo que había ocurrido era lo siguiente:

Millones de hombres habían recibido instrucciones de dejar de luchar, y su alegría combinada puso en movimiento una onda de pensamiento que barrió el mundo entero y se hizo sentir en cada mente normal que fue capaz de registrarla. Es posible que jamás, en la historia del mundo, tantos millones de personas *hayan pensado en lo mismo, de la misma forma, en el mismo momento*. Por una vez en la historia del mundo, *todos* sentimos algo en común, y el efecto de este pensamiento armonizado fue la «psicología de masas» que observamos en el día del armisticio. En relación con esta afirmación, sería útil que recordaras lo que se dijo en la lección introductoria de este curso acerca del método de crear una «mente maestra» mediante la armonía de pensamiento de dos o más personas.

Facilitaremos un poco más la aplicación de este principio mostrando cómo puede utilizarse para crear o romper las relaciones de trabajo armoniosas en un negocio o en una empresa. Quizá no te hayas convencido de que fuera la armonía de pensamiento de millones de soldados lo que se registró en las mentes de las personas del mundo y provocó la situación psicológica de «masas» que se puso de manifiesto por doquier el día del armisticio, pero no necesitarás ninguna prueba de que una persona malhumorada siempre altera a todos aquellos con los que entra en contacto. Es sabido que, en un lugar de trabajo, alguien así trastorna toda la organización. Está por llegar el tiempo en que ni los trabajadores, ni los jefes, tolerarán al típico «gruñón» dentro del lugar de trabajo, porque su estado mental se registra en las mentes de quienes están a su alrededor y provoca recelo, desconfianza y falta de armonía. Está cerca el tiempo en que los trabajadores no tolerarán a alguien de su misma categoría y en sus mismas filas que sea el típico «gruñón» más de lo que tolerarían a una serpiente venenosa.

Aplica este principio de otra manera: coloca entre un grupo de trabajadores a una persona cuyo talante sea positivo y optimista, y que se ocupe de sembrar semillas de armonía en el lugar de trabajo, y su influencia se reflejará en cada persona que trabaje con ella.

Si, como afirmó Emerson, cada negocio es «la sombra extendida de un hombre», entonces le incumbe a cada persona reflejar una sombra de confianza, buen humor, optimismo y armonía, para que dichas cualidades puedan reflejarse, a su vez, en todas aquellas personas que estén relacionadas con el negocio.

Al pasar al próximo paso en nuestra aplicación del poder de la *imaginación* para la consecución del éxito, citaremos algunos de los ejemplos más recientes y modernos de su uso en la acumulación de riqueza material y el perfeccionamiento de algunos de los principales inventos del mundo.

Al acercarnos a este próximo paso, debería tenerse en cuenta que «no hay nada nuevo bajo el sol». La vida en la Tierra podría compararse con un gran calidoscopio ante el cual las escenas, los hechos y las sustancias materiales están cambiando y transformándose continuamente, y lo único que cualquier persona puede hacer es tomar esos hechos y esas sustancias y reorganizarlos en nuevas combinaciones. El proceso mediante el cual se hace esto se denomina *imaginación*.

Hemos afirmado que la *imaginación* es de naturaleza interpretativa y creativa. Puede recibir impresiones o ideas y, a partir de ellas, formar nuevas combinaciones.

Como primera ilustración del poder de la *imaginación* en el éxito actual en los negocios, tomaremos el caso de Clarence Saunders, quien organizó el sistema Piggly-Wiggly de autoservicio en tiendas de alimentación.

Saunders era vendedor de comestibles en una pequeña tienda sureña. Un día, se encontraba en una cafetería haciendo cola con su bandeja de latón, esperando su turno para servirse la comida. Hasta ese momento, nunca había ganado más de veinte dólares semanales, y nadie había percibido en él nada que indicara una habilidad especial, pero, mientras estaba en esa cola, ocurrió algo en su mente que puso en funcionamiento su *imaginación*. Con ayuda de ésta, extrajo de la cafetería la idea del «autoservicio» (sin crear nada nuevo, sino meramente trasladando una vieja idea a un nuevo uso) y la llevó a una tienda de comestibles. En un instante, había creado el plan de la cadena de tiendas Piggly-Wiggly, y Clarence Saunders, el modesto dependiente, se convirtió rápidamente en un millonario con una cadena de tiendas de ultramarinos.

Hará una gran diferencia para ti
que seas una persona con un mensaje
o que seas una persona con una queja.

¿Dónde ves, en esa transacción, el menor indicio de una actuación que no reproducirías? Analízala y evalúala de acuerdo con las lecciones anteriores de este curso y verás que Clarence Saunders creó un *propósito muy claro* y lo respaldó con la suficiente *seguridad en sí mismo* como para tomar la *iniciativa* que permitiera hacerlo realidad. Su *imaginación* fue el taller en el que estos tres factores, el *propósito claro*, la *seguridad en uno mismo* y la *iniciativa*, fueron reunidos y produjeron el impulso para el primer paso en la organización del plan del Piggly-Wiggly. Así es como las grandes ideas se convierten en realidades.

Cuando Thomas A. Edison inventó la bombilla eléctrica incandescente, simplemente reunió dos viejos y conocidos principios y los asoció en una nueva combinación. El señor Edison, y prácticamente todos los demás que estaban informados sobre el tema de la electricidad, sabían que se podía producir una luz calentando un pequeño cable con electricidad, pero el problema difícil era hacerlo sin quemar el cable partiéndolo en dos. En sus investigaciones experimentales, el señor Edison probó todos los tipos de cable concebibles, con la esperanza de encontrar alguna sustancia que soportara el tremendo calor al que debía ser sometido para que pudiera producirse la luz.

Su invento estaba a medio acabar, pero no tenía ningún valor práctico hasta que pudiera encontrar lo que le faltaba para completar la otra mitad. Al cabo de miles de pruebas y de combinar incesantemente viejas ideas en su *imaginación*, Edison finalmente encontró lo que le faltaba. En su estudio de la física, había aprendido, al igual que cualquier estudiante de esta asignatura, que no puede haber combustión sin la presencia de oxígeno. Ciertamente, él sabía que la dificultad con su aparato eléctrico era la falta de un método para controlar el calor.

Cuando se le ocurrió que no podía haber *ninguna* combustión ahí donde *no hubiera* oxígeno, colocó el pequeño cable de su aparato de luz eléctrica dentro de un globo de vidrio, dejó fuera *todo* el oxígeno, y he aquí que la poderosa luz incandescente fue una realidad.

Cuando el sol se ponga esta noche, te acercarás a la pared, presionarás un interruptor —algo que hubiera dejado perpleja a la gente de unas cuantas generaciones atrás— y, sin embargo, no hay ningún misterio detrás de tu acto. Gracias al uso de la *imaginación* de Edison, simplemente has unido dos principios que existían desde el principio de los tiempos.

Nadie que lo conociera íntimamente dijo jamás que Andrew Carnegie tuviera una habilidad especial, ni el poder del genio, excepto en un aspecto, y ése era el de su habilidad para seleccionar hombres que *podían* y *querían* cooperar en un espíritu de armonía que permitiera llevar a cabo sus deseos. Pero, ¿qué habilidad adicional necesitaba para la acumulación de sus millones de dólares?

Cualquier persona que comprenda el principio del *esfuerzo organizado* como lo comprendía Carnegie y que conozca lo suficiente al ser humano como para seleccionar el tipo de personas necesarias en la realización de una tarea dada, podría duplicar todo lo que él consiguió.

Carnegie era un hombre con *imaginación*. Primero creó un *propósito claro* y luego se rodeó de personas que tenían la formación, la visión y la capacidad necesarias para convertir ese propósito en realidad. Carnegie no siempre creaba sus propios planes para la consecución de su *propósito claro*. Él se encargaba de saber lo que quería, luego encontraba a las personas que podían crear planes a fin de procurarlo. Y eso no era sólo *imaginación*; era genio del primer orden.

Pero debería quedar claro que los hombres como Carnegie no son los únicos que pueden hacer un uso provechoso de la *imaginación*. Este gran poder es tan asequible para quien se inicia en los negocios como lo es para la persona que ya ha «llegado».

Una mañana, el coche privado de Charles M. Schwab entró en el apartadero de su planta de Bethlehem Steel. Mientras bajaba de él, se le acercó un joven taquígrafo que le anunció que había venido a asegurarse de que cualquier carta o telegrama que el señor Schwab quisiera escribir la tendría inmediatamente. Nadie le había dicho a este joven que estuviera disponible, pero él había tenido la *imaginación* suficiente para ver que el hecho de estar ahí no haría ningún daño a sus posibilidades de avanzar. A partir de ese día, este joven fue «señalado» para una promoción. El señor Schwab lo señaló para ello porque había hecho lo que podrían haber hecho, pero no hicieron, cualquiera de los otros taquígrafos que trabajaban en la Bethlehem Steel Company. Actualmente, ese hombre es presidente de una de las mayores empresas farmacéuticas del mundo y tiene todos los bienes y mercancías que desea y mucho más de lo que necesita.

Hace unos años, recibí una carta de un joven que acababa de salir de una escuela de negocios y que quería asegurarse un empleo en mi oficina. Junto con su carta, envió un crujiente billete de diez dólares que nunca había sido plegado. La carta decía lo siguiente:

Acabo de terminar un curso comercial en una escuela de negocios de primera y quisiera un puesto en su oficina porque me doy cuenta del gran valor que tendría para un hombre joven, que está empezando en su carrera empresarial, tener el privilegio de trabajar bajo la dirección de un hombre como usted.

Si el billete de diez dólares que le adjunto es suficiente para pagar por el tiempo que pasaría dándome instrucciones durante la primera semana, quiero que lo acepte. Trabajaré el primer mes sin recibir ninguna paga y usted podrá decidir mi sueldo después, según lo que yo demuestre merecer.

Deseo este trabajo más de lo que he deseado tener cualquier otra cosa en mi vida y estoy dispuesto a realizar cualquier sacrificio razonable para conseguirlo.

Muy cordialmente

Este joven consiguió su oportunidad en mi oficina. Su *imaginación* le proporcionó la oportunidad que deseaba, y antes de que su primer mes hubiera concluido, el presidente de una compañía de seguros que había oído hablar de este incidente le ofreció una secretaría privada con un salario considerable. Actualmente tiene un cargo de responsabilidad en una de las mayores compañías de seguros del mundo.

Hace unos años, un hombre joven le escribió a Thomas A. Edison pidiéndole un puesto. Por alguna razón, Edison no le respondió. Sin desanimarse en absoluto por esto, decidió que no sólo recibiría una respuesta, sino que, lo que era más importante aún, conseguiría el puesto que buscaba. Este joven vivía a una gran distancia de West Orange, Nueva Jersey, donde las industrias Edison estaban ubicadas, y no tenía el dinero suficiente para pagarse el billete de tren, pero *tenía imaginación*. Fue a West Orange en un vagón de mercancías, consiguió la entrevista, le relató su historia en persona y obtuvo lo que deseaba.

Actualmente, este mismo hombre vive en Brandentown, Florida. Se ha retirado de la actividad empresarial, pues ya tiene todo el dinero que necesita. Su nombre, en caso que desees confirmar mi historia, es Edwin C. Barnes.

Utilizando su *imaginación*, el señor Barnes vio la ventaja de relacionarse estrechamente con un hombre como Thomas A. Edison. Vio que dicha relación le proporcionaría la oportunidad de estudiarlo y que, en algún momento, le pondría en contacto con los amigos de Edison, que era unas de las personas más influyentes del mundo. Éstos son sólo unos pocos casos en los que he podido observar personalmente cómo unos hombres han llegado a un lugar elevado en el mundo y han acumulado riqueza en abundancia haciendo un uso práctico de su *imaginación*.

Theodore Roosevelt grabó su nombre en las tablas del tiempo con un solo acto mientras ocupó el cargo de presidente de Estados Unidos, y cuando todo lo demás que hizo mientras lo ocupaba haya sido olvidado, esta única transacción lo registrará en la historia como un hombre con *imaginación*. Él hizo que las palas mecánicas de vapor empezaran a trabajar en el canal de Panamá.

Todos los presidentes, desde Washington hasta Roosevelt, podrían haber empezado el canal y se habría completado, pero parecía ser una empresa tan colosal que no sólo requería *imaginación*, sino también una valentía audaz. Roosevelt tenía ambas cosas, y ahora el pueblo de Estados Unidos tiene el canal.

A la edad de cuarenta años (la edad en que el hombre promedio empieza a pensar que es demasiado mayor para empezar algo nuevo), James J. Hill seguía sentado ante el manipulador del telégrafo, con un sueldo de 30 dólares mensuales. No tenía ningún capital.

La razón por la que a la mayoría de las personas no les gusta oír la historia de tus problemas es porque ellas ya tienen su propio montón.

No tenía amigos influyentes con capital, pero disponía de algo mucho más poderoso que cualquiera de esas cosas: *imaginación*.

En su mente vio un gran sistema ferroviario que penetraba en el subdesarrollado noroeste y unía los océanos Atlántico y Pacífico. Tan vívida era su *imaginación*, que consiguió que otras personas vieran las ventajas de un sistema ferroviario así, y a partir de ese momento la historia es conocida por cualquier escolar. Yo subrayaría la parte de la historia que la mayoría de la gente no menciona jamás: que el sistema del Great Northern Railway de Hill se hizo realidad primero en su propia *imaginación*. El ferrocarril fue construido con raíles de acero y traviesas de madera, como las demás vías férreas, pero si quieres oír la verdadera historia del éxito de James J. Hill, debes remontarte a esa pequeña estación ferroviaria en la que trabajaba por 30 dólares al mes y recoger ahí los pequeños hilos que tejió para convertirlos en un poderoso ferrocarril, con materiales no más visibles que los pensamientos que organizó en su *imaginación*.

Qué gran poder es la *imaginación*, el taller del alma en el que los *pensamientos* se tejen para convertirse en ferrocarriles y rascacielos, en molinos y fábricas, y en todo tipo de riqueza material.

Considero una verdad que los pensamientos son cosas;
que están dotados de cuerpos y aliento y alas;
y que los emitimos para que llenen
el mundo con buenos o malos resultados.
Aquello que llamamos nuestro pensamiento secreto
es proyectado a gran velocidad
hacia el punto más remoto de la Tierra,
y deja atrás sus bendiciones o sus infortunios,
como un rastro al pasar.
Construimos nuestro futuro, pensamiento a pensamiento,
para bien o para mal, aunque no lo sabemos,
pero así lo ha forjado el universo.
Pensamiento es otra forma de llamar al destino;
elige, entonces, tu destino y espera,
pues el amor acarrea amor y el odio acarrea odio.

Si tu *imaginación* es el espejo del alma, entonces tienes todo el derecho de colocarte ante ese espejo y verte como deseas ser. Tienes derecho a ver reflejados en ese espejo mágico la mansión que tienes intención de poseer, la fábrica que pretendes dirigir, el banco que estás dispuesto a presidir, la posición de la vida que deseas ocupar. ¡Tu *imaginación* te pertenece! ¡Úsala! Cuanto más la uses, más eficazmente te servirá.

En el extremo oriental del gran puente de Brooklyn, en la ciudad de Nueva York, un anciano trabaja como zapatero remendón. Cuando los ingenieros comenzaron a colocar postes y a marcar el lugar para los cimientos de la gran estructura de acero, este hombre movió la cabeza negativamente y dijo: «¡*Eso no se puede hacer!*».

Ahora lo observa desde su pequeño y pobre local de reparación de calzado, mueve la cabeza negativamente y se pregunta: «*¿Cómo lo hicieron?*».

Vio crecer el puente delante de sus ojos y todavía carece de la *imaginación* necesaria para analizar aquello que vio. El ingeniero que planificó el puente lo vio como una realidad mucho antes de que se empezara a retirar la tierra para poner los cimientos. El puente se convirtió en una realidad en su *imaginación* porque él la había entrenado para crear nuevas combinaciones a partir de viejas ideas.

En los experimentos recientes en el departamento de electricidad, una de nuestras grandes instituciones educativas estadounidenses ha descubierto cómo hacer dormir a las flores y luego despertarlas con «luz solar» eléctrica. Este descubrimiento posibilita el crecimiento de vegetales y frutas sin la ayuda de los rayos del sol. Dentro de unos años, el habitante de la ciudad estará sembrando verduras en su porche trasero con la ayuda de unas cuantas cajas de tierra y unas luces eléctricas, y cada mes del año tendrá algún nuevo vegetal madurando.

Si a este nuevo descubrimiento le añadimos un poco de *imaginación* y los descubrimientos de Luther Burbank en el campo de la horticultura, el habitante de la ciudad no sólo cultivará hortalizas durante todo el año, sino que éstas serán más grandes que las que cualquier jardinero moderno consigue al aire libre bajo la luz del sol.

En una ciudad de la costa de California se desarrollaron y se pusieron en condiciones todos los terrenos utilizables como solares de construcción. En un lado de la ciudad había unas colinas escarpadas en las que no se podía construir y en el otro lado el terreno no era apto para la construcción porque era demasiado bajo, y el agua de un brazo de río la cubría una vez al día.

Un hombre con *imaginación* llegó a esta ciudad. Los hombres con *imaginación* suelen tener mentes perspicaces, y éste no era una excepción. El primer día, nada más llegar, vio las posibilidades para hacer dinero con los bienes raíces. Se aseguró una opción de compra en aquellas colinas que no eran aptas para la construcción debido a lo escarpado del terreno. Además, se aseguró una opción de compra sobre el terreno que no podía ser aprovechado debido al agua que lo cubría a diario. Se aseguró estas opciones a un precio muy bajo porque, supuestamente, el suelo no tenía un valor sustancial.

Con el uso de unas pocas toneladas de explosivos, convirtió esas colinas escarpadas en tierra suelta. Con la ayuda de unos tractores y unas niveladoras, niveló el suelo y lo convirtió en unos bonitos solares de construcción, y con unas pocas mulas y unos carros arrojó la tierra sobrante en los terrenos bajos, levantándolos por encima del nivel del agua y convirtiéndolos, de ese modo, en unos hermosos solares de construcción.

Hizo una fortuna considerable. *¿A cambio de qué?* ¡De retirar un poco de tierra de donde no se necesitaba y llevarla ahí donde era necesaria! *¡De mezclar una tierra inútil con la imaginación!*

Los habitantes de esa pequeña ciudad reconocieron a este hombre como un genio; y lo era: el mismo tipo de genio que podría haber sido cualquiera de ellos, de haber usado la *imaginación* del modo que la utilizó.

En el campo de la química es posible mezclar dos o más ingredientes químicos en unas proporciones tales que el mero acto de mezclarlos aporta a cada uno de los ingredientes una gran cantidad de energía que antes no poseía. También es posible mezclar ciertos ingredientes químicos en unas proporciones tales que *todos los ingredientes de la combinación adquieren una naturaleza totalmente distinta*, como en el caso del H_2O, que es la mezcla de dos partes de hidrógeno y una de oxígeno, la cual crea el agua.

La química no es el único campo en el que una combinación de varios materiales físicos puede realizarse de tal manera que cada uno de ellos adquiere un valor mayor, o el resultado es un producto enteramente ajeno en su naturaleza al de las partes que lo componen. El hombre que hizo volar esas colinas inútiles de tierra y piedras y retiró la sobrante de ahí donde no era necesaria, llevándola a los terrenos bajos, donde sí se necesitaba, infundió a la tierra y a las piedras de un valor que antes no tenían.

Una tonelada de hierro en lingotes vale muy poco, pero si le añades carbono, silicio, manganeso, azufre y fósforo en las proporciones correctas, incluida una mano de obra experta, esa misma tonelada de hierro se transformará en resortes para relojes que valen una pequeña fortuna.

Pero en todos estos procesos de transformación, el ingrediente más valioso es uno que no tiene forma material: ¡la imaginación!

Aquí tenemos grandes montones de ladrillos sueltos, madera, clavos y vidrio. En su forma actual no sirven para nada, pues son un una molestia y desagradables a la vista. Pero si los mezclamos con la *imaginación* de un arquitecto y con una mano de obra experta, se convierten en una hermosa mansión que vale el rescate de un rey.

En una de las grandes autopistas entre Nueva York y Filadelfia había una vieja granja destartalada y deteriorada por el tiempo, que valía menos de cincuenta dólares. Con ayuda de un poco de madera y algo de cemento, además de *imaginación*, esta vieja granja se ha convertido en un bonito local de suministros para automóviles con el que el hombre con *imaginación* gana una fortuna.

Delante de mi oficina, al otro lado de la calle, hay un pequeño taller de impresión con el que el propietario y su ayudante ganan lo justo para pagarse el café y el pan, pero no más. A menos de doce manzanas de distancia se encuentra una de las imprentas más modernas del mundo, cuyo dueño pasa la mayor parte del tiempo viajando y tiene una riqueza mucho mayor de la que podrá utilizar jamás. Hace veintidós años, estos dos impresores tenían un negocio juntos.

Sé que estoy aquí.

Sé que no tuve nada que ver con mi llegada,

y que tendré poco, o nada, que ver con mi partida.

Por lo tanto, no me preocuparé,

pues las preocupaciones son inútiles.

El que es propietario de la gran imprenta, tuvo el buen juicio de aliarse con un hombre que combinó la *imaginación* con el oficio. El hombre con *imaginación* es un escritor de anuncios publicitarios y suministra a la imprenta con la que está asociado más trabajo del que puede realizar, analizando los negocios de sus clientes, creando atractivos artículos publicitarios y proporcionando el material impreso necesario para que éstos sirvan. Esta planta recibe premios de primerísima categoría porque su *imaginación* combinada con esa impresión da como resultado un producto que la mayoría de imprentas no pueden ofrecer.

En la ciudad de Chicago, el nivel de cierto bulevar fue elevado, lo cual estropeó una serie de hermosas residencias porque la elevación llegaba hasta la altura de las ventanas del segundo piso. Mientras los propietarios se quejaban de su mala suerte, llegó un hombre con *imaginación*, compró las propiedades por una «ganga», convirtió los segundos pisos en propiedades de comercio, y ahora disfruta de unos bonitos ingresos de sus rentas.

Mientras lees estas líneas, ten presente todo lo que se dijo al principio de esta lección, especialmente el hecho de que lo más grande y más provechoso que puedes hacer con tu *imaginación* es el acto de reorganizar viejas ideas en nuevas combinaciones.

Si utilizas tu imaginación adecuadamente, ésta te ayudará a convertir tus fracasos y tus errores en ventajas de incalculable valor, te llevará al descubrimiento de una verdad conocida únicamente por quienes usan su *imaginación*: es decir, que a menudo los grandes reveses e infortunios de la vida abren la puerta a unas oportunidades de oro.

Uno de los mejores y mejor pagados grabadores de Estados Unidos había trabajado anteriormente de cartero. Un día tuvo la fortuna de encontrarse en un tranvía que tuvo un accidente, y tuvieron que amputarle una pierna. La compañía ferroviaria le pagó 5.000 dólares de indemnización. Con ese dinero, el hombre se pagó sus estudios y se convirtió en grabador. El producto de sus manos, además de su *imaginación*, vale mucho más de lo que podía ganar con su pierna siendo cartero. Cuando tuvo que redirigir sus esfuerzos como consecuencia del accidente del tranvía, descubrió que tenía *imaginación*.

Tú nunca sabrás cuál es tu capacidad para el éxito hasta que aprendas a combinar tus esfuerzos con la *imaginación*. Los productos de tus manos, sin *imaginación*, te darán un beneficio muy pequeño, pero esas mismas manos, si son guiadas adecuadamente por la *imaginación*, pueden hacerte ganar toda la riqueza material que puedes usar.

Hay dos maneras de beneficiarse de la *imaginación*. Puedes desarrollar esta facultad en tu propia mente, o puedes aliarte con quienes ya la han desarrollado. Andrew Carnegie hizo ambas cosas. No sólo hizo uso de su propia *imaginación* fértil, sino que reunió en torno a su persona a otros hombres que también poseían esta cualidad esencial, pues su *propósito claro* en la vida requería de especialistas cuya *imaginación* fuera en varias direcciones. En ese grupo de hombres que formaron la «mente maestra» de Carnegie, se encontraban aquellos cuya *imaginación* se reducía al campo de la química. Había otros cuya *imaginación* se reducía a las finanzas. Y había otros más cuya *imaginación* se reducía al arte de vender, entre los cuales se encontraba Charles M. Schwab, de quien se dice que ha sido el vendedor más capaz entre los empleados de Carnegie.

Si sientes que tu propia *imaginación* es inadecuada, deberías formar una alianza con alguien cuya *imaginación* esté lo bastante desarrollada como para compensar tus carencias. Existen diversas formas de alianza. Por ejemplo, está la alianza del matrimonio, la alianza de una asociación comercial, la alianza de la amistad y la alianza de patrón y empleado. No todos los hombres tienen la capacidad de servir a sus propios intereses como jefes, y quienes no la tienen pueden beneficiarse aliándose con personas de *imaginación* que sí la posean.

Se dice que Carnegie hizo más millonarios entre sus empleados que cualquier otro patrón en el negocio siderúrgico. Entre ellos se encontraba Charles M. Schwab, quien dio muestras de la más sólida de las *imaginaciones* por su buen juicio al aliarse con Carnegie. No es ninguna desgracia servir en la condición de empleado. Por el contrario, a menudo resulta ser el lado más provechoso de una alianza, ya que no todas las personas son aptas para asumir la responsabilidad de dirigir a otras.

Quizá no haya campo en el que la *imaginación* ejerza un papel tan importante como lo hace en el arte de vender. El vendedor experto ve los méritos de los productos que vende, o el servicio que presta, en su propia *imaginación* y, si no lo hace, no realizará la venta.

Hace unos años, se realizó una venta que, según dicen, fue la de mayor repercusión y la más importante que se ha hecho jamás. El objeto de la venta no era una mercadería, sino la libertad de un hombre que estaba confinado en la prisión de Ohio y el desarrollo de un sistema de reforma penitenciaria que promete un cambio revolucionario en el método para tratar a los desafortunados hombres y mujeres que han quedado atrapados en las redes de la ley.

Para que puedas observar cómo la *imaginación* representa el papel principal en el arte de vender, analizaré esta venta para ti, con las debidas disculpas por las referencias personales, que no pueden ser evitadas sin destruir gran parte del valor del ejemplo.

Hace unos años, fui invitado a hablar delante de los reclusos de la prisión de Ohio. Cuando subí al escenario, vi entre el público que tenía delante a un hombre a quien yo había conocido como un empresario de éxito más de diez años atrás. Aquel hombre era B., cuyo indulto procuré más tarde, y la historia de su liberación se ha extendido por las primeras páginas de prácticamente todos los periódicos de Estados Unidos. Quizá la recuerdes.

Después de haber completado mi discurso, me entrevisté con el señor B. y averigüé que había sido condenado por falsificación a un período de veinte años. Cuando acabó de relatarme su historia, le dije: «¡Le sacaré de aquí en menos de sesenta días!».

Con una sonrisa forzada, replicó: «Lo admiro por su ánimo, pero cuestiono su buen juicio. ¿Sabía que al menos veinte hombres influyentes han intentado por todos los medios a su alcance conseguir mi excarcelación, sin éxito? *¡No se puede hacer!*».

Supongo que ese último comentario (*No se puede hacer*) fue lo que me desafió a demostrarle que sí se podía hacer. Regresé a Nueva York y le pedí a mi esposa que hiciera las maletas y se preparara para una estancia indefinida en Columbus, donde estaba ubicada la prisión de Ohio.

¡Yo tenía en mente un *propósito claro*! Ese propósito era sacar a B. de la cárcel de Ohio. No sólo tenía en mente conseguir su excarcelación, sino que tenía intención de hacerlo de tal forma que quedara demostrado que se cometió un error, se borrara la palabra «presidiario» y, al mismo tiempo, se reconociera el mérito de todas las personas que habían ayudado a excarcelarlo.

No dudé ni una sola vez de que conseguiría que lo soltaran, pues ningún vendedor puede hacer una venta si duda de que la hará. Mi esposa y yo regresamos a Columbus y nos instalamos ahí de forma permanente.

Al día siguiente, visité al gobernador de Ohio y declaré el objeto de mi visita con estas palabras:

Gobernador: He venido a pedirle que deje libre a B., que se encuentra en la prisión de Ohio. Tengo sólidas razones para solicitar su excarcelación y espero que le dé su libertad con prontitud, pero he venido preparado para quedarme hasta que sea excarcelado, sin importar cuánto tiempo transcurra.

Durante su encarcelamiento, B. ha inaugurado un sistema de formación por correspondencia en la prisión de Ohio, como usted sin duda sabe. Ha influido en 1.729 de los 2.518 prisioneros de la prisión para que tomen cursos de formación. Ha conseguido pedir los suficientes libros de texto y material de clase para mantener a estos hombres ocupados con sus lecciones y lo ha hecho sin un centavo de gasto para el estado de Ohio. El director y el capellán de la prisión me han dicho que ha observado las reglas de la cárcel. Sin duda, un hombre que puede influir en 1.729 hombres para que pongan todos sus esfuerzos en mejorarse a sí mismos no debe de ser una persona muy mala.

He venido a pedirle que deje libre a B. porque deseo que lo coloque a la cabeza de una escuela penitenciaria que ofrezca a los 160.000 reclusos de las otras prisiones de Estados Unidos la oportunidad de beneficiarse de su influencia. Estoy preparado para asumir la plena responsabilidad de su conducta después de su excarcelación.

Éste es mi argumento, pero, antes de que me dé su respuesta, quiero que sepa que no ignoro el hecho de que sus enemigos probablemente lo criticarán si lo deja libre. De hecho, excarcelarlo podría costarle muchos votos si vuelve a presentarse como candidato al puesto de gobernador.

Con el puño apretado y su amplia mandíbula mostrando firmeza, el Gobernador de Ohio, Vic Donahey, dijo:

Si eso es lo que usted quiere de B., lo liberaré aunque me cueste cinco mil votos. No obstante, antes de firmar el indulto, quiero que vaya a ver al Consejo de Clemencia y consiga su recomendación favorable. También quiero que consiga la recomendación favorable del director y el capellán de la prisión de Ohio. Como usted sabe, un gobernador está sometido al Tribunal de la opinión pública, y estos caballeros son representantes de dicho tribunal.

¡La venta se había hecho! Y toda la transacción había requerido menos de cinco minutos.

Al día siguiente regresé a la oficina del gobernador, acompañado del capellán de la prisión de Ohio, y le notifiqué que el Consejo de Clemencia, el director y el capellán se habían unido para recomendar la excarcelación. Tres días más tarde, el indulto era firmado y B. salió caminando por las grandes puertas de acero como un hombre libre.

He relatado los detalles para mostrarte que no hubo ninguna dificultad en la transacción. El trabajo preliminar para la excarcelación había sido preparado antes de que yo entrara en escena. B. lo había hecho, mediante su buena conducta y el servicio que había prestado a esos 1.729 prisioneros. Cuando creó el primer sistema de estudios por correspondencia en una prisión en el mundo, creó la llave que le abrió las puertas de salida de la cárcel. ¿Por qué, entonces, no habían conseguido su liberación las otras personas que lo habían intentado? ¡Fracasaron porque no usaron la *imaginación!*

Si has sido juicioso y has tenido éxito, te felicito; a menos que seas incapaz de olvidar cuánto éxito has tenido. Entonces simplemente te tendría lástima.

Quizá le pidieran al gobernador la excarcelación de B. basándose en que era alguien con estudios universitarios y no era una mala persona. *Pero no le dieron al gobernador de Ohio los motivos suficientes para justificar la concesión de un indulto*, pues, de lo contrario, sin duda habría liberado a B. mucho antes de que yo entrara en escena y se lo pidiera.

Antes de ir a ver al gobernador, repasé todos los datos y, en mi propia *imaginación*, me vi en su lugar y creé en mi mente el tipo de presentación que más me seduciría si yo estuviera realmente ocupándolo.

Cuando le pedí la excarcelación de B., lo hice en nombre de los 160.000 desafortunados hombres y mujeres que viven en las prisiones de Estados Unidos y que disfrutarían de los beneficios del sistema educativo por correspondencia que él había creado. No dije nada de sus importantes progenitores. No dije nada de mi amistad con él en años anteriores. No dije nada de que él fuera un tipo meritorio. Todos esos temas podrían haber sido utilizados como motivos razonables para su excarcelación, pero parecían insignificantes comparados con el motivo más grande y más sólido de que su liberación ayudaría a otras 160.000 personas que sentirían la influencia de su sistema de formación por correspondencia cuando él saliera libre.

Cuando el gobernador de Ohio tomó una decisión, no dudo de que B. tuviera una importancia secundaria en relación con ella. El gobernador, sin duda, vio un posible beneficio, no sólo para B., sino para los otros 160.000 hombres y mujeres que necesitaban la influencia que él podía ejercer si era liberado. *¡Y eso era imaginación!*

¡Y también era el arte de vender! Al hablar de este incidente cuando hubo acabado, uno de los hombres que habían trabajado diligentemente durante más de un año en un intento de conseguir la libertad de B., me preguntó: «*¿Cómo lo hizo?*».

Y yo repliqué: «Ha sido la tarea más fácil que he realizado jamás, porque la mayor parte del trabajo ya estaba hecho antes de que yo me hiciera cargo de ella. De hecho, no lo hice yo. Lo hizo el propio B».

El hombre me miró perplejo. No veía lo que estoy intentando dejar claro: esto es, que prácticamente todas las tareas difíciles se realizan con facilidad si uno las enfoca desde el ángulo correcto. En la excarcelación de B. entraron en juego dos factores importantes. El primero fue el hecho de que él me había proporcionado el material para un buen argumento antes de que yo me hiciera cargo; y el segundo era que, antes de visitar al gobernador de Ohio, yo estaba tan absolutamente convencido de que tenía derecho a pedir que fuera liberado, que no me costó nada presentar mis argumentos con eficacia.

Regresa a lo que se afirmó al principio de esta lección sobre el tema de la telepatía y aplícalo a este caso. El gobernador podría decir, mucho antes de que yo hubiese declarado mi misión, que *yo sabía que tenía un buen argumento*. Si mi cerebro no envió ese pensamiento a su cerebro, entonces la expresión de seguridad en mí mismo en mis ojos y el tono positivo de mi voz evidenciaron mi creencia en los méritos de mi argumento.

Una vez más, pido disculpas por estas referencias personales, con la explicación de que las he utilizado únicamente porque el país entero conocía el caso de B. que he relatado. Niego todo el mérito por el pequeño papel que representé en él, pues no hice otra cosa que utilizar mi *imaginación* como una sala de reuniones para reunir los factores con los que se realizó la venta. No hice nada, excepto lo que podría haber hecho cualquier vendedor con *imaginación*.

Se necesita un valor considerable para verse impulsado a utilizar el pronombre personal con la libertad con que se ha usado para relatar los hechos relacionados con este caso, pero la justificación reside en el valor de la aplicación del principio de la *imaginación* en un caso que prácticamente todo el mundo conoce.

No puedo recordar un incidente en toda mi vida en el que la solidez de los quince factores que entran en juego en este curso se manifestaran con tanta claridad como en la consecución de la libertad de B.

Éste no es más que otro eslabón en la larga cadena de pruebas que demuestran, para mi absoluta satisfacción, el poder de la *imaginación* como un factor en el arte de vender. Existen infinitos millones de aproximaciones a cada problema, pero *sólo hay una* que es la mejor. Encuéntrala y tu problema se resolverá fácilmente. No importa cuánto mérito tengan tus productos, hay millones de formas *erróneas* de ofrecerlos. Tu *imaginación* te ayudará a encontrar la *correcta*.

En tu búsqueda de la forma *correcta* de ofrecer tu mercancía o tus servicios, recuerda este peculiar rasgo de la humanidad:

La gente te concederá los favores que pidas para beneficiar a una tercera persona, pero no te los concedería si los pidieras para tu propio beneficio.

Compara esta afirmación con el hecho de que yo le pidiera al gobernador de Ohio que concediera la libertad a B., no como un favor para mí, y no como un favor para B., sino para el beneficio de los 160.000 desafortunados reclusos de las prisiones de Estados Unidos.

Los vendedores con *imaginación* siempre ofrecen sus mercancías en una terminología tal que las ventajas de éstas son evidentes para el potencial comprador. Rara vez, alguien hace una compra de un producto, o hace un favor a otra persona, sólo para complacer al vendedor. Es un rasgo prominente de la naturaleza humana que nos impulsa a todos a hacer aquello que ayuda a nuestros propios intereses. Éste es un hecho objetivo e indiscutible, aunque el idealista declare lo contrario.

Para ser absolutamente directos, *¡los hombres son egoístas!*

Entender la verdad es entender cómo presentar tus argumentos, tanto si estás pidiendo que un hombre sea excarcelado como si estás ofreciendo algún producto para vender. En tu *imaginación* planifica la presentación de tus argumentos de manera tal que al comprador le queden claras las ventajas más importantes y más atractivas. ¡Eso es *imaginación*!

Siempre que veo a una persona intentando revelar

los pecados de otra me pregunto si no llevará

alguna marca de deshonra que la habría arruinado

si la justicia la hubiese descubierto.

Un granjero se mudó a la ciudad llevándose con él a su perro pastor bien entrenado. Pronto descubrí que el perro estaba fuera de lugar en la ciudad, de modo que decidió «deshacerse de él». (Fíjate en las palabras entre comillas.) Llevándose consigo al perro, fue al campo y llamó a la puerta de una granja. Un hombre con muletas se acercó a abrir la puerta cojeando. El propietario del perro lo saludó con estas palabras: «Usted no querrá comprar a un buen perro pastor del que me quiero deshacer, ¿verdad?».

«¡No!», replicó el hombre con muletas y cerró la puerta.

El dueño del perro llamó a la puerta de otra media docena de granjas, haciendo la misma pregunta, y recibió la misma respuesta. Llegó a la conclusión de que nadie quería al perro y regresó a la ciudad. Esa misma noche, le contó su desgracia a un hombre con *imaginación*. Éste escuchó cómo el propietario del perro había tratado en vano de «deshacerse de él».

«Permítame que yo me encargue de vender al perro», dijo el hombre con *imaginación*. El propietario estuvo de acuerdo. A la mañana siguiente, el hombre con *imaginación* llevó al animal al campo, y se detuvo ante la primera granja en la que el dueño del perro había llamado a la puerta el día anterior. El mismo hombre con muletas salió cojeando y respondió a la llamada.

El hombre con *imaginación* lo saludó de esta forma: «Veo que está lisiado por el reumatismo. Lo que usted necesita es un buen perro que le haga los mandados. Tengo aquí a un perro que ha sido entrenado para traer a casa a las vacas, alejar a los animales salvajes, conducir a las ovejas y realizar otros servicios útiles. Puede quedarse con él por cien dólares».

«Muy bien», dijo el hombre lisiado. «¡Me lo quedo!» Eso, también, ¡fue *imaginación*! Nadie quiere a un perro del que alguien se quiere «deshacer», pero prácticamente cualquiera querría tener a un perro capaz de conducir a un rebaño, traer a casa a las vacas y realizar otros servicios útiles.

El perro era el mismo que el comprador lisiado había rechazado el día anterior, pero el hombre que se lo vendió no era el mismo que el que había intentado «deshacerse de él». Si utilizas tu *imaginación*, sabrás que nadie quiere algo de lo que otra persona se está intentando «deshacer». Recuerda lo que dijimos sobre la ley de la atracción a través de cuya operación «los iguales se atraen». Si aparentas ser un fracaso y actúas como si lo fueras, no atraerás más que fracasos. Cualquiera que sea el trabajo al que te dediques, requiere del uso de la *imaginación*.

Las cataratas del Niágara no eran más que una gran masa de agua rugiente hasta que un hombre con *imaginación* las aprovechó y convirtió la energía desperdiciada en una corriente eléctrica que ahora mueve las ruedas de la industria. Antes de que ese hombre de *imaginación* llegara, millones de personas habían visto y oído esas cataratas rugientes, pero carecían de la *imaginación* necesaria para aprovecharlas.

El primer Club de Rotarios del mundo nación en la fértil *imaginación* de Paul Harris, de Chicago, quien vio en este hijo de su cerebro un medio eficaz para cultivar posibles clientes y la extensión de su práctica como abogado. La ética del derecho prohíbe hacer publicidad de la forma habitual, pero la *imaginación* de Paul Harris encontró la manera de ampliar su práctica de la abogacía sin anunciarla de la manera estándar.

Si los vientos de la Fortuna están soplando temporalmente en tu contra, recuerda que puedes aprovecharlos y hacer que te lleven hacia tu *propósito claro* mediante el uso de tu *imaginación*. La cometa se alza contra el viento, ¡no con él!

El doctor Frank Crane era un predicador «de baja categoría» con dificultades económicas hasta que los sueldos miserables del clero lo obligaron a usar su *imaginación*. Ahora gana más de cien mil dólares al año trabajando una hora al día, escribiendo ensayos.

Bud Fisher solía trabajar por una mera limosna, pero ahora gana 75.000 dólares al año haciendo sonreír a la gente con su tira cómica de Mutt y Jeff. En sus dibujos no hay ningún arte, de modo que debe de estar vendiendo su *imaginación*.

Woolworth era un dependiente mal pagado de una tienda (quizá porque todavía no había averiguado que tenía *imaginación*). Antes de morir, construyó el edificio de oficinas más alto del mundo y llenó el país de tiendas de «Todo a cinco y diez centavos» con el uso de su *imaginación*.

Al analizar estos ejemplos, observarás que el estudio a fondo de la naturaleza humana desempeñó un papel importante en los logros mencionados. Para hacer un uso provechoso de tu *imaginación*, debes lograr que te revele los motivos que explican que el hombre haga, o deje de hacer, un determinado acto. Si tu *imaginación* te lleva a entender con cuánta rapidez te concede la gente lo que pides cuando tus requerimientos apelan a su propio interés, puedes tener prácticamente cualquier cosa que persigas.

No hace mucho, vi como mi mujer realizaba una venta muy inteligente a nuestro bebé. El bebé estaba golpeando la parte superior de nuestra estantería de caoba con una cuchara. Cuando mi mujer intentó quitársela, él se negó a dársela, pero, puesto que es una mujer con *imaginación*, ella le ofreció una bonita barrita de caramelo rojo. El bebé soltó la cuchara inmediatamente y centró su atención en el objeto más deseable.

¡Eso es *imaginación*! También es el arte de vender. Ella consiguió lo que quería sin usar la fuerza.

Un día, viajaba en el coche de un amigo que estaba conduciendo a una velocidad mayor que la permitida. Un agente se acercó con su moto y le dijo a mi amigo que quedaba arrestado por exceso de velocidad. Éste sonrió placenteramente al agente y le dijo: «Siento haberle hecho salir con esta lluvia, pero quería llegar al tren de las diez con el amigo que me acompaña y estaba conduciendo a más de cincuenta kilómetros por hora».«No, iba usted a sólo cuarenta y cinco kilómetros por hora», replicó el agente. «Y, puesto que usted ha reaccionado tan bien, lo dejaré ir esta vez, pero vaya con cuidado a partir de ahora.»

Y eso, también, ¡fue *imaginación!* Incluso un policía de tráfico entrará en razón si uno se dirige a él de la forma correcta, pero, ay del motorista que intenta engañarlo haciéndole creer que su velocímetro no estaba funcionando correctamente. Hay una forma de *imaginación* de la que te voy a prevenir. Se trata de aquella que impulsa a la gente a *imaginar* que puede conseguir algo a cambio de nada, o que puede abrirse paso en el mundo a la fuerza, sin observar los derechos de los demás. En las instituciones penitenciarias de Estados Unidos hay más de 160.000 reclusos, y prácticamente todos ellos están ahí porque *imaginaron* que podían jugar al juego de la vida sin respetar los derechos de sus semejantes.

Hay un hombre en la prisión de Ohio que ha cumplido con más de treinta y cinco años de condena por falsificación, y la mayor cantidad que llegó a conseguir por su mala aplicación de la *imaginación* fueron doce dólares.

Hay algunas personas que dirigen su *imaginación* en el vano intento de encontrar una manera de mostrar lo que ocurre cuando «un cuerpo inamovible entra en contacto con una fuerza irresistible», pero ese tipo de gente debería estar en los hospitales psiquiátricos.

También hay otra forma de *imaginación* mal aplicada; a saber, la del niño o la niña que sabe más sobre la vida que su «papá». Pero esta forma suele modificarse con el *tiempo.* Mis propios hijos me han enseñado muchas cosas que mi «papá» intentó enseñarme, en vano, cuando yo tenía su edad.

El *tiempo* y la *imaginación* (que a menudo es sólo producto del tiempo) nos enseñan muchas cosas, pero nada más importante que ésta:

Que todos los hombres se asemejan mucho de muchas formas.

Señor vendedor: si quieres saber lo que tu cliente está pensando, estúdiate a ti mismo y averigua lo que *tú* estarías pensando si estuvieras en su lugar. Estúdiate a ti mismo, averigua cuáles son los motivos que te impulsan a realizar ciertos actos, y llegarás lejos perfeccionándote en el uso adecuado de la *imaginación.*

La cualidad más valiosa de un detective es la *imaginación.* La primera pregunta que se plantea cuando se le pide que resuelva un crimen es: «*¿Cuál fue el motivo?*». Si es capaz de averiguarlo, normalmente podrá encontrar al culpable.

Un hombre que había perdido un caballo ofreció una recompensa de cinco dólares a quien se lo devolviera. Varios días más tarde, un chico, que supuestamente era un «mentecato», llegó con el animal y la reclamó. El propietario sintió curiosidad por saber cómo había encontrado al caballo. «¿Cómo supiste dónde buscarlo?», inquirió, a lo que el chico replicó: «Bueno, simplemente pensé a dónde habría ido yo si fuera un caballo. Fui ahí, y ahí estaba». No está nada mal para un «mentecato». Algunas personas a las que no se las acusa de serlo van por la vida sin dar tantas muestras de *imaginación* como las que dio este chico.

A todos nos gustan los elogios, pero es una cuestión discutible si abandonarse a esas tendencias desarrolla el carácter, la fortaleza y la individualidad.

Si quieres saber lo que hará la otra persona, usa tu *imaginación*, ponte en su lugar y averigua lo que habrías hecho tú; eso es *imaginación*.

Todas las personas deberían ser un poco soñadoras. Todo negocio necesita a un soñador. Pero el soñador debe ser también un hacedor, o debe aliarse con alguien que pueda trasladar los sueños a la realidad, y que lo haga. Una nación tan grande como la nuestra fue concebida, nació y fue cuidada durante los primeros días de su infancia, ¡como resultado de la *imaginación* de las mentes de los hombres que combinaron los sueños con la *acción*!

Tu mente es capaz de crear muchas combinaciones nuevas y útiles de viejas ideas, pero lo más importante que puede crear es un *claro objetivo principal* que te proporcionará aquello que más deseas. Tu *claro objetivo principal* puede convertirse rápidamente en realidad una vez que le has dado forma en la cuna de tu *imaginación*. Si has seguido fielmente las instrucciones dadas para orientarte en la segunda lección, ahora te encuentras en el camino hacia el éxito, porque sabes lo que quieres y tienes un plan para conseguirlo.

La batalla para alcanzar el éxito está medio ganada cuando uno sabe claramente lo que quiere. Cuando uno sabe lo que quiere y ha decidido que lo obtendrá a cualquier precio, entonces la batalla ha terminado, a excepción de los «gritos». La elección de un *claro objetivo principal* requiere del uso tanto de la *imaginación* como de la decisión. El poder de decisión crece con el uso. La decisión rápida, al obligar a la *imaginación* a crear un *claro objetivo principal*, hace que la capacidad de tomar decisiones en otros asuntos sea más poderosa.

Las adversidades y las derrotas temporales suelen ser bendiciones disfrazadas, puesto que nos obligan a hacer uso de la *imaginación* y la decisión. Ésta es la razón por la que el hombre suele luchar mejor cuando está contra la pared y sabe que no puede retroceder. Entonces llega a la decisión de pelear en lugar de salir corriendo.

La *imaginación* nunca es tan activa como cuando uno se enfrenta a una emergencia que exige una decisión y una acción rápidas y claras.

En esos momentos de emergencia, algunos hombres han tomado decisiones, hecho planes y utilizado su *imaginación* de una manera tal que se hicieron conocidos como genios. Muchos genios han nacido de la necesidad de una estimulación insólita de la *imaginación* como consecuencia de alguna experiencia difícil que exigía un pensamiento rápido y una pronta decisión.

Es un hecho conocido que la única forma de conseguir que un chico, o una chica, demasiado mimado se vuelva de provecho es obligándolo a valerse por sí mismo. Esto requiere del ejercicio tanto de la *imaginación* como de la decisión, ninguna de las cuales sería utilizada a no ser por la necesidad.

El reverendo P. W. Welshimer es el pastor de una iglesia en Canton, Ohio, donde ha estado instalado durante más de un cuarto de siglo. Los pastores corrientes no permanecen en la dirección de una iglesia durante tanto tiempo, y el reverendo Welshimer podría no haber sido una excepción a esta regla si no hubiera asociado la *imaginación* a sus deberes pastorales.

Tres años son el tiempo habitual que un pastor puede permanecer en una determinada comunidad sin que la acogida sufra un desgaste. La iglesia que dirige el reverendo Welshimer tiene una escuela dominical con más de cinco mil miembros: la mayor cantidad registrada entre todas las iglesias de Estados Unidos.

Ningún pastor podría haber permanecido a la cabeza de una iglesia durante un cuarto de siglo, con el pleno consentimiento de sus feligreses, sin el empleo de las LEYES DE LA INICIATIVA Y EL LIDERAZGO, un CLARO OBJETIVO PRINCIPAL, SEGURIDAD EN UNO MISMO e IMAGINACIÓN.

El autor de este curso se encargó de estudiar los métodos empleados por el reverendo Welshimer, y aparecen descritos aquí para beneficio de los estudiantes de esta filosofía.

Es un hecho conocido que las facciones de la iglesia, las rencillas, a menudo provocan desacuerdos que hacen que sea indispensable un cambio de líder. El reverendo Welshimer ha esquivado este obstáculo común con una aplicación única de la LEY DE LA IMAGINACIÓN. Cuando llega un nuevo miembro a su iglesia, el reverendo le asigna inmediatamente una tarea clara (alguna que encaje lo mejor posible con el temperamento, la formación y las aptitudes empresariales de la persona) y, según las propias palabras del sacerdote, «mantiene a cada miembro tan ocupado colaborando con la iglesia que no le queda tiempo para pelearse o estar en desacuerdo con otros miembros».

No es una mala política para aplicar en el campo de los negocios, o en cualquier otro campo. El viejo dicho de que «las manos ociosas son las mejores herramientas del diablo» es más que un mero juego de palabras, puesto que es cierto.

Dale a cualquier hombre alguna tarea que le guste hacer y mantenlo ocupado realizándola, y no será capaz de degenerar en una fuerza desorganizadora. Si cualquier miembro de la escuela dominical deja de asistir en dos ocasiones consecutivas, un comité de la iglesia lo llama para averiguar la razón de su inasistencia. Hay una tarea de «comité» para prácticamente cada miembro de la iglesia. De este modo, el reverendo Welshimer delega en los propios miembros la responsabilidad de buscar a los delincuentes y mantenerlos interesados en los asuntos de la iglesia. Es un organizador de primera. Sus esfuerzos han llamado la atención de empresarios de todo el país y, en ocasiones demasiado numerosas para ser mencionadas, le han ofrecido puestos con buenos sueldos en bancos, plantas siderúrgicas, empresas…, que reconocían en él a un auténtico líder.

En el sótano de la iglesia, el reverendo Welshimer tiene un taller de impresión de primera donde publica semanalmente un diario de la iglesia muy estimable que reciben todos sus miembros. La producción y distribución de este periódico es otra fuente de empleo que mantiene a los miembros lejos de cualquier mala acción, ya que prácticamente todos ellos tienen algún tipo de interés activo en él. El diario está dedicado exclusivamente a los asuntos de la iglesia en su totalidad y a los de sus miembros individuales. Es leído por cada feligrés, frase a frase, porque siempre existe la posibilidad de que su nombre sea mencionado en las noticias locales.

La iglesia tiene un coro bien preparado y una orquesta que sería un honor para algunos de los más grandes teatros. Ahí, el reverendo Welshimer sirve al doble propósito de ofrecer un entretenimiento y, al mismo tiempo, mantener ocupados a los miembros más «temperamentales», que son artistas, impidiendo que hagan de las suyas y, por otro lado, dándoles la oportunidad de hacer aquello que más les gusta.

El doctor Harper, que había sido rector de la Universidad de Chicago, fue uno de los rectores universitarios más eficientes de su época. Tenía predilección por conseguir fondos en grandes cantidades. Fue él quien indujo a John D. Rockefeller a aportar millones de dólares para apoyar a la Universidad de Chicago.

Podría ser útil para el estudiante de esta filosofía estudiar la técnica del doctor Harper, ya que fue un líder de primer orden. Además, él mismo me dio su palabra de que su liderazgo nunca fue una cuestión de casualidad o accidente, sino que siempre fue el resultado de un procedimiento cuidadosamente planificado.

El siguiente incidente servirá para mostrar cómo hizo uso de la *imaginación* para obtener grandes sumas de dinero: Harper necesitaba un millón de dólares adicional para la construcción de un nuevo edificio. Haciendo inventario de los hombres ricos de Chicago a los que podía recurrir para obtener esta gran suma de dinero, se decidió por dos de ellos, que eran millonarios y enemigos implacables.

Uno de estos hombres era, en aquella época, director del tranvía de Chicago. Eligiendo la hora del mediodía, cuando probablemente el personal de la oficina y la secretaria de este hombre habrían salido a almorzar, el doctor Harper entró en las oficinas con aplomo y, viendo que no había nadie que vigilara la puerta exterior, se introdujo en el despacho de su «víctima», a la que sorprendió con su aparición no anunciada.

«Mi nombre es Harper, dijo el doctor, y soy rector de la Universidad de Chicago. Perdone mi intrusión, pero no encontré a nadie en las oficinas exteriores —cosa que no era un mero accidente— de modo que me tomé la libertad de entrar».

»He pensado en usted y en su sistema ferroviario de tranvías muchas, muchas veces. Usted ha desarrollado un sistema maravilloso y entiendo que ha hecho muchísimo dinero con sus esfuerzos. Sin embargo, nunca pienso en usted sin que se me ocurra que algún día pasará al Gran Desconocido y que, cuando se haya ido, no quedará nada como monumento a su nombre, porque otros tomarán posesión de su dinero, y el dinero suele perder su identidad con mucha rapidez, en cuanto cambia de manos.

»A menudo he pensado en ofrecerle la oportunidad de perpetuar su memoria permitiéndole construir un nuevo edificio en los terrenos de la Universidad, y poniéndole su nombre. Le habría ofrecido esta oportunidad hace mucho tiempo, de no haber sido por el hecho de que uno de los miembros de nuestro consejo de administración desea que el honor sea para el señor X —el enemigo del director de los tranvías—. No obstante, personalmente, yo siempre lo he apoyado a usted y todavía lo hago, y si tengo su permiso para hacerlo, intentaré hacer que la balanza se incline a su favor.

»Sin embargo, no he venido a pedirle que decida nada hoy, ya que simplemente pasaba por aquí y me pareció una buena idea entrar y conocerlo. Medite sobre este asunto y, si desea volver a hablar conmigo, llámeme por telefono cuando lo desee.

»¡Que tenga un buen día, señor! Me alegro de haber tenido la oportunidad de conocerlo.»

Dicho esto, se retiró sin darle opción al director de la compañía del tranvía de decir sí o no. De hecho, le dio muy pocas oportunidades de hablar, pues Harper ya se encargó de hacerlo. Fue tal como había planeado que ocurriría. Entró en la oficina meramente para plantar la semilla, con la convicción de que germinaría y cobraría vida a su debido tiempo.

Su convicción no carecía de fundamento. Apenas estaba de regreso en su oficina, cuando el teléfono sonó. El director del tranvía estaba al otro lado de la línea. Pidió una cita con el doctor Harper, la cual le fue concedida, y los dos se reunieron en la oficina de Harper a la mañana siguiente. Una hora más tarde, el cheque por valor de un millón de dólares estaba en manos del rector de la Universidad de Chicago.

No podemos sembrar cardos y cosechar trébol.
La naturaleza simplemente no funciona así.
Se atiene a causa y efecto.

A pesar del hecho de que el doctor Harper era un hombre pequeño de aspecto bastante insignificante, se decía que «había algo en su forma de actuar que le permitía conseguir todo lo que se proponía».

¿Y qué era ese «algo» que se decía que tenía? No era otra cosa que su comprensión del poder de la imaginación. Supón que hubiese ido a la oficina del director del tranvía y hubiese pedido una cita. Entre el momento de la visita y cuando realmente hubiera visto al hombre habría transcurrido el tiempo suficiente como para que éste anticipara su motivo y también para que formulara una excusa buena y lógica para decir: «¡No!».

Supón, por otro lado, que hubiera iniciado su entrevista con el hombre del tranvía diciendo algo así:

«La Universidad necesita fondos desesperadamente y he venido a pedirle ayuda. Usted ha hecho mucho dinero y le debe algo a la comunidad en la que lo ha ganado. (Lo cual, quizá, sea cierto.) Si está dispuesto a darnos un millón de dólares, nosotros pondremos su nombre en el nuevo edificio que queremos construir».

¿Cuál habría sido el resultado? En primer lugar, no se habría sugerido ningún motivo suficientemente atractivo como para influir en la mente del director del tranvía. Aunque posiblemente fuese cierto que «le debía algo a la comunidad en la que había hecho una fortuna», probablemente no hubiera admitido este hecho. En segundo lugar, habría disfrutado de la posición de estar en el lado ofensivo de la propuesta, y no en el defensivo.

Pero el doctor Harper, siendo astuto en el uso de la imaginación, previno esas posibilidades por la forma de presentar sus argumentos. En primer lugar, puso al director del tranvía a la defensiva al informarlo de que no era seguro que él (el doctor Harper) pudiera obtener el permiso de su consejo de administración para aceptar el dinero y poner su nombre al edificio. En segundo lugar, intensificó su deseo de conseguir que su nombre estuviera en dicho edificio con el pensamiento de que su enemigo y competidor podría tener ese honor si a él se le escapaba. Además (y esto tampoco fue ninguna casualidad), el doctor Harper había apelado poderosamente a una de las debilidades humanas más comunes al mostrarle a este hombre cómo perpetuar su memoria.

Todo esto requería una aplicación práctica de la LEY DE LA IMAGINACIÓN. El doctor Harper era un *maestro vendedor*. Cuando le pedía dinero a alguien siempre preparaba el camino hacia el éxito sembrando en la mente de aquel al que se lo pedía una razón sólida por la cual debería dárselo; una razón que suponía alguna ventaja o beneficio como consecuencia de la donación. A menudo, esto adoptaba la forma de alguna ventaja comercial. Una vez más, adoptaba la forma que incita a esa parte de la naturaleza del hombre a desear perpetuar su nombre para que siga vivo después de él. Pero siempre, la petición de dinero se llevaba a cabo de acuerdo con un plan que había sido cuidadosamente meditado, embellecido y preparado con el uso de la imaginación.

La filosofía de las LEYES DEL ÉXITO todavía se encontraba en la etapa embrionaria, y mucho antes de que fuera organizada en un curso sistemático de formación y resumida en libros de texto, el autor se encontraba dando una conferencia sobre el tema en un pueblo de Illinois.

Uno de los miembros del público era un joven vendedor de seguros de vida que acababa de iniciarse en dicha especialidad laboral. Después de escuchar lo dicho sobre el tema de la imaginación, empezó a aplicarlo a su propio problema en la venta de seguros. Durante la conferencia se dijo algo sobre el valor del esfuerzo conjunto, a través del cual las personas pueden disfrutar de un mayor éxito mediante el esfuerzo cooperativo, en virtud de un acuerdo de trabajo según el cual cada una de ellas «estimula» los intereses de la otra.

Tomando esta sugerencia como indicación, el joven en cuestión formuló inmediatamente un plan según el cual obtenía la cooperación de un grupo de empresarios que no estaban relacionados en modo alguno con el negocio de los seguros. Fue a ver al principal comerciante de su pueblo y acordó con él darle una póliza de mil dólares a cada cliente que comprara un equivalente no inferior a 50 dólares mensuales de productos alimenticios. Luego se encargó de informar a la gente de este acuerdo y trajo muchos clientes nuevos. El comerciante tenía una tarjeta pulcramente rotulada en la tienda, la cual informaba a los clientes de su oferta de un seguro gratuito, ayudándose a sí mismo al ofrecer a todos su clientes un aliciente para que hicieran TODAS sus compras de comestibles con él.

Este joven agente de seguros fue a ver a continuación al propietario de la gasolinera principal del pueblo y acordó con él asegurar a todos los clientes que le compraran a él toda la gasolina, el aceite y otras provisiones para el motor.

Luego fue al principal restaurante del pueblo y realizó un arreglo similar con el propietario. Por cierto, esta alianza resultó ser bastante beneficiosa para el dueño del restaurante, pues inmediatamente inició una campaña publicitaria en la que afirmaba que su comida era tan pura, saludable y buena que todo aquel que comiera en su local con regularidad tendría una vida mucho más larga y, por lo tanto, aseguraría su vida por la suma de mil dólares.

Charles Chaplin ganaba un millón de dólares al año con una forma de andar graciosa, arrastrando los pies, y un par de pantalones abombachados, porque hacía «algo diferente». Sigue su ejemplo e «individualízate» con alguna idea distintiva.

El vendedor de seguros de vida acordó entonces con un constructor y agente inmobiliario de la zona asegurar la vida de cada persona que le comprara una propiedad por una cantidad suficiente para pagar el saldo deudor sobre la propiedad, en caso de que el comprador falleciera antes de completar los pagos.

LAS LEYES DEL ÉXITO

El joven en cuestión es ahora el agente general de una de las compañías aseguradoras más grandes de Estados Unidos, que tiene su oficina central en una de las ciudades más grandes de Ohio, y actualmente sus ingresos están muy por encima de los 25.000 dólares anuales, como media.

El momento decisivo en su vida llegó cuando descubrió cómo podía hacer un uso práctico de la LEY DE LA IMAGINACIÓN.

Su plan no tiene ninguna patente; puede ser reproducido una y otra vez por otros vendedores de seguros de vida que conozcan el valor de la *imaginación*. Ahora mismo, si me dedicara a la venta de seguros de vida, creo que debería hacer uso de este plan aliándome con un grupo de distribuidores de automóviles en varias ciudades, haciéndoles así vender más coches y, al mismo tiempo, asegurando la venta de una gran cantidad de seguros de vida mediante sus esfuerzos.

El éxito económico no es difícil de alcanzar cuando uno aprende a hacer un uso práctico de la imaginación creativa. Alguien con la *iniciativa* y el *liderazgo* suficientes, y con la necesaria *imaginación*, duplicará las fortunas que hacen cada año los propietarios de las tiendas de «Todo a cinco y diez centavos» mediante el desarrollo de un sistema de venta de ese mismo tipo de productos que actualmente se vende en dichas tiendas, con la ayuda de máquinas expendedoras. Esto hará que se ahorre una fortuna en contratación de vendedores y seguros contra robos, y reducirá los gastos generales del funcionamiento de la tienda de muchas otras maneras. Tal sistema puede funcionar con el mismo éxito con que se vende comida con la ayuda de máquinas dispensadoras automáticas. La semilla de la idea ha sido sembrada aquí. ¡Es tuya para que la tomes!

Alguien con una mente inventiva hará una fortuna y, al mismo tiempo, salvará miles de vidas cada año, con el perfeccionamiento de un «control» automático del cruce ferroviario que reducirá el número de accidentes automovilísticos en los pasos a nivel. El sistema, cuando sea perfeccionado, funcionará de una forma similar a ésta: unos cien metros antes, aproximadamente, de llegar al paso a nivel, el automóvil pasará por una plataforma similar a las plataformas a gran escala utilizadas para pesar objetos voluminosos, y el peso del coche hará descender una barrera y sonar una campana. Esto obligará al automóvil a disminuir la velocidad. Después del lapso de un minuto, la barrera se volverá a levantar y el coche seguirá su camino. Mientras tanto, habrá habido el tiempo suficiente para que el conductor mire en ambas direcciones para asegurarse de que no se acerca ningún tren.

La imaginación, además de alguna técnica mecánica, proporcionará al automovilista esta protección tan necesaria y hará que el hombre que perfeccione el sistema gane todo el dinero que necesita, y mucho más.

Cualquier inventor que comprenda el valor de la *imaginación* y tenga un conocimiento básico del principio de la radio puede hacer una fortuna perfeccionando un sistema de alarma antirrobos que envíe una aviso a la oficina central de la policía y, al mismo tiempo, encienda las luces y haga sonar un gong en el lugar que se tiene intención de robar, con la ayuda de un aparato semejante al que actualmente se utiliza para la radiodifusión.

Cualquier granjero con suficiente *imaginación* para crear un plan, además del uso de una lista de todos los permisos de conducir emitidos en su estado, puede hacerse fácilmente con una clientela de conductores que acudirán a su granja y comprarán todas las verduras que sea capaz de producir y todas las gallinas que pueda criar, ahorrándose así el gasto de tener que transportar sus productos a la cuidad. Al contactar con cada automovilista pra la estación, el granjero puede calcular con exactitud la cantidad de productos que debería suministrar. La ventaja para el conductor, que se beneficia de este arreglo, es que tendrá asegurados unos productos procedentes «directamente de la granja» a un coste menor que el que tendrían si los comprara a los comerciantes del lugar.

El propietario de la gasolinera que está junto a la carretera puede hacer un uso eficaz de la *imaginación* poniendo un puesto de venta de comida cerca de su estación de servicio y luego haciendo una publicidad atractiva a lo largo de la carretera en ambas direcciones, atrayendo la atención hacia su «barbacoa», sus «bocadillos caseros», o cualquier otra cosa en la que se quiera especializar. El puesto de comida hará que los conductores se detengan, y muchos de ellos se surtirán de gasolina antes de reemprender su camino.

Éstas son sugerencias sencillas, que no implican ninguna complicación particular con vistas a usarlas, pero son justamente estos usos de la *imaginación* los que acarrean el éxito económico.

El plan para las tiendas de autoservicio Piggly-Wiggly, que hicieron ganar millones de dólares a su creador, era una idea muy sencilla que cualquiera podría haber adoptado, pero fue necesaria una gran *imaginación* para ponerla en funcionamiento de una forma práctica.

Cuanto más sencilla y fácilmente adaptable a una necesidad es la idea, mayor es su valor, ya que nadie busca ideas que conlleven muchos detalles o sean complicadas de alguna forma.

La *imaginación* es el factor más importante en el arte de vender. El *maestro vendedor* siempre es alguien que hace un uso sistemático de la *imaginación*. El comerciante que destaca se apoya en la *imaginación* para obtener las ideas que hacen que su negocio sea sobresaliente.

La *imaginación* puede usarse eficazmente en la venta incluso de los artículos más pequeños, como corbatas, camisas, calcetería… Procedamos ahora a analizar exactamente cómo puede hacerse.

En una ocasión, entré en una de las tiendas de moda masculina más conocidas de la ciudad de Filadelfia con la intención de comprar algunas camisas y corbatas. Al acercarme al mostrador de las corbatas, un joven vino hacia mí e inquirió: «¿Desea algo?». Pues bien, si yo hubiera sido el hombre detrás del mostrador, no habría hecho esa pregunta. Él debería haber sabido, por el hecho de que yo me estaba acercando al mostrador de corbatas, que eso era lo que yo quería ver.

Cogí una o dos corbatas del mostrador, las examiné brevemente, luego las dejé todas, excepto una de color azul claro que me gustaba un poco. Finalmente, la dejé y comencé a echar una mirada a las que quedaban. El joven de detrás del mostrador tuvo entonces una idea feliz. Cogiendo una corbata amarilla de apariencia chillona, la ató en torno a sus dedos para mostrarme el aspecto que tendría una vez anudada, y me preguntó: «¿No es bonita?».

Ahora bien, yo detesto las corbatas amarillas, y el vendedor no tuvo ningún impacto en mí al sugerir que una corbata amarilla chillona es bonita. Si yo hubiese estado en el lugar del vendedor, habría cogido la corbata azul por la que yo había mostrado una preferencia, y la habría anudado en torno a mis dedos para mostrar su apariencia una vez hecho el nudo. Habría sabido lo que el cliente quería, observando el tipo de corbatas que cogía y examinaba. Además, habría sabido qué corbata en particular le gustaba más por el tiempo que la tuviera en sus manos. Un hombre no permanece junto a un mostrador y acaricia una pieza de género que no le agrada. Si se le da la oportunidad, cualquier cliente le proporcionará al vendedor alerta una pista sobre la mercadería en particular en la que debería poner énfasis en un esfuerzo por hacer la venta.

El hombre que teme reconocer el mérito
de aquellos que lo ayudan a hacer un trabajo estimable
es tan pequeño que algún día las oportunidades
pasarán a su lado y seguirán de largo sin verlo.

A continuación, me trasladé al mostrador de camisas. Ahí se me acercó un caballero mayor, que me preguntó: «¿Puedo hacer algo por usted hoy?». Pues bien, pensé que si alguna vez hacía algo por mí, tendría que ser ese día, porque posiblemente nunca volvería a aquella tienda en particular. Le dije que deseaba ver las camisas y le describí el estilo y color que quería. El señor mayor casi me da un golpe cuando replicó diciendo: «Lo siento, señor, pero no se lleva ese estilo esta temporada, de modo que no lo tenemos en exhibición».

Le dije que sabía que no «se llevaba» ese estilo que yo solicitaba y que, justamente por ese motivo, entre otros, yo lo iba a llevar, siempre y cuando pudiera encontrarlo.

Si hay algo que irrita a un hombre (especialmente a ese tipo de hombre que sabe exactamente lo que quiere y lo describe en cuanto entra a la tienda) es que le digan que eso «no se lleva esta temporada».

Ese tipo de afirmación es un insulto a la inteligencia del hombre, o a lo que él cree que es su inteligencia, y en la mayoría de los casos es fatal para una venta. Si yo me dedicara a la venta de artículos, podría pensar lo que quisiera acerca del gusto de un cliente, pero, sin duda, no tendría tan poco tacto y diplomacia como para decirle que, en mi opinión, no sabe de lo que está hablando. En lugar de eso, preferiría arreglármelas con tacto para mostrarle lo que a mi parecer es un artículo más apropiado, en caso de no tener lo que el cliente desea.

Uno de los escritores más famosos y mejor pagados del mundo ha creado su fama y su fortuna únicamente con el descubrimiento de que es rentable escribir sobre aquello que la gente ya conoce y con lo que está de acuerdo. Esta misma regla se podría aplicar a la venta de mercadería.

El señor mayor finalmente sacó unas cajas de camisas y empezó a desplegar algunas que no se parecían ni de lejos a la que yo había pedido. Le dije que ninguna de ellas era apropiada y, cuando me disponía a marcharme, me preguntó si no quería echar un vistazo a unos bonitos tirantes. ¡Imagínate! Para empezar, yo no uso tirantes y, además, no había nada en mi conducta o en mi actitud que indicara que me gustaría ver unos tirantes.

Es correcto que un vendedor intente interesar al cliente en productos por los que no pregunta, pero se debería tener criterio y cuidado en ofrecer al cliente algo que, a criterio del vendedor, le podría interesar.

Me marché de la tienda sin haber comprado ni camisas ni corbatas y sintiéndome un tanto resentido por haber sido juzgado de una forma tan desconsiderada sobre mis gustos en cuanto a colores y estilos.

Un poco más abajo, en la misma calle, entré en una pequeña tienda, con un único dependiente, la cual tenía camisas y corbatas exhibidas en el escaparate. ¡Ahí se me atendió de otra manera! El hombre trás el mostrador no me hizo ninguna pregunta innecesaria o estereotipada. Me echó una mirada cuando entré, me midió con bastante precisión con la vista y me saludó con un «¡Buenos días, señor!» muy agradable.

A continuación, inquirió: «¿Que le enseño primero, las camisas o las corbatas?». Le dije que deseaba ver las camisas primero. Entonces echó una mirada al estilo de la camisa que yo llevaba puesta, me preguntó cuál era mi talla y empezó a desplegar camisas del mismo tipo y color que yo buscaba, sin que yo tuviera que decir ninguna palabra más. Sacó seis estilos diferentes y observó cuál cogía yo primero. Miré cada camisa, una por una, y las volví a dejar sobre el mostrador, pero el vendedor vio que examinaba una de ellas con mayor detenimiento que las demás y que la sostenía durante más tiempo. En cuanto solté dicha camisa, el vendedor la cogió y empezó a explicarme cómo estaba hecha. Luego se dirigió al mostrador de corbatas y regresó con tres, azules y muy bonitas, del tipo que yo había estado buscando. Le hizo un nudo a cada una de ellas y las sostuvo delante de la camisa, haciéndome notar la perfecta armonía entre los colores de una y otra prenda.

Cuando llevaba en la tienda menos de cinco minutos, ya había comprado tres camisas y tres corbatas; salí con un paquete bajo el brazo, sintiendo que ésa era una tienda a la que podía regresar cuando necesitara más camisas y corbatas.

Después me enteré de que el comerciante propietario de la pequeña tienda en la que realicé estas compras paga un alquiler mensual de 500 dólares por ese pequeño local y que tiene unos buenos ingresos de la venta de nada más que camisas y corbatas. Con un gasto fijo tan alto, de no ser por su conocimiento de la naturaleza humana, el cual le permite realizar un alto porcentaje de ventas a todos los que entran en su tienda, se vería obligado a cerrar el negocio.

A menudo he observado a las mujeres cuando se prueban sombreros y me he preguntado por qué los vendedores no leen la mente del posible comprador mediante la observación de su forma de manipular esta prenda.

Una mujer entra en una tienda y pide que le enseñen algunos sombreros. El vendedor o vendedora empieza a sacar sombreros y la potencial compradora se los comienza a probar. Si un sombrero le queda bien, incluso ligeramente, se lo dejará puesto unos segundos, o unos minutos, pero si no le gusta se lo quitará en cuanto la vendedora retire sus manos de él.

Finalmente, cuando a la clienta le muestran un sombrero que le gusta, ella empezará a anunciarlo en unos términos que una vendedora bien informada comprenderá, es decir, arreglándose el pelo bajo el sombrero, o bajándolo hasta el ángulo exacto que más le gusta, y mirando el sombrero por detrás con ayuda de un espejo de mano. Los signos de admiración son inconfundibles. Por último, la clienta se quitará el sombrero de la cabeza y empezará a mirarlo detenidamente; después, es posible que lo deje de lado y permita que le prueben otro, en cuyo caso un vendedor o una vendedora inteligente dejará a un lado el sombrero que se acaba de quitar y, a la menor oportunidad, lo volverá a sacar y le pedirá a la clienta que se lo pruebe otra vez.

Mediante una observación detenida de los gustos y las aversiones de la clienta, a menudo una vendedora lista puede vender hasta tres o cuatro sombreros a una misma persona, de una tirada, meramente fijándose en lo que le gusta y luego concentrándose en vendérselo.

La misma regla se aplica a la venta de otros productos. El cliente, si es observado de cerca, indicará claramente lo que quiere y, si se sigue esa pista, rara vez se marchará sin comprar. Creo que sería un cálculo conservador decir que el setenta y cinco por ciento de los que se marchan sin comprar lo hacen porque no se ha tenido tacto al mostrarles el género.

El otoño pasado entré en una sombrerería para comprar un sombrero de fieltro. Era una frenética tarde de sábado y se me acercó un joven vendedor «auxiliar» para las horas punta que todavía no había aprendido a medir a la gente con una mirada. Sin una buena razón para hacerlo, el joven sacó un sombrero de hongo marrón y me lo dio, o mejor dicho, intentó dármelo. Pensé que se esforzaba en ser gracioso y me negué a recibir el sombrero en mis manos y, en un intento de ser simpático y gracioso yo también, le dije: «¿También cuenta cuentos para hacer dormir?». Me miró sorprendido, pero no me siguió el juego.

Si yo no hubiera observado a este joven con mayor detenimiento que él a mí, y no hubiera comprendido que era un «auxiliar» serio pero sin experiencia, me hubiese sentido muy insultado, ya que, si hay algo que detesto, son los sombreros de hongo de cualquier tipo, sobre todo si son marrones. Casualmente, uno de los vendedores habituales vio lo que estaba ocurriendo, se acercó, arrebató el sombrero de las manos del joven y, con una sonrisa en el rostro que pretendía ser una especie de compensación para mí, dijo: «¿Qué diablos estás intentando mostrarle a este caballero?». Esto acabó con mi diversión, y el vendedor que me había reconocido inmediatamente como un caballero, me vendió el primer sombrero que me mostró.

Por lo general, el cliente se siente halagado cuando el vendedor se toma el tiempo para estudiar su personalidad y mostrarle el género adecuado a ella.

Hace unos años entré en una de las tiendas de ropa para caballeros más grandes de Nueva York y pedí un traje, describiendo exactamente lo que quería, pero sin mencionar el precio. El joven, que se suponía que era un vendedor, dijo que no creía que tuvieran un traje de esas características. Por casualidad, vi exactamente el traje que yo quería puesto en un maniquí, y se lo indiqué. Entonces me sorprendió diciendo: «Ah, ¿ése de ahí? ¡Pero ése es un traje muy caro!».

Su respuesta me divirtió, pero también me enfadó, de modo que le pregunté al joven qué veía en mí que le indicara que no había venido a comprar un traje caro. Avergonzado, intentó explicarse, pero sus explicaciones fueron tan torpes como la ofensa inicial, de modo que me dirigí hacia la puerta, murmurando algo para mí mismo sobre los «tarados». Antes de llegar a la puerta, me abordó otro vendedor que percibió, por mi forma de andar y la expresión en mi rostro, que yo no estaba nada satisfecho.

Con un tacto digno de mención, este vendedor entabló una conversación conmigo mientras le contaba mis «penas» y consiguió que volviera con él a ver el traje. Antes de salir de la tienda, compré el traje por el que había entrado, y dos más que no tenía intención de comprar.

Ésa es la diferencia entre un vendedor y alguien que espanta a los clientes. Además, más adelante presenté a este vendedor a dos amigos míos y él realizó unas ventas importantes con ellos.

Los «exaltados» acaban acobardándose.
Quien pierde los nervios suele ser un farolero,
y cuando se le «llama» se raja.

En una ocasión, me encontraba caminando por el Michigan Boulevard, en Chicago, cuando un bonito traje gris en el escaparate de una tienda de ropa masculina atrajo mi mirada. No tenía pensado comprarme el traje, pero sentí curiosidad de saber su precio, de modo que abrí la puerta y, sin entrar, me limité a asomar la cabeza y preguntarle al primer hombre que vi cuánto costaba el traje del escaparate.

A continuación tuvo lugar una de las maniobras de venta más inteligentes que he observado jamás. El vendedor sabía que no podía venderme el traje a menos que yo entrara en la tienda, de modo que dijo: «¿No quiere pasar, señor, mientras averiguo el precio del traje?».

Sin duda, el vendedor siempre supo cuál era su precio, pero ésa fue su forma de evitar que yo pensara que estaba intentando venderme el traje. Ciertamente, yo tenía que ser tan amable como el vendedor, de modo que dije: «Por supuesto», y entré.

El vendedor dijo: «Venga por aquí, señor, y obtendré la información para usted». En menos de dos minutos me encontraba de pie delante de una vitrina, despojado de mi abrigo y preparándome para probarme un traje como el que había visto en el escaparate.

Cuando me hube puesto la chaqueta, que resultó que me quedaba casi a la perfección (lo cual no era ninguna casualidad, gracias a los ojos expertos de un vendedor observador), mi atención se dirigió al tacto agradable y suave de la tela. Acaricié el brazo de la chaqueta con la mano, de arriba abajo, tal como había visto hacerlo al vendedor mientras describía el material y, efectivamente, era una tela muy fina. A estas alturas ya había preguntado el precio otra vez, y cuando me dijo que eran sólo 50 dólares me sentí agradablemente sorprendido, porque se me había llevado a pensar que el precio era mucho más elevado. No obstante, cuando vi el traje en el escaparate por primera vez supuse que costaría unos treinta dólares, aproximadamente, y dudo que hubiera pagado esa cantidad si no hubiera caído en manos de un hombre que sabía mostrar un traje haciendo que se luciera. Si la primera chaqueta que me probé hubiese sido dos tallas más grande, o demasiado pequeña, dudo que se hubiera realizado alguna venta, a pesar del hecho de que a todos los trajes confeccionados a la venta en las mejores tiendas se les hacen arreglos para que le queden bien al cliente.

Compré ese traje en «un impulso del momento», como diría un psicólogo, y no soy el único hombre que compra artículos bajo ese tipo de impulsos. Un único desliz por parte del vendedor había hecho perder la venta. Si hubiese respondido: «Cincuenta dólares» cuando le pregunté el precio, yo le habría dicho «Gracias», y me habría marchado sin verlo.

Más adelante, en esa temporada, le compré dos trajes más a ese mismo vendedor, y si ahora viviera en Chicago probablemente le compraría más, porque siempre me mostraba un vestuario acorde con mi personalidad.

La tienda Marshall Field, en Chicago, recibe más mercadería que cualquier otra tienda de ese tipo en el país. Además, la gente paga más a sabiendas en dicho comercio y se siente más satisfecha que si comprara el género en otra por menos dinero. ¿Por qué?

Pues bien, existen varias razones; entre ellas, el hecho de que cualquier cosa que uno compre en la tienda Field que no sea enteramente satisfactoria puede ser devuelta y cambiada por otro artículo, o a uno le devuelven el dinero, según lo que el cliente quiera. Con cada artículo que se vende en la tienda Field viene una garantía implícita.

Otro motivo por el que la gente presta más atención a la tienda Field es porque la mercadería está exhibida y se muestra de una forma que es más llamativa que la de la mayoría de tiendas. Los escaparates de Field son verdaderas obras de arte, no menos que si estuvieran hechas sólo por amor al arte, y no meramente para vender el género; lo mismo se aplica a los artículos que se exhiben en la tienda. Hay armonía y una agrupación adecuada del género por todo el establecimiento de Field, y esto crea una atmósfera que es más, mucho más, que algo meramente imaginario.

Otra de las razones por las que la tienda Field puede cobrar más por sus artículos que la mayoría de comercios es la cuidadosa selección y supervisión de los vendedores. Rara vez encontramos a una persona empleada en una tienda Field que uno no estaría dispuesto a aceptar como alguien igual a uno socialmente, o como un vecino. No son pocos los hombres que han conocido chicas en la tienda Field que luego se han convertido en sus esposas.

La mercadería que uno compra en Field está empaquetada o envuelta con más arte del que es habitual en otras tiendas, y ésta es otra razón de que la gente se desvíe de su camino y pague precios más elevados por comprar allí.

Dicho sea de paso, me gustaría relatar la experiencia de un amigo mío que transmitirá muy claramente a aquellos que se dedican al negocio de vender cómo la *imaginación* puede utilizarse incluso para envolver el género.

Este amigo tenía una pitillera de plata muy fina que había llevado consigo durante años y de la que se sentía muy orgulloso, ya que era un regalo de su esposa.

El uso constante había hecho que la pitillera recibiera muchos golpes. Se había combado, abollado, sus bisagras estaban torcidas, de modo que decidió llevarla a la joyería Caldwell, en Filadelfia, para que la repararan. Dejó la petaca y pidió que se la enviaran a su oficina cuando estuviera lista.

Unas dos semanas más tarde, una furgoneta nueva con un aspecto espléndido que llevaba el nombre Caldwell se detuvo frente a su oficina; de ella salió un joven de buena apariencia con un uniforme impecable que llevaba un paquete envuelto artísticamente y atado con una cinta con lazo.

Dio la casualidad que el paquete fue entregado a mi amigo en el día de su cumpleaños y, habiendo olvidado que había llevado a reparar su pitillera, y observando la belleza y el tamaño del paquete que le fue entregado, naturalmente imaginó que alguien le había enviado un regalo.

Su secretaria y otros trabajadores de su oficina se reunieron en torno a su escritorio para verlo abrir su «regalo». El hombre cortó el lazo y retiró el envoltorio exterior. Debajo había una capa de papel de seda, atada con un precioso precinto de oro con las iniciales y el sello de Caldwell.

Quitó este papel y una bonita caja aterciopelada apareció ante sus ojos. Abrió la caja y, tras retirar el envoltorio de papel de seda, encontró una pitillera que, después de un cuidadoso examen, reconoció como la que había llevado a reparar. Pero, gracias a la *imaginación* del gerente de Caldwell, no parecía la misma.

E. M. Statler se convirtió en el hotelero de más éxito en el mundo al ofrecer un servicio mayor y mejor que aquel por el que sus clientes habían pagado.

Cada abolladura había sido alisada; las bisagras habían sido alineadas y la pitillera había sido pulida y limpiada de tal manera que brillaba tanto como el día que la había comprado.

Al unísono, quienes la observaban, incluido el propietario de la pitillera, emitieron un prolongado suspiro de admiración. ¡Y la cuenta! Oh, era una cantidad muy grande y, sin embargo, el precio cobrado por la reparación no parecía demasiado elevado. De hecho, todo lo que entraba en la transacción, desde el empaquetado de la pitillera, con la elegante capa de papel de seda, los precintos de oro, la cinta con el lazo, la entrega del paquete realizada por un muchacho pulcramente uniformado, con una furgoneta de reparto nueva y elegante, se basaba en una psicología cuidadosamente calculada que sentaba las bases para cobrar un precio elevado por la reparación.

Por lo general, la gente no se queja de los precios altos si el «servicio» o el embellecimiento del producto son tales que preparan el camino para ellos. De lo que sí se queja la gente, y con razón, es de los precios elevados cuando el servicio es «descuidado».

Para mí, había una gran lección en este incidente de la pitillera, y creo que hay una lección en él para cualquier persona que desee hacer negocio vendiendo cualquier tipo de mercancía.

Los artículos que estás vendiendo pueden valer todo lo que pides por ellos, pero si no estudias detenidamente los temas de una presentación provechosa y un envoltorio artístico, puedes ser acusado de un cobro excesivo a tus clientes.

En la calle Broad, en la ciudad de Filadelfia, hay una frutería en la que quienes la visitan son recibidos por un hombre uniformado que les abre la puerta. Tan sólo hace eso, pero lo hace con una sonrisa (aunque ésta sea cuidadosamente estudiada y ensayada) que logra que el cliente se sienta bienvenido incluso antes de entrar en la tienda. Este comerciante se especializa en canastas de frutas preparadas por encargo. Justo a la salida de la tienda hay una gran pizarra en la que se exhibe una lista de las fechas en que los diversos transatlánticos parten de Nueva York. Este comerciante atiende a las personas que desean que se entreguen canastas de fruta a bordo de los barcos en los que viajan sus amigos. Si la novia de un hombre, o su mujer o una amiga muy querida, viaja en una determinada fecha, él desea, naturalmente, que la canasta de frutas que le ha comprado sea embellecida con encajes y «adornos». Además, no está buscando necesariamente algo «barato» o, incluso, poco caro.

¡Todo esto lo capitaliza un comerciante de frutas! Obtiene entre diez y veinticinco dólares por una canasta de fruta que uno podría comprar a la vuelta de la esquina, a menos de una manzana de distancia, por entre tres y siete dólares con cincuenta, con la excepción de que la última no estaría embellecida con los adornos de la primera, que valen unos setenta y cinco centavos.

La tienda de este comerciante es de un tamaño reducido, no más grande que el promedio de fruterías pequeñas, pero paga un alquiler de al menos quince mil dólares anuales por ese lugar y hace más dinero que medio centenar de fruterías corrientes juntas, meramente porque sabe cómo presentar y entregar sus productos para que apelen a la vanidad de los compradores. Ésta es otra prueba más del valor de la *imaginación*.

Los norteamericanos –y me refiero a todos ellos, no solamente a los llamados ricos– son los más extravagantes de la tierra a la hora de gastar dinero, pero insisten en la «clase» cuando se trata de apariencias como el envoltorio, la entrega y otros adornos que no añaden ningún valor real a la mercadería que compran. El comerciante que entiende esto y que ha aprendido a mezclar la IMAGINACIÓN con su mercadería, puede recoger el fruto de sus conocimientos. Y hay una gran cantidad de comerciantes que lo está haciendo.

El vendedor que comprende la psicología de la adecuada presentación, envoltorio y entrega del producto, y que sabe cómo mostrar sus mercancías para que encajen con los caprichos y las características de sus clientes, puede poner precios elevados a productos corrientes y, lo que es más importante aún, puede hacerlo y conservar a sus clientes con mayor facilidad que si vendiera esos mismos artículos sin el atractivo «estudiado», el envoltorio artístico y el servicio de entrega.

En un restaurante «barato» donde se sirve el café en tazas pesadas y gruesas, y la platería está deslustrada o sucia, un bocadillo de jamón no es más que un bocadillo de jamón, y si el encargado consigue 15 centavos por él es que las cosas le van bien; pero al otro lado de la calle, donde el café es servido por unas muchachas primorosamente vestidas, en unas tazas elegantes y finas sobre mesas cubiertas con esmero, un bocadillo de jamón mucho más pequeño valdrá 25 centavos, sin mencionar el coste de la propina para la camarera. La única diferencia en los bocadillos está meramente en las apariencias: el jamón proviene del mismo charcutero y el pan del mismo panadero, tanto da que lo compremos en el primer o en el segundo restaurante. La diferencia en el precio es muy considerable, pero la diferencia en la mercadería no es de calidad o de cantidad, sino de «atmósfera» o apariencias.

¡A la gente le encanta comprar apariencia o atmósfera! Lo cual es simplemente una manera más refinada de decir aquello que dijo P. T. Barnum acerca de que «uno nace a cada minuto».

No es una exageración decir que la psicología de un maestro de las ventas podría entrar en la tienda del comerciante promedio en la que las existencias de género valieran, digamos, 50.000 dólares, y con un ligerísimo gasto adicional hiciera que esas existencias le reportaran entre 60.000 y 70.000 dólares. No tendría que hacer nada más que asesorar a los vendedores acerca de la forma adecuada de mostrar la mercancía, quizá después de haber comprado una pequeña cantidad de muebles fijos más adecuados, y empaquetar los artículos con envoltorios y cajas más apropiados.

Los grandes logros suelen ser
consecuencia de un gran sacrificio,
y nunca son el resultado del egoísmo.

Una camisa de hombre, colocada en una caja, en el tipo que sea apropiado, con un lazo y una hoja de papel de seda añadidos para su embellecimiento, puede hacerte ganar un dólar o un dólar y medio más de lo que te haría ganar la misma camisa sin el envoltorio más artístico. Sé que esto es así, y lo he demostrado en más ocasiones de las que puedo recordar, para convencer a algún comerciante escéptico que no había estudiado el efecto de la «presentación adecuada».

Inversamente, he demostrado muchas veces que la camisa más fina no puede venderse por la mitad de su valor si se la retira de su caja y se la coloca en un mostrador de rebajas junto con unas camisas de aspecto inferior. Ambos ejemplos demuestran que la gente no sabe lo que está comprando, que se deja guiar más por las apariencias que por el análisis real del artículo que adquiere.

Esto es apreciablemente cierto en la compra de automóviles. Los norteamericanos quieren, y EXIGEN, estilo en la apariencia de los automóviles. Lo que hay debajo del capó o en el eje posterior, no lo saben y en realidad no les importa, siempre y cuando el coche «vista» el cargo.

Henry Ford necesitó casi veinte años de experiencia para conocer la verdad de lo que acabo de decir, e incluso entonces, a pesar de su capacidad analítica, sólo reconoció esta verdad cuando sus competidores lo obligaron a hacerlo. Si no fuese cierto que la gente compra «apariencias», más que realidad, Ford nunca habría creado su nuevo automóvil. Ese coche es el mejor ejemplo de un psicólogo que apela a la tendencia de la gente a comprar «apariencias», aunque, ciertamente, debo admitir que en este ejemplo en particular, el valor real del coche existe de verdad.

LAS LEYES DEL ÉXITO

Séptima lección

EL ENTUSIASMO

«*¡Puedes hacerlo si crees que puedes!*»

El entusiasmo es un estado mental que nos inspira y nos impulsa a poner *acción* en la tarea que tenemos delante. Pero hace más que eso: es contagioso y afecta vitalmente, no sólo al entusiasta, sino a toda persona con la que entra en contacto.

El entusiasmo tiene la misma relación con el ser humano que la que tiene el vapor con la locomotora: es la fuerza motriz vital que impulsa la *acción*. Los más grandes líderes de la humanidad son aquellos que saben cómo inspirar entusiasmo en sus seguidores. El entusiasmo es el factor más importante en el arte de vender. Es, de lejos, el factor más esencial en la oratoria pública.

Si deseas comprender la diferencia entre una persona entusiasta y una que no lo es, compara el caso del predicador evangelista Billy Sunday con el hombre promedio en su profesión. El mejor sermón caería en oídos sordos si no estuviera respaldado por el entusiasmo de quien lo da.

* * * *

Cómo te afectará el entusiasmo

Combina el entusiasmo con tu trabajo y no lo encontrarás duro o monótono. El entusiasmo energizará todo tu cuerpo de tal modo que podrás pasar con menos de la mitad de tus horas de sueño habituales y, al mismo tiempo, te permitirá realizar entre dos y tres veces más trabajo del que sueles hacer en un período de tiempo dado, sin fatigarte.

Durante muchos años, la mayor parte de lo que he escrito lo he redactado de noche. En una ocasión, mientras estaba trabajando entusiastamente con mi máquina de escribir, miré por la ventana de mi estudio, que está justo al otro lado de la manzana de la torre Metropolitan, en Nueva York, y vi lo que me pareció el reflejo más peculiar de la luna sobre la torre. Era de un tono gris plateado que nunca antes había visto. En una inspección más detenida, descubrí que era el reflejo del sol de la mañana y no el de la luna. ¡Era de día! Había estado trabajando durante toda la noche, pero estaba tan absorto en mi trabajo que la noche había pasado como si fuese tan sólo una hora. Trabajé en mi proyecto durante ese día entero y toda la noche, sin parar, excepto para comer algo ligero.

Dos noches y un día sin dormir, y con apenas un poco de comida, sin la menor señal de agotamiento, no habrían sido posibles si no hubiese mantenido mi cuerpo energizado con el *entusiasmo* por el trabajo que estaba realizando.

El *entusiasmo* no es meramente un artificio, es una fuerza vital que puedes aprovechar y utilizar con beneficio. Sin él, serías como una batería eléctrica sin electricidad. El *entusiasmo* es la fuerza vital con la que recargas tu cuerpo y desarrollas una personalidad dinámica. Algunas personas poseen un *entusiasmo* natural, mientras que otras han de adquirirlo. El procedimiento mediante el cual se puede desarrollar es muy sencillo. Se empieza haciendo el trabajo, o prestando el servicio, que a uno más le gusta. Si tu situación es tal que, por el momento, no puedes realizar convenientemente el trabajo de tu preferencia, entonces puedes proceder por otro camino muy eficazmente adoptando un *claro objetivo principal* que considere tu implicación en ese trabajo en particular en algún momento del futuro.

La falta de capital y muchas otras circunstancias sobre las que no tienes un control inmediato pueden obligarte a trabajar en algo que no te gusta, pero nadie puede impedirte decidir planear maneras y medios para convertir esa meta en realidad, ni tampoco pueden impedirte que mezcles el *entusiasmo* con tus planes.

La *felicidad*, el objeto final de todo esfuerzo humano, es un estado mental que puede mantenerse únicamente mediante la esperanza de un logro futuro. La felicidad siempre está en el futuro, nunca en el pasado. La persona feliz es aquella que sueña con las cumbres del éxito que todavía no ha alcanzado. La casa que quieres poseer, el dinero que quieres ganar y poner en el banco, el viaje que quieres hacer cuando puedas permitírtelo, la posición en la vida que deseas ocupar cuando te hayas preparado, y la preparación en sí misma: éstas son las cosas que producen felicidad. De igual manera, éste es el material del que está formado tu *claro objetivo principal*; éstas son las cosas por las que te puedes *entusiasmar*, sin importar cuál sea tu situación actual en la vida.

Hace más de veinte años, me entusiasmé con una idea. Cuando la idea tomó forma por primera vez en mi mente, yo no estaba preparado para dar siquiera el primer paso a fin de transformarla en una realidad. Pero la albergué en mi mente: me *entusiasmé* con ella al tiempo que miraba hacia delante, en mi imaginación, y veía el momento en que estaría preparado para hacerla realidad.

La idea era la siguiente: quería convertirme en el director de una revista, basada en la REGLA DE ORO, mediante la cual podría inspirar a otras personas a mantener el valor y relacionarse unas con otras honradamente.

Finalmente, ¡me llegó la oportunidad! Y, en el día del armisticio, en 1918, escribí el primer editorial de lo que había de convertirse en la realización material de una esperanza que había permanecido latente en mi mente durante casi veinte años.

Con *entusiasmo*, vertí en ese editorial las emociones que había estado desarrollando en mi corazón durante un período de más de veinte años. Mi sueño se había hecho realidad. Mi deseo de ser director de una revista nacional se había convertido en algo tangible.

Como he dicho, aquel editorial fue escrito con *entusiasmo*. Se lo llevé a un conocido mío y se lo leí con *entusiasmo*. El editorial concluía con estas palabras: «Por fin, mi sueño de veinticinco años se ha hecho realidad. Hace falta dinero, y mucho, para publicar una revista a nivel nacional, y no tengo ni la menor idea de dónde voy a conseguir este factor esencial, pero esto no me preocupa, *¡porque sé que lo conseguiré en alguna parte!*». Mientras escribía esas líneas, mezclé en ellas el *entusiasmo* y la fe.

Apenas había acabado de leer este editorial, cuando el hombre al que se lo leí (la primera y única persona a quien se lo había mostrado), dijo: «Yo le puedo decir dónde va a encontrar el dinero, porque seré yo quien se lo proporcione». ¡Y lo hizo! Sí, el *entusiasmo* es una fuerza vital; tan vital, de hecho, que ninguna persona que lo tenga muy desarrollado puede imaginar siquiera su poder para el éxito.

Antes de dar paso al siguiente punto en esta lección, quisiera repetir y subrayar el hecho de que puedes desarrollar el *entusiasmo* por tu *claro objetivo principal* en la vida, sin importar si en estos momentos estás en posición de alcanzarlo o no. Puedes estar muy lejos de la realización de tu *claro objetivo principal*, pero si avivas el fuego del *entusiasmo* en tu corazón y lo mantienes encendido, al cabo de poco tiempo los obstáculos que ahora se interponen en el camino de la realización de dicho objetivo desaparecerán como por arte de magia, y te encontrarás en posesión de un poder que ignorabas tener.

Cómo afectará tu entusiasmo a los demás

Ahora llegamos a la disertación sobre uno de los temas más importantes de este curso, es decir, la *sugestión*.

En las lecciones anteriores hemos comentado el tema de la *autosugestión*, que es la sugestión de uno mismo, y en la tercera lección vimos que tenía un importante papel.

La *sugestión* es el principio mediante el cual tus palabras y tus actos, e incluso tu *estado mental*, influyen en los demás. Para que puedas comprender el gran alcance del poder de la *sugestión*, permíteme que haga referencia a la lección introductoria, en la que se describe el principio de la telepatía.

Si ahora entiendes y aceptas el principio de la telepatía (la comunicación del pensamiento de una mente a otra sin la ayuda de signos, símbolos o sonidos) como una realidad, ciertamente comprenderás por qué el *entusiasmo* es contagioso y por qué influye en todo lo que está dentro de su radio.

Cuando tu propia mente está vibrando a una gran velocidad porque ha sido estimulada por el *entusiasmo*, esa vibración se registra en las mentes de todos los que están dentro de su radio, y especialmente en las de aquellos con los que entras en un contacto cercano. Cuando un orador «percibe» que su público está «en sintonía» con él, simplemente reconoce el hecho de que su propio *entusiasmo* ha influido en las mentes de sus oyentes hasta hacer que éstas vibren en armonía con la suya.

Cuando un vendedor «percibe» el hecho de que ha llegado el momento «psicológico» para cerrar una venta, simplemente siente el efecto de su propio *entusiasmo* mientras éste influye en la mente de su potencial comprador y la coloca «en sintonía» (en armonía) con la suya.

El tema de la *sugestión* constituye una parte importante de esta lección y de todo el curso, de un forma tan esencial que ahora procederé a describir los tres medios a través de los cuales suele operar; esto es, lo que dices, lo que haces ¡y lo que *piensas!*

Cuando eres *entusiasta* respecto a los artículos que vendes, o los servicios que ofreces, o el discurso que estás dando, tu estado de ánimo se hace evidente a todos aquellos que te escuchan, *por el tono de tu voz.* Tanto si alguna vez has pensado en ello de este modo, como si no lo has hecho, es el tono en el que haces una afirmación, más que la afirmación en sí misma, lo que convence o deja de convencer. Ninguna mera combinación de palabras puede ocupar jamás el lugar de una creencia profunda en una afirmación que es expresada con un *entusiasmo* ardiente. Las palabras no son más que sonidos sin vida, a menos que estén coloreadas con un sentimiento que nace del *entusiasmo*.

Aquí, las palabras impresas me fallan, pues nunca podré expresar con una mera tipografía y papel la diferencia entre las palabras que salen de unos labios impasibles, sin el fuego del *entusiasmo* para respaldarlas, y aquellas que parecen surgir de un corazón que está estallando con el deseo de expresarse. Pero, no obstante, la diferencia está ahí.

Por ende, *lo que dices,* y la manera en que lo dices, transmite un significado que puede ser exactamente el opuesto de lo que se pretende. Esto explica muchos fracasos por parte de vendedores que presentan sus argumentos con palabras que, aunque parecen bastante lógicas, carecen del colorido que sólo puede producir el *entusiasmo* que nace de la sinceridad y la creencia en el artículo que está intentando vender. Sus palabras dicen una cosa, pero el tono de su voz *sugiere* algo enteramente distinto; por lo tanto, no se realiza ninguna venta.

Aquello que *dices* es un factor importante en el funcionamiento del principio de la *sugestión*, pero no es tan importante como lo que *haces*. *Tus actos contarán más que tus palabras*, y ay de ti si las dos cosas no llegan a armonizar.

Si un hombre predica la REGLA DE ORO como una regla de conducta sensata, sus palabras caerán en oídos sordos a no ser que practique lo que predica. El sermón más efectivo que puede predicar alguien sobre la solidez de la REGLA DE ORO es aquel que predica, por la *sugestión*, cuando aplica esta regla en su trato con sus semejantes.

Una de las cosas más valiosas que cualquier persona puede aprender es el arte de utilizar los conocimientos y la experiencia de los demás.

Si un vendedor de automóviles Ford va a ver a su potencial comprador en un Buick, o en otra marca de coche, todos los argumentos que presente a favor del Ford no tendrán efecto alguno. En una ocasión entré en una de las oficinas de la Dictaphone Company para ver un dictáfono (una máquina para dictar). El vendedor al mando presentó un argumento lógico sobre los méritos de la máquina, mientas el taquígrafo que estaba a su lado estaba transcribiendo cartas de un cuaderno de taquigrafía. Sus argumentos a favor de la máquina de dictado, comparadas con el antiguo método de dictar a un taquígrafo, no me impresionaron, puesto que sus actos no estaban en armonía con sus palabras.

Tus *pensamientos* constituyen la más importante de las tres maneras en que aplicas el principio de la *sugestión*, porque ellos controlan el tono de tus palabras y, al menos en cierta medida, tus actos. Si tus *pensamientos*, tus *actos* y tus *palabras* están en armonía, influirás en aquellos que entren en contacto contigo, y los llevarás en mayor o menor medida hacia tu forma de pensar.

Ahora procederemos a analizar el tema de la *sugestión* y a enseñarte exactamente cómo aplicar el principio mediante el cual opera. Como ya hemos visto, la *sugestión* difiere de la *autosugestión* únicamente en un sentido: la utilizamos, consciente o inconscientemente, cuando influimos en otras personas, mientras que usamos la *autosugestión* como un medio para influir en nosotros mismos.

Para que puedas influir en otra persona mediante la *sugestión*, su mente debe estar en un estado de neutralidad; es decir, que debe estar abierta y receptiva a tu método de *sugestión*. Aquí es donde falla la mayoría de vendedores: intentan hacer una venta antes de que la mente del posible comprador se haya vuelto receptiva o se haya neutralizado. Éste es un punto tan importante en esta lección, que me siento impulsado a permanecer en él hasta que no quede ninguna duda de que puedes comprender el principio que estoy describiendo.

Cuando digo que el vendedor debe neutralizar la mente del potencial comprador antes de que pueda realizar una venta, quiero decir que la mente de la persona debe ser crédula. Tiene que haberse instalado un estado de confianza, y es obvio que no puede haber ninguna regla establecida para crear confianza o neutralizar la mente hasta llevarla a un estado de apertura. Aquí, la inventiva del vendedor debe proveer aquello que no puede establecerse como una regla rígida.

Conozco a un vendedor de seguros de vida que sólo vende grandes pólizas, de cien mil dólares y más. Antes de que este hombre se aproxime siquiera al tema de los seguros al encontrarse frente a un posible cliente, se familiariza con la historia completa de dicha persona, incluida su educación, su estatus económico, sus excentricidades si tiene alguna, sus preferencias religiosas y otros datos demasiado numerosos para ser mencionados. Provisto de esta información, consigue asegurarse una presentación bajo unas condiciones que le permiten conocer al posible cliente de una forma social y comercial. No dice nada acerca de la venta de un seguro de vida durante su primera visita, ni en la segunda, y a veces no toca el tema hasta conocer bien a la persona.

Sin embargo, durante todo este tiempo, no está disipando sus esfuerzos. Está sacando provecho de estas visitas amistosas con el propósito de neutralizar la mente del potencial cliente; es decir, está construyendo una relación de confianza para que, cuando llegue el momento de hablar del seguro de vida, aquello que diga caiga en oídos *dispuestos a escuchar*.

Hace algunos años, escribí un libro titulado *Cómo vender sus servicios*. Justo antes de que el manuscrito llegase al editor, se me ocurrió pedir a algunos de los hombres conocidos del país que me escribieran cartas de aprobación para ser publicadas en el libro. La imprenta estaba esperando el manuscrito; por lo tanto, escribí apresuradamente una carta a ocho o diez hombres en la que explicaba brevemente lo que quería, pero no recibí ninguna respuesta. No había observado dos importantes prerrequisitos para el éxito: había escrito la carta con tanta prisa que había olvidado infundir en ella un espíritu de *entusiasmo* y no había utilizado las palabras adecuadas para que tuviera el efecto de neutralizar las mentes de las personas a quienes las envié. Por lo tanto, no preparé el camino para la aplicación del principio de la *sugestión*.

Un cuidadoso inventario

de todas tus experiencias del pasado

puede revelar el hecho sorprendente de que

todo ha ocurrido para tu mayor bien.

Después de haber descubierto mi error, escribí una carta que estaba basada en la estricta aplicación del principio de la *sugestión*, y ésta no sólo produjo respuestas de todas las personas a las que fue enviada, sino que muchas de ellas eran auténticas obras de arte y sirvieron como valiosos complementos al libro, muy por encima de mis mayores expectativas. Con el propósito de la comparación, para mostrarte cómo puede usarse el principio de la *sugestión* al escribir una carta, y el importante papel que representa el *entusiasmo* para dar «vida» a la palabra escrita, reproduzco aquí las dos cartas. No será necesario indicar cual de ellas falló, porque se hará bastante evidente:

Estimado señor Ford:

Estoy acabando el manuscrito para un nuevo libro titulado *Cómo vender sus servicios*. Preveo que se venderán varios cientos de miles de ejemplares y creo que a quienes compren el libro les agradaría tener la oportunidad de recibir un mensaje de usted respecto al mejor método para comercializar servicios personales.

Por lo tanto, ¿tendría la amabilidad de regalarme unos minutos de su tiempo escribiendo un breve mensaje para que sea publicado en mi libro? Éste sería un gran favor para mí personalmente y sé que sería apreciado por los lectores del libro.

Agradeciéndole por adelantado por cualquier consideración que esté dispuesto a mostrarme.

Le saluda muy atentamente,

* * *

Honorable Thomas R. Marshall,
Vicepresidente de los Estados Unidos,
Washington, D.C.

Estimado señor Marshall:

¿Le gustaría tener la oportunidad de enviar un mensaje de ánimo, y posiblemente algunos consejos, a unos pocos centenares de miles de personas que no han conseguido dejar su marca en el mundo como lo ha hecho usted?

Estoy a punto de acabar un manuscrito para un libro que será titulado *Cómo vender sus servicios*. Lo que se recalca principalmente en el libro es que el servicio prestado es la causa, y el sobre con la remuneración es el efecto, y que este último varía en proporción a la eficiencia del primero.

El libro estaría incompleto sin unas pocas palabras de consejos de unos cuantos hombres que, como usted, se han elevado desde lo más bajo hasta llegar a posiciones envidiables en el mundo. Por lo tanto, si usted pudiera escribirme acerca de sus puntos de vista sobre los factores más esenciales que deben tener en cuenta aquellos que están ofreciendo servicios personales para la venta, trasladaré su mensaje a mi libro, que se asegurará de llegar a manos en las que harán un gran bien, a una clase de personas serias que están luchando por encontrar su lugar en el trabajo en el mundo.

Sé que es usted un hombre muy ocupado, señor Marshall, pero por favor, tenga presente que con sólo llamar a su secretaria y dictarle una breve carta, estará enviando un importante mensaje posiblemente a medio millón de personas. En dinero esto no tendrá para usted el valor del sello de dos centavos que colocará en la carta, pero, calculado desde el punto de vista del bien que podría hacer a otras personas menos afortunadas que usted, podría tener el valor de la diferencia entre el éxito y el fracaso para muchas personas dignas que leerán su mensaje, creerán en él y serán guiados por él.

Le saluda muy cordialmente,

Ahora analicemos las dos cartas y averigüemos por qué una fracasó en su misión, mientras que la otra tuvo éxito. Este análisis debería empezar con uno de los fundamentos más importantes del arte de vender, es decir, el motivo. En la primera carta, es evidente que el motivo es enteramente uno de interés propio. La carta dice exactamente lo que se desea, pero las palabras dejan una duda respecto a *por qué* se hace la petición o quién se va a beneficiar de ella. Estudia la frase en el segundo párrafo: «Éste sería un gran favor para mí personalmente...». Ahora bien, ésta podría parecer una característica peculiar, pero la verdad es que la mayoría de gente no concede favores simplemente para complacer a otras personas. Si te pido que me prestes un servicio que me beneficiará, sin ofrecerte alguna ventaja equivalente, no mostrarás mucho entusiasmo por concedérmelo; es posible que te niegues del todo si tienes una excusa plausible para hacerlo. Pero si te pido que me prestes un servicio que beneficiará a una tercera persona, aunque sea prestado a través de mí, y si ese servicio es de una naturaleza tal que probablemente te dará un reconocimiento, lo más probable es que me des ese servicio de buena gana.

Vemos esta psicología demostrada por el hombre que le lanza una moneda de diez centavos al mendigo en la calle, o quizás incluso se la niega, pero entrega de buena gana cien o mil dólares a un trabajador de la beneficencia que está pidiendo en nombre de otros.

Pero la sugestión más perjudicial de todas está contenida en el último y más importante párrafo de la carta: «Agradeciéndole por adelantado por *cualquier consideración que esté dispuesto a mostrarme*». Esta frase sugiere explícitamente que quien escribe la carta espera una negativa a su petición. Indica claramente una falta de *entusiasmo*. Prepara el camino para una negativa a la solicitud. No hay ni una sola palabra en toda la carta que coloque en la mente del destinatario un motivo satisfactorio por el cual debería acceder a la petición. Por otro lado, puede ver claramente que el objeto de la carta es conseguir de él una carta de apoyo que lo ayudará a vender el libro. El argumento de venta más importante –de hecho, el único argumento de venta existente en relación con esta petición– se ha perdido porque no ha sido sacado a relucir y establecido como el verdadero motivo para hacer la petición. Este argumento es mencionado débilmente en la frase: «creo que a quienes compren el libro les agradaría tener la oportunidad de recibir un mensaje de usted respecto al mejor método para comercializar servicios personales».

El primer párrafo de la carta viola un fundamento importante del arte de vender, porque sugiere claramente que el objeto de la carta es obtener alguna ventaja para su escritor, y ni siquiera insinúa alguna ventaja equivalente que pueda beneficiar a la persona a la que se le envía. En lugar de neutralizar la mente del receptor de la carta, que es lo que debería hacer, tiene exactamente el efecto opuesto: hace que cierre su mente contra todos los argumentos que vienen a continuación, lo pone en un estado de ánimo que hace más fácil que diga que no. Esto me recuerda a un vendedor (o quizá debería decir a un hombre que quería serlo) que en una ocasión me abordó con el propósito de venderme una suscripción al *Saturday Evening Post*. Mientras sostenía una copia de la revista frente a mí, me sugirió la respuesta que debía darle por la forma en que me planteó la pregunta: «*Usted no querría suscribirse al Post para ayudarme, ¿verdad?*». Por supuesto, ¡dije que no! Me había facilitado el decirlo. No había ningún *entusiasmo* detrás de sus palabras, y el pesimismo y el desánimo estaban escritos en su rostro. Necesitaba la comisión que habría ganado con mi suscripción, si yo la hubiese comprado; de eso no hay duda, pero no sugirió nada que apelara a mi motivación egoísta y, por lo tanto, perdió una venta. Pero la pérdida de *una venta* no fue la parte triste de su infortunio; la parte triste fue que esa misma actitud le estaba haciendo perder todas las demás ventas que podría haber conseguido si hubiese cambiado su forma de aproximarse.

Unas semanas más tarde fui abordado por otra agente de suscripción. Estaba vendiendo una combinación de seis revistas, una de las cuales era el *Saturday Evening Post*, pero qué distinta fue su aproximación. Ella observó mi mesa de la biblioteca, sobre la que vio varias revistas, luego mis estanterías llenas de libros, y exclamó con *entusiasmo*:«*¡Ah, veo que es usted un amante de los libros y las revistas!*». Me declaré *orgullosamente* culpable de los cargos. Observa la palabra «orgullosamente», ya que tiene mucha importancia en este incidente. Dejé el manuscrito que estaba leyendo cuando esta vendedora entró, pues pude ver que era una mujer inteligente. Cómo pude verlo es algo que dejaré a tu imaginación. Lo importante es que dejé el manuscrito y sentí verdaderos deseos de oír lo que tenía que decir.

Con la ayuda de once palabras, además de una agradable sonrisa, además de un tono de genuino *entusiasmo*, ella había neutralizado mi mente lo suficiente como para lograr que quisiera escucharla. Con esas pocas palabras había realizado la tarea más difícil, porque cuando ella fue anunciada yo me había decidido a mantener mi manuscrito en mis manos y, así, transmitir a su mente, de la forma más educada posible, el hecho de que estaba ocupado y no deseaba ser interrumpido.

Al ser un estudiante del arte de vender y de la *sugestión*, me mantuve vigilante para ver cuál sería su siguiente movimiento. Ella tenía un paquete de revistas bajo el brazo y yo esperaba que lo abriera y empezara a instarme a comprarlas, pero no lo hizo. Recordarás que dije que estaba *vendiendo* una combinación de seis revistas, no meramente intentando venderla.

Ella caminó hasta mis estanterías de libros, sacó un ejemplar de los *Ensayos* de Emerson y, durante los diez minutos siguientes, habló del ensayo de este autor sobre la compensación, y lo hizo de una forma tan interesante, que perdí de vista el paquete de revistas que llevaba. (Ella estaba neutralizando mi mente un poco más.)

Dicho sea de paso, me dio el número suficiente de nuevas ideas sobre las obras de Emerson como para tener material para un excelente editorial.

A continuación me preguntó qué revistas recibía yo regularmente, y cuando se lo dije sonrió y empezó a desatar su paquete de revistas y las dejó sobre la mesa, ante mí. Las analizó una a una y me explicó por qué debería tener cada una de ellas. El *Saturday Evening Post* me proporcionaría la mejor ficción, el *Literary Digest* me traería las noticias del mundo condensadas, como exigiría *un hombre tan ocupado como yo*, la *American Magazine* me proporcionaría las últimas biografías de hombres que estaban a la delantera en los negocios y la industria, y así sucesivamente, hasta que hubo abarcado toda la lista.

Las primeras impresiones realmente cuentan.

Vístete para tener el aspecto del papel

que deseas interpretar en la vida,

pero procura no exagerar.

Pero yo no estaba respondiendo a sus argumentos con tanto entusiasmo como ella esperaba, de modo que dejó caer esta amable *sugestión*: «*Un hombre de su posición debe estar bien informado y, si no lo está, ¡eso se reflejará en su propio trabajo!*».

¡Dijo la verdad! Su comentario era tanto un cumplido como una suave reprimenda. Ella había hecho que me sintiera un tanto avergonzado, porque había hecho un inventario de mi material de lectura, y seis de las principales revistas no estaban en mi lista; las seis que ella estaba vendiendo.

Entonces empecé a «caer», preguntándole cuánto costarían las seis revistas. Ella dio los últimos toques a una bien presentada charla de ventas replicando con mucho tacto: «¿El coste? Bueno, el coste de todo es menos de lo que usted cobra por una sola página del manuscrito que tenía en sus manos cuando yo entré».

Una vez más, había dicho la verdad. ¿Y cómo fue que adivinó tan bien lo que yo cobraba por mi manuscrito? La respuesta es que no lo adivinó, ¡lo supo! Se encargó discretamente de hacerme hablar de la naturaleza de mi trabajo (lo cual no me molestó en absoluto). Estaba tan interesada en el manuscrito que yo había dejado sobre la mesa cuando entró, que me indujo a hablar de él. (No estoy diciendo, por supuesto, que esto requiriera de una gran habilidad o que me lo tuviera que sonsacar, ¿o acaso no he dicho que *era mi manuscrito?*) En mis comentarios sobre él, sospecho que *reconocí* que me estaban pagando 250 dólares por las quince páginas. Sí, *estoy seguro de que fui poco cuidadoso al admitir que mi trabajo estaba bien pagado.*

Quizás ella me indujera a admitirlo. En cualquier caso, la información era valiosa para ella e hizo un uso eficaz en el momento adecuado. Por lo que yo sé, esto formaba parte de su plan de observar detenidamente todo lo que viera y oyera, con el objeto de averiguar cuáles eran mis puntos débiles y de qué me interesaba más hablar. Algunos vendedores se toman el tiempo para hacer esto; otros no. Ella era de los que lo hacían.

Sí, se marchó con mi suscripción a las seis revistas y con mis doce dólares. Pero ése no fue todo el beneficio que consiguió con sus *sugestiones* llenas de tacto, sumadas a su *entusiasmo:* también obtuvo mi consentimiento para sondear a los empleados de mi oficina y antes de marcharse tenía cinco suscripciones más.

Mientras estuvo ahí, en ningún momento me dio la impresión de que yo le estaba haciendo un favor al comprar sus revistas. Fue justamente lo contrario: me transmitió claramente el sentimiento de que ella me estaba haciendo un favor a mí. Ésta es una sugestión llena de tacto.

Antes de dejar atrás este incidente, me gustaría admitir algo: cuando entabló una conversación conmigo, lo hizo de tal forma que yo hablé con *entusiasmo.* Hubo dos motivos para esto. Uno de ellos fue la vendedora, ¡y el otro fue que consiguió hacerme hablar *de mi propio trabajo!* Por supuesto que no estoy sugiriendo que *tú* debas ser tan entrometido como para sonreír ante mi descuido cuando leas esto, ni que deberías quedarte con la impresión de que esta vendedora llena de tacto me hizo hablar de mi propio trabajo con el propósito de neutralizar mi mente para que yo la escuchara, con la misma paciencia con la que ella me había escuchado a mí, cuando estuviera preparada para hablar de sus revistas. No obstante, si eres lo bastante listo como para extraer una lección de su método, no haré nada para impedir que lo hagas.

Como ya he dicho, puse *entusiasmo* en mi conversación. Quizá había captado el espíritu de *entusiasmo* de esta inteligente vendedora cuando ella hizo su primer comentario al entrar en mi estudio. Sí, estoy seguro de que fue entonces cuando lo capté, y estoy seguro de que su entusiasmo no fue casual. Ella se había entrenado para buscar en la oficina de su potencial comprador, o en su trabajo, o en su conversación, algo por lo que poder expresar *entusiasmo*. Recuerda, ¡la *sugestión* y el *entusiasmo* van de la mano! Recuerdo como si fuera ayer el sentimiento que me invadió cuando aquel aspirante a vendedor colocó ese *Saturday Evening Post* delante de mi cara mientras comentaba: «Usted no querría suscribirse al *Post* para ayudarme, ¿verdad?».

Sus palabras estaban heladas, no tenían vida, carecían de *entusiasmo*, y dejaron una impresión en mi mente, pero fue una impresión de frialdad. Yo quería ver a ese hombre salir por la puerta por la que había entrado. Te advierto que naturalmente no soy una persona poco compasiva, pero el tono de su voz, la expresión en su rostro y su comportamiento en general *sugerían* que estaba ahí para pedir un favor y no para ofrecerlo.

La *sugestión* es uno de los principios más sutiles y poderosos de la psicología. Estás haciendo uso de él en todo lo que haces, dices y piensas, pero, a menos que comprendas la diferencia entre la sugestión negativa y la sugestión positiva, puedes estar usándolo de una manera tal que te esté atrayendo derrotas en lugar de éxito.

La ciencia ha establecido el hecho de que, a través del uso negativo de la sugestión, la vida puede extinguirse. Hace algunos años, en Francia, un criminal fue condenado a muerte, pero antes del momento de su ejecución realizaron un experimento con él que demostró concluyentemente que a través del principio de la *sugestión* es posible producir la muerte. El criminal fue llevado a la guillotina y su cabeza colocada bajo la cuchilla, después de haberle vendado los ojos. A continuación, se dejó caer una plancha pesada, con un borde afilado, sobre su cuello, produciendo una conmoción similar a la de una cuchilla afilada. A continuación vertieron suavemente agua tibia sobre la nuca del prisionero y la dejaron derramarse lentamente por su columna vertebral, imitando el fluir de la sangre caliente. En siete minutos, los médicos declararon la muerte del hombre. Su imaginación, a través del principio de la sugestión, había convertido la plancha afilada en una cuchilla de guillotina y había hecho que su corazón dejara de latir.

En el pueblo en el que me crié, vivía una anciana que se quejaba continuamente de que temía morir de cáncer. Durante su niñez, había visto a una mujer que tenía cáncer y la visión se había quedado grabada en su mente de tal modo que empezó a buscar síntomas de dicha enfermedad en su propio cuerpo. Estaba segura de que cada pequeño dolor era el principio del tan buscado síntoma de cáncer. La he visto poner su mano sobre su pecho y la he oído exclamar: «Estoy segura de que tengo un cáncer creciendo aquí. Puedo sentirlo». Cuando se quejaba de esta enfermedad imaginaria, siempre colocaba la mano sobre su seno izquierdo, donde creía que el cáncer la estaba atacando. Hizo esto durante más de veinte años.

Hace unas semanas murió, *¡de cáncer en la mama izquierda!* Si la sugestión realmente convierte el filo de una plancha en una cuchilla de guillotina y transforma las células sanas del cuerpo en parásitos a partir de los cuales se desarrolla un cáncer, ¿acaso no puedes imaginar lo que haría para destruir los gérmenes de la enfermedad, si es dirigida adecuadamente? La *sugestión* es la ley con la que los sanadores mentales realizan eso que parecen ser milagros. Personalmente he visto cómo se eliminaban crecimientos parasíticos conocidos como verrugas con la ayuda de la sugestión, en cuarenta y ocho horas.

La mitad de los naufragios que están esparcidos por el océano de la vida, si alguna estrella hubiese sido su guía, ahora podrían estar navegando a salvo, pero se dejaron llevar por la marea.

Tú, lector de esta lección, puedes acabar en la cama con una enfermedad *imaginaria* del peor tipo en un lapso de dos horas, o menos, a través del uso de la *sugestión*. Si vas caminando por la calle y tres o cuatro personas en las que confías se encuentran contigo y cada una de ellas exclama que pareces enfermo, estarás listo para ir al médico. Esto me recuerda una experiencia que tuve en una ocasión con un vendedor de seguros. Yo había solicitado una póliza, pero no había decidido si sería de diez o de veinte mil dólares. Entretanto, el agente me había enviado al médico de la aseguradora para que me examinara. Al día siguiente, me llamaron para otro examen. La segunda vez, el examen fue más exhaustivo, y el médico tenía una expresión de preocupación en el rostro. Al tercer día, me volvieron a llamar, y esta vez había dos médicos para examinarme. Me hicieron el examen más exhaustivo que había recibido, o del que había oído hablar, jamás.

Al día siguiente, el agente me llamó y se dirigió a mí de la siguiente manera: «¡No quiero alarmarlo, pero los médicos que lo han examinado no se ponen de acuerdo respecto a su análisis! Usted todavía no ha decidido si tomará el seguro de diez mil o de veinte mil dólares, y no me parecería justo darle un informe sobre su examen médico hasta que haya tomado esta decisión, porque si lo hiciera usted podría pensar que lo estaba instando a elegir la de la suma mayor».

Entonces le dije lo que pensaba: «Bueno, ya he decidido tomar la de la suma mayor». Era cierto, había decidido coger la póliza de veinte mil dólares. *Lo había decidido en el momento en que el agente colocó en mi mente la sugestión de que quizá yo tenía alguna debilidad constitucional que podía dificultar que obtuviera el seguro que deseaba.*

«Muy bien, dijo el agente, ahora que se ha decidido, es mi deber informarle de que dos de los médicos creen que usted tiene un germen tuberculoso en su sistema, mientras que los otros dos están en desacuerdo con ellos». El truco había funcionado. Una inteligente sugestión me había empujado más allá del límite de la indecisión y todos habíamos quedado satisfechos.

¿Dónde entra el *entusiasmo?*, te preguntarás. No importa, «entró» de todos modos, pero si quieres saber quién lo trajo tendrás que preguntárselo al agente de seguros y a sus cuatro médicos *cómplices*, porque estoy seguro de que se deben estar riendo de buena gana a mi costa. Pero el truco estaba bien. De todos modos, necesitaba ese seguro.

Ciertamente, si por casualidad eres agente de seguros, no tomarás esta idea y la utilizarás con el siguiente cliente potencial que tarde en decidir si se queda con la póliza. ¡Claro que no lo harás!

Hace unos meses recibí una publicidad de las más efectivas que he visto jamás. Se trataba de un estupendo librito en el que un inteligente vendedor de seguros de coches había reproducido informes de prensa que había reunido de todo el país y en el que se mostraba que 65 automóviles habían sido robados en un solo día. En la contraportada del libro se podía leer esta afirmación altamente *sugestiva*: «*Su coche puede ser el siguiente. ¿Está asegurado?*».

En la parte inferior de la página estaba el nombre del vendedor y su dirección, además de su número de teléfono. Antes de terminar de leer las dos primeras páginas del libro, lo llamé por teléfono y le pregunté por las tarifas. El hombre vino a verme inmediatamente, y ya conoces el final de la historia.

Volvamos ahora a las dos cartas y analicemos la segunda, la cual produjo las respuestas deseadas de todas las personas a quienes se envió. Estudia detenidamente el primer párrafo y observarás que plantea una pregunta que sólo puede ser respondida de una manera. Compara esta párrafo inicial con el de la primera carta, preguntándote cuál de los dos te habría impresionado de una forma más favorable. Este párrafo está redactado como si tuviera un doble propósito: en primer lugar, pretende servir al propósito de neutralizar la mente del lector para que lea el resto de la carta con una actitud abierta y, en segundo lugar, plantea una pregunta que sólo puede responderse de una manera, con el propósito de comprometer al lector con un punto de vista que armonice con la naturaleza del servicio que se le pide que preste en los párrafos subsiguientes de la carta.

En la segunda lección de este curso viste que Andrew Carnegie se negó a responder cuando le pregunté a qué atribuía su *éxito*, hasta que yo no hubiera definido la palabra *éxito*. Hizo esto para evitar malentendidos. El primer párrafo de la carta que estamos analizando está redactado de tal forma que declara el objeto de la misma y, a la vez, prácticamente obliga al lector a aceptar que dicho objeto es sensato y razonable.

Cualquier persona que respondiera con una negativa a la pregunta planteada en este párrafo de la carta que estamos comentando, se declararía, por la propia respuesta, culpable de la falta de egoísmo, y ningún hombre desea enfrentarse a una conciencia culpable de esa acusación. Del mismo modo que el agricultor primero ara su tierra, luego la fertiliza y posiblemente la grada y la prepara para recibir las semillas con la finalidad de asegurarse la cosecha, este párrafo también fertiliza la mente del lector y la prepara para la semilla que será colocada ahí mediante la sutil *sugestión* que el párrafo contiene.

Estudia detenidamente el segundo párrafo de la carta y observarás que contiene una afirmación de una realidad que el lector *no puede cuestionar o negar*. No le proporciona ninguna razón para una discusión porque está basada, evidentemente, en unos sólidos fundamentos. Lo lleva al segundo paso del viaje psicológico que conduce directamente a la conformidad con la petición, que está cuidadosamente revestida y oculta en el tercer párrafo de la carta, pero notarás que dicho párrafo empieza haciendo al lector un pequeño cumplido que no está diseñado para hacerlo enfadar. «Por lo tanto, si usted pudiera escribirme acerca de sus puntos de vista sobre los factores más esenciales que deben tener en cuenta aquellos que están ofreciendo servicios personales para la venta…» Estudia la redacción de esta frase, junto con el lugar en que ha sido colocada, y observarás que difícilmente parece ser una petición y que ciertamente no hay nada en ella que sugiera que *el que escribe la carta está pidiendo un favor para su beneficio personal*. A lo sumo, podría ser interpretada como la petición de un favor para otras personas.

Ahora estudia el párrafo final y fíjate con cuánto tacto se ha ocultado la sugerencia de que si el lector se negara a conceder esta petición se estaría colocando en la incómoda posición de alguien que no se preocupa lo suficiente por aquellas personas menos afortunadas que él como para gastar dos centavos en un sello postal y unos minutos de su tiempo para su beneficio.

De principio a fin, la carta transmite sus impresiones más contundentes mediante la mera *sugestión*, pero esta sugestión está tan cuidadosamente oculta que no es evidente, excepto en un análisis detenido de la totalidad de la carta. Toda la construcción de la carta es tal que si el lector la deja de lado sin acceder a la petición, *¡tendrá que vérselas con su propia conciencia!* Este efecto es intensificado por la última frase del último párrafo y especialmente por las últimas palabras que la componen: «que *leerán su mensaje, creerán en él y serán guiados por él*».

Esta carta llama la atención de la persona con ímpetu y convierte a su conciencia en un aliado de quien la escribe; lo acorrala, como un cazador acorralaría a un conejo llevándolo a una red cuidadosamente preparada.

La mejor prueba de que este análisis es correcto es el hecho de que la carta produjo respuestas de todas las personas a quienes se envió, a pesar del hecho de que cada uno de esos hombres era del tipo del que se dice que es un hombre de negocios, que por lo general, se supone que está demasiado ocupado como para responder a una carta de esta naturaleza. La carta no sólo produjo las respuestas deseadas, sino que los destinatarios respondieron personalmente, con excepción de Theodore Roosevelt, quien respondió con la firma de un secretario.

> La vanidad es una niebla que envuelve
> el verdadero carácter de un hombre
> más allá de su propio reconocimiento.
> Debilita sus habilidades naturales
> y refuerza todas sus incongruencias.

John Wanamaker y Frank A. Vanderlip escribieron dos de las mejores cartas que he leído jamás, pues cada una de ellas es una obra de arte que podría haber adornado las páginas de un volumen más majestuoso que el libro para el que fueron solicitadas. Andrew Carnegie también escribió una carta digna de una gran consideración por parte de quienes venden servicios personales. William Jennings Bryan escribió una excelente carta, al igual que Lord Northcliffe. Ninguno de estos hombres las escribió únicamente para halagarme, pues yo era desconocido para todos ellos, con excepción de cuatro. *No las escribieron para complacerme, sino que lo hicieron para complacerse a sí mismos y para brindar un valioso servicio.* Quizá la redacción de la carta tuvo algo que ver con esto, pero no insistiré en ello; solamente diré que todos estos hombres que he mencionado, y la mayoría de otros de su clase, suelen ser los que están más dispuestos a brindar un servicio para los demás cuando uno se acerca a ellos de la forma adecuada.

Quiero aprovechar esta oportunidad para afirmar que todos los hombres verdaderamente grandes que he tenido el placer de conocer han sido los que han tenido una mejor disposición y los más corteses cuando se ha tratado de brindar un servicio para beneficio de otras personas. Quizá ésa fuera una de las razones por las que eran *realmente* grandes hombres.

¡La mente humana es una máquina maravillosa! Una de sus características destacables se aprecia en el hecho de que todas las impresiones que llegan a ella, ya sea mediante la *sugestión* externa o la autosugestión, son registradas juntas en grupos que armonizan en su naturaleza. Las impresiones negativas se almacenan en una parte del cerebro, mientras que las positivas son guardadas en otra zona. Cuando una de estas impresiones (o experiencias pasadas) es llevada a la mente consciente a través del principio de la memoria, hay una tendencia a recordar unidas a ella todas las impresiones de naturaleza similar, del mismo modo que, al levantar un eslabón de una cadena, se levantan con él todos los demás. Por ejemplo, cualquier cosa que haga que surja un sentimiento de duda en la mente de una persona es suficiente para evocar todas las experiencias vividas que le han hecho dudar. Si un extraño le pide a un hombre que cobre un cheque, éste recuerda inmediatamente las ocasiones en las que quiso cobrar cheques que no tenían fondos, o en que oyó hablar de otras personas a las que les había ocurrido algo parecido. A través de la ley de la asociación, todas las emociones, experiencias e impresiones sensoriales similares que llegan a la mente son archivadas juntas, de manera que recordar una tiende a traer a la memoria a todas las demás.

Despertar un sentimiento de desconfianza en la mente de una persona suele traer a la superficie todas las experiencias anteriores que la han hecho sentir así. Por esta razón, los vendedores de éxito se encargan de evitar abordar temas que puedan despertar la «cadena de impresiones de duda» del comprador. El vendedor eficaz aprende rápidamente que «derribar» a un competidor o un artículo de la competencia puede traer a la mente del comprador ciertas emociones negativas surgidas de experiencias previas, las cuales pueden imposibilitar que el vendedor «neutralice» su mente.

Este principio se aplica a todas las impresiones sensoriales que están alojadas en la mente humana, y las controla. Tomemos, por ejemplo, la emoción del miedo: en cuanto permitimos que una sola asociación relacionada con el miedo llegue a la mente consciente, ésta trae consigo todas sus implicaciones desagradables. Un sentimiento de valentía no puede llamar la atención de la mente consciente allí se encuentre un sentimiento de temor, pues uno de los dos debe dominar. Son malos compañeros porque no armonizan en su naturaleza. En cambio, los iguales se atraen. Cada pensamiento que se encuentre en la mente consciente tiende a atraer a otros de naturaleza similar. Por lo tanto, podrás observar que esos sentimientos, pensamientos y emociones que emanan de experiencias del pasado, que exigen la atención de la mente consciente, están respaldados por un ejército regular de soldados de apoyo de naturaleza semejante que están preparados para ayudarlos en su trabajo.

Coloca de forma deliberada en tu propia mente, mediante el principio de la autosugestión, la ambición de tener éxito con la ayuda de un *claro objetivo principal* y observa con qué rapidez todas tus habilidades, latentes o no, desarrolladas en la naturaleza de tus experiencias pasadas se estimulan y comienzan a actuar a tu favor. Planta en la mente de un niño, mediante el principio de la *sugestión*, la ambición de convertirse en un exitoso abogado, médico, ingeniero, empresario o financiero, y si siembras esa sugestión con la profundidad suficiente y la mantienes ahí mediante la repetición, empezará a llevarlo hacia la realización del objeto de dicho afán.

Si quieres plantar una *sugestión* «profundamente», mézclala generosamente con el *entusiasmo*, pues el entusiasmo es el fertilizador que asegurará su rápido crecimiento y su permanencia.

Cuando un anciano caballero de buen corazón plantó en mi mente la sugestión de que yo era un «chico brillante» y que podía dejar mi huella en el mundo si me educaba, no fue tanto *lo que dijo*, sino *la forma en que lo hizo* lo que dejó una impresión tan profunda y duradera en mi mente. Fue el modo en que me sujetó los hombros y la expresión de confianza en su mirada lo que hizo que su sugestión penetrara tan profundamente en mi mente subconsciente que no tuve sosiego hasta que empecé a dar los pasos que me llevarían a la realización de dicha sugestión.

Esto es lo que me gustaría enfatizar con toda la fuerza de la que dispongo. *No es tanto lo que dices como el* TONO *y la* FORMA *en que lo dices lo que deja una impresión duradera.*

Por lo tanto, resulta naturalmente lógico que la sinceridad de propósito, la honestidad y la seriedad deben estar detrás de todo lo que uno dice, si uno quiere dejar una impresión duradera y favorable.

Cualquier cosa que quieras vender eficazmente a los demás, ¡primero debes vendértela *a ti mismo*!

No hace mucho tiempo, me visitó un agente del gobierno de México que deseaba contratar mis servicios como escritor de propaganda para la administración que gobernaba en aquella época. Su forma de abordar la cuestión fue, aproximadamente, la siguiente:

«Considerando que el Señor tiene la reputación de ser un exponente de la filosofía de la REGLA DE ORO, y en vista de que el Señor es conocido a lo largo y ancho de Estados Unidos como una persona independiente que no está aliada a ninguna facción política, ¿tendría el Señor la amabilidad de venir a México, estudiar los asuntos económicos y políticos del país, y luego regresar a Estados Unidos y escribir una serie de artículos que aparecerían en los diarios, recomendando al pueblo norteamericano el inmediato reconocimiento de México por parte del gobierno de Estados Unidos?...».

Por este servicio se me ofreció más dinero del que probablemente poseeré en toda mi vida, pero me negué a hacerlo, y por un motivo que no impresionará a nadie, excepto a aquellos que comprenden el principio que hace necesario que todos los que desean influir en los demás, deban estar en buenos términos con su propia conciencia.

No podía escribir convincentemente sobre la causa de México porque yo no creía en ella; por lo tanto, no podía haber introducido el suficiente *entusiasmo* en mis escritos como para hacerlos efectivos, incluso aunque hubiese estado dispuesto a «prostituir» mi talento y mojar mi pluma en una tinta que yo sabía que estaba turbia. No me empeñaré más en explicar mi filosofía sobre este incidente porque, quienes estén lo bastante avanzados en el estudio de la autosugestión no necesitarán más explicaciones, mientras que aquellos que no lo estén no podrían entenderlo.

Ningún hombre puede permitirse expresar, mediante palabras o actos, aquello que no está en armonía con sus propias creencias y, si lo hace, deberá pagarlo con la pérdida de su capacidad de influir en los demás.

Por favor, ¡lee en voz alta el párrafo anterior! Vale la pena subrayarlo mediante la repetición, porque la falta de observación del principio en el que se basa constituye las rocas y los arrecifes contra los que el *claro objetivo principal* de muchas personas se hace pedazos.

No creo que yo pueda permitirme intentar engañar a nadie acerca de nada, pero *sé que no puedo permitirme intentar engañarme a mí mismo*. Hacerlo sería destruir el poder de mi pluma y provocar que mis palabras sean ineficaces. Únicamente cuando escribo con el *fuego del entusiasmo* ardiendo en mi corazón, mis escritos impresionan a los demás favorablemente; únicamente cuando hablo desde un corazón que está rebosante de mi convicción en el mensaje, puedo hacer que mi público lo acepte.

¿Acaso no da que pensar el hecho de que ningún periódico haya publicado jamás una noticia sobre «fiestas salvajes de alcohol» u otros escándalos similares en relación con los nombres de Edison, Rockefeller y la mayoría de personas realmente grandes?

También me gustaría que leyeras en voz alta el párrafo del principio de la página. Sí, me gustaría que lo grabaras en tu memoria. Incluso, más que eso, me gustaría que lo pusieras por escrito y lo colocaras en un lugar donde te recordara a diario un principio, o mejor dicho, una *ley* tan inmutable como la ley de la gravitación, *sin la cual nunca te convertirás en un poder en el trabajo que has escogido en la vida*. Hubo ocasiones, y muchas, en las que todo *parecía* indicar que si actuaba de acuerdo con este principio, ¡me moriría de hambre!

Ha habido veces en las que mis amigos más íntimos y mis consejeros comerciales me han instado a cambiar mi filosofía con la finalidad de conseguir una ventaja necesaria aquí y allá, pero, de algún modo, he conseguido aferrarme a ella; supongo que principalmente porque he preferido la paz y la armonía en mi propio corazón a las ganancias materiales que podría haber obtenido con una transacción forzada con mi conciencia.

Por muy extraño que parezca, mis deliberaciones y conclusiones sobre esta faceta de negarme a ahogar mi conciencia rara vez se han basado en lo que se conoce comúnmente como «honestidad». Lo que he hecho al negarme a escribir o decir algo en lo que no creía ha sido únicamente una cuestión de honor entre mi conciencia y yo. He intentado expresar lo que me dictaba el corazón porque he pretendido dar «vida» a mis palabras. Podría decir que mi motivo se basaba más en el egoísmo que en el deseo de ser justo con los demás, aunque, en la medida en que soy capaz de analizarme, nunca he deseado ser injusto con nadie.

Ninguna persona puede convertirse en un *maestro vendedor* si cede a la falsedad. Esto acaba con la voluntad, y aunque nadie la sorprenda nunca *in fraganti* expresando algo en lo que no cree, sus palabras no conseguirán su propósito, porque, si no provienen de su corazón y no están combinadas con un *entusiasmo* genuino, no adulterado, la persona no podrá darles «vida».

También me gustaría que leyeras en voz alta el párrafo anterior, pues abarca una gran ley que debes *comprender y aplicar* si quieres convertirte en una persona de influencia en cualquier actividad.

Al hacer estas peticiones para dar énfasis, no estoy intentando tomarme unas libertades indebidas contigo. Creo que eres una persona adulta, reflexiva e inteligente, pero también sé que es muy probable que pases por encima de estas leyes de vital importancia sin que te impresionen lo suficiente como para que las incorpores a tu propia filosofía cotidiana. *Conozco tus puntos débiles porque conozco los míos.* Ha hecho falta la mayor parte de veinticinco años de altibajos (mayormente «bajos») para grabar estas verdades básicas en mi propia mente de modo que influyan en mí. Las he probado, y también he probado lo contrario. Por lo tanto, puedo hablar, no como alguien que meramente *cree* en su solidez, sino como alguien que *sabe*.

Y, ¿a qué me refiero cuando hablo de «estas verdades»? Para que no malinterpretes lo que quiero decir y para que estas palabras de advertencia no puedan transmitir un significado abstracto, declararé que cuando hablo de «estas verdades» quiero decir lo siguiente: *No puedes transmitirle a otra persona, ya sea mediante la sugestión, con tus palabras o con un acto tuyo, aquello en lo que no crees.*

353

Sin duda, esto está bastante claro. Y éste es el motivo por el que no puedes hacerlo: *Si no haces caso de tu propia conciencia, al cabo de poco tiempo ya no tendrás conciencia, puesto que no podrá guiarte, del mismo modo que un reloj despertador no te despertará si no le prestas atención.*

Sin duda, igualmente esto también está bastante claro. Y te preguntarás: ¿cómo es que soy una autoridad en este tema tan importante? ¡Lo soy porque he experimentado con el principio hasta saber cómo funciona! Y quizá preguntes: «Pero, ¿cómo sé que me estás diciendo la verdad?». La respuesta es que sólo lo sabrás experimentándolo tú mismo y observando a las personas que aplican fielmente este principio, y a las que no lo hacen.

Si mis pruebas necesitan alguna garantía, consulta con cualquier persona que conozcas y que sepas que ha «intentado arreglárselas» sin observar este principio, y si ella no puede o no quiere ofrecerte la verdad, puedes obtenerla de todos modos analizándola.

Sólo hay una cosa en el mundo que le otorga a la persona un poder real y duradero, ¡y es el *carácter*! Ten en cuenta que la *reputación* no es el carácter. La reputación es aquello que la gente cree que es una persona, pero el carácter es lo que la persona *es*. Si quieres ser alguien con una gran influencia, sé una persona con verdadero *carácter*.

El *carácter* es la piedra filosofal del alquimista; todo aquel que la posea puede convertir los metales básicos de su vida en oro puro. Sin *carácter* no tienes nada, no eres nada, y no puedes ser nada, excepto un montón de carne, huesos y pelo, que quizá valga unos pocos dólares. El carácter es algo que no se puede pedir, ni robar, ni comprar. Sólo se puede obtener *desarrollándolo*, y la única forma de desarrollarlo es mediante tus propios *pensamientos* y *actos*.

Con ayuda de la autosugestión, cualquier persona puede desarrollar un carácter sólido, sin importar cuál haya sido su pasado. Como una conclusión adecuada para esta lección, me gustaría señalar el hecho de que, todo aquel que tiene *carácter*, posee el *entusiasmo* y la personalidad suficientes para atraer a otras personas de carácter.

Ahora te indicaré cómo debes proceder para desarrollar el *entusiasmo*, en el caso de que no poseas ya esta cualidad tan poco frecuente. Las instrucciones serán sencillas, pero serás desafortunado si no reconoces su valor por ese motivo.

1º. Acaba las lecciones que quedan de este curso, porque en ellas encontrarás otras instrucciones importantes que deben ser coordinadas con esta.

2º. Si todavía no lo has hecho, anota por escrito tu *claro objetivo personal* en un lenguaje directo y sencillo, y a continuación escribe el plan con el que pretendes hacerlo realidad.

3º. Vuelve a leer tu *claro objetivo principal* cada noche, justo antes de ir a dormir, y cuando lo leas visualízate (en tu imaginación) en plena posesión de tu objetivo. Hazlo con absoluta fe en tu capacidad de convertir tu *claro objetivo principal* en una realidad. Léelo en voz alta, con todo el entusiasmo del que dispongas, subrayando cada palabra. Repite esta lectura hasta que tu «vocecita interior» te diga que tu objetivo se realizará. En algunas ocasiones sentirás los efectos de esta voz procedente del interior la primera vez que leas tu *claro objetivo principal*, mientras que en otras es posible que haga falta leerlo doce o quince veces antes de que llegue la seguridad, pero no te detengas hasta sentirla. Si lo prefieres, puedes leer tu *claro objetivo principal* como si fuese una plegaria.

Lo que queda de esta lección es para la persona que todavía no ha conocido el poder de la *fe* y que sabe poco o nada del principio de autosugestión. A todos los que se encuentran en este grupo, les aconsejaría la lectura de los versículos séptimo y octavo del capítulo siete y el vigésimo versículo del capítulo diecisiete del evangelio de Mateo.

Uno de los más grandes poderes para el bien que existen es el de la fe; a este maravilloso poder se le pueden atribuir milagros de la naturaleza más asombrosa. Ofrece paz sobre la tierra a todo aquel que lo utilice.

La fe comprende un principio que es de tan largo alcance en sus efectos que nadie puede decir cuáles son sus limitaciones, o si las tiene. En tu descripción de tu claro propósito principal escribe una afirmación de las cualidades que pretendes desarrollar en ti y la posición que deseas alcanzar en la vida y, cuando la leas todas las noches, ten fe en que convertirás este objetivo en realidad. Ciertamente, no puedes dejar pasar la sugerencia contenida en esta lección.

Para tener éxito debes ser una persona de acción. No basta con «saber». Es necesario *saber* y *hacer*. El entusiasmo es el resorte principal de la mente, que nos impulsa a poner ese conocimiento en acción.

Si crees que lo que te ha tocado vivir ha sido duro,

lee *Up From Slavery*, de Booker T. Washington,

y es posible que comprendas

cuán afortunado has sido.

Billy Sunday es uno de los evangelistas de más éxito que se ha conocido jamás en este país. Con el propósito de estudiar esta técnica y examinar sus métodos psicológicos, el autor de este curso asistió a tres campañas con el reverendo Sunday. Su éxito se basa en gran medida en una sola palabra: ¡ENTUSIASMO!

Haciendo un uso eficaz de la ley de sugestión, Billy Sunday transmite su propio espíritu de entusiasmo a las mentes de sus seguidores, y ellos son influidos por él. Vende sus sermones usando exactamente el mismo tipo de estrategia que emplea un maestro vendedor. ¡El entusiasmo es tan esencial para un vendedor como el agua para un pato!

Todos los directores de ventas que tienen éxito comprenden la psicología del entusiasmo y hacen uso de ella de diversas maneras, como un medio práctico para ayudar a su gente a vender más.

Prácticamente todas las organizaciones de ventas tienen reuniones en momentos establecidos, con el propósito de revitalizar las mentes de todos los miembros del personal de ventas e infundirles el espíritu de entusiasmo a través de la psicología grupal, lo cual funciona mejor si esto tiene lugar estando todos juntos.

Las reuniones de ventas bien podrían llamarse reuniones de «reanimación», porque su propósito es restablecer el interés y despertar el entusiasmo que permitirán a cada vendedor volver a la lucha con una ambición y una energía renovadas.

Durante su ejercicio como director de ventas de la National Cash Register Company, Hugh Chalmers (que luego se hizo famoso en la industria automotriz) se enfrentó a una situación de lo más embarazosa que amenazó con acabar con su posición y la de miles de vendedores que estaban a sus órdenes.

La compañía atravesaba dificultades económicas. Los vendedores de ese campo se enteraron de ello, y el efecto fue una notable pérdida de entusiasmo.

Las ventas comenzaron a bajar hasta que, finalmente, la situación se tornó tan alarmante que fue convocada una reunión general de la organización de ventas, la cual debía celebrarse en la planta de la empresa, en Dayton, Ohio. Se convocó a los vendedores de todo el país.

El señor Chalmers presidió la reunión. Empezó llamando a varios de sus mejores vendedores para que se pusieran de pie y dijeran qué estaba ocurriendo en ese campo para que los pedidos hubieran caído en picado. Uno por uno, fueron poniéndose de pie a medida que eran llamados, y cada uno de ellos relataba un panorama más desolador.

Las condiciones comerciales eran malas, el dinero escaseaba, la gente evitaba comprar antes de las elecciones presidenciales, etcétera. Cuando el quinto hombre en intervenir comenzó a enumerar las dificultades que le habían impedido cumplir con su cuota habitual de ventas, el señor Chalmers se subió a una mesa de un salto, levantó las manos pidiendo silencio y dijo: «¡BASTA! Ordeno que esta convención se cierre durante tres minutos, mientras me lustran los zapatos».

A continuación, volviéndose hacia un chico menudo que estaba sentado cerca de él, le mandó sacar su material para limpiar calzado y lustrar sus zapatos ahí mismo, encima de la mesa.

¡Los vendedores que estaban entre el público se quedaron pasmados! Algunos de ellos creyeron que el señor Chalmers se había vuelto loco de repente y comenzaron a murmurar entre ellos.

Mientras tanto, el chiquillo lustraba el primer zapato, y luego el otro, tomándose mucho tiempo y realizando un trabajo de primera.

Cuando hubo acabado, el señor Chalmers le entregó una moneda de diez centavos y luego continuó con su discurso:

Quiero que cada uno de ustedes, dijo, mire bien a este chiquillo. Tiene la concesión de la limpieza de calzado en toda nuestra planta y en nuestras oficinas. Su predecesor era un chico blanco considerablemente mayor que él, y a pesar del hecho de que la empresa lo compensaba con cinco dólares semanales, no conseguía ganarse la vida en esta fábrica en la que están empleadas miles de personas.

Este chiquillo no sólo se gana bien la vida, sin ningún subsidio de la empresa, sino que, de hecho, trabajando en las mismas condiciones, en la misma planta y para la misma gente, está ahorrando dinero de sus ganancias semanales. Ahora quiero hacerles una pregunta: ¿Quién tuvo la culpa de que el chico no consiguiera trabajar más? ¿Fue culpa suya o de los clientes?»

Con un poderoso rugido de la multitud, llegó la respuesta:

«¡Fue culpa del chico, por supuesto!»

«Exactamente, replicó Chalmers, y ahora quiero decirles lo siguiente: que ustedes están vendiendo cajas registradoras en el mismo territorio, a la misma gente, con exactamente las mismas condiciones comerciales que existían hace un año y, sin embargo, no están haciendo el mismo negocio que entonces. ¿De quién es la culpa? ¿De ustedes o del comprador?»

Y una vez más, la respuesta llegó con un rugido:

«¡Es nuestra culpa, por supuesto!»

«Me alegro de que tengan la franqueza de reconocer sus errores, continuó Chalmers, y ahora me gustaría decirles cuál es su problema: han oído hablar de rumores de que esta empresa tiene problemas económicos y eso ha acabado con su entusiasmo, de manera que ya no están haciendo el esfuerzo que solían hacer. Si ustedes vuelven a sus territorios con la clara promesa de enviarnos cinco pedidos, cada uno, durante los próximos treinta días, esta compañía dejará de tener dificultades económicas, ya que esas ganancias adicionales nos sacarán adelante. ¿Lo harán?»

Dijeron que lo harían, ¡y lo hicieron! Este incidente ha pasado a la historia de la National Cash Register Company con el nombre de «El brillo de zapatos de un millón de dólares de Hugh Chalmers», porque dicen que cambió el rumbo de los asuntos de la compañía y su valor fue de un millón de dólares. ¡El entusiasmo no conoce la derrota! El director de ventas que sabe cómo enviar a trabajar a un ejército de vendedores entusiastas puede poner su propio precio a sus servicios y, lo que es más importante todavía, puede aumentar la capacidad de ganancia de cada una de las personas que están bajo su dirección; por lo tanto, su entusiasmo no sólo lo beneficiará a él, sino posiblemente a cientos de individuos.

El entusiasmo nunca es una casualidad. Hay ciertos estímulos que producen entusiasmo, siendo los más importantes los siguientes:

1º. Trabajar en lo que a uno más le gusta.
2º. Un entorno en el que uno entra en contacto con otras personas entusiastas y optimistas.
3º. El éxito económico.
4º. El absoluto dominio y la aplicación de las QUINCE LEYES DEL ÉXITO en el trabajo diario.
5º. Una buena salud.
6º. El conocimiento de que uno ha servido a los demás.
7º. Un buen vestuario, apropiado a las necesidades de tu ocupación.

Estas siete fuentes de estímulo se explican por sí mismas, excepto la última. La psicología de la vestimenta es comprendida por muy poca gente, y por este motivo será explicada aquí en detalle. La ropa constituye la parte más importante del adorno con que toda persona debe contar para sentirse segura de sí misma, optimista y entusiasta.

La psicología del buen vestir

El once de noviembre de 1918, cuando llegó la esperada noticia desde el teatro de la guerra, mis posesiones terrenales eran poco más que las que tenía el día en que vine al mundo.

La guerra había destruido mi negocio, y me vi obligado a empezar de nuevo. Mi guardarropa estaba formado por tres trajes gastados y dos uniformes que ya no necesitaba. Sabiendo bien que el mundo se forma su primera impresión de un hombre, y la más duradera, de acuerdo con la ropa que lleva, no tardé en hacer una visita a mi sastre. Afortunadamente, mi sastre me conocía desde hacía años y, por lo tanto, no me juzgaba enteramente por las prendas que llevaba puestas. De haberlo hecho, me habría «hundido».

Con menos de un dólar en monedas en el bolsillo, elegí las telas para tres de los trajes más caros que he tenido jamás, y ordené que fuesen confeccionados para mí inmediatamente. ¡Los tres trajes sumaban 375 dólares!

Lo único que cualquier persona necesita
como capital para iniciar una carrera de éxito
es una mente sensata, un cuerpo sano
y el genuino deseo de servir
a la mayor cantidad de gente posible.

Nunca olvidaré el comentario que hizo el sastre mientras me tomaba las medidas. Fijándose primero los tres rollos de tela tan caros que yo había elegido y luego a mí, inquirió: «Un hombre de un dólar al año, ¿eh?». «No», repliqué. «Si tuviera la fortuna de estar en una nómina de un dólar al año, ahora tendría el dinero suficiente para pagar estos tres trajes.»

El sastre me miró con sorpresa; creo que no entendió la broma.

Uno de los trajes era de un gris oscuro muy bonito, el otro era azul marino y el tercero azul claro a rayas. Afortunadamente, tenía buena reputación con mi sastre, de modo que no me preguntó cuándo iba a pagarle esos trajes tan caros. Yo sabía que podría pagárselos a su debido tiempo y que lo haría, pero, ¿cómo podía convencerlo a él de que haría efectivo el pago? Ése era el pensamiento que me rondaba, además de la preocupación de que él no sacase el tema.

A continuación, fui a ver a mi camisero, al cual le compré tres trajes, no tan caros, y una provisión completa de lo mejor que tenía en camisas, cuellos, corbatas, calcetines y ropa interior. Mi cuenta ahí ascendió a un poco más de trescientos dólares.

Con un aire de prosperidad, firmé con aplomo el talón para pagar a crédito y se lo entregué al vendedor con un gesto veloz, con instrucciones de que debía entregarme lo que había comprado a la mañana siguiente. Los sentimientos de renovada confianza en mí mismo y de éxito empezaron a invadirme incluso antes de que me hubiese puesto mi ropa nueva.

En menos de veinticuatro horas había salido de la guerra y había adquirido una deuda de 675 dólares.

Al día siguiente me entregaron el primero de los tres trajes que le había encargado al camisero. Me lo puse inmediatamente, colocando un pañuelo de seda nuevo en el bolsillo exterior de la americana; luego introduje en el bolsillo de los pantalones los 50 dólares que había obtenido al empeñar mi anillo y bajé andando por Michigan Boulevard, en Chicago, sintiéndome tan rico como Rockefeller.

Cada una de las piezas de ropa que llevaba puestas, desde la ropa interior, era de primera. Que no las hubiera pagado no le incumbía a nadie, excepto a mí, a mi sastre y al camisero.

Cada mañana me vestía con un traje nuevo y bajaba andando por la misma calle, exactamente a la misma hora. Daba la «casualidad» de que ésa era la hora en que determinado editor adinerado solía caminar por la misma calle cuando iba a almorzar. Cada día me proponía hablar con este hombre y, casualmente, me detenía para charlar unos minutos con él.

Cuando este encuentro diario había estado teniendo lugar durante aproximadamente una semana, un nuevo día me encontré con este editor, pero decidí ver si me dejaba pasar de largo sin hablar conmigo. Observándolo por el rabillo del ojo, comencé a pasar a su lado mirando hacia delante, cuando él me detuvo, me llevó hasta el borde de la acera, puso su mano sobre mi hombro, me miró de arriba abajo y dijo: «Tiene usted aspecto de ser un hombre endemoniadamente próspero, teniendo en cuenta que recientemente ha dejado de llevar uniforme. ¿Quién le confecciona la ropa?». «Bueno, dije, Wilkie & Sellery me hizo este traje en particular».

Entonces quiso saber a qué tipo de negocios me dedicaba. Aquella atmósfera «etérea» de prosperidad que yo había estado propagando, junto con un traje nuevo y distinto cada día, habían despertado su curiosidad, tal como yo había esperado que lo hicieran.

Sacudiendo las cenizas de mi puro Habana, dije: «Bueno, estoy preparando el ejemplar para una nueva revista que voy a publicar». «Una nueva revista, ¿eh?», inquirió. «¿Y cómo la va a llamar?» «Se llamará *Hill's Golden Rule*.»* «No olvide que yo estoy en el negocio de la edición y la distribución de revistas, dijo mi amigo editor, quizás también pueda ayudarlo.»

Ése era el momento que yo había estado esperando. Mientras compraba esos trajes nuevos había tenido en mente ese preciso momento, y prácticamente el mismo lugar en el que estábamos.

Pero no es necesario que te recuerde que esa conversación nunca habría tenido lugar si ese editor me hubiese visto caminando por aquella calle a diario con una expresión de «perro apaleado» en el rostro, un traje arrugado y una mirada de pobreza en los ojos.

Una apariencia de prosperidad siempre atrae la atención, sin ninguna excepción. Además, atrae una «atención favorable», porque uno de los deseos que domina todo corazón humano es el de ser próspero.

Mi amigo editor me invitó a almorzar a su club. Antes de que nos hubieran servido los cafés y los puros, ya me había convencido de que dejara el contrato de impresión y distribución de mi revista. Yo incluso había «consentido» permitirle poner el capital, sin que me cobrara ningún interés.

Para beneficio de quienes no estén familiarizados con el negocio editorial, ofreceré la información de que se requiere de un capital considerable para lanzar una revista nueva de distribución a nivel nacional.

A menudo resulta difícil conseguir una cantidad tan grande de dinero, incluso con las mejores garantías. El capital necesario para lanzar la revista *Hill's Golden Rule*, como quizás hayas leído, estaba muy por encima de los 30.000 dólares, y cada centavo de él lo produjo un «frente» creado principalmente por una buena vestimenta. Es cierto que podría haber habido cierta habilidad detrás de esa ropa, pero hay muchos millones de personas

---

*. *Hill's Golden Rule*, en español «la regla de oro de Hill». (*N. de la T.*)

tienen habilidad y nada más, y jamás son conocidos por nadie fuera del limitado vecindario en el que viven. ¡Ésta es una verdad bastante triste!

Para algunos podría parecer una extravagancia imperdonable que una persona «arruinada» hubiera adquirido una deuda de 675 dólares en ropa, pero la psicología detrás de aquella inversión la justificaba con creces.

La apariencia de prosperidad no sólo produjo una impresión favorable en aquellas personas a las que yo tenía que pedir favores, sino que, además, yo sabía que la buena ropa me aportaría un aire de seguridad en mí mismo, sin el cual no podía esperar recuperar mis fortunas perdidas.

Mis primeras lecciones sobre la psicología del buen vestir las recibí de mi amigo Edwin C. Barnes, socio de Thomas A. Edison en los negocios. Barnes divirtió considerablemente al personal de éste cuando, a principios de siglo, llegó a West Orange en un tren de mercancías (pues no tenía el dinero suficiente para el billete en un tren de pasajeros) y anunció en las oficinas de Edison que había venido a asociarse con él.

Prácticamente todos los que se encontraban en la fábrica se rieron de Barnes, excepto el propio Edison. Él vio algo en la mandíbula cuadrada en la determinación en el rostro del joven Barnes que la mayor parte del personal no vio, a pesar de que tenía más el aspecto de un mendigo que el del futuro socio del más grande inventor sobre la Tierra.

¡Barnes empezó limpiando los suelos de las oficinas de Edison! Eso era lo único que buscaba: simplemente tener la oportunidad de poner un pie en la organización de Edison. A partir de ahí, su historia es digna de ser emulada por otros jóvenes que desean conseguir una buena posición. Barnes luego se retiró de la actividad comercial, a pesar de ser un hombre relativamente joven, para pasar la mayor parte del tiempo en sus dos preciosas casas en Brandentown, Florida, y en Damariscotta, Maine, multimillonario, próspero y feliz.

Conocí a Barnes durante los primeros días de su asociación con Edison, antes de que hubiera «llegado». En aquella época tenía la colección de ropa más cara que he oído que un hombre posea. Su guardarropa se componía de 31 trajes, uno para cada día del mes. Jamás se ponía el mismo en dos días consecutivos. Además, todos eran de lo más caro. (Por cierto, su ropa era confeccionada por los mismos sastres que hicieron mis tres trajes.)

Llevaba calcetines que costaban seis dólares el par. Sus camisas y otras prendas de vestir costaban en proporciones similares. Sus corbatas eran confeccionadas especialmente para él, a un coste de entre cinco y siete dólares y medio cada una.

Hay una recompensa adecuada para cada virtud y un castigo apropiado para cada pecado cometido. Tanto la recompensa como el castigo son efectos sobre los que ninguna persona tiene control, pues le llegan espontáneamente.

Un día, con ánimo juguetón, le pedí que guardara los viejos trajes que ya no usaba para mí. ¡Me informó que no tenía ni un solo traje que no necesitara! A continuación, me dio una lección sobre la psicología del vestir que vale la pena recordar. «Yo no llevo treinta y un trajes, dijo, únicamente por la impresión que causan en las demás personas; lo hago principalmente por la impresión que causan en mí».

Entonces Barnes me habló del día que se presentó en la fábrica de Edison buscando un puesto. Dijo que tuvo que caminar por la planta una docena de veces a fin de reunir el valor suficiente para anunciarse, porque sabía que antes parecía un mendigo más que un empleado deseable.

Se dice que Barnes es el vendedor más hábil que jamás haya contactado con el gran inventor de West Orange. Toda su fortuna la hizo con su habilidad como vendedor, pero él ha dicho con frecuencia que jamás habría podido conseguir los resultados que lo hicieron rico y famoso de no haber sido por su comprensión de la psicología del vestir.

En mis tiempos he conocido a muchos vendedores. Durante los últimos diez años he formado personalmente a más de tres mil vendedores, hombres y mujeres, he dirigido sus esfuerzos y he observado que, sin ninguna excepción, todas las personas que comprenden y hacen un buen uso de la psicología del vestir son las que más venden. He visto a unas pocas personas bien vestidas que no consiguieron un récord de ventas destacable, pero aún me queda por ver a un hombre mal vestido que se convierta en una estrella en este campo.

He estudiado la psicología del vestir durante tanto tiempo y he observado sus efectos en las personas en tantos ámbitos distintos de la vida, que estoy completamente convencido de que hay una estrecha relación entre la ropa y el éxito.

Personalmente, no siento ninguna necesidad de tener 31 trajes pero, si mi personalidad me exigiera un vestuario de esas dimensiones, me las arreglaría para tenerlo, sin importar cuánto pudiera costar.

Para ir bien vestido, un hombre debería tener al menos diez trajes. Debería tener un traje distinto para cada uno de los siete días de la semana, un traje completo y un esmoquin para las veladas formales, y uno para las ocasiones formales de la tarde. Para el verano debería tener un surtido de al menos cuatro conjuntos ligeros apropiados, con americana azul y pantalones blancos de franela para las tardes informales y los eventos nocturnos. Si juega al golf, debería tener al menos un traje de golf.

Esto, por supuesto, es para el hombre que está uno o dos niveles por encima de los «mediocres». El hombre que está satisfecho con la mediocridad necesita poca ropa. Es posible que sea cierto que, como dijo un poeta muy conocido, «la ropa no hace al hombre», pero nadie puede negar que la buena ropa ayuda muchísimo a proporcionarle un *comienzo favorable*. Por lo general, el banco de un hombre le prestará todo el dinero que desea cuando no lo necesita, cuando es próspero, pero nunca vayas a pedir un préstamo a tu banco con un traje de aspecto gastado y una expresión de pobreza en la mirada, porque, si lo haces, te darán «puerta».

¡El éxito atrae al éxito! No se puede escapar de esta gran ley universal; por lo tanto, si deseas atraerlo, asegúrate de tener un aspecto de éxito, tanto si tu vocación es de ser jornalero como de ser un príncipe del comercio.

En beneficio de los estudiantes más «serios» de esta filosofía que podrían objetar a recurrir a «trucos» o al «engaño de la ropa» como medio para alcanzar el éxito, podría explicarles con provecho que prácticamente todos los hombres de éxito han descubierto alguna forma de estímulo mediante el cual pueden impulsarse hacia un esfuerzo mayor, y así lo hacen.

Quizá sea chocante para los miembros de la liga antivicio, pero sin embargo, se tiene por cierto que James Whitcomb Riley escribió sus mejores poemas estando bajo los efectos del alcohol. Su estímulo era el licor. (El autor desea que se entienda claramente que él no recomienda el uso de estímulos alcohólicos o narcóticos con ningún propósito, pues cualquiera de los dos acabará destruyendo el cuerpo y la mente de todo aquel que lo utilice.) Según sus amigos íntimos, Riley se tornaba imaginativo, entusiasta, y se convertía en una persona completamente distinta cuando estaba bajo los efectos del alcohol.

Con la ayuda de una buena vestimenta, Edwin Barnes se daba aliento a sí mismo para llevar a cabo la acción necesaria a fin de producir resultados excepcionales.

Algunos hombres llegan a grandes alturas de éxito como consecuencia de su amor por una mujer. Une esto a la breve sugerencia sobre el tema realizada en la lección introductoria y, si eres una persona que conoce las costumbres de los hombres, podrás acabar el comentario de esta fase particular de estímulos para el entusiasmo sin otro comentario más por parte del autor que pudiera no ser apropiado para las mentes más jóvenes que asimilarán esta filosofía.

Los personajes del mundo del hampa que están metidos en asuntos turbios de asaltos en las carreteras, robos a viviendas, etc., suelen «doparse» con cocaína, morfina y otras drogas para realizar sus operaciones. Incluso en esto hay una lección que muestra que prácticamente todos los hombres necesitan un estímulo temporal o artificial para impulsarlos hacia un mayor esfuerzo que el empleado habitualmente en las actividades normales de la vida.

Uno de los escritores más exitosos del mundo emplea una orquesta de mujeres jóvenes muy bien vestidas que tocan para él mientras escribe. Sentado en una habitación que ha sido decorada artísticamente de acuerdo con el propio gusto del escritor, con luces que han sido coloreadas, teñidas y suavizadas, estas hermosas señoritas, vestidas con unos bonitos trajes de noche, tocan su música favorita. Éstas son sus propias palabras: «Me embriago de entusiasmo, bajo la influencia de este ambiente, y me elevo hasta unas alturas que nunca llego a conocer o a sentir en otras ocasiones. Precisamente entonces realizo mi trabajo. Los pensamientos se derraman sobre mí como si fuesen dictados por un poder invisible y desconocido».

Las personas de éxito han descubierto
las formas y los medios que consideran más adecuados
para sus propias necesidades, para producir estímulos
que las hagan elevarse hasta niveles de esfuerzo
que están por encima de lo normal.

Este autor obtiene una gran parte de su inspiración de la música y el arte. Una vez por semana, pasa al menos una hora en un museo de arte, contemplando las obras de los maestros. En esas ocasiones, según sus propias palabras, «con una hora de visita a un museo de arte reúno el entusiasmo suficiente para que me impulse durante dos días».

Edgar Allan Poe escribió *El cuervo* cuando, según dicen, estaba bastante borracho. Oscar Wilde escribía sus poemas bajo los efectos de una forma de estímulo que no puede ser mencionada apropiadamente en un curso de esta naturaleza.

Henry Ford (según cree este autor, quien admite que se basa tan sólo en su opinión) se puso en marcha realmente como consecuencia de su amor por la que fuera su encantadora compañera para toda la vida. Fue ella quien lo inspiró, le transmitió la fe en sí mismo y lo mantuvo entusiasmado para seguir adelante ante unas adversidades que habrían acabado con una docena de hombres corrientes.

Estos incidentes se citan como prueba de que las personas que han conseguido un éxito destacable han descubierto, por accidente o deliberadamente, maneras y medios para estimularse a fin de alcanzar un alto grado de entusiasmo.

Relaciona lo que se ha dicho aquí con lo que se dijo acerca de la LEY DE LA «MENTE MAESTRA» en la lección introductoria y obtendrás un concepto enteramente nuevo del *modus operandi* mediante el cual se puede aplicar dicha ley. También tendrás una comprensión un tanto distinta del verdadero propósito del «esfuerzo conjunto, en un espíritu de perfecta armonía», el cual constituye el mejor método conocido para hacer uso de la LEY DE LA «MENTE MAESTRA».

> Tu jefe no controla
> el tipo de servicio que brindas.
> Lo controlas tú,
> y eso es lo que te hace más fuerte
> o acaba contigo.

Llegado este punto, me parece apropiado llamar tu atención sobre la forma en que se combinan las lecciones de este curso. Observarás que cada una de ellas trata el tema que se proponía y, además, superpone alguna otra lección o lecciones del curso, para aportar al estudiante una mejor comprensión de ella.

A la luz de lo que se ha dicho en esta lección, por ejemplo, el estudiante comprenderá mejor el verdadero propósito de la LEY DE LA «MENTE MAESTRA», siendo éste, principalmente, ofrecer un método práctico para estimular las mentes de todos los que participan en el grupo que constituye la «mente maestra».

En ocasiones demasiado numerosas para ser descritas aquí, este autor se ha reunido con hombres cuyos rostros mostraban signos de preocupación, que manifestaban la intranquilidad en todos sus gestos, y luego los ha visto enderezar los hombros, levantar el mentón hacia un ángulo superior, suavizar la expresión de su rostro con sonrisas de confianza e ir directamente a lo esencial con ese tipo de entusiasmo que no conoce la derrota; el cambio tenía lugar en cuanto se establecía la armonía de propósito.

Si un hombre se mueve por los asuntos de su vida, todos los días, con el mismo espíritu prosaico, indiferente, carente de entusiasmo, está condenado al fracaso. Nada lo puede salvar hasta que cambie de actitud y aprenda a estimular su mente y su cuerpo, ¡elevándolos a voluntad a niveles insólitos de entusiasmo!

Este autor no está dispuesto a dejar este tema sin haber expresado el principio que aquí se describe de tantas formas distintas como sea necesario para que sea comprendido y respetado por los estudiantes de este curso, que, como todos recordarán, son hombres y mujeres con toda clase de temperamentos, experiencias y grados de inteligencia. Por este motivo, la repetición es esencial.

Una vez más, ¡te recuerdo que lo que te corresponde en esta vida es alcanzar el éxito! Con el estímulo de tu experiencia del estudio de esta filosofía, y con la ayuda de las ideas que extraigas de ella, además de la cooperación del autor, que te proporcionará un inventario exacto de tus cualidades sobresalientes, deberías ser capaz de crear un PLAN DEFINIDO que te elevará a grandes alturas de éxito. No obstante, no hay ningún plan que pueda producir este resultado deseable sin la ayuda de alguna influencia que te incite a realizar, con un espíritu de entusiasmo, un esfuerzo mayor que el que pondrías normalmente en tu ocupación diaria.

¡Ahora estás preparado para la lección sobre el autocontrol! Cuando la leas, observarás que tiene una relación muy importante con esta lección, del mismo modo que ésta tiene una relación directa con las lecciones precedentes sobre un CLARO OBJETIVO PRINCIPAL, la SEGURIDAD EN UNO MISMO, la INICIATIVA y el LIDERAZGO, y la IMAGINACIÓN.

La siguiente lección describe la ley que actúa como rueda de equilibrio en toda esta filosofía.

LOS SIETE PELIGROSOS JINETES
Una charla con el autor después de la lección

Los siete jinetes se describen en el orden que se muestra: intolerancia, codicia, venganza, egotismo, desconfianza, celos y «?».

El peor enemigo de cualquier hombre es aquel que se pasea bajo su propio sombrero. Si pudieras verte como te ven los demás, los enemigos que alojas en tu propia personalidad podrían ser descubiertos y expulsados. Los siete enemigos nombrados en este ensayo son los más comunes, que llevan a millones de hombres y mujeres al fracaso sin ser descubiertos. Examínate detenidamente y averigua a cuántos de estos siete jinetes estás alojando.

En esta ilustración puedes ver a siete terribles guerreros. Desde su nacimiento hasta su muerte, todo ser humano debe batallar con tales enemigos. Tu éxito se medirá en gran medida por el modo en que conduces tu batalla contra estos veloces jinetes. Seguramente, al contemplar esta imagen dirás que esto es sólo imaginación. Cierto, la ilustración es imaginaria, pero los veloces jinetes de destrucción son reales.

Si estos enemigos cabalgaran abiertamente, en caballos «de verdad», no serían peligrosos, porque podrían ser acorralados y neutralizados, pero cabalgan sin ser vistos, en las mentes de las personas. Operan de una forma tan silenciosa y sutil que la gente casi nunca reconoce su presencia.

Examínate y averigua a cuántos de estos siete jinetes estás alojando.

En primer término encontrarás al más peligroso y común de los jinetes. Serás afortunado si descubres a este enemigo y te proteges de él. Este cruel guerrero, la INTOLERANCIA, ha matado a mucha gente, destruido muchas amistades, traído infelicidad y sufrimiento al mundo y provocado más guerras que los otros seis jinetes de la imagen juntos.

Hasta que tengas dominio sobre la intolerancia, no podrás ser un pensador acertado. Este enemigo de la humanidad cierra la mente y empuja hasta un segundo plano a la razón, la lógica y la realidad. Si descubres que estás odiando a quienes tienen un punto de vista religioso distinto al tuyo, puedes estar seguro de que el más peligroso de los siete jinetes sigue cabalgando en tu cerebro. A continuación, en la imagen, observarás a la VENGANZA y la CODICIA. Estos jinetes viajan juntos. Ahí donde se encuentra uno, el otro siempre está cerca. La codicia deforma y tuerce el cerebro del hombre, haciendo que quiera construir una cerca alrededor de la Tierra y mantener a todo el mundo fuera. Éste es el enemigo que lo impulsa a acumular fortunas que no necesita y que nunca podrá utilizar. Éste es el enemigo que hace que el hombre apriete el tornillo hasta haber exprimido la última gota de sangre de sus semejantes.

Y, gracias a la venganza que cabalga junto con la codicia, la persona desafortunada que alberga en su cerebro a estos crueles mellizos no quedará satisfecha meramente con quitarle a su semejante sus pertenencias materiales, sino que además querrá destruir su reputación.

La venganza es una espada descubierta;
no tiene empuñadura ni vaina.
Si empuñaras este hierro del Señor:
¿Lo agarrarías entonces con firmeza y con fuerza?
Pero, cuanto más fuertemente apretaras la hoja,
cuanto más mortal fuera el golpe,
más profunda sería la herida en tu mano;
sería tu sangre la que tiñera de rojo el hierro.
Y cuando dieras el golpe;
—cuando la espada de tu mano volara—
en lugar de dar en el corazón del enemigo,
quizá la encontrarías clavada en el tuyo.

Si quieres saber cuán mortíferas son la envidia y la codicia, estudia la historia de cada uno de los hombres que ha pretendido gobernar el mundo. Si no deseas realizar una investigación tan ambiciosa, entonces estudia a las personas de tu entorno; a aquellas que han intentado, y a las que actualmente están intentando, hacerse ricas a costa de otras. La codicia y la venganza se encuentran en los cruces de la vida, donde llevan al fracaso y a la desdicha a todas las personas que querrían tomar el camino que conduce al éxito. Te corresponde a ti no permitirles que interfieran contigo cuando te aproximes a uno de esos cruces.

Tanto las personas como las naciones decaen rápidamente cuando la codicia y envidia cabalgan en las mentes de quienes dominan. Si quieres saber lo que le ocurre a los envidiosos y a los codiciosos, echa una mirada a México y a España. Y, lo que es más importante: ¡obsérvate a ti mismo y asegúrate de que estos dos peligrosos enemigos no estén cabalgando en tu cerebro!

Ahora pon tu atención en más mellizos de destrucción: el EGOÍSMO y la DESCONFIANZA. Observa que ellos también cabalgan juntos. No hay ninguna esperanza de éxito para la persona que sufre de demasiado amor propio o de falta de confianza en los demás.

Alguien a quien le gusta manipular cifras ha calculado que el club más grande del mundo es el «club de eso no se puede hacer». Se dice que, solamente en los Estados Unidos de América, cuenta aproximadamente con noventa y nueve millones de miembros.

Si no tienes fe en otras personas, no tienes la semilla del éxito en ti. La desconfianza es un germen prolífico. Si se deja que empiece, se multiplica rápidamente hasta no dejar ningún sitio para la fe.

Sin fe, ninguna persona puede disfrutar de un éxito duradero. Como un cordón dorado de iluminación que atraviesa toda la Biblia está la recomendación de tener fe. Antes de que la civilización se perdiera en su loca carrera por el dinero, los hombres comprendían el poder de la fe.

«Pues en verdad os digo que, si tenéis fe como un grano de mostaza, le diréis a la montaña: "Muévete a otro lugar", y ésta se moverá; y nada será imposible para vosotros».

El autor de este pasaje, que aparece en un evangelio, comprendía una gran ley que muy pocos entienden en la actualidad. Cree en las personas si quieres que ellas crean en ti. Acaba con la desconfianza. Si no lo haces, ella acabará contigo.

Si quieres tener poder, ¡cultiva la FE en la humanidad!

El egoísmo florece ahí donde existe la desconfianza. Interésate en los demás y estarás demasiado ocupado para abandonarte al amor por ti mismo. Observa a las personas de tu entorno que empiezan cada frase con el pronombre personal «yo» y notarás que desconfían de los demás. La persona capaz de olvidarse de sí misma mientras realiza un servicio útil para otros, nunca es víctima de la desconfianza. Estudia a las personas de tu entorno que son desconfiadas y egoístas, y observa cuántas de ellas puedes nombrar que tengan éxito en cualquier trabajo al que se dediquen. Y mientras realizas este estudio de los demás, ¡estúdiate también a ti mismo! Asegúrate de no estar atado por el egoísmo y la desconfianza.

En la retaguardia de este peligroso grupo de jinetes, vemos a dos hombres sobre sus caballos. Uno de ellos es los CELOS y el nombre del otro ha sido omitido deliberadamente.

Cada uno de los lectores de este artículo puede analizarse a sí mismo y ponerle al séptimo jinete el nombre que encaje mejor con aquello que encuentre en su propia mente; algunos le pondrán el nombre de dejadez. Unos pocos tendrán el valor de llamarlo deseo sexual incontrolado. En cuanto a ti, ponle el nombre que te plazca, pero asegúrate de hacerlo.

Es posible que tu propia imaginación te proporcione un nombre apropiado para el compañero de viajes de los celos. ¡Estarás mejor preparado para darle un nombre si sabes que los celos son una forma de locura! En ocasiones, resulta duro enfrentarse a la realidad. Es un hecho reconocido por la fraternidad médica que los celos pueden degenerar en una demencia.

¡Oh, celos, el más horrible demonio del infierno! Tu mortífero veneno devora mis entrañas, convierte el tono saludable de mis lozanas mejillas en un amarillento trasnochado, ¡y se bebe mi espíritu!

Observarás que los celos cabalgan inmediatamente detrás de la desconfianza. Algunas de las personas que lean esto dirán que los celos y la desconfianza deberían cabalgar lado a lado ya que, con frecuencia, uno lleva al otro en la mente del hombre.

Los celos son la forma más corriente de locura. Cabalgan en las mentes de hombres y mujeres; a veces con un motivo real, pero en la mayoría de los casos sin que éste exista. ¡Este peligroso jinete es un gran amigo de los abogados especialistas en divorcios! Y también mantiene ocupadas, día y noche, a las agencias de detectives.

Provoca un número regular de asesinatos. Rompe hogares y deja viudas a madres y huérfanos a niños inocentes. La paz y la felicidad nunca podrán ser tuyas mientras este jinete siga estando descontrolado en tu cerebro.

Marido y mujer pueden pasar la vida juntos en la pobreza y, aun así, ser muy felices, si ambos están libres de este hijo de la locura conocido como los celos. Examínate detenidamente y, si encuentras algún rastro de celos en tu mente, empieza a dominarlos ahora mismo.

Los celos cabalgan de muchas maneras. Cuando empiezan a entrar sigilosamente en la mente, se manifiestan de una forma parecida a ésta: «Me pregunto dónde estará y qué hará cuando no está conmigo». O, «Me pregunto si verá a otra mujer cuando no está conmigo».

Cuando estas preguntas empiezan a aparecer en tu mente, no llames a un detective. En lugar de eso, acude a una clínica psiquiátrica y pide que te examinen, porque lo más probable es que estés padeciendo una forma leve de demencia. Pon tu pie sobre el cuello de los celos antes de que éstos pongan sus garras en tu garganta.

* * *

Cuando hayas terminado de leer este ensayo, déjalo a un lado y piensa en él. Es posible que al principio digas: «Esto no se aplica a mí. Yo no tengo ningún jinete imaginario en mi mente». Y quizá tengas razón, ¡pues una de cada diez millones de personas puede decirlo y estar en lo cierto! Los nueve millones novecientos noventa y nueve restantes estarían equivocados.

¡No te engañes! Podrías estar en el grupo más numeroso. El propósito de este artículo es conseguir que te veas TAL COMO ERES. Si estás sufriendo a causa del fracaso, la pobreza y la desdicha en cualquiera de sus formas, sin duda descubrirás a uno de estos peligrosos jinetes en tu mente, o a más de uno.

No te equivoques: aquellas personas que tienen todo lo que quieren, incluyendo felicidad y buena salud, han expulsado a esos siete jinetes de sus mentes.

Vuelve a leer este ensayo dentro de un mes, después de haber tenido tiempo para analizarte detenidamente. Léelo otra vez y es posible que te ayude a enfrentarte con una realidad que te emancipará de una multitud de crueles enemigos que ahora cabalgan por tu mente sin que tú lo sepas.

LAS LEYES DEL ÉXITO

Octava lección

EL AUTOCONTROL

«¡Puedes hacerlo si crees que puedes!»

En la lección anterior aprendiste el valor del entusiasmo. Además, aprendiste a generarlo y a transmitir su influencia a los demás mediante el principio de la *sugestión*. Ahora has llegado al estudio del *autocontrol*, a través del cual podrás dirigir tu *entusiasmo* a fines constructivos. Sin *autocontrol*, el entusiasmo es como un rayo descontrolado en una tormenta eléctrica: puede caer en *cualquier parte* y destruir vidas y propiedades.

El *entusiasmo* es una importante cualidad que te impulsa a la *acción*, mientras que el *autocontrol* es la rueda de equilibrio que dirige tu *acción* a fin de que ésta sea constructiva, no destructiva.

Para ser una persona bien «equilibrada», el *entusiasmo* y el *autocontrol* deben estar equilibrados en ti. Una encuesta que acabo de completar, realizada a 160.000 reclusos adultos de las cárceles de los Estados Unidos, revela el sorprendente hecho de que el 92 % de esos desafortunados hombres y mujeres se encuentra en prisión por carecer del *autocontrol* necesario para dirigir sus energías constructivamente.

Vuelve a leer el párrafo anterior una vez más. Es auténtico, ¡y *sorprendente*!

Es una realidad que la mayoría de los infortunios del hombre son provocados por una falta de *autocontrol*. Las Sagradas Escrituras están llenas de recomendaciones que invitan al *autocontrol*. Incluso nos instan a amar a nuestros enemigos y a perdonar a quienes nos hacen daño. La ley de la no resistencia aparece a lo largo de toda la Biblia, como un cordón de oro.

Nadie que no esté dispuesto a hacer sacrificios personales alcanzará un gran éxito.

Estudia el historial de las personas a las que el mundo llama «grandes» y observa que *todas ellas poseen la cualidad del autocontrol*. Estudia, por ejemplo, las características de nuestro propio e inmortal Lincoln. En medio de sus horas más difíciles, ejercitó la paciencia, la serenidad y el *autocontrol*. Ésas son algunas de las cualidades que lo convirtieron en el gran hombre que fue. Encontró deslealtad en algunos miembros de su gabinete pero, puesto que dicha deslealtad iba dirigida contra él personalmente, y dado que las personas en quienes la observó poseían cualidades que las hacían valiosas para su país, Lincoln ejerció el *autocontrol* y no hizo caso de esas cualidades censurables. ¿A cuántas personas conoces que tengan un *autocontrol* equiparable al de Lincoln?

En un lenguaje más enérgico que pulido, Billy Sunday exclamó: «*¡Hay algo vil como el infierno en el hombre que siempre está intentando avergonzar a alguna otra persona!*». Me pregunto si el «diablo» no habrá gritado, «¡Amén, hermano!», cuando Billy hizo esta declaración.

Pero el *autocontrol* es un importante factor en este curso sobre las LEYES DEL ÉXITO, no tanto porque la falta de él cree dificultades a quienes se convierten en sus víctimas, sino porque quienes no lo ejercitan sufren la pérdida de un gran poder necesario para su lucha por la realización de su *claro objetivo principal*. Si dejas de ejercer el *autocontrol*, no sólo es probable que acabes haciendo daño a los demás, sino que, *sin duda, ¡te harás daño a ti mismo!*

Durante la primera parte de mi carrera pública, descubrí los estragos que estaba haciendo la falta de *autocontrol* en mi vida, y este descubrimiento se produjo a través de un incidente de lo más anodino. (Creo que no está fuera de lugar que me desvíe aquí para afirmar que la mayoría de las grandes verdades de la vida se encuentran en los hechos corrientes, comunes, de la vida cotidiana.)

Este descubrimiento me dio una de las lecciones más importantes que he aprendido jamás. Se produjo de la siguiente manera:

Un día, en el edificio donde tenía mi oficina, el conserje y yo tuvimos un malentendido. Esto nos produjo una aversión mutua de lo más violenta. Para mostrarme su desprecio, este conserje apagaba las luces del edificio cuando sabía que me encontraba trabajando en mi despacho. Esto ocurrió en varias ocasiones, hasta que finalmente decidí «devolverle el golpe». Mi oportunidad llegó un domingo, cuando acudí a mi despacho a preparar un discurso que debía dar la noche siguiente. Apenas acababa de sentarme en mi escritorio, cuando las luces se apagaron.

Me puse de pie de un salto y corrí hasta el sótano del edificio, donde sabía que estaba el conserje. Cuando llegué, lo encontré muy ocupado añadiendo carbón a la caldera con una pala y silbando como si no hubiera ocurrido nada raro. Sin hacer ceremonias, me lancé al ataque y, durante varios minutos, le dediqué una serie de adjetivos que quemaban más que el fuego que él estaba avivando. Finalmente, me quedé sin palabras y tuve que detenerme. Él se incorporó, me miró por encima del hombro y, con un tono de voz suave y calmado, y con una sonrisa de oreja a oreja, dijo: «Vaya, está usted un poco alterado esta mañana, ¿verdad?».

¡Ese comentario se me clavó como un puñal! Imagina cuáles eran mis sentimientos mientras permanecía ahí, de pie frente a un hombre indocto, que no sabía ni leer ni escribir, pero que, a pesar de esta desventaja, me había derrotado en un duelo que había tenido lugar en un terreno que yo había elegido y con el arma que yo había elegido.

Mi conciencia me señaló con un dedo acusador. No sólo sabía que había sido derrotado, sino algo todavía peor: que yo era el agresor y que había actuado mal, lo cual no hizo más que intensificar mi humillación.

Mi conciencia no sólo me señaló con un dedo acusador, sino que además colocó unos pensamientos bastante embarazosos en mi mente: se burlaba de mí y me atormentaba. Ahí estaba yo, un engreído estudiante de psicología avanzada, un exponente de la filosofía de la REGLA DE ORO, que conocía medianamente bien las obras de Shakespeare, Sócrates, Platón, Emerson y la Biblia, mientras que ante mí tenía a un hombre que no sabía nada de filosofía, pero que, a pesar de su falta de conocimientos, me había derrotado en una batalla verbal.

Me di media vuelta y regresé a mi oficina tan rápido como pude; no había nada más que pudiera hacer. Al empezar a pensar otra vez en el asunto, vi mi error pero, fiel a la naturaleza humana, me negué a hacer lo que sabía que sabía que estaba en mi mano para repararlo. Sabía que debía disculparme ante ese hombre para poder tener paz en lo más profundo de mi ser y reconciliarme con él. Finalmente, me decidí a volver al sótano y someterme a la humillación que sabía que tendría que soportar. La decisión no fue fácil y no la tomé con demasiada rapidez.

Comencé a bajar, pero a un paso mucho más lento que en la primera ocasión. Estaba intentando pensar de qué manera podía hacer la segunda aproximación para sufrir la menor humillación posible.

Cuando llegué al sótano, le dije al conserje que se acercara a la puerta. En un tono de voz sereno y benigno, preguntó:

—¿Qué quiere esta vez?

Le informé que había venido a disculparme por el mal que había hecho, si él me lo permitía. La sonrisa se extendió una vez más a lo ancho de todo su rostro, al tiempo que respondía:

—Por el amor de Dios, no tiene que disculparse. Nadie lo oyó, excepto estas cuatro paredes y yo. No se lo voy a contar a nadie y sé que usted tampoco lo hará, así que olvídese del tema.

Y ese comentario me dolió más que el primero, porque no sólo había expresado su disposición a perdonarme, sino que además había dejado claro que estaba dispuesto a ayudarme a ocultar el incidente para que no se supiera y no me perjudicara.

No obstante, me acerqué a él y le di la mano. Lo hice no sólo con mi mano, sino con todo mi corazón, y mientras caminaba hacia mi oficina me sentí bien por haber reunido el valor suficiente para enmendar mi error. Pero ése no es el final de la historia: *¡es sólo el comienzo!* Después de aquel incidente, decidí que jamás volvería a ponerme en una posición en la que otro hombre, ya fuera un conserje indocto o un hombre de letras, me pudiera humillar porque yo hubiera perdido mi *autocontrol*.

Después de haber tomado tal decisión, empezó a producirse un cambio destacable en mí. Mi pluma comenzó a adquirir más poder. Mis palabras habladas comenzaron a tener más peso. Empecé a hacer más amigos y menos enemigos entre mis conocidos. Aquel incidente marcó uno de los puntos decisivos más importantes de mi vida. Me enseñó que ningún hombre puede controlar a los demás a menos que se controle a sí mismo. Me dio una idea clara de la filosofía que está detrás de las siguientes palabras: «Si los dioses quieren destruir a alguien, primero lo sacan de quicio». También me dio una idea clara de la ley de la no resistencia y me ayudó a interpretar muchos pasajes de las Sagradas Escrituras con relación a esta ley, como nunca antes lo había hecho.

La persona que sabe lo que quiere en la vida ya ha recorrido un largo trecho en dirección a su realización.

Este incidente puso en mis manos la llave de acceso a un almacén de conocimientos que me ilumina y me ayuda en todo lo que hago. Y más adelante en la vida, cuando mis enemigos intentaron destruirme, me proporcionó una poderosa arma de defensa que nunca me ha fallado.

La falta de *autocontrol* es el punto débil más perjudicial del vendedor medio. Si el potencial comprador le dice al vendedor algo que él no desea oír y éste no posee la cualidad del *autocontrol*, «devolverá el golpe» con un comentario que será fatal para la venta.

En uno de los grandes almacenes de Chicago fui testigo de un incidente que ilustra la importancia del *autocontrol*. Delante del mostrador de «quejas» había una larga cola de mujeres explicando sus problemas y *los fallos de la tienda* a la muchacha que las atendía. Algunas de ellas estaban enfadadas y eran poco razonables, y otras hacían unos comentarios sumamente desagradables. La muchacha del mostrador recibía a las disgustadas mujeres sin la menor muestra de resentimiento ante sus comentarios. Con una sonrisa en el rostro, les indicaba a qué departamento debían dirigirse con una gracia y una serenidad tan encantadoras que quedé maravillado ante su *autocontrol*.

De pie, detrás de ella, otra jovencita hacía anotaciones en unas hojas de papel y se las pasaba mientras las mujeres de la cola se desahogaban contando sus problemas. Estas hojas contenían lo esencial de lo que éstas decían, sin los «tintes mordaces» y sin el enfado.

La muchacha sonriente del mostrador que «escuchaba» todas las quejas, ¡era *completamente sorda!* Su asistenta le proporcionaba todos los datos necesarios a través de esas hojas de papel.

Este plan me impresionó tanto que busqué al director de la tienda y lo entrevisté. Él me informó que había elegido a una mujer sorda para uno de los puestos más difíciles e importantes de la tienda porque no había podido encontrar a ninguna otra persona con el *autocontrol* suficiente para ocuparlo.

Mientras observaba esa cola de mujeres irritadas, me fijé en el efecto placentero que ejercía sobre ellas la sonrisa de la joven del mostrador. Llegaban gruñendo como lobos y se marchaban mansas y tranquilas como ovejas. De hecho, algunas de ellas tenían una expresión «ovejuna» en sus rostros al marcharse, porque el *autocontrol* de la muchacha hacía que acabaran sintiendo vergüenza de sí mismas.

Desde que contemplé aquella escena, cada vez que noto que empiezo a irritarme por comentarios que no me gustan, me acuerdo de la serenidad y el autocontrol de aquella joven del mostrador, y muchas veces he pensado que todo el mundo debería tener a mano «tapones de oídos mentales» para ponerse de vez en cuando. Personalmente, he desarrollado el hábito de «cerrar» los oídos ante gran parte del parloteo ocioso que me solía molestar. La vida es demasiado corta y hay demasiado trabajo constructivo que hacer como para tener motivos para «devolver el golpe» a todas las personas que dicen algo que no deseamos oír.

En la práctica de la abogacía, he observado un truco muy inteligente que utilizan los abogados en los juicios cuando desean obtener una declaración de un testigo beligerante que responde a las preguntas con el proverbial «No me acuerdo» o «No lo sé». Cuando todo lo demás falla, se las arreglan para hacer enfadar al testigo y, en ese estado de ánimo, le hacen perder el *autocontrol* y efectuar declaraciones que con la «cabeza fría» no habría hecho.

La mayoría de nosotros pasa por la vida con un «ojo examinador», en busca de problemas. Normalmente encontramos aquello que buscamos. En mis viajes, he estudiado a los hombres a los que he escuchado en «conversaciones de tren», y he observado que prácticamente nueve de cada diez tienen tan poco *autocontrol* que se «invitan» a sí mismos a discutir sobre prácticamente cualquier tema que surja. Pero pocos se contentan con sentarse en un compartimento para fumadores y escuchar una conversación sin intervenir y «airear» sus puntos de vista.

En una ocasión viajaba de Albany a Nueva York y, durante el trayecto, el «club del vagón de fumadores» inició una conversación sobre Richard Croker, que por aquel entonces era jefe del Tammany Hall. La discusión fue subiendo de tono y se tornó agria. Todo el mundo se enfadó, excepto un anciano caballero que estaba agitando la discusión e interesándose vivamente en ella. Él se mantenía sereno y parecía disfrutar de todas las cosas maliciosas que los demás decían sobre el «Tigre» de Tammany Hall. Por supuesto, supuse que sería un enemigo del jefe de Tammany, ¡pero *no lo era! ¡Era el mismísimo Richard Croker!*

Éste era uno de los inteligentes trucos que utilizaba para averiguar lo que la gente pensaba de él y enterarse de los planes de sus enemigos. Richard Croker podía ser muchas cosas, pero sin duda era un hombre con *autocontrol*. Quizá ésa fuera una de las razones por las que siguió siendo el jefe indiscutible de Tammany Hall durante tanto tiempo. *Las personas que se controlan a sí mismas suelen ser jefes, cualquiera que sea su trabajo.*

Vuelve a leer la última frase del párrafo anterior, pues contiene una sutil sugerencia que podría ser de provecho para *ti*. Se trata de un incidente trivial, pero es justamente en ese tipo de incidentes donde están ocultas las grandes verdades de la vida (ocultas porque el contexto es normal y corriente).

No hace mucho tiempo, acompañé a mi mujer a buscar saldos. Nos llamó la atención una multitud de mujeres dándose codazos unas a otras para abrirse paso delante de un mostrador de enaguas en el que se ofrecían algunas «gangas». Una señora que parecía tener unos cuarenta y cinco años se abrió paso a gatas entre el gentío y «apareció» delante de una clienta que había acaparado la atención de la vendedora. En un tono de voz alto y chillón, exigió ser atendida. La vendedora era una persona diplomática que comprendía la naturaleza humana y que, además, tenía *autocontrol*, pues sonrió dulcemente a la intrusa y le dijo: «Sí, *señorita*, ¡estaré con usted en un momento!». ¡Y la intrusa se tranquilizó!

No sé si fue el «Sí, *señorita*» o el tono dulce de su respuesta lo que modificó su actitud, pero fue alguna de las dos cosas, o puede que ambas. Lo que sí sé es que la vendedora fue recompensada por su *autocontrol* con la venta de tres enaguas, y la feliz «*señorita*» se marchó sintiéndose mucho más joven gracias a ese comentario.

Ningún hombre puede alcanzar la fama y la fortuna sin llevar consigo a otras personas. Es, sencillamente, imposible.

El pavo rustido es un plato muy popular, pero comer demasiado de él le costó a un amigo mío, que se dedica al negocio de la impresión, un pago de 50.000 dólares. Ocurrió el día después de Acción de Gracias, cuando llamé a su oficina con el propósito de presentarle a un escritor ruso muy importante que había venido a Estados Unidos para publicar un libro. El ruso chapurreaba el inglés y, en consecuencia, le costaba hacerse entender. Durante la entrevista, le hizo una pregunta a mi amigo que éste entendió equivocadamente como una reflexión sobre su capacidad como impresor. En un momento de descuido, le respondió con este comentario: «El problema con ustedes, los bolcheviques, es que miran al resto del mundo con desconfianza simplemente por su cortedad de vista». Mi amigo «bolchevique» me empujó ligeramente en el hombro y me susurró: «Este caballero parece enfermo. Lo llamaremos otro día, cuando se sienta mejor».

Pero nunca más lo volvió a llamar. Hizo su pedido a otro impresor, ¡y más tarde me enteré de que las ganancias fueron de más de diez mil dólares!

Encuentro que diez mil dólares es un precio muy alto a pagar por un plato de pavo, pero eso fue lo que le costó a mi amigo impresor, ya que me pidió disculpas por su conducta alegando que el pavo le había producido una indigestión y por ello había perdido el *autocontrol*.

Una de las más grandes empresas de cadenas de tiendas en el mundo ha adoptado un método único y efectivo para contratar vendedores que hayan desarrollado esa cualidad esencial del *autocontrol* que todo vendedor de éxito debe poseer. Esta empresa tiene entre su personal a una mujer muy inteligente que visita las tiendas y otros lugares donde los vendedores están empleados y selecciona a aquellos que considera que tienen tacto y *autocontrol*; pero, para estar segura de su buen juicio, se acerca a ellos y les pide que le muestren sus productos. Les hace todo tipo de preguntas diseñadas para poner a prueba su paciencia. Si pasan la prueba, les ofrece un puesto mejor; si no es así, simplemente se les da la oportunidad de seguir su camino sin saberlo.

Sin duda, todas las personas que se niegan a ejercitar el *autocontrol*, u olvidan hacerlo, están perdiendo una oportunidad tras otra sin enterarse de ello. Un día, me encontraba delante del mostrador de guantes en una gran tienda, hablando con un joven que trabajaba allí. Él me estaba diciendo que llevaba cuatro años en esa tienda, pero que, debido a la «cortedad de vista» de los directivos, sus servicios no habían sido valorados y ahora estaba buscando otro empleo. En medio de esta conversación, un cliente se acercó a él y le pidió que le enseñara unos sombreros. El joven no prestó ninguna atención a esta petición hasta que hubo acabado de contarme sus problemas, a pesar de que era evidente que el cliente se estaba impacientando. Finalmente, se volvió hacia el hombre y le dijo: «Ésta no es la sección de sombreros». Cuando el cliente preguntó dónde podría encontrar esa sección, el joven replicó: «Pregúntele al jefe de sección, que está allí. Él le indicará».

Durante cuatro años, este joven había estado «sentado» sobre una excelente oportunidad, pero no lo sabía. Podría haberse hecho amigo de cada persona a la que había atendido y esos amigos podrían haberlo convertido en el hombre más valioso de la tienda, porque habrían vuelto para comprarle a él. Las respuestas «rápidas» a los clientes curiosos no hace que regresen.

En una tarde lluviosa, una anciana entró en unos grandes almacenes en Pittsburg y se paseó por ellos sin rumbo fijo, como suele hacerlo la gente que no tiene intención de comprar. La mayoría de vendedores le «echaba una mirada» y luego se entretenía arreglando los artículos de las estanterías para evitar que la mujer los molestara. Uno de los vendedores jóvenes la vio y preguntó educadamente en qué la podía ayudar. Ella le dijo que sólo estaba esperando a que dejara de llover, que no tenía intención de comprar nada. El joven le dijo que era bienvenida y, entablando una conversación con ella, le hizo sentir que lo había dicho en serio. Cuando ella estuvo dispuesta a marcharse, él la acompañó hasta la calle y le abrió el paraguas. La mujer le pidió su tarjeta y siguió su camino.

El joven ya había olvidado este incidente cuando, un día, el director de la empresa lo llamó a su despacho y le mostró una carta de una señora que quería que el vendedor viajase a Escocia a fin de tomar un pedido para amueblar su mansión. Aquella dama era la esposa de Andrew Carnegie y era la misma mujer a la que el joven había acompañado tan educadamente hasta la calle varios meses atrás.

En la carta, la señora Carnegie especificaba que quería que ese joven en concreto fuese enviado para tomar su pedido. El pedido en cuestión ascendió a una cuantiosa suma y el incidente le dio a ese joven una oportunidad para progresar que quizá nunca hubiese tenido, de no ser por su cortesía con una anciana que no parecía ser una «venta rápida».

De la misma manera que las grandes leyes fundamentales de la vida están latentes en las experiencias cotidianas más corrientes, también las *verdaderas* oportunidades suelen estar ocultas en situaciones que, aparentemente, no tienen ninguna importancia.

Pregúntales a las próximas diez personas con las que entres en contacto por qué no han conseguido más en sus ámbitos profesionales y al menos nueve de ellas te dirán que *las oportunidades no se han cruzado en su camino*. Ve más allá y analiza a esas nueve personas a fondo, observando sus actos durante un día entero, y lo más probable es que descubras que, a cada hora que pasa, todas ellas le dan la espalda a las mejores oportunidades.

Un día fui a visitar a un amigo que estaba asociado a una escuela de comercio en calidad de representante. Cuando le pregunté cómo le iba, replicó: «¡Fatal! Veo a una gran cantidad de gente, pero no estoy haciendo las ventas suficientes para vivir bien. De hecho, mi cuenta con la escuela tiene un saldo deudor y estoy pensando en cambiar de empleo, ya que aquí no hay *oportunidades*».

Daba la casualidad de que yo estaba de vacaciones y tenía diez días que podía utilizar como quisiera, de modo que desafié su comentario de que no había oportunidades diciéndole que yo era capaz de ganar 250 dólares en su puesto en una semana y de mostrarle qué debía hacer él para ganar esa misma cantidad en todas las semanas subsiguientes. Me miró sorprendido y me pidió que no bromeara sobre un asunto como ése. Cuando finalmente lo convencí de que hablaba en serio, se aventuró a preguntar cómo realizaría ese «milagro».

Entonces le pregunté si alguna vez había oído hablar del *esfuerzo organizado*, a lo que replicó: «*¿Qué quieres decir con "esfuerzo organizado"?*». Le informé que me refería a dirigir sus esfuerzos de tal manera que consiguiera matricular un número de entre cinco y diez estudiantes con el mismo esfuerzo que había estado haciendo por conseguir una sola inscripción, o ninguna. Dijo que estaba dispuesto a que se lo enseñara, de modo que le indiqué que hiciera los arreglos necesarios para que yo pudiera hablar ante los empleados de uno de los grandes almacenes de la zona. Él consiguió la cita y yo pude dar mi charla. En ella esbocé un plan mediante el cual los empleados no sólo podrían mejorar sus habilidades para ganar más dinero en sus puestos actuales, sino que, además, les ofrecí la oportunidad de prepararse para mayores responsabilidades y mejores puestos. Después de la charla, que ciertamente estaba diseñada con ese propósito, mi amigo consiguió matricular a ocho empleados en los cursos nocturnos de la escuela de comercio que él representaba.

La noche siguiente me apuntó para dar una charla similar ante los empleados de una lavandería. Cuando la hube terminado, mi amigo consiguió matricular a tres estudiantes más, dos de los cuales eran *mujeres jóvenes que trabajaban manipulando máquinas de lavar y realizando un trabajo de lo más duro*.

Dos días más tarde, mi amigo me inscribió para dar una charla ante los empleados de un banco local. Cuando la hube acabado, él matriculó a cuatro alumnos más; así consiguió un total de quince estudiantes, y el tiempo total invertido en ello no fueron más de seis horas, incluyendo el utilizado para dar las charlas y matricular a los alumnos.

La comisión que recibió mi amigo por estas transacciones ¡fue de algo más de cuatrocientos dólares! Estos centros de trabajo estaban a menos de quince minutos a pie desde su lugar de trabajo, pero él nunca había pensado en buscar clientes allí. Tampoco se le había ocurrido aliarse con un orador que pudiera ayudarlo en la venta a «grupos».

Actualmente este hombre es dueño de una espléndida escuela de comercio y, según me han informado, el año pasado sus ingresos netos fueron de más de diez mil dólares.

> No temas a nadie, no odies a nadie,
>
> no le desees una desgracia a nadie,
>
> y muy probablemente
>
> tendrás una gran cantidad de amigos.

¿No se cruza *«ninguna oportunidad»* en tu camino? Es posible que sí lo haga, pero que tú no la veas. Quizá en un futuro seas capaz de verla, ya que con la ayuda de este curso sobre las LEYES DEL ÉXITO te estás preparando para poder reconocer una oportunidad cuando se presente. La sexta lección trataba sobre el tema de la *imaginación*, que es el factor principal que intervino en la anécdota que acabo de relatar. Los principales factores que intervinieron fueron la imaginación, además de un PLAN DEFINIDO, la SEGURIDAD EN UNO MISMO y la ACCIÓN. Ahora ya sabes cómo utilizarlos, y antes de que hayas terminado de leer esta lección habrás comprendido cómo dirigirlos mediante el *autocontrol*.

Ahora vamos a examinar el alcance del significado del término *autocontrol* tal como se utiliza en relación con este curso, describiendo la conducta general de una persona que lo posee. Alguien que tiene un *autocontrol* muy desarrollado no cae en el odio, la envidia, los celos, el miedo, la venganza, ni en ninguna otra emoción destructiva que se parezca. Una persona con un *autocontrol* muy desarrollado no entra en el «éxtasis» ni se entusiasma de una forma incontrolada por nada ni por nadie.

La codicia, el egoísmo y la autocomplacencia, más allá del punto de un correcto autoanálisis y una valoración real de los propios méritos, indican una falta de *autocontrol* en una de sus formas más peligrosas. La seguridad en uno mismo es uno de los factores esenciales más importantes para el éxito, pero cuando esta facultad se desarrolla más allá de lo razonable, se convierte en algo muy peligroso.

La abnegación es una cualidad loable, pero llevada al extremo también se convierte en una de las formas más peligrosas de falta de *autocontrol*.

Te debes a ti mismo no permitir que tus emociones pongan tu felicidad en manos de otra persona. El amor es esencial para la felicidad, pero la persona que ama tan intensamente que su felicidad queda enteramente en manos de otra es como aquel corderito que entró sigilosamente en la madriguera del «bueno y amable lobito» y le rogó que le permitiera acostarse, o como el canario que insistía en jugar con los bigotes del gato.

Una persona con un *autocontrol* bien desarrollado no se dejará influir por el cínico, ni por el pesimista, y tampoco permitirá que otros piensen por ella; estimulará su imaginación y su entusiasmo hasta que éstos hayan producido una *acción*, pero luego controlará esa acción y no se dejará controlar por ella; jamás, bajo ninguna circunstancia, calumniará a otra, ni buscará venganza, por ningún motivo; no detestará a quienes no estén de acuerdo con ella; antes bien, intentará comprender el motivo de su desacuerdo y saldrá beneficiada.

Ahora llegamos a una forma de *autocontrol* que provoca más pesar que todas las otras formas combinadas, y es la costumbre de formarse opiniones antes de estudiar los *hechos*. No analizaremos este aspecto en detalle en esta lección, porque lo trataremos ampliamente en la duodécima lección (sobre el pensamiento correcto), pero no se puede abordar el tema del *autocontrol* sin hacer al menos referencia a ese mal tan frecuente al que todos somos más o menos adictos.

Nadie tiene derecho a formarse una opinión que no esté basada en lo que considera que son los *hechos*, o en una hipótesis razonable; sin embargo, si te observas detenidamente, verás que te formas opiniones basándote en algo tan poco sustancial como tu deseo de que algo sea de una forma u otra.

Otra forma grave de falta de *autocontrol* es el hábito de «gastar». Me refiero, por supuesto, a la costumbre de gastar más allá de las propias necesidades. Este hábito se ha extendido tanto desde el final de la guerra mundial que se ha vuelto alarmante. Un renombrado economista ha profetizado que, si no se enseña a los niños el *hábito de ahorrar* como parte de su formación en las escuelas y en los hogares, dentro de tres generaciones Estados Unidos habrá dejado de ser el país más rico del mundo para convertirse en el más pobre. En los últimos quince años, la «novedad» del automóvil se ha vuelto tan popular que, literalmente, decenas de miles de personas están hipotecando su futuro para tener uno.

Un destacado científico con un agudo sentido del humor ha profetizado que, de persistir este hábito, no sólo se reducirá el contenido de las cuentas de ahorros, sino que acabarán naciendo bebés cuyas piernas se habrán transformado en ruedas.

Vivimos en una época de una velocidad de locura y de muchos gastos, y el pensamiento principal en las mentes de la mayoría de nosotros es vivir de una forma más vertiginosa que nuestros semejantes. No hace mucho tiempo, el director general de una empresa que emplea a 600 hombres y mujeres se alarmó por el elevado número de empleados que estaban en manos de prestamistas clandestinos y decidió poner fin a ese mal. Cuando completó su investigación, descubrió que sólo el 9 % de sus empleados tenía cuentas de ahorros, y que del 91 % restante (que no tenía buenas perspectivas económicas) un 75 % estaba endeudado de una forma u otra, y algunos de ellos sin ninguna esperanza de mejorar económicamente. *De los que estaban endeudados, 210 tenían automóviles.*

Para pensar con claridad, uno debe arreglárselas
para tener períodos regulares de soledad
en los que pueda concentrarse y dar rienda suelta
a su imaginación sin distracciones.

THOMAS A. EDISON

Somos criaturas de imitación. Nos cuesta resistirnos a la tentación de imitar lo que vemos hacer a los demás. Si nuestro vecino se compra un Buick, tenemos que imitarlo y, si no podemos reunir el dinero suficiente para la cuota de entrada, entonces debemos poseer, como mínimo, un Ford. Entretanto, no nos preocupamos por el mañana. La anticuada frase de «Hay que ahorrar para el día de mañana» ha quedado obsoléta. Vivimos al día. Compramos a granel pequeñas cantidades, y acabamos pagando una tercera parte más de lo que debería costar.

¡Por supuesto que esta advertencia no se aplica a ti! Está dirigida únicamente a aquellas personas temporalmente atadas a las cadenas de la pobreza porque gastan más allá de sus posibilidades y que todavía no se han enterado de que hay unas leyes muy claras que deben ser respetadas por todo aquel que desee alcanzar el *éxito.*

El automóvil es una de las maravillas modernas del mundo, pero a menudo es más un lujo que una necesidad, y decenas de miles de personas que ahora están «pasándose a la gasolina» a un ritmo acelerado van a dar algún que otro patinazo cuando lleguen los «días de escasez».

Hace falta tener un *autocontrol* considerable para utilizar el tranvía como medio de transporte cuando todo el mundo a nuestro alrededor está conduciendo automóviles, pero es casi seguro que quienes ejercitan el *autocontrol* verán el día en el que aquellos que ahora van en coche se desplazarán en tranvía, o caminando. Fue esta tendencia moderna a gastar todos los ingresos lo que impulsó a Henry Ford a proteger a sus empleados con ciertas restricciones cuando estableció su famoso escalafón del salario mínimo de cinco dólares al día.

Hace veinte años, si un niño quería un carro, fabricaba unas ruedas con cartón y tenía el placer de construírselo él mismo. Actualmente, si un niño quiere un carro, llora para que se lo compren, *¡y lo consigue!* Los padres, que ahora son víctimas del hábito de gastar, están fomentando la falta de *autocontrol* en las nuevas generaciones. Tres generaciones atrás, prácticamente cualquier chico era capaz de remendar sus propios zapatos con las herramientas de su familia. Actualmente los llevan al zapatero de la esquina y pagan 1,75 dólares por unos tacones y media suela, y esta costumbre no se limita a los ricos, ni a las clases pudientes. Repito: *¡El hábito de gastar está convirtiendo a Estados Unidos en una nación de pobres!*

Doy por sentado que *tú* te estás esforzando por alcanzar el éxito, pues, si no fuera así, no estarías leyendo este curso. Permíteme recordarte, entonces, que una pequeña cuenta de ahorros atraerá hacia ti unas oportunidades que de otro modo no tendrías. El tamaño de tu cuenta no es tan importante como el hecho de haber *establecido el hábito de ahorrar*, pues ello indica que eres alguien que ejercita una importante forma de *autocontrol*.

La tendencia moderna de aquellos que trabajan para ganar un salario es gastarlo íntegramente. Si una persona que gana tres mil dólares al año, y consigue arreglárselas bastante bien con esa cantidad, recibe un aumento de mil dólares anuales, ¿continúa viviendo con los tres mil y pone el resto de sus ingresos en una cuenta de ahorros? No, a menos que sea una de esas pocas que ha desarrollado el *hábito* de ahorrar. ¿Qué hace, entonces, con esos mil dólares adicionales? Cambia su viejo automóvil por uno más caro, y al final del año es más pobre ganando cuatro mil dólares de lo que era el año anterior, cuando sus ingresos eran de tres mil dólares.

Lo que estoy describiendo aquí es un «modelo norteamericano del siglo XX», y serás afortunado si, tras un cuidadoso análisis, descubres que no formas parte de él.

En algún punto entre el avaro que guarda en un calcetín viejo cada moneda que llega a sus manos y el hombre que gasta todo lo que es capaz de ganar o de pedir prestado, hay un «feliz término medio», y si quieres disfrutar de una vida con una garantía razonable de tener una libertad y un contento normales, entonces debes encontrar ese punto medio e incorporarlo a tu programa de *autocontrol*.

La autodisciplina es el factor más esencial en el desarrollo del poder personal, porque te permite controlar tu apetito y tu tendencia a gastar más de lo que ganas y tu costumbre de «devolver el golpe» a quienes te ofenden y otros hábitos destructivos que hacen que disipes tus energías en un esfuerzo improductivo y que adquiere tantas formas que sería imposible enumerarlas en esta lección.

Muy al principio de mi carrera pública, me quedé atónito al ver cuánta gente dedica la mayor parte de sus energías a echar abajo lo que otros han construido. En algún extraño giro de la rueda del destino, uno de esos destructores se cruzó en mi camino, dispuesto a intentar destruir mi reputación.

Al principio me incliné a «devolverle el golpe», pero una noche, cuando me encontraba sentado delante de mi máquina de escribir, me vino a la mente un pensamiento que cambió por completo mi actitud hacia aquel hombre. Retirando la hoja de papel que tenía en mi máquina de escribir, inserté otra en la cual expresé mi idea con estas palabras:

Cuentas con una enorme ventaja respecto a ese hombre que te está perjudicando: tú tienes la capacidad de perdonarlo, mientras que él no tiene esa ventaja sobre ti.

Al terminar de escribir estas líneas, concluí que había llegado el momento de elegir una táctica que me sirviera de guía para la actitud que debía tomar ante quienes criticaban mi trabajo o intentaban destruir mi reputación. Llegué a esta decisión mediante el siguiente razonamiento: tenía ante mí dos posibles líneas de acción. Podía perder una gran parte de mi tiempo y energía devolviendo el golpe a quienes intentaban destruirme, o podía dedicar esa energía a avanzar en mi trabajo y dejar que mi obra fuese mi única respuesta a todos los que criticaban mis esfuerzos o cuestionaban mis motivos. Me decidí por la segunda opción, por ser la mejor táctica, y la llevé a cabo.

Pregúntale a cualquier sabio qué es lo que más desea y, muy probablemente, te dirá: «Más sabiduría»

«¡Por sus actos los conoceréis!» Si tus actos son constructivos y estás en paz contigo mismo en lo más profundo de tu corazón, entonces no tendrás necesidad de detenerte a explicar tus motivaciones, pues éstas se explicarán por sí solas.

El mundo pronto olvida a sus destructores. Sólo construye monumentos y rinde honores a los constructores. Ten esto en mente y te resultará más fácil aceptar la táctica de negarte a gastar tus energías «devolviendo el golpe» a aquellos que te ofenden.

Tarde o temprano, todas las personas que consiguen algo en este mundo llegan a un punto en el que se ven obligadas a resolver esta cuestión de la táctica para con sus enemigos. Si quieres demostrar que vale la pena ejercitar el suficiente *autocontrol* para evitar que tus energías vitales se disipen «devolviendo el golpe», estudia los historiales de todas las personas que han llegado lejos en la vida y observa cuánto esmero pusieron en refrenar ese hábito destructivo.

Es sabido que nunca nadie ha llegado lejos en la vida sin haberse topado con la oposición violenta de enemigos celosos y envidiosos. El ex presidente Warren G. Harding, el ex presidente Wilson, John H. Patterson de la National Cash Register Company y muchísimas otras personas que podría mencionar fueron víctimas de esta cruel tendencia presente en cierto tipo de gente malvada a destruir reputaciones. Pero no perdieron el tiempo dando explicaciones, ni «devolviendo el golpe» a sus enemigos, sino que ejercitaron el *autocontrol*.

Por otra parte, también sé que estos ataques a las personas que forman parte de la vida pública, por muy crueles, injustos e inciertos que sean, sirven a un buen propósito. En mi propio caso, sé que, como consecuencia de una serie de amargos ataques que un periodista contemporáneo lanzó contra mí, descubrí algo que resultó ser muy valioso. Durante cuatro o cinco años no presté atención a esos ataques, hasta que llegaron a ser tan osados que decidí cambiar de táctica y «devolver el golpe» a mi adversario. Me senté ante mi máquina y comencé a escribir. En toda mi experiencia como escritor, creo que nunca había reunido una colección de adjetivos mordaces tan grande como la que utilicé en aquella ocasión. Cuanto más escribía, más me enfadaba, hasta que hube escrito todo cuanto se me ocurría sobre el tema. Mientras acababa la última frase, me invadió un extraño sentimiento: no era un sentimiento de rencor hacia el hombre que había intentado perjudicarme, sino un sentimiento compuesto de compasión, comprensión y perdón.

Me había psicoanalizado inconscientemente al dejar salir, sobre las teclas de mi máquina de escribir, las emociones reprimidas de odio y resentimiento que había estado acumulando involuntariamente en mi mente subconsciente durante un largo período de tiempo.

Ahora, cuando descubro que me estoy poniendo furioso, me siento delante de mi máquina y «desalojo» mi malestar escribiéndolo y luego tiro el manuscrito a la basura o lo archivo como muestra para un álbum de recortes que podré consultar dentro de unos años, cuando los procesos evolutivos me hayan llevado todavía más alto en el ámbito de la comprensión.

Las emociones reprimidas (especialmente el odio) se asemejan a una bomba fabricada con poderosos explosivos y, a menos que sean manipuladas con un conocimiento de su naturaleza igual al que tendría un experto en manipulación de explosivos, presentan la misma peligrosidad. Una bomba puede dejar de ser peligrosa si se la hace estallar en un campo abierto, o si es desintegrada en un contenedor apropiado; asimismo, un sentimiento de ira u odio puede tornarse inofensivo si se le da expresión de una forma que armonice con el principio del psicoanálisis.

Para que *tú* puedas alcanzar el éxito en el sentido más elevado y más amplio del término, primero debes tener un control tan absoluto de ti mismo que te convierta en una persona con *aplomo*.

Aunque otras personas puedan hacer que te desvíes

de tus ambiciones en más de una ocasión,

recuerda que, en la mayoría de los casos,

el desánimo proviene de tu interior.

Eres el producto de, como mínimo, un millón de años de cambio evolutivo. Durante innumerables generaciones pasadas, la naturaleza ha estado templando y refinando los materiales que te componen. Paso a paso, ha ido retirando de las generaciones anteriores los instintos animales y las pasiones más bajas, hasta producir, en ti, al *mejor espécimen de animal vivo*. Mediante este lento proceso evolutivo, se te ha conferido la razón, el aplomo y el «equilibrio» necesarios para que puedas controlarte y hacer contigo mismo cualquier cosa que desees.

A ningún otro animal se le ha otorgado jamás un *autocontrol* como el que tú posees. Has sido dotado con la capacidad de utilizar la forma más altamente organizada de energía conocida por el hombre: el *pensamiento*. No es improbable que el *pensamiento* sea el punto de enlace más corto que hay entre las cosas materiales, físicas, de este mundo y el mundo de la Divinidad.

No sólo tienes la capacidad de *pensar*, sino que tienes también la capacidad de *controlar tus pensamientos y dirigirlos para que te obedezcan*, lo cual es mil veces más importante.

Ahora estamos llegando a la parte verdaderamente importante de esta lección. ¡Lee lenta y meditativamente! Me aproximo a este punto casi con miedo y temblando, porque nos coloca frente a un tema que pocas personas están cualificadas para comentar con una inteligencia razonable. Te lo repito: *¡Tienes la capacidad de controlar tus pensamientos y conseguir que te obedezcan!*

Tu cerebro podría compararse con una dinamo, en el sentido de que genera o pone en movimiento a esa energía misteriosa llamada *pensamiento*. Los estímulos que ponen en actividad a tu cerebro son de dos tipos: uno es la autosugestión y el otro es la sugestión. Puedes elegir el material con el que se produce tu pensamiento: eso es autosugestión. Puedes permitir que otros elijan el material con el que se produce tu pensamiento: eso es sugestión. Es un hecho humillante que la mayor parte del pensamiento sea producido por las sugestiones externas de los demás, y es aún más humillante tener que admitir que la mayoría de nosotros las acepta sin examinar o cuestionar su validez. Leemos los diarios como si cada palabra estuviese basada en la realidad. Nos dejamos arrastrar por los chismes y el parloteo ocioso de los demás, como si cada palabra fuese cierta.

El *pensamiento* es la única cosa sobre la que tienes un control absoluto pero, a menos que seas la proverbial excepción, que suele ser una entre diez mil, permites que otras personas entren en la sagrada mansión de tu mente y depositen en ella, mediante la sugestión, sus problemas y sus infortunios, sus adversidades y sus falsedades, como si no tuvieras la capacidad de cerrar la puerta y dejarlos fuera.

Tienes la capacidad de elegir el material de que estarán hechos los pensamientos dominantes de tu mente y, con la misma seguridad con que estás leyendo estas líneas, esos pensamientos que dominan tu mente te traerán el éxito o el fracaso, según sea su naturaleza.

El hecho de que el *pensamiento* sea la única cosa sobre la que tienes un control absoluto tiene, en sí mismo, un profundo significado, pues sugiere fuertemente que el *pensamiento* es lo que más te acerca a la Divinidad, en este plano terrenal. Este hecho también contiene otra sugerencia impresionante: esto es, que el *pensamiento* es tu herramienta más importante, con la cual darás forma a tu destino en el mundo a tu gusto. Sin duda, la Divina Providencia no hizo que el *pensamiento* fuese el único poder sobre el cual tienes un control absoluto sin asociar a él unas potencialidades que, si son comprendidas y desarrolladas, harían tambalear a la imaginación.

¡El *autocontrol* es, únicamente, una cuestión de *control del pensamiento*!

Lee la frase anterior en voz alta. Léela atentamente y medita sobre ella antes de continuar con la lectura, porque es, sin duda, la frase más importante de todo este curso.

Estás estudiando este curso, supuestamente, porque estás buscando seriamente una verdad y una comprensión suficientes para poder alcanzar una posición social elevada en la vida.

Estás buscando la llave mágica que abrirá la puerta de la fuente de poder y, sin embargo, la tienes en tus propias manos y podrás hacer uso de ella en cuanto aprendas a *controlar tus pensamientos*.

Coloca en tu propia mente, por el principio de la autosugestión, los pensamientos positivos y constructivos que estén en armonía con tu *claro objetivo principal* en la vida, y ésta los convertirá en una realidad física y te los devolverá como un producto acabado. *¡Eso es control del pensamiento!*

Cuando eliges deliberadamente los pensamientos que dominarán tu mente y te niegas firmemente a admitir sugestiones externas, estás ejercitando el *autocontrol* en su forma más elevada y eficaz. El hombre es el único animal vivo que puede hacer esto. Nadie sabe cuántos años ha necesitado la naturaleza para producir este animal, pero todo estudiante inteligente de psicología sabe que los pensamientos dominantes determinan cuáles serán sus actos y su naturaleza.

El proceso mediante el cual uno puede pensar correctamente es un tema que ha sido reservado para la undécima lección de este curso. Lo que queremos dejar claro aquí, en esta lección, es que el *pensamiento*, tanto si es exacto como si es inexacto, es el poder más altamente organizado de tu mente, y que *tú eres la suma total de tus pensamientos dominantes o más destacados.*

Si quieres ser un maestro vendedor, ya sea de artículos y productos o de servicios personales, debes ejercitar el suficiente *autocontrol* para dejar fuera todos los argumentos y sugestiones adversos. La mayoría de vendedores tienen tan poco *autocontrol* que oyen al posible comprador decir «no» incluso antes de que lo haya pronunciado. No pocos vendedores oyen esa palabra fatal antes de estar en presencia de su potencial comprador. Tienen tan poco *autocontrol* que en realidad se *sugestionan pensando que el posible comprador dirá «no» cuando les pidan que compren sus productos.*

¡Qué distinta es la persona que tiene *autocontrol*! No sólo se sugestiona pensando que su posible comprador dirá que «sí», sino que si esa respuesta deseada no llega, continúa intentándolo hasta derribar la oposición y acaba forzando un «sí». Si el potencial comprador dice «no», ella no lo oye. Si dice «no» una segunda, una tercera y una cuarta vez, no lo oye, porque es una persona con *autocontrol* y no permite que las sugestiones lleguen a su mente, excepto aquellas que desea que le influyan.

El maestro vendedor, tanto si se dedica a vender mercaderías, como si vende servicios personales, sermones o charlas en público, sabe cómo controlar sus propios *pensamientos*. En lugar de ser una persona que *acepta con mansa sumisión las sugestiones de los demás,* es alguien que convence a otras personas para que acepten *sus sugestiones.* Al controlarse y colocar sólo pensamientos positivos en su propia mente, se convierte en una personalidad dominante, en un maestro vendedor. *¡Esto también es autocontrol!*

Un maestro vendedor es alguien que toma la ofensiva, y nunca la defensiva, cuando surge una discusión.

Por favor, ¡vuelve a leer la frase anterior!

Si eres un maestro vendedor, sabes que debes mantener a tu posible comprador a la defensiva, y también sabes que sería fatal para tu venta permitir que él te coloque y te mantenga ahí. Puedes, y ciertamente lo harás en ocasiones, ser colocado en una posición en la que deberás aceptar estar en el lado defensivo de la conversación durante un rato, pero depende de ti ejercitar una serenidad y un *autocontrol* tan perfectos que te permitan cambiarte de sitio con el posible comprador sin que él lo note, volviendo a colocarlo a la defensiva. ¡Esto requiere de suma habilidad y *autocontrol*!

La mayoría de vendedores dejan de lado este punto tan importante al enfadarse e intentar asustar al potencial comprador para colocarlo en una situación de sumisión, pero el maestro vendedor se mantiene tranquilo y sereno, y suele ser el ganador.

A las personas les gusta
utilizar su exceso de energía discutiendo.
W. Wrigley, Jr., capitalizó esta característica humana
proporcionándoles
una barrita de menta para masticar.

La palabra «vendedor» hace referencia a todas las personas que intentan convencer a otras de algo mediante un argumento lógico o apelando al propio interés. Todos somos vendedores, o al menos deberíamos serlo, sin importar qué forma de servicio estamos prestando o qué tipo de mercancía estamos ofreciendo.

La habilidad para negociar con los demás sin fricciones ni discusiones es una cualidad sobresaliente en todas las personas de éxito. Observa a la gente que tienes cerca y fíjate que muy pocas de ellas comprenden este arte de negociar con tacto. Observa, también, cuánto éxito tienen aquellas que comprenden este arte, aunque tengan una menor educación que la gente con la que negocian; esto es algo que se puede cultivar.

El arte de negociar con éxito se desarrolla a partir de un paciente y esmerado *autocontrol*. Observa con qué facilidad ejercita el *autocontrol* el vendedor eficaz cuando está ante un cliente impaciente. En su interior, puede estar echando chispas, pero no verás ninguna evidencia de esto en su rostro, o en sus gestos o palabras. ¡Ha dominado el arte de negociar con tacto!

A menudo, el mínimo gesto de desaprobación, o una sola palabra que denote impaciencia, echará a perder la venta, y nadie lo sabe mejor que el vendedor exitoso. Él se encarga de controlar sus sentimientos y, como recompensa, establece su propia marca salarial y elige su propia posición.

Observar a una persona que domina el arte de la negociación eficaz es, en sí mismo, una educación liberal. Observa al conferenciante que ha dominado este arte: fíjate en la firmeza de sus pasos al subir al escenario, la seguridad en su voz cuando comienza a hablar; estudia la expresión de su rostro mientras arrastra al público con el dominio de sus argumentos. *Ha aprendido a negociar sin fricciones.*

Observa al médico que domina este arte cuando entra en la habitación del enfermo y lo saluda con una sonrisa. Su comportamiento, el tono de su voz, la expresión de confianza en su rostro, todo esto indica que es alguien que ha dominado el arte de la negociación eficaz, y el paciente empieza a sentirse mejor en cuanto él entra en su habitación.

Observa al capataz de la fábrica que ha dominado este arte y fíjate en cómo su presencia incita a sus hombres a hacer un mayor esfuerzo y les inspira confianza y entusiasmo.

Observa al abogado que ha dominado este arte, y observa cómo obtiene el respeto y la atención de la corte, el jurado y sus colegas. Hay algo en el tono de su voz, en la postura de su cuerpo y en la expresión de su rostro que hace que su adversario salga perdiendo con la comparación. No sólo sabe cómo presentar sus argumentos, sino que convence a la corte y al jurado y, como recompensa, gana sus casos y exige unos honorarios elevados. ¡Y todo ello se basa en el *autocontrol!* ¡Y el *autocontrol* es el resultado del *control del pensamiento!*

Coloca en tu mente, de forma deliberada, el tipo de *pensamientos* que deseas tener allí y mantén fuera de ella los *pensamientos* que otras personas le introducen mediante la *sugestión*, y te convertirás en una persona con *autocontrol*.

Este privilegio de estimular tu mente con sugestiones y pensamientos elegidos por ti es la prerrogativa de poder que te concedió la Divina Providencia, y si ejercitas ese derecho sagrado no hay nada que no puedas conseguir dentro de lo razonable.

«Perder los nervios», y con ellos tu caso, o tu discusión, o tu venta, indica que eres alguien que todavía no se ha familiarizado con los fundamentos en los que se basa el *autocontrol*, y el fundamento principal es el privilegio de elegir los *pensamientos* que dominarán tu mente.

Un alumno de una de mis clases me preguntó en una ocasión cómo hacía uno para controlar sus pensamientos cuando se encontraba en un estado de intensa cólera, y yo repliqué: «*Exactamente de la misma manera en que cambiarías tu comportamiento y el tono de tu voz si estuvieras discutiendo acaloradamente con un miembro de tu familia y oyeras que llaman a la puerta, advirtiéndote que alguien estaba a punto de hacerte una visita. Te controlarías porque desearías hacerlo*».

Si alguna vez te has visto en una situación similar, en la que tuvieras que ocultar tus verdaderos sentimientos y cambiar la expresión de tu rostro rápidamente, sabes que puede hacerse fácilmente, y también sabes que uno lo puede hacer *porque quiere hacerlo*.

Detrás de todo éxito, detrás de todo *autocontrol*, detrás de todo *control del pensamiento*, ¡está ese «algo» mágico llamado DESEO!

¡No es erróneo decir que sólo estás limitado de acuerdo con la profundidad de tus *deseos*!

Cuando tus *deseos* sean lo bastante fuertes parecerá que tienes una capacidad de éxito sobrehumano. Nadie ha explicado jamás este extraño fenómeno de la mente, y es posible que nadie llegue a hacerlo jamás, pero si dudas de su existencia sólo tienes que experimentar para convencerte de que existe. Si te encontrases en un edificio en llamas y todas las puertas y ventanas estuviesen cerradas, lo más probable es que desarrollarías la fuerza suficiente para echar abajo una puerta corriente, debido al intenso *deseo* de escapar.

Si *deseas* dominar el arte de la negociación eficaz, como seguramente ocurrirá cuando comprendas su significado con vistas a la realización de tu *claro objetivo principal*, lo conseguirás si tu *deseo* es lo bastante intenso.

Napoleón *deseaba* ser emperador de Francia y consiguió gobernar. Lincoln *deseaba* liberar a los esclavos, y lo hizo. Al principio de la Primera Guerra Mundial, los franceses *deseaban* que «ellos no pasaran», ¡y no pasaron! Edison *deseaba* producir luz con la electricidad y la produjo, aunque le tomó muchos años conseguirlo. Roosevelt *deseaba* unir los océanos Atlántico y Pacífico a través del canal de Panamá, y lo hizo. Demóstenes *deseaba* convertirse en un gran orador y, a pesar de la desventaja de un serio impedimento en el habla, convirtió su deseo en realidad. Hellen Keller *deseaba* hablar y, a pesar de ser muda y sorda, llegó a hacerlo. John H. Patterson *deseaba* dominar en la producción de cajas registradoras, y lo hizo. Marshall Field *deseaba* ser el principal comerciante de su época, y lo fue. Shakespeare *deseaba* convertirse en un gran autor dramático y, a pesar de ser tan solo un actor itinerante y pobre, hizo realidad su deseo. Billy Sunday *deseaba* dejar el béisbol y convertirse en un maestro predicador, y lo hizo. James J. Hill *deseaba* convertirse en un constructor de imperios y, a pesar de ser sólo un pobre operador de telégrafo, convirtió su sueño en una realidad.

No digas «Eso no se puede hacer», o que eres distinto a estas personas, y millares más, que han conseguido un éxito destacable en todas las cosas valiosas que se propusieron. Si eres «distinto», sólo lo eres en este sentido: *ellas desearon el objeto de su hazaña con mayor profundidad e intensidad que tú.*

Planta en tu mente la semilla de un *deseo* que sea constructivo haciendo que el siguiente texto sea tu credo y la base de tu código ético:

Deseo ser útil a mis semejantes mientras transito por la vida. Para serlo, he adoptado este credo como una guía de conducta en mi relación con el prójimo:

Adiestrarme para no criticar nunca, bajo ninguna circunstancia, a ninguna persona, sin importar que esté en desacuerdo con ella o lo inferior que pueda ser su trabajo, siempre y cuando sepa que está intentando sinceramente hacer las cosas lo mejor posible.

Respetar a mi país, a mi profesión y a mí mismo. Ser honesto y justo conmigo mismo. Ser un ciudadano leal a mi país. Hablar de él en términos elogiosos y actuar siempre como un digno custodio de su buen nombre. Ser una persona cuyo nombre tenga peso dondequiera que vaya.

Basar mis expectativas de recompensa en la sólida base de los servicios prestados. Estar dispuesto a pagar el precio del éxito con un esfuerzo honrado. Ver mi trabajo como una oportunidad que debo aprovechar con alegría y al máximo, y no como una carga penosa que debo soportar de mala gana.

Recordar que el éxito está en mi interior, en mi propia mente. Prever que habrá dificultades y abrirme paso entre ellas.

Evitar la dejadez en todas sus formas y nunca, bajo ninguna circunstancia, dejar para mañana ninguna tarea que pueda hacerse hoy.

Por último, asir con fuerza las alegrías de la vida para poder ser cortés con las personas, fiel a mis amigos, leal a Dios y una fragancia en el camino por el que transito.

Es una característica peculiar, aunque cierta, de la naturaleza humana que las personas más exitosas están mejor dispuestas a trabajar más para ofrecer un servicio útil que a hacerlo únicamente por el dinero.

Si la energía que la mayoría de la gente disipa por una falta de *autocontrol* se organizara y se utilizara constructivamente, le aportaría todo lo que necesita y todos los lujos deseados. Si el tiempo que muchas personas dedican a «chismorrear» sobre otras fuese controlado y dirigido constructivamente, bastaría para alcanzar el objeto de su *claro objetivo principal* (en caso de que lo tuvieran).

¡Todas las personas de éxito sacan buena nota en la asignatura de *autocontrol!* Todos los «fracasados» sacan mala nota, por lo general un cero, en el examen sobre esta importante ley de la conducta humana. Estudia la tabla de análisis comparativo en la lección introductoria y fíjate en las notas que obtienen Jesse James y Napoleón en *autocontrol.*

Estudia a las personas de tu entorno y observa, provechosamente, que todas las que tienen éxito ejercitan el *autocontrol,* ¡mientras que las «fracasadas» permiten que sus PENSAMIENTOS, PALABRAS y ACTOS estén fuera de su control!

Una forma muy corriente y sumamente destructiva de falta de *autocontrol* es el hábito de hablar demasiado. La gente sabia, que sabe lo que quiere y está dedicada a conseguirlo, vigila cuidadosamente su conversación. No se puede obtener ningún beneficio de un montón de palabras gratuitas, incontroladas y dichas a la ligera.

Casi siempre, suele ser más provechoso escuchar que hablar. De vez en cuando, es posible que la persona que sepa escuchar oiga algo que luego podrá añadir a su colección de conocimientos. Es necesario tener *autocontrol* para saber escuchar, pero los beneficios obtenidos bien valen el esfuerzo.

«Robarle la conversación a otra persona» es una forma habitual de falta de *autocontrol* que no sólo es descortés, sino que además priva a quienes lo hacen de muchas oportunidades valiosas de aprender de los demás.

Cuando hayas terminado esta lección, deberías regresar a la tabla de autoanálisis de la lección introductoria y volver a ponerte una nota en la LEY DEL AUTOCONTROL. Es posible que quieras bajar un poco tu nota previa.

El *autocontrol* ha sido una de las características destacadas de todos los líderes de éxito que he analizado mientras reunía material para este curso. Luther Burbank dijo que, en su opinión, el *autocontrol* era la más importante de las QUINCE LEYES DEL ÉXITO. Durante todos sus años de paciente estudio y observación del proceso evolutivo de la vida vegetal, descubrió que era necesario ejercitar la facultad del *autocontrol*, a pesar de que estaba tratando con vida inanimada.

John Burroughs, el naturalista, dijo prácticamente lo mismo: que el *autocontrol* estaba entre los primeros en importancia en la lista de las QUINCE LEYES DEL ÉXITO.

La persona que ejercita un *autocontrol* absoluto no puede ser derrotada permanentemente, como expresó tan bien Emerson en su ensayo sobre la compensación, puesto que los obstáculos y la oposición suelen desaparecer cuando se enfrentan a una mente decidida que está orientada hacia un fin claro con total *autocontrol*.

Todos los hombres ricos a los que analicé (me refiero a aquellos que se hicieron ricos mediante su propio esfuerzo) daban muestras tan claras de que el *autocontrol* era uno de sus puntos fuertes, que llegué a la conclusión de que nadie puede aspirar a acumular una gran riqueza y conservarla si no ejercita esta cualidad necesaria.

Para ahorrar dinero es necesario ejercitar un *autocontrol* de primera, lo cual, espero, ha quedado bastante claro en la cuarta lección de este curso.

Estoy en deuda con Edward W. Bok por la siguiente descripción, bastante colorida, de hasta qué punto tuvo que ejercitar el *autocontrol* para alcanzar el éxito y ser coronado con la fama como uno de los más grandes periodistas de Estados Unidos:

Por qué creo que la pobreza es la experiencia más rica que puede tener un muchacho

Me gano la vida intentando dirigir el *Ladies' Home Journal*. Y, puesto que el público ha sido de lo más generoso en su aceptación de esta revista, una parte de ese éxito, lógicamente, ha recaído en mí. Por ende, algunos de mis buenos lectores abrigan una opinión que, a menudo, me he sentido tentado a corregir: una tentación a la que ahora cedo. Las personas que me escriben expresan esta convicción de diversas maneras, pero este fragmento de una carta es una buena muestra:

> Para usted es muy fácil predicar sobre el ahorro, puesto que usted no conoce la necesidad de ello: nos dice, por ejemplo, que debemos vivir con los ingresos de un marido, de 800 dólares anuales, como es mi caso, cuando usted nunca ha sabido lo que es vivir con menos de mil dólares. ¿Se le ha ocurrido pensar, a usted que ha nacido en buena cuna, que los escritos teóricos son bastante fríos y fútiles comparados con la precaria lucha real que muchos de nosotros vivimos, día a día, año tras año, una experiencia que usted no conoce?

¡«Una experiencia que usted no conoce»! Ahora bien, ¿en qué medida se corresponde esta afirmación con la realidad?

No puedo decir si nací de buena cuna. Es cierto que nací en una familia acomodada, pero cuando tenía seis años, mi padre lo perdió todo y con cuarenta y cinco años tuvo que enfrentarse a la vida en un país extraño, sin poder cubrir ni siquiera las necesidades básicas. Hay hombres, y sus esposas, que saben lo que significa intentar «recuperar su posición» a los cuarenta y cinco años, ¡y en un país extraño!

Yo tenía la desventaja de no conocer ni una palabra de inglés. Iba a una escuela pública y aprendía lo que podía, ¡que era muy poco! Los chicos eran crueles, como suelen serlo, y los maestros se impacientaban, como suele ocurrir cuando están cansados.

Mi padre no conseguía encontrar su lugar en el mundo. Mi madre, que siempre había tenido sirvientes a su disposición, se enfrentó a los problemas de las faenas domésticas, que nunca había aprendido ni le habían enseñado. Y no había dinero.

De modo que, después de la escuela, mi hermano y yo íbamos a casa, pero no a jugar. Las horas posteriores a la escuela estaban dedicadas a ayudar a una madre que cada día estaba más débil por llevar unas cargas que no era capaz de soportar. No durante días, sino durante años, los dos chicos nos levantamos al alba en el frío y gris invierno, cuando las camas están tan calentitas para alguien en edad de crecimiento, y nos dedicamos a tamizar las cenizas del fuego del día anterior en busca de algún que otro trozo de carbón que no se hubiera quemado, y con lo que teníamos o encontrábamos encendíamos el fuego y calentábamos la habitación. Luego poníamos la mesa para un desayuno frugal, nos marchábamos al colegio e, inmediatamente después de clases, nos dedicábamos a lavar los platos y a barrer y fregar los suelos. Este último trabajo era el más duro, pues lo realizábamos los sábados, cosa que los niños del barrio no veían con demasiada amabilidad, ¡de modo que lo hacíamos al eco del golpe de la pelota contra el bate en el terreno de al lado!

Al anochecer, cuando los otros niños podían sentarse junto a la lámpara o estudiar sus lecciones, nosotros dos salíamos con una canasta a recoger madera y carbón en los terrenos colindantes, o íbamos tras la docena de trozos que habían caído de la tonelada de carbón que había transportado esa tarde algún vecino. Habíamos mantenido ese lugar ansiosamente fijado en la mente durante el día, ¡con la esperanza de que el hombre que transportaba el carbón no se hubiera molestado en recoger esos fragmentos perdidos!

¡«Una experiencia que usted no conoce»! ¿Que no conozco?

A los diez años conseguí mi primer empleo, lavando las ventanas de una panadería por 50 centavos semanales. Una o dos semanas más tarde me permitieron vender pan y bizcochos detrás del mostrador después de la escuela por un dólar a la semana, despachando bizcochos calentitos, recién horneados, y un pan que desprendía un aroma delicioso, ¡cuando yo apenas me había llevado una migaja a la boca en todo el día!

Luego, los sábados por la mañana hacía una ruta como repartidor de un periódico semanal, y lo que me quedaba lo vendía en las calles. Esto significaba ganar entre 60 y 70 centavos por un día de trabajo.

Yo vivía en Brooklyn, Nueva York, y el principal medio de transporte para ir a Coney Island en aquella época era el carro tirado por caballos. Cerca de donde vivía, los carros se detenían para dar de beber a los caballos, los hombres se bajaban de un salto y se tomaban un trago de agua, pero las mujeres no tenían forma de aplacar su sed. Al ver esta carencia, los sábados por la tarde y los domingos durante todo el día, yo tomaba un cubo, lo llenaba con agua y un poco de hielo, y con un vaso me iba subiendo a todos los carros y vendía mi mercancía a un centavo el vaso. Cuando llegó la competencia, cosa que ocurrió muy pronto porque los otros chicos vieron que trabajar los domingos significaba ganar dos o tres dólares, comencé a exprimir uno o dos limones en mi cubo y a convertir mi líquido en «limonada» a un precio de dos centavos el vaso, y en un domingo me sacaba cinco dólares.

Nuestras dudas son traidoras

y nos hacen perder lo bueno que, a menudo,

podríamos ganar, por el miedo a intentarlo.

WILLIAM SHAKESPEARE

Más adelante me convertí en reportero por las noches, en ordenanza durante el día y en estudiante de mecanografía a medianoche.

La mujer que me escribe dice que ella mantiene a su familia, formada por su marido y un hijo, con 800 dólares al año, y que yo nunca he sabido lo que eso significa. Yo mantenía a una familia de tres miembros con seis dólares y veinticinco centavos semanales: menos de la mitad de sus ingresos anuales. Cuando mi hermano y yo, juntos, empezamos a ganar ochocientos dólares al año, ¡nos sentíamos ricos!

Es la primera vez que entro en estos detalles por escrito para que ustedes puedan saber, de primera mano, que el director del *Ladies' Home Journal* no es un teórico cuando escribe o publica artículos que intentan predicar el ahorro o que reflejan una lucha cuerpo a cuerpo contando con unos ingresos pequeños o invisibles. No hay ni un solo paso, ni un centímetro, del camino de la pobreza absoluta que yo no conozca o que no haya experimentado. Y, habiendo experimentado cada pensamiento, cada sentimiento y cada privación que afectan a quienes transitan por él, hoy puedo decir que me regocijo con cada muchacho que pasa por esa misma experiencia.

No dejo de lado ni olvido ni una sola punzada de las intensas penurias que conlleva esa lucha. Hoy no cambiaría esos años en los que viví los más terribles infortunios que un muchacho puede conocer o pasar, por ninguna otra experiencia que pudiera tener. Sé lo que significa ganar, no un dólar, sino dos centavos. Conozco el valor del dinero, pues no podría haberlo aprendido o conocido de ninguna otra manera. No podría haberme preparado para mi trabajo en la vida de ninguna forma más segura. No podría haber llegado a una comprensión más real de lo que significa enfrentarse al día sin tener ni un centavo en la mano, ni un pan en el armario, ni un trozo de madera para el fuego, sin nada que comer, y ser un chico con el hambre de nueve o diez niños, ¡con una madre frágil y desanimada!

¡«Una experiencia que usted no conoce»! ¿Que no conozco? Y, sin embargo, me regocijo en la experiencia, y repito: Envidio a cada muchacho que está en esa situación y pasando por ella. Pero (y éste es el punto central de mi firme creencia en que la pobreza es una bendición disfrazada para un chico) creo en la pobreza como una situación que hay que experimentar, por la que hay que pasar y de la que luego hay que salir, y no como una situación en la que uno deba permanecer. Algunos dirán: «Eso está muy bien. Es fácil decirlo, pero ¿cómo puede uno salir de ella?». Definitivamente, ninguna persona se lo puede decir a otra. Nadie me lo dijo a mí. No hay dos personas que puedan encontrar la misma salida. Cada una debe encontrar la suya. Eso depende del chico. Yo estaba decidido a salir de la pobreza porque mi madre no había nacido en ella, no la podía soportar y no tenía lugar en ella. Eso me proporcionó el primer elemento fundamental: un propósito.

Entonces respaldé mi propósito con esfuerzo, con la voluntad de trabajar y de hacerlo en cualquier cosa que se presentara, sin importar lo que fuera, siempre y cuando significara «una salida». Yo no elegía ni seleccionaba; tomaba lo que venía y lo hacía lo mejor que sabía. Y, cuando no me gustaba mi trabajo, seguía haciéndolo bien mientras lo hacía, pero me encargaba de no tener que hacerlo durante más tiempo del necesario. Utilizaba cada peldaño de la escalera para llegar al siguiente peldaño. Ello implicaba un esfuerzo, pero con el esfuerzo y el trabajo llega la experiencia, el crecimiento, el desarrollo, la capacidad de entender y ser comprensivo, que es la mejor herencia que un muchacho puede recibir. Y no hay nada en el mundo que pueda dársela de una forma tan intensa como la pobreza.

Por eso creo tan fervorosamente en la pobreza, que es la mayor bendición que puede recibir un muchacho en la forma de una experiencia sumamente profunda y plena. Pero, como dije antes, siempre viéndola como una situación de la que uno debe salir con su trabajo; no permanecer en ella.

Para que puedas desarrollar el hábito de un perfecto *autocontrol*, debes entender la verdadera necesidad de tener esta cualidad. Además, debes comprender las ventajas que proporciona a quienes han aprendido a ejercitarlo.

Al desarrollar el *autocontrol*, también desarrollas otras cualidades que aumentan tu poder personal. Entre las otras leyes que están al alcance de la persona que ejercita el *autocontrol* está la LEY DE LA REVANCHA. ¡Ya sabes lo que quiere decir «revancha»! En el sentido que estamos usando el término aquí, significa «devolver el equivalente», y no meramente vengarse, que es como suele utilizarse habitualmente. Si yo te hago un daño, tú tomarás tu revancha a la primera oportunidad. Si yo digo cosas injustas sobre ti, me harás pagar con la misma moneda, ¡incluso en mayor medida! Por otro lado, si te hago un favor, me lo devolverás en mayor medida si es posible.

Mediante un uso adecuado de esta ley, *puedo conseguir que hagas cualquier cosa que yo desee.* Si quiero que me detestes y utilices tu influencia para perjudicarme, puedo conseguir ese resultado infligiendo sobre ti el mismo tipo de trato que quiero que me inflijas, a través de la revancha.

Si quiero obtener tu respeto, tu amistad y tu cooperación, puedo conseguirlos ofreciéndote a mi vez mi amistad y mi cooperación.

Sé que estamos de acuerdo en estas afirmaciones. Puedes compararlas con tu propia experiencia y verás lo bien que armonizan.

¿Con cuánta frecuencia has oído el comentario: «Qué maravillosa personalidad tiene Fulanito»? ¿Con cuánta frecuencia has conocido a gente con una personalidad que te hubiera gustado tener?

El hombre que te atrae mediante una personalidad agradable simplemente está haciendo uso de la LEY DE LA ATRACCIÓN ARMONIOSA, o la LEY DE LA REVANCHA, pues si las analizas, ambas significan que «los iguales se atraen».

Vale la pena recordar que el cliente

es el factor más importante en cualquier negocio.

Si no crees que es así, intenta pasar sin él

durante un tiempo.

Si estudias, comprendes y haces un uso inteligente de la LEY DE LA REVANCHA, serás un vendedor eficiente y exitoso. Cuando hayas dominado esta sencilla ley y hayas aprendido a usarla, habrás aprendido todo lo que se puede aprender sobre el arte de vender.

El primer paso a dar para dominar esta ley, y probablemente el más importante, es el de cultivar un *autocontrol* absoluto. Debes aprender a recibir todo tipo de castigos y maltratos sin tomar revancha de la misma manera. Este *autocontrol* es parte del precio que debes pagar por el dominio de la LEY DE LA REVANCHA. Cuando una persona enfadada comienza a vilipendiarte y a maltratarte, justa o injustamente, simplemente recuerda que si tomas la revancha de alguna manera estás siendo arrastrado a su mismo nivel mental y, por lo tanto, *¡esa persona te está dominando!*

Por otro lado, si te niegas a enfadarte, si guardas la compostura y te mantienes tranquilo y sereno, conservas todas las facultades normales para razonar. Tomas a la otra persona por sorpresa. Tomas tu revancha con un arma con cuyo uso no está familiarizada y, en consecuencia, la dominas. ¡Los iguales se atraen! ¡Esto no se puede negar!

Literalmente, cada persona con la que entras en contacto es un espejo en el que puedes ver un reflejo perfecto de tu propia actitud mental. Como ejemplo de la aplicación directa de la LEY DE LA REVANCHA, citaremos una experiencia que tuve recientemente con mis dos hijos pequeños, Napoleon y James.

Íbamos de camino al parque, a dar de comer a los pájaros y a las ardillas. Napoleon había comprado una bolsa de cacahuetes y James una caja de galletas. A James se le ocurrió probar los cacahuetes. Sin pedir permiso, alargó la mano e intentó asir la bolsa. Falló, y Napoleon «tomó la revancha» con su puño izquierdo, el cual aterrizó de una forma bastante enérgica en la mandíbula de James.

Le dije a James: «Mira, hijo, no intentaste conseguir esos cacahuetes de la forma correcta. Deja que te muestre cómo hacerlo». Todo ocurrió tan rápidamente que, mientras le hablaba a James, no tenía ni la menor idea de lo que le iba a sugerir, pero estaba intentando ganar tiempo para analizar lo ocurrido e idear una manera de hacerlo mejor que la suya.

Entonces me acordé de los experimentos que habíamos estado realizando en relación con la LEY DE LA REVANCHA, de modo que le dije a James: «Abre tu caja de galletas, ofrécele una a tu hermanito y verás lo que ocurre». Después de hacer unos esfuerzos considerables, logré convencerlo de que lo hiciera. Entonces ocurrió algo increíble: ¡un hecho del que aprendí mi mayor lección sobre el arte de vender! *Antes de que Napoleon hubiera tocado una galleta, insistió en colocar algunos de sus cacahuetes en el bolsillo del abrigo de James.* ¡Le «pagó con la misma moneda»! De este sencillo experimento con dos niños pequeños aprendí más sobre el arte de manejarlos de lo que podría haber aprendido de cualquier otro modo. Dicho sea de paso, mis hijos están empezando a aprender a manipular esta LEY DE LA REVANCHA, lo cual les ahorra muchos combates físicos.

Ninguno de nosotros ha llegado mucho más lejos que Napoleón, hijo, y James, en lo referente al funcionamiento y la influencia de la LEY DE LA REVANCHA. Sólo somos unos niños crecidos y fácilmente influenciables por este principio. El hábito de «pagar con la misma moneda» se practica de una forma tan universal que podríamos llamarlo adecuadamente la LEY DE LA REVANCHA. Si una persona nos ofrece un regalo, nunca nos sentimos satisfechos hasta que hemos «tomado la revancha» con uno igual de bueno, o mejor, que el que hemos recibido. Si alguien habla bien de nosotros, nuestra admiración hacia esa persona aumenta, ¡y así «tomamos la revancha»!

Por el principio de la revancha podemos convertir a nuestros enemigos en amigos leales. Si tienes un enemigo al que quieres convertir en tu amigo, puedes comprobar la verdad de esta declaración si eres capaz de olvidar esa peligrosa piedra de molino que cuelga de tu cuello, a la que llamamos «orgullo» (testarudez). Adquiere el hábito de hablarle a tu enemigo con una cordialidad inusual. Desvíate de tu camino para favorecerlo de todas las formas posibles. Es posible que al principio parezca inconmovible, pero gradualmente empezará a dejarse influir ¡y te «pagará con la misma moneda»! El carbón más ardiente que puedes poner sobre la cabeza de alguien que te ha hecho daño es el carbón de la bondad humana.

Una mañana de agosto de 1863, en un hotel en Lawrence, Kansas, obligaron a un joven clérigo a que se levantara de la cama. El hombre que lo llamaba era un miembro de las guerrillas de Quantrell y quería que bajara rápidamente las escaleras para pegarle un tiro. Aquella mañana, estaban matando gente a lo largo de toda la frontera. Una banda de incursores había llegado muy temprano para perpetrar la masacre.

El guerrillero que llamaba al sacerdote estaba impaciente. Éste, cuando despertó del todo, se horrorizó al ver por la ventana lo que estaba ocurriendo. Mientras el clérigo bajaba por las escaleras, el guerrillero le exigió que le entregara su reloj y su dinero, y luego quiso saber si era un abolicionista. El sacerdote estaba temblando, pero decidió que, si iba a morir, no lo haría pronunciando una mentira. De modo que le dijo que lo era y, después de haberlo admitido, hizo un comentario que inmediatamente llevó las cosas por otro derrotero.

El guerrillero y él se sentaron en el porche mientras la gente era asesinada en todo el pueblo. Tuvieron una larga charla, que se prolongó hasta que los invasores estuvieron listos para marcharse. Cuando el guerrillero que había estado hablando con el clérigo se montó en su caballo para unirse a sus confederados, estaba estrictamente a la defensiva. Le devolvió sus objetos personales, se disculpó por haberlo molestado y le pidió que pensase bien de él.

Aquel clérigo vivió muchos años después de la masacre de Lawrence. ¿Qué fue lo que le dijo al guerrillero? ¿Qué había en su personalidad que hizo que éste se sentara a hablar con él? ¿De qué hablaron?

«¿Es usted un abolicionista yanqui?», había preguntado el guerrillero. «Sí, lo soy, fue la respuesta, y usted sabe muy bien que debería estar avergonzado de lo que está haciendo».

Esto llevó el asunto directamente hacia una cuestión moral y paró en seco al guerrillero. El clérigo era tan sólo un joven imberbe al lado de aquel aguerrido rufián, pero lanzó al invasor una carga de pruebas morales y, un instante después, éste estaba intentando demostrar que podía ser una mejor persona de lo que las circunstancias parecían indicar.

Después de haber despertado a este habitante de Nueva Inglaterra para matarlo por sus ideas políticas, se pasó veinte minutos en la tribuna intentando dar una excusa válida. Le relató largamente su historia personal. Le explicó cosas de cuando era un niño difícil que no quería rezar y se puso sentimental al recordar cómo una cosa había llevado a la otra, y luego a algo peor, hasta que, bueno, ahí estaba, y era «un asunto bastante malo para estar metido en él, compañero». Su última petición mientras se alejaba en su caballo fue: «Bueno, compañero, no piense mal de mí, ¿eh?».

El clérigo de Nueva Inglaterra hizo uso de la LEY DE LA REVANCHA, tanto si lo sabía en ese momento como si no. Imagina lo que habría ocurrido si hubiese bajado las escaleras con un revólver en la mano, ¡y se hubiera enfrentado a la fuerza física con la fuerza física!

¡Pero no lo hizo! Dominó al guerrillero porque luchó contra él con una fuerza que le resultó desconocida.

¿Por qué será que cuando un hombre comienza a hacer dinero, el mundo entero parece abrirse camino hasta su puerta? Piensa en cualquier persona que conozcas que disfrute del éxito económico y te dirá que siempre la están buscando, ¡y que siempre le están ofreciendo insistentemente oportunidades para hacer más dinero!

«A aquel que tenga le será dado, pero a aquel que no tenga le será retirado incluso aquello que posee». Esta cita de la Biblia solía parecerme ridícula, pero qué cierta es cuando uno la reduce a su significado concreto. Sí, «¡A aquel que tenga le será dado!». Si «tiene» fracaso, falta de seguridad en sí mismo, odio o falta de *autocontrol*, ¡esas cualidades le serán dadas en cantidades todavía más abundantes! Pero si «tiene» éxito, seguridad en sí mismo, *autocontrol*, paciencia, perseverancia y determinación, ¡esas cualidades se incrementarán para él!

A veces quizá sea necesario que uno se enfrente a la fuerza con la fuerza hasta subyugar a su enemigo o adversario, pero cuando lo hemos sometido es un momento espléndido para llevar a cabo la «revancha», tomándolo de la mano y mostrándole una mejor forma de arreglar la disputa.

¡Los iguales se atraen! Alemania intentó bañar su espada en sangre humana, en una despiadada aventura de conquista. Como consecuencia de ello, ha recibido una «revancha» equivalente a la mayor parte del mundo civilizado. Eres tú quien debe decidir lo que quieres que hagan los demás y *eres tú quien debe conseguir que lo hagan, ¡mediante el uso de la* LEY DE LA REVANCHA! «La economía divina es automática y muy sencilla: recibimos únicamente aquello que damos». ¡Qué cierto es que «recibimos únicamente aquello que damos»! Lo que regresa a nosotros no es lo que *desearíamos*, sino lo *que damos*.

Te imploro que hagas uso de esta ley, no sólo para obtener beneficios materiales, sino también, y mejor aún, para alcanzar la felicidad y la buena voluntad con los demás. Después de todo, ése es el único éxito verdadero por el que luchamos.

Resumen

En esta lección hemos aprendido un gran principio, ¡y probablemente el principio más importante de la psicología! Hemos aprendido que nuestros *pensamientos* y nuestros *actos hacia los demás* son como un imán que atrae hacia nosotros el mismo tipo de pensamientos y el mismo tipo de actos que producimos.

Hemos aprendido que «los iguales se atraen», ya sea en forma de pensamientos o de la expresión del pensamiento a través de acciones físicas. Hemos aprendido que la mente humana responde, de la misma manera, a cualquier impresión de pensamientos que reciba. Hemos aprendido que la mente humana se asemeja a la Madre Tierra en el sentido de que reproduce una cosecha de acción muscular que se corresponde, de modo equivalente, con las impresiones sensoriales sembradas en ella. Hemos aprendido que la amabilidad engendra amabilidad, y que la crueldad y la injusticia engendran crueldad e injusticia.

Una buena risa sana vale lo mismo
que diez mil «quejidos» y un millón de «suspiros»
en cualquier mercado de la tierra.

Hemos aprendido que nuestros actos hacia los demás, tanto si son de amabilidad o de crueldad, de justicia o de injusticia, regresan a nosotros, *¡incluso en mayor medida!* Hemos aprendido que la mente humana responde por igual a todas las impresiones sensoriales que recibe y, por lo tanto, sabemos lo que tenemos que hacer para influir en cualquier acto que deseemos en la otra persona. Hemos aprendido que el «orgullo» y la «testarudez» deben ser eliminados para que podamos hacer uso de la LEY DE LA REVANCHA de una forma constructiva. *No hemos aprendido lo que es la LEY DE LA REVANCHA, pero hemos aprendido cómo funciona y qué es lo que hace.* Por lo tanto, depende de nosotros hacer un uso inteligente de este gran principio.

* * *

Ahora estamos preparados para pasar a la novena lección, en la cual encontrarás otras leyes que armonizan a la perfección con las que se describen en esta lección sobre el autocontrol.

El principiante necesitará un gran *autocontrol* que le permita aplicar la ley más importante de la próxima lección, la cual trata sobre el hábito de hacer más que aquello por lo que te pagan. Esta experiencia le demostrará que el desarrollo de dicho control está más que justificado por los resultados que emanan de esa disciplina.

Si tienes éxito, recuerda que en algún lugar, en algún momento, alguien te echó una mano o te transmitió una idea que te hizo avanzar en la dirección adecuada. Recuerda, también, que estarás en deuda con la vida hasta que ayudes a alguna persona menos afortunada que tú, como te ayudaron a ti.

LA EVOLUCIÓN DEL TRANSPORTE
Una charla con el autor después de la lección

Nada es permanente, excepto el cambio. La vida se asemeja a un gran calidoscopio ante el cual el tiempo siempre está transformando, cambiando y reorganizando el escenario y a los actores. Nuevos amigos están continuamente reemplazando a los viejos. En cada corazón está la semilla de la malicia y la de la justicia. Todo ser humano es un criminal y un santo, y cuál de los dos se impondrá dependerá de la oportunidad del momento. La honestidad y la deshonestidad dependen, en gran medida, del punto de vista individual. El débil y el fuerte, el rico y el pobre, el ignorante y el bien informado, intercambian sus lugares continuamente.

Conócete A TÍ MISMO y conocerás a toda la humanidad. Sólo hay un logro verdadero, y ése es la capacidad de PENSAR CORRECTAMENTE. Avanzamos con la procesión, o detrás de ella, pero no podemos quedarnos quietos.

¡Nada es permanente, excepto el cambio! En la ilustración esta página se puede ver la prueba de que la ley de la evolución está realizando mejoras en los métodos para viajar. Mientras estudias este dibujo, recuerda que todos estos cambios ocurrieron primero en la mente de las personas.

En el extremo izquierdo puedes ver el primer medio de transporte corriente. El hombre *no estaba satisfecho* con ese proceso tan lento. Esas tres palabritas, «no estaba satisfecho», han sido el punto de partida de todos los progresos. Piensa en ellas mientras lees este artículo.

A continuación, en la imagen, se puede ver la historia del transporte, paso a paso, mientras el cerebro del hombre se empezaba a expandir. Cuando descubrió cómo enganchar un buey a un carro y, de ese modo, eludir la fatiga de tener que tirar de la carga, eso fue un gran paso hacia adelante. Eso fue utilidad práctica, pero cuando se comenzó a utilizar la diligencia, eso fue utilidad y estilo. Aún así, el hombre «no estaba satisfecho», y esa insatisfacción produjo la locomotora rudimentaria que se ve en la ilustración.

Actualmente todos esos métodos de transporte han sido eliminados, excepto en ciertas regiones poco civilizadas (o poco desarrolladas) del mundo. El hombre que tira del carro, el buey que tira de la carreta, la diligencia y la locomotora rudimentaria, todos pertenecen a épocas pasadas.

A la derecha podemos ver los métodos de transporte del presente. Compáralos con los del pasado y podrás hacerte una idea de la enorme expansión que ha tenido lugar en el cerebro y la mente del hombre. Desde el primer tipo de locomotora, se ha desarrollado una máquina poderosa capaz de tirar de cien vagones de mercancías, comparada con el vagón pequeño y ligero que podía arrastrar la original. Los automóviles que viajan a la velocidad de 120 kilómetros por hora ahora son tan corrientes como lo fueron los carros de dos ruedas en el pasado y, además, están al alcance de todo aquel que los quiera.

Y, aun así, la mente del hombre todavía «no estaba satisfecha». Los viajes por tierra eran demasiado lentos. Al llevar la mirada hacia arriba, observó a los pájaros elevándose sobre los elementos y se «DECIDIÓ» a superarlos. Estudia la palabra «decidió», porque cualquier cosa que el ser humano se decida a hacer, ¡la hace! Dentro del breve período de quince años, el hombre ha dominado los aires y ahora viaja en avión a una velocidad de 240 kilómetros por hora.

El hombre no sólo ha conseguido que el aire lo transporte a una velocidad asombrosa, sino que ha aprovechado el éter y ha conseguido que transporte sus palabras alrededor del planeta en una fracción de segundo.

¡Hemos estado describiendo el pasado y el presente!

En la parte inferior de la imagen, podemos ver el siguiente paso hacia delante que el ser humano dará en lo referente a los medios de transporte: una máquina que volará por el aire, correrá sobre el suelo y se deslizará sobre el agua, a discreción del hombre.

El propósito de este ensayo y de la ilustración de la parte superior de la página 44 ¡es hacerte PENSAR! Cualquier influencia que te haga pensar, también te hace más fuerte mentalmente. Los estimulantes de la mente son esenciales para el crecimiento. Desde los tiempos de los carros tirados por el hombre hasta nuestros días de dominio de los aires, el único progreso realizado por cualquier persona ha sido el resultado de alguna influencia que estimuló su mente y la impulsó a una acción superior a la normal.

Las dos mayores influencias que hacen que la mente humana crezca son el impulso de la necesidad y el impulso del deseo de crear. Algunas mentes se desarrollan únicamente después de haber experimentado el fracaso, la derrota, y otras formas de castigo que la llevan a una mayor acción. Otras mentes se extinguen y mueren al ser castigadas, pero crecen hasta unas alturas increíbles cuando se les da la oportunidad de utilizar sus fuerzas imaginativas de una forma creativa.

Estudia la imagen de la evolución del transporte y observarás un hecho destacable que vale la pena recordar, es decir, que toda la historia ha sido de desarrollo y avance como consecuencia de la *necesidad*. Todo el período descrito en la imagen como «el pasado» fue una época en la que el impulso era el de la necesidad.

En el período descrito en la ilustración como «presente», el impulso ha sido una combinación de necesidad y deseo de crear. El período descrito como «futuro» será uno en el que el intenso deseo de crear será el único impulso que hará avanzar a la mente del hombre hasta alturas con las que todavía no ha soñado.

Es una larga distancia la que va desde los tiempos del carro tirado por el hombre hasta el presente, y en ella el ser humano ha aprovechado el rayo de las nubes y ha conseguido que haga girar las máquinas que realizarán en un minuto el mismo servicio que diez mil hombres harían en un día. Pero si la distancia ha sido larga, el desarrollo de la mente humana ha sido igualmente grande y ha bastado para que acabemos haciendo el trabajo del mundo con máquinas que las fuerzas de la naturaleza (no los músculos del hombre) ponen en funcionamiento.

Los cambios evolutivos en los medios de transporte han creado otros problemas que la mente humana debe resolver. El automóvil ha llevado al hombre a construir más y mejores carreteras. El automóvil y la veloz locomotora combinados han creado peligrosos cruces que cada año acaban con miles de vidas. Ahora la mente humana debe responder al impulso de la «necesidad» y hacer frente a esta emergencia.

Guarda este ensayo y recuerda esta profecía:

En un plazo máximo de cinco años, todos los pasos a nivel del país estarán ampliamente protegidos contra los accidentes automovilísticos, y el automóvil mismo será el que manipule el sistema de protección: un sistema que será seguro y eficaz, y que funcionará tanto si el conductor del automóvil está dormido como si está despierto, borracho o sobrio.

Echemos ahora una breve mirada a la maquinaria de la imaginación del hombre, pues funciona bajo el estímulo del deseo de crear.

Alguna persona imaginativa, quizá alguien que nunca ha hecho nada notorio y que posiblemente no volverá a hacer algo que valga la pena, creará un sistema de protección para los pasos a nivel que funcionará con el peso del automóvil. Dentro de la distancia requerida del paso a nivel, una plataforma similar a la de una gran báscula de mercancías cubrirá toda una zona de la calzada. En cuanto el automóvil se suba a la plataforma, su peso hará que descienda una barrera, que suene un gong y que se encienda una luz roja delante del automovilista. La barrera se elevará en un minuto, permitiendo que el conductor pase por encima de las vías, obligándolo, de ese modo, a «detenerse, mirar y escuchar».

Si tienes una mente sumamente imaginativa, TÚ puedes ser una de las personas que creen este sistema y reciban los beneficios de esta venta.

Para ser práctica, la mente imaginativa debería estar siempre alerta en busca de formas y medios para desviar por canales útiles el movimiento y la fuerza sobrantes. La mayoría de automóviles son demasiado pesados en comparación con la carga que llevan. Este peso se podría aprovechar haciendo que le proporcione al automovilista una protección en los pasos a nivel.

Recuerda: el propósito de este ensayo es darte simplemente la semilla de la sugerencia, no el producto acabado de un invento listo para ser montado y brindar un servicio. El valor para ti de esta sugerencia reside en la posibilidad de pensamiento que le puedes dedicar, con lo que desarrollarás y expandirás tu propia mente.

Estúdiate y averigua a cuál de estos dos principales impulsos para actuar responde tu mente con más naturalidad: al impulso de la necesidad o al deseo de crear. Si tienes hijos, estúdialos y determina a cuál de estos dos motivos responden más naturalmente. La imaginación de millones de niños ha sido reducida y retardada por unos padres que eliminaron el impulso de la necesidad tanto como pudieron. Al «hacer que las cosas sean fáciles» para tus hijos, podrías estar privando al mundo de un genio. Ten en cuenta que la mayor parte del progreso realizado por el hombre, ¡ha sido consecuencia de una necesidad amarga y penetrante!

* * *

No necesitas ninguna prueba de que los métodos de transporte han experimentado un continuo proceso de evolución. Tan marcado ha sido el cambio, que el modelo de automóvil antiguo ahora provoca risas dondequiera que la gente lo encuentre por la calle.

La ley de la evolución siempre está en funcionamiento en todas partes, cambiando, derribando y reconstruyendo cada elemento material en este planeta y en todo el universo. Pueblos, ciudades y vecindarios están experimentando cambios constantes. Vuelve al lugar donde vivías hace veinte años y verás que no reconoces el lugar, ni la gente. Nuevos rostros habrán hecho su aparición. Las viejas caras habrán cambiado. Nuevos edificios estarán ocupando el lugar de los viejos. Todo parecerá distinto, porque todo será distinto.

La mente humana también está experimentando un cambio continuo. De no ser esto cierto, nunca habríamos crecido más allá de la edad mental infantil. Cada siete años, la mente de una persona normal alcanza un desarrollo y una expansión perceptibles. Precisamente durante estos cambios periódicos de la mente podemos abandonar los malos hábitos y cultivar otros mejores. El ser humano tiene la fortuna de que su mente está experimentando un proceso continuo de cambio ordenado.

La mente que es impulsada por la necesidad, o por el afán de crear, se desarrolla más rápidamente que la mente que nunca es estimulada a una acción mayor que la necesaria para la subsistencia.

La facultad imaginativa de la mente humana es la mejor maquinaria que se ha creado jamás. De ella han salido todas las máquinas y todos los objetos fabricados por el hombre. Detrás de las grandes industrias, de los grandes ferrocarriles, bancos y empresas comerciales, está la todopoderosa fuerza de la IMAGINACIÓN.

¡Obliga a tu mente a PENSAR! Hazlo convirtiendo las viejas ideas en nuevos planes. En un análisis final, todo gran invento y todo negocio o éxito industrial destacable que puedas nombrar no es otra cosa que la aplicación de una combinación de planes e ideas que han sido utilizados con anterioridad de alguna otra manera.

Detrás del martillo que golpea
  con el que se forja el acero,
detrás del clamor del taller
    el buscador puede hallar el Pensamiento;
  el pensamiento que es siempre el Maestro
    del hierro y el vapor y el acero,
que se eleva por encima del desastre
  y lo pisa con su rueda.

El esclavo del trabajo puede impacientarse y fallar
    o trabajar con golpes vigorosos,
pero detrás de él está el Pensador,
    el hombre de mirada clara que sabe;
porque en cada arado o sable,
    en cada pieza y parte y totalidad,
debe estar el cerebro del trabajo,
    el que le da un alma a la labor.

Detrás del zumbido del motor,
    detrás de las campanas que repican,
detrás del golpeteo del martillo,
    detrás de las grúas que se balancean,
está el Ojo que los examina,
    mirando a través de la tensión y el esfuerzo,
está la Mente que los proyecta.
    Detrás de la fuerza muscular, el Cerebro.

El poder de la caldera rugiente,
    la fuerza del empuje del motor,
la fortaleza del trabajador sudoroso:
    en ellos confiamos grandemente;
pero detrás de ellos está quien los proyecta,
    el Pensador que hace avanzar las cosas,
detrás del trabajo; el Soñador
    que hace que el sueño sea una realidad.

Vuelve a leer este ensayo dentro de seis meses o un año y verás que te aporta mucho más que en la primera lectura. El TIEMPO le da a la ley de la evolución la oportunidad de expandir tu mente para que puedas ver y comprender más.

Aún no he encontrado a ningún hombre valioso que no tenga el coraje de asumir la responsabilidad de sus propios errores sin que lo hayan acusado.

LAS LEYES DEL ÉXITO

Novena lección

EL HÁBITO DE HACER MÁS DE AQUELLO PARA LO QUE TE PAGAN

«¡Puedes hacerlo si crees que puedes!»

Podría parecer que empezar con un comentario sobre el amor es alejarnos del tema de la lección, pero, si te reservas tu opinión hasta el final, quizá estés de acuerdo en que el tema del amor no podía omitirse sin afectar al valor de esta lección. La palabra «amor» se utiliza aquí en un sentido universal.

Son muchos los objetos, motivos y personas que despiertan nuestra naturaleza amorosa. Algunos trabajos no nos agradan, otros nos gustan moderadamente y, bajo determinadas condiciones, puede haber un trabajo que verdaderamente AMEMOS.

Los grandes artistas, por ejemplo, suelen amar su trabajo. Por otro lado, normalmente al jornalero no sólo no le gusta su trabajo, sino que posiblemente lo detesta. Rara vez nos gusta aquello que hacemos únicamente para ganarnos la vida. Lo más habitual es que nos desagrade, e incluso que lo odiemos.

Cuando una persona se dedica a algo que le encanta, puede trabajar durante largos períodos sin llegar a fatigarse, mientras que el trabajo que no le gusta o que detesta, le produce fatiga con mucha rapidez.

Por lo tanto, la resistencia de una persona depende en primer lugar de la medida en que le gusta, disgusta o bien ama lo que hace.

Hay diez debilidades de las que la mayoría de nosotros debe guardarse. Una de ellas es el hábito de intentar cosechar antes de haber sembrado, y las otras nueve se incluyen todas en la práctica de crear excusas para ocultar el error que cometemos.

Como podrás observar, aquí estamos sentando las bases para la declaración de una de las leyes más importantes de esta filosofía, es decir:

Una persona es más eficiente y alcanza el éxito con mayor rapidez y facilidad si realiza un trabajo que ama, o si lo hace por el bien de otra persona a la que ama.

Siempre que el ingrediente del amor entra en cualquier tarea que uno realiza, la calidad del trabajo mejora de inmediato, la cantidad aumenta, y esto sin el correspondiente incremento de fatiga que éste provoca.

Hace unos años, un grupo de socialistas (o quizá se llamaran a sí mismos «cooperadores») organizó una colonia en Luisiana, compró varias hectáreas de tierra para la agricultura y comenzó a poner en marcha un ideal que, según creían, haría que sus miembros fuesen más felices y tendrían menos preocupaciones, mediante un sistema en el que a cada persona se le proporcionaría el tipo de empleo que más le agradaba.

La idea era que nadie recibiría un sueldo. Cada persona hacía el trabajo que más le gustaba, o aquel para el que estaba mejor dotada, y los productos de sus labores combinadas serían propiedad de todos. Tenían sus propios productos lácteos, su propia fábrica de ladrillos, su propio ganado, sus aves de corral, etc. Contaban con sus propias escuelas y una imprenta con la que publicaban un periódico.

Un ciudadano sueco residente en Minnesota se unió a la colonia y, tras solicitarlo, comenzó a trabajar en la imprenta. Al cabo de poco tiempo se quejó de que no le gustaba su empleo, de modo que lo cambiaron y lo pusieron a trabajar en la granja, conduciendo un tractor. Sólo fue capaz de aguantar dos días, así que volvió a solicitar un traslado y se le asignaron los productos lácteos. Puesto que no se llevaba bien con las vacas, volvieron a trasladarlo una vez más, esta vez a la lavandería, donde duró sólo un día. Uno a uno, fue probando todos los trabajos, pero no le gustó ninguno. Todo parecía indicar que no encajaba en la idea de vivir en una cooperativa y, cuando estaba a punto de retirarse, a alguien se le ocurrió un empleo que todavía no había probado: en la fábrica de ladrillos. De modo que le entregaron una carretilla y lo pusieron a trabajar extrayendo ladrillos de los hornos y apilándolos en el patio. Pasó una semana y no expresó ninguna queja. Cuando le preguntaron si le gustaba su trabajo, respondió con su acento extranjero que ése era justamente el trabajo que le gustaba.

¡Imagínate que alguien pueda preferir transportar ladrillos! Sin embargo, ese empleo encajaba con su carácter: trabajaba solo, realizando una tarea para la que no había que pensar y que no implicaba ninguna responsabilidad, y eso era exactamente lo que él quería.

Permaneció en ese empleo hasta que no quedó ningún ladrillo por transportar y apilar, y luego se marchó de la colonia porque ya no había más trabajo que hacer con los ladrillos. En su opinión, el trabajo «bonito y tranquilo» se había terminado y quería regresar a Minnesota, y así lo hizo.

Cuando alguien se dedica a algo que le encanta, no le resulta duro trabajar más y mejor de lo que se espera de él por lo que le pagan y, por ese motivo, toda persona se debe a sí misma esforzarse en encontrar el tipo de trabajo que más le guste. Estoy en todo mi derecho de ofrecer este consejo a los estudiantes de esta filosofía, porque yo mismo lo he puesto en práctica y no tengo ninguna razón para arrepentirme.

Éste parece el lugar indicado para introducir una pequeña historia personal, que tiene que ver con este autor y con la filosofía de las LEYES DEL ÉXITO, cuyo propósito es mostrarte que el trabajo que se realiza con un espíritu de amor por el trabajo en sí mismo, nunca es un trabajo perdido y jamás se perderá.

Toda esta lección está dedicada a ofrecer pruebas de que realmente vale la pena prestar un servicio mayor y mejor que aquel para el que te pagan. Éste sería un esfuerzo vacío e inútil si el autor no hubiera practicado él mismo esta regla durante el tiempo suficiente para poder explicar cómo funciona.

Durante más de un cuarto de siglo, he estado realizando un trabajo que amo, a partir del cual se ha desarrollado esta filosofía, y soy absolutamente sincero cuando repito aquello que he dicho en otras ocasiones a lo largo de este curso: que he sido pagado con creces por mi trabajo, aunque sólo fuera por el placer que he experimentado mientras lo hacía.

Hace varios años, mi trabajo sobre esta filosofía hizo que me viera en la necesidad de elegir entre recibir dinero inmediatamente, lo cual habría ocurrido si hubiese encaminado mis esfuerzos por vías puramente lucrativas, y recibir una remuneración que tarda unos años en llegar y que está representada por los valores económicos habituales y por otras formas de pago que únicamente pueden medirse en términos de conocimientos acumulados que nos permiten disfrutar más intensamente.

La persona que trabaja en lo que más le gusta no siempre tiene el apoyo de sus amigos y parientes más cercanos en su elección. Durante los años que he dedicado a la investigación con el propósito de reunir, organizar, clasificar y probar material para este curso, tuve que invertir una alarmante proporción de mis energías en luchar contra las sugestiones negativas procedentes de amigos y familiares.

Estas referencias personales las doy a conocer tan sólo con la finalidad de mostrar a los estudiantes de esta filosofía que rara vez puede uno esperar dedicarse al trabajo que ama sin encontrar algún tipo de obstáculo, o quizá nunca. Por lo general, los principales obstáculos que surgen en el camino cuando uno se dedica a lo que más le gusta es que es posible que inicialmente no sea el trabajo que le dé la mayor remuneración.

No obstante, por lo general, para compensar esta desventaja, la persona que se dedica a aquello que más ama es recompensada con dos beneficios muy marcados. En primer lugar, suele encontrar en ese trabajo la mayor de todas las recompensas: la FELICIDAD, lo cual no tiene precio, y, en segundo lugar, cuando se hace un promedio de las ganancias monetarias reales de toda una vida de esfuerzo, generalmente son mucho mayores, porque el trabajo que se realiza con un espíritu de amor suele ser mayor en cantidad y calidad que aquel que se hace únicamente por dinero.

No hay persona más peligrosa para sí misma

y para los demás que aquella que juzga

sin tener intención de conocer los hechos.

La oposición más embarazosa a mi elección del trabajo para esta vida, y se podría decir, sin intención de ser poco respetuoso, que la más desastrosa, provino de mi mujer. Quizá esto explique por qué he hecho mención, en varias lecciones de este curso, al hecho de que la esposa de un hombre puede ayudarlo a tener éxito o a fracasar, dependiendo de la medida en que coopere con él y lo anime, o deje de hacerlo, en relación con el trabajo que él ha elegido.

La idea de mi esposa era que yo debía aceptar un puesto asalariado que me asegurase unos ingresos mensuales constantes, porque, con los pocos empleos asalariados que yo había tenido, había demostrado que poseía una habilidad comercial que debería proporcionarme unos ingresos de entre seis mil y diez mil dólares anuales, sin un gran esfuerzo por mi parte.

En cierto modo, yo comprendía a mi mujer y entendía su punto de vista, ya que teníamos niños pequeños que estaban creciendo y necesitaban ropa y una educación, y contar con un sueldo regular, aunque no fuese muy bueno, parecía ser una necesidad.

No obstante, a pesar de este argumento lógico, decidí no hacer caso de los consejos de mi esposa. Entonces acudieron en su ayuda las fuerzas conjuntas de su familia y la mía, y me ordenaron, directamente, que me enfrentase a la realidad y me estableciera con un salario. Estudiar a otras personas podía estar bien en alguien con tiempo para gastarlo de esa forma «improductiva», pero para un hombre joven, casado, con niños en edad de crecimiento, esto difícilmente podía ser lo más adecuado, ¡pero yo me mantuve firme! Había hecho una elección y estaba decidido a atenerme a ella.

La oposición no cedió ante mi punto de vista, pero, ciertamente, fue desapareciendo de modo gradual. Entretanto, saber que mi elección implicaba, al menos temporalmente, algunas privaciones para mi familia, y el pensamiento de que mis amigos y familiares más queridos no estaban en armonía conmigo, hicieron que me esforzara mucho más.

Por suerte, no todos mis amigos opinaban que mi decisión había sido imprudente. Algunos de ellos no sólo creyeron que el rumbo elegido acabaría acercándome a la cima de un éxito práctico, sino que, además de creer en mis planes, me animaron para que no me dejase vencer por la adversidad o por la oposición de la familia.

De este pequeño grupo de fieles que me dieron ánimos en una época en que realmente los necesitaba, quizá haya un hombre al que debería dedicar un mayor reconocimiento, y ése sería Edwin C. Barnes, el socio de Thomas A. Edison.

Hace unos veinte años, el señor Barnes se interesó en el trabajo que yo había elegido, y a él le debo el poder decir aquí que, de no haber sido por su fe inquebrantable en la solidez de la filosofía de las LEYES DEL ÉXITO, yo habría cedido a los consejos de mis amigos y habría buscado el camino de menor resistencia, tomando la ruta del salario. Ello me habría ahorrado muchas penas y una cantidad casi infinita de críticas, pero habría destruido las esperanzas de toda una vida y, finalmente, con toda probabilidad, yo habría perdido la mejor y más deseable de todas las cosas: ¡LA FELICIDAD! Porque he sido enormemente feliz en mi trabajo, incluso en los períodos en los que la remuneración que me proporcionaba no era más que un montón de deudas que en ese momento no podía afrontar. Quizá esto explique, en alguna medida, por qué el tema de la esclavitud de las deudas ha sido puesto de relieve tan extensamente en la cuarta lección, sobre el hábito de ahorrar. Queremos que esa lección «cale».

Edwin Barnes no sólo creía en la solidez de la filosofía de las LEYES DEL ÉXITO, sino que su propio éxito económico, al igual que su estrecha relación comercial con el mayor inventor de la tierra, había demostrado que tenía autoridad moral para hablar sobre el tema de las leyes con las que se puede alcanzar el éxito.

Inicié mi investigación con la convicción de que cualquier persona con una inteligencia razonable y un deseo genuino de éxito podía alcanzarlo si seguía unas determinadas reglas de procedimiento que, por entonces, yo aún desconocía. Quería saber cuáles eran y cómo se podían aplicar.

El señor Barnes creía lo mismo que yo. Además, estaba en posición de saber que los asombrosos éxitos de su socio, Edison, se habían producido enteramente por la aplicación de algunos de los principios que más adelante fueron probados e incluidos como parte de esta filosofía. Por su forma de pensar, parecía que la acumulación de dinero, disfrutar de una tranquilidad de ánimo y encontrar la felicidad eran cosas que podían conseguirse mediante la aplicación de unas leyes inalterables que cualquier persona podía dominar y aplicar.

Yo también lo creía. Ahora esta creencia se ha convertido no sólo en una realidad demostrable, sino también en una realidad DEMOSTRA-DA, como espero que cada uno de los estudiantes de este curso pueda comprender cuando haya llegado a dominarlo.

Ten en cuenta que, durante todos esos años de investigación, no sólo estuve aplicando la ley que se trata en esta lección, haciendo más que aquello para lo que me pagaban, sino que fui mucho más lejos, realizando un trabajo que en aquel momento no creía que sería remunerado jamás.

Por lo tanto, tras esos años de caos, adversidad y oposición, finalmente esta filosofía fue completada y reducida a unos manuscritos, lista para ser publicada. Durante un tiempo, ¡no ocurrió nada! Me dormí sobre mis laureles, por así decirlo, antes de dar el siguiente paso a fin de poner esta filosofía en manos de unas personas que yo tenía razones para creer que la recibirían bien.

«¡Dios actúa de una forma misteriosa para realizar Sus maravillas!» Durante la primera etapa de mi experiencia, creí que estas palabras eran vacías y carentes de significado, pero desde entonces he modificado mi creencia considerablemente.

En una ocasión fui invitado a dar una charla en Canton, Ohio. Mi llegada había sido bien publicitada y tenía motivos para esperar que el público fuera numeroso pero, por el contrario, la coincidencia con unas reuniones que dos grandes grupos de empresarios estaban celebrando hicieron que el número total de asistentes se redujera a la afortunada cifra de trece.

Siempre he creído que, al margen de lo que uno reciba a cambio de sus servicios, del número de personas a las que está sirviendo o del tipo de gente a la que sirve, debería hacer su trabajo lo mejor posible. Entré en el tema de mi charla como si la sala estuviera llena. Por alguna razón, se despertó en mí una especie de resentimiento por la forma en que «la rueda de la fortuna» había girado en mi contra y, si alguna vez he dado un discurso convincente, fue esa noche. Sin embargo, en lo más profundo de mi corazón, ¡pensaba que había fracasado!

No supe hasta el día siguiente que la noche anterior había hecho historia y que eso estaba destinado a dar a la filosofía de las LEYES DEL ÉXITO su primer impulso real. Uno de los hombres que se encontraba entre el público, uno de los «trece», resultó ser Don R. Mellett, por entonces director del *Canton Daily News* y de quien hablé brevemente en la lección introductoria de este curso.

Aquella noche, cuando terminé de hablar, me marché sigilosamente por la puerta trasera y regresé a mi hotel, pues no deseaba encontrarme con ninguna de mis trece víctimas al salir.

Al día siguiente, fui invitado al despacho del señor Mellett. Puesto que la iniciativa había sido suya, dejé que fuera él quien hablara. Comenzó diciendo algo así: «¿Le importaría contarme toda la historia de su vida, desde los días de su niñez hasta la actualidad?».

Le dije que lo haría si él era capaz de soportar la carga de oír un relato tan largo. Dijo que sí, pero antes de que yo empezara me advirtió que no omitiera ningún aspecto, aunque fuera poco favorable.

«Lo que quiero que haga, dijo, es que mezcle lo bueno y lo malo y me deje echar una mirada a su alma, pero no desde el punto de vista más favorable, sino desde todos los ángulos.»

Hablé durante tres horas, ¡y Mellet me escuchó! No omití nada. Le hablé de mis luchas, de mis errores, de mis impulsos de ser deshonesto cuando las corrientes de la fortuna iban en mi contra con demasiada rapidez y de que, al final, había prevalecido mi buen juicio, pero sólo después de que mi conciencia y yo hubiésemos librado un prolongado combate. Le conté cómo había concebido la idea de organizar la filosofía de las LEYES DEL ÉXITO, cómo había ido reuniendo la información que había incorporado a la filosofía, le hablé de las pruebas que había realizado, a partir de las cuales había eliminado algunos datos y conservado otros.

Entre las cosas que pretendes «eliminar» en tus propósitos del Año Nuevo, ¡incluye la palabra «imposible»!

Cuando hube terminado, Mellett dijo: «Quiero hacerle una pregunta muy personal, y espero que me conteste con la misma franqueza con que me ha contado el resto de su historia. ¿Ha obtenido algún dinero con sus esfuerzos? Y, si no es así, ¿sabe por qué no lo ha hecho?».

«¡No!», repliqué. «No he obtenido nada; sólo experiencia, conocimientos y algunas deudas, y el motivo, aunque quizá no sea muy razonable, se explica fácilmente. La verdad es que he estado tan ocupado todos estos años intentando eliminar parte de mi propia ignorancia para poder reunir y organizar inteligentemente los datos que he incorporado en la filosofía de las LEYES DEL ÉXITO, que no he tenido ni la oportunidad ni la inclinación de invertir mis esfuerzos en hacer dinero.»

Para mi sorpresa, la expresión seria en el rostro de Don Mellett se suavizó y se transformó en una sonrisa, al tiempo que ponía su mano sobre mi hombro y me decía:

«Ya conocía la respuesta antes de que usted me la diera, pero me preguntaba si usted la conocía. Probablemente sabrá que no es el único hombre en el mundo que ha tenido que sacrificar las ganancias monetarias inmediatas para poder reunir conocimientos, pues en realidad su experiencia ha sido la de todos los filósofos, desde los tiempos de Sócrates hasta la actualidad».

¡Aquellas palabras fueron música para mis oídos! Había reconocido las cosas más embarazosas de mi vida, había desnudado mi alma, admitiendo una derrota temporal en cada encrucijada con la que me había encontrado en mi lucha, y había concluido todo esto admitiendo que un exponente de las LEYES DEL ÉXITO era, él mismo, ¡un fracaso temporal!

¡Qué incongruente parecía! Me sentí estúpido, humillado y avergonzado mientras permanecía sentado delante del par de ojos más penetrantes y del hombre más inquisitivo que había conocido jamás.

Lo absurdo de todo esto me llegó como un relámpago: la filosofía del éxito, creada y divulgada por un hombre que, obviamente, ¡era un fracaso!

Este pensamiento me llegó con tanta fuerza, que lo expresé en palabras.

«¿Qué?, exclamó Mellett, ¿Un fracaso?».

«Sin duda, usted conoce la diferencia entre un fracaso y una derrota temporal», continuó. «Ningún hombre capaz de crear una sola idea es un fracaso, y mucho menos si ha creado toda una filosofía que sirve para suavizar las desilusiones y minimizar las penas de generaciones que aún no han nacido.»

Me pregunté cuál sería el objeto de esta entrevista. Mi primera conjetura fue que Mellett quería conocer algunos datos para basar en ellos su ataque a la filosofía de las LEYES DEL ÉXITO en su periódico. Quizá este pensamiento fuera producto de mis experiencias anteriores con otros periodistas, algunos de los cuales se habían enfrentado a mí. En cualquier caso, al principio de la entrevista decidí contarle los hechos sin adornos, cualesquiera que fueran las consecuencias.

Antes de que me hubiera marchado de la oficina de Mellett ya nos habíamos convertido en socios, entendiendo que él renunciaría como director del *Canton Daily News* y se encargaría de la administración de todos mis asuntos en cuanto tal cosa pudiera organizarse.

Entretanto, comencé a escribir una serie de editoriales especiales, basados en la filosofía de las LEYES DEL ÉXITO, que se publicaban los domingos en el *Canton Daily News*. Uno de ellos (titulado «El fracaso», que aparece al final de una de las lecciones de este curso), llamó la atención del juez Elbert H. Gary, en aquella época presidente del consejo de administración de la United States Steel Corporation. Esto tuvo como resultado el inicio de una comunicación entre Mellett y el juez Gary, lo cual, a su vez, llevó a éste a ofrecerse a comprar el curso de las LEYES DEL ÉXITO para sus empleados de la Steel Corporation del modo que se narra en la lección introductoria.

¡Las corrientes de la fortuna habían empezado a soplar a mi favor! Las semillas del servicio que yo había estado sembrando durante un largo período de años laboriosos, haciendo más que aquello para lo que me pagaban, ¡finalmente estaban empezando a germinar!

A pesar de que mi socio fue asesinado antes de que nuestros planes se hubiesen iniciado, y de que el juez Gary murió antes de que la filosofía de las LEYES DEL ÉXITO pudiera ser reescrita para adecuarse a sus requerimientos, los «trabajos de amor perdidos» aquella fatídica noche en la que hablé ante un público de trece personas en Canton, Ohio, pusieron en marcha una cadena de acontecimientos que ahora avanzan rápidamente sin ningún pensamiento o esfuerzo por mi parte.

No es un abuso de confianza enumerar aquí algunos de los hechos que muestran que un trabajo hecho con amor jamás está perdido y que quienes prestan un mayor y mejor servicio que aquel para el que se les paga, tarde o temprano acaban recibiendo una remuneración por mucho más de lo que en realidad hacen.

Mientras esta lección se prepara para ir al editor, algunas de las siguientes famosas empresas están considerando favorablemente la compra del curso de las LEYES DEL ÉXITO para todos sus empleados, en tanto que otras ya han hecho las gestiones para comprarlo:

> Señor Daniel Willard, director de la Baltimore & Ohio Railroad Co.
> Indian Refining Company
> Standard Oli Company
> New York Life Insurance Company
> La Postal Telegraph Commercial-Cable Company
> La empresa automotriz Pierce-Arrow
> La empresa automotriz Cadillac
> Y otras 50 empresas de dimensiones similares

Además, un club juvenil que se ha organizado recientemente, similar al YMCA, ha contratado el curso de las LEYES DEL ÉXITO como base para su programa educativo, y calcula que distribuirá más de cien mil cursos de esta filosofía en los próximos dos años.

Bastante al margen de estas fuentes de distribución, la Ralston University Press de Meriden, Conn., ha firmado un contrato para publicar y distribuir el curso de modo individual en toda Norteamérica y posiblemente en algunos otros países. No es posible calcular con exactitud cuántos cursos distribuirán, pero considerando que tienen una lista de envío de aproximadamente ochocientas mil personas que confían en todo lo que ellos ofrecen para la venta, me parece muy razonable suponer que pondrán cientos de miles de cursos en manos de hombres y mujeres que buscan seriamente los conocimientos transmitidos por la filosofía de las LEYES DEL ÉXITO.

Quizá sea innecesario, pero me gustaría explicar que mi único objetivo al relatar aquí la historia de cómo la filosofía de las LEYES DEL ÉXITO obtuvo el reconocimiento descrito es demostrar que la ley en la que se basa esta lección realmente funciona en los asuntos prácticos de la vida. De haber podido realizar este análisis sin utilizar el pronombre personal «yo», lo habría hecho.

*   *   *

Con el trasfondo de esta historia sobre la filosofía de las LEYES DEL ÉXITO en conjunto, y con esta lección en particular, estarás mejor preparado para aceptar la sólida ley en la que se basa esta lección.

Si tenéis una fe como un grano de mostaza,
le diréis a la montaña: «Muévete a ese lugar»,
y se moverá; y nada será imposible para vosotros.

Son más de una veintena las razones bien fundadas por las que deberías desarrollar el hábito de prestar un servicio mayor y *mejor* que aquel para el que te pagan, a pesar de que una gran mayoría de la gente no lo haga. Existen dos razones para brindar un servicio así, las cuales superan en importancia a todas las demás. Éstas son:

1º. Al crearte la reputación de ser una persona que siempre presta un servicio mayor y mejor que aquel para el que se le paga, saldrás beneficiado por la comparación con aquellas que no lo hacen, y el contraste será tan notorio que *habrá una intensa competencia por obtener tus servicios, no importa cuál sea tu trabajo*. Sería un insulto a tu inteligencia ofrecer pruebas de la solidez de esta afirmación, porque tal cosa es obvia. Tanto si te dedicas a dar sermones, practicar la abogacía, escribir libros, enseñar en una escuela o a cavar zanjas, serás más valioso y podrás exigir una mejor remuneración en cuanto se te reconozca como una persona que hace más que aquello para lo que se le paga.

2º. Con mucho, la razón más importante por la que deberías prestar un servicio mayor que aquel para el que se te paga, que es básica y fundamental en su naturaleza, se podría describir así: Supón que quieres desarrollar un brazo derecho fuerte, y supón que intentas hacerlo amarrándolo a tu costado con una soga, inutilizándolo y proporcionándole un largo descanso: ¿La falta de uso lo fortalecería, o produciría en él atrofia y debilidad, con el resultado final de que te lo tendrían que amputar?

Sabes que si quieres tener un brazo derecho fuerte puedes desarrollarlo *simplemente haciéndolo trabajar duramente*. Si quieres saber cómo se puede fortalecer un brazo, observa el de un herrero. De la resistencia viene la fuerza. El roble más fuerte del bosque no es el que está protegido de la tormenta y que se oculta del sol, sino el que está al raso, donde se ve obligado a luchar por su existencia contra el viento, la lluvia y el sol abrasador.

Es a través del funcionamiento de una de las leyes inalterables de la naturaleza como la lucha y la resistencia desarrollan la fortaleza, y el propósito de esta lección es enseñarte a aprovechar esta ley y utilizarla para que te ayude en tu afán por el éxito. Al prestar un servicio mayor y mejor que aquel para el que te pagan, no sólo ejercitas tus cualidades para prestar dicho servicio, desarrollando así unas técnicas y habilidades extraordinarias, sino que te crearás una reputación muy valiosa. Si adquieres el hábito de prestar un servicio así, serás tan bueno en tu trabajo que podrás *exigir* una mayor remuneración que las personas que no lo prestan. A la larga, desarrollarás la fuerza suficiente para retirarte de cualquier situación indeseable en la vida y nadie podrá, ni deseará, detenerte.

Si eres un empleado, puedes hacerte igualmente valioso mediante este hábito de prestar un servicio mayor que aquel para el que te pagan, de manera que prácticamente podrás establecer tu propio sueldo y ningún jefe sensato intentará impedírtelo. Si tu jefe es tan desafortunado como para intentar impedir que recibas la compensación que te mereces, esto no será un obstáculo durante mucho tiempo, porque otros empresarios descubrirán esta cualidad poco corriente y te ofrecerán un empleo.

El hecho mismo de que la mayoría de la gente esté ofreciendo el menor servicio que pueden ofrecer es una ventaja para el que presta un servicio mayor que aquel para el que se le paga, porque ello le permite beneficiarse de la comparación. Si prestas el menor servicio posible, puedes «ir tirando», pero eso será lo único que conseguirás; y cuando el trabajo escasee y haya reducción de personal, tú serás el primero en ser despedido.

Durante más de veinticinco años he estudiado detenidamente a las personas con el objeto de averiguar por qué algunas alcanzan un éxito notorio mientras que otras con la misma capacidad no salen adelante, y me parece significativo que todas aquellas a las que he observado aplicar este principio de prestar un servicio mayor que aquel para el que se les paga tenían una mejor posición y recibían una mayor remuneración que aquellas que se limitaban a dar el servicio suficiente para «salir del paso».

Estoy recalcando la importancia de hacer de este principio un hábito como un medio que permita al empleado ascender a un puesto superior, con una mayor remuneración, porque este curso será estudiado por miles de jóvenes, hombres y mujeres, que trabajan para otras personas. No obstante, el principio se aplica tanto al patrón como al hombre y la mujer profesionales, al igual que al empleado.

La observancia de este principio trae una doble recompensa. En primer lugar, la recompensa de una mayor ganancia material que la que disfrutan aquellos que no lo observan, y, en segundo lugar, ofrece la recompensa de la felicidad y la satisfacción que sólo llegan a quienes prestan un servicio así. Si la única remuneración que recibes es la de tu sueldo, estás mal pagado, sin importar a cuánto dinero ascienda.

* * *

Un día mi mujer me trajo un libro de la biblioteca titulado *Observancia: Todo hombre es su propia universidad*, de Russell H. Conwell. Por casualidad, abrí el libro al principio de un capítulo titulado «La universidad de todo hombre» y, mientras lo leía, mi primer impulso fue recomendarte *a ti* que acudas a una biblioteca pública y leas el libro entero, pero, pensándolo mejor, no lo haré. En lugar de eso, te aconsejaré que lo compres y lo leas, no una, sino cien veces, porque habla del tema de esta lección como si hubiese sido escrito con ese propósito: lo trata de una forma mucho más impresionante de lo que yo podría hacerlo.

La siguiente cita del capítulo titulado «La universidad de todo hombre» te dará una idea de las pepitas de oro de verdad que se pueden encontrar en el libro:

> Es posible conseguir que el intelecto llegue a ver una extensión mucho mayor de lo que normalmente ven hombres y mujeres, pero no todas las universidades del mundo pueden proporcionar este poder: ésa es la recompensa de la autocultura. Cada uno debe adquirirla por sí mismo, y quizá ése sea el motivo por el que la capacidad de observar profunda y ampliamente se encuentra con más frecuencia en hombres y mujeres que nunca han atravesado el umbral de ninguna universidad, excepto la universidad de los golpes duros».

Lee este libro como parte de la presente lección, pues te preparará para que te beneficies de la filosofía y la psicología en que se basa.

* * *

Ahora analizaremos la ley en la que se funda toda la lección; a saber:

¡La ley de las ganancias crecientes!

Comencemos nuestro análisis mostrando cómo emplea la naturaleza esta ley en favor de los que cultivan la tierra. El agricultor prepara cuidadosamente el suelo, luego siembra el trigo y espera mientras la LEY DE LAS GANANCIAS CRECIENTES le devuelve la semilla que ha sembrado, *además de un incremento múltiple*.

Si no fuera por esta LEY DE LAS GANANCIAS CRECIENTES, el hombre perecería, puesto que no conseguiría que la tierra produjera alimentos suficientes para su subsistencia. No habría ninguna ventaja en sembrar un campo de trigo si el producto de la cosecha no le devolviera más que lo sembrado.

Con esta «recomendación» sumamente importante de la naturaleza que podemos obtener de los campos de trigo, procedamos a apropiarnos de esta LEY DE LAS GANANCIAS CRECIENTES y a aprender a aplicarla al servicio que prestamos, con el fin de que *pueda producir ganancias que superen el esfuerzo realizado y estén fuera de proporción con él.*

En primer lugar, apuntemos que no hay ninguna astucia o triquiñuela relacionada con esta ley, aunque al parecer algunas personas no han aprendido esta gran verdad, a juzgar por el gran número que dedica todos sus esfuerzos a intentar obtener algo a cambio de nada, o por menos de su valor real. No es con ese fin que recomendamos el uso de la LEY DE LAS GANANCIAS CRECIENTES, pues tal fin no es posible dentro del amplio significado de la palabra *éxito.*

Otra característica singular y notoria de la LEY DE LAS GANANCIAS CRECIENTES es que puede ser utilizada por aquellos que compran un servicio en el que quienes lo prestan reciben la mayor ganancia posible. Para demostrarlo debemos estudiar los efectos del famoso escalafón del jornal mínimo de cinco dólares al día que Henry Ford inauguró hace unos años.

En el fondo, nada importa demasiado. La derrota que hoy parece romperte el corazón, más adelante no será otra cosa que un tirabuzón entre las olas de otras experiencias en el océano de tu vida.

Quienes están familiarizados con los hechos, dicen que Ford no estaba interpretando el papel de filántropo cuando inauguró este escalafón de jornal mínimo, sino que, por el contrario, simplemente estaba aprovechando un sólido principio comercial que probablemente le reportó mayores ganancias, tanto en dólares como en buena voluntad, que cualquier otra política inaugurada jamás en su fábrica. Al pagar unos jornales mayores que la media, ¡obtuvo un servicio mayor y mejor que la media!

De un solo golpe, con la inauguración de esta política del jornal mínimo, Ford atrajo a los mejores obreros del mercado e hizo que el valor de tener el privilegio de trabajar en su planta aumentara.

No tengo a mano las cifras relacionadas con este tema, pero me asisten buenas razones para conjeturar que, con esta política, por cada cinco dólares gastados, Ford recibía al menos el equivalente de 7,50 en servicios. Además, motivos razonables me permiten creer que esta política le permitió a Ford reducir el coste de la supervisión, pues tener un empleo en esta planta se convirtió en algo tan deseado que ningún trabajador querría correr el riesgo de perder su puesto por «desentenderse» en el trabajo o prestar un mal servicio.

Mientras otros empresarios se veían obligados a depender de una supervisión costosa para obtener el servicio que les correspondía, y por el que estaban pagando, Ford recibía el mismo servicio, o mejor, con el método menos caro de hacer que el empleo en su planta fuera muy valorado.

Marshall Field fue probablemente el comerciante más importante de su época, y la gran tienda Field en Chicago se erige hoy como un monumento a su habilidad para aplicar la LEY DE LAS GANANCIAS CRECIENTES.

En una ocasión, una clienta compró un cinto de encaje en la tienda Field, pero no lo llegó a usar. Dos años más tarde, se lo obsequió a su sobrina como regalo de boda. Ésta llevó discretamente el cinto a la tienda Field y lo cambió por otro artículo, a pesar de que había sido comprado más de dos años atrás y entonces ya estaba pasado de moda. La tienda no sólo admitió el cinto, sino que, lo que es más importante: *¡lo hizo sin discutir!*

Ciertamente, la tienda no tenía ninguna obligación, moral ni legal, de aceptar la devolución del cinto con tanto retraso, lo cual hace que la transacción sea aún más significativa. El cinto había costado originalmente 50 dólares, y seguramente lo tuvieron que poner en el mostrador de saldos y venderlo por el precio que se pudiera, pero un estudiante agudo de la naturaleza humana comprenderá que la tienda Field no sólo no perdió nada, sino que en realidad salió beneficiada con la transacción hasta un punto que no puede medirse tan sólo en dólares.

La mujer que devolvió el cinto sabía que no tenía tal derecho; por lo tanto, cuando la tienda le dio aquello que ella no tenía derecho a recibir, la transacción hizo que la ganara como una clienta permanente. Pero el efecto de esto no acabó ahí; sólo era el comienzo, pues la mujer divulgó por todas partes la noticia del «trato justo» que había recibido en la tienda Field. Éste fue el tema de conversación de las mujeres de su grupo durante varios días, y la tienda recibió más publicidad de esta gestión que la que podría haber conseguido de cualquier otro modo con diez veces el valor del cinto.

El éxito de las tiendas Field estaba basado en gran medida en la comprensión de Marshall Field de la LEY DE LAS GANANCIAS CRECIENTES, la cual lo impulsó a adoptar como parte de su táctica comercial el eslogan «El cliente siempre tiene la razón».

Cuando haces únicamente aquello para lo que te pagan, no hay nada fuera de lo normal que pueda *atraer comentarios favorables* sobre tu actuación, pero cuando, de buena gana, haces más que aquello para lo que te pagan, tus actos atraen la atención favorable de todas las personas implicadas y dan un paso más para establecer una reputación que, a la larga, hará que la LEY DE LAS GANANCIAS CRECIENTES funcione a tu favor, pues creará una amplia demanda de tus servicios.

Amar los elogios, pero no adorarlos,

y temer las críticas, pero no permitir que te hundan,

demuestra que eres una personalidad equilibrada.

Carol Downes entró a trabajar para W. C. Durant, el fabricante de automóviles, en un puesto menor. Ahora es su mano derecha y, además, es director de una de sus empresas de distribución automotriz.

Consiguió ser ascendido a esta posición ventajosa únicamente con la ayuda de la LEY DE LAS GANANCIAS CRECIENTES, la cual puso en funcionamiento brindando un mayor y mejor servicio que aquel para el que le pagaban. En una visita reciente al señor Downes, le pedí que me dijera cómo había conseguido ser ascendido con tanta rapidez. En unas breves frases me resumió toda la historia:

Cuando comencé a trabajar con el señor Durant –dijo– me fijé que siempre estaba en la oficina mucho después de que los demás se hubieran marchado a sus casas, de modo que me propuse quedarme yo también. Nadie me pidió que lo hiciera, pero pensé que alguien debería estar ahí para ofrecer al señor Durant la asistencia que pudiera necesitar. A menudo buscaba a alguien que le trajera un archivo de cartas o le prestara algún otro servicio trivial y siempre me encontraba allí, listo para atenderle. Así adquirió la costumbre de llamarme a mí, y ésa es prácticamente toda la historia».

«¡Adquirió la costumbre de llamarme a mí!»

Vuelve a leer esa frase, pues contiene un significado de lo más rico. ¿Por qué adquirió el señor Durant la costumbre de llamar al señor Downes? Porque el señor Downes se propuso estar accesible, en un lugar donde pudiera ser visto. Se colocó deliberadamente en el camino del señor Durant para poder prestarle un servicio que haría que la LEY DE LAS GANANCIAS CRECIENTES lo respaldara.

¿Le dijeron que lo hiciera? ¡No! ¿Se le pagó para que lo hiciera? ¡No! Se le pagó con la oportunidad de llamar la atención del hombre que tenía el poder de ascenderlo.

Ahora nos estamos acercando a la parte más importante de esta lección, pues éste es el lugar apropiado para sugerirte que *tú* tengas la misma oportunidad de hacer uso de la LEY DE LAS GANANCIAS CRECIENTES que tuvo el señor Downes y puedas aplicar la Ley exactamente de la misma forma que lo hizo él, estando accesible y preparado para ofrecer voluntariamente tus servicios, haciendo un trabajo que otros podrían rehuir porque no se les paga por hacerlo.

¡Alto! Si tienes la menor intención de soltar esa frase manida de «Pero mi jefe es distinto», no la digas; ni siquiera la pienses.

Por supuesto que es distinto. Todos los hombres son distintos en diversos aspectos, pero se asemejan mucho en esto: en que son un tanto *egoístas*; de hecho, son lo bastante egoístas como para no querer que un hombre como Carol Downes elija a su competidor, y tú puedes hacer que ese mismo egoísmo sea una ventaja para ti, en lugar de ser una desventaja, si tienes el buen juicio de volverte tan útil que la persona a quien vendes tus servicios no pueda arreglárselas sin ti.

Uno de los ascensos más ventajosos que he recibido jamás se produjo a través de un incidente aparentemente tan insignificante que pareció no tener ninguna importancia. Un sábado por la tarde, un abogado cuyo despacho estaba en la misma planta que la de mi jefe, entró en mi oficina y me preguntó si yo sabía dónde podía encontrar un taquígrafo que pudiera hacer un trabajo que él estaba obligado a acabar ese mismo día.

Le dije que todos nuestros taquígrafos se habían ido a ver el partido y que, si hubiera llegado cinco minutos más tarde, no me habría encontrado, pero que estaría encantado de quedarme y hacer ese trabajo para él, ya que yo podía ir a un partido cualquier día, pero su trabajo debía hacerse en ese momento.

En efecto, hice ese trabajo, y cuando me preguntó cuánto me debía, repliqué: «Huy, como unos mil dólares, por tratarse de usted. Si fuera cualquier otra persona, no le cobraría nada». Sonrió y me dio las gracias.

Al hacer este comentario, jamás pensé que me pagaría mil dólares por una tarde de trabajo, ¡pero lo hizo! Seis meses más tarde, cuando ya había olvidado el incidente por completo, me volvió a visitar y me preguntó cuánto estaba ganando. Cuando se lo dije, me informó que estaba dispuesto a pagarme esos mil dólares que yo había pedido bromeando por el trabajo realizado, y *me los pagó* ofreciéndome un puesto con un incremento anual de mil dólares en mi salario.

Inconscientemente, aquella tarde yo había hecho que la LEY DE LAS GANANCIAS CRECIENTES funcionara a mi favor al renunciar al partido y ofrecer un servicio que, obviamente, había realizado por el deseo de ser útil y no por un interés monetario.

No era mi deber renunciar a mi tarde del sábado, pero... ¡fue un privilegio para mí! Además, resultó ser un privilegio provechoso, ya que me proporcionó mil dólares en efectivo y un puesto de mayor responsabilidad que el que había ocupado anteriormente.

Era el deber de Carol Downes estar al alcance durante el horario normal de trabajo, pero era su *privilegio* quedarse en su puesto cuando los demás trabajadores se habían marchado, y ese privilegio, correctamente ejercitado, le aportó mayores responsabilidades y un sueldo que le permitió ganar en un año más de lo que habría ganado en toda una vida en el puesto que ocupaba anteriormente.

He estado pensando durante más de veinticinco años en el *privilegio* de prestar un mayor y mejor servicio que aquel para el que a uno le pagan, y mis pensamientos me han llevado a la conclusión de que una sola hora al día dedicada a prestar un servicio para el que no se nos paga puede traernos mayores beneficios que los recibidos en todo lo restante de un día en el que únicamente cumplimos con nuestro *deber*.

Una persona educada es aquella
que ha aprendido a conseguir todo lo que necesita
sin conculcar los derechos de sus semejantes.
La educación viene de dentro y se puede obtener
mediante la lucha, el esfuerzo y el pensamiento.

(Todavía seguimos en *la parte más importante* de esta lección, de modo que *piensa* y asimila mientras vas pasando las páginas.)

La LEY DE LAS GANANCIAS CRECIENTES no es una creación mía, ni me atribuyo el descubrimiento del principio de prestar un servicio mayor y mejor que aquel para el que nos pagan como un medio para utilizar esta ley. Tan sólo me he apropiado de ellos, después de muchos años de cuidadosa observación de las fuerzas que participan de la consecución del éxito, del mismo modo que *tú te apropiarás de ellos* cuando hayas comprendido su importancia.

Podrías iniciar este proceso de apropiación ahora mismo, intentando un experimento que te abrirá los ojos fácilmente y respaldará tus esfuerzos con poderes que no sabías que poseías. No obstante, permíteme advertirte que no debes intentar hacerlo con el mismo espíritu con el que cierta mujer experimentó con ese pasaje bíblico que dice algo así como que si tienes una fe como un grano de mostaza, y le dices a la montaña «Muévete hacia ese lugar», ésta se moverá. La mujer en cuestión vivía cerca de una montaña muy elevada que podía contemplar desde su puerta. Por lo tanto, una noche, al retirarse a dormir, le ordenó que se moviera a algún otro lugar.

A la mañana siguiente, salió de la cama de un salto, corrió hasta la puerta y miró hacia fuera, pero hete aquí que la montaña seguía igual. Entonces dijo: «¡Tal como me lo esperaba! Sabía que estaría allí».

Te voy a pedir que te aproximes a este experimento con la fe absoluta de que marcará uno de los puntos decisivos más importantes de toda tu vida. Te voy a pedir que el objetivo de este experimento sea retirar una montaña que está allí donde debería estar tu templo del éxito, pero donde nunca podrá estar hasta que hayas retirado la montaña.

Es posible que nunca te hayas fijado en la montaña a la que me refiero, pero de cualquier modo está impidiéndote el paso, a menos que ya la hayas descubierto y la hayas retirado.

«¿Y qué montaña es ésa?», te preguntarás. Es la sensación de que te han engañado si no recibes una remuneración material por todos los servicios que prestas. Este sentimiento puede estar expresándose inconscientemente y destruyendo los cimientos mismos de tu templo del éxito de muchísimas maneras que tú no has observado.

En la gente de condición muy humilde, este sentimiento suele buscar expresarse en unos términos semejantes a éstos: «No me pagan para hacer eso, ¡y si lo hago seré un idiota!».

Ya sabes a qué clase de personas me refiero: te las has encontrado en muchas ocasiones, pero nunca has conocido ni a una sola persona de este tipo que tenga éxito, y nunca lo tendrá.

El éxito debe ser atraído mediante la comprensión y la aplicación de unas leyes que son tan inmutables como la ley de la gravitación. No puede ser arrinconado y capturado como si se tratara de un buey salvaje. Por este motivo, se te pide que realices el siguiente experimento con el objeto de familiarizarte con una de las leyes más importantes; es decir, con la LEY DE LAS GANANCIAS CRECIENTES.

El experimento

Durante los próximos seis meses, proponte prestar un servicio útil al menos a una persona al día, y no esperes ni aceptes una remuneración económica. Realiza este experimento con fe en que revelará, para tu uso, una de las leyes más poderosas que intervienen en la consecución de un éxito duradero, y no te decepcionarás.

La realización de este servicio puede adoptar más de una veintena de formas. Por ejemplo, podrías prestarlo personalmente a una o más personas específicas, o podrías prestarlo a tu jefe, en forma de un trabajo que realices después de tu horario laboral.

Por otro lado, puedes prestarlo a perfectos desconocidos a los que no esperes volver a ver. No importa a quién prestes este servicio, siempre y cuando lo hagas de buena gana y únicamente con el propósito de beneficiar a los demás. Si llevas a cabo este experimento con la actitud mental adecuada, descubrirás que todos los que se han familiarizado con la ley en la que se basa han descubierto, principalmente, que no puedes prestar un servicio sin recibir una compensación, del mismo modo que no puedes dejar de prestar un servicio sin sufrir la pérdida de una recompensa.

«Causa y efecto, medios y fines, semilla y fruto, no pueden ser separados, dice Emerson, porque el efecto ya florece en la causa, el fin preexiste en el medio, y el fruto en la semilla».

«Si sirves a un maestro desagradecido, sírvele más. Pon a Dios en tu deuda. Cada gesto será remunerado. Cuanto más tiempo se retenga el pago, mejor para ti; porque interés compuesto sobre interés compuesto es la razón y el uso de este erario.»

La persona que siembra un pensamiento hermoso en la mente de otra, presta al mundo un servicio mayor que el que prestan todos los criticones juntos. «La ley de la naturaleza es: haz lo que tengas que hacer y tendrás el poder; pero quienes no hacen lo que tienen que hacer, no tienen el poder.» «Los hombres sufren durante toda su vida por la absurda superstición de que los pueden engañar. Pero es tan imposible que un hombre sea engañado por alguien que no sea él mismo, como lo es que una cosa exista y no exista al mismo tiempo. En todos nuestros tratos hay una tercera persona silenciosa. La naturaleza y el alma de las cosas se encarga de la garantía de realización de todos los contratos, de modo que *un servicio honesto no puede ser una pérdida.*»

Antes de iniciar el experimento que se te ha pedido que hagas, lee el ensayo de Emerson sobre la compensación, pues te ayudará muchísimo a entender *por qué* lo estás haciendo.

Es posible que ya hayas leído *Compensación*, ¡vuélvelo a leer! Uno de los fenómenos extraños que observarás en relación con este ensayo es el hecho de que, cada vez que lo leas, descubrirás nuevas verdades que no percibiste en lecturas anteriores.

Hace unos años fui invitado a dar un discurso de graduación ante los alumnos de una universidad del este. Durante mi discurso, insistí extensamente, y con todo el énfasis del que era capaz, en la importancia de brindar un servicio mayor y mejor que aquel para el que a uno le pagan.

Cuando hube acabado, el rector y el secretario de la universidad me invitaron a un almuerzo. Mientras comíamos, el secretario se volvió hacia el rector y le dijo: «Acabo de descubrir lo que está haciendo este hombre. Está colocándose a la delantera en el mundo ayudando primero a los demás a adelantar».

En esa breve frase, había resumido la parte más importante de mi filosofía sobre el tema del éxito. Es literalmente cierto que uno puede tener un éxito mayor y más rápido si ayuda a los demás a tener éxito.

Hace unos diez años, cuando me dedicaba a la publicidad, conseguí toda mi clientela aplicando los fundamentos en los que se basa esta lección. Hice que mi nombre estuviera en las listas de seguimiento de diversas casas de venta por correo y recibía su literatura. Cuando recibía una carta de venta, un folleto o una carpeta que me parecía que yo podía mejorar, empezaba a trabajar en ello inmediatamente. Lo mejoraba y luego lo mandaba de vuelta a la empresa que me la había enviado con una carta en la que decía que ésta no era más que una pequeña muestra de lo que yo era capaz de hacer, que tenía una gran cantidad de buenas ideas y que estaría encantado de prestar un servicio habitual a cambio de una paga mensual. Esto, invariablemente, hacía que solicitaran mis servicios.

En una ocasión, recuerdo que la empresa fue lo bastante deshonesta como para apropiarse de mi idea y utilizarla sin pagarme por ella, pero esto resultó ser una ventaja para mí, de la siguiente forma: Un miembro de la empresa que estaba familiarizado con la transacción, inició un negocio y, como resultado del trabajo que yo había realizado para sus antiguos socios, por el cual no me habían pagado, requirió mis servicios pagándome más del doble de lo que podría haber ganado con su empresa anterior.

Así pues, la «ley de la compensación» me devolvió, con un interés compuesto añadido, aquello que yo había perdido al brindar un servicio a unas personas deshonestas.

Si yo estuviera buscando un campo rentable para trabajar hoy en día, lo encontraría poniendo en acción este plan de reescribir la literatura de ventas como un medio de crear un mercado para mis servicios. Quizá encontraría a otras personas que se apropiarían de mis ideas sin pagarme por ellas pero, por lo general, la gente no suele hacerlo, por la sencilla razón de que sería más rentable para ellos tratarme con justicia y luego conseguir mis servicios continuados.

Años atrás, fui invitado a dar una charla ante los estudiantes de la Escuela Palmer, en Davenport, Iowa. Mi mánager hizo los arreglos para que aceptara la invitación en los términos habituales vigentes en aquella época, que eran de cien dólares por la charla, más los gastos del viaje.

Cuando llegué a Davenport, me encontré con un comité de recepción que me esperaba en la estación, y aquella noche me dieron una de las bienvenidas más cálidas que había recibido en mi carrera pública hasta ese momento. Conocí a muchas personas encantadoras de las que obtuve muchos datos valiosos que fueron provechosos para mí; por lo tanto, cuando me pidieron la cuenta de mis gastos para que la escuela pudiera entregarme un cheque, les dije que ya habían sido pagados, con creces, por todo lo que había aprendido durante mi estancia. Rechacé los honorarios y regresé a mi oficina, en Chicago, sintiéndome muy bien pagado por el viaje.

A la mañana siguiente, el doctor Palmer habló ante los dos mil estudiantes de su escuela y anunció lo que yo había dicho acerca de sentirme remunerado con lo que había aprendido, y añadió:

«En los veinte años que llevo dirigiendo esta escuela, he conseguido que muchísimos conferenciantes hablaran ante los estudiantes, pero ésta es la primera ocasión que tengo de conocer a un hombre que rechaza sus honorarios porque se ha sentido pagado por sus servicios de otras formas. Este hombre dirige una revista nacional; les recomiendo que se suscriban a ella, porque un hombre así debe saber muchas cosas que ustedes necesitarán tener en cuenta cuando empiecen a trabajar y ofrezcan sus servicios».

A mediados de esa semana, recibí más de seis mil suscripciones a la revista que yo dirigía, y durante los dos años siguientes esos dos mil estudiantes y sus amigos enviaron más de 50.000 dólares para suscripciones.

Dime, si puedes, ¿cómo o dónde podría haber invertido cien dólares de una forma tan provechosa como ésta, al negarme a aceptar mis honorarios y haciendo así que la LEY DE LAS GANANCIAS CRECIENTES funcionara a mi favor?

En esta vida pasamos por dos períodos importantes: uno es el período durante el cual reunimos, clasificamos y organizamos conocimientos, y el otro es ese período en el que luchamos por ser reconocidos. Primero debemos aprender algo que requiere un esfuerzo mayor que el que estamos dispuestos a poner en la tarea, pero después de haber aprendido muchas cosas que pueden ser útiles para los demás, seguimos enfrentándonos al problema de convencerlos de que podemos serles útiles.

Una de las razones más importantes por las que siempre deberíamos, no sólo estar preparados para brindar un servicio, sino también estar *dispuestos* a hacerlo, es que cada vez que lo hacemos tenemos una oportunidad más para demostrarle a alguien que somos competentes; avanzamos un paso más hacia la meta de obtener el reconocimiento necesario que todos merecemos.

En lugar de decirle al mundo: «Enséñame tu dinero y yo te mostraré lo que puedo hacer», dale la vuelta a la regla y di: «Déjame que te muestre mis servicios para que pueda ver tu dinero, si es que estos te gustan». En 1917, cierta mujer que por entonces se acercaba a los cincuenta años, estaba trabajando como taquígrafa, con un sueldo de quince dólares semanales. A juzgar por su salario, no debe de haber sido muy competente en su trabajo.

Ahora, fíjate en este cambio: El año pasado, esta misma mujer ganó más de cien mil dólares en la tribuna de conferencias. ¿Qué fue lo que salvó aquella poderosa brecha entre una y otra aptitud para ganar dinero?, te preguntarás. Y yo te respondo:

El hábito de realizar un mayor y mejor servicio que aquel para el que le pagaban, aprovechando así la LEY DE LAS GANANCIAS CRECIENTES. Esta mujer es famosa en todo el país, pues ahora es una destacada conferenciante sobre el tema de la psicología aplicada.

Permíteme que te muestre cómo aprovechó la LEY DE LAS GANAN-CIAS CRECIENTES. En primer lugar, ella va a una ciudad y da una serie de quince conferencias gratuitas. Todo aquel que quiera asistir puede hacerlo sin ningún coste. Mientras imparte estas quince conferencias, esta mujer tiene la oportunidad de «venderse» a su público y, al final de la serie, anuncia que impartirá una clase por la que cobrará 25 dólares por alumno. ¡Y ése es todo su plan!

Ningún hombre puede elevarse
hasta la fama y la fortuna sin llevar consigo
a otras personas; simplemente, no es posible.

Mientras que esta mujer está ganando una pequeña fortuna con un año de trabajo, una gran cantidad de conferenciantes mucho más expertos apenas gana lo suficiente para cubrir sus gastos, simplemente porque todavía no se han familiarizado con los fundamentos en los que se basa esta lección, tal como ella ha hecho.

Ahora me gustaría que te detuvieras aquí mismo y respondieras a esta pregunta:

Si una mujer de cincuenta años, que no tiene ninguna aptitud ex-cepcional puede aprovechar la LEY DE LAS GANANCIAS CRECIENTES y conseguir que la ayude a ascender de un puesto de taquígrafa por el que gana quince dólares semanales al de conferenciante, en el que gana más de cien mil dólares anuales, ¿por qué no vas a poder aplicar tú esta misma ley para que te proporcione las ventajas que sabes que ahora no posees?

No te preocupes por lo que vendrá en el resto de la lección hasta que hayas respondido a esta pregunta, *¡y la hayas respondido como debería responderse!* ¿Estás luchando, mansa o seriamente, para encontrar un lugar en el mundo? Quizá estés realizando el esfuerzo suficiente para alcanzar un éxito de primer orden, si ese esfuerzo es acompañado y respaldado por la LEY DE LAS GANANCIAS CRECIENTES. Por ese motivo, te debes a ti mismo averiguar cómo puedes aplicar esta ley para sacarle el mayor partido.

Ahora, volvamos a esa pregunta, porque estoy decidido a no permitirte que la pases a la ligera, sin concederte el beneficio de, como mínimo, intentar responderla.

En otras palabras, no hay que pasar por alto el hecho de que estás enfrentándote a una pregunta que afecta a tu futuro de una forma crucial, y que harías mal en evadirla.

Puedes dejar de lado esta lección después de leerla sin intentar beneficiarte de ella, pero, si lo haces, nunca más podrás mirarte al espejo sin que te aceche la sensación de que... ¡te has engañado deliberadamente! Quizá esté diciendo la verdad de una forma poco diplomática, pero cuando compraste este curso de las LEYES DEL ÉXITO lo hiciste porque querías conocer la realidad, sin el adorno de las excusas, y la estás obteniendo.

Cuando hayas terminado esta lección, si vas hacia atrás y repasas las lecciones sobre la iniciativa y el liderazgo y sobre el entusiasmo, las entenderás mejor. Tanto esas lecciones como ésta establecen claramente la necesidad de tomar la iniciativa, seguida de una acción agresiva y de hacer más que aquello para lo que te pagan. Si haces arder los fundamentos de estas tres lecciones en tu conciencia, serás una persona distinta, y afirmo esto sin importar quién seas o a qué te dediques.

Si este lenguaje directo ha hecho que te enfades, me alegro, ¡pues ello indica que se te puede sacudir! Ahora bien, si quieres beneficiarte del consejo de alguien que ha cometido más errores que los que puedes haber cometido tú y, por esa razón, ha aprendido algunas de las verdades fundamentales de la vida, aprovecha este enfado y concéntralo en *ti* hasta que te impulse a prestar el servicio que eres capaz de dar. Si lo haces, puedes recoger el rescate de un rey como recompensa. Ahora, dirijamos nuestra atención hacia otra característica importante del hábito de prestar un servicio mayor y mejor que aquel para el que nos pagan; a saber, que podemos desarrollarlo sin tener que pedir permiso para hacerlo.

Un servicio así puede prestarse por iniciativa propia, sin el consentimiento de nadie. No tienes que consultar a las personas a las que se lo prestas, pues es un privilegio sobre el cual tienes control absoluto.

Hay muchas cosas que podrías hacer que tenderían a favorecer tus intereses, pero la mayoría de ellas requieren la cooperación o el consentimiento de otras personas. Si prestas un servicio menor que aquel para el que se te paga, debes hacerlo con el permiso de quien lo ha solicitado o, de lo contrario, tus servicios pronto dejarán de ser requeridos.

Quiero que captes todo el significado de este derecho de prerrogativa, el cual es tuyo, para prestar un servicio mayor y mejor que aquel para el que se te paga, pues esto coloca directamente sobre tus hombros la responsabilidad de brindarlo, y si no lo haces no tendrás ninguna excusa convincente que ofrecer ni un «pretexto» en el que apoyarte, si no consigues realizar tu claro objetivo principal en la vida.

Una de las verdades más esenciales, aunque las más duras, que he tenido que aprender es que cada persona debe ser su propio amo severo.

Todos somos buenos creadores de «pretextos» y de «excusas» para respaldar nuestras deficiencias.

No estamos buscando *los hechos* y *las verdades* tal como son, sino como desearíamos que fueran. Preferimos las palabras endulzadas de los elogios a las de la verdad fría e imparcial, que es donde está el punto más débil del hombre-animal. Además, nos levantamos en armas contra aquellos que se atreven a revelar la verdad para nuestro propio bien. Una de las conmociones más serias que recibí en la etapa inicial de mi carrera pública fue enterarme de que se sigue crucificando a la gente por el terrible crimen de decir la verdad. Recuerdo una experiencia que tuve hacia 1920 con un hombre que había escrito un libro en el que hacía publicidad de su escuela de comercio. Me entregó el libro, pidiéndome que lo revisara y le diera mi sincera opinión. Lo revisé con sumo cuidado y luego cumplí con mi deber de mostrarle dónde creía que estaban sus puntos débiles.

Ahí aprendí una gran lección, pues aquel hombre se enfadó tanto que nunca me perdonó que le hiciera ver su libro a través de mi mirada. Cuando me pidió que le dijera con franqueza cuál era mi «crítica», lo que en realidad pretendía era que yo le dijera lo que veía en él que pudiera «elogiar».

¡Eso es la naturaleza humana para ti! Buscamos la adulación más que la *verdad*. Lo sé, porque soy humano.

Todo esto es una preparación para «la cuchillada más cruel» que debo infligirte; esto es, sugerirte que las cosas no te han ido tan bien como cabía esperar porque no has aplicado en la medida suficiente la verdad expuesta en la octava lección, sobre el autocontrol, para hacerte responsable de tus propios errores y fallos. Para hacerlo hay que tener autocontrol, y en abundancia.

Si le pagaras cien dólares a una persona que tuviera la habilidad y el valor de hacerlo, para que te arrancara la vanidad, el engreimiento y el amor a los elogios a fin de que pudieras ver la parte más débil de tu carácter, el precio sería bastante razonable.

Vamos por la vida tropezando, cayendo y luchando hasta caer de rodillas, y volviendo a tropezar y a caer, evaluándonos, y cayendo, finalmente, en la derrota, principalmente porque olvidamos o directamente nos negamos a conocer la verdad sobre nosotros mismos.

Desde que he descubierto algunos de mis propios puntos débiles a través de mi trabajo ayudando a otras personas a descubrir los suyos, me sonrojo avergonzado cuando veo la vida en retrospectiva y pienso en lo ridículo que debo de haber parecido a los ojos de aquellos que podían verme como yo no quería hacerlo.

Nos paseamos ante las sombras alargadas de nuestra propia vanidad e imaginamos que son nuestro yo real, mientras que las pocas almas despiertas con las que nos encontramos están en el fondo y nos miran con lástima o con desdén.

¡Espera un momento! Todavía no he terminado contigo. Me has pagado para que investigue en las profundidades de tu verdadero yo y haga un inventario introspectivo de lo que hay allí, y voy a hacer mi trabajo bien hecho, en la medida de mis posibilidades.

No sólo te has estado engañando en cuanto a la verdadera causa de tus fracasos del pasado, sino que has intentado colgar esas causas en la puerta de otra persona.

Cuando las cosas no iban como tú querías, en lugar de aceptar la plena responsabilidad por la causa, decías: «¡Vaya trabajo! No me gusta como me tratan, ¡de modo que voy a dejarlo!». ¡No lo niegues!

Ahora, deja que te susurre un secreto al oído; un secreto que he tenido que extraer de aflicciones, penas y castigos innecesarios y muy duros:

En lugar de «dejar» el trabajo porque había obstáculos que dominar y dificultades que superar, deberías haberte enfrentado a la realidad, y entonces habrías sabido que la vida misma es simplemente una larga serie de superaciones de dificultades y obstáculos.

La medida de una persona se puede tomar con gran precisión viendo hasta qué punto se adapta a su entorno y es capaz de asumir la responsabilidad por todas las adversidades con las que se encuentra, tanto si éstas surgen de una causa que está bajo su control, como si no.

Todos los vendedores se beneficiarán recordando que nadie quiere algo de lo que otra persona se está intentando «deshacer».

Ahora bien, si sientes que te he «dado palos» con demasiada severidad, ten piedad de mí, compañero de viaje, pues seguramente sabrás que he tenido que castigarme a mí mismo más duramente de lo que te he castigado a ti, *antes de aprender la verdad que estoy transmitiéndote aquí para que la utilices y te guíe.*

Tengo pocos enemigos (¡afortunadamente para ellos!), porque han sido lo bastante vulgares y despiadados como para decir algunas cosas sobre mí que me *obligaron* a desprenderme de algunos de mis defectos más serios; principalmente aquellos que no sabía que poseía. Me he beneficiado de las críticas de esos enemigos sin tener que pagarles por sus servicios con dinero, aunque les he pagado de otras formas.

No obstante, no fue hasta hace algunos años cuando percibí algunos de mis defectos más notorios, los cuales captaron mi atención mientras estudiaba el ensayo de Emerson sobre la compensación, particularmente el siguiente fragmento:

Nuestra fuerza emana de nuestra debilidad. La indignación que se arma de fuerzas secretas no despierta hasta que nos pinchan, nos pican y nos disparan hiriéndonos gravemente. Un gran hombre siempre quiere ser pequeño. Mientras está sentado en el cojín de la ventaja, se queda dormido. Cuando lo empujan, lo atormentan y lo derrotan, tiene la oportunidad de aprender algo; tiene que hacer uso de su inteligencia, de su hombría; ha obtenido información, ha conocido su ignorancia; se ha curado de la enfermedad de la vanidad; consigue la moderación y verdadera habilidad. El hombre sabio siempre se lanza al lado de sus agresores. Le interesa más a él que a ellos encontrar su punto débil. La culpa es más segura que el elogio. Detesto que me defiendan en un periódico. Mientras todo lo que digan lo digan contra mí, siento una cierta seguridad de tener éxito. Pero en cuanto me dicen almibaradas palabras de elogio, me siento como alguien que está desprotegido frente a sus enemigos.

Estudia esto, la filosofía del inmortal Emerson, pues podría servirte como una fuerza modificadora que templará tu metal y te preparará para las batallas de la vida, como el carbón templa al acero.

Si eres una persona muy joven, necesitas estudiarla más aún, pues a menudo se requieren las duras realidades de muchos años de experiencia para prepararte a fin de asimilar y aplicar esta filosofía.

Es mejor que comprendas estas grandes verdades como consecuencia de la presentación poco diplomática que he hecho de ellas, que verte obligado a conocerlas a través de las no tan comprensivas fuentes de la fría experiencia. La experiencia es una maestra que no tiene favoritos. Cuando yo te permito beneficiarte de las verdades que he recogido de las enseñanzas de esa maestra fría y poco comprensiva llamada «experiencia», estoy esforzándome por mostrarte mi inclinación a ti, lo cual me hace recordar, en cierta medida, las épocas en que mi padre solía «cumplir con su deber» conmigo, en la leñera, comenzando siempre con esta muestra de su alentadora filosofía:

«Hijo, esto me duele a mí más que a ti».

* * *

Así, nos aproximamos al final de esta lección sin haber agotado las posibilidades del tema; mejor dicho, sin haber hecho más que arañar su superficie.

Me viene a la mente la historia de un libro muy antiguo, a través de la cual puedo transmitir a tu mente el significado principal de esta lección. Esta historia tuvo lugar en la ciudad de Antioquía, en la antigua Roma, hace dos mil años, cuando la gran ciudad de Jerusalén y toda la tierra de Judea estaban bajo los talones de Roma.

La figura principal de la historia era un joven judío llamado Ben-Hur, quien fue falsamente acusado de un crimen y sentenciado a trabajos forzados como remero en la galera. Encadenado a un banco en la nave y obligado a tirar cansadamente de los remos, Ben-Hur desarrolló un cuerpo fortísimo. Sus torturadores no sabían que de este castigo obtendría la fuerza con la que un día conseguiría su libertad. Quizá ni siquiera el propio Ben-Hur tuviera esa esperanza.

Entonces llegó el día de las carreras de carros romanos: el día que estaba destinado a que Ben-Hur dejara las cadenas que lo ataban a los remos y consiguiera su libertad.

Una pareja de caballos no tenía conductor. Desesperado, su propietario buscó la ayuda del joven esclavo por sus fuertes brazos y le rogó que ocupara el lugar del conductor ausente.

Cuando Ben-Hur cogió las riendas, un poderoso grito emergió de quienes lo observaban: «¡Mira! ¡Mira! ¡Qué brazos! ¿De donde los has sacado?», gritaron. A lo que Ben-Hur respondió: «¡De los remos de la galera!».

La carrera había empezado. Con esos fuertes brazos, Ben-Hur condujo serenamente ese par de enérgicos caballos a la victoria: una victoria que le hizo ganarse su libertad.

La vida misma es una carrera de carros, y la victoria sólo le llega a quienes han desarrollado la fuerza de carácter, la determinación y el poder de voluntad para ganar.

Lo que importa es que desarrollemos esta fuerza a través del cruel confinamiento en los remos de la galera, siempre y cuando la utilicemos para que nos traiga, finalmente, la victoria y la libertad.

Es una ley invariable que la fuerza surge de la resistencia. Si sentimos lástima del pobre herrero que manipula un martillo de más de dos kilos durante todo el día, también debemos admirar el maravilloso brazo que desarrolla al hacerlo.

... Debido a la constitución dual de todas las cosas, en el trabajo como en la vida, no puede haber ningún engaño –dice Emerson–. El ladrón se roba a sí mismo. El timador se tima a sí mismo. Porque el verdadero precio del trabajo es el conocimiento y la virtud, de los que la riqueza y el reconocimiento son señales. Las señales, al igual que el dinero, pueden ser falsificadas o robadas, pero aquello que representan –a saber, el conocimiento y la virtud– no pueden ser falsificados ni robados.

Henry Ford recibía semanalmente quince mil cartas de personas que le rogaban que les entregase una parte de su riqueza, pero qué pocas de estas almas ignorantes comprendían que la verdadera riqueza de Ford no se medía por los dólares que tenía en el banco, ni por las fábricas que poseía, sino por la *reputación* que se había ganado al brindar un servicio útil a un precio razonable.

¿Y cómo obtuvo esa *reputación*? Ciertamente, no fue prestando el menor servicio posible y cobrando por él *todo lo que pudiera sacar de sus clientes*.

La propia urdimbre y trama de la filosofía comercial de Ford es la siguiente: «*Dale a la gente el mejor producto al menor precio posible*».

Cuando otros fabricantes de automóviles suben sus precios, Ford los baja. Cuando otros empresarios bajan los sueldos, Ford los sube. ¿Qué ha ocurrido? Esta táctica ha hecho que la LEY DE LAS GANANCIAS CRECIENTES respalde a Ford de una forma tan eficaz que se ha convertido en el hombre más rico y más poderoso del mundo.

Ay, buscadores de riqueza necios y cortos de vista, que regresáis de la caza diaria con las manos vacías, ¿por qué no aprendéis la lección de hombres como Ford? ¿Por qué no invertís vuestra filosofía y *dais* para poder *recibir*?

¡Voy a terminar esta lección en Nochebuena! En la habitación que colinda con mi estudio, nuestros hijos están decorando su árbol de Navidad y el ritmo de sus voces es música para mis oídos. Están felices, no sólo porque esperan *recibir*, sino también por la razón más profunda de que han escondido los regalos que esperan *dar*.

Desde la ventana de mi estudio puedo ver a los hijos del vecino, mientras ellos, también, están preparando alegremente este maravilloso acontecimiento.

No hay hombres perezosos.
Lo que parece ser un hombre perezoso
es sólo una persona desafortunada
que no ha encontrado el trabajo
que mejor se le acomoda.

Por todo el mundo civilizado, millones de personas están preparándose para celebrar el nacimiento del Príncipe de la Paz, quien, más que cualquier otro hombre, expresó los motivos por los que es más deseable dar que recibir, y por qué la felicidad duradera no viene de *poseer* una riqueza material, sino de brindar un servicio a la humanidad.

Parece una extraña coincidencia que el final de esta lección en particular haya llegado en Nochebuena, aunque estoy feliz de que sea así, ya que esto me ha dado la justificación suficiente para recordarte que en ningún momento en toda la historia de la civilización se puede encontrar un apoyo a los fundamentos de esta lección mayor que el que podemos encontrar en el Sermón de la Montaña, en el evangelio de Mateo.

El cristianismo es una de las influencias más grandes y de mayor alcance actualmente en el mundo, y no tengo que disculparme por recordarte que los principios de la filosofía cristiana están en absoluta armonía con los fundamentos en los que se basa, mayormente, esta lección.

Mientras contemplo los rostros felices de los niños y observo a las multitudes presurosas de personas que hacen sus compras navideñas de último momento, todos ellos radiantes con el esplendor del espíritu de *dar*, no puedo evitar desear que todas las noches fueran Nochebuena, porque entonces éste sería un mundo mejor en el que la lucha por la subsistencia se reduciría al mínimo y el odio y las riñas estarían proscritos.

La vida, en el mejor de los casos, es sólo un breve período de años. Como una vela, se nos enciende, parpadeamos durante unos instantes y luego *¡nos apagamos!* Si nos hubiesen traído aquí con el propósito de acumular tesoros para usarlos en una vida que está más allá de la oscura sombra de la Muerte, ¿no es acaso posible que la mejor manera de reunir esos tesoros sea prestando todos los servicios posibles a todas las personas que podamos, con un espíritu de bondad y comprensión? Espero que estés de acuerdo con esta filosofía.

Esta lección debe finalizar aquí, pero no está *acabada*, en absoluto. Donde yo dejo la cadena del pensamiento, ahora es *tu deber* recogerla y desarrollarla a tu propia manera y para tu propio beneficio.

Por la naturaleza misma del tema de esta lección, nunca puede acabarse, pues nos conduce hacia el corazón de todas las actividades humanas. Su propósito es hacer que tomes los fundamentos en los que se basa y los uses como un estímulo que hará que tu mente se despliegue, y libere así las fuerzas latentes que son tuyas.

Esta lección no fue escrita con el propósito de enseñarte algo, sino que fue pensada como un medio para hacer que te enseñes a ti mismo una de las grandes verdades de la vida. Fue pensada como una fuente de educación, en el verdadero sentido de educir, extraer, desarrollar desde dentro esas fuerzas de la mente que están disponibles para que las utilices.

Cuando prestas el mejor servicio del que eres capaz, luchando cada vez por superar todos tus esfuerzos anteriores, estás haciendo uso de la forma más elevada de educación. Por lo tanto, cuando prestas un mayor y mejor servicio que aquel para el que te pagan, más que ningún otro, te estás beneficiando del esfuerzo.

La maestría en el campo laboral que has escogido sólo puede ser alcanzada mediante la realización de un servicio así. Por este motivo, debes hacer que esto forme parte de tu *claro objetivo principal* para procurar superar todas tus marcas anteriores en todo lo que hagas. Deja que sea parte de tus hábitos diarios y síguelo con la misma regularidad con que comes tus comidas.

Proponte brindar un servicio mayor y mejor que aquel para el que se te paga y hete aquí que, antes de que te des cuenta de lo que ha ocurrido, ¡descubrirás que EL MUNDO ESTÁ DISPUESTO A PAGARTE POR MÁS DE LO QUE HACES!

Un interés compuesto sobre un interés compuesto es la tarifa que se te pagará por ese servicio. Tú has de decidir por completo exactamente cómo tendrá lugar este aumento piramidal de ganancias.

Ahora bien, ¿qué vas a hacer con lo que has aprendido de esta lección? ¿Y cuándo? ¿Y cómo? ¿Y por qué? Esta lección no puede ser de ningún valor para ti a menos que te impulse a adoptar y utilizar los conocimientos que te ha ofrecido.

Siempre hay sitio para la persona

de la que se puede confiar

que entregará las mercancías

cuando dice que lo hará.

¡El conocimiento se convierte en PODER únicamente mediante su organización y su USO! No lo olvides.

Nunca podrás llegar a ser un líder si no haces más que aquello para lo que se te pagan, y no puedes llegar a tener éxito si no desarrollas el liderazgo en la ocupación que has elegido.

LA «MENTE MAESTRA»
Una charla con el autor después de la lección

Un poder que puede proporcionarte cualquier cosa que desees en este mundo.

El éxito se alcanza mediante la aplicación del poder. En la ilustración de la parte superior de esta página verás dos formas de poder. A la izquierda, verás el poder físico, producido por la naturaleza con ayuda de las gotas de lluvia organizadas que caen sobre las cataratas del Niágara. El hombre ha aprovechado esta forma de poder.

A la derecha verás otra forma de poder, mucho más intensa, producida mediante la coordinación *armoniosa* del pensamiento en las mentes de los hombres. Observa que la palabra «armoniosa» ha sido enfatizada. En esta imagen podemos ver a un grupo de hombres sentados en la mesa de reuniones de una oficina de negocios.

La poderosa figura que se eleva por encima del grupo representa a la «mente maestra», la cual puede crearse dondequiera que las personas unan sus mentes en un espíritu de perfecta armonía, con algún objetivo claro en perspectiva.

¡Estudia esta imagen! Explica el poder más grande que el ser humano ha conocido.

* * *

Con la ayuda de la mente, el hombre ha descubierto muchos datos interesantes acerca de la tierra en la que vive, sobre el aire y el éter que llenan el espacio infinito que lo rodea, y sobre los millones de otros planetas y cuerpos celestes que flotan en el espacio.

Con la ayuda de un pequeño invento mecánico (concebido por la MENTE) llamado «espectroscopio», el ser humano ha descubierto, a una distancia de 150 millones de kilómetros, la naturaleza de las sustancias de las que está hecho el sol.

Hemos pasado por la edad de piedra, la edad de hierro, la edad de cobre, la era del fanatismo religioso, la era de la investigación científica, la era industrial, y ahora entramos en la era del pensamiento.

De los restos de las edades bárbaras por las que ha pasado el ser humano, ha guardado una gran cantidad de material que es un buen alimento para el pensamiento. Aunque durante más de diez mil años se libró una batalla entre la ignorancia, la superstición y el miedo en un bando y la inteligencia en el otro, el hombre ha obtenido algunos conocimientos útiles.

Entre los fragmentos de conocimientos útiles que reunió, el hombre descubrió y clasificó los elementos químicos de que se compone la materia. Mediante el estudio, el análisis y la comparación, ha descubierto la «enormidad» de las cosas materiales en el universo tal como están representadas por los soles y las estrellas, algunos de los cuales son diez millones de veces más grandes que el planeta en que vive. Por otro lado, ha descubierto la «pequeñez» de las cosas al reducir la materia a moléculas, átomos y, finalmente, a la partícula más pequeña conocida: el electrón. Un átomo es tan inconcebiblemente diminuto, que un grano de arena contiene millones de átomos.

La molécula está hecha de átomos, los cuales se dice que son partículas de materia que giran unas alrededor de otras en un circuito continuo a la velocidad del rayo, de una manera muy similar a como la Tierra y otros planetas giran alrededor del Sol en un circuito infinito.

El átomo, a su vez, está formado por electrones que están en un constante y veloz movimiento; por lo tanto, se dice que en cada gota de agua y en cada grano de arena se reproduce el principio completo según el cual funciona todo el universo. ¡Qué maravilloso! ¡Qué estupendo! ¿Cómo sabemos que estas cosas son ciertas? Con la ayuda de la mente.

Puedes hacerte una ligera idea de la magnitud de todo ello la próxima vez que comas un bistec, recordando que, en un análisis final, ese bistec que está en tu plato y el plato mismo y la mesa en la que estás comiendo y los cubiertos que estás usando, están todos hechos del mismo material en última instancia.

En el mundo físico, tanto si uno contempla la estrella más grande que flota en el cielo o el más pequeño grano de arena que se pueda encontrar, el objeto observado no es sino una colección organizada de moléculas, átomos y electrones. (Un electrón es una forma de poder indivisible, hecha de un polo positivo y otro negativo.)

¡El hombre sabe mucho sobre la realidad física del universo! El próximo gran descubrimiento científico será el hecho, ya existente, de que cada cerebro humano es una estación emisora y receptora; que cada vibración de pensamiento liberada por el cerebro puede ser recogida e interpretada por todos los demás cerebros que están en armonía con ella, o «en sintonía» con la velocidad vibratoria del cerebro emisor.

* * *

¿Cómo adquirió el hombre los conocimientos que posee acerca de las leyes físicas de la tierra? ¿Cómo supo lo que ha ocurrido antes de su época y durante el período no civilizado? Reunió estos conocimientos al retroceder en las páginas de la Biblia de la naturaleza y al ver ahí pruebas irrecusables de millones de años de lucha entre animales de una inteligencia menor. Al ir hacia atrás en las grandes páginas de piedra, ha descubierto huesos, esqueletos, huellas y otras pruebas inequívocas que la madre naturaleza ha mantenido a lo largo de unos períodos de tiempo increíblemente prolongados para que él las pudiera inspeccionar.

Ahora el hombre está a punto de dirigir su atención a otra parte de la Biblia de la naturaleza: una en la que se ha escrito una historia de grandes esfuerzos mentales que ha tenido lugar en el ámbito del pensamiento. Esta página está representada por el éter ilimitado que ha recogido, y que todavía lleva, cada vibración de pensamiento que la mente del hombre ha liberado jamás.

Ningún ser humano ha podido modificar jamás esta gran página de la Biblia de la naturaleza. Sus registros son positivos y pronto podrán ser interpretados con claridad. No se ha permitido ninguna interpolación por parte del hombre. No puede haber ninguna duda de la autenticidad de la historia que está escrita en esta página.

Gracias a la educación (en el sentido de desplegar, educir, extraer, desarrollar dentro de la mente humana), ahora la Biblia de la naturaleza está siendo interpretada. La historia de la larga y peligrosa lucha ascendente del ser humano está escrita en las páginas de esta Biblia, que es la más grande de todas.

Todo aquel que haya dominado parcialmente los seis miedos básicos descritos en otra de las «charlas» del autor en esta serie, y que haya conquistado la superstición y la ignorancia, puede leer lo que ha quedado registrado en la Biblia de la naturaleza. A todos los demás, este privilegio les está negado. Por este motivo, probablemente, hoy en día sean muy pocas las personas en el mundo entero que se encuentren siquiera en el primer nivel en lo que respecta a la lectura de esta Biblia.

Es probable que todavía sean menos las personas que sepan algo o hayan oído hablar alguna vez acerca de la química de la mente, a través de la cual, dos o más mentes...

Puedan combinarse, en un espíritu de perfecta armonía, de manera tal que nazca una tercera mente que posea la capacidad sobrehumana de leer la historia de la vibración del pensamiento tal como ha sido escrita y como existe actualmente en los registros imperecederos del éter.

El recientemente descubierto principio de la radio ha cerrado las bocas de los incrédulos y ha hecho que los científicos se dirijan a toda prisa hacia nuevos campos de experimentación. Cuando emerjan de este campo de investigación, nos demostrarán que comparar la mente tal como la entendemos hoy en día con la mente del mañana es casi como comparar la inteligencia de un renacuajo con la de un profesor de biología que conoce a fondo toda la vida animal, desde la ameba hasta el hombre.

Vamos a hacer una breve visita a algunos de los hombres poderosos que en la actualidad viven y que están haciendo uso del poder creador mediante la combinación de dos o más mentes en un espíritu de armonía.

Empezaremos con tres hombres muy conocidos, de los que se sabe que son muy exitosos en sus respectivos campos de trabajo. Sus nombres son Henry Ford, Thomas A. Edison y Harvey Firestone.

De los tres, Henry Ford es el más poderoso, pues tiene relación con el poder económico. El señor Ford es actualmente el hombre vivo más poderoso del mundo, y se cree que es el más poderoso que ha existido jamás. Tan grande es su poder, que puede tener cualquier cosa física que desee, o su equivalente. Para él, millones de dólares no son más que juguetes, y no son más difíciles de adquirir que los granos de arena con los que un niño construye túneles.

El señor Edison tiene una percepción tan aguda de la Biblia de la madre naturaleza, que ha aprovechado y combinado, para el bien del hombre, más leyes naturales que cualquier otra persona que haya existido jamás. Fue él quien unió la punta de una aguja y un trozo de cera de manera tal que pudieran registrar y conservar la voz humana. Fue el primero que hizo que el relámpago sirviera para iluminar nuestras casas y calles, con la ayuda de la luz incandescente. Fue él quien consiguió que la cámara registrara y produjera todo tipo de movimientos, mediante el moderno aparato de la imagen en movimiento.

El éxito industrial del señor Firestone es tan conocido que no requiere ningún comentario. Él ha hecho que los dólares se multipliquen tan rápidamente que su nombre se ha vuelto conocidísimo dondequiera que se maneje automóviles.

Estos tres hombres iniciaron sus negocios y sus carreras profesionales sin ningún capital y una formación (de ésa que suele llamarse «educación») muy limitada.

Quizá los inicios del señor Ford fuesen, con mucho, los más humildes de los tres. Víctima de la pobreza, atrasado por la falta de la formación más elemental de educación y con la desventaja de ser ignorante en muchos sentidos, ha dominado todas estas cosas en el período, inconcebiblemente corto, de veinticinco años.

Así se podrían describir brevemente los logros de tres conocidos y exitosos hombres de poder. ¡Pero sólo hemos estado hablando de los efectos! El verdadero filósofo desea conocer algo acerca de la causa que produjo tales efectos deseables.

Es de conocimiento público que los señores Ford, Edison y Firestone son amigos íntimos y que se retiran al bosque una vez al año para tener un período de recuperación y descanso.

Pero, por lo general, no se sabe (y es posible que estos tres hombres tampoco lo sepan)...

Que entre ellos existe un vínculo de armonía, a partir del cual se ha desarrollado una «mente maestra» que todos ellos utilizan. Una mente de habilidades sobrehumanas que tiene la capacidad de «sintonizar» con fuerzas que la mayoría de personas no conoce en medida alguna.

Repitamos la afirmación de que, a partir de la combinación y la armonización de dos o más mentes (aparentemente, el número más favorable es el de doce o trece), se puede producir una mente con la capacidad de «sintonizar» con las vibraciones del éter y de recoger de dicha fuente pensamientos afines sobre cualquier tema.

Por el principio de la armonía de las mentes, Ford, Edison y Firestone han creado una «mente maestra» que ahora complementa los esfuerzos de cada uno de ellos, y tanto si son conscientes de ello como si no, esta «mente maestra» es la causa del éxito de cada uno de ellos.

No hay ninguna otra respuesta a su adquisición de un gran poder y al éxito de gran alcance que han tenido en sus respectivos ámbitos laborales, y esto es cierto a pesar de que posiblemente ninguno de ellos sea consciente del poder que ha creado o de la forma en que lo ha hecho.

En la ciudad de Chicago viven seis hombres poderosos conocidos como los «Seis Grandes». Se dice que forman el grupo de hombres más poderoso del medio oeste y que la suma de sus ingresos alcanza un total de más de veinticinco millones de dólares anuales.

Cada uno de los miembros del grupo empezó en unas circunstancias de lo más humildes. Sus nombres son:

1. WM. WRIGLEY, hijo, propietario de la empresa de chicles Wrigley y cuyos ingresos, según dicen, son de más de quince millones de dólares anuales;

2. JOHN R. THOMPSON, propietario de la cadena Thompson de restaurantes de autoservicio extendida por todo el país;

3. El señor LASKER, propietario de la agencia de publicidad Lord & Thomas;

4. El señor McCULLOUGH, propietario de la mayor empresa de servicio urgente en el mundo;

5. Y los señores RITCHIE y HERTZ, propietarios de la empresa nacional de taxis Yellow Taxicab.

Por regla general, no hay nada sorprendente en un hombre que no hace otra cosa que convertirse en un millonario. Sin embargo, hay algo más que sorprendente relacionado con el éxito económico de estos millonarios en particular, pues se sabe que existe un vínculo de amistad entre ellos, a partir del cual se ha desarrollado el estado de armonía que produce una «mente maestra».

Estos seis hombres, accidental o intencionadamente, han combinado sus mentes de tal manera que la mente de cada uno de ellos ha sido complementada por un poder sobrehumano conocido como la «mente maestra», y dicha mente le ha aportado a cada uno de ellos más ganancias mundanas que las que cualquier persona podría utilizar con provecho.

La ley según la cual funciona el principio de la «mente maestra» fue descubierta por Cristo cuando se rodeó de sus doce discípulos y creó el primer «club de trece» en el mundo.

A pesar de que uno de los trece (Judas) rompió la cadena de armonía, durante el período armónico inicial se sembraron suficientes semillas para asegurar la continuación de la filosofía más grande y de mayor alcance conocida por los habitantes de la tierra.

Muchos millones de personas creen poseer la SABIDURÍA. Muchas de ellas sí la poseen, en ciertos niveles elementales, pero nadie puede tener una verdadera sabiduría sin la ayuda del poder conocido como la «mente maestra», y una mente así no puede ser creada si no es a través del principio de combinar dos o más mentes en armonía.

A lo largo de varios años de experimentación práctica, se ha descubierto que trece mentes, si se combinan en un espíritu de perfecta armonía, producen los resultados más prácticos.

Sobre este principio, consciente o inconscientemente, se fundan todos los grandes éxitos industriales y comerciales que tanto abundan en estos tiempos.

La palabra «fusión» se está convirtiendo en una de las más populares en el vocabulario periodístico, porque difícilmente pasa un día sin que uno lea acerca de alguna gran fusión industrial, comercial, financiera o ferroviaria. Lentamente, el mundo está empezando a aprender (sólo en unas pocas mentes) que a través de la alianza y la cooperación amistosas se puede desarrollar un gran poder.

Las iniciativas comerciales, industriales y financieras que tienen éxito son aquellas que están dirigidas por líderes que aplican, sabiéndolo o no, este principio de esfuerzos coordinados que se describe en este artículo. Si quieres ser un gran líder en cualquier actividad, rodéate de otras mentes que puedan combinarse en un espíritu de cooperación de manera tal que puedan funcionar como una.

Si eres capaz de comprender este principio y aplicarlo, puedes tener, con tus esfuerzos, ¡cualquier cosa que desees en este mundo!

Me gusta ver a un hombre orgulloso de su país,

y me gusta verlo vivir de manera tal

que su país esté orgulloso de él.

LINCOLN

LAS LEYES DEL ÉXITO

Décima lección

UNA PERSONALIDAD AGRADABLE

«¡Puedes hacerlo si crees que puedes!»

¿Qué es una *personalidad* ATRACTIVA? Obviamente, la respuesta es: *una personalidad que atrae*. Pero, ¿qué es lo que *hace* que una personalidad atraiga? Procedamos a averiguarlo. *Tu* personalidad es la suma total de las características y apariencias que te distinguen de todos los demás. La ropa que usas, las arrugas de tu rostro, el tono de tu voz, los pensamientos que albergas, el carácter que has desarrollado mediante esos pensamientos; todo ello forma parte de tu *personalidad*. El que resulte atractiva o no, es otro tema.

Con diferencia, el aspecto más importante de tu *personalidad* es el que está representado por tu carácter y, por lo tanto, no es visible. El estilo de tu ropa y su conveniencia constituyen, indudablemente, una parte muy importante de tu personalidad, pues es cierto que la gente se forma una primera impresión de ti a partir de tu apariencia externa.

Incluso tu forma de dar la mano es una parte importante de tu *personalidad*, y contribuye enormemente a atraer o repeler a las personas a las que saludas, pero ése es un arte que se puede cultivar.

La expresión de tu mirada también forma una parte importante de tu *personalidad*, porque algunas personas, y son más de lo que uno se imagina, son capaces de ver a través de tus ojos, penetrando en tu corazón y viendo aquello que está escrito allí por la naturaleza de tus pensamientos más secretos.

La vitalidad de tu cuerpo (a veces denominada «magnetismo personal») también constituye una parte importante de tu *personalidad*.

Los empresarios siempre están buscando a alguien

que haga mejor cualquier tipo de trabajo,

ya sea hacer un paquete, escribir una carta

o cerrar una venta.

Procedamos ahora a organizar esos medios externos a través de los cuales se expresa nuestra *personalidad*, de manera tal que *atraigan*, en lugar de provocar rechazo. Existe una manera de expresar la composición de tu *personalidad* de manera que *siempre atraiga*, aunque carezcas de todo atractivo, y es la siguiente: *Interesándote profunda y sinceramente en el «juego» de la otra persona en la vida.*

Permíteme que ilustre exactamente lo que quiero decir, relatando un incidente que tuvo lugar hace algunos años y del que aprendí una lección sobre *la maestría del arte de vender.*

Un día, una anciana pasó por mi oficina y me dejó su tarjeta con un mensaje que decía que *debía verme personalmente.* No hubo forma de que las secretarias le sonsacaran la razón de su visita, de modo que concluí que debía de ser alguna pobre alma que quería venderme un libro, y quizá porque me recordó a mi madre, decidí salir al recibidor y comprar su libro, fuese lo que fuese.

Sigue cada detalle de este relato atentamente, porque tú también podrás aprender una lección sobre el arte de vender.

Mientras caminaba por el pasillo desde mi despacho privado, esta anciana, que estaba de pie justo fuera de la barandilla que conducía hacia la sala de espera principal, comenzó a sonreír. Había visto a mucha gente sonreír, pero nunca antes había visto a nadie sonreír con tanta dulzura como esta señora. Era una de esas sonrisas contagiosas, porque capté su espíritu y yo también acabé haciéndolo.

Cuando llegué a la barandilla, la anciana extendió su mano. Ahora bien, como regla general, no soy demasiado amistoso la primera vez que veo a una persona que pasa por mi oficina, y el motivo es que resulta demasiado difícil decir que «no» si el visitante me pide algo que no deseo hacer.

No obstante, esta querida anciana parecía tan dulcemente inocente e inofensiva que le extendí mi mano y ella me la dio, con lo cual descubrí que no sólo tenía una sonrisa atractiva, sino que también daba la mano de una forma magnética. Sostuvo mi mano con firmeza, pero no demasiada, y la forma misma en que lo hizo transmitió a mi cerebro el pensamiento de que era ella quien me estaba concediendo un honor. Me hizo sentir que la hacía real y verdaderamente feliz darme la mano, y creo que lo estaba. Creo que daba la mano también con el corazón…

He dado la mano a varios miles de personas durante mi carrera pública, pero no recuerdo habérsela dado a nadie que comprendiera el arte de hacerlo tan bien como esta anciana. En cuanto me tocó la mano pude sentir que me «deslizaba», y supe que ella conseguiría cualquier cosa que se hubiera propuesto con su visita, y que yo la ayudaría y la apoyaría todo lo que pudiera para ese fin.

En otras palabras, aquella sonrisa penetrante y aquel apretón de manos me habían desarmado y me habían convertido en una «víctima voluntaria». Con un único contacto, esta anciana me había despojado de esa falsa coraza en cuyo interior me introduzco cuando viene alguien a venderme, o a intentar venderme, aquello que no deseo. Volviendo a una expresión que has encontrado con frecuencia en lecciones anteriores de este curso, esta amable visitante había «neutralizado» mi mente y había conseguido que yo quisiera escuchar.

Ah, pero he aquí el punto de tropiezo en el que la mayoría de vendedores cae y se rompe el cuello, figurativamente hablando, pues es tan inútil intentar venderle a alguien antes de conseguir que *quiera* escucharte, como ordenarle a la Tierra que deje de rotar.

Fíjate en lo bien que utilizó esta anciana una sonrisa y un apretón de manos como herramientas para abrir la ventana que conducía a mi corazón; pero aún no he narrado la parte más importante del encuentro.

... lenta y conscientemente, como si tuviera todo el tiempo del universo (y, según creo, lo tenía en ese momento), la anciana comenzó a cristalizar el primer paso de su victoria en una realidad, diciendo: «Sólo he venido a decirle (aquí hubo lo que a mí me pareció una larga pausa) que creo que está usted haciendo el trabajo más maravilloso que cualquier hombre podría hacer hoy en el mundo».

Cada una de sus palabras era enfatizada con un suave, pero firme, apretón de mi mano, y ella me miraba directamente a los ojos y al interior de mi corazón mientras hablaba. Cuando recuperé la conciencia (porque entre mis ayudantes llegó a ser un chiste que yo me había desmayado del todo), alargué la mano y abrí el pequeño pestillo secreto que cerraba la barandilla y dije: «Pase, querida señora; pase a mi despacho privado», y con una inclinación galante que habría honrado a los caballeros de antaño, le rogué que entrara y se «sentara un rato».

Mientras la dama entraba a mi despacho privado, le indiqué que tomara asiento en la gran silla cómoda que estaba detrás de mi escritorio, mientras yo lo hacía en la pequeña silla dura que, en circunstancias normales, habría usado como medio para disuadirla de quitarme demasiado tiempo.

Durante tres cuartos de hora, escuché una de las conversaciones más brillantes y encantadoras que he oído jamás, y mi visitante era la que llevaba *toda* la charla. Desde el principio, había tomado la iniciativa y, hasta el final de esos primeros tres cuartos de hora, no encontró ninguna inclinación por mi parte a desafiar su derecho a hacerlo. Repito, por si no lo has acabado de entender: ¡Yo estaba escuchando de buena gana!

Ahora viene la parte de la historia que haría que me sonrojase de vergüenza, de no ser por el hecho de que me separan de ti las páginas de este libro, pero debo reunir el valor para narrarla porque, si no lo hiciera, todo el incidente perdería su importancia.

Como he dicho, mi visitante me hipnotizó con una conversación brillante y cautivadora durante tres cuartos de hora. Pero, ¿de qué crees que me habló durante todo ese tiempo? ¡No! Te equivocas. No estaba intentando venderme un libro, y no utilizó ni una sola vez el pronombre «yo». No obstante, no sólo estaba *intentando* venderme algo, sino que realmente me lo *estaba vendiendo*, y *ese algo era yo*.

En cuanto se hubo sentado en la gran silla acolchada, abrió un paquete que yo había creído, erróneamente, que contenía el libro que me había venido a vender. Efectivamente, dentro había un libro; de hecho, había varios, pues la anciana tenía el archivo de un año entero de la revista que yo dirigía en aquella época (*Hill's Golden Rule*). Comenzó a pasar las páginas y a leer algunas partes que había señalado aquí y allí, asegurándome, mientras lo hacía, que siempre había creído en la filosofía que estaba detrás de lo que estaba leyendo.

Entonces, cuando me encontraba en un estado de absoluto trance, y totalmente receptivo, mi visitante llevó tácticamente la conversación hacia el tema que, sospecho, tenía pensado comentar conmigo mucho antes de presentarse en mi oficina. Pero —y éste es otro punto en el que la mayoría de vendedores tropieza— si la anciana hubiese invertido el orden de su conversación y hubiese comenzado donde terminó, lo más probable es que nunca habría tenido la oportunidad de sentarse en esa silla grande y cómoda.

Durante los últimos tres minutos de su visita, dejó caer hábilmente los méritos de unos valores que estaba vendiendo. No me pidió que los comprara, pero el modo en que me habló de los méritos de esos valores (además de la forma en que me había hablado de un modo impresionante de los méritos de mi propio «juego») tuvo el efecto de hacer que yo quisiera comprarlos y, aunque no se los compré, ella hizo una venta, porque cogí el teléfono y se la presenté a un hombre a quien, más tarde, le vendió más de cinco veces la cantidad que tenía intención de venderme a mí.

Si esa misma mujer, u otra, o un hombre, con el mismo tacto y la misma *personalidad* que ella tenía, me vinieran a visitar, volvería a sentarme y a escuchar durante tres cuartos de hora.

Somos humanos, ¡y, quien más quien menos, todos somos vanidosos! Todos nos parecemos en esto: estamos dispuestos a escuchar con intenso interés a quienes tienen el tacto de hablarnos de aquello que está más cerca de nuestro corazón, y luego, por un sentido de reciprocidad, también escuchamos con interés cuando la persona finalmente lleva la conversación hacia un tema que está más cerca del suyo. Y, al final, no sólo «firmamos sobre la línea punteada», sino que además decimos: «¡*Qué maravillosa personalidad!*».

Hace unos años, me encontraba en la ciudad de Chicago dirigiendo una escuela de ventas para una casa de valores que empleaba a más de mil quinientos vendedores. Para mantener llenas las filas de esa gran organización, teníamos que formar y contratar a 600 nuevos vendedores cada semana. De los miles de hombres y mujeres que pasaron por esa escuela, sólo hubo un hombre que comprendió la importancia del principio que estoy describiendo aquí la primera vez que escuchó su análisis.

Este hombre nunca había intentado vender valores y cuando entró en la clase del arte de vender admitió sinceramente que no era un vendedor; veamos si lo era o no.

Cuando hubo terminado su formación, a uno de los vendedores «estrella» se le ocurrió gastarle una broma, pareciéndole que era una persona crédula que aceptaría todo lo que oyera. De modo que le proporcionó un «dato» interno acerca de dónde podría vender más valores sin grandes esfuerzos. También le dijo que él mismo haría la venta, pero el hombre al que mencionó como un probable comprador era un artista corriente con el que no quería perder su tiempo, pues compraría con suma facilidad.

El vendedor novato estuvo encantado de recibir este «dato» y, sin dilación, salió a hacer la venta. En cuanto salió de la oficina, la «estrella» reunió a las otras «estrellas» y las puso al corriente de la broma, pues en realidad el artista era un hombre muy rico y la propia «estrella» había pasado casi un mes entero intentando hacerle una venta, sin éxito. Entonces se supo que todos los demás de ese grupo en particular habían visitado al mismo artista, sin conseguir interesarlo. El vendedor novato se había marchado hacía aproximadamente una hora y media, y cuando regresó encontró a las «estrellas» esperándolo con sonrisas en sus rostros.

Si lo has intentado y te has encontrado con la derrota, si has hecho planes y has visto cómo se derrumbaban ante tus ojos, simplemente recuerda que los más grandes de la historia fueron producto del valor y, como sabes, el valor nace en la cuna de la adversidad.

Para su sorpresa, el vendedor novato también llevaba una amplia sonrisa en el rostro. Las «estrellas» se miraron inquisitivamente, pues no esperaban que este hombre inexperto llegara de tan buen humor. «Bueno, ¿le hiciste una venta a tu hombre?», inquirió el creador de la «broma». «Por supuesto, replicó el principiante, y descubrí que ese artista era todo lo que me habías dicho: un perfecto caballero y un hombre muy interesante». Buscando en su bolsillo, extrajo una solicitud y un cheque por dos mil dólares. Las «estrellas» quisieron saber cómo lo había hecho.

«Bueno, no fue difícil», replicó el vendedor novato. «Simplemente entré y le hablé durante unos minutos, y él mismo sacó el tema de los valores y dijo que quería comprar. Por lo tanto, en realidad yo no le vendí nada: él compró voluntariamente.»

Cuando oí hablar de esta venta, mandé llamar al vendedor novato y le pedí que me describiera, en detalle, exactamente cómo la había hecho. La relataré tal como me la contó él.

Cuando llegó al estudio del artista, lo encontró trabajando en un cuadro. Tan absorto estaba, que no vio entrar al vendedor, de modo que éste se acercó para poder ver la pintura y se quedó mirando, sin decir ni una palabra.

Finalmente, el artista lo vio. Entonces el vendedor se disculpó por la intrusión y empezó a hablar... *¡sobre el cuadro que el artista estaba pintando!* Sabía lo suficiente de arte como para poder comentar los méritos de la obra con una cierta inteligencia, y realmente estaba interesado en el tema. Le gustó el cuadro y se lo dijo francamente al artista, lo cual, por supuesto, *¡hizo que el artista se enfadara mucho!*

Durante casi una hora, estos dos hombres hablaron únicamente de arte, particularmente de la pintura que estaba en el caballete. Finalmente, el artista le preguntó al vendedor cuál era su nombre y su trabajo, y el *vendedor* (sí, el *maestro* vendedor) replicó: «No importa cuál es mi trabajo o mi nombre; me interesa más *usted y su arte*». El rostro del artista resplandeció con una sonrisa de alegría. Esas palabras fueron como dulce música para sus oídos. Pero, para no quedar en menos que su educado visitante, insistió en saber cuál era el motivo que lo había llevado a su estudio.

Entonces, con una perfecta reticencia, este *maestro vendedor* —esta auténtica «estrella»— se presentó y contó cuál era su tarea. Brevemente, describió los valores que estaba vendiendo, y el artista *escuchó como si disfrutara de cada palabra pronunciada.* Cuando el vendedor hubo acabado, el artista le dijo:

«¡Bueno, bueno! He sido muy estúpido. Otros vendedores de su empresa han estado aquí intentando venderme algunos de esos valores, pero no hablaban más que de negocios. De hecho, me irritaban tanto que tuve que pedirle a uno de ellos que se marchara. A ver, ¿cuál era el nombre de ese tipo? Ah, sí, era el señor Perkins». (Perkins era la «estrella» que había pergeñado esta inteligente broma al vendedor novato.) «Pero usted presenta el tema de una forma tan distinta, que ahora veo lo necio que he sido, y quiero que me permita tener dos mil dólares en esos valores.»

Piensa en ello: *«Usted presenta el tema de una forma tan distinta».* Y, ¿por qué presentaba este vendedor novato el tema de una forma tan distinta? Voy a plantear la pregunta de otra manera: ¿Qué es lo que este *maestro vendedor* le vendió realmente al artista? ¿Le vendió valores? *¡No! Le vendió su propio cuadro: el que estaba pintando en su lienzo.*

Los valores no fueron más que un incidente. No pases por alto este punto. Ese maestro vendedor había recordado la historia de la anciana que me entretuvo durante tres cuartos de hora hablando de aquello que estaba más cerca de mi corazón. Le había impresionado tanto, que había decidido estudiar a sus potenciales compradores y averiguar qué era lo que más les interesaba, para poder hablar sobre el tema con ellos.

Prefiero empezar desde abajo y ascender hasta la cima que empezar en la cima y tener que permanecer allí.

Este vendedor novato ganó 7.900 dólares en comisiones durante el primer mes de trabajo en este campo, con una diferencia respecto al siguiente de más del doble. La tragedia de ello es que ni una sola persona, en toda una organización de 1.500 vendedores, se tomó la molestia de averiguar *cómo y por qué* él se había convertido en la verdadera «estrella» de la organización, algo que creo que justifica plenamente la reprimenda un tanto mordaz sugerida en la novena lección, con la cual es posible que te hayas ofendido.

Un Carnegie, un Rockefeller, un James J. Hill o un Marshall Field han hecho una fortuna mediante la aplicación de los mismos principios que están a disposición de todos nosotros, pero envidiamos su riqueza sin que se nos ocurra jamás estudiar su filosofía y apropiárnosla para nuestro propio uso.

Vemos a la persona de éxito en el momento de su triunfo y nos preguntamos cómo lo ha conseguido, pero pasamos por alto la importancia de analizar sus métodos y nos olvidamos del precio que tuvo que pagar en la preparación cuidadosa y bien organizada que debió realizar para poder recoger los frutos de sus esfuerzos.

A lo largo de este curso sobre las LEYES DEL ÉXITO, no verás ni un solo principio nuevo: cada uno de ellos es tan antiguo como la propia civilización, pero encontrarás a muy pocas personas que comprendan cómo aplicarlo.

La persona que vendió esos valores al artista no sólo era un *maestro vendedor*, sino también un hombre con una *personalidad atractiva*. Su aspecto no era gran cosa, y quizá ésa fuera la razón por la cual la «estrella» tuvo la idea de gastarle una broma cruel (?), pero incluso una persona poco atractiva puede tener una *personalidad muy atractiva* a ojos de aquellos cuya obra ha elogiado.

Ciertamente, hay quienes entienden equivocadamente el principio que estoy intentando aclarar aquí, pues llegan a la conclusión de que cualquier tipo de halago barato ocupará el lugar de un *genuino interés sentido*. Espero que *tú* no seas uno de ellos. Espero que seas uno de los que comprenden la verdadera psicología en que se basa esta lección, y que te propongas estudiar a otras personas con suficiente detenimiento como para encontrar en ellas, o en su trabajo, algo que *realmente* admires. Sólo así puedes desarrollar una personalidad que será *irresistiblemente* atractiva.

Los elogios baratos tienen exactamente el efecto contrario a crear una personalidad atractiva. Causan rechazo en lugar de atraer. Son tan superficiales que incluso los ignorantes los detectan fácilmente.

Quizá hayas observado –y si no es así, quiero que lo hagas– que esta lección subraya enormemente la importancia de proponerte interesarte intensamente en los demás y en su trabajo, negocio o profesión. *Este énfasis no es, en modo alguno, una casualidad.*

Verás rápidamente que los principios en los que se basa esta lección están estrechamente relacionados con aquellos que constituyen las bases de la sexta lección, que trata sobre la imaginación. Además, observarás que esta lección se basa en unos principios generales casi idénticos a aquellos que forman la parte más importante de la decimotercera lección, que trata sobre la cooperación.

Presentaré aquí algunas sugerencias muy prácticas sobre cómo las LEYES DE LA IMAGINACIÓN, LA COOPERACIÓN Y UNA PERSONALIDAD AGRADABLE pueden combinarse o coordinarse con fines beneficiosos a través de la creación de ideas útiles.

Todo pensador sabe que las «ideas» son el principio de cualquier éxito. Sin embargo, la pregunta que se plantea con más frecuencia es: «¿Cómo puedo aprender a crear ideas que me hagan ganar dinero?».

Responderemos a esta pregunta en parte en esta lección sugiriendo algunas ideas nuevas; cualesquiera pueden ser desarrolladas y resultar muy lucrativas, prácticamente para cualquier persona y en prácticamente cualquier lugar.

Ejemplo número uno

La guerra mundial dejó Alemania sin su enorme comercio de juguetes. Antes de la guerra, comprábamos la mayoría de nuestros juguetes a aquel país, pero probablemente no volveremos a comprárselos a los fabricantes alemanes durante esta época, o quizá hasta dentro de mucho tiempo.

No sólo en Estados Unidos, sino también en otros países, hay una gran demanda de juguetes. Nuestro único competidor es el Japón, y sus juguetes son de tan mala calidad que su competencia no es significativa.

Pero te preguntarás: ¿qué tipo de juguetes debo fabricar y dónde conseguiré el capital para sacar adelante el negocio? En primer lugar, debes ir a ver a algún comerciante de juguetes de tu localidad y averiguar exactamente qué tipo de juguetes son los que se venden con mayor rapidez. Si no te sientes capacitado para realizar mejoras en algunos de los juguetes que actualmente están en el mercado, pon un anuncio pidiendo a un inventor que tenga «una idea para un juguete vendible» y pronto encontrarás al genio mecánico que te proporcionará el eslabón que falta en tu iniciativa. Pídele que te diseñe un modelo de lo que tú quieres que funcione, luego llévalo a un pequeño fabricante, a un carpintero, un taller, o algo por el estilo, y encarga la fabricación de tus juguetes. Ahora que ya sabes exactamente lo que costará tu juguete, estás preparado para ir a ver a algún gran intermediario, vendedor al por mayor o distribuidor, y organizar la venta de la totalidad del producto.

Si eres un vendedor hábil, puedes financiar todo tu proyecto con la pequeña cantidad necesaria para poner el anuncio con que conseguir al inventor. Cuando lo encuentres, probablemente podrás pactar con él que diseñe un modelo para ti en su tiempo libre, al anochecer, si le prometes que le darás un trabajo mejor cuando ya estés fabricando tus propios juguetes. Probablemente, él permitirá que te tomes todo el tiempo que necesites para pagarle por su trabajo, o quizá lo haga a cambio de un porcentaje del negocio.

Puedes conseguir que el fabricante de tus juguetes acepte cobrar su dinero cuando la empresa a la que se los vendas te pague y, si es necesario, puedes cederle las facturas por los juguetes vendidos y permitir que reciba el dinero directamente. Ciertamente, si tienes una personalidad insólitamente agradable y convincente, y una habilidad organizativa considerable, podrás llevarle el modelo de tu juguete a alguna persona con medios y conseguir el capital para realizar tu propia fabricación a cambio de un porcentaje del negocio.

Si quieres saber qué es lo que vende, observa a un grupo de niños jugando, estudia lo que les gusta y lo que les disgusta y averigua qué les divierte. Probablemente se te ocurrirá alguna idea de base para crear tu juguete. ¡No hace falta ser un genio para inventar! Lo único que se necesita es sentido común. Simplemente averigua qué es lo que la gente quiere y luego prodúcelo. Hazlo bien, mejor que nadie, y dale un toque de individualidad. Haz que sea distinto.

Es mejor, y mucho más fácil,

ser un gran hombre en una ciudad pequeña que ser

un hombre pequeño en una gran ciudad.

Gastamos millones de dólares anualmente en juguetes para entretener a nuestros hijos. Consigue que tu nuevo juguete sea útil, al tiempo que interesante. Si es posible, que sea educativo. Si entretiene y al mismo tiempo enseña, se venderá rápidamente y vivirá para siempre. Si tu juguete tiene la forma de un juego, haz que le enseñe al niño algo sobre el mundo en el que vive, sobre geografía, aritmética, inglés, fisiología... O, mejor aún, fabrica un juguete que logre que el niño corra, salte o haga algún tipo de ejercicio. A los niños les encanta moverse y eso es beneficioso para ellos, especialmente cuando están estimulados por un motivo lúdico. Un juego de béisbol para interiores se vendería muy bien, especialmente en las ciudades. Desarrolla un sistema para que la pelota esté sujeta a una cuerda que pueda suspenderse del techo, de manera que el niño pueda lanzarla contra la pared y luego apartarse y golpearla con el bate cuando rebote. En otras palabras: un juego de béisbol unipersonal.

Ejemplo número dos

Este plan interesará únicamente al hombre o la mujer seguros de sí mismos y con la ambición de «correr el riesgo» de obtener grandes ingresos (lo cual, se podría añadir, no le ocurre a la mayoría de la gente).

Ésta es una sugerencia que podrían poner en funcionamiento eficazmente al menos cuarenta o cincuenta personas en todas las grandes ciudades de Estados Unidos, y un número más reducido en las ciudades más pequeñas.

Lo que se pretende es que el hombre o la mujer pueda escribir, o aprender a escribir, material para publicidad, literatura de ventas, recordatorios y cosas por el estilo, utilizando la habilidad para redactar que supondremos que posee.

Para hacer un uso práctico y rentable de esta sugerencia, necesitarás la cooperación de una buena agencia de publicidad y entre una y cinco empresas o personas que encarguen la publicidad suficiente para garantizar que sus fondos pasen por la agencia.

En primer lugar, deberías ir a la agencia y acordar con ésta que te emplee y te pague un siete por ciento de las ganancias de todas las cuentas que le traigas. Este porcentaje te compensará por conseguir la cuenta, escribir el material y servir al cliente de otras maneras en el manejo de sus gastos de publicidad. Cualquier agencia fiable estará encantada de darte este porcentaje por todos los negocios que haga gracias a ti.

Luego puedes ir a visitar una empresa o persona cuya cuenta de publicidad desees llevar y decirle que en realidad deseas trabajar *sin recibir ninguna remuneración*. Explica lo que eres capaz de hacer y lo que pretendes hacer por esa empresa en particular para ayudarla a vender más. Si la firma tiene contratado a un director de publicidad, te has de convertir prácticamente en su ayudante *sin salario*, con una condición: a saber, que los pagos por la publicidad se realicen a través de la agencia con la que tienes relación. Mediante este arreglo, la empresa o la persona cuya cuenta te asegures de este modo recibirá el beneficio de tus servicios personales *sin coste alguno* y no pagará por colocar la publicidad a través de tu agencia más de lo que pagaría por hacerlo a través de cualquier otra. Si tu propuesta es convincente y realmente te tomas el tiempo para preparar tu argumenta-rio, conseguirás la cuenta sin mucho esfuerzo.

Puedes repetir esta transacción hasta que tengas tantas cuentas como puedas manejar ventajosamente, las cuales, en condiciones nor-males, no serán más de diez o doce, y probablemente menos si uno de tus clientes, o más, superan los 25.000 dólares al año en gastos de publicidad. Si eres un escritor competente de material publicitario y tienes la capacidad de producir ideas nuevas y provechosas para tus clientes, podrás mantener su negocio año tras año.

Sin duda comprenderás que no puedes aceptar más cuentas de las que eres capaz de llevar tú solo. Deberías pasar una parte de tu tiem-po en el centro de trabajo de cada uno de tus clientes; de hecho, deberías tener un escritorio y material de trabajo allí, para poder tener información de primera mano sobre los problemas de ventas de tus clientes, así como una información precisa acerca de sus produc-tos y mercancías.

Con un esfuerzo así, conseguirás que la agencia de publicidad tenga la reputación (que no podría obtener de ninguna otra forma) de prestar un servicio eficaz, y tus clientes estarán complacidos porque verán los resultados satisfactorios de tu trabajo. Mientras mantengas satisfechos a la agencia y a los clientes, tu trabajo estará asegurado y ganarás dinero. Una expectativa razonable de ganancias bajo este plan sería de unos ingresos brutos de 250.000 dólares anuales; el siete por ciento de éstos ascendería a 17.500 dólares.

Un hombre o una mujer con una capacidad extraordinaria podría elevar enormemente esta cifra, hasta llegar, digamos, a unos ingresos de 25.000 dólares anuales, aunque la tendencia, sin embargo, es a bajar hasta entre 5.000 y 7.500 dólares, cifra «promedio» que una persona puede esperar ganar razonablemente.

Como puedes ver, este plan tiene posibilidades. Te proporciona un trabajo independiente y te garantiza tu capacidad íntegra de ganar dinero. Es mejor que un puesto como director de publicidad, incluso si te pagaran lo mismo, porque prácticamente te coloca en un negocio propio, en el que tu nombre está desarrollando continuamente un valor de supervivencia.

Ejemplo número tres

Prácticamente cualquier hombre o mujer con una inteligencia media puede poner en funcionamiento este plan con muy poca preparación. Acude a cualquier imprenta de primera categoría y gestiona de modo que se encargue de todo el trabajo que le lleves y te dé una comisión de alrededor del diez por ciento de la cantidad bruta. Luego, ve a ver a los que más utilizan material impreso y consigue muestras de todas las formas de impresión que usen.

Asóciate o llega a un acuerdo de trabajo con un artista que repase todo este material impreso y mejore las ilustraciones ahí donde lo crea conveniente o apropiado, o haga otras allí donde no se han utilizado antes con un esbozo a lápiz que pueda añadirse al material original impreso.

Luego, si no eres escritor de material publicitario, llega a un acuerdo con alguien que lo sea y haz que revise el texto del material impreso y lo mejore en todos los aspectos posibles.

Cuando el trabajo haya sido completado, vuelve a la empresa que te proporcionó el material impreso llevando contigo presupuestos para el trabajo. Enséñales lo que se podría hacer para mejorarlo, pero no hables de tus presupuestos hasta haberles mostrado cuánto podrías mejorar el material. Probablemente conseguirás todo el trabajo de esa empresa si les ofreces ese tipo de servicio en relación con todos los trabajos de impresión que hayan realizado. Si realizas el servicio correctamente, pronto tendrás todo el trabajo que tu artista comercial, tu redactor y tú podéis manejar. Debería ser lo bastante bueno como para haceros ganar 5.000 dólares anuales a cada uno.

Cualquier beneficio que obtengas del trabajo de otras personas en relación con cualquiera de estos planes será una ganancia legítima: una ganancia que te corresponde por tu capacidad de organizar y reunir el talento y la habilidad necesarios para prestar un servicio satisfactorio.

Si entras en el negocio juguetero, te corresponderán unas ganancias sobre el trabajo de quienes fabriquen los juguetes, ya que será gracias a tu habilidad como ellos tendrán ese empleo.

Es más que probable que tu cerebro y tu habilidad, cuando se sumen a los de las personas que trabajen contigo o para ti, incrementarán enormemente su capacidad de ganar dinero, incluso hasta el punto de que se podrán permitir verte ganar una pequeña cantidad a partir de sus esfuerzos, *porque, aun así, ¡ellos estarán ganando mucho más de lo que conseguirían sin tu dirección!*

Estás dispuesto a llevar a cabo alguno de estos planes y obtener beneficios de ellos, ¿no es así? No ves nada malo por tu parte, ¿verdad? Si eres un empleado que trabaja para alguna otra persona o empresa, ¿no sería posible que el director de dicha empresa, o esa persona, con su habilidad para organizar, financiar... esté aumentando sus propios ingresos en estos momentos?

Quieres dejar de ser un empleado y convertirte en un empresario. No te culpamos de ello. Prácticamente todas las personas normales quieren hacer lo mismo. El primer gran paso que es preciso dar es el de servir a la empresa o persona para la que estás trabajando como a ti te gustaría que te sirvieran si fueras esa persona o el director de la empresa.

¿Quiénes son los grandes empresarios útiles hoy en día? ¿Son los hijos de los ricos, que han heredado su posición? ¡De ninguna manera! Son los hombres y las mujeres provenientes de los puestos de trabajo más bajos; hombres y mujeres que no han tenido mejores oportunidades que tú. Están en los puestos que ocupan porque su habilidad superior les ha permitido dirigir a otras personas con inteligencia. Puedes adquirir esta habilidad si lo intentas.

En el pueblo o en la ciudad donde vives hay personas que probablemente se podrían beneficiar del hecho de conocerte y que, sin duda, a su vez te beneficiarían a ti. En una parte de la ciudad vive Juan Pérez, quien desea vender su tienda de comestibles y abrir un cine. En otra parte de la ciudad un propietario de un cine le gustaría cambiarlo por una tienda de comestibles. ¿Puedes reunirlos? Si es así, los ayudarás a ambos y obtendrás una buena remuneración.

En tu pueblo o en tu ciudad hay personas que desean comprar los productos de las granjas de las poblaciones vecinas. En esas granjas hay agricultores que producen determinados productos que quieren hacer llegar a la gente que vive en el pueblo. Si puedes encontrar una manera de llevar esos productos directamente de la granja al consumidor de la ciudad o del pueblo, harás que el granjero gane más dinero con ellos y el consumidor los obtenga a un precio menor. Aun así, habrá un margen para pagarte por tu ingenio al conseguir acortar el camino entre el productor y el consumidor.

La aspiración es más grande que la realización, porque hace que estemos continuamente ascendiendo hacia alguna meta no alcanzada.

En un negocio hay, *grosso modo*, dos tipos de personas: los productores y los consumidores. En estos tiempos hay tendencia a encontrar la forma de poner en contacto a unos y otros sin tantos intermediarios. Encuentra una manera de acortar el camino entre productor y consumidor, y habrás creado un plan que ayudará a los dos grupos y obtendrás unas agradables ganancias. El trabajador se merece su salario. Si puedes crear un plan así, te corresponde recibir una proporción justa de aquello que le haces *ahorrar* y, además, una proporción justa de lo que le haces *ganar* al productor.

Te recomiendo que, en cualquier plan que crees como un medio para hacer dinero, es mejor reducir ligeramente el coste para el consumidor, en lugar de aumentarlo.

El negocio de poner en contacto al productor y al consumidor es rentable si se lleva a cabo de una forma justa para ambos, ¡y sin el codicioso deseo de *obtener todo lo que está a la vista!* El público norteamericano es maravillosamente paciente con quienes cobran más de lo justo, pero hay un punto decisivo, que incluso los más astutos no se atreven a sobrepasar.

Puede que esté bien acaparar el mercado de los diamantes y subir enormemente el precio de esas rocas blancas que se extraen del suelo en África sin problemas, pero cuando los precios de los alimentos y la ropa y otras necesidades básicas empiecen a subir desorbitadamente, es muy probable que alguien deje de congraciarse con el público norteamericano.

Si anhelas la riqueza y eres lo bastante valiente como para llevar las cargas que conlleva, invierte el método habitual para adquirirla y ofrece tus productos y mercancías al mundo con la menor ganancia posible que te puedas permitir, en lugar de imponer todo lo que puedes sin peligro.

Ford ha descubierto que es rentable pagar a sus trabajadores, *no la menor cantidad posible, sino tanto como sus ganancias le permitan.* También ha descubierto que es rentable reducir el precio de sus automóviles para el consumidor, mientras que otros fabricantes (muchos de los cuales han fracasado desde entonces) han continuado aumentando sus precios.

Es posible que haya unos planes perfectamente aceptables con los que puedas exprimir al consumidor y aun así conseguir librarte de la cárcel, pero podrás disfrutar de una tranquilidad de ánimo mucho mayor y a la larga, muy probablemente, de más ingresos, si sigues el ejemplo de Ford.

Has oído decir que John D. Rockefeller era sumamente prepotente, pero la mayor parte de este abuso ha sido sugerido, por mera envidia, por quienes quisieran tener su dinero pero no tienen la facilidad de ganarlo. Al margen de lo que opines de Rockefeller, no olvides que él comenzó siendo un humilde contable y que ascendió gradualmente hasta la cima, ganando dinero gracias a su habilidad para organizar y dirigir con inteligencia a otras personas menos capaces. Este autor recuerda cuando tenía que pagar 25 centavos por un 4,5 litros de aceite para lámparas, tras caminar tres kilómetros bajo el sol abrasador y, además, llevarlo a casa en una lata. Ahora, el camión de Rockefeller te lo entrega en tu puerta, en la ciudad o en la granja, por algo más de la mitad de esa suma.

¿Quién tiene derecho a sentir celos de la riqueza de Rockefeller, cuando ha reducido el precio de un producto tan necesario? Fácilmente, podría haber aumentado el precio del aceite para lámparas a medio dólar, pero dudo seriamente que, de haberlo hecho, se hubiera convertido en multimillonario. Muchos de nosotros queremos dinero, pero el noventa y nueve por ciento de los que empiezan a crear un proyecto, para conseguirlo dedican todos sus pensamientos al plan para hacerse con él y ninguno al servicio que deben dar a cambio.

Una personalidad agradable hace uso de la imaginación y la cooperación. Hemos citado los ejemplos anteriores de cómo se pueden crear ideas para mostrarte cómo coordinar las leyes de la imaginación, la cooperación y una personalidad agradable.

Analiza a cualquier hombre que no tenga una personalidad agradable y descubrirás que carece también de las facultades de la imaginación y la cooperación.

Esto nos trae a un lugar adecuado para presentar una de las más grandes lecciones sobre la *personalidad* que se han publicado jamás. Es también una de las lecciones más efectivas sobre el arte de vender que se han escrito jamás, pues los temas de una *personalidad atractiva* y el arte de vender siempre han de ir de la mano: son inseparables.

Haré referencia a la obra maestra de Shakespeare, el discurso de Marco Antonio en el funeral del César. Puede que lo hayas leído, pero aquí se presenta con interpretaciones entre paréntesis que te pueden ayudar a captar un nuevo significado. El escenario para dicho discurso era algo así:

César ha muerto, y Bruto, su asesino, es llamado para decirle al populacho romano, que se ha reunido en la funeraria, por qué se ha deshecho de él. Visualiza, en tu imaginación, a una multitud clamorosa que no quería demasiado a César y que ya creía que Bruto había realizado un acto noble al asesinarlo.

Bruto sube a la tribuna y hace una breve declaración de sus motivos para matar a César. Seguro de que ha salido victorioso, toma asiento. Todo su porte es arrogante, el de alguien que cree que sus palabras serán aceptadas sin cuestionamiento.

Entonces le llega el turno a Marco Antonio, sabedor de que la multitud se opone a él porque era amigo de César. En un tono de voz bajo, humilde, Antonio comienza a hablar:

ANTONIO: En consideración a Bruto, os estoy agradecido.

CUARTO CIUDADANO: ¿Qué dice de Bruto?

TERCER CIUDADANO: Dice que, en consideración a Bruto, nos está agradecido a todos nosotros.

CUARTO CIUDADANO: Más le valdría no hablar mal de Bruto aquí.

PRIMER CIUDADANO: César era un tirano.

TERCER CIUDADANO: No, pero es una bendición que Roma se haya librado de él.

SEGUNDO CIUDADANO: ¡Paz! Escuchemos lo que Antonio pueda decir.

(Observarás, en la primera frase de Antonio, su inteligente método para «neutralizar» las mentes de sus oyentes.)

ANTONIO: Amables romanos...

(Tan amables como un grupo de bolcheviques en una reunión laboral revolucionaria.)

Todos: ¡Paz! Escuchémosle.

(Si Antonio hubiese comenzado su discurso censurando a Bruto, la historia de Roma habría sido muy distinta.)

Antonio: Amigos, romanos, compatriotas, prestad oídos; Vengo a enterrar a César, no a elogiarlo.

(Se identifica con el estado de ánimo de sus oyentes.)

El mal que hacen los hombres los sobrevive; el bien, a menudo, es enterrado con sus huesos: que así sea con César. El noble Bruto os dijo que César era ambicioso; si así fue, ésa sería una falta grave, y gravemente la ha pagado el César. Aquí, con permiso de Bruto y del resto —pues Bruto es un hombre honrado, como lo son todos los demás: todos son hombres honrados—, he venido a hablar en el funeral de César. Él era amigo mío, fiel y justo conmigo, pero Bruto dice que era ambicioso, y Bruto es un hombre honrado. Trajo a Roma a muchos cautivos cuyos rescates llenaron las arcas públicas. ¿Pareció en esto César ambicioso? Cuando los pobres han clamado, César ha llorado; la ambición debería estar hecha de una sustancia más dura. Pero Bruto dice que era ambicioso, y Bruto es un hombre honrado. Todos vosotros visteis que en el Lupercal tres veces le ofrecí una corona real, y él la rechazó tres veces. ¿Fue eso ambición? Pero Bruto dice que era ambicioso y, sin duda, él es un hombre honrado. No hablo para desmentir lo que Bruto dijo, sino que estoy aquí para decir lo que yo sé. Todos vosotros lo quisisteis antes, no sin motivo. ¿Qué motivo os impide, entonces, llorar su muerte? ¡Ah, juicio! Has huido a las bestias brutas, y los hombres han perdido la razón. Sed pacientes conmigo, mi corazón está ahí en el ataúd con César, y debo hacer una pausa para que vuelva a mí.

(Llegado este punto, Antonio hizo una pausa para dar a su público la oportunidad de que comentara apresuradamente sus primeras declaraciones. El objeto de hacer esto era observar qué efecto estaban teniendo sus palabras, del mismo modo que un maestro vendedor siempre anima a su posible comprador a hablar, para así saber qué está pasando por su mente.)

PRIMER CIUDADANO: Yo pienso que hay mucho de cierto en lo que dice.

SEGUNDO CIUDADANO: Si consideras bien el asunto, a César se lo ha agraviado seriamente.

TERCER CIUDADANO: ¿Es así, maestros? Me temo que otro peor ocupará su lugar.

CUARTO CIUDADANO: ¿Os habéis fijado en sus palabras? ¿Que no aceptó la corona? Por lo tanto, es cierto que no era ambicioso.

PRIMER CIUDADANO: Si resulta ser así, alguien tendrá que pagarlo.

SEGUNDO CIUDADANO: ¡Pobre hombre! Sus ojos están rojos como el fuego de tanto llorar.

TERCER CIUDADANO: No hay hombre más noble en Roma que Antonio.

CUARTO CIUDADANO: Ahora escuchadlo; empieza a hablar otra vez.

ANTONIO: Hasta ayer, la palabra de César podía enfrentarse al mundo; ahora yace ahí, y nadie es tan pobre que le haga reverencia. Ah, maestros (apelando a su vanidad), si yo estuviese dispuesto a mover vuestros corazones y vuestras mentes a la rebelión y la furia, le estaría haciendo un agravio a Bruto y a Casio, que, como todos sabéis, son hombres honrados.

(Observa con cuánta frecuencia ha repetido Antonio el término «honrado». Fíjate, también, con cuánta inteligencia presenta la primera sugerencia de que, quizá, Bruto y Casio podrían no ser tan honrados como el populacho romano cree. Esta sugerencia está contenida en las palabras «rebelión» y «furia», que él utiliza aquí por primera vez, después de que su pausa le haya dado el tiempo para observar que la multitud se estaba inclinando a su favor. Observa con qué cuidado va «sintiendo» su camino y haciendo que sus palabras *encajen con el marco mental que él sabe que tienen sus oyentes*.)

ANTONIO: No les haré un agravio; prefiero optar por agraviar a los muertos, a mí mismo y a vosotros, antes que a unos hombres tan honrados.

(Cristalizando su sugerencia en odio hacia Bruto y Casio, luego apela a su curiosidad y comienza a sentar las bases para su clímax: un clímax con el que sabe que se ganará a la multitud, porque lo está alcanzando con tanta inteligencia que ésta cree que ha llegado por sí misma a esa conclusión).

ANTONIO: Pero he aquí un pergamino, con el sello de César. Lo encontré en su cuarto; es su última voluntad. Pero si dejásemos que el pueblo llano oyera su testamento —el cual, perdonadme, no tengo intención de leer— (se muestra riguroso para apelar a su curiosidad, haciéndoles creer que no tiene intención de leer el testamento.) irían a besar las heridas del César muerto. Y a mojar sus pañuelos en su sangre sagrada. Sí, suplicarían un cabello de él como recuerdo y, al agonizar, lo mencionarían en sus testamentos, dejándolo como un rico legado a su descendencia.

(La naturaleza humana *siempre* quiere aquello que es difícil de conseguir, o aquello que está a punto de serle negado. Observa con cuánta habilidad ha despertado Antonio el interés del populacho y ha hecho que éste quiera oír la lectura del testamento, preparándolo así para que escuche con *una mente abierta*. Esto señala su segundo paso en el proceso de «neutralizar» sus mentes.)

TODOS: ¡El testamento! ¡El testamento! Queremos oír el testamento de César.

ANTONIO: Tened paciencia, amables amigos. No debo leerlo. No es conveniente que sepáis cuánto os quería César. No sois madera, no sois piedras, sino hombres; y, siendo hombres, oír el testamento de César os inflamará (exactamente lo que él quiere hacer), os hará enfadar. Es mejor que no sepáis que sois sus herederos, pues si lo supierais, ¡qué podría resultar de ello!

CUARTO CIUDADANO: Lee el testamento; queremos escucharlo, Antonio. Debes leernos el testamento, el testamento de César.

ANTONIO: ¿Queréis ser pacientes? ¿Queréis esperar un rato? Me he excedido al hablaros de ello. Temo hacer un agravio a los hombres honrados cuyas dagas apuñalaron a César. Realmente lo temo.

(«Dagas» y «apuñalaron» sugieren un cruel asesinato. Observa con cuánta inteligencia introduce Antonio esta sugerencia en su discurso, y fíjate, también, con qué rapidez el populacho capta su importancia porque, aunque ellos no lo saben, Antonio ha preparado sus mentes cuidadosamente para que reciban esta sugerencia.)

CUARTO CIUDADANO: Fueron traidores, ¡esos hombres honrados!
TODOS: ¡Su última voluntad! ¡El testamento!
SEGUNDO CIUDADANO: Fueron villanos, asesinos. ¡El testamento!

(Es exactamente lo que Antonio hubiese querido decir al principio, pero sabía que tendría un efecto más deseable si sembraba ese pensamiento en las mentes de la multitud y permitía que ella misma lo dijera).

ANTONIO: ¿Me obligaréis, entonces, a leer el testamento? Formad, entonces, un círculo en torno al cadáver de César, y dejad que os muestre al que hizo el testamento. ¿Queréis que baje?, ¿y me daréis permiso?

(Éste fue el punto en el cual Bruto debería haber empezado a buscar una puerta trasera para escapar.)

TODOS: Baja.
SEGUNDO CIUDADANO: Desciende.
TERCER CIUDADANO: Dejad sitio a Antonio, el muy noble Antonio.
ANTONIO: Eh, no empujéis tanto, apartaos.

(Sabía que esta orden haría que quisieran acercarse más, que es lo que él pretendía que hicieran.)

TODOS: Retroceded. Dejad sitio.
ANTONIO: Si tenéis lágrimas, preparaos para derramarlas ahora. Todos vosotros conocéis este manto. Recuerdo la primera vez que César se lo puso. Fue una tarde de verano, en su tienda, el día en que venció a los de Nervi. Mirad, en este lugar lo traspasó la daga de Casio; ved qué hendidura hizo el envidioso Casca. A través de éste, lo apuñaló el bienamado Bruto; y al retirar su acero maldito, mirad cómo lo siguió la sangre de César, como saliendo precipitadamente por unas puertas para averiguar si Bruto tan cruelmente llamaba, o no; pues Bruto, como sabéis, era el ángel de César. ¡Juzgad, oh dioses, cuánto lo quería César! Ése fue el más cruel de todos los cortes, pues, cuando el noble César lo vio apuñalarlo, una ingratitud más fuerte que los brazos de los traidores, lo venció por completo,

y entonces su poderoso corazón estalló, y con su manto envolviéndole el rostro, en la base de la estatua de Pompeyo, por la que en todo ese tiempo no dejó de correr la sangre, el gran César cayó. ¡Ay, qué caída hubo, compatriotas míos! Entonces yo, y vosotros, y todos nosotros, caímos mientras la sanguinaria traición caía sobre nosotros. Ah, ahora lloráis, y percibo que sentís el dolor de la pena. Ésas son gotas compasivas. Alma bondadosa, ¿por qué llorar cuando sólo ves herida la vestidura de nuestro César? Mira aquí: Aquí está él, desfigurado, como veis, por los traidores.

(Observa cómo ahora Antonio utiliza la palabra «traidores» con bastante libertad, porque sabe que está en armonía con lo que hay en las mentes del populacho romano.)

PRIMER CIUDADANO: ¡Oh, lastimoso espectáculo!
SEGUNDO CIUDADANO: ¡Oh, día aciago!
TERCER CIUDADANO: ¡Oh, día aciago!
PRIMER CIUDADANO: ¡Oh, qué visión tan sangrienta!
SEGUNDO CIUDADANO: Nos vengaremos.

(Si Bruto hubiese sido un hombre sabio, en lugar de jactarse, a estas alturas ya estaría a varios kilómetros de distancia de la escena.)

Todos: ¡Venganza! ¡Muévete! ¡Busca! ¡Quema! ¡Fuego! ¡Mata! ¡Asesina! ¡No dejes que viva un traidor!

(Aquí, Antonio da el siguiente paso para cristalizar el frenesí de la multitud en *acción*. Pero, siendo el «vendedor» inteligente que es, no intenta *forzar* esta acción.)

ANTONIO: Quedaos, compatriotas.
PRIMER CIUDADANO: ¡Que haya paz! Escuchad al noble Antonio.
SEGUNDO CIUDADANO: Lo escucharemos, lo seguiremos, moriremos con él.

(A partir de estas palabras, Antonio sabe que tiene al populacho de su lado. Fíjate cómo aprovecha este momento psicológico: el momento que todo maestro vendedor espera.)

ANTONIO: Buenos amigos, dulces amigos, no deseo agitaros para llevaros a ese desbordamiento repentino de rebelión. Aquellos que han realizado este acto son honrados. Qué pesares particulares tienen, ay, que los han llevado a hacer esto, no lo sé. Eran sabios y honrados, y, sin duda, os responderán con motivos. No he venido, amigos, a robaros el corazón: No soy un orador como Bruto, sino, como todos vosotros sabéis, un hombre sencillo, franco, que quiero a mi amigo; y eso lo saben ellos tan bien que me dieron permiso para hablar de él públicamente; porque no tengo ni la inteligencia, ni las palabras, ni el valor, la acción, ni la elocuencia, ni el poder de palabra, para agitarles la sangre a los hombres. Sólo hablo claramente; os digo aquello que ya sabéis; os muestro las heridas del dulce César, pobres, pobres, bocas mudas. Y les pido que hablen por mí. Pero si yo fuera Bruto, y Bruto fuera Antonio, ese Antonio agitaría vuestros espíritus y pondría una lengua en cada herida de César para que moviera las piedras de Roma al levantamiento y la rebelión.

TODOS: Nos sublevaremos.

PRIMER CIUDADANO: Quemaremos la casa de Bruto.

TERCER CIUDADANO: ¡Marchemos, entonces! Venid, busquemos a los conspiradores.

ANTONIO: Pero escuchadme, compatriotas, ¡escuchadme hablar!

TODOS: ¡Eh, paz! Escuchad a Antonio. ¡El más noble Antonio!

ANTONIO: Pero, amigos, vais a hacer no sabéis qué ¿En qué ha merecido César vuestro amor así? Ay, no lo sabéis. Entonces, os lo tengo que decir: habéis olvidado el testamento del que os hablé.

(Ahora, Antonio está preparado para aprovechar su ventaja; está listo para alcanzar su clímax. Fíjate en lo bien que ha presentado sus sugerencias, paso a paso, guardándose para el final su afirmación más importante: aquella en la que se ha apoyado para la *acción*. En el gran campo de las ventas y en la oratoria pública, muchas personas intentan llegar a este punto con demasiada rapidez; intentan «hacer correr» a su público o a su posible comprador y, por lo tanto, pierden interés.)

TODOS: Es cierto, ¡el testamento! Quedémonos y oigamos el testamento.

ANTONIO: Aquí está el testamento, y bajo el sello de César. A cada ciudadano romano le entrega setenta y cinco dracmas por cabeza.

SEGUNDO CIUDADANO: ¡Nobilísimo César! Vengaremos su muerte.

TERCER CIUDADANO: ¡Ah, espléndido César!

ANTONIO: Escuchadme con paciencia.

TODOS: ¡Eh, paz!

ANTONIO: Además, os ha dejado a todos sus paseos, sus glorietas privadas y sus huertos recién plantados a este lado del Tíber. Os los ha dejado a vosotros, y a vuestros herederos, para siempre. Placeres públicos, para pasear y recrearos. ¡Ése fue un César! ¿Cuándo llegará otro como él?

PRIMER CIUDADANO: Jamás, jamás. Venid, ¡vamos, vamos! Incineraremos su cuerpo en un lugar sagrado, y con las ascuas incendiaremos las casas de los traidores. Coged el cuerpo.

SEGUNDO CIUDADANO: Id en busca de fuego.

TERCER CIUDADANO: Derribad bancos.

CUARTO CIUDADANO: Derribad bancos, ventanas, todo lo que encontréis.

¡Y ése fue el final de Bruto! Salió perdiendo porque carecía de la personalidad y el buen juicio para presentar sus argumentos desde el punto de vista del populacho romano, como lo hizo Marco Antonio. Toda su actitud indicaba claramente que se tenía a sí mismo en muy alta estima, que estaba orgulloso de sus actos. Todos hemos visto, en la época actual, gente que se asemeja a Bruto en este sentido; pero si observamos detenidamente, veremos que no consigue gran cosa.

Supón que Marco Antonio hubiese subido a la tribuna «pavoneándose» y hubiese comenzado su discurso de esta forma: «Ahora bien, dejadme que os diga, romanos, algo sobre este hombre, Bruto: En el fondo es un asesino y...». No hubiera podido continuar, pues la multitud lo habría hecho callar a gritos.

Al ser un vendedor inteligente y un psicólogo práctico, Marco Antonio presentó sus argumentos de tal manera que sus ideas no parecían ser *suyas*, en absoluto, sino del propio populacho romano.

Vuelve a la lección sobre la iniciativa y el liderazgo, léela otra vez y, al hacerlo, compara su psicología con la del discurso de Marco

Antonio. Fíjate cómo se remarca la actitud de «*vosotros*» y no de «*yo*» hacia los demás. Observa cómo ese mismo punto es subrayado a lo largo de este curso y, especialmente, en la séptima lección, que trata sobre el entusiasmo.

Felicítate cuando alcances un grado de sabiduría que te impulse a ver menos las debilidades de los demás y más las tuyas, pues entonces estarás caminando en compañía de los que son realmente grandes.

Shakespeare ha sido, con mucho, el escritor y psicólogo más hábil que ha conocido la civilización. Por ese motivo, todas sus obras se basan en un conocimiento infalible de la mente humana. Durante todo este discurso, que puso en boca de Marco Antonio, observarás con cuánto cuidado adopta la actitud de «vosotros»: tanto que el populacho romano estaba totalmente seguro de que ellos mismos habían tomado la decisión.

No obstante, debo llevar tu atención al hecho de que la forma en que Marco Antonio apeló al propio interés del populacho romano fue astuta y se basó en la cautela con que los hombres deshonestos suelen hacer uso de este principio apelando a la codicia y la avaricia de sus víctimas. Aunque Marco Antonio dio muestras de un gran autocontrol al ser capaz de adoptar, al principio de su discurso, una actitud hacia Bruto que no era real, al mismo tiempo es obvio que todo su atractivo estaba basado en su conocimiento de cómo influir en las mentes de los romanos, mediante el elogio.

Las dos cartas reproducidas en la séptima lección de este curso ilustran, de una forma muy concreta, el valor del «*tú*» o el «*vosotros*» y la fatalidad del «*yo*». Retrocede y vuelve a leer esas cartas, y fíjate que la que tuvo más éxito se acerca mucho a la apelación de Marco Antonio, mientras que el tipo de apelación utilizado en la otra es exactamente el contrario. Tanto si estás escribiendo una carta para una venta, como si estás dando un sermón, o escribiendo un anuncio, o un libro, harás bien en seguir los mismos principios empleados por Marco Antonio en su famoso discurso.

La palabra «educar» tiene su raíz en la palabra latina *educo*, que significa educir, extraer, desarrollar desde dentro. El hombre mejor educado es aquel cuya mente ha sido la que más se ha desarrollado.

Ahora, llevemos nuestra atención al estudio de las maneras y los medios con los que uno puede desarrollar una personalidad agradable.

Empecemos por el primer factor imprescindible, que es el carácter, ya que nadie puede tener una personalidad agradable sin la base de un carácter firme y positivo. Mediante el principio de la telepatía, «transmites» la naturaleza de tu carácter a las personas con las que entras en contacto, y esto es responsable de lo que se suele llamar una sensación «intuitiva» de que la persona a la que se acaba de conocer no es de fiar, aunque uno no sepa gran cosa de ella.

Puedes adornarte con la mejor ropa, con lo último en diseño, y comportarte de una forma de lo más agradable en cuanto a las apariencias externas se refiere, pero si hay codicia, envidia, odio, celos, avaricia y egoísmo en tu corazón, jamás atraerás a nadie, excepto a aquellas personas cuyo carácter esté en armonía con el tuyo. Los iguales se atraen y, por lo tanto, puedes estar seguro de que quienes son atraídos hacia ti son aquellos cuya naturaleza interior es análoga a la tuya.

Puedes adornarte con una sonrisa artificial que esconda tus sentimientos y puedes practicar el arte de dar la mano para poder imitar a la perfección la forma de hacerlo de una persona experta en este arte, pero si estas manifestaciones externas de una personalidad atractiva carecen de ese factor fundamental llamado seriedad de propósito, causarán rechazo en lugar de atracción.

¿Cómo se construye, entonces, el carácter? El primer paso para construirlo es una firme autodisciplina:

Tanto en la segunda como en la octava lección de este curso encontrarás una fórmula con la que podrás dar forma a tu carácter con el patrón que tú elijas, pero la repetiré aquí, ya que se basa en un principio que necesitará ser repetido varias veces. Es el siguiente:

1º. Elige a aquellas personas cuyo carácter esté formado por las cualidades que deseas desarrollar en el tuyo y luego procede a apropiarte de esas cualidades con ayuda de la autosugestión, tal como se describe en la segunda lección. Crea, en tu imaginación, una mesa de juntas y reúne a tus personajes en torno a ella cada noche, habiendo escrito primero una declaración clara y concisa de las cualidades en particular que deseas obtener de cada uno de ellos. Luego procede a afirmar, o sugerirte, en voz alta y con palabras audibles, que estás desarrollando en ti mismo las cualidades deseadas. Al hacerlo, cierra los ojos y visualiza, en tu imaginación, a las figuras sentadas en torno a tu mesa imaginaria, tal como se describe en la segunda lección.

2º. Con los principios descritos en la octava lección, sobre el autocontrol, controla tus pensamientos y mantén tu mente vitalizada con pensamientos positivos. Deja que el pensamiento dominante en tu mente sea la imagen de la persona que deseas ser: la persona que estás construyendo deliberadamente mediante este procedimiento. Al menos una docena de veces al día, cuando dispongas de unos minutos a solas, cierra los ojos y dirige tus pensamientos a las figuras que has elegido para sentarse en tu mesa de juntas imaginaria, y siente, con una *fe* que no conoce límites, que realmente estás empezando a parecerte en carácter a ellas.

3º. Encuentra cada día, como mínimo, a una persona (a más de una si es posible) en la que veas alguna buena cualidad que sea digna de admiración, y elógiala. Recuerda, sin embargo, que este elogio no debe ser una adulación torpe e insincera, sino

que debe ser genuino. Pronuncia tus palabras con tal seriedad que impresionen a la persona con la que estás hablando;
luego observa lo que ocurre. Habrás dado a esa persona un
decidido beneficio de gran valor para ella y habrás avanzado
un paso más en la dirección de desarrollar el hábito de buscar
y encontrar buenas cualidades en los demás. Todo énfasis que
ponga en los efectos de largo alcance de este hábito de elogiar, abierta y entusiastamente, las buenas cualidades de los
demás es poco, pues este hábito pronto te recompensará con
un sentimiento de respeto por ti mismo y una manifestación
de gratitud por parte de los demás que modificarán toda tu
personalidad. Aquí entra, una vez más, la ley de la atracción,
y aquellos a los que elogies verán en ti las cualidades que tú
veas en ellos. Tu éxito en la aplicación de esta fórmula será
exactamente proporcionado a tu fe en su solidez.

Tengo una gran riqueza,

que nunca me podrá ser arrebatada,

que nunca podré despilfarrar

y que no puede perderse

por el descenso de unas acciones

o por malas inversiones:

tengo la riqueza de estar satisfecho

con lo que me ha tocado en la vida.

Yo no creo meramente que esta fórmula es sólida: *sé que lo es*, y la razón
por la que *lo sé* es que la he utilizado con éxito y, además, he enseñado
a otros a hacer lo mismo. Por lo tanto, me he ganado el derecho a pro-
meterte que puedes utilizarla con el mismo éxito.

Asimismo, con la ayuda de esta fórmula puedes desarrollar una *personalidad atractiva* con tanta rapidez que sorprenderás a las personas que te conocen. El desarrollo de una personalidad de este tipo está enteramente bajo tu propio control, y esto es algo que te proporciona una enorme ventaja y, al mismo tiempo, coloca en ti la responsabilidad si no consigues, u olvidas, ejercitar tu privilegio.

Ahora deseo dirigir tu atención hacia el motivo para decir en voz alta la afirmación de que estás desarrollando las cualidades deseadas que has elegido como el material a partir del cual desarrollarás una personalidad atractiva.

Este procedimiento tiene dos efectos deseables; a saber:

1º. Pone en movimiento la vibración a través de la cual el pensamiento que está detrás de tus palabras llega a tu mente subconsciente y se instala en ella, echando raíces y creciendo hasta convertirse en la gran fuerza motriz en tus actividades externas, físicas, avanzando en la dirección de transformar el pensamiento en realidad.

2º. Desarrolla en ti la capacidad de hablar con fuerza y convicción, lo cual, a la larga, dará como resultado una gran habilidad como orador. No importa cuál sea tu vocación en la vida, deberías ser capaz de ponerte de pie y hablar con convicción, pues ésta es una de las maneras más efectivas de desarrollar una personalidad atractiva.

Al hablar, pon sentimiento y emoción en tus palabras, y desarrolla un tono de voz profundo y rico. Si tu voz tiende a ser aguda, baja el tono hasta que sea suave y agradable. Jamás podrás expresar una personalidad atractiva, de la forma más favorable, con una voz áspera o chillona. Debes cultivar tu voz hasta que se torne rítmica y agradable al oído.

Recuerda que el habla es el principal método para expresar tu personalidad; por ello, te conviene cultivar un estilo que sea, al mismo tiempo, enérgico y agradable. No recuerdo ni una sola personalidad atractiva destacable que no haya estado hecha, en parte, de la habilidad para hablar con fuerza y convicción. Estudia a los hombres y mujeres sobresalientes que hay actualmente, dondequiera que los encuentres, y observarás el hecho significativo de que, cuanto más sobresaliente es la persona, más eficaces son hablando con energía.

Estudia a las figuras destacables del pasado en la política y el gobierno y observarás que las más exitosas fueron aquellas que sobresalieron por su habilidad para hablar con fuerza y convicción.

En el campo de los negocios, la industria y las finanzas, parece significativo también que los líderes más sobresalientes son los hombres y mujeres que son oradores hábiles.

De hecho, nadie puede esperar convertirse en un líder destacado en una empresa digna de notarse sin antes desarrollar la habilidad de hablar con un vigor lleno de convicción. Aunque es posible que un vendedor nunca tenga que hablar en público, no obstante saldrá beneficiado si desarrolla la habilidad para hacerlo, porque esta habilidad aumenta su capacidad de hablar de modo convincente en una conversación normal.

Ahora, resumamos los principales factores que intervienen en el desarrollo de una personalidad atractiva, como sigue:

1. Adquiere el hábito de interesarte en los demás, y proponte encontrar sus buenas cualidades y expresarlas en términos elogiosos.
2. Desarrolla tu habilidad para hablar con fuerza y convicción, tanto en tonos normales de conversación como en reuniones públicas, donde deberás utilizar un volumen más alto.
3. Vístete con un estilo que sea favorecedor para tu constitución física y para el trabajo al que te dedicas.
4. Desarrolla un carácter positivo, con la ayuda de la fórmula explicada en esta lección.
5. Aprende a dar la mano de manera que, por medio de este saludo, expreses calidez de sentimiento y entusiasmo.
6. Atrae a otras personas «atrayéndotelas» primero.
7. Recuerda que tu única limitación, dentro de lo razonable, es aquella que tú colocas en tu propia mente.

Estos siete puntos cubren los factores más importantes que intervienen en el desarrollo de una personalidad atractiva, pero no creo que sea necesario sugerir que una personalidad así no se desarrollará por sí sola. Eso ocurrirá si te sometes a la disciplina aquí descrita, con la firme determinación de transformarte en la persona que te gustaría ser.

Al estudiar esta lista de los siete factores importantes que intervienen en el desarrollo de una personalidad atractiva me siento impulsado a señalarte que el segundo y el cuarto son los más importantes.

Si cultivas esos buenos pensamientos, sentimientos y actos, con los cuales se construye un carácter positivo, y luego aprendes a expresarte con fuerza y convicción, habrás desarrollado una personalidad atractiva, pues se verá que con este éxito llegarán las otras cualidades aquí descritas.

El entusiasmo es la motivación principal del alma.
Mantenlo vivo y nunca dejarás de tener la capacidad
de conseguir aquello que realmente necesitas.

Detrás de la persona con un carácter positivo hay un gran poder de *atracción*, y este poder se expresa a través de fuerzas invisibles, así como de las visibles. En cuanto uno se encuentra a una distancia como para entablar una conversación con una persona así, aunque no se diga ni una sola palabra, la influencia del «poder interior invisible» se deja sentir.

Cada transacción «turbia» que realizas, cada pensamiento negativo que albergas y cada acto destructivo que te permites destruye justamente ese «algo sutil» en tu interior que se conoce como el *carácter*.

«Hay una confesión absoluta en la mirada de nuestros ojos, en nuestras sonrisas, en los saludos, en los apretones de manos. Su pecado lo embadurna, echa a perder cualquier buena impresión que pueda dar. Los hombres no saben por qué no confían en él, pero no confían en él. Su vicio hace que sus ojos sean vidriosos, degrada sus mejillas, aplasta su nariz, deja la marca de la bestia en la parte posterior de su cabeza y escribe: "¡Ay, necio! ¡Ay, necio!" en la frente de un rey». (Emerson)

Ahora quiero llevar tu atención al primero de los siete factores que intervienen en el desarrollo de una *personalidad atractiva*. Has observado que, a lo largo de toda la lección, he entrado en muchos detalles para mostrar las ventajas materiales de *resultar agradable* a otras personas.

No obstante, la principal ventaja no está en la posibilidad de ganancias monetarias o materiales que ofrece este hábito, sino en el efecto embellecedor que tiene en el carácter de todos aquellos que lo practican.

Adquiere el hábito de resultar agradable y te beneficiarás tanto material como mentalmente, pues nunca serás tan feliz, en modo alguno, como cuando sepas que estás haciendo felices a los demás.

¡Elimina tus resentimientos y deja de desafiar a los demás a entrar en discusiones inútiles contigo! Retira los vidrios ahumados a través de los que ves lo que tú crees que es la «tristeza» de la vida y, en su lugar, contempla la luz del sol de la amabilidad. Tira tu martillo a la basura y deja de golpear, pues seguramente sabrás que los grandes premios de la vida los ganan los *constructores* y no los *destructores*.

El hombre que construye una casa es un artista; el que la destruye es un chatarrero. Si eres una persona que siempre se *queja*, el mundo escuchará tus «desvaríos» mordaces, siempre y cuando no «te vea venir», pero si eres una persona con un *mensaje* de simpatía y optimismo, te escuchará porque desea hacerlo.

¡Nadie que esté siempre quejándose puede ser, además, alguien con una personalidad atractiva!

El arte de ser agradable –ese simple rasgo– es la base misma del arte de vender con éxito. Yo conduzco mi automóvil ocho kilómetros, hasta las afueras de la ciudad, para comprar gasolina, cuando podría conseguirla a dos manzanas de mi propio garaje... porque el hombre que lleva la estación de servicio es un artista: se encarga de ser agradable. Voy allí, no porque su gasolina sea más barata, ¡sino porque disfruto del efecto vivificante de su atractiva personalidad! Yo compro mi calzado en la zapatería Regal Shoe Store, en Calle Cincuenta con Broadway, en Nueva York, no porque no pueda encontrar otros buenos zapatos al mismo precio, sino porque el señor Cobb, el director de esa tienda, tiene una personalidad atractiva.

Mientras me prueba los zapatos, se encarga de hablar conmigo de temas que sabe que me interesan. Hago mis transacciones bancarias en el Harriman National Bank, en la Calle Cuarenta y Cuatro con la Quinta Avenida, no porque no haya varios buenos bancos mucho más cerca de mi lugar de trabajo, sino porque los administrativos, los cajeros, el vigilante de la entrada, el señor Arriman y todos los demás con los que entro en contacto se encargan de ser agradables. Mi cuenta es pequeña, pero ellos me reciben como si fuera muy grande.

Admiro enormemente a John D. Rockefeller, hijo, no porque sea el hijo de uno de los hombres más ricos del mundo, sino por un motivo mejor: porque él también ha adquirido el hábito de ser agradable.

En la pequeña ciudad de Lancaster, Pensilvania, vive M. T. Garvin, un comerciante de éxito, y para hacerle una visita estoy dispuesto a viajar cientos de kilómetros, no porque sea rico, sino porque él se encarga de ser agradable. No obstante, no tengo ninguna duda de que su éxito material está estrechamente relacionado con ese noble arte de la afabilidad que ha adquirido.

En el bolsillo de mi chaleco tengo una pluma Parker, y mi mujer y mis hijos tienen plumas de la misma marca, no porque no haya otras plumas buenas, sino porque el George S. Parker me ha atraído debido a su hábito de ser agradable.

Mi esposa lee el *Ladie's Home Journal*, no porque no haya otras revistas buenas de naturaleza similar, sino porque ésta nos atrajo hace ya varios años, cuando Edward Bok era su director, ya que él había adquirido el arte de ser agradable.

¡Ay, peregrinos luchadores, que buscáis el final del arco iris, que extraéis agua y cortáis leña, quedaos en el borde del camino durante un rato y aprended la lección de los hombres y mujeres que han tenido éxito porque han adquirido el arte de ser agradables!

Durante un tiempo, podéis ganar actuando de modo implacable y a hurtadillas, podéis acumular más bienes de este mundo de los que necesitaréis jamás, por la mera fuerza y con astutas estrategias, sin tomaros el tiempo ni preocuparos por ser agradables, pero tarde o temprano llegará ese punto en la vida en el que sentiréis las punzadas de remordimiento y el vacío de vuestro rebosante monedero.

No hay vez que piense en el poder, la posición y la riqueza que han sido adquiridos por la fuerza, en que no experimente, muy profundamente, el sentimiento expresado por un hombre, cuyo nombre no osaré mencionar, ante la tumba de Napoleón:

Nadie tiene derecho a crear tensiones en una relación amistosa llevándola hasta el punto de la ruptura por pedirle a un amigo, o esperar de él, algo que le suponga una carga.

«Hace poco tiempo, estuve ante la tumba del viejo Napoleón (una tumba magnífica, con dorados y oro, casi apropiada para una deidad muerta) y contemplé el sarcófago de un mármol poco común, sin nombre, donde descansan las últimas cenizas de aquel hombre inquieto. Me incliné sobre la barandilla en la carrera del más grande de todos los soldados del mundo moderno. Lo vi en Toulon. Lo vi caminando por las orillas del Siena contemplando el suicidio. Lo vi dominando a la muchedumbre en las calles de París. Lo vi a la cabeza del ejército en Italia. Lo vi atravesando el puente en Lodi con la bandera tricolor en la mano. Lo vi en Egipto, bajo la sombra de las pirámides, lo vi conquistar los Alpes y mezclar las águilas de Francia con las águilas de los riscos. Lo vi en Marengo, en Ulm y en Austerlitz. Lo vi en Rusia, cuando la infantería de la nieve y la caballería de las salvajes ráfagas de viento esparcieron sus legiones cual hojas secas invernales. Lo vi en Leipsic, en la derrota y el desastre, obligado a regresar a París por un millón de bayonetas, sujetado como una bestia salvaje, desterrado a Elba. Lo vi escapar y retomar un imperio con la fuerza de su genio. Lo vi en el aterrador campo de Waterloo, donde el azar y el destino se combinaron para destruir las fortunas de su anterior rey. Y lo vi en Santa Helena, con las manos cruzadas a la espalda, contemplando el triste y solemne mar.

»Pensé en las viudas y los huérfanos que había provocado, en las lágrimas que se habían derramado por su gloria y en la única mujer que lo amó, alejados de su corazón por la fría mano de la ambición. Y dije que yo habría preferido ser un campesino francés y llevar zapatos de madera; habría preferido vivir en una choza con una viña creciendo sobre la puerta y con las uvas tornándose moradas bajo el beso amoroso del sol otoñal; habría preferido ser un campesino pobre, con una esposa tejiendo a mi lado mientras el día desaparecía en el cielo, con unos hijos en mis rodillas, rodeándome con sus brazos; habría preferido ser ese hombre y descender al silencio sin lengua del polvo sin sueños, antes que haber sido esa personificación imperial de la fuerza y el asesinato conocida como Napoleón el Grande.»

Dejo contigo, como el clímax apropiado para esta lección, el pensamiento de esta disertación inmortal sobre un hombre que vivió por la espada de la fuerza y tuvo una muerte deshonrosa, siendo un paria a ojos de sus semejantes, una llaga en la memoria de la civilización, un fracaso, porque... ¡No adquirió el arte de ser agradable! Porque no pudo, o no quiso, subordinar el «yo» por el bien de sus seguidores.

LAS LEYES DEL ÉXITO

Undécima lección

EL PENSAMIENTO CORRECTO

«*¡Puedes hacerlo si crees que puedes!*»

Esta lección es, al mismo tiempo, la más *importante*, la más *interesante* y la más difícil de presentar de todo el curso de las LEYES DEL ÉXITO.

Es importante porque trata sobre un principio que está presente en todo el curso; es interesante por la misma razón; es difícil de presentar porque llevará al estudiante medio mucho más allá de la línea fronteriza de sus experiencias corrientes, introduciéndolo en un ámbito de *pensamiento* en el que no está habituado a permanecer.

Si no estudias esta lección con una mente abierta, se te escapará la piedra clave del arco de este curso, y sin ella jamás podrás acabar tu TEMPLO DEL ÉXITO. Esta lección te ofrecerá un concepto del *pensamiento* que puede llevarte muy por encima del nivel que has alcanzado mediante los procesos evolutivos que has experimentado en el pasado. Por este motivo, no deberías decepcionarte si, en la primera lectura, no la comprendes del todo. La mayoría de nosotros *no cree* en aquello que no puede entender, y teniendo presente este conocimiento de la tendencia humana, te recomiendo que no te cierres si en la primera lectura no comprendes todo lo que la lección guarda.

Durante miles de años, el hombre sólo construyó barcos de madera. Utilizaba la madera porque creía que era el único material capaz de flotar, pero esto se debía a que todavía no había avanzado lo suficiente en su proceso de *pensamiento* para comprender que el acero puede flotar y que es muy superior a la madera para la construcción de barcos. No sabía que cualquier cosa puede flotar si es más liviana que la cantidad de agua desplazada, y continuó construyendo barcos de madera hasta conocer esta gran verdad.

Es comprensible que les hables a tus amigos
de tus necesidades, insinuándolas con tacto,
pero si quieres conservar su amistad
cuídate de no pedirles ayuda directamente.

Hasta hace unos veinticinco años, la mayoría de la gente creía que sólo las aves podían volar, pero ahora sabemos que el hombre no sólo puede imitar el vuelo de los pájaros, sino que puede superarlo.

Hasta hace muy poco, el ser humano no sabía que el gran vacío abierto conocido como «aire» está más vivo y es más sensible que cualquier cosa que haya sobre la tierra. No sabía que la palabra hablada viajaría a través del éter a la velocidad del rayo, sin la ayuda de cables. ¿Cómo podía saber esto, cuando su mente todavía no se había desarrollado lo suficiente para comprenderlo? El propósito de esta lección es ayudarte a desarrollar y expandir tu mente de manera que puedas ser capaz de *pensar* con exactitud, pues este desarrollo te abrirá una puerta que conduce a todo el poder que necesitarás para completar tu TEMPLO DEL ÉXITO.

A lo largo de las lecciones anteriores de este curso, hemos tratado unos principios que cualquiera podría comprender y aplicar fácilmente. También verás que estos principios han sido presentados de manera que puedan conducir al *éxito* que se mide por la riqueza material. Consideré necesario hacerlo así porque, para la mayoría de la gente, los términos *éxito* y *dinero* son sinónimos. Obviamente, las lecciones anteriores de este curso estaban dirigidas a aquellas personas que piensan que las cosas mundanas y la riqueza material son lo único que se incluye en el *éxito*.

Dicho de otro modo: yo era consciente de que la mayoría de los estudiantes de este curso se sentirían decepcionados si les indicara un camino hacia el *éxito* que pasara por otras puertas que no fueran los negocios, las finanzas y la industria, pues es de conocimiento público que la mayoría de la gente quiere un éxito que se traduzca en dinero.

Muy bien: que aquellos que están satisfechos con ese nivel se queden con él, pero hay quienes querrán subir unos peldaños más en esta escalera, buscando un *éxito* que se mida con otros criterios que no son materiales; para su beneficio particular están pensadas esta lección y las subsiguientes.

El pensamiento correcto incluye dos elementos fundamentales que deben ser observados por cualquiera que lo practique. En primer lugar, para pensar correctamente hay que separar los datos de la mera información. Tienes mucha «información» disponible que no está basada en datos. En segundo lugar, debes dividir los datos en dos tipos: esto es, los importantes y los poco importantes, o los relevantes y los irrelevantes. Únicamente haciendo esto podrás pensar con claridad.

Todos los *datos* que puedas usar para alcanzar tu *claro objetivo principal* son importantes y relevantes; todos los que no puedas utilizar son poco importantes e irrelevantes. Es principalmente el descuido de algunos al hacer esta distinción lo que produce la brecha que separa tanto a las personas que parecen tener la misma habilidad y que han tenido las mismas oportunidades. Sin salir de tu propio círculo de conocidos, podrías señalar a una o más personas que no han tenido mejores oportunidades que tú y que aparentemente tienen la misma capacidad que tú, o incluso menor, y que están alcanzando un éxito mucho mayor. ¡Y te preguntas por qué!

Busca diligentemente, y descubrirás que todas esas personas han adquirido el hábito de combinar y utilizar los *datos importantes* que afectan a su línea de trabajo. Lejos de trabajar más que tú, quizá incluso estén trabajando menos y con mayor comodidad. En virtud de haber aprendido el secreto de separar los *datos importantes* de los *poco importantes*, han conseguido una especie de fulcro y de palanca con los que pueden mover, tan sólo con sus dedos, unas cargas que tú eres incapaz de mover con todo el peso de tu cuerpo.

La persona que adquiere el hábito de dirigir su atención a los datos importantes con los que está construyendo su templo, se hace así con un poder que sería como un martillo mecánico capaz de dar un golpe de diez toneladas, comparado con un martillo corriente capaz de dar un golpe de unos pocos gramos.

Si estos símiles te parecen elementales, deberías tener en cuenta que algunos de los estudiantes de este curso todavía no han desarrollado la capacidad de pensar en términos más complejos, e intentar obligarlos a hacerlo equivaldría a dejarlos atrás sin esperanza.

Para que puedas entender la importancia de distinguir los *datos* de la mera *información*, estudia el tipo de persona que se guía enteramente por aquello que oye, que es influida por todos los «susurros de los vientos de la chismorrería», que acepta, sin un análisis, todo lo que lee en los diarios y que juzga a los demás por lo que sus enemigos, sus competidores y sus contemporáneos dicen de ellos.

Busca en tu círculo de conocidos y elige a alguien que sea este tipo de persona como un ejemplo para tener presente mientras tratamos este tema. Observa que suele iniciar su conversación con frases como éstas: «Por lo que he leído en los diarios» o «dicen que». El pensador correcto sabe que los diarios no siempre son exactos en sus informes y que lo que «dicen» suele contener más falsedad que verdad. Si no te has elevado por encima del grupo del «por lo que he leído en los diarios» y el «dicen que», todavía tienes que recorrer un largo camino para llegar a ser un pensador correcto. Ciertamente, muchas verdades y muchos datos viajan disfrazados de chismorreo ocioso y de artículos periodísticos, pero el que piensa correctamente no aceptará como datos todo lo que oye y ve.

Éste es un punto que me siento impulsado a remarcar, porque constituye las rocas y los arrecifes con los que se topan tantas personas que se hunden en la derrota en un océano sin fondo de falsas conclusiones.

En el ámbito del procedimiento legal, existe un principio llamado la ley de la *evidencia*, y el objeto de esta ley es llegar a los *hechos*. Cualquier juez puede proceder con justicia hacia todos los implicados si tiene *datos* en los que basar su juicio, pero puede crear estragos en la gente inocente si evita la ley de la *evidencia* y llega a una conclusión o un juicio que parte de una *información basada en rumores*.

La LEY DE LA EVIDENCIA varía según el tema y las circunstancias con los que se utiliza, pero no estarás muy equivocado si, en ausencia de aquello que conoces como *datos*, te formas tus juicios sobre la hipótesis de que sólo una parte de la evidencia que tienes delante, que beneficia a tus propios intereses *sin perjudicar a otras personas*, se basa en *datos*.

El gran Edison falló diez mil veces antes de conseguir que la luz eléctrica incandescente funcionase.

No te desanimes ni «abandones» si fallas una o dos veces antes de conseguir que tus planes funcionen.

Éste es un punto crucial e *importante* en esta lección; por lo tanto, quiero asegurarme de que no te lo tomas a la ligera. Muchas personas confunden, a sabiendas o no, la conveniencia con los *datos*, haciendo o dejando de hacer algo por la mera razón de que esta acción beneficia sus propios intereses, sin tener en cuenta si esto interfiere con los derechos de otras personas.

Lo cierto es que, actualmente, la mayor parte del pensamiento, no importa cuán deplorable sea, lejos de ser *correcto*, se basa únicamente en la conveniencia. Para el estudiante más avanzado del *pensamiento correcto*, resulta sorprendente ver cuántas personas son «honradas» cuando eso las beneficia, pero encuentran una miríada de datos (?) para justificarse por haber tomado un rumbo deshonesto cuando dicho rumbo parece ser más beneficioso o ventajoso. Sin duda, conoces gente así.

El que *piensa correctamente* adopta un criterio con el que guiarse y lo sigue en todo momento, tanto si funciona para su propio beneficio inmediato como si lo lleva, de vez en cuando, por los caminos de la desventaja (como, indudablemente, ocurrirá).

El *pensador correcto* se enfrenta a los *datos*, independientemente de cómo afectan a sus propios intereses, pues sabe que finalmente su proceder le llevará a la cima, en plena posesión del que representa su *claro objetivo principal* en la vida. Comprende la solidez de la filosofía que el antiguo filósofo Croeso tenía en mente cuando dijo:

«Hay una rueda en la que giran los asuntos de los hombres, y su mecanismo es tal que impide que *cualquier* hombre sea *siempre* afortunado».

Quien *piensa correctamente* sólo tiene un criterio según el cual se conduce en el trato con sus semejantes, y observa dicho criterio fielmente tanto cuando le proporciona una desventaja temporal como cuando le ofrece una ventaja destacable; pues, siendo un *pensador correcto*, sabe que, por la ley de los promedios, en algún tiempo futuro habrá recuperado con creces lo que perdió al aplicar su criterio en su propia desventaja temporal.

Más vale que te empieces a preparar para entender que es necesario tener un *carácter* de lo más firme e inalterable para llegar a ser un *pensador correcto*, pues, como puedes ver, es allí a donde nos conduce el razonamiento de esta lección.

Hay una cierta penalización temporal adherida al *pensamiento correcto*, eso es innegable, pero, aunque esto es cierto, también es verdad que la *recompensa* o compensación en conjunto es tan abrumadoramente mayor, que pagarás de buena gana dicha penalización.

Al buscar *datos*, a menudo debemos reunirlos a través de una única fuente: el conocimiento y la experiencia de otras personas. Entonces se hace necesario examinar detenidamente tanto las pruebas presentadas como el individuo que las presenta, y cuando las pruebas son de una naturaleza tal que afectan a los intereses del testigo que las está proporcionando, tendremos un motivo para examinarlas con mayor cuidado, pues, a menudo, dicho testigo cae en la tentación de colorear y tergiversarlas para proteger sus intereses.

Si un hombre difama a otro, sus comentarios deberían ser aceptados, si es que tienen algún peso, con al menos un gramo de la proverbial cautela, pues es una tendencia humana corriente que la persona no encuentre más que el mal en aquellos que no le agradan. El hombre que ha alcanzado un grado de *pensamiento correcto* que le permite hablar de su enemigo sin exagerar sus faltas ni minimizar sus virtudes es la excepción, y no la regla.

Algunas personas muy capaces todavía no se han alzado por encima de este hábito vulgar y autodestructivo de despreciar a sus enemigos, a sus competidores y a sus contemporáneos. Deseo llevar esta tendencia corriente a tu atención con todo el énfasis posible, porque es fatal para un *pensamiento correcto*.

Para que puedas convertirte en un *pensador correcto*, debes comprender y aceptar el hecho de que en cuanto un hombre o una mujer asume el liderazgo en cualquier ámbito de la vida, los difamadores comienzan a hacer circular «rumores» y chismes sutiles acerca de su carácter.

No importa lo bueno que sea su carácter o el servicio que pueda estar prestando al mundo, no puede escapar a la atención de esas personas equivocadas que se deleitan *destruyendo* en lugar de *construir*. Los enemigos políticos de Lincoln hicieron circular la noticia de que vivía con una mujer negra. Los enemigos políticos de Washington hicieron circular un rumor similar acerca de él. Puesto que Lincoln y Washington procedían del sur, sin duda quienes hicieron circular esta noticia la consideraban al mismo tiempo la más conveniente y degradante que podían imaginar.

Pero no tenemos que remontarnos hasta nuestro primer presidente para encontrar pruebas de esta naturaleza difamadora con que están dotados los seres humanos, pues fueron más allá en su elogio del presidente Harding, e hicieron circular el rumor de que tenía sangre negra en sus venas.

Cuando Woodrow Wilson llegó de París con lo que él consideraba un plan sólido para acabar con la guerra y arreglar las disputas internacionales, es posible que todos, excepto el *pensador correcto*, creyeran, por los informes del coro del «*dicen que*», que era una combinación de Nerón y Judas Iscariote. Los políticos de poca monta, los políticos chabacanos, los políticos «pagados con intereses» y los meros ignorantes carentes de un pensamiento propio, todos se unieron en un poderoso coro con el propósito de destruir *al único hombre en la historia del mundo que ha ofrecido un plan para erradicar la guerra*.

Los difamadores mataron a Harding y a Wilson: los asesinaron con mentiras viciosas. Hicieron lo mismo con Lincoln, aunque de una forma más espectacular, incitando a un fanático a acelerar su muerte con una bala.

El arte de gobernar y la política no son los únicos campos en los que el pensador correcto debe estar en guardia contra el coro del «*dicen que*». En el momento en que una persona empieza a hacerse notar en el campo de la industria o los negocios, este coro se torna activo. Si un hombre hace una trampa para ratones mejor que la de su vecino, el mundo construirá un camino hasta su puerta, no te quepa duda de ello, y en el grupo de los que lo sigan estarán aquellos que vienen, no a elogiar, sino a condenar y a destruir su reputación. John H. Patterson, que fue director de la National Cash Register Company, es un ejemplo notable de lo que le puede ocurrir a un hombre que fabrica una caja registradora mejor que la de su prójimo; sin embargo, en la mente del *pensador correcto* no hay ni una chispa de evidencia que apoye las crueles historias que los competidores del señor Patterson hicieron circular sobre él.

En cuanto a Wilson y Harding, sólo podemos juzgar cómo los verá la posteridad observando cómo ha inmortalizado los nombres de Lincoln y Washington. Sólo la verdad perdura; todo lo demás morirá con el tiempo.

Estás bien adentrado en el camino hacia el éxito

si tienes un concepto tan inteligente de la vida

que nunca crearás un plan que incluya

pedirle a otra persona que haga algo

que no le dé en recompensa alguna ventaja

correspondiente por haber accedido a tu petición.

El objeto de estas referencias no es elogiar a aquellos que no necesitan ningún elogio, sino dirigir tu atención al *hecho* de que las pruebas del «*dicen que*» siempre son sometidas al examen más detenido, y más aún cuando son de naturaleza negativa o destructiva. No puede producirse ningún daño al aceptar como un *hecho* unos testimonios constructivos, aunque estén basados en rumores; pero lo opuesto, si es aceptado, debería ser sometido a una inspección de lo más detenida con todos los medios posibles para aplicar la ley de la evidencia.

Como pensador correcto, tienes el privilegio y el deber de valerte de datos, aunque tengas que esforzarte para conseguirlos. Si te permites ser arrastrado de aquí para allá por toda la información que llame tu atención, nunca serás un pensador correcto, y si no piensas correctamente no podrás estar seguro de alcanzar el que es tu claro objetivo principal en la vida.

Más de un hombre ha caído en la derrota porque, a causa de sus prejuicios y de su odio, subestimó las virtudes de sus enemigos o competidores. Los ojos del pensador correcto ven hechos, y no las ilusiones del prejuicio, el odio y la envidia.

Un pensador correcto debe ser honorable, en el sentido de ser lo bastante justo (al menos consigo mismo) como para buscar virtudes, así como fallos, en las demás personas, pues no es descabellado suponer que todas las personas tienen un poco de estos dos aspectos. «No creo que pueda permitirme engañar a los demás, ¡y sé que no puedo permitirme engañarme a mí mismo!» Éste debe ser el lema del pensador correcto.

Suponiendo que estas «pistas» sean suficientes para grabar en tu mente la importancia de buscar *datos* hasta que estés razonablemente seguro de que los has encontrado, trataremos el asunto de organizar, clasificar y utilizar estos *datos*. Busca, una vez más, en tu círculo de conocidos y encuentra a alguna persona que aparentemente consiga más con un menor esfuerzo que cualquiera de sus colegas. Estúdiala y observarás que es una estratega, porque ha aprendido a organizar los *datos* de tal manera que utiliza a su favor la LEY DE LAS GANANCIAS CRECIENTES que describimos en una lección anterior.

La persona que *sabe* que está trabajando con *datos* realiza su tarea con un sentimiento de *seguridad en sí misma* que le permite evitar contemporizar, vacilar o esperar para asegurarse de qué terreno pisa. Sabe de antemano cuál será el resultado de sus esfuerzos y, por lo tanto, avanza con mayor rapidez y consigue más que la persona que debe «guiarse por lo que siente» porque no está segura de estar trabajando con *datos*.

La persona que conoce las ventajas de buscar *datos* como base de su pensamiento ha recorrido un largo camino hacia el desarrollo de un *pensamiento correcto*, pero aquella que ha aprendido a separar los *datos* en *importantes* y *poco importantes* ha ido más lejos todavía. Esta última puede compararse con el hombre que utiliza un martillo mecánico, consiguiendo en un solo golpe más de lo que puede conseguir el otro con diez mil golpes con un martillo casero.

Analicemos brevemente a algunos hombres que se han propuesto tratar con los *datos relevantes* o *importantes* relacionados con su trabajo en la vida.

Si no fuera por el hecho de que este curso está adaptado a las necesidades prácticas de los hombres y mujeres del mundo laboral actual, nos remontaríamos a grandes hombres del pasado (Platón, Aristóteles, Epicteto, Sócrates, Salomón, Moisés y Cristo) y dirigiríamos la atención a su hábito de tratar con *datos*. No obstante, podemos encontrar ejemplos más cercanos a nuestra generación que servirán a nuestro propósito de una forma más ventajosa en este punto en particular.

Puesto que ésta es una era en la que el dinero se considera la prueba más concreta del *éxito*, estudiemos a un hombre que ha acumulado más que ningún otro hombre en la historia del mundo: John D. Rockefeller.

El señor Rockefeller posee una cualidad que destaca como una estrella resplandeciente por encima de todas las demás: su costumbre de ocuparse únicamente de los *datos relevantes* relativos a su trabajo. Siendo un hombre muy joven (y muy pobre, en aquella época), Rockefeller adoptó, como su *claro objetivo principal*, la acumulación de una gran riqueza. No tengo intención de entrar en el método que utilizó para acumular su fortuna, ni tendría ninguna ventaja particular hacerlo, excepto para observar que *su cualidad más pronunciada* era la de insistir en los *datos* como la base de su filosofía en los negocios. Hay quien dice que Rockefeller no siempre fue justo con sus competidores. Eso puede ser o no ser cierto (como pensadores correctos, dejaremos este punto tranquilo), pero nadie, ni siquiera sus rivales, ha acusado jamás al señor Rockefeller de formarse «juicios rápidos» o de subestimar la fuerza de sus competidores. No sólo reconocía los *datos* que afectaban a su negocio, donde y cuando los encontrara, sino que además *se encargaba de buscarlos hasta asegurarse de que los había encontrado*.

Thomas A. Edison es otro ejemplo de un hombre que ha llegado a la grandeza mediante la organización, la clasificación y el uso de *datos relevantes.* El señor Edison trabaja con las leyes naturales como su principal ayuda; por lo tanto, *debe* estar seguro de sus *datos* para poder utilizar esas leyes. Cada vez que pulsas un interruptor y enciendes una luz eléctrica, recuerda que fue la capacidad de Edison de organizar *datos relevantes* lo que ha hecho que eso sea posible.

Cada vez que oigas un gramófono, recuerda que Edison fue el hombre que lo hizo realidad mediante su persistente hábito de tratar con *datos relevantes.*

Cada vez que veas una película, recuerda que surgió del hábito de Edison de tratar con *datos importantes y relevantes.*

En el campo de la ciencia, los *datos relevantes* son las herramientas con las que trabajan hombres y mujeres. La mera información, o los testimonios basados en lo que han dicho otras personas, no tienen ningún valor para Edison, aunque podría haber desperdiciado su vida trabajando con ellos, como están haciendo millones de personas.

Los testimonios basados en lo que han dicho otras personas nunca podrían haber producido la luz eléctrica, el fonógrafo o las películas, y si lo hubieran hecho, el fenómeno habría sido un «accidente». En esta lección estamos intentando preparar al estudiante para evitar los «accidentes».

Ahora surge la pregunta de qué constituye un *dato importante y relevante.* La respuesta depende enteramente de lo que constituya tu *claro objetivo principal* en la vida, pues cualquier dato que puedas utilizar, sin interferir con los derechos de otras personas, para la realización de dicho propósito, es un *dato importante y relevante.* Todos los demás *datos*, en lo que a ti respecta, son superfluos y, en el mejor de los casos, de una importancia menor.

Sin embargo, organizar, clasificar y utilizar *datos poco importantes* e *irrelevantes* puede suponer el mismo esfuerzo que hacerlo con sus opuestos, *pero no conseguirás tanto.*

Hasta el momento hemos estado comentando únicamente un factor del *pensamiento correcto:* el que se basa en el razonamiento deductivo. Quizá éste sea el punto en que algunos estudiantes de este curso tendrán que *pensar* en términos con los que no están familiarizados, pues ahora llegamos al comentario del *pensamiento* que hace mucho más que reunir, organizar y combinar *datos:* llamémoslo *pensamiento creativo.*

Para que puedas entender por qué se le llama *pensamiento creativo*, es necesario que estudiemos brevemente el proceso de evolución mediante el cual se creó el *hombre pensante*.

El *hombre pensante* lleva mucho tiempo en el camino de la evolución y ha recorrido un largo trecho. En palabras del juez T. Troward en *Bible Mystery and Bible Meaning* [Misterio y significado de la Biblia]: «El hombre perfeccionado es la cumbre de la pirámide evolutiva, y por una secuencia necesaria».

El arte de vender consiste, en gran medida,
en conocer los méritos de los productos
o el servicio que uno está intentando vender
y en mostrárselos al posible comprador.

Sigamos la pista del hombre pensante a través de los cinco pasos evolutivos por los que se cree que ha pasado, empezando por el inferior; es decir:

1. **Período mineral**. Aquí encontramos vida en su forma inferior, inmóvil e inerte; una masa de sustancias minerales, sin la capacidad de moverse.
2. **Período vegetal**. Aquí encontramos vida en una forma más activa, con la inteligencia suficiente para conseguir alimentos, crecer y reproducirse, pero todavía incapaz de moverse de sus amarraderos fijos.
3. **Período animal**. Aquí encontramos vida en una forma superior y más inteligente, con la capacidad de moverse de un lugar a otro.
4. **Período humano o del hombre pensante**, donde encontramos vida en la forma más elevada que se conoce, porque el hombre es capaz de pensar y porque el pensamiento es la forma de energía más elevada que conocemos. En el ámbito

del *pensamiento*, el ser humano no conoce limitaciones. Puede enviar sus pensamientos a las estrellas con la rapidez de un rayo. Puede reunir datos y organizarlos en nuevas y variadas combinaciones. Puede crear hipótesis y traducirlas en una realidad física, mediante el pensamiento. Puede razonar tanto inductiva como deductivamente.

5. **Período espiritual.** En este plano, las formas inferiores de vida descritas en los cuatro períodos antes mencionados, convergen y se vuelven infinitas en la naturaleza. En este punto, el *hombre pensante* se ha desarrollado, se ha expandido y ha crecido hasta proyectar su capacidad de pensar en la *inteligencia infinita*. Todavía, en este quinto período, el *hombre pensante* es sólo un niño, pues todavía no ha aprendido a apropiarse, para su propio uso, de esta *inteligencia infinita* llamada Espíritu. Además, con algunas raras excepciones, el ser humano todavía no ha reconocido el *pensamiento* como el punto de conexión que le permite acceder al poder de la *inteligencia infinita*. Estas excepciones han sido hombres como Moisés, Salomón, Cristo, Platón, Aristóteles, Sócrates, Confucio y un número comparativamente pequeño de otros como ellos. Desde su época, hemos tenido a muchas personas que han revelado parcialmente esta gran *verdad*, pero la *verdad*, en sí misma, es tan accesible ahora como lo era entonces.

Para hacer uso del *pensamiento creativo*, uno debe trabajar extensamente con la *fe*, y ésta es la razón principal de no haya más personas que practiquen este tipo de *pensamiento*. Los más ignorantes de la raza humana pueden *pensar* en términos de razonamiento deductivo en relación con asuntos de una naturaleza puramente física y material, pero ir un paso más arriba y *pensar* en términos de *inteligencia infinita* es otra cosa. El hombre medio se siente totalmente perdido cuando va más allá de aquello que puede entender con la ayuda de sus cinco sentidos físicos (vista, oído, tacto, olfato y gusto). La *inteligencia infinita* no funciona por mediación de ninguno de ellos y no podemos invocar su ayuda a través de ellos.

«¿Cómo, entonces, puede apropiarse uno del poder de la inteligencia infinita?» es una pregunta natural. Y la respuesta es: ¡mediante el pensamiento creativo!

Para dejar clara la manera exacta en que se hace esto, ahora llevaré tu atención a algunas de las lecciones precedentes de este curso, a través de las cuales te has preparado para comprender el significado del término *pensamiento creativo*.

En la segunda lección y, hasta cierto punto, en prácticamente todas las demás lecciones que la siguieron hasta llegar a ésta, has observado la utilización frecuente del término «autosugestión» (una sugestión que uno se hace a sí mismo). Ahora volvemos una vez más a ese término, porque la autosugestión es la línea telegráfica, por así decirlo, con la que puedes registrar en tu mente subconsciente una descripción o un plan de aquello que deseas *crear* o adquirir en forma física. Se trata de un proceso que puedes aprender a utilizar fácilmente.

La mente subconsciente es el intermediario entre el *pensamiento* consciente y la *inteligencia infinita*, y tú puedes invocar la ayuda de la *inteligencia infinita* únicamente a través de la mente subconsciente, dándole instrucciones claras de lo que deseas. Aquí te familiarizas con la razón psicológica para tener un *claro objetivo principal*.

Si todavía no has comprendido la importancia de crear un *claro objetivo principal* como el objeto de tu trabajo en la vida, seguramente lo harás antes de haber dominado esta lección.

Sabiendo, desde mi propia experiencia como principiante en el estudio de este y otros temas relacionados, qué poco comprendía términos como «mente subconsciente», «autosugestión» y «*pensamiento creativo*», a lo largo de este curso me he tomado la libertad de describir estos términos mediante todos los símiles e ilustraciones posibles, con el objeto de dejar tan claro su significado y el método para su aplicación que ningún estudiante pueda dejar de entenderlos. Esto explica la repetición de términos que observarás a lo largo de todo el curso y, al mismo tiempo, se dirige como una disculpa a aquellas personas que ya han avanzado lo suficiente para captar el significado de muchas cosas que el principiante no comprenderá en la primera lectura.

La mente subconsciente tiene una característica destacable hacia la que ahora dirigiré tu atención: esto es, *que registra las sugestiones que le envías a través de la autosugestión e invoca la ayuda de la inteligencia infinita para trasladar estas sugestiones a su forma física natural con medios naturales que no son, en absoluto, nada extraordinario.* Es importante que comprendas la frase anterior, ya que, si no es así, es probable que no llegues a entender tampoco la importancia de los cimientos mismos sobre los que está construido este curso, *siendo esos cimientos el principio de la inteligencia infinita,* la cual puedes alcanzar y apropiarte de ella a voluntad mediante la ayuda de la LEY DE LA «MENTE MAESTRA» descrita en la lección introductoria.

Estudia detenida, seria y meditativamente, todo el párrafo anterior. La mente subconsciente tiene otra característica destacable: acepta todas las sugestiones que le llegan y las lleva a la acción, tanto si son constructivas como si son destructivas, y tanto si provienen del exterior como si lo hacen de tu propia mente consciente.

Por lo tanto, como puedes ver, es esencial que observes la LEY DE LA EVIDENCIA y sigas cuidadosamente los principios expuestos al principio de esta lección al elegir lo que trasladarás a tu mente subconsciente mediante la autosugestión. Puedes entender por qué uno debe buscar *datos* diligentemente y por qué uno no se puede permitir prestar un oído receptivo al difamador y al chismoso, pues hacerlo equivaldría a dar a la mente subconsciente un alimento perjudicial y ruinoso para el *pensamiento creativo.*

La mente subconsciente se puede comparar con la placa sensible de una cámara fotográfica en la que quedará registrada la imagen de cualquier objeto colocado delante de ella. La placa no elige el tipo de imagen que se grabará en ella, sino que registra cualquier cosa que le llegue a través del lente. La mente consciente puede compararse al obturador que se cierra para impedir el paso de la luz hacia la placa sensible, impidiendo que sólo llegue a ella aquello que el fotógrafo desea registrar. La lente de la cámara se podría comparar a la autosugestión, pues es el medio que transporta la imagen del objeto que debe ser registrado hasta la placa sensible. Y la *inteligencia infinita* se podría comparar a la persona que revela la placa después de que una imagen haya quedado registrada en ella, llevándola así a la realidad física.

La cámara corriente es un instrumento espléndido con el que comparar todo el proceso del pensamiento creativo. Primero viene la elección del objeto que se expondrá ante la cámara: éste representa nuestro *claro objetivo principal* en la vida. Luego está la operación de registrar un claro bosquejo de ese *propósito* a través de la lente de la autosugestión en la placa sensible de la mente subconsciente. Aquí entra la *inteligencia infinita* y desarrolla dicho bosquejo en una forma física que sea apropiada para la naturaleza del *propósito*. ¡Está claro cuál es el papel que tú debes representar!

Eliges la imagen que va a ser registrada (*claro objetivo principal*). Luego fijas tu mente subconsciente en ese propósito con una intensidad tal que se comunique con la mente subconsciente, a través de la autosugestión, y ésta registre la imagen. Entonces empiezas a estar vigilante y esperar manifestaciones de la realización física del tema de la imagen.

Cualquier persona puede llegar a ser grande
haciendo las cosas corrientes de la vida
con un gran espíritu,
con un deseo genuino de ser útil a los demás,
sea cual sea su actividad.

Ten en cuenta el hecho de que uno no se sienta a esperar, ni se va a la cama a dormir con la expectativa de despertar y encontrar que la *inteligencia infinita* le ha enviado el objeto de su claro objetivo principal. Uno sigue adelante, de la manera habitual, realizando su trabajo diario de acuerdo con las instrucciones dadas en la novena lección de este curso, *con absoluta fe y confianza en que los caminos y los medios naturales para la realización del objeto del claro propósito se abrirán ante uno en el momento adecuado y de una forma conveniente.*

Es posible que el camino no se abra de repente, desde el primer paso hasta el último, pero puede ir haciéndolo paso a paso. Por lo tanto, cuando seas consciente de una oportunidad para dar el primer paso, dalo sin vacilar, y haz lo mismo cuando se manifiesten el segundo, el tercero y todos los pasos subsiguientes esenciales para la realización de tu claro objetivo principal.

La inteligencia infinita no te va a construir una casa y a entregártela, lista para entrar a vivir, pero te abrirá el camino y te proporcionará los medios necesarios para que tú puedas construir tu propia casa. No le ordenará al cajero de tu banco que coloque una suma definida de dinero en tu cuenta, simplemente porque tú se lo hayas sugerido a tu mente subconsciente, pero te abrirá el camino para que puedas ganar, o pedir prestado, ese dinero y lo pongas en tu propia cuenta. No echará al actual ocupante de la Casa Blanca para colocarte a ti como presidente en su lugar, pero muy probablemente, en las circunstancias adecuadas, influirá en ti para que te prepares para ocupar dicho cargo con honor y luego te ayudará a conseguirlo mediante el método habitual.

No te apoyes en la realización de milagros para la consecución del que constituye tu claro objetivo principal, apóyate en el poder de la *inteligencia infinita* para guiarte, a través de canales naturales y con la ayuda de leyes naturales, a su realización. No esperes que la *inteligencia infinita* te traiga el objeto de tu claro objetivo principal; en lugar de eso, espera que te dirija hacia él.

Siendo un principiante, no esperes que la *inteligencia infinita* se mueva rápidamente por ti, pero cuando seas más experto en el uso del principio de la autosugestión y desarrolles la *fe* y la *comprensión* necesarias para su rápida realización, podrás crear un *claro objetivo principal* y ver cómo se traslada inmediatamente a la realidad física. La primera vez que intentaste andar no lo conseguiste, pero ahora que eres adulto (experto en el arte de andar), puedes caminar sin ningún esfuerzo. Tú también observas al niño pequeño que se tambalea, intentando caminar, y te ríes de sus esfuerzos. Como principiante en el uso del *pensamiento creativo*, puedes compararte al niño pequeño que está aprendiendo a dar los primeros pasos. Tengo buenas razones para saber que esta comparación es acertada, pero no te las diré. Dejaré que las descubras con tu propia reflexión, a tu manera.

Ten siempre presente el principio de la evolución, por cuyo funcionamiento todo lo que es físico está continuamente intentado llegar más alto y completar el ciclo entre inteligencias finitas e infinitas. El propio ser humano es el ejemplo más elevado y más digno de notarse del funcionamiento del principio de la evolución. Primero lo encontramos en los minerales de la tierra, donde hay vida pero no hay inteligencia. Luego lo encontramos, por el crecimiento de la vegetación (evolución), elevado a una forma de vida muy superior, donde disfruta de la inteligencia suficiente para alimentarse. A continuación lo encontramos funcionando en el período animal, donde posee un grado de inteligencia comparativamente elevado, con la capacidad de moverse de un lugar a otro. Por último, hallamos que se ha elevado por encima de las especies inferiores del reino animal hasta un punto en el que funciona como una entidad pensante con capacidad de apropiarse de la inteligencia infinita y hacer uso de ella.

Observa que no alcanza este estado superior de golpe. Asciende, paso a paso, y quizá pasando por muchas reencarnaciones. Ten presente esto y comprenderás por qué no puedes esperar razonablemente que la *inteligencia infinita* evite las leyes naturales y convierta al ser humano en el almacén de *todo el conocimiento* y *todo el poder* hasta que esté preparado para usar ese conocimiento y poder con una inteligencia superior a la finita.

Si quieres un buen ejemplo de lo que puede ocurrirle a una persona que repentinamente tiene el control del poder, estudia a algunos nuevos ricos o a alguien que haya heredado una fortuna. El poder monetario que ostenta John D. Rockefeller no sólo está a salvo, sino que está en unas manos en las que está sirviendo a la humanidad en el mundo entero, acabando con la ignorancia, eliminando enfermedades contagiosas y sirviendo de otras mil maneras que la persona media desconoce. Pero coloca la fortuna de John D. Rockefeller en manos de algún muchacho que todavía no ha terminado la escuela secundaria y posiblemente la historia será muy distinta, y los detalles te serán proporcionados por tu propia imaginación y conocimiento de la naturaleza humana. Tendré más que decir sobre este tema en la decimocuarta lección.

Si alguna vez has practicado la agricultura, comprenderás que para que la tierra produzca una cosecha es necesaria cierta preparación. Seguramente sabes que el cereal no crece en el bosque y que necesita sol y lluvia para hacerlo. Asimismo, comprendes que el agricultor debe arar la tierra y *sembrar correctamente el cereal*. Cuando ha hecho todo esto, entonces espera a que la naturaleza haga su parte del trabajo, y ella lo hace a su debido tiempo, sin ayuda externa.

Éste es un símil perfecto que ilustra el método a través del cual uno puede alcanzar el objeto de su *claro objetivo principal*. Primero viene la preparación de la tierra para que pueda recibir a la semilla, la cual está representada por la fe, la inteligencia infinita y la comprensión del principio de la autosugestión y la mente subconsciente, a través de la cual se puede plantar la semilla de un *claro propósito*. Luego viene un período de espera y de trabajar para la realización del objeto de dicho propósito. Durante ese período, debe haber una *fe* constante, intensificada, que sirve de sol y de lluvia, sin la cual la semilla se marchitaría y moriría en el suelo. A continuación llega la realización, la época de recolección. Y es posible producir una maravillosa cosecha.

Soy plenamente consciente de que una gran parte de lo que estoy diciendo no será comprendido por el principiante en una primera lectura, pues tengo en cuenta mis propias experiencias del comienzo. No obstante, cuando el proceso evolutivo lleve a cabo su trabajo (y lo hará; no lo dudes), todos los principios descritos en esta lección y en todas las demás, cuando los hayas dominado, te resultarán tan familiares como la tabla de multiplicar. Y lo que es aún más importante: estos principios funcionarán con la misma certeza inalterable con que lo hace el principio de la multiplicación.

Cada una de las lecciones de este curso te ha proporcionado unas instrucciones muy claras a seguir. Éstas han sido simplificadas en la medida de lo posible, para que cualquier persona las pueda entender. No se ha dejado nada al estudiante, excepto seguir las instrucciones y aportar la fe en su sólida fundación, sin la cual serían inútiles.

En esta lección estás tratando con cuatro importantes factores hacia los que dirigiré tu atención, con la petición de que te familiarices con ellos.

Éstos son:

✓ la autosugestión,
✓ la mente subconsciente,
✓ el pensamiento creativo
✓ la inteligencia infinita.

Éstos son los cuatro caminos por los que debes viajar en tu ascenso en busca del conocimiento. Observa que eres tú quien controla a tres de ellos. Observa, también (y esto es especialmente importante) que de la forma en que recorras estos tres caminos dependerá el momento y el lugar en que convergerán entrando en el cuarto, o *inteligencia infinita*.

Ahora que ya entiendes lo que significan los términos «autosugestión» y «mente subconsciente», debemos asegurarnos de que comprendes también lo que significa el término «pensamiento creativo», que quiere decir pensamiento de una naturaleza positiva, creativa, no destructiva. El objeto de la octava lección era prepararte para que comprendas y apliques eficazmente el principio del pensamiento creativo. Si no has dominado esa lección, entonces no estás preparado para hacer uso de ese tipo de pensamiento a fin de alcanzar tu claro objetivo principal.

Permíteme repetir un símil que ya he utilizado, diciendo que tu mente subconsciente es el campo o tierra en que siembras la semilla de tu claro objetivo principal. El pensamiento creativo es el instrumento con el que mantienes la tierra fertilizada y acondicionada para que esa semilla despierte al crecimiento y la madurez. Tu mente subconsciente no germinará la semilla de tu claro objetivo principal y la inteligencia infinita no convertirá tu propósito en una realidad física si llenas tu mente de odio, envidia, celos, egoísmo y codicia. Estos pensamientos negativos o destructivos son las malas hierbas que ahogarán la semilla de tu claro propósito.

El pensamiento creativo presupone que mantendrás tu mente en un estado de expectativa de alcanzar el objeto de tu claro objetivo principal, que tendrás una fe y una confianza absolutas en su realización a su debido tiempo y en su debido orden.

Si esta lección consigue lo que pretende, te aportará una comprensión más plena y más profunda de la tercera lección de este curso, que trata sobre la seguridad en uno mismo. Cuando empieces a leer acerca de cómo plantar la semilla de tus *deseos* en la tierra fértil de tu mente subconsciente, y cómo fertilizarla hasta que nazca a la vida y la acción, entonces ciertamente tendrás motivos para creer en ti mismo o en ti misma.

Y cuando hayas alcanzado ese punto en tu proceso de evolución, tendrás un conocimiento suficiente de la verdadera fuente de la que estás extrayendo tu poder, como para hacer plenamente responsable a la *inteligencia infinita* de todo aquello que antes atribuías a tu seguridad en ti mismo.

Recuerda que tu verdadera riqueza no se puede medir por lo que posees, sino por lo que eres.

La autosugestión es un arma poderosa con la que uno puede alcanzar alturas de gran éxito si la utiliza de una forma constructiva. Sin embargo, si se utiliza de una forma negativa, puede destruir toda posibilidad de éxito, y si esto se hace continuamente puede llegar a acabar con tu salud.

La minuciosa comparación de las experiencias de médicos y psiquiatras reveló la alarmante información de que el setenta y cinco por ciento de las personas que están enfermas sufren de hipocondría, lo cual es un estado mental patológico que provoca una ansiedad inútil respecto a la propia salud. Dicho en términos más sencillos, el hipocondríaco es alguien que cree que está padeciendo algún tipo de enfermedad imaginaria; y, a menudo, estas desdichadas personas creen tener todas las enfermedades de las que han oído hablar.

Por lo general, los estados hipocondríacos son inducidos por añadidura por la autointoxicación o el envenenamiento producidos porque el sistema intestinal no elimina sus desechos. La persona que sufre este estado tan tóxico no sólo es incapaz de pensar correctamente, sino que tiene todo tipo de pensamientos desnaturalizados, destructivos e ilusorios. A muchas personas enfermas se les quita las amígdalas, o se les extrae una muela, o el apéndice, cuando su problema podría haberse eliminado con un lavado interno y una botella de citrato de magnesio (con el debido respeto a mis amigos los médicos, uno de los cuales me proporcionó esta información). ¡La hipocondría es el inicio de la mayoría de los casos de demencia!

El doctor Henry R. Rose es autor del siguiente ejemplo típico del poder de la autosugestión:

«Si mi mujer muere, no creeré que Dios existe.» Su esposa estaba enferma, con neumonía, y así fue como me recibió el marido cuando llegué a su casa. Ella me había mandado llamar porque el médico le había dicho que no se recuperaría. (La mayoría de los médicos procura no hacer ese tipo de declaraciones en presencia del paciente.) La mujer había llamado a su marido y a sus hijos para que se acercaran a su lecho y se había despedido de ellos. Luego, pidió que fueran a buscar al sacerdote. Encontré al marido en el salón, llorando, y a los hijos haciendo lo posible por animar a su madre. Cuando entré en su dormitorio, respiraba con dificultad y la enfermera me dijo que estaba muy deprimida.

Pronto descubrí que la señora N. me había mandado llamar para que yo cuidara de sus hijos cuando ella hubiera muerto. Entonces le dije: «¡USTED NO VA A MORIR!» Siempre ha sido una mujer fuerte y saludable, y no creo que Dios quiera que muera y deje a sus chicos a mi cuidado, o al de cualquier otra persona».

«Le hablé en esos términos y luego le leí el salmo 103 y recé una oración preparándola para que se pusiera bien, en lugar de para encaminarse a la eternidad. Le dije que pusiera su fe en Dios y arrojara su mente y su voluntad contra cualquier pensamiento sobre la muerte. Luego la dejé, diciéndole: «Volveré después del servicio, y entonces la encontraré muy recuperada».

Esto fue el domingo por la mañana. La visité esa misma tarde. Su marido me recibió con una sonrisa. Me dijo que en cuanto me hube marchado, su esposa los había llamado a sus hijos y a él y les había dicho: «El doctor Rose dice que no voy a morir, que me voy a poner bien, y así será».

Y se puso bien. Pero, ¿qué logró que esto ocurriera? Dos cosas: la autosugestión, inducida por la sugestión que yo le había dado, y su propia fe. Llegué justo en el momento crítico, y tan grande era su fe en mí, que pude inspirar fe en ella. Fue esa fe la que inclinó la balanza y la hizo salir de la neumonía. Ninguna medicina puede curar la neumonía*. Los médicos admiten esto. Hay casos de neumonía que no se pueden curar con nada. Todos estamos tristemente de acuerdo en ello, pero hay ocasiones, como en este caso, en las que la mente, si se la hace funcionar de la manera adecuada, hace que la suerte cambie. Mientras haya vida, hay esperanza; pero la esperanza debe tener supremacía y hacer el bien que debe hacer.

He aquí otro caso destacable que demuestra el poder de la mente humana cuando se utiliza constructivamente. Un médico me pidió que fuese a ver a la señora H. Me dijo que no le ocurría nada a nivel orgánico, pero que sencillamente se negaba a comer. Al estar convencida de que no podía retener nada en el estómago, había dejado de comer y estaba muriendo lentamente de inanición. Fui a verla y me enteré de que, en primer lugar, no tenía ninguna creencia religiosa. Había perdido su fe en Dios. También descubrí que no tenía ninguna confianza en su capacidad de retener alimentos. Mi primer esfuerzo fue el de devolverle la fe en el Todopoderoso y conseguir que creyera que Él estaba con ella y le daría poder. Entonces le dije que podía comer cualquier cosa que quisiera. La verdad es que su fe en mí era enorme, y mi afirmación la impresionó. A partir de ese día, ¡empezó a comer! Tres días más tarde se levantó de la cama, por primera vez en semanas. Ahora es una mujer normal, sana y feliz.

¿Cuál fue la causa de que esto ocurriera? Las mismas fuerzas descritas en el caso anterior: la sugestión externa (que ella aceptó con fe y aplicó mediante la autosugestión) y la confianza interior.

Hay ocasiones en que la mente está enferma y hace que el cuerpo enferme. En tales ocasiones, necesita de una mente más fuerte

---

*. Este libro fue escrito antes de 1928, año en que se descubrió la penicilina (*N. de la T.*).

para sanar, que la dirija y, especialmente, le dé confianza y fe en sí misma. Esto se llama sugestión. Es transmitir tu confianza y tu poder a otra persona con tanta fuerza que consigas que crea y haga lo que tú quieres. No hace falta que sea hipnosis. Puedes obtener unos resultados maravillosos con el paciente totalmente despierto y razonando lógicamente. El paciente debe creer en ti, y tú debes comprender el funcionamiento de la mente humana para hacer frente a sus argumentos y sus preguntas. Cada uno de nosotros puede ser un sanador de este tipo y, así, ayudar a sus semejantes.

Es el deber de toda persona leer algunos de los mejores libros que hay sobre los poderes de la mente humana y conocer las cosas sorprendentes que puede hacer ésta para que la gente esté bien y feliz. Vemos las cosas terribles que el pensamiento erróneo hace a las personas, incluso hasta el punto de llevarlas a la demencia. Ya es hora de que descubramos las cosas buenas que puede hacer la mente, no sólo para curar trastornos mentales, sino también enfermedades físicas.

Ascendemos al cielo especialmente
sobre las ruinas de nuestros planes más queridos,
descubriendo que nuestros fracasos
no fueron más que unos postes indicadores amistosos
que nos hicieron avanzar y ascender hacia el éxito.

Deberías profundizar en este tema. No estoy diciendo que la mente pueda curarlo todo. No hay pruebas fiables de que ciertas formas de cáncer hayan sido curadas por el pensamiento, o la fe, o cualquier otro proceso mental o religioso. Si quieres curarte de un cáncer, debes atajarlo en su inicio y tratarlo quirúrgicamente. No hay otra manera, y sería criminal sugerir que la hay. Pero la mente puede hacer mucho con tantos tipos de indisposiciones y enfermedades que deberíamos apoyarnos en ella con más frecuencia de lo que lo hacemos.

Durante su campaña en Egipto, Napoleón caminó entre los soldados de su ejército que estaban muriendo a centenares debido a la peste negra. Tocó a uno de ellos y levantó a otro, para inspirar a los demás que no tuvieran miedo, pues la terrible enfermedad parecía extenderse tanto por la ayuda de la imaginación como por cualquier otra vía. Goethe nos dice que él mismo fue a un lugar donde había una fiebre maligna y nunca la contrajo porque impuso su voluntad. Esos gigantes entre los hombres conocían algo que estamos comenzando a descubrir lentamente: ¡el poder de la autosugestión! Esto quiere decir: la influencia que tenemos sobre nosotros mismos al creer que no vamos a contraer una enfermedad. Hay algo en la operación de la mente automática o subconsciente que hace que se eleve por encima de los gérmenes de la enfermedad y los desafíe cuando decidimos que no permitiremos que el pensar en ellos nos asuste, o cuando nos movemos entre los enfermos, incluso los contagiosos, sin pensar nada al respecto.

«La imaginación puede matar a un gato», dice el viejo adagio. Lo cierto es que puede matar a un hombre o, por el contrario, ayudarlo a ascender hasta las más asombrosas alturas del éxito, siempre y cuando la utilice como la base de su seguridad en sí mismo. Se han registrado casos verídicos de hombres que han llegado a morir al imaginar que les habían cortado la yugular con un cuchillo, cuando en realidad lo que se había utilizado era un trozo de hielo, dejando que el agua goteara para que pudieran oírla e imaginaran que se trataba de su propia sangre. Antes de iniciar el experimento, se les había vendado los ojos.

No importa lo bien que estés al salir a trabajar por la mañana, si todas las personas con las que te encuentras te dicen: «Pareces enfermo; deberías ir al médico», antes de que haya transcurrido mucho tiempo te empezarás a sentir enfermo, y si esto se mantiene durante unas horas llegarás a casa por la noche totalmente decaído y dispuesto a ver a un médico. Tal es el poder de la imaginación, o la autosugestión.

La facultad imaginativa de la mente humana es una maravillosa pieza de maquinaria mental, pero puede jugarnos malas pasadas, y suele hacerlo, si no la vigilamos y la controlamos continuamente. Si dejas que tu imaginación «espere lo peor», hará estragos contigo.

Los jóvenes estudiantes de medicina rellenan su calendario médico con toda clase de síntomas, como consecuencia de las conferencias médicas y las discusiones en clase sobre las diferentes enfermedades.

Como ya hemos dicho, a menudo la hipocondría puede ser inducida además por la intoxicación debida a una inadecuada eliminación de los residuos del cuerpo; por último, puede producirse por una falsa alarma, mediante el uso inapropiado de la imaginación. En otras palabras, el estado hipocondríaco puede tener como causa una base física real, o puede surgir enteramente por permitir que la imaginación se desboque. ¡La mayoría de médicos estuvieron de acuerdo sobre este punto!

El doctor Schofield describe el caso de una mujer que tenía un tumor. La colocaron sobre la mesa de operaciones y le pusieron la anestesia cuando, ¡hete aquí que el tumor desapareció inmediatamente y no fue necesaria ninguna operación! Pero cuando recuperó la conciencia, el tumor regresó. Entonces el médico averiguó que ella había estado viviendo con un pariente que tenía un tumor real, y la imaginación de esta mujer era tan vívida que había llegado a creer que ella también tenía uno. La volvieron a colocar en la mesa de operaciones, la anestesiaron y la vendaron alrededor de la mitad del cuerpo, para que el tumor no pudiera regresar artificialmente. Cuando despertó, le dijeron que la operación había sido un éxito, pero que era necesario que llevara el vendaje durante varios días. Ella creyó al médico y, cuando finalmente le retiraron las vendas, el tumor no había regresado. No se le practicó ninguna operación. Simplemente, la mujer había librado a su mente subconsciente del pensamiento de que tenía un tumor y su imaginación ya no tenía con qué trabajar, excepto con la idea de salud y, puesto que nunca había estado realmente enferma, continuó estando bien.

La mente puede ser curada de enfermedades imaginarias, exactamente de la misma manera que puede ser presa de dichas enfermedades por la autosugestión. El mejor momento para trabajar con una imaginación defectuosa es durante la noche, justo antes de ir a dormir, ya que en ese momento la mente automática o subconsciente está en control y durante la noche absorberá y trabajará con los pensamientos o las sugestiones que le des justo cuando tu mente consciente o «diurna» está a punto de dejar de funcionar.

Esto puede parecer imposible, pero se puede comprobar fácilmente este principio mediante el siguiente procedimiento: Si mañana quieres despertarte a las siete, o a alguna hora distinta a tu hora habitual, dite a ti mismo justo antes de dormir: «Mañana debo levantarme a las siete, sin falla».

Repítelo varias veces mientras, al mismo tiempo, grabas en tu mente el hecho de que realmente debes levantarte a la hora precisa mencionada. Entrega este pensamiento a tu mente subconsciente con la absoluta confianza de que te despertará a las siete en punto y, cuando llegue esa hora, tu subconsciente lo hará. Esta prueba se ha realizado con éxito cientos de veces. La mente subconsciente te despertará a cualquier hora que le pidas, como si alguien se acercara a tu cama y te diera unos golpecitos en el hombro. Pero no debes dar la orden en términos inseguros o indefinidos.

Asimismo, a la mente subconsciente se le puede dar cualquier tipo de orden y ella la llevará a cabo con la misma prontitud con que te despertará a una hora establecida. Por ejemplo, antes de dormirte cada noche, dale la orden de que desarrolle la seguridad en ti mismo, la valentía, la iniciativa o cualquier otra cualidad, y hará lo que le ordenes.

Si la imaginación del ser humano puede crear enfermedades imaginarias y postrarlo en la cama con dichas dolencias, con la misma facilidad puede, también, eliminarlas.

El hombre es una combinación de equivalentes químicos cuyo valor, según dicen, es de aproximadamente veintiséis dólares, con excepción, por supuesto, de ese estupendo poder llamado la mente humana.

En conjunto, la mente parece ser una máquina complicada, pero en realidad, en lo que respecta a la forma en que puede ser utilizada, es lo más parecido que se conoce al movimiento perpetuo. Funciona automáticamente mientras dormimos, y funciona tanto automáticamente como en conjunción con la voluntad, o con el sector voluntario, cuando estamos despiertos.

La mente requiere un análisis de lo más minucioso en esta lección, porque es la energía con que se realiza todo pensamiento. Para aprender a pensar correctamente, cuya enseñanza es el único objeto de esta lección, uno debe comprender absolutamente:

1º. Que la mente puede ser controlada, guiada y dirigida con fines creativos y constructivos.

2º. Que la mente puede ser dirigida hacia fines destructivos y que puede derribar y destruir voluntariamente si no se la controla y se la dirige constructivamente con deliberación y con un plan.

3º. Que la mente tiene poder sobre todas las células del cuerpo y puede hacer que cada una de ellas realice su trabajo a la perfección o, por el contrario, por negligencia o por tomar la dirección errónea, puede destruir los propósitos funcionales normales de cualquier célula, o de todas ellas.

4º. Que todos los éxitos del hombre son el resultado del pensamiento, al cual su cuerpo físico le da una importancia secundaria, y en muchos casos ninguna, excepto como un lugar de alojamiento para la mente.

5º. Que los mayores éxitos, ya sean en la literatura, el arte, las finanzas, la industria, el comercio, el transporte, la religión, la política o los descubrimientos científicos, suelen ser el resultado de ideas concebidas en el cerebro de una persona, pero convertidas en realidad por otras personas mediante el uso combinado de sus mentes y sus cuerpos. (Esto significa que la concepción de una idea tiene más importancia que la transformación de dicha idea en una forma más material, ya que relativamente pocas personas pueden concebir ideas útiles, mientras que hay cientos de millones de ellas capaces de desarrollar una idea y darle una forma material después de que ha sido concebida.)

6º. La mayoría de los pensamientos concebidos en las mentes de la gente no son CORRECTOS, pues son más bien «opiniones» o «juicios rápidos».

Cuando Alejandro Magno suspiraba porque no tenía más mundos que conquistar (eso creía), su marco mental era similar al de los «Alejandros» actuales de la ciencia, la industria, la invención…, cuyos «pensamientos correctos» han conquistado el aire y el mar, han explorado prácticamente cada metro cuadrado de la pequeña tierra en que vivimos y han extraído de la naturaleza miles de «secretos» que, unas pocas generaciones atrás, se habrían considerado «milagros» asombrosos e imponderables.

Durante todo este descubrimiento y dominio de sustancias meramente físicas, ciertamente no es extraño que prácticamente hayamos desatendido y olvidado a uno de los más maravillosos de todos los poderes: ¡la mente humana!

Todos los científicos que han estudiado la mente humana están de acuerdo en que todavía no se ha llegado hasta el fondo en el estudio del maravilloso poder que permanece inactivo en la mente del hombre, como el roble que está dormido en la bellota, esperando a ser despertado y puesto en funcionamiento. Quienes se han manifestado sobre el tema son de la opinión de que el próximo gran ciclo de descubrimiento se encuentra en el ámbito de la mente humana.

La posible naturaleza de estos descubrimientos ha sido sugerida de muchas maneras distintas en prácticamente todas las lecciones de este curso, particularmente en ésta y en las siguientes. Si estas sugerencias parecen llevar al estudiante de esta filosofía a unas aguas más profundas que a las que está habituado, debe tener en cuenta que él, o ella, tiene el privilegio de detenerse en cualquier nivel de profundidad que desee, hasta que se haya preparado, con el pensamiento y los estudios, para avanzar.

Cuando una persona se encuentra realmente en la cima de la escalera del éxito, nunca está sola, porque nadie puede ascender hasta el verdadero éxito si no va acompañado de otras personas.

El autor de este curso ha considerado necesario tomar la delantera y mantener la suficiente distancia, por así decirlo, para persuadir al estudiante a ir, al menos, unos cuantos pasos por delante del alcance medio normal del pensamiento humano. No se espera que ningún principiante intente asimilar y poner en práctica desde un principio todo lo que ha sido incluido en esta filosofía. Pero si el resultado neto del curso no es más que haber sembrado en la mente del estudiante la semilla del pensamiento constructivo, el trabajo del autor habrá sido completado. El tiempo, sumado al propio deseo de conocimiento del estudiante, hará el resto.

Éste es un momento adecuado para decir con franqueza que muchas de las sugerencias transmitidas por este curso, si se siguen literalmente, llevarán al estudiante mucho más allá de las necesarias fronteras y las necesidades actuales de lo que normalmente se denomina «la filosofía de los negocios». Dicho de otro modo: este curso profundiza en el funcionamiento de los procesos de la mente humana mucho más de lo que es necesario para el uso de esta filosofía como medio para alcanzar el éxito comercial o financiero. No obstante, suponemos que muchos de los estudiantes de este curso querrán profundizar en el estudio del poder de la mente más de lo que se requiere para tener un éxito puramente material, y el autor ha tenido en cuenta a estas personas durante el trabajo de organización y redacción del curso.

Resumen de los principios implicados en el pensamiento correcto

Hemos descubierto que el cuerpo del hombre no es singular, sino plural; que está formado por billones y billones de células vivas, inteligentes, individuales, que llevan a cabo la tarea, muy definida y bien organizada, de construir, desarrollar y mantener al cuerpo humano.

Hemos descubierto que todas esas células son dirigidas, en sus respectivas tareas, por la acción subconsciente o automática de la mente; que la parte subconsciente de la mente puede ser, en gran medida, controlada y dirigida por la parte consciente o voluntaria.

Hemos descubierto que cualquier idea o pensamiento que se mantenga en la mente mediante la repetición tiende a dirigir al cuerpo físico para que convierta dicha idea o pensamiento en su equivalente material. Hemos descubierto que cualquier orden que se dé CORRECTAMENTE a la mente subconsciente (mediante la ley de la autosugestión), será llevada a cabo, a menos que sea desviada o revocada por otra orden que tenga más fuerza. Hemos descubierto que la mente subconsciente no cuestiona la fuente de la que recibe las órdenes, ni la sensatez de las mismas, sino que procede a dirigir al sistema muscular del cuerpo para que lleve a cabo cualquier orden recibida.

Esto explica la necesidad de vigilar de cerca el entorno del que recibimos las sugestiones y por el que somos influidos sutil y silenciosamente en momentos y de formas que no percibimos con la mente consciente.

Hemos descubierto que cada movimiento del cuerpo humano es controlado por la parte consciente o subconsciente de la mente humana; que ningún músculo puede ser movido hasta que uno de esos dos sectores de la mente haya enviado una orden de movimiento.

Cuando este principio se comprende a fondo, entendemos también el poderoso efecto que tiene cualquier idea o pensamiento que uno crea con la facultad de la IMAGINACIÓN, manteniéndola en la mente consciente hasta que la parte subconsciente tenga tiempo de tomar posesión de dicho pensamiento y comenzar a transformarlo en su equivalente material. Cuando entendemos el principio por el que cualquier idea es colocada en la mente consciente y mantenida allí hasta que la parte subconsciente la recoge y se apropie de ella, tenemos un conocimiento práctico de la LEY DE LA CONCENTRACIÓN, que será tratada en la lección siguiente (y podríamos añadir que también tenemos una amplia comprensión de la razón por la cual la LEY DE LA CONCENTRACIÓN forma parte, necesariamente, de esta filosofía).

Cuando entendemos esta relación operativa entre la imaginación, la mente consciente y la parte subconsciente, podemos ver que el primer paso para la realización de cualquier *claro objetivo principal* es crear una imagen clara de lo que deseamos. A continuación, se debe colocar esta imagen en la mente consciente, mediante la LEY DE LA CONCENTRACIÓN, y mantenerla ahí (con las fórmulas que se describen en la próxima lección) hasta que la parte subconsciente la recoja y la convierta en su forma última y deseada.

Sin duda, este principio ha quedado claro. Ha sido afirmado y vuelto a afirmar, una y otra vez, no sólo con el propósito de describirlo extensamente, sino por algo más importante: para grabar en la mente del estudiante con qué papel contribuye a todo éxito humano.

El valor de tener claro un objetivo

Esta lección sobre el pensamiento correcto no sólo describe el verdadero propósito de tener un claro objetivo principal, sino que explica, en términos sencillos, los principios por los cuales se puede realizar dicho objetivo o propósito. Primero creamos el objetivo por el que luchamos con la facultad imaginativa de la mente y luego transferimos un esbozo de este objetivo al papel, escribiendo una afirmación clara en la forma de un claro objetivo principal. Al leer a diario esta declaración escrita, la idea o la cosa a la que aspiramos es recibida por la mente consciente y entregada a la mente subconsciente, la cual, a su vez, dirige las energías del cuerpo para transformar el deseo en una forma material.

El deseo

Un deseo intenso, profundamente arraigado, es el punto de partida de todo éxito. Del mismo modo que el electrón es la última unidad de materia discernible para el científico, el deseo es la semilla de todo éxito, el lugar de inicio detrás del cual no hay nada, o al menos nada de lo que tengamos conocimiento.

Un claro objetivo principal, que es otra manera de llamar al deseo, no tendría sentido si no estuviera basado en un deseo intenso, profundamente arraigado, de conseguir el objeto del claro objetivo principal. Muchas personas dicen que «ojalá tuvieran» muchas cosas, pero eso no equivale a tener un intenso deseo y, por lo tanto, tiene poco valor, o ninguno, a menos que se cristalice en una forma más clara de deseo.

Muchas personas que han dedicado años de investigación al tema consideran que toda la energía y toda la materia que hay en el universo responden a la LEY DE LA ATRACCIÓN y son controladas por ella. Esta ley hace que los elementos y las fuerzas de una naturaleza similar se reúnan en torno a determinados centros de atracción. A través del funcionamiento de esta misma LEY UNIVERSAL DE LA ATRACCIÓN, el deseo intenso, profundamente arraigado, atrae al equivalente físico de la cosa deseada, o atrae los medios para conseguirla.

William Wrigley hijo ha amasado una enorme fortuna concentrando todos sus esfuerzos en la fabricación y la distribución del «mejor» paquete de chicles, demostrando, una vez más, que la semilla del éxito está oculta en las pequeñas cosas de la vida.

Si esta hipótesis es correcta, entonces hemos aprendido que todos los ciclos del éxito humano funcionan, más o menos, de este modo: en primer lugar, imaginamos algún objetivo en nuestra mente consciente, mediante un *claro objetivo principal;* luego hacemos que la mente consciente se concentre en dicho objetivo, mediante un pensamiento constante en él y la creencia en su consecución, hasta que la parte subconsciente de la mente tome posesión de la imagen o esbozo del objetivo y nos impulse a realizar la acción física necesaria para convertirlo en realidad.

Sugestión y autosugestión

En ésta y otras lecciones del curso de las LEYES DEL ÉXITO, el estudiante ha aprendido que las impresiones de los sentidos que surgen de nuestro propio entorno o de lo que dicen o hacen otras personas se denominan *sugestiones*, mientras que las que tienen lugar en nuestra propia mente son colocadas allí por una sugestión que viene de uno mismo, o *autosugestión*. Todas las sugestiones procedentes de otras personas o del medio ambiente nos influyen únicamente cuando las aceptamos y las trasladamos a la mente subconsciente por el principio de la autosugestión. Así pues, vemos que la sugestión se convierte, o debe convertirse, en autosugestión para poder influir en la mente de quien la recibe. Dicho de otro modo: nadie puede influir en otra persona sin su consentimiento, ya que la influencia se realiza a través de su propio poder de autosugestión.

Durante las horas en que uno está despierto, la mente consciente actúa como un centinela, vigilando a la mente subconsciente y manteniendo apartadas a todas las sugestiones que intentan llegar a ella desde el exterior hasta que éstas han sido examinadas, transmitidas y aceptadas. De este modo la naturaleza protege al ser humano de unos intrusos que, de lo contrario, tomarían a voluntad el control de cualquier mente que desearan. Es un sabio equilibrio.

El valor de la autosugestión en la realización de tu claro objetivo principal

Uno de los más grandes usos a los que uno puede dirigir el poder de la autosugestión es para que nos ayude a realizar nuestro *claro objetivo principal* en la vida. El procedimiento mediante el cual se puede lograr esto es muy sencillo. Aunque la fórmula exacta ha sido explicada en la segunda lección y se ha hecho referencia a ella en muchas otras lecciones del curso, describiré una vez más el principio en que se basa:

Escribe una declaración clara y concisa de aquello que deseas conseguir como tu *claro objetivo principal* dentro de un período de, por ejemplo, cinco años. Haz, como mínimo, dos copias de tu declaración: una para ponerla en un lugar donde la puedas leer varias veces al día mientras estás en el trabajo y otra para colocarla en tu dormitorio, donde puedas leerla varias veces cada noche antes de irte a dormir y justo después de despertar por la mañana.

La influencia sugestiva de este procedimiento (por poco práctico que parezca) pronto grabará el objeto de tu *claro objetivo principal* en tu mente subconsciente y, como por arte de magia, empezarás a ver que ocurren cosas que te acercan cada vez más a su realización.

A partir del día en que tomes una clara decisión en tu propia mente respecto a la cosa, situación o posición concreta que deseas intensamente en tu vida, cuando leas libros, periódicos y revistas verás que las noticias y otro tipo de información acerca del objeto de tu *claro objetivo principal* empezarán a atraer tu atención; observarás, también, que se te empiezan a presentar oportunidades que, si las aprovechas, te acercarán cada vez más al anhelado objeto de tu deseo. Nadie sabe mejor que el autor de este curso lo imposible y poco práctico que puede parecer esto a la persona que no está informada sobre el tema del funcionamiento de la mente. Sin embargo, ésta no es una época favorable para el que duda o el escéptico, y lo mejor que puede hacer cualquier persona es experimentar con este principio hasta que su factibilidad haya quedado constatada.

A la generación actual le puede parecer que ya no quedan mundos por conquistar en el campo de la invención mecánica, pero todo pensador (incluso aunque no sea un pensador correcto) estará de acuerdo en que apenas estamos entrando en una nueva era de evolución, de experimentación y de análisis en lo que respecta a los poderes de la mente humana.

La palabra «imposible» significa ahora menos de lo que había significado jamás en la historia de la humanidad. Algunos verdaderamente han eliminado esa palabra de sus vocabularios, convencidos de que el ser humano puede hacer cualquier cosa que imagine y que crea que puede hacer.

Ciertamente, hemos aprendido que el universo está hecho de dos sustancias: materia y energía. Mediante una paciente investigación científica, hemos descubierto lo que consideramos una buena prueba de que todo lo que existe, o ha existido alguna vez, en forma de materia, cuando es analizado hasta su partícula más ínfima, nos lleva hasta algo que no es más que una forma de energía. Por otro lado, todas las cosas materiales que el hombre ha creado empezaron siendo una forma de energía, a través de la semilla de una idea que fue liberada mediante la facultad de la imaginación de la mente humana. En otras palabras, el principio de toda cosa material es energía, y su final también es energía.

Toda la materia obedece las órdenes de una u otra forma de energía. La forma de energía más elevada que se conoce es aquella que funciona como la mente humana. Por lo tanto, la mente humana es la única fuerza directiva de todo lo que crea el hombre, y lo que pueda crear en el futuro, comparado con aquello que creó con ella en el pasado, hará que sus éxitos anteriores parezcan insignificantes y pequeños.

No tenemos que esperar a los descubrimientos futuros en relación con los poderes de la mente humana para comprobar que la mente es el mayor poder conocido por la humanidad. Actualmente sabemos que cualquier idea, meta o propósito que sea fijado en la mente y mantenido ahí con la voluntad de alcanzar o conseguir su equivalente físico, pone en movimiento unos poderes que no pueden ser conquistados.

Buxton dijo: «Cuanto más tiempo vivo, más seguro estoy de que la gran diferencia entre los hombres, entre los débiles y los poderosos, los grandes y los insignificantes, es la energía –la determinación invencible–, un propósito fijado, y luego la muerte o la victoria. Esa cualidad hará todo lo que pueda hacerse en este mundo, y sin ella, ningún talento, ninguna circunstancia, ninguna oportunidad, convertirá a una criatura de dos piernas en un hombre».

Donald G. Mitchell ha dicho muy acertadamente: «La determinación es lo que hace que el hombre se manifieste. No una determinación débil, no unas decisiones precipitadas, no unos propósitos errantes, sino esa voluntad fuerte e incansable que se abre paso entre las dificultades y el peligro, como un niño que se abre paso por las abruptas tierras heladas del invierno, que enciende su mirada y su cerebro con un orgulloso latido del pulso en dirección a lo inalcanzable. ¡La voluntad convierte al hombre en un gigante!».

El gran Disraeli dijo: «Tras una larga meditación, he llegado a la convicción de que un ser humano con un propósito establecido debe realizarlo, y que nada puede resistirse a una voluntad capaz de arriesgar incluso la existencia en su realización».

Sir John Simpson dijo: «Un DESEO apasionado y una voluntad incansable realizarán cosas imposibles, o eso que los fríos, los tímidos y los débiles consideran imposible».

Y John Foster añade su testimonio cuando dice: «Es maravillosa la forma en que incluso las víctimas de la vida parecen ceder ante un espíritu que no cederá ante ellas, y someterse para ayudar a un propósito que, en su primera tendencia aparente, amenazan con frustrar. Cuando un espíritu firme, imperioso, es reconocido, resulta curioso ver cómo se despeja el espacio alrededor de un hombre y le deja sitio y libertad».

Abraham Lincoln dijo del general Grant: «Lo magnífico de Grant es su serena persistencia de propósito. No se altera fácilmente y se aferra como un bulldog. Una vez ha clavado sus dientes, no hay nada que pueda hacerlo soltar».

Los médicos de más éxito son aquellos que combinan esperanza y fe con las medicinas que recetan.

Me parece apropiado afirmar aquí que, para que un fuerte deseo se convierta en realidad, debe ser respaldado por la persistencia hasta que la mente subconsciente asuma su control. No basta con sentir muy intensamente el deseo de realizar un *claro objetivo principal* durante unas cuantas horas o unos cuantos días y luego olvidarse del tema. El deseo debe colocarse en la mente y mantenerse allí, con una perseverancia que no conozca la derrota, hasta que la mente automática o subconsciente se haga cargo de él. Hasta ese momento, debes respaldar el deseo e impulsarlo; después, el deseo te respaldará a ti y te impulsará a su consecución.

La persistencia podría compararse al goteo del agua que al final acaba desgastando la piedra más dura. Cuando el último capítulo de tu vida se haya acabado, se verá que tu perseverancia, o la falta de esta excelente cualidad, tuvo un papel importante en tu éxito o bien en tu fracaso.

Este autor presenció la pelea de Tunney contra Dempsey, en Chicago [1926]. Además, estudió la psicología que precedió y rodeó a su combate anterior. En ambas ocasiones, hubo dos factores que ayudaron a Tunney a derrotar a Dempsey, a pesar de que este último era más fuerte y, según muchos, un boxeador mejor. Y esos dos factores que condenaron a Dempsey fueron, en primer lugar, su propia falta de seguridad en sí mismo (el temor de que Tunney lo derrotara) y, en segundo, la absoluta seguridad en sí mismo de Tunney y su convicción de que vencería a Dempsey.

Tunney subió al cuadrilátero con la barbilla levantada, con un aire de seguridad y certeza en cada uno de sus movimientos. Dempsey entró con una especie de paso vacilante, mirando a Tunney de una forma que expresaba claramente: «Me pregunto qué me vas a hacer».

Dempsey fue derrotado en su propia mente antes de haber entrado en el cuadrilátero. Los agentes de prensa y los propagandistas habían minado el terreno, gracias a la superior capacidad de pensar de su contrincante, Tunney.

Y así son las cosas, desde la más humilde y más brutal de las ocupaciones, el boxeo profesional, hasta las profesiones más elevadas y recomendables. El éxito es alcanzado por la persona que sabe cómo usar el poder del pensamiento.

A lo largo de este curso se ha remarcado enormemente la importancia del entorno y el hábito, a partir de los cuales surgen los estímulos que ponen en funcionamiento las «ruedas» de la mente humana. Afortunada es la persona que ha descubierto cómo excitar o estimular su mente para que sus capacidades funcionen de una forma constructiva, lo cual se puede conseguir si se colocan detrás de cualquier deseo intenso y profundamente arraigado.

El pensamiento correcto es un pensamiento que hace un uso inteligente de todos los poderes de la mente humana y no se detiene en el mero examen, clasificación y organización de ideas. El pensamiento correcto produce ideas y puede hacer que adopten su forma más beneficiosa y constructiva.

Es posible que el estudiante esté mejor preparado para analizar sin un sentimiento de escepticismo y duda los principios expresados en esta lección si tiene en cuenta que las conclusiones y las hipótesis aquí enumeradas no son únicamente del autor. He tenido el beneficio de contar con la estrecha cooperación de algunos de los principales investigadores en el campo de los fenómenos mentales, y las conclusiones alcanzadas, tal como se expresan en todo el curso, son las de muchas mentes distintas.

En la lección sobre la concentración, recibirás una mayor instrucción sobre el método para aplicar el principio de la autosugestión. De hecho, a lo largo del curso se ha seguido el principio del desarrollo gradual, guardando el mayor paralelismo posible con el principio de la evolución. La primera lección sentó las bases para la segunda lección; la segunda preparó el camino para la tercera, y así sucesivamente. He intentado construir este curso de la misma forma en que la naturaleza construye a un ser humano: mediante una serie de pasos, cada uno de los cuales eleva al estudiante un peldaño más arriba y lo acerca más a la cima de la pirámide que representa el curso en su totalidad.

El propósito de construir este curso de ese modo no se puede describir con palabras, pero será evidente y te quedará claro en cuanto lo hayas dominado, porque su dominio te abrirá a una fuente de conocimientos que no pueden ser impartidos de una persona a otra, sino que se pueden obtener *únicamente educando, estirando y expandiendo* nuestra propia mente *desde dentro*. Estos conocimientos no pueden ser impartidos de una persona a otra por el mismo motivo que hace imposible que alguien le describa los colores a un ciego que jamás los vio.

Los conocimientos sobre los que escribo fueron evidentes para mí únicamente después de que hubiera seguido diligente y fielmente las instrucciones que he ofrecido en este curso para tu orientación e información; por lo tanto, cuando digo que no hay ejemplos, símiles o palabras que los describan adecuadamente, estoy hablando desde la experiencia. Sólo pueden ser impartidos desde el *interior*.

Con este vago «indicio» sobre la recompensa que le espera a todo aquel que busque seria e inteligentemente el pasadizo oculto que conduce a los conocimientos a los que me refiero, ahora comentaremos la fase del pensamiento correcto que te llevará tan alto como puedas llegar, a no ser que descubras y utilices el pasadizo secreto al que he hecho alusión.

¡Los pensamientos son cosas! Es la creencia de muchas personas de que todo pensamiento completo se inicia como una vibración interminable a la que se tendrá que enfrentar más adelante la persona que lo libera, y que el propio ser humano no es más que el reflejo físico de un pensamiento que fue puesto en marcha por la inteligencia infinita.

«Y la Palabra se hizo carne y habitó entre nosotros (y nosotros vimos su gloria, la gloria del unigénito del Padre), llena de gracia y de verdad.» (Juan I, 14). La única esperanza que se le da a la humanidad en toda la Biblia es la de una recompensa que puede obtenerse únicamente mediante el *pensamiento constructivo*. Ésta es una afirmación sorprendente, pero incluso si eres un estudiante e intérprete de la Biblia elemental, comprenderás que es cierta. Si la Biblia pone de relieve algún punto sobre todos los demás, es el hecho de que el *pensamiento* es el principio de todas las cosas de naturaleza material.

En el inicio de cada lección de este curso, habrás leído el lema: «*¡Puedes hacerlo si CREES que puedes!*». Esta frase se basa en una gran *verdad* que es prácticamente la premisa más importante de toda la enseñanza de la Biblia. Observa el énfasis que se pone en la palabra «*CREES*». Detrás de esta palabra se encuentra el poder con el que puedes energizar y dar vida a las sugestiones que pases a tu mente subconsciente mediante el principio de la autosugestión, con la ayuda de la «mente maestra». No pases esto por alto. No te puedes permitir hacerlo, pues es el inicio, el medio y el final de todo el poder que puedas llegar a obtener.

¡Todo pensamiento es creativo! Sin embargo, no todos los pensamientos son constructivos o positivos. Si tienes *pensamientos* de desdicha y pobreza y no ves la forma de evitar esos estados, entonces tus *pensamientos* crearán esos mismos estados y los padecerás. Pero si inviertes el orden y tienes *pensamientos* de una naturaleza positiva, expectante, entonces tus *pensamientos* crearán esos estados.

El *pensamiento* magnetiza toda tu personalidad y *atrae hacia ti* las cosas externas, físicas, que armonizan con su naturaleza. Esto lo hemos dejado claro en prácticamente todas las lecciones anteriores, pero lo repetimos aquí, y lo haremos muchas veces más en las próximas lecciones. La razón de esta constante repetición es que casi todos los principiantes en el estudio del funcionamiento de la mente pasan por alto la importancia de esta *verdad* fundamental y eterna.

Cuando siembras un *claro objetivo principal* en tu mente subconsciente, debes fertilizarlo con la *convicción* absoluta de que la *inteligencia infinita* intervendrá y hará madurar ese propósito convirtiéndolo en realidad, exactamente según su naturaleza. Si esa *convicción* no está presente, sólo habrá decepción.

Primero adquiere paciencia y perseverancia, luego decide qué otra cosa quieres, y tendrás prácticamente la certeza de conseguirla.

Cuando instales en tu mente subconsciente un *claro objetivo principal* que encarne algún claro deseo, debes acompañarlo de una *fe* y una *convicción* en la realización de dicho propósito tan grandes que realmente puedas verte en posesión del objetivo. Desde el momento en que sugieras tu claro propósito a tu mente subconsciente, compórtate exactamente como lo harías si ya estuvieras en posesión de él.

No te cuestiones ni te preguntes si los principios de la autosugestión funcionarán; no *dudes*: en lugar de eso, ¡*cree*!

Ciertamente, este punto ha sido subrayado lo suficiente para que su importancia se grabe en tu mente. La *creencia positiva* en la realización de tu *claro propósito* es el germen mismo con el que fertilizarás el «huevo de tu *pensamiento*», y si no lo fertilizas, puedes esperar tanto que un huevo de gallina no fertilizado produzca un polluelo, como la realización del objeto de tu claro objetivo principal.

> No se puede decir nunca lo que hará un pensamiento
> para traerte odio o amor;
> pues los pensamientos son cosas, y sus alas diáfanas
> son más veloces que una paloma mensajera.
> Siguen las leyes del universo:
> Cada pensamiento crea su equivalente,
> y avanza a toda prisa sobre el camino para devolverte
> cualquier cosa que haya salido de tu mente.

¡Los pensamientos son cosas! Cuando comprendas esta gran verdad, te acercarás a la puerta del pasadizo secreto que conduce a los conocimientos antes mencionados tanto como podría acercarte otra persona. Cuando entiendas esta verdad fundamental, pronto encontrarás esa puerta y la abrirás. *El pensar como tú quieres pensar es el único poder sobre el que tienes un control absoluto.*

Lee y estudia la frase anterior hasta que hayas captado su significado. Si tienes la capacidad de controlar tus pensamientos, entonces tienes la responsabilidad de decidir si éstos serán positivos o negativos, lo cual trae a mi memoria uno de los poemas más famosos del mundo:

> Desde la noche que me cubre,
> negra como el abismo de polo a polo,
> doy gracias a los dioses, cualesquiera puedan ser,
> por mi alma inconquistable.
>
> En las crueles garras de las circunstancias
> no he retrocedido, ni he gritado.

Bajo los golpes de la suerte
mi cabeza está ensangrentada, pero erguida.

Más allá de este lugar de ira y lágrimas
sólo se asoma el horror de las tinieblas,
y sin embargo, la amenaza de los años
me encuentra, y me encontrará, impertérrito.

No importa cuán estrecha sea la puerta,
cuán cargado de castigos esté el pergamino.
Yo soy el amo de mi destino,
yo soy el capitán de mi alma.

HENLEY

Henley no escribió este poema hasta después de haber descubierto la puerta de ese pasadizo secreto que he mencionado.

Tú eres el «amo de tu destino» y el «capitán de tu alma», porque *controlas tus propios pensamientos*, y con la ayuda de tus *pensamientos* puedes crear cualquier cosa que desees.

* * *

Al aproximarnos al final de esta lección, corramos la cortina que cuelga sobre la puerta llamada *muerte* y echemos una mirada al más allá. Contempla ese mundo habitado por seres que funcionan sin la ayuda de cuerpos físicos. Observa detenidamente y, para bien o para mal, fíjate que estás viendo un mundo habitado por seres de tu propia creación, que se corresponden exactamente con la naturaleza de tus propios *pensamientos* tal como los expresaste antes de *morir*. Ahí están los hijos de tu propio corazón y de tu propia mente, hechos a imagen de tus propios *pensamientos*.

Aquellos que nacieron de tu odio, tu envidia, tus celos, tu egoísmo y tu injusticia hacia tus semejantes no serán unos vecinos muy deseables, pero debes vivir con ellos de todos modos, pues son tus hijos y no los puedes expulsar. Ciertamente, serás desafortunado si no encuentras allí a ningún hijo que haya nacido del amor, la justicia, la verdad y la consideración hacia los demás.

A la luz de esta idea alegórica, el tema del *pensamiento correcto* adquiere un aspecto nuevo y mucho más importante, ¿no es así? Si existe la posibilidad de que cada *pensamiento* que liberes durante esta vida adopte la forma de un ser vivo para darte la bienvenida después de tu *muerte*, entonces no necesitas que te dé más motivos para vigilar todos tus *pensamientos* mejor de lo que vigilarías la comida que alimenta a tu cuerpo físico.

He llamado «alegórica» a esta idea por una razón que comprenderás únicamente cuando hayas atravesado la puerta de ese pasadizo secreto que conduce al conocimiento del que vengo hablando.

Preguntarme cómo sé estas cosas, antes de haber atravesado dicha puerta, sería tan inútil como que alguien que nunca ha visto con sus ojos físicos me preguntara cómo es el color rojo.

No pretendo que aceptes este punto de vista, ni siquiera estoy argumentando acerca de su solidez. Al sugerirte esta idea, simplemente estoy cumpliendo con mi deber y con mi responsabilidad. Ahora tú debes llevarla hasta un punto en el que la aceptes o la rechaces, a tu propio modo, y según tu propia voluntad.

El término «pensamiento correcto», tal como se utiliza en esta lección, se refiere al *pensamiento* que es de tu propia creación. El pensamiento que llega a ti de otras personas, a través de la sugestión o la declaración directa, no es un *pensamiento correcto* dentro del significado y el propósito de esta lección, aunque pueda ser un pensamiento que esté basado en *datos*.

Ya te he traído hasta la cumbre de la pirámide de esta lección sobre el *pensamiento correcto*. No puedo llevarte más lejos. No obstante, no has recorrido todo el trecho; únicamente has *empezado* a hacerlo. A partir de aquí, debes ser tu propio guía y, si has comprendido la gran *verdad* en la que se basa esta lección, no tendrás ninguna dificultad para encontrar tu propio camino. Permíteme, sin embargo, que te aconseje que no te desanimes si en la primera lectura no comprendes la *verdad* fundamental de esta lección. Quizá hagan falta semanas, o incluso meses, de reflexión para que entiendas esta *verdad* a fondo, pero vale la pena esforzarse por conseguirlo.

Los principios presentados al principio de esta lección pueden ser fácilmente comprendidos y aceptados, ya que su naturaleza es de lo más elemental. No obstante, es posible que, al empezar a seguir la cadena del *pensamiento* hasta el final de la lección, encuentres que «las aguas son demasiado profundas para sondearlas».

Quizá yo pueda arrojar un último rayo de luz sobre el tema, recordándote que, mientras lees estas líneas, los sonidos de todas las voces, de todas las notas musicales y de cualquier otra naturaleza están siendo liberados y están flotando por el éter dondequiera que te encuentres. Para oírlos sólo necesitas la ayuda de un aparato moderno de radio. Sin ese equipo como suplemento para tu propio sentido del oído, eres incapaz de oírlos.

Si esta afirmación se hubiera hecho hace veinte años, habrías creído que quien las hacía estaba loco o era un necio. Pero ahora la aceptas sin cuestionarla, porque sabes que es cierta.

El pensamiento es una forma de energía muy superior y mejor organizada que el sonido. Por lo tanto, no es descabellado suponer que todos los pensamientos que están siendo liberados en estos momentos y todos los que han sido liberados alguna vez están también en el éter (o en algún otro lugar) y pueden ser interpretados por quienes tengan el «equipo» para hacerlo.

Y tú te preguntarás: «¿Qué tipo de equipo se necesita?». Encontrarás la respuesta cuando hayas atravesado la puerta que conduce al pasadizo secreto que a su vez conduce al conocimiento. No puedes tenerla antes, y sólo podrás llegar a ese pasadizo mediante tus propios pensamientos. Ésta es una de las razones por las que todos los grandes filósofos del pasado aconsejaban al hombre que se conociera a sí mismo. «Conócete a ti mismo» es, y ha sido, el grito de los siglos. La vida de Cristo fue una promesa ininterrumpida de esperanza y posibilidades, basada enteramente en el conocimiento que puede descubrir todo aquel que busque en su propio ser.

Uno de los misterios indescifrables del trabajo de Dios es el hecho de que este gran descubrimiento sea siempre un autodescubrimiento. La *verdad* que el hombre está buscando eternamente está oculta en su propio ser; por lo tanto, resulta infructuoso buscar muy lejos, en el yermo de la vida o en los corazones de otras personas, para encontrarla. Hacerlo no te acercará a aquello que buscas, sino que te alejará aún más.

Y es posible que (¿quien los sabe, sino *tú*?) incluso ahora, al terminar esta lección, estés más cerca que nunca de la puerta que conduce al pasadizo secreto que a su vez conduce al conocimiento.

Con tu dominio de esta lección llegará una comprensión más plena del principio al que llamé la «mente maestra» en la lección introductoria. Sin duda, ahora entiendes la razón para establecer una alianza amistosa de cooperación entre dos o más personas. Esta alianza «eleva» las mentes de quienes participan en ella y les permite entrar en contacto con su poder de pensamiento con la inteligencia infinita.

Con esta afirmación, toda la lección introductoria debería adquirir un nuevo significado para ti. Esta lección te ha familiarizado con el principal motivo por el que deberías usar la LEY DE LA «MENTE MAESTRA», pues te muestra la cumbre a la que esta ley puede llevar a quienes la entienden y utilizan.

Algunas personas mueren por comer demasiado,

otras por excederse en la bebida,

mientras que otras simplemente se marchitan

y mueren porque no tienen nada más que hacer.

A estas alturas, deberías comprender por qué unas cuantas personas han alcanzado grandes cumbres de poder y de fortuna, mientras que otras personas de su entorno han permanecido en la pobreza y en la necesidad. Si ahora no entiendes qué causa esto, lo harás cuando hayas dominado las siguientes lecciones del curso.

No te desanimes si a la primera lectura de esta lección no le sigue una comprensión absoluta de estos principios. Ésta es la única lección de todo el curso que no puede ser plenamente asimilada por el principiante con una sola lectura. Te entregará sus ricos tesoros de conocimiento únicamente a través del pensamiento, la reflexión y la meditación. Por esto, debes leerla al menos cuatro veces, con intervalos de una semana entre cada lectura.

Además, deberías volver a leer la lección introductoria para comprender de una forma más precisa y clara la LEY DE LA «MENTE MAESTRA», y la relación entre ella y los temas tratados en esta lección sobre el pensamiento correcto. ¡La «mente maestra» es el principio con el que puedes convertirte en un pensador correcto! ¿Acaso esta afirmación no es, al mismo tiempo, clara y significativa?

EL FRACASO
Una charla con el autor después de la lección

Las grandes lecciones sobre el éxito que se pueden aprender de los reveses.

La sabia providencia ha arreglado los asuntos de la humanidad de tal manera que, de una forma u otra, toda persona que llega a la edad de la razón debe llevar la carga del fracaso.

En la ilustración de la parte superior de esta página puedes ver la más pesada y cruel de todas las cruces: ¡la pobreza!

Actualmente, cientos de millones de personas que viven en este mundo tienen la necesidad de luchar bajo la carga de esta cruz para poder disfrutar de las tres necesidades indispensables de la vida: un lugar donde dormir, algo que comer y ropa para vestir.

¡Llevar la cruz de la pobreza no es ninguna broma! Encuentro que es significativo que los hombres y las mujeres más grandes y de mayor éxito que han vivido jamás tuvieran la necesidad de llevar esta cruz antes de «llegar». Por lo general, el fracaso se acepta como una calamidad, pero pocas personas llegan a entender que el fracaso es una calamidad únicamente cuando se lo acepta como tal, y pocas llegan a saber que el fracaso rara vez es permanente.

Repasa tus propias experiencias de unos cuantos años y verás que, por lo general, tus fracasos resultaron ser bendiciones disfrazadas. El fracaso le enseña al hombre lecciones que, sin él, jamás aprenderían y, además, las imparte en un lenguaje que es universal. Entre las grandes lecciones que nos enseña está la de la humildad.

Nadie puede llegar a ser grande sin sentirse humilde e insignificante comparado con el mundo que lo rodea, las estrellas que están ahí arriba y la armonía con que la naturaleza hace su trabajo.

Por cada hijo de un rico que se convierte en un trabajador útil y constructivo por el bien de la humanidad, hay otros noventa y nueve prestando un servicio útil que salieron de la pobreza y la miseria. ¡Me parece que esto es algo más que una coincidencia!

La mayor parte de la gente que se considera un fracaso no lo es en absoluto. La mayoría de las circunstancias que las personas consideran un fracaso no son más que derrotas temporales.

Si tienes lástima de ti y te sientes un fracaso, piensa que estarías mucho peor si tuvieras que ponerte en el lugar de otras personas que tienen verdaderos motivos para quejarse.

En la ciudad de Chicago vive una mujer joven muy bella. Sus ojos son de color azul claro. Su cutis es sumamente hermoso. Tiene una voz dulce y encantadora. Es educada y culta. Tres días después de graduarse en una de las universidades del Este descubrió que tiene sangre negra en sus venas.

El hombre al que estaba prometida se negó a casarse con ella. Los negros no la quieren y los blancos se niegan a relacionarse con ella.* Durante el resto de su vida, deberá llevar la marca del FRACASO permanente. Recuerda, ¡eso es un fracaso PERMANENTE!

Mientras escribo este ensayo, me llegan noticias de un bebé, una hermosa niña, hija de una chica soltera, que ha sido llevada a un orfanato, para ser criada mecánicamente, sin conocer jamás la influencia del amor de una madre. Durante toda su vida, este desafortunado bebé deberá llevar el peso del error de otra persona, que nunca podrá ser corregido.

Qué suerte tienes TÚ de no ser esa niña, sean cuales sean tus fracasos imaginarios. Si tienes un cuerpo fuerte y una mente sólida, tienes mucho por lo que estar agradecido. Son millones de personas a tu alrededor las que no han tenido esa buena fortuna.

---

*. Hay que tener en cuenta que las circunstancias que se describen tenían lugar en Estados Unidos antes de 1928, año en que se publicó este libro.

El cuidadoso análisis de cien hombres y mujeres a los que el mundo ha reconocido como «grandes», muestra que se vieron obligados a experimentar dificultades, derrotas temporales y fracasos que probablemente TÚ no has conocido, ni conocerás jamás.

Woodrow Wilson se fue a la tumba demasiado pronto, víctima de crueles calumnias y decepciones, creyendo, sin duda, que era un fracaso. El tiempo, que hace milagros, corrigiendo las injusticias y convirtiendo el fracaso en éxito, colocará el nombre de Woodrow Wilson en la cabecera de la página de los que fueron verdaderamente grandes.

Muy pocos de los que viven actualmente tienen la visión para ver que, del «fracaso» de Wilson, al final acabará surgiendo una exigencia de paz universal tan poderosa que la guerra será una imposibilidad.

Lincoln murió sin saber que su «fracaso» proporcionó unos sólidos cimientos para la nación norteamericana.

Colón murió prisionero, encadenado, sin llegar a saber que su «fracaso» significó el descubrimiento de la gran nación que Lincoln y Wilson ayudaron a preservar con sus «fracasos».

No utilices la palabra *fracaso* a la ligera. Recuerda, llevar temporalmente una pesada cruz no es un fracaso. Si la verdadera semilla del éxito está en tu interior, unas cuantas adversidades y derrotas temporales sólo ayudarán a nutrirla y hacer que brote a la madurez.

Cuando la Inteligencia Divina quiere que un gran hombre, o una gran mujer, preste un servicio necesario en el mundo, la afortunada persona es puesta a prueba mediante alguna forma de fracaso. Si estás experimentando lo que tú crees que es un fracaso, ten paciencia; es posible que estés pasando por tu época de prueba.

Ningún ejecutivo capaz elegiría como sus subalternos a aquellos hombres a los que no ha puesto a prueba para conocer su formalidad, su lealtad, su perseverancia y otras cualidades esenciales.

La responsabilidad, y todo lo que la acompaña en forma de remuneración, siempre tiende a ir hacia la persona que no acepta una derrota temporal como un fracaso permanente.

* * *

La prueba de un hombre es la lucha que libra,
el valor que muestra a diario,
la forma en que se mantiene en pie y recibe
los numerosos golpes del destino.
Un cobarde puede sonreír cuando no hay nada que temer,
cuando nada detiene su progreso,
pero hace falta ser un hombre para ponerse de pie y aplaudir
cuando es otro el que destaca.

Después de todo, no es la victoria,
sino la lucha que un hermano libra.
El hombre que, encontrándose contra la pared,
se mantiene de pie, erguido, y recibe
los golpes del destino con la cabeza muy alta,
sangrando, contusionado y pálido,
es el hombre que más tarde ganará,
pues no teme fracasar.

Son los golpes que recibes, y las sacudidas que recibes,
y las conmociones que tu valentía soporta,
las horas de tristeza y vano pesar,
el premio que se escapa de tus manos,
los que ponen a prueba tu temple y demuestran tu valor.
No son los golpes que das,
sino los golpes que recibes en esta vieja tierra,
los que muestran si aquello de lo que estás hecho es real.

A menudo, el fracaso te coloca en una posición en la que debes hacer un esfuerzo inusual. Más de un hombre ha sacado una victoria de una derrota, luchando con la espalda contra la pared, sin poder retroceder.

César había albergado el deseo de conquistar a los británicos durante mucho tiempo. Navegó sigilosamente con sus naves repletas de soldados hasta la isla británica, descargó sus tropas y sus provisiones, y luego dio la orden de quemar las naves. Llamando a sus soldados para que se reunieran en torno a él, les dijo: «Ahora es ganar o morir. No tenemos elección».

¡Y ganaron! La gente suele ganar cuando se decide a hacerlo. Quema los puentes que están detrás de ti, y observa lo bien que funcionas cuando sabes que no hay marcha atrás.

Un conductor de tranvía obtuvo una excedencia mientras probaba un puesto en un gran negocio mercantil. «Si no consigo mantener mi nuevo puesto, le comentó a un amigo, siempre puedo volver a mi antiguo trabajo».

A final de mes estaba de vuelta, completamente curado de la ambición de hacer algo que no fuera trabajar en un tranvía. Si en lugar de pedir una excedencia hubiese renunciado, posiblemente le habría ido bien en el nuevo empleo.

* * *

El movimiento del Club Trece, que acabó extendiéndose por todo el país, surgió como resultado de una profunda decepción que experimentó su fundador. Aquella conmoción bastó para abrir su mente a una visión más amplia y comprensiva de las necesidades de la época, y este descubrimiento produjo la creación de una de las influencias más destacables de esta generación.

Las QUINCE LEYES DEL ÉXITO en las que se basa este curso son el resultado de veinte años de un infortunio, una pobreza y un fracaso tales que rara vez le llegan a una persona en toda su vida.

Sin duda, aquellos de vosotros que habéis seguido esta serie de lecciones desde el principio habréis leído entre líneas, y detrás de ellas, una historia de lucha que ha implicado una autodisciplina y un autodescubrimiento que, de no haber sufrido esas penalidades, no habría conocido.

Estudia el camino de la vida en la ilustración que está al principio de este texto, y observa que todos los que transitan por él llevan una cruz. Al hacer inventario de tus propias cargas, recuerda que los dones más ricos de la naturaleza van a parar a aquellas personas que se enfrentan al FRACASO sin acobardarse ni quejarse.

La forma de actuar de la naturaleza no es fácil de comprender. Si lo fuera, nadie podría ser puesto a prueba con un FRACASO, para ver si es capaz de asumir una gran responsabilidad.

Cuando la Naturaleza quiere tomar a un hombre,
y agitar a un hombre,
y despertar a un hombre;
cuando la Naturaleza quiere crear a un hombre
para que haga la voluntad del Futuro;
cuando intenta con toda su capacidad
y desea con toda su alma
crearlo grande y entero...
¡con cuánta astucia lo prepara!
Cómo lo provoca, ¡y jamás se apiada de él!
Cómo lo estimula y lo molesta,
y en la pobreza lo engendra...
Con cuánta frecuencia lo decepciona,
con cuánta frecuencia lo unge,
con qué sabiduría lo oculta,
sin importarle cuanto le acontezca,
como si despreciara su sollozo,
¡y su orgullo no pudiera olvidar!
Lo obliga a esforzarse más todavía.
Hace que se sienta solo,
para que únicamente
los elevados mensajes de Dios lo alcancen,
para que ella pueda enseñarle
lo que la Jerarquía planeó.
Aunque él no lo pueda comprender,
le da pasiones que dominar.
Con cuánta implacabilidad lo espolea,
con tremenda vehemencia lo provoca,
cuando, conmovedoramente, ¡lo prefiere!

*   *   *

¡Surge la crisis! Surge el grito
que hará que aparezca el líder.
Cuando las personas necesiten ser salvadas,

él vendrá a dirigir la nación...
Entonces la Naturaleza mostrará su plan
cuando el mundo haya encontrado ¡a un hombre!

El FRACASO no existe. Normalmente, lo que parece ser un fracaso no es más que una derrota temporal. ¡Asegúrate de no aceptarla como algo PERMANENTE!

LAS LEYES DEL ÉXITO

Duodécima lección

LA CONCENTRACIÓN

«*¡Puedes hacerlo si crees que puedes!*»

Esta lección ocupa una posición clave en este curso, ya que la ley psicológica en la que se basa es de una importancia primordial para todas las demás lecciones. Definiremos la palabra *concentración*, en el sentido que se utilizará aquí, de la siguiente manera:

La concentración es el acto de enfocar la mente en un determinado deseo hasta que los caminos y los medios para su realización han sido elaborados y puestos en funcionamiento con éxito.

En el acto de *concentrar* la mente en un *deseo* dado, entran dos leyes importantes: una es la ley de la *autosugestión* y la otra es la ley del *hábito*. Puesto que la primera ha sido descrita ampliamente en una de las lecciones anteriores de este curso, ahora describiremos brevemente la ley del *hábito*.

El *hábito* surge del entorno, de hacer continuamente lo mismo de la misma manera, de la repetición, de albergar los mismos pensamientos una y otra vez, y una vez que se ha formado es como un bloque de cemento que se ha endurecido en el molde, en el sentido de que es difícil de romper.

El hábito es la base de todo entrenamiento de la memoria, y esto es algo que se puede demostrar fácilmente cuando uno intenta recordar el nombre de una persona que acaba de conocer, repitiéndolo una y otra vez hasta fijarlo de una forma permanente y clara en su mente.

«La fuerza de la educación es tan grande, que podemos moldear las mentes y los modales de los jóvenes dándoles cualquier forma que deseemos e imprimir unos hábitos que permanecerán para siempre.» (Atterbury)

Excepto las en raras ocasiones en las que se eleva por encima del entorno, la mente humana extrae del ambiente que la rodea el material con el que crea el *pensamiento*, y el *hábito* cristaliza ese pensamiento en una forma fija, lo guarda en la mente subconsciente, donde se convierte en una parte esencial de nuestra personalidad que influye silenciosamente en nuestros actos, forma nuestros prejuicios e inclinaciones, y controla nuestras opiniones. Un gran filósofo tenía en mente el poder del *hábito* cuando dijo: «Primero toleramos, luego sentimos lástima y al final acabamos haciéndolo», al hablar de la forma en que los hombres honestos caen en la delincuencia.

El hábito podría compararse a los surcos en el disco de un fonógrafo, mientras que la mente podría compararse a la punta de la aguja que encaja en ellos. Cuando un hábito se ha formado correctamente (mediante la repetición de un pensamiento o un acto), la mente se adhiere a él y lo sigue tan de cerca como la aguja del fonógrafo sigue al surco del disco, independientemente de cuál sea su naturaleza.

Así pues, empezamos a ver la importancia de elegir nuestro entorno con sumo cuidado, pues de él extraemos el alimento que llega a nuestra mente. El entorno nos provee, en gran medida, del alimento y los materiales con los que creamos el *pensamiento*, y el *hábito* los cristaliza en la permanencia. Ciertamente, comprenderás que el «entorno» es la suma total de las fuentes a través de las cuales eres influido con la ayuda de los cinco sentidos: la vista, el oído, el olfato, el gusto y el tacto.

«El hábito es una fuerza que, por lo general, es reconocida por la persona media pensante, pero que suele verse en su aspecto adverso, con la exclusión de su fase favorable. Se ha dicho que todos los hombres son "criaturas de hábito" y que "el hábito es un cable, y nosotros entretejemos un hilo de él cada día, haciéndolo tan fuerte que somos incapaces de romperlo".

Existe una forma segura de evitar las críticas:

no ser nada y no hacer nada.

Consigue un trabajo de barrendero

y acaba con la ambición. Este remedio nunca falla.

»Si es verdad que el hábito se convierte en un cruel tirano que gobierna y obliga a las personas a hacer cosas en contra de su voluntad, su deseo y su inclinación (como ocurre en muchos casos), entonces, naturalmente, en la mente pensante surge la pregunta de si no podríamos aprovechar y controlar esta fuerza poderosa para que esté al servicio del hombre, como lo están otras fuerzas de la naturaleza. Si se puede conseguir este resultado, entonces el ser humano puede dominar el hábito y ponerlo a trabajar, en lugar de ser su esclavo y servirlo fielmente, aunque se queje. Y los psicólogos modernos nos dicen con certeza que, indudablemente, el hábito puede ser dominado, aprovechado y puesto a trabajar, en lugar de permitir que domine nuestros actos y nuestro carácter. Y miles de personas han aplicado estos nuevos conocimientos y han llevado la fuerza del hábito por otros canales, obligándola a hacer funcionar su maquinaria de acción, en lugar de permitir que se desperdicie, o que elimine las estructuras que la gente ha levantado con cuidado y esfuerzo, o que destruya fértiles campos mentales.

»Un hábito es un "camino mental" por el que nuestros actos han viajado durante algún tiempo, haciéndolo un poco más profundo y más ancho con cada paso. Si tienes que caminar por un campo o a través de un bosque, sabes que lo más natural para ti es elegir el sendero más despejado antes que uno menos marcado y, sobre todo, antes que caminar a campo través o a través del bosque, creando un nuevo camino. Y la línea de acción mental es precisamente la misma. Es movimiento por las vías de menor resistencia, pasando por un sendero que está muy marcado. Los hábitos se crean por la repetición y se forman de acuerdo con una ley natural observable en todas las cosas animadas y, según algunos, también en las inanimadas. Como ejemplo de lo último, señalan que una hoja de papel, una vez plegada de cierto modo, se plegará por las mismas líneas la próxima vez. Y todos los que utilizan máquinas de coser y otras máquinas delicadas saben que, según cómo se "dome" a una máquina o un instrumento, así tenderá a funcionar en adelante. Esta misma ley es observable también en el caso de los instrumentos musicales. La ropa o los guantes forman arrugas según la persona que los usa y, una vez formadas, esas arrugas siempre aparecerán, por mucho que se los planche. Los ríos y los arroyos se abren paso por la tierra y, a partir de entonces, fluyen por el cauce habitual. Esta ley está en funcionamiento en todas partes.

«Estos ejemplos te ayudarán a formarte la idea de la naturaleza del hábito y a crear nuevos senderos, nuevos pliegues mentales. Y recuerda esto siempre: la mejor manera (y se podría decir que la única) de eliminar viejos hábitos es formando nuevos hábitos para contrarrestar y reemplazar los no deseados. Forma nuevos caminos mentales por los que transitar y, en breve, los viejos serán cada vez menos marcados y, con el tiempo, prácticamente se habrán rellenado por la falta de uso. Cada vez que transitas por el sendero de un hábito mental deseable, haces que sea más profundo y más ancho, y entonces es mucho más fácil pasar por allí. Esta construcción mental de senderos es sumamente importante y te insto encarecidamente a que empieces a trabajar creando los senderos mentales deseables por los que te gustaría transitar. Practica, practica y practica: sé un buen creador de senderos.»

Las siguientes son las reglas de procedimiento con las que puedes formarte los hábitos que deseas:

1º. En el inicio de la formación de un nuevo hábito, añade fuerza y entusiasmo a tu expresión. Siente lo que piensas. Recuerda que estás dando los primeros pasos para crear un nuevo sendero mental y que al principio es mucho más difícil de lo que lo será después. Inicialmente, crea un sendero tan despejado y profundo como te sea posible, para que puedas verlo rápidamente la próxima vez que lo quieras seguir.

2º. Mantén la atención firmemente *concentrada* en la construcción de un nuevo sendero y mantén la mente lejos de los viejos caminos para que no te vayas a inclinar hacia ellos. Olvídate de los antiguos y preocúpate únicamente por los nuevos que estás construyendo.

3º. Viaja por tus senderos recién construidos con la mayor frecuencia posible. Crea oportunidades para hacerlo, sin esperar a que surjan por suerte o por casualidad. Cuando más frecuentemente pases por los nuevos senderos, antes se marcarán y podrás transitar por ellos fácilmente. Crea planes para pasar por esos nuevos senderos de hábitos, desde el principio.

4º. Resiste a la tentación de transitar por los viejos senderos que has utilizado en el pasado (y que son más fáciles). Cada vez que te resistes a una tentación te vuelves más fuerte, y cada vez te resultará más fácil hacerlo. Pero, cada vez que cedes a la tentación, más fácil será que vuelvas a caer y más difícil te resultará resistirte la siguiente vez. Al principio será una lucha continua, y ése es un momento crítico. Demuestra tu determinación, tu perseverancia y tu fuerza de voluntad desde el principio.

5º. Asegúrate de haber proyectado el sendero correcto como tu claro objetivo principal y luego avanza sin miedo y no te permitas dudar. «Pon tu mano sobre el arado y no mires atrás.» Elige tu meta, luego construye unos senderos mentales buenos, profundos y anchos que te lleven directamente a ella.

Como ya has observado, existe una estrecha relación entre el hábito y la autosugestión. A través del hábito, un acto realizado repetidamente de la misma manera tiende a hacerse permanente y, tarde o temprano, acabamos realizándolo de una forma automática o inconsciente. Al tocar el piano, por ejemplo, el artista puede interpretar una pieza conocida mientras su mente consciente está en algún otro lugar.

La autosugestión es la herramienta con la que cavamos un sendero mental; la concentración es la mano que sostiene la herramienta; el hábito es el mapa o el anteproyecto que sigue el sendero mental. Una idea o un deseo, para convertirse en una acción o una realidad física, debe mantenerse en la mente *fiel* y *persistentemente* hasta que el *hábito* empiece a darle una forma permanente.

Ahora, pongamos nuestra atención en el *entorno*. Como hemos visto, absorbemos el material para el pensamiento del ambiente que nos rodea. El término «entorno» abarca un campo muy amplio. Está formado por los libros que leemos, las personas con las que nos relacionamos, la población en la que vivimos, la naturaleza del trabajo al que nos dedicamos, el país o la nación en que residimos, la ropa que vestimos, las canciones que cantamos y, lo más importante, *la formación religiosa e intelectual que hemos recibido antes de los catorce años.*

El propósito de analizar el tema del *entorno* es mostrar su relación directa con la personalidad que estamos desarrollando y la importancia de vigilarlo de tal manera que su influencia nos proporcione un material con el que podamos alcanzar nuestro *claro objetivo principal* en la vida.

La mente se alimenta de lo que le damos, o de lo que nos es impuesto, a través del *entorno*. Por lo tanto, vamos a elegir nuestro entorno, en la medida de lo posible, con el objeto de darle a la mente el material adecuado para que realice su trabajo de alcanzar nuestro *claro objetivo principal*.

Si *tu* entorno no es de tu agrado, ¡cámbialo! El primer paso es crear en tu propia mente una imagen definida, clara y nítida del entorno que crees que te ayudaría más a alcanzar tu *claro objetivo principal*, y luego *concentra* tu mente en ella hasta que se convierta en realidad.

En la segunda lección de este curso aprendiste que el primer paso que tienes que dar para la realización de cualquier *deseo* es crear en tu mente una imagen clara y bien definida de aquello que pretendes realizar. Éste es el primer principio que debes observar en tus planes para alcanzar el *éxito*, y si no lo observas, u olvidas hacerlo, no puedes tener éxito, a no ser por casualidad.

Las personas con las que te relacionas a diario constituyen una de las partes más importantes e influyentes de tu entorno, y pueden ayudar a tu progreso o a tu retroceso, según sea su naturaleza. En la medida de lo posible, deberías seleccionar como tus compañeros cotidianos más *íntimos* a personas que sintonicen con tus metas e ideales (especialmente los representados por tu *claro objetivo principal*) y cuya actitud mental te inspire entusiasmo, seguridad en ti mismo, determinación y ambición.

Recuerda que cada palabra que oyes pronunciar, cada visión que llega a tus ojos y cada impresión que recibes a través de cualquiera de los cinco sentidos influye en tus pensamientos con la misma seguridad con que el sol sale por el este y se pone en el oeste. Al ser esto cierto, ¿es que no ves la importancia de controlar, tanto como te sea posible, el entorno en el que vives y trabajas? ¿Acaso no ves la importancia de leer libros que traten sobre temas que estén directamente relacionados con tu *claro objetivo principal*? ¿No te das cuenta de la importancia de hablar con gente que armonice con tus metas y que te anime e incite a su realización?

Estamos viviendo en lo que llamamos una «civilización del siglo veinte». Los principales científicos del mundo están de acuerdo en que la naturaleza ha tardado millones de años en crear nuestro actual entorno civilizado, mediante el proceso de la evolución. (En la lección decimoquinta comentaremos los efectos del entorno desde un punto de vista mundial y describiremos en detalle el principio de *herencia social* que es la principal fuente a través de la cual se puede imponer en las mentes de los jóvenes los efectos del entorno).

Cuántos cientos de siglos han vivido los llamados indios en el continente norteamericano, sin ningún avance apreciable hacia la civilización moderna tal como nosotros la entendemos, pues no tenemos forma de averiguarlo. Su entorno era el desierto, y no han hecho ningún intento de cambiar o mejorar dicho entorno. El cambio tuvo lugar únicamente cuando llegaron nuevas razas, que venían de lejos, *y les impusieron el entorno de progresiva civilización en el que vivimos actualmente.*

Fíjate en lo que ha ocurrido en el breve período de *tres siglos*. Los terrenos de caza se han convertido en grandes ciudades y actualmente el indio tiene una educación y una cultura que, en muchos casos, es equiparable a los éxitos de sus hermanos blancos.

La ropa que usas te influye; por lo tanto, forma parte de tu entorno. Una ropa sucia o raída te deprime y mengua tu seguridad en ti mismo, mientras que una vestimenta limpia, de un estilo apropiado, causa exactamente el efecto contrario.

Se sabe que una persona observadora puede analizar a un hombre con sólo ver su taller, su escritorio u otro lugar de trabajo. Un escritorio bien organizado indica un cerebro bien organizado. Muéstrame el depósito de mercancías de un comerciante y te diré si tiene un cerebro organizado o desorganizado, pues hay una estrecha relación entre la actitud mental y el entorno físico de la persona.

Los efectos del entorno influyen tanto en quienes trabajan en fábricas, tiendas y oficinas, que los empresarios se están empezando a dar cuenta de la importancia de crear un ambiente que inspire y anime a los trabajadores.

El propietario de una lavandería, un hombre inusualmente progresista, ha superado absolutamente a sus competidores poniendo una pianista en su sala de trabajo: una mujer joven, bien vestida, que toca el piano durante el horario laboral. Las empleadas llevan un uniforme blanco y no hay nada en ese lugar que indique que el trabajo es penoso. Con la ayuda de este entorno agradable, el propietario ha aumentado el ritmo de trabajo, gana más dinero y paga mejores sueldos que los que pueden pagar sus competidores. Esto nos trae a un lugar apropiado para describir el método con el que *tú* puedes aplicar los principios que están directa o indirectamente relacionados con el tema de la *concentración*. Vamos a llamarlo... ¡LA LLAVE MÁGICA DEL ÉXITO!

Al presentarte esta «LLAVE MÁGICA», permíteme que te explique primero que ésta no es una invención o un descubrimiento mío. Es la misma llave que utilizan, de una forma u otra, los seguidores del NUEVO PENSAMIENTO y todos los otros grupos que se basan en la filosofía positiva del optimismo. Esta LLAVE MÁGICA constituye un poder irresistible que puede ser utilizado por cualquier persona que desee hacerlo. ¡Te abrirá las puertas de la riqueza! ¡Te abrirá las puertas de la fama! Y, en muchos casos, te abrirá las puertas de la salud física.

Te abrirá las puertas de la educación y te dejará entrar en el almacén de todas tus habilidades latentes. Funcionará como llave maestra para acceder a cualquier puesto o posición en la vida para la que seas apto.

La persona que no recibe ninguna remuneración por sus servicios, excepto aquella que le llega en su salario, está mal pagada, independientemente de cuánto dinero le paguen.

Con la ayuda de esta LLAVE MÁGICA hemos abierto las puertas secretas de todos los grandes inventos del mundo. Con sus poderes mágicos se han desarrollado todos nuestros grandes genios del pasado.

Supón que eres un trabajador con un puesto de baja categoría y deseas tener una mejor situación en la vida. ¡La LLAVE MÁGICA te ayudará a alcanzarla! Mediante su uso, Carnegie, Rockefeller, Hill, Arriman, Morgan y muchos otros de su tipo han acumulado grandes fortunas de riqueza material.

Abrirá las puertas de la prisión y convertirá a las personas marginadas en individuos útiles y dignos de confianza. Convertirá el fracaso en éxito y la infelicidad en felicidad.

«¿Qué es esta LLAVE MÁGICA?», te preguntarás. Y yo te responderé con una palabra: ¡concentración!

Ahora, permíteme que defina la palabra *concentración* en el sentido en que se utiliza aquí. En primer lugar, me gustaría que quedara claro que no tengo ninguna relación con el ocultismo, aunque debo admitir que todos los científicos del mundo no han conseguido explicar el extraño fenómeno que se produce con la ayuda de la *concentración*.

Concentración, tal como se utiliza en este texto, significa la capacidad de mantener la mente en un tema, mediante un hábito fijo y la práctica, hasta que uno se ha familiarizado plenamente con él y lo ha dominado. Significa la capacidad de controlar tu atención y enfocarla en un problema dado hasta resolverlo. Significa la capacidad de expulsar los efectos de unos hábitos que deseas desechar y la capacidad de crear nuevos hábitos que sean más de tu agrado. Significa el absoluto dominio de uno mismo.

Dicho de otro modo, la *concentración* es la capacidad de *pensar* como uno quiere pensar; la capacidad de controlar tus pensamientos y dirigirlos hacia un fin *claro*, y la capacidad de organizar tus conocimientos incorporándolos a un plan de acción que sea sólido y factible.

Es fácil ver que al *concentrar* tu mente en un *claro objetivo principal* en tu vida, debes abarcar muchos temas estrechamente relacionados con él que se entremezclan y completan el tema principal en el que te estás concentrando.

La ambición y el deseo son los principales factores que intervienen en el acto de la concentración eficaz. Sin estos factores, la LLAVE MÁGICA no sirve de nada, y la razón principal por la que tan pocas personas hacen uso de ella es que la mayoría carece de ambición y no desea nada en particular. Desea cualquier cosa que tú quieras y, si tu deseo está dentro de lo razonable y es lo bastante fuerte, la LLAVE MÁGICA de la concentración te ayudará a conseguirla. A algunos científicos eruditos les gustaría que creyéramos que el maravilloso poder de la oración funciona por el principio de la concentración en la realización de un deseo profundamente arraigado. El ser humano no ha creado nada que no haya sido creado primero en su imaginación, a través del deseo, y luego convertido en realidad mediante la concentración.

Ahora, pongamos a prueba la LLAVE MÁGICA con la ayuda de una fórmula definida. En primer lugar, ¡debes acabar con el escepticismo y la duda! Ningún escéptico ha disfrutado jamás de los beneficios de esta LLAVE MÁGICA. Debes creer en la prueba que vas a realizar.

Daremos por sentado que has pensado en convertirte en una escritora de éxito, o en un gran orador, o en una buena empresaria, o en un buen economista. Tomaremos la oratoria como el tema de esta prueba, pero recuerda que debes seguir las instrucciones al pie de la letra.

Toma una simple hoja de papel, de un tamaño corriente, y escribe en ella lo siguiente:

Voy a convertirme en un gran orador porque ello me permitirá brindarle al mundo un servicio útil que es necesario y porque recibiré una remuneración económica que me proporcionará las cosas materiales necesarias en la vida.

Concentraré mi mente en este deseo durante diez minutos diariamente, justo antes de irme a dormir por las noches y justo después de levantarme por las mañanas, con el propósito de determinar exactamente cómo debo proceder para transformarlo en una realidad.

Sé que puedo convertirme en un orador convincente y magnético. Por lo tanto, no permitiré que nada interfiera con su realización.

Firmado . . . .

Firma esta declaración y luego haz aquello que has prometido hacer. Continúa hasta que los resultados deseados se hayan manifestado.

Ahora bien, cuando se trata de *concentrarse*, ésta es la manera de hacerlo: Imagina el futuro, dentro de uno, tres, cinco o incluso diez años, y visualízate como el orador (o la oradora) más poderoso de tu época. Visualiza, en tu imaginación, unos ingresos adecuados.

Visualízate en la casa que has comprado con tus ganancias en pago por tus esfuerzos como orador o conferenciante. Visualízate en posesión de una gran cuenta bancaria como reserva para la vejez. Visualízate como una persona de influencia gracias a tus grandes habilidades como orador. Visualízate dedicándote a una vocación en tu vida en la que no temerás perder tu posición. Pinta este cuadro con claridad, utilizando los poderes de tu imaginación, y al poco tiempo se convertirá en una hermosa imagen de un *deseo* profundamente arraigado. Utiliza ese *deseo* como el principal objeto de tu *concentración* y observa qué ocurre.

¡Ahora ya tienes el secreto de la LLAVE MÁGICA! No subestimes el poder de esta llave por el hecho de que no ha llegado a ti envuelta en misticismo, o porque está descrita en un lenguaje que cualquiera puede entender. En un análisis final, todas las grandes verdades son sencillas y fáciles de comprender; cuando no es así, es porque no son *grandes* verdades.

Utiliza esta LLAVE MÁGICA con inteligencia y únicamente para fines que valgan la pena, y te traerá una felicidad y un éxito duraderos. Olvida los errores que has cometido y también los fracasos. Deja de vivir en el pasado, ¿o es que no sabes que el ayer nunca vuelve? Si tus esfuerzos anteriores no han dado resultado, vuelve a empezar, y haz que los próximos cinco o diez años cuenten una historia de éxito que satisfaga tus ambiciones más elevadas.

Hazte un nombre y presta un gran servicio al mundo, mediante la *ambición*, el *deseo* ¡y el *esfuerzo concentrado!* ¡Puedes hacerlo si CREES *que puedes!* Así acaba la LLAVE MÁGICA.

La presencia de cualquier idea o pensamiento en tu conciencia tiende a producir un sentimiento «asociado» y a impulsarte a realizar una acción apropiada o correspondiente. Mantén un *deseo* profundamente arraigado en tu conciencia mediante la *concentración* y, si lo haces con una fe absoluta en su realización, atraerá hacia ti, para ayudarte, unos poderes que el mundo científico no ha logrado comprender, ni explicar, con una hipótesis razonable.

Cuando te familiarices con los poderes de la *concentración*, entonces comprenderás la razón de elegir un *claro objetivo principal* como el primer paso para alcanzar un éxito duradero.

Concentra tu mente en la realización del objeto de un *deseo* profundamente arraigado y muy pronto te convertirás en un imán que atraerá, con la ayuda de fuerzas que ningún hombre puede explicar, los equivalentes materiales necesarios de dicho *deseo*. Ésta afirmación prepara el terreno para la descripción de un principio que constituye la parte más importante de esta lección y, quizá, de todo el curso, a saber:

Cuando dos o más personas se alían en un espíritu de perfecta armonía con el propósito de alcanzar un fin definido, si dicha alianza es fielmente observada por todos los que la componen, otorgará a cada uno de sus miembros un poder que es sobrehumano y, aparentemente, irresistible.

Detrás de la afirmación anterior hay una ley, cuya naturaleza la ciencia todavía no ha determinado, y ésa es la ley que tengo presente en mis repetidas declaraciones sobre el poder del ESFUERZO ORGANIZADO que verás a lo largo de este curso.

En química aprendemos que dos o más elementos pueden combinarse dando como resultado algo que tiene una naturaleza enteramente distinta a la de cualquiera de esos elementos individuales. Por ejemplo, el agua corriente, conocida en la química bajo la fórmula de H_2O es un compuesto que está formado por dos átomos de hidrógeno y un átomo de oxígeno, *pero el agua no es ni hidrógeno ni oxígeno*. Este «matrimonio» de elementos crea una *sustancia completamente distinta de cualquiera de las partes que la componen*.

Esta misma ley que hace que tenga lugar esta transformación de los elementos químicos puede ser responsable de los poderes aparentemente sobrehumanos que resultan de la alianza de dos o más personas *en un estado perfecto de armonía y entendimiento* para alcanzar un determinado fin.

Este mundo, y toda la materia de la que están hechos los demás planetas, está compuesto de electrones (siendo el electrón la unidad de materia más pequeña analizable y pareciéndose, en su naturaleza, a eso que llamamos electricidad, o a una forma de energía). Por otro lado, el *pensamiento*, y lo que llamamos «mente», es también otra forma de energía: de hecho, es la forma de energía más elevada que se conoce. En otras palabras, el pensamiento es *energía organizada* y no es improbable que el *pensamiento* sea exactamente el mismo tipo de energía que la que generamos con una dinamo eléctrica, aunque de una forma muchísimo más *organizada*.

Tienes una enorme ventaja

sobre la persona que te calumnia

o es deliberadamente injusta contigo:

tienes la capacidad de perdonarla.

Ahora bien, si en un análisis final toda la materia está formada por grupos de electrones que no son más que una forma de energía a la que llamamos electricidad, y si la mente no es más que una forma de electricidad altamente organizada, entonces ¿no ves que es posible que las leyes que afectan a la materia gobiernen también a la mente?

Y si, combinando dos o más elementos de la materia en las proporciones adecuadas y bajo las condiciones apropiadas podemos producir algo enteramente distinto a esos elementos originales (como en el caso del H_2O), ¿acaso no ves que es posible combinar la energía de dos o más mentes de tal manera que el resultado sea una especie de mente compuesta totalmente distinta a las mentes individuales que la componen?

Sin duda, habrás notado el modo en que eres influido en presencia de otras personas; algunas te inspiran optimismo y entusiasmo. Su mera presencia parece estimular tu propia mente a una mayor acción, y esto no sólo «parece» ser verdad, sino que *es verdad*. Has percibido que la presencia de otras personas tendía a mermar tu vitalidad y a deprimirte, y te puedo asegurar que esa tendencia ¡era muy *real*!

¿Cuál imaginas que podría ser la causa de esos cambios que experimentamos cuando nos encontramos a una cierta distancia de otras personas, si no es el cambio que se produce con la mezcla o combinación de sus mentes con la nuestra por el funcionamiento de una ley que no se comprende muy bien, pero que recuerda (en el caso que, de hecho, no sea la misma) a la ley por la cual la combinación de dos átomos de hidrógeno y uno de oxígeno produce agua?

No tengo ninguna base científica para esta hipótesis, pero he pensado seriamente en ella durante muchos años y siempre he llegado a la conclusión de que, como mínimo, es una hipótesis razonable, aunque todavía no he encontrado la manera de convertirla en una hipótesis demostrable.

Sin embargo, no necesitas ninguna prueba de que la presencia de algunas personas te resulta inspiradora, mientras que la presencia de otras te deprime, pues sabes que esto es un hecho. Ahora bien, es evidente que la persona que te inspira y estimula tu mente llevándola a un estado de mayor actividad te da más poder para lograr cosas, mientras que la persona cuya presencia te deprime y merma tu vitalidad, o hace que la *disipes* en pensamientos inútiles y desorganizados, tiene exactamente el efecto contrario en ti. Puedes entender esto sin la ayuda de una hipótesis y sin más pruebas que aquellas que has experimentado una y otra vez.

Pero volvamos, ahora, a la declaración original:

Cuando dos o más personas se alían *en un espíritu de perfecta armonía* con el propósito de alcanzar un fin definido, si dicha alianza es *fielmente observada por todos los que la componen*, otorgará a cada uno de sus miembros un poder que es sobrehumano y, aparentemente, irresistible.

Estudia detenidamente la parte en cursiva de la declaración anterior, pues allí encontrarás la «fórmula mental» que, si no es aplicada al pie de la letra, destruye el efecto del conjunto.

Un átomo de hidrógeno combinado con un átomo de oxígeno no producirá agua, igual que una alianza sólo de nombre, si no va acompañada de «*un espíritu de perfecta armonía*» (entre las personas que forman la alianza), no producirá «*un poder que es sobrehumano y, aparentemente, irresistible*».

Me viene a la mente una familia de montañeses que vivió en la zona montañosa de Kentucky durante más de seis generaciones. Generación tras generación, esta familia no experimentó ninguna mejora mental perceptible, y cada generación siguió los pasos de sus antepasados. Se ganaban la vida viviendo de la tierra y, por lo que ellos sabían o querían saber, el universo consistía en una pequeña zona de territorio llamada Letcher County. Se casaban estrictamente con los de su propia «clase» y dentro de su propia población.

Finalmente, uno de los miembros de esta familia se alejó de la «manada», por así decirlo, y se casó con una mujer del estado vecino de Virginia, que tenía una buena educación y una gran cultura. Esta mujer era una de esas personas con ambición que había aprendido que el universo se extendía más allá de la frontera de Letcher County y abarcaba, al menos, la totalidad de los estados del sur. Había oído hablar de química, de botánica, de biología, de patología, de psicología y de muchos otros temas relevantes en el campo de la educación. Cuando sus hijos empezaban a llegar a una edad en la que podían entender las cosas, les hablaba de estos temas y ellos, a su vez, comenzaron a mostrar un gran interés al respecto.

Actualmente, uno de sus hijos es rector de una gran institución educativa en la que se enseña la mayoría de esos temas y muchos otros de igual importancia. Otro hijo suyo es un importante abogado y el tercero es un físico de éxito.

Su marido (gracias a la influencia de la mente de esta mujer) es un conocido dentista y el primer miembro en seis generaciones, en alejarse de las tradiciones que habían atado a la familia.

La combinación de la mente de esta mujer con la de su marido *le infundió el estímulo necesario para animarlo y lo inspiró con una ambición que, sin la influencia de su esposa, no habría conocido jamás.*

Durante muchos años, he estado estudiando las biografías de aquellas personas a las que el mundo llama *grandes*, y me parece más que una mera coincidencia que en todos los casos en los que había información disponible, la persona que era realmente responsable de esa *grandeza* se encontraba en el fondo, detrás de la escena, y el público que adoraba al héroe rara vez oía hablar de ella. Con no poca frecuencia, este «poder oculto» es una esposa paciente que ha inspirado a su marido y lo ha estimulado hacia un gran éxito, como ocurrió en el caso que acabo de describir.

Henry Ford es uno de los milagros modernos de esta era y dudo que este país, o cualquier otro, haya producido jamás a un genio industrial como él. Si se conocieran los *hechos* (y acaso se conozcan), éstos nos mostrarían que la causa de los fenomenales éxitos del señor Ford está en una mujer de la que el público ha oído hablar muy poco: *¡su esposa!*

Leemos acerca de los éxitos de Ford y de sus enormes ingresos e imaginamos que está bendecido con una capacidad inigualable, y es así: una capacidad de la que el mundo jamás habría oído hablar de no haber sido por la influencia de su esposa, que ha cooperado con él durante todos sus años de lucha, *«en un espíritu de perfecta armonía, con el propósito de alcanzar un fin definido».*

La derrota, como un dolor de cabeza, nos advierte de que algo ha ido mal. Si somos inteligentes, buscamos la causa y nos beneficiamos de la experiencia.

Tengo en mente a otro genio que es muy conocido en todo el mundo civilizado: Thomas A. Edison. Sus inventos son tan famosos que no necesitan ser nombrados. Cada vez que presionas un interruptor y enciendes una luz eléctrica, o escuchas un tocadiscos, deberías pensar en Edison, pues fue él quien perfeccionó tanto la luz incandescente como el moderno fonógrafo. Cada vez que veas una imagen en movimiento, deberías pensar en Edison, pues fue su genio, más que el de cualquier otra persona, el que hizo que esta gran empresa fuera posible.

Pero, como en el caso de Henry Ford, detrás de Edison está una de las mujeres más extraordinarias de Estados Unidos: ¡su esposa! Nadie fuera de la familia Edison, y quizá unos pocos amigos íntimos suyos, sabe hasta qué punto la influencia de esta mujer ha hecho posibles sus éxitos. En una ocasión, ella me dijo que la cualidad más destacada de su marido y que, por encima de todas las demás, era la más valiosa, era la de ¡*la concentración*!

Cuando Edison inicia una línea de experimentación o investigación, nunca «abandona» hasta que encuentra lo que buscaba o hasta que ha agotado todos los recursos posibles para hacerlo.

Detrás de Edison hay dos grandes poderes: uno es el de la *concentración*, ¡y el otro es la señora Edison!

Noche tras noche, Edison ha trabajado con tanto *entusiasmo* que sólo ha necesitado tres o cuatro horas de sueño. (Recuerda lo que dijimos acerca de los efectos sustentadores del *entusiasmo* en la séptima lección de este curso.)

Si siembras una diminuta semilla de manzana en el tipo de tierra adecuado, en el momento adecuado del año, gradualmente brotará para convertirse en una diminuta ramita que luego se expandirá y se convertirá en un manzano. Ese árbol no proviene de la tierra, ni de los elementos del aire, sino *de esas dos fuentes*, y todavía no ha aparecido la persona capaz de explicar la ley que atrae del aire y la tierra la combinación de células de las que está hecho el árbol.

El árbol no sale de la diminuta semilla de manzana, sino que *esa semilla es el principio del árbol*.

Cuando dos o más personas se alían *«en un espíritu de perfecta armonía con el propósito de alcanzar un fin definido»*, el *fin*, en sí mismo, o el *deseo* que está detrás de dicho fin, se podría comparar con la semilla de la manzana, y la combinación de las fuerzas de energía de las dos (o más) mentes podría compararse con el aire y la tierra de los que surgen los elementos que forman los objetos materiales de dicho *deseo*.

El *poder* que está detrás de la atracción y la combinación de estas fuerzas de la mente no puede explicarse más de lo que se puede explicar el poder que está detrás de la combinación de elementos a partir de la cual «crece» el árbol del manzano.

Pero lo que es sumamente importante es que un manzano «crecerá» de una semilla que es plantada correctamente, y un gran *éxito* seguirá a la combinación sistemática de dos o más mentes con un claro objetivo en vistas.

En la decimotercera lección verás este principio del esfuerzo conjunto llevado a unas proporciones que casi conmocionan la imaginación de aquellos que no se han entrenado para pensar en términos de *pensamiento organizado*.

Este curso, en sí mismo, es una ilustración muy concreta del principio que subyace a eso que hemos llamado *esfuerzo organizado*, pero verás que son necesarias la totalidad de las dieciséis lecciones para completar la descripción de este principio. Omite una sola lección y esa omisión afectará a la totalidad, del mismo modo que, si retiramos un eslabón, eso afectará a la totalidad de una cadena.

Ya he dicho esto de muchas maneras distintas y ahora lo repito con el propósito de enfatizarlo: existe una hipótesis, bien fundada, de que cuando uno concentra su mente en un determinado tema, empieza a recibir información estrechamente relacionada con él y que se «vierte» sobre uno, procedente de todos los tipos de fuentes concebibles. La teoría es que, una vez que un *deseo* profundamente arraigado es sembrado en el tipo de «tierra mental» adecuado, actúa como un centro de atracción o un imán que atrae todo aquello en armonía con la naturaleza de dicho *deseo*.

El doctor Elmer Gates, de Washington, es, probablemente, uno de los psicólogos más competentes del mundo. Es reconocido en el mundo entero, tanto en el campo de la psicología como en otros ámbitos de la ciencia relacionados directa e indirectamente, como un hombre de primerísimo nivel científico. Acompáñame durante un rato y estudia sus métodos.

El doctor Gates, una vez que ha llevado una línea de investigación lo más lejos posible por los canales habituales y se ha hecho con todos los datos registrados que tiene a su disposición sobre un determinado tema, coge un lápiz y un bloc y se «sienta» a la espera de recibir más información, *concentrando su mente en ese tema hasta que comienzan a fluir hacia él pensamientos relacionados*. Entonces pone por escrito esos pensamientos tal como llegan (de no se sabe dónde). El doctor Gates me dijo que muchos de sus descubrimientos más importantes llegaron con este método. La primera vez que hablé con él sobre este tema fue hacia 1910; desde entonces, con el descubrimiento del principio de la radio, se nos ha proporcionado una hipótesis razonable con la que explicar los resultados de esas «sentadas»; a saber:

Como hemos descubierto a través del moderno aparato de radio, el éter está en un continuo estado de agitación. Las ondas de sonido están flotando por el éter en todo momento, pero no podemos detectarlas más allá de una corta distancia desde su fuente, si no es con la ayuda de unos instrumentos adecuadamente sintonizados.

Ahora bien, parece razonable suponer que el *pensamiento*, al ser la forma de energía más organizada que conocemos, está continuamente enviando ondas por el éter, pero estas ondas, al igual que las del sonido, sólo pueden ser detectadas e interpretadas correctamente con una mente adecuadamente sintonizada.

No cabe duda de que, cuando el doctor Gates se sentaba en una habitación y entraba en un estado mental pasivo y sereno, los *pensamientos* dominantes de su mente le servían como una fuerza magnética que atraía *ondas de pensamiento* de otras personas, relacionadas o similares, cuando éstas pasaban por el éter que lo rodeaba.

Llevando esta hipótesis un poco más allá, se me ha ocurrido en muchas ocasiones, desde el descubrimiento del moderno principio de la radio, que *todo pensamiento que ha sido liberado alguna vez de una forma organizada, desde la mente de cualquier ser humano, continúa existiendo en la forma de una onda en el éter y está dando vueltas continuamente en grandes círculos sin fin*, y que el acto de *concentrar* nuestra mente con intensidad en un determinado tema emite *ondas de pensamiento* que alcanzan a otras ondas de naturaleza similar o relacionada y se mezclan con ellas, estableciendo así una línea directa de comunicación entre la persona que se está *concentrando* y pensamientos de una naturaleza similar que se han puesto en movimiento previamente.

Si vamos todavía más lejos, ¿no sería posible que uno sintonice su mente y armonice la velocidad de vibración del *pensamiento* con la velocidad de vibración del éter de manera que pueda acceder a todos los conocimientos que se han acumulado a través del *pensamiento organizado* en el pasado?

Teniendo presentes estas hipótesis, regresa a la segunda lección de este curso y estudia la descripción que hace Carnegie de la «mente maestra» con la que acumuló su gran fortuna.

Cuando Carnegie formó una alianza de más de una veintena de mentes cuidadosamente seleccionadas, creó, con este modo de combinar el poder mental, una de las fuerzas industriales más poderosas que ha visto el mundo. Con unas cuantas excepciones notables (y sumamente desastrosas), los hombres que formaban la «mente maestra» que Carnegie creó ¡pensaban y *actuaban* como si fueran *uno*!

Y esa «mente maestra» (compuesta de varias mentes individuales) se concentró en un único propósito, cuya naturaleza es clara para todo aquel que conoció al señor Carnegie, particularmente aquellos que competían con él en el negocio siderúrgico.

Si has seguido la historia de Henry Ford, aunque fuera ligeramente, sin duda habrás observado que el *esfuerzo concentrado* ha sido una de las características más destacadas de su carrera. A principios del siglo XX adoptó una política de estandarización con respecto al tipo de automóvil que fabricaría, y mantuvo esta política consistentemente hasta que el cambio que se produjo en las exigencias del público, en 1927, lo obligó a modificarla.

Hace unos años conocí al antiguo ingeniero jefe de la planta Ford y me habló de un incidente que ocurrió durante las etapas iniciales de la experiencia automotriz del señor Ford y que demuestra claramente que el *esfuerzo concentrado* es uno de los fundamentos destacados de su filosofía económica. En aquella ocasión, los ingenieros de la fábrica se habían reunido en la oficina de ingeniería con el propósito de discutir un cambio propuesto en el diseño de la construcción del eje posterior del automóvil Ford. El señor Ford estuvo presente y escuchó la discusión hasta que cada hombre hubo expresado su parecer. A continuación, se acercó a la mesa, dio unos golpes con el dedo al diseño del eje propuesto y dijo: «¡Ahora escuchen! El eje que estamos utilizando cumple la función que debe cumplir y lo hace bien, ¡y no vamos a hacer ningún cambio más en ese eje!».

Se dio media vuelta y se marchó, y hasta el día de hoy el eje posterior del automóvil Ford sigue siendo, esencialmente, el mismo. No es improbable que el éxito del señor Ford en la fabricación y la comercialización de automóviles se haya debido, en gran medida, a su política de *concentrar* sus esfuerzos consistentemente en un plan, pero teniendo un *claro propósito* en mente en ese momento.

¿No es extraño que la palabra «bumerán»
haya estado en el diccionario todos estos años sin que,
por lo general, se haya sabido que un «bumerán»
es un instrumento que regresa
y que puede herir la mano de quien lo lanza?

Hace unos años leí el libro de Edward Bok, *The Man From Maine* [Un hombre de Maine] una biografía de su suegro, Cyrus H. K. Curtis, propietario del *Saturday Evening Post*, del *Ladies' Home Journal* y de muchas otras publicaciones. A lo largo de todo el libro, observé que la característica más destacada de la filosofía del señor Curtis era la de la *concentración* de esfuerzos en un *claro propósito*.

Durante los primeros años como propietario de la revista *Saturday Evening Post*, cuando estaba poniendo cientos de miles dólares en una empresa con pérdidas, fue necesario un *esfuerzo concentrado*, respaldado por una valentía que pocos hombres conocen, para poder «seguir adelante».

Deberías leer este libro. Es una espléndida lección sobre el tema de la *concentración* y sustenta, hasta el más mínimo detalle, todos los fundamentos en los que se basa esta lección.

Saturday Evening Post es actualmente una de las publicaciones más lucrativas del mundo, pero su nombre habría sido olvidado hace mucho tiempo si el señor Curtis no hubiese *concentrado* su atención y su fortuna en el *claro propósito* de convertirla en una gran revista.

Hemos visto el importante papel que desempeñan el *entorno* y el *hábito* en relación con el tema de la *concentración*. Ahora comentaremos brevemente un tercer tema que está tan relacionado con la *concentración* como los otros dos; esto es, la *memoria*.

Los principios con los que se puede entrenar una memoria precisa y firme son pocos y comparativamente sencillos:

1. **Retención**: Recibir una impresión a través de uno de los cinco sentidos, o de más de uno, y registrarla en la mente de una forma ordenada. Este proceso podría compararse con el de registrar una imagen en la placa sensible de una cámara fotográfica.

2. **Recuerdo**: Revivir o recordar en la mente consciente esas impresiones de los sentidos que han quedado grabadas en la mente subconsciente. Este proceso se podría comparar al acto de repasar un fichero y extraer una ficha en la que la información ha sido registrada previamente.

3. **Reconocimiento**: La capacidad de reconocer una impresión de los sentidos cuando entra en la mente consciente y de identificarla como un duplicado de la impresión original y asociarla con la fuente original de la que provino cuando fue registrada por primera vez. Este proceso nos permite distinguir entre «memoria» e «imaginación».

Éstos son los tres principios que intervienen en el acto de recordar. Ahora, hagamos aplicación de ellos y determinemos cómo utilizarlos eficazmente, lo cual puede hacerse de la siguiente manera:

1º. Cuando quieras asegurar tu capacidad de recordar una impresión de los sentidos, como un nombre, una fecha o un lugar, asegúrate de que la impresión sea vívida, *concentrando tu atención en ella* hasta el menor detalle. Una forma efectiva de hacer esto es repetir varias veces lo que deseas recordar. Del mismo modo que un fotógrafo debe darle a la «exposición» el tiempo adecuado para que quede registrada en la placa sensible de la cámara, también nosotros debemos darle tiempo a la mente subconsciente para que registre correcta y claramente cualquier impresión de los sentidos que deseamos ser capaces de recordar con rapidez.

2°. Asocia aquello que deseas recordar con algún otro objeto, nombre, lugar o fecha con el que estés familiarizado y que puedas recordar fácilmente a voluntad, como, por ejemplo, el nombre de tu ciudad natal, tu amigo íntimo, la fecha de tu nacimiento…, pues así tu mente archivará la impresión que deseas poder recordar junto con una que sí puedes recordar fácilmente, de manera que cuando una entre en la mente consciente, traiga consigo a la otra.

3°. Repite unas cuantas veces aquello que deseas recordar, al tiempo que *concentras* tu mente en ello, de la misma manera en que fijarías tu mente en la hora en que quisieras despertarte a la mañana siguiente (lo cual, como sabes, te asegura que despertarás a esa hora precisa). El fallo común de no ser capaces de recordar los nombres de las personas que tenemos la mayoría de nosotros se debe por completo a que de entrada no registramos correctamente el nombre. Cuando te presentan a alguien cuyo nombre deseas poder recordar a voluntad, repítelo cuatro o cinco veces, asegurándote primero de haberlo entendido correctamente. Si el nombre se asemeja al de alguna persona a la que conoces bien, asocia los dos nombres, pensando en ambas mientras repites el nombre que quieres recordar.

Si alguien te entrega una carta para enviar, mira la carta, luego aumenta su tamaño en tu imaginación y visualízala suspendida encima de un buzón. Fija en tu mente una carta de aproximadamente el tamaño de una puerta y asóciala con un buzón, y verás que el primer buzón junto al que pases por la calle hará que te acuerdes de esa gran carta de apariencia extraña que tienes en el bolsillo.

Supón que te presentan a una señora cuyo nombre es Isabel Shearer* y te gustaría recordar su nombre a voluntad. Mientras repites su nombre, asócialo a unas grandes tijeras, de unos tres metros de largo, y a la reina Isabel, y verás que recordar ambas cosas te ayudará a recordar también el nombre de Isabel Shearer.

---

*. *Shearer* en inglés significa «esquilador» (*N. de la T.*).

Si quisieras ser capaz de recordar el nombre de Lloyd Keith, simplemente repítelo varias veces y asócialo al nombre de Lloyd George y al Teatro Keith, que son dos cosas que puedes recordar a voluntad.

La ley de la asociación es la característica más importante de una memoria bien entrenada y, sin embargo, es una ley sumamente simple. Lo único que tienes que hacer para utilizarla es grabar el nombre de aquello que deseas recordar con el nombre de algo que *puedes recordar* fácilmente, y el recuerdo de uno traerá al otro.

¿Ves a ese tipo «afortunado» que ha conseguido
un puesto «fácil» por «enchufe»?
Déjame que te susurre un secreto al oído:
El destino lo está esperando a la vuelta de la esquina,
con una porra rellena, y no precisamente de algodón.

Hace casi diez años, un amigo me dio su número de teléfono en Milwaukee, Wisconsin, y a pesar de que no lo apunté, hoy lo recuerdo tan bien como aquel día. Así fue como lo grabé:

El número y la central telefónica eran Lakeview*2651.

En el momento en que me dio su número nos encontrábamos en la estación de ferrocarriles, con vistas al lago Michigan. Por lo tanto, utilicé el lago como el objeto asociado con el que archivar el nombre de la central telefónica. Resultó que el número de teléfono estaba formado por la edad de mi hermano, que tenía veintiséis años, y la de mi padre, que tenía cincuenta y uno, de modo que asocié sus nombres a ese número, asegurándome de que lo recordaría. Así pues, para recordar la central telefónica y el número sólo tenía que pensar en el lago Michigan, en mi hermano y en mi padre.

---

*. En inglés, *lake* significa «lago» y *view*, «vista» (*N. de la T.*).

Un conocido mío descubrió que sufría de lo que se llama corrientemente una «mente divagante». Cada vez estaba más «ausente» y era incapaz de recordar las cosas. Dejemos que sea él quien te cuente a continuación, con sus propias palabras, cómo superó esta desventaja:

«Tengo cincuenta años. Durante una década, he sido director de sección en una gran fábrica. Al principio mis tareas eran fáciles, luego la empresa experimentó una rápida expansión del negocio, con lo cual tuve más responsabilidades. Varios hombres jóvenes de mi sección empezaron a desarrollar una energía y una habilidad inhabituales, y al menos uno de ellos tenía los ojos puestos en mi empleo.

»Llegué a esa edad de la vida en la que a un hombre le gusta estar cómodo y, puesto que llevaba mucho tiempo en la empresa, sentía que podía dormirme en mis laureles. El efecto de esta actitud mental fue bastante desastroso para mi trabajo.

»Hace unos dos años, noté que mi capacidad de *concentración* se estaba debilitando y que mis deberes me empezaban a resultar molestos. Me olvidaba de la correspondencia hasta que veía con pavor la enorme pila de cartas; los informes se acumulaban y mis subordinados se veían perjudicados por el retraso. Y yo me pasaba el rato sentado en mi escritorio con la mente divagando hacia otra parte.

»Se dieron otras circunstancias que dejaron ver claramente que mi mente no estaba en el trabajo. Olvidé asistir a una importante reunión de los directores de la compañía. Además, uno de los administrativos que estaban a mis órdenes descubrió un grave error en un cálculo sobre una carga de mercancías y, por supuesto, se encargó de que el gerente se enterara del incidente.

»Esta situación me alarmó sobremanera, de modo que pedí una semana de vacaciones para reflexionar sobre todo ello. Estaba decidido a renunciar, o a descubrir cuál era el problema y ponerle remedio. Unos pocos días de seria introspección en un lugar de vacaciones en las montañas, alejado de todo, me convencieron de que estaba sufriendo un simple caso de mente divagante. Me faltaba *concentración*; mis actividades físicas y mentales en la oficina se habían vuelto poco metódicas. Era descuidado, vago y negligente, y todo porque mi mente no estaba *alerta* en el trabajo. Cuando hube diagnosticado mi caso, con satisfacción para mí mismo, pensé en la forma de ponerle remedio. Necesitaba unos nuevos *hábitos de trabajo*, y decidí adquirirlos.

»Con un lápiz y un papel, esbocé un plan para cubrir la jornada laboral: primero, la correspondencia de la mañana; luego, pedidos, dictados, reunión con los subordinados y tareas variadas, acabando con un escritorio limpio antes de marcharme.

»*"¿Cómo se forma un hábito?"*, me pregunté mentalmente. "Mediante la repetición", fue la respuesta que obtuve. "Pero he estado haciendo estas cosas una y otra vez, miles de veces", protestó el otro tipo dentro de mí. "Cierto, pero no de una manera ordenada y *concentrada*", replicó el eco.

»Regresé a la oficina con la mente bajo control, pero intranquilo, y empecé a aplicar mi nuevo plan de trabajo inmediatamente. Realizaba las mismas tareas todos los días con el mismo entusiasmo y, a ser posible, a la misma hora. Cuando mi mente comenzaba a divagar, la hacía regresar rápidamente.

»A partir de un estímulo mental, creado por la fuerza de voluntad, progresé en el *desarrollo de hábitos*. Día tras día, practicaba la *concentración* del pensamiento. Cuando empecé a sentirme cómodo con la *repetición*, entonces supe que había ganado.»

Tu capacidad de entrenar a tu memoria, o de desarrollar cualquier hábito deseado, es sólo una cuestión de ser capaz de fijar tu atención en un determinado tema hasta que la idea general haya quedado bien grabada en la «placa sensible» de tu mente.

¡La concentración no es más que una cuestión de control de la *atención!* Observarás que, si lees una línea impresa con la que no estás familiarizado y que nunca, habías visto antes y luego cierras los ojos, puedes ver esa línea tan claramente como si la estuvieras viendo en la página impresa. En realidad estás «viéndola», no en el papel impreso, sino en la placa sensible de tu propia mente. Si pruebas este experimento y la primera vez no funciona, es porque no *has concentrado tu atención* lo suficiente en la línea. Repítelo unas cuantas veces y al final tendrás éxito. Si deseas memorizar un poema, por ejemplo, puedes hacerlo con mucha rapidez si te entrenas para fijar tu *atención* en las líneas tanto como para poder cerrar los ojos y verlas en tu mente con la misma claridad con que las ves sobre la página impresa.

Tan importante es este tema del *control de la atención*, que me siento obligado a remarcarlo de manera que no pases por él a la ligera. He reservado la referencia a este importante tema para el final, como un clímax para esta lección, porque considero que es, con diferencia, la parte más importante.

Los asombrosos resultados experimentados por quienes practican la adivinación con una bola de cristal se deben, enteramente, a su capacidad de *fijar la atención* en un determinado tema durante un período continuo mucho mayor al normal. ¡La adivinación con una bola de cristal no es más que *atención concentrada!*

Ya he hecho alusión a lo que ahora declararé que creo: a saber, que con la ayuda de la *atención concentrada* es posible que uno sintonice su mente con la vibración del éter de manera tal que todos los secretos que hay en el mundo de los fenómenos mentales inexplorados y desconocidos sean como libros abiertos que se pueden leer a voluntad. ¡Este es un pensamiento sobre el que meditar!

Soy de la opinión, y hay pruebas sustanciales que me respaldan, de que es posible desarrollar la capacidad de *fijar la atención* de una forma tan absoluta que nos permita «sintonizar» con lo que hay en la mente de cualquier persona y entenderlo. Pero eso no es todo, ni es la parte más importante de la hipótesis a la que he llegado después de muchos años de cuidadosa investigación, pues se puede ir un paso más allá con la misma facilidad y «sintonizar» con la *mente universal*, en la cual se almacenan todos los conocimientos, de los cuales se puede apropiar cualquier persona que domine el arte de buscarlos.

Posiblemente, a una mente sumamente ortodoxa estas afirmaciones le parecerán muy irracionales, pero para el estudiante (y, de momento, son contadas las personas en el mundo que son más que meros estudiantes de este tema, en un nivel elemental) que ha estudiado este tema sin un nivel de comprensión apreciable, estas hipótesis no sólo le parecen posibles, sino *absolutamente probables.*

Pero ¡pon a prueba esta hipótesis tú mismo! No hay mejor tema que puedas usar para probar un experimento que el que has elegido como tu *claro objetivo principal* en la vida. Memoriza tu *claro objetivo principal* para que puedas repetirlo sin tener que leerlo, y luego practica *fijar tu atención en él al menos dos veces al día*, procediendo de la siguiente manera:

Busca un lugar tranquilo donde nadie te moleste; siéntate y relaja tu mente y tu cuerpo completamente; luego, cierra los ojos y tápate los oídos con los dedos, excluyendo así las ondas de sonido corrientes y todas las ondas de luz. En esa posición, repite tu *claro objetivo principal* en la vida y, mientras lo haces, visualízate, en tu imaginación, en plena posesión del objeto de esa meta. Si una parte de tu objetivo es la acumulación de dinero, como indudablemente lo es, entonces visualízate en posesión de él. Si una parte de tu *claro objetivo* es ser propietario de una casa, entonces visualiza una imagen de ella, en tu imaginación, tal como esperas que sea en realidad. Si una parte de tu *claro objetivo* es convertirte en un orador, u oradora, poderoso e influyente, entonces visualízate delante de una gran cantidad de público y *siente* que juegas con las emociones de la audiencia como un gran violinista tocaría las cuerdas del violín.

Al aproximarte al final de esta lección, hay dos cosas que podrías hacer:

1°. Empezar a cultivar, ahora, la capacidad de *fijar la atención* a voluntad en un determinado tema, sintiendo que esa habilidad, cuando esté plenamente desarrollada, te traerá el objeto de tu *claro objetivo principal* en la vida, o

2°. Ladear la nariz y, con una sonrisa cínica, decirte: «Tonterías», y de esa manera, ¡convertirte en un *tonto!* ¡Tú eliges!

Esta lección no fue escrita para ser una discusión, ni un tema de debate. Tienes el privilegio de aceptarla, en su totalidad o en parte, o de rechazarla; como tú quieras.

No obstante, quiero declarar aquí que ésta no es una época para el cinismo o la duda. Una era que ha conquistado el aire que está encima de nosotros y el mar que está debajo, y que nos ha permitido utilizar el aire y convertirlo en un mensajero capaz de transportar el sonido de nuestra voz a la otra mitad del planeta en una fracción de segundo, ciertamente no es una era que aliente a los escépticos o a los incrédulos.

La familia humana ha pasado por la «edad de piedra», por la «edad de hierro» y por la «edad de acero» y, a menos que no hayamos comprendido en absoluto la tendencia de los tiempos, ahora está entrando en la «era del poder mental», que eclipsará con sus magníficos éxitos a todas las otras juntas.

Aprende a fijar tu atención a voluntad en un determinado tema durante el lapso de tiempo que tú elijas, ¡y habrás encontrado el pasadizo secreto que conduce al poder y la abundancia! ¡Eso es concentración!

Los peces no muerden sólo porque tú lo desees, ¡sigue remando! Cambia tu carnada y sigue pescando; ¡sigue remando! La suerte no está adherida a ningún lugar. Los hombres a los que envidias, te envidian a ti, ¡y envidian tu trabajo y tu suerte! ¡sigue remando!

A partir de esta lección, entenderás que el objeto de formar una alianza entre dos o más personas para crear una «mente maestra» es aplicar la LEY DE LA CONCENTRACIÓN con una eficacia mucho mayor de la que podría conseguirse con los esfuerzos de una sola persona.

El principio llamado «mente maestra» no es ni más ni menos que la concentración del poder mental de un grupo para la realización de un claro objetivo o fin. Con la concentración mental en grupo se obtiene un mayor poder debido al proceso de «incremento» que se produce mediante el efecto de una mente sobre otra u otras.

Persuasión versus fuerza

El éxito, tal como se ha dicho de docenas de maneras distintas a lo largo de este curso, es, en gran medida, una cuestión de negociar con tacto y armoniosamente con otras personas. En términos generales, la persona que entiende cómo «conseguir que la gente haga las cosas» que ella quiere que hagan puede tener éxito en cualquier profesión.

Como conclusión apropiada para esta lección sobre la LEY DE LA CONCENTRACIÓN, describiremos los principios con los que se puede influir en las personas, con los que se consigue la colaboración, se elimina el antagonismo y se desarrolla la cordialidad.

A veces se pueden conseguir por la fuerza unos resultados aparentemente satisfactorios, pero la fuerza, por sí sola, nunca ha producido, ni lo hará, un éxito duradero.

La Primera Guerra Mundial ha contribuido más que cualquier otro acontecimiento en la historia del mundo a mostrarnos la futilidad de la fuerza como medio para influir en la mente humana. Sin entrar en detalles ni contar casos que podrían citarse, todos sabemos que la fuerza es la base sobre la que se ha construido la filosofía alemana en los últimos cuarenta años. La doctrina de que el *poder corrige* se puso a prueba a nivel mundial y fracasó.

El cuerpo humano puede ser encarcelado o controlado mediante la fuerza física, pero no ocurre lo mismo con la mente humana. Ningún hombre o mujer sobre la tierra puede controlar la mente de una persona sana y normal, si dicha persona decide ejercer su derecho divino a controlar su propia mente; la mayoría de la gente no lo ejerce.

A causa de nuestro defectuoso sistema educativo, las personas van por el mundo sin haber descubierto la fuerza que está dormida en sus propias mentes. De vez en cuando ocurre algo, casi siempre por accidente, que despierta a la persona y hace que descubra dónde está su verdadera fuerza y cómo utilizarla en el desarrollo de la industria o de alguna profesión. Resultado: ¡nace un genio!

Llega un determinado punto en el que la mente humana deja de elevarse o de explorar, a menos que algo fuera de la rutina diaria la «empuje» y la haga saltar por encima de ese obstáculo. En algunas mentes, este punto es muy bajo y en otras es muy alto; en otras varía entre uno y otro. La persona que encuentra la forma de estimular su mente artificialmente, de despertarla y hacer que vaya con frecuencia más allá de este punto de parada, sin duda será recompensada con la fama y la fortuna si sus esfuerzos son de una naturaleza constructiva.

El educador que descubre la manera de estimular cualquier mente y hacer que se eleve por encima de este punto de parada sin ninguna reacción negativa, será una bendición para la raza humana que no se podrá comparar con ninguna otra en la historia del mundo. No nos estamos refiriendo, por supuesto, a estimulantes físicos o narcóticos. Éstos siempre estimularán la mente durante un tiempo, pero a la larga la acabarán deteriorando. Nos estamos refiriendo únicamente a un estimulante puramente mental, como el que llega con el interés intenso, el deseo, el entusiasmo, el amor… que son factores a partir de los cuales se puede desarrollar una «mente maestra».

La persona que haga este descubrimiento contribuirá enormemente a la resolución del problema de la delincuencia. Puedes hacer prácticamente cualquier cosa con un individuo cuando aprendes a influir en su mente. La mente podría compararse a un gran campo: es un campo sumamente fértil que siempre produce una cosecha de acuerdo con el tipo de semilla que se ha sembrado en él. El problema, entonces, está en aprender a seleccionar el tipo de semilla correcto y a sembrarla para que eche raíces y crezca con rapidez. Estamos sembrando semillas en nuestras mentes a diario, a cada hora, no, a cada segundo, pero lo estamos haciendo despreocupadamente y de una forma más o menos inconsciente. Tenemos que aprender a hacerlo de acuerdo con un *plan* preparado cuidadosamente, ¡siguiendo un diseño bien trazado! ¡Las semillas plantadas al azar en la mente humana producen una cosecha fortuita! No se puede escapar a este resultado.

Hay doce buenas razones para el fracaso.
La primera es la intención, confesada, de no hacer más que aquello para lo que a uno le pagan,
y a quien haga esta confesión le bastará con colocarse ante un espejo para conocer las otras once razones.

La historia está llena de casos notables de hombres que han pasado de ciudadanos decentes, pacíficos y constructivos a ser unos criminales errantes y depravados. También tenemos miles de casos en los que criminales bajos y depravados se han transformado en ciudadanos constructivos y decentes. En cada uno de estos casos, la transformación del ser humano tuvo lugar en su mente.

Él creó en su propia mente, por una razón u otra, una imagen de lo que deseaba y luego procedió a convertirla en realidad. De hecho, si una imagen de cualquier entorno, condición o cosa puede ser imaginada en la mente humana y si la mente puede enfocarse o concentrarse en esa imagen durante el tiempo necesario y con la perseverancia necesaria, y con el respaldo de un *intenso deseo* de la cosa imaginada, el trecho que va de la imagen a la realización de ella en la forma física o mental.

La Primera Guerra Mundial sacó a relucir muchas tendencias sorprendentes de la mente humana que corroboran el trabajo que el psicólogo ha llevado a cabo en su investigación del funcionamiento de la mente. El siguiente relato de un joven montañero rudo, inculto, sin educación e indisciplinado es un excelente ejemplo que hace al caso:

LUCHÓ POR SU RELIGIÓN:
AHORA ES UN GRAN HÉROE DE GUERRA

Los rotarios planean obsequiar una granja a Alvin York,
un cazador de ardillas indocto de Tennessee

Por George W. Dixon

Cómo Alvin Cullom York, un cazador de ardillas indocto de Tennessee, se convirtió en el principal héroe de las Fuerzas Expedicionarias Norteamericanas en Francia forma parte de un capítulo romántico en la historia de la Primera Guerra Mundial.

York es natural de Fentress County. Nació y fue criado entre rudos montañeros de los bosques de Tennessee. En Fentress County ni siquiera hay ferrocarril. En sus años de juventud, Alvin tenía fama de tener un carácter atroz. Era lo que se conoce como un pistolero, un tirador mortal con el revólver y sus proezas con el rifle se conocían a lo largo y ancho entre los sencillos pobladores de las montañas de Tennessee.

Un día, una organización religiosa montó su tienda en la población en la que vivían York y sus padres. Era una secta extraña que había venido a las montañas en busca de conversos, pero los métodos de los evangelizadores del nuevo culto estaban llenos de fuego y emocionalidad. Denunciaban al pecador, al carácter vil y al hombre que se aprovechaba de su prójimo. Señalaban a la religión del Maestro como un ejemplo que todos debían seguir.

La conversión de Alvin

Alvin Cullom York sorprendió a sus vecinos una noche al lanzarse al banco de los dolientes. Los ancianos se agitaron en sus asientos y las mujeres estiraron sus cuellos mientras York luchaba contra sus pecados en las sombras de las montañas de Tennessee.

York se convirtió en un ardiente apóstol de la nueva religión, un exhortador, un líder en la vida religiosa de la comunidad y, aunque su puntería seguía siendo tan mortífera como siempre, nadie que transitara por el camino de la rectitud le temía.

Cuando las noticias de la guerra llegaron a esa remota región de Tennessee y se informó a los montañeros que iban a ser «reclutados», York se tornó malhumorado y desagradable. No creía en matar a seres humanos, ni siquiera en la guerra. Su Biblia le había enseñado «No matarás» y, en su mente, esto era literal y definitivo. Fue calificado como «objetor de conciencia».

Los oficiales de reclutamiento previeron problemas. Sabían que York había tomado una decisión y que tendrían que llegar a él de alguna manera que no fuera mediante amenazas de castigo.

Guerra en la causa santa

Fueron a ver a York con una Biblia y le enseñaron que la guerra era una causa santa: la causa de la libertad y la liberación humana. Le hicieron ver que hombres como él estaban siendo llamados por los poderes superiores a liberar al mundo, a proteger a mujeres y niños inocentes de la violación, a hacer que la vida valiera la pena para los pobres y los oprimidos, a vencer a la «bestia» descrita en las Escrituras y a hacer que el mundo fuera libre para poder desarrollar los ideales cristianos y a hombres y mujeres cristianos. Era una lucha entre las multitudes de la virtud y las hordas de Satanás. El demonio estaba tratando de conquistar al mundo con los agentes que él había escogido: el Káiser y sus generales.

Los ojos de York resplandecieron con una luz feroz. Apretó sus grandes manos como un torno de banco. Sus fuertes mandíbulas se cerraron bruscamente. «El Káiser», dijo entre dientes, ¡la bestia! ¡Le mostraré cual es su lugar si alguna vez consigo acercarme lo suficiente como para pegarle un tiro!». Acarició su rifle, se despidió de su madre con un beso y le dijo que la volvería a ver cuando el Káiser estuviera «fuera de circulación».

Se marchó a un campo de entrenamiento y se entrenó con escrupuloso cuidado y estricta obediencia a las órdenes. Sus habilidades para la práctica del tiro al blanco llamaron la atención. Sus compañeros estaban pasmados ante su alto puntaje. No se habían dado cuenta de que un cazador de ardillas de una región apartada era buen material para hacer de él un francotirador en primera línea de las trincheras.

El papel de York en la guerra ya forma parte de la historia. El general Pershing lo ha calificado como el principal héroe individual de la guerra. York ha conseguido todas las condecoraciones, incluidas la Medalla del Congreso, la *Croix de Guerre* y la Legión de Honor. Se enfrentó a los alemanes sin temor a la muerte, pues estaba luchando para vindicar su religión, por la santidad del hogar, por amor a las mujeres y los niños, por la preservación de los ideales del cristianismo y la libertad de los pobres y los oprimidos. El miedo no estaba en su código, ni en su vocabulario. Su fría audacia electrizó a más de un millón de hombres e hizo que el mundo entero hablara de este extraño héroe indocto de las montañas de Tennessee.

Aquí tenemos un caso de un joven montañero al que, en caso de habérsele acercado desde un ángulo ligeramente distinto, seguramente se habría resistido al reclutamiento y, muy probablemente, habría albergado un resentimiento tan grande hacia su país que habría acabado convirtiéndose en un forajido, buscando la oportunidad para volver a atacar a la primera ocasión.

Quienes se dirigieron a él sabían algo acerca de los principios del funcionamiento de la mente humana. Sabían cómo manejar al joven York, venciendo primero la resistencia que éste había creado en su propia mente. Éste es precisamente el punto en que miles de hombres, por una comprensión inadecuada de estos principios, son clasificados arbitrariamente como delincuentes y tratados como personas peligrosas y degeneradas. Mediante la sugestión, se podría manejar a esas personas con la misma eficacia con que se ha tratado a York, convirtiéndolas en seres humanos útiles y productivos.

En tu búsqueda de maneras y medios para comprender y manipular tu propia mente con el fin de persuadirla de que cree aquello que tú deseas en la vida, debo recordarte que, sin ninguna excepción, cualquier cosa que te irrite y te provoque ira, odio, rechazo o cinismo es destructiva y sumamente perjudicial para ti. Jamás podrás conseguir el máximo de acción constructiva de tu mente, o siquiera un buen promedio, ¡hasta que aprendas a controlarla y a evitar que sea estimulada por la ira o el miedo!

Estos dos factores negativos, la ira y el miedo, son absolutamente destructivos para tu mente, y mientras sigas permitiendo que estén ahí, puedes estar seguro de que los resultados serán insatisfactorios y muy por debajo de lo que eres capaz de producir.

En nuestro comentario sobre el entorno y el hábito, aprendimos que la mente individual se deja convencer por la sugestiones del entorno; que las mentes de las personas de una multitud se combinan unas con otras conformando la sugestión de la influencia preponderante del líder o la figura dominante. El señor J. A. Fisk nos ofrece un interesante relato de la influencia de las sugestiones mentales en las reuniones de «avivamiento», el cual corrobora la afirmación de que la mente de una multitud se fusiona convirtiéndose en una, como sigue:

LA SUGESTIÓN MENTAL EN EL AVIVAMIENTO EVANGÉLICO

La psicología moderna ha demostrado firmemente el hecho de que la mayor parte de los fenómenos de «avivamiento» religioso son de naturaleza *psíquica*, más que espiritual, y que además son *anormalmente psíquicos*. Las principales autoridades reconocen que la excitación mental que acompaña al llamamiento emocional del «avivado» debe ser clasificada junto con el fenómeno de la sugestión hipnótica, más que con el de una auténtica experiencia religiosa. Y quienes han llevado a cabo un estudio exhaustivo del tema consideran que, en lugar de que esa excitación tienda a elevar la mente y exaltar el espíritu de la persona, lo que hace es debilitar y degradar la mente y prostituir el espíritu arrastrándolo por el barro de un frenesí psíquico anormal y un exceso emocional. De hecho, algunos observadores competentes, conocedores de los respectivos fenómenos, clasifican las reuniones religiosas de «avivamiento» junto con el «entretenimiento» hipnótico público, como un típico ejemplo de embriaguez psíquica y excesos histéricos.

David Starr Jordan, rector emérito de la Universidad Leland Stanford, dice: «El whisky, la cocaína y el alcohol producen una demencia temporal, y también lo hace el avivamiento religioso». El eminente psicólogo William James, ex profesor de la Universidad de Harvad, dice: «El avivamiento religioso es más peligroso para la vida de la sociedad que la embriaguez».

No debería ser necesario afirmar que en esta lección el término «avivamiento» se utiliza en su significado menos amplio que indica la típica excitación emocional religiosa conocida por el término en cuestión, y no se pretende aplicarlo a la experiencia religiosa más antigua y respetada designada por el mismo término, que tan reverenciada era por los puritanos, los luteranos y otros en el pasado. Una obra de referencia estándar habla del tema general del «avivamiento» de la siguiente manera:

Los avivamientos ocurren en todas las religiones. Cuando tiene lugar un avivamiento, un gran número de personas que han estado comparativamente muertas o indiferentes a las consideraciones espirituales despierta a su importancia, se transforma espiritual y moralmente, y actúa con un entusiasmo excesivo al intentar convertir a otras personas a sus puntos de vista. Un avivamiento musulmán adopta la forma de un regreso a las estrictas doctrinas del Corán y un deseo de propagarlas con la espada. La minoría cristiana que viva en ese lugar correrá peligro de ser masacrada por los renacidos. La efusión de Pentecostés del Espíritu Santo produjo un avivamiento dentro de la iglesia en sus inicios, seguido de numerosas conversiones en el exterior. Desde la época apostólica hasta la Reforma, tuvieron lugar varios avivamientos en intervalos, aunque antes no se los conocía por ese nombre. En ocasiones, quienes los experimentaban eran tratados con tan poca comprensión que abandonaban la iglesia y formaban sectas, mientras que en otros casos (y señaladamente en el de los fundadores de las órdenes monásticas) eran retenidos e influían en la iglesia en su totalidad. Tanto el impulso espiritual que desembocó en la Reforma, como el impulso antagonista que produjo o acompañó al surgimiento de la Compañía de Jesús, fueron renacentistas. No obstante, el término «avivamiento» ha quedado confinado principalmente al repentino aumento de la actividad espiritual dentro de las iglesias protestantes. La iniciativa de los Wesley y Whitefield en este país y en Inglaterra a partir de 1738 fue sumamente avivamentista... Desde entonces, diversos avivamientos han tenido lugar cada cierto tiempo y prácticamente todas las confesiones aspiran a que se produzcan. Los medios utilizados son la oración por el Espíritu Santo, reuniones que continúan noche tras noche, a menudo hasta altas horas, discursos agitadores, principalmente por parte de los laicos evangelistas, y reuniones posteriores para tratar a quienes han sido impresionados. Finalmente, se ha descubierto que algunos de aquellos que aparentemente se han convertido han sido constantes, otros se han echado atrás, mientras prevalece temporalmente una inercia proporcional a la emoción previa. A veces, en las reuniones de avivamiento, algunas personas excitables emiten gritos agudos, o incluso caen postradas. Actualmente, estas manifestaciones enfermizas no son alentadas y, en consecuencia, son poco frecuentes».

Para entender el principio del funcionamiento de la sugestión mental en una reunión de avivamiento, primero debemos comprender algo de lo que se conoce como psicología de las masas. Los psicólogos son conscientes de que la psicología de una masa, considerada como un todo, difiere sustancialmente de la de los individuos que la componen. Existe una multitud de individuos independientes y una multitud compuesta en la que los temperamentos emocionales de las unidades parecen mezclarse y fundirse. El cambio del tipo de multitud mencionado primero al mencionado en segundo lugar se produce por la influencia de una atención seria, o de profundas implicaciones emocionales, o un interés común. Cuando este cambio tiene lugar, la multitud se convierte en un individuo compuesto cuyo grado de inteligencia y control emocional es ligeramente mayor al de su miembro más débil. Este hecho, por muy sorprendente que pueda parecerle al lector medio, es conocido y admitido por los principales psicólogos de la actualidad, y se han escrito muchos ensayos y libros importantes sobre el tema. Las características predominantes de esta «mente compuesta» de una masa son las evidencias de que es extremadamente sugestionable, responde a las llamadas de la emoción, tiene una imaginación vívida y su acción surge de la imitación (todas éstas son características que manifiesta universalmente el hombre primitivo). En pocas palabras: la multitud manifiesta atavismo, o reversión de los primeros rasgos de la raza.

Nada es tan contagioso como el entusiasmo.

Ésa es la verdadera alegoría de la historia de Orfeo.

Mueve piedras, encanta a los embrutecidos.

El entusiasmo es el genio de la sinceridad, y la verdad

no consigue ninguna victoria sin él.

BULWER

Diall, en su *Psychology of the Aggregate Mind of an Audience* [Psicología de la mente colectiva de una audiencia], sostiene que la mente de una multitud que está reunida escuchando a un orador hábil experimenta un curioso proceso llamado «fusión», por el cual los individuos del público pierden sus características personales momentáneamente, en menor o mayor grado, y son reducidos, por así decirlo, a un solo individuo cuyas características son las de un joven impulsivo de veinte años, generalmente impregnado de elevados ideales, pero carente de capacidad de razonamiento y de voluntad. El psicólogo francés Tarde expresa unos puntos de vista similares.

El profesor Joseph Jastrow, en *Fact and Fable in Psychology* [Realidad y Fabulación en psicología], dice:

En la producción de este estado mental hay un factor no mencionado aún, que tiene un papel predominante: el poder del contagio mental. El error, al igual que la verdad, florece en las multitudes. En el corazón de la comprensión, ambos encuentran un hogar... Ninguna forma de contagio es tan insidiosa en sus inicios, tan difícil de detectar en su avance, tan segura de dejar gérmenes que en cualquier momento pueden revelar su poder pernicioso, como el contagio mental: el contagio del miedo, del pánico, del fanatismo, de la anarquía, de la superstición, del error [...] En pocas palabras, debemos añadir a los muchos factores que contribuyen al engaño, la reconocida disminución de la capacidad crítica, de la capacidad de observación correcta y, ciertamente, de racionalidad, a los que induce el mero hecho de formar parte de una multitud. Al conjurador le resulta fácil actuar frente un público numeroso, entre otras razones, porque es más fácil despertar su admiración y su simpatía, hacer que los asistentes se olviden de sí mismos y entren en el espíritu acrítico de un mundo maravilloso. Parecería que, en ciertos aspectos, el tono crítico de la concurrencia, como la fuerza de una cadena, fuera el de su miembro más débil.

El profesor Le Bon dice en *The Crowd* [La masa]:

«Los sentimientos y las ideas de todas las personas reunidas toman una única dirección, y su personalidad consciente desaparece. Se forma una mente colectiva, indudablemente transitoria, que presenta unas características claramente marcadas. La concurrencia se convierte en lo que, en ausencia de una expresión mejor, yo llamaría una masa organizada o, si prefieren, una masa psicológica. Se forma un único ser, y éste se somete a la ley de la unidad mental de las masas... La peculiaridad más sorprendente que presenta una multitud psicológica es la siguiente: cualesquiera que sean los individuos que la componen, sea cual sea su modo de vida, igual o distinto, su ocupación, su carácter o su inteligencia, el hecho de que se hayan transformado en una masa los hace poseedores de una especie de mente colectiva que les hace sentir, pensar y actuar de una forma muy distinta a como sentiría, pensaría y actuaría cada uno de ellos en un estado de aislamiento. Hay ciertas ideas y sentimientos que no surgen, o no se convierten en actos, si no es en el caso de los individuos que componen un colectivo [...] En las masas lo que se acumula es la estupidez, y no el sentido común. En la mente colectiva, las aptitudes intelectuales de las personas y, en consecuencia, su individualidad, se debilitan. [...] Las observaciones más diligentes parecen demostrar que un individuo inmerso durante algún tiempo en una masa en acción no tarda en encontrarse en un estado especial muy semejante al estado de fascinación en el que se encuentra una persona hipnotizada [...] La personalidad consciente desaparece por completo; la voluntad y el discernimiento se pierden. Todos los sentimientos y los pensamientos se inclinan en la dirección determinada por el hipnotizador [...] Bajo la influencia de una sugestión, realizará determinados actos con una impetuosidad irresistible. Esta impetuosidad es más irresistible en el caso de la masa por el hecho de que la sugestión, al ser la misma para todos los individuos que la conforman, gana fuerza por la reciprocidad. Además, por el mero hecho de formar parte de una multitud organizada, el hombre desciende varios peldaños en la escalera de la civilización. Aislado, puede ser una persona cultivada; en una multitud, es un bárbaro: es decir, una criatura que actúa por instinto. Posee la espontaneidad, la violencia, la ferocidad y también el entusiasmo y el heroísmo de los seres primitivos, a los que tiende a parecerse más por la facilidad con que se permite ser inducido a cometer actos contrarios a sus más obvios intereses y sus hábitos más conocidos. Un individuo en una masa es un grano de arena entre otros granos de arena, que el viento agita a voluntad».

El profesor Davenport, en su *Primitive Traits in Religious Revivals* [Rasgos primitivos en los renacimientos religiosos], dice:

«La mente de una multitud es extrañamente semejante a la de un hombre primitivo. La mayoría de las personas que forma parte de ella pueden estar muy lejos de ser primitivas en emoción, pensamiento y carácter, pero, sin embargo, el resultado tiende a ser el mismo. La estimulación engendra inmediatamente la acción. La razón queda en suspenso. El orador sereno y racional, tiene pocas posibilidades de igualar al hábil orador emocional. La multitud piensa en imágenes, y el discurso debe adquirir esa forma para ser accesible a ella. Las imágenes no están conectadas por ningún vínculo natural y unas toman el lugar de otras como diapositivas de una linterna mágica. De esto sigue, por supuesto, que las apelaciones a la imaginación tienen una influencia primordial [...] La multitud está unida y gobernada por la emoción, y no por la razón. La emoción es el vínculo natural, pues las personas difieren mucho menos en este aspecto que en el intelecto. También es verdad que en una multitud de mil personas, la cantidad de emoción generada y existente es mucho mayor que la suma que cabría podría obtener sumando las emociones de las personas tomadas individualmente. La explicación de esto es que la atención de la multitud siempre es dirigida por las circunstancias de la ocasión, o por el orador, hacia ciertas ideas comunes (como la «salvación» en las reuniones religiosas) [...] y cada individuo de la concurrencia es agitado por la emoción, no sólo porque la idea o la doctrina lo agita, sino porque es consciente de que cada una de las personas presentes también cree en la misma idea o doctrina y es agitada por ella. Y esto aumenta enormemente la magnitud de su propia emoción y, en consecuencia, la magnitud total de emoción de la multitud. Como en el caso de la mente primitiva, la imaginación abre las compuertas de la emoción, que, según la coyuntura, pueden convertirse en un entusiasmo salvaje o en un frenesí demoníaco.

El estudiante de la sugestión verá que hay miembros emocionales del público del avivamiento que no son sólo víctimas del efecto de la «mente colectiva» que es producto de la «psicología de la masa» y, por ende, su capacidad de resistencia se ve debilitada, sino que también son influidos por otras dos formas de sugestión mental sumamente potentes. Además de la poderosa sugestión de autoridad utilizada por el «avivador», que es ejercida con toda su fuerza de una manera muy similar a como la utiliza el hipnotizador profesional, está la sugestión de la imitación, que es empleada sobre cada individuo por la fuerza combinada del equilibrio de la masa.

Algunas personas tienen éxito siempre que haya alguien que las respalde y anime, otras tienen éxito ¡a pesar del infierno! Tú eliges.

Como observaba Durkheim en sus investigaciones psicológicas, la persona media es «intimidada por las masas» que la rodean, o que están ante ella, y experimenta esa peculiar influencia psicológica ejercida por el mero número de personas frente a su ser individual. A la persona sugestionable no sólo le resulta fácil responder a las sugestiones autoritarias del predicador y a las exhortaciones de sus ayudantes, sino que también es víctima del fuego directo de las sugestiones imitativas de las personas de todas partes que están experimentando actividades emocionales y las están manifestando exteriormente. La voz del pastor no sólo las insta a avanzar, sino que también se oye el tilín de la campana del carnero castrado, y la tendencia a la imitación, que hace que una oveja salte porque la que va delante de ella lo ha hecho (y así sucesivamente, hasta que la última oveja ha saltado), sólo necesita la fuerza del ejemplo de un líder para poner en movimiento a la totalidad del rebaño. Esto no es una exageración: los seres humanos, en momentos de pánico, miedo o de una emoción intensa de cualquier tipo, manifiestan la misma tendencia a la imitación que las ovejas, y la tendencia de las reses y los caballos a la «estampida».

Para el estudiante con experiencia en el trabajo experimental del laboratorio psicológico hay una analogía cercana en los fenómenos respectivos de la sugestión del avivamiento y la sugestión hipnótica. En ambos casos, la atención y el interés son atraídos por un procedimiento llamativo, el elemento de misterio y asombro es inducido por palabras y actos calculados para inspirarlos, la charla monótona en un tono impresionante y autoritario provoca el cansancio de los sentidos. Por último, las sugestiones son proyectadas de esa forma imperativa, *sugestiva*, que todos los estudiantes de sugestión hipnótica conocen. En ambos casos, se prepara a las personas para las sugestiones y órdenes finales mediante unas sugestiones previas menores, como «Ponte de pie», o «Mira aquí»…, en el caso del hipnotizador, y «Los que piensen tal y tal cosa, que se pongan de pie» y «Quienes estén dispuestos a ser mejores, pónganse de pie»…, en el caso de los «avivadores». De esta forma, *se habitúa* a los individuos impresionables *a obedecer las sugestiones por etapas fáciles*. Y, finalmente, las sugestiones imperativas («Venid aquí, *aquí mismo, por aquí, aquí mismo, venid,* os digo, ¡venid, venid, venid!», etc.) que hacen que las personas impresionadas se pongan de pie y corran hacia la parte delantera, son prácticamente las mismas en el experimento hipnótico o en la sesión de espiritismo, por un lado, y en el avivamiento espectacular por el otro. Todo buen «avivador» sería un buen hipnotizador, y todo buen hipnotizador sería un buen «avivador», si su mente se enfocase en esa dirección.

En el avivamiento, la persona que da las sugestiones tiene la ventaja de romper la resistencia de su público despertando sus sentimientos y emociones. Historias que relatan la influencia de la madre, el hogar y el cielo, canciones como «Dile a mamá que allí estaré» y apelaciones personales a relaciones veneradas del pasado y de los primeros años de vida de una persona tienden a reducirla a un estado de respuesta emocional y la hacen sumamente vulnerable a otras sugerencias poderosas y repetidas en esa misma línea. Las personas jóvenes y las mujeres histéricas son especialmente sensibles a esta forma de sugestión emocional. Sus sentimientos se agitan y la voluntad es influida por el discurso, las canciones y los llamamientos personales de quienes trabajan con el evangelista.

Los recuerdos sentimentales más sagrados se despiertan momentáneamente y se vuelven a inducir las antiguas condiciones mentales. «¿Dónde está mi hijo errante esta noche?» hace que aparezcan lágrimas en los ojos de muchas personas para las que el recuerdo de la madre es sagrado, y la prédica de que la madre vive en un estado de dicha más allá de los cielos, de los cuales el hijo no convertido está desconectado a menos que profese la fe, sirve para mover a muchos momentáneamente a la acción. El elemento del miedo también es invocado en el avivamiento: ya no tanto como antes, es cierto, pero en una medida considerable y de una forma más sutil. El temor a una muerte repentina cuando uno no se ha convertido es esgrimido sobre el público y se le hace la pregunta de: «¿Por qué no *ahora*? ¿Por qué no *esta noche*?», acompañada del himno «¿Ay, por qué esperas, querido hermano?».

Como dice Davenport:

Se sabe que el empleo de imágenes simbólicas aumenta enormemente la emoción del público. Éstas abundan en el vocabulario de los avivamientos: la cruz, la corona, la orquesta de ángeles, el infierno, el cielo. Ahora bien, la imaginación vívida, los sentimientos fuertes y las creencias son estados favorables para la sugestión, así como para la acción impulsiva. También es verdad que la influencia de una multitud que simpatiza con las ideas sugeridas resulta sumamente coactiva o intimidatoria para el pecador individual. Hay un número considerable de conversiones declaradas que inicialmente son el resultado de poco más que esta forma de presión social y que nunca pueden desarrollarse más allá de ella. Por último, en las reuniones de avivamiento se fomenta la inhibición de todas las ideas extrañas, tanto con la plegaria como con los discursos. Hay, por lo tanto, una extrema sensibilidad a la sugestión. Si a estas condiciones de conciencia negativa por parte del público se añade un conductor de las reuniones con un elevado potencial hipnótico, como Wesley o Finney, o que sólo tiene una personalidad sumamente persuasiva y magnética, como es el caso de Whitefield, se puede ejercer fácilmente, sobre ciertos individuos de la multitud, una influencia que raya en lo anormal o lo profundamente hipnótico. Cuando no se alcanza este punto, sigue habiendo un gran poder de sugestión, sumamente agudo aunque normal, que se debe tener en cuenta.

Las personas que muestran señales de estar siendo influidas son, entonces, «trabajadas» por el «avivador» o por sus colaboradores. Se las insta a someter su voluntad y a «dejarlo todo en manos del Señor». Se les dice: «Entrégate al Señor, ahora, ahora mismo, en este instante», o «Sólo tienes que creer ahora, y serás salvado» o «¿No te quieres entregar a Jesús?»... Son exhortadas y se reza con ellas; rodean sus hombros con los brazos y utilizan todas las artes de sugestión emocional persuasiva para hacer que el pecador «se rinda».

En *The Psychology of Religion* [Psicología de la religión], Starbuck narra una serie de casos de experiencias de personas que se han convertido en las reuniones de avivamiento. Una persona escribió lo siguiente:

Mi voluntad parecía estar enteramente a merced de los demás, particularmente del evangelista M. No había absolutamente ningún elemento intelectual. Era puro sentimiento. A continuación, hubo un período de éxtasis. Estaba decidido a hacer el bien y era elocuente en mi llamamiento a otras personas. El estado de exaltación moral no continuó. Fue seguido de una absoluta recaída de la religión ortodoxa.

Davenport ha dicho lo siguiente en respuesta a la declaración de que los antiguos métodos para influir en los conversos en un avivamiento han muerto con la cruda teología del pasado:

Pongo un énfasis especial en este asunto, porque, aunque el empleo del miedo irracional en los avivamientos ha desaparecido en gran medida, no ocurre lo mismo con el recurso del método hipnótico. Antes bien, ha habido un recrudecimiento y un reforzamiento consciente de él, porque el antiguo soporte del terror ha desaparecido. Y no puedo subrayar con el vigor suficiente que ese tipo de fuerza no es una fuerza «espiritual» en ningún sentido claro y elevado, sino que es bastante extraña, psíquica y oscura. Y el método en sí mismo debe ser refinado enormemente para poder tener algún beneficio espiritual, ya que es profundamente primitivo y pertenece a una forma de fascinación animal e instintiva. En su aspecto directo y crudo, el felino lo utiliza con el ave indefensa y el hechicero indio con el creyente en su danza fantasma. Cuando se utiliza con niños pequeños (como ocurre a menudo), los cuales son naturalmente muy sugestionables, no tiene ninguna justificación y es mental y moralmente nocivo en el grado más alto. No veo cómo pueden ser útiles las angustias emocionales violentas y el uso de la sugestión en sus formas más crudas, incluso en el caso de los pecadores endurecidos; y, ciertamente, con grandes grupos de la población, este medio no es más que un abuso de autoridad psicológico. Nos protegemos con inteligente cautela del curanderismo en la «obstetricia» psicológica, y estaría bien que una formación y una prohibición más severas rodearan al «obstetra» espiritual, cuya función es guiar el proceso del nuevo nacimiento, que es mucho más delicado.

No debes temer a la competencia de la persona que dice: «No me pagan para hacer eso y no lo haré», pues jamás será una competidora peligrosa para tu empleo. Pero ten cuidado con aquél que se queda en el trabajo hasta acabarlo y hace un poco más que lo que se espera de él, ya que puede desafiarte en tu puesto y pasarte delante de la tribuna.

Algunas personas partidarias de los métodos del avivamiento, pero que también reconocen que la sugestión mental tiene un papel sumamente importante en el fenómeno, sostienen que las objeciones similares a las expuestas aquí contra los métodos del avivamiento no son válidas, puesto que la sugestión mental, como es sabido, *puede usarse para buenos propósitos, así como para malos propósitos*, para el beneficio y la edificación de las personas, y también en la dirección opuesta. Admitiendo esto, estas buenas personas argumentan que la sugestión mental en el avivamiento es un método legítimo o un «arma de ataque contra la fortaleza del diablo». Pero este argumento resulta defectuoso cuando analizamos sus efectos y sus consecuencias. En primer lugar, parece identificar los estados mentales emocional, neurótico e histérico inducidos por los métodos del avivamiento con la edificación espiritual y la regeneración moral que acompañan a la verdadera experiencia religiosa. Pretende poner a la falsificación al mismo nivel que lo genuino; el siniestro brillo de los rayos de la luna psíquica con los rayos vigorizantes y vivificantes del sol espiritual. Pretende elevar la fase hipnótica a la de la «inclinación espiritual» del hombre. Para quienes están familiarizados con los dos tipos de fenómeno, hay una diferencia tan amplia entre ellos como la que existe entre los polos.

Como la paja que muestra cómo está soplando el viento del mejor pensamiento religioso moderno, presentamos el siguiente texto, del volumen titulado *Religión y Milagro*, de la pluma del reverendo doctor George A. Gordon, pastor emérito de la iglesia New Old South Church de Boston:

> Para este fin, el avivamiento profesional, con sus organizaciones, su personal de reporteros que hacen que las cifras encajen con las esperanzas de los hombres buenos, el sistema de publicidad y la exclusión o supresión de cualquier comentario crítico sensato, los llamamientos a la emoción y el uso de unos medios que no tienen ninguna relación visible con la gracia y que no tienen ninguna posibilidad de llevar a la gloria, es absolutamente inadecuado. El mundo espera la visión, la pasión, la simplicidad y la absoluta verdad del profeta hebreo; espera la amplitud imperial y la energía moral del apóstol cristiano con las naciones; espera al maestro que, como Cristo, pueda llevar su doctrina en una mente y en un carácter más grande.

Aunque, indudablemente, ha habido muchos casos de personas que originalmente se sintieron atraídas por la excitación emocional del avivamiento y luego llevaron unas vidas religiosas valiosas, acordes con la naturaleza espiritual superior, también, en demasiados casos, el avivamiento ha tenido únicamente un efecto temporal positivo en las personas que se han rendido a la emoción y, cuando la tensión ha pasado, el resultado ha sido la indiferencia e incluso la aversión hacia el auténtico sentimiento religioso. La reacción suele ser equivalente a la acción original. Las consecuencias de la «reincidencia» después de un avivamiento animoso son conocidas en todas las iglesias. En otras personas simplemente se despierta una susceptibilidad a la excitación emocional, la cual hace que el individuo experimente repetidas etapas de «conversión» en cada celebración de avivamiento, y la subsiguiente «reincidencia» cuando la influencia de la reunión ha acabado.

Además, es un hecho conocido por los psicólogos que las personas que se han dejado llevar por la excitación emocional y los excesos del típico avivamiento, luego se vuelven mucho más sugestionables y abiertas que antes a los «ismos», las modas pasajeras y las falsas religiones. *Por lo general, las personas que buscan en masa el apoyo de los diversos aventureros e impostores seudoreligiosos de su época suelen ser el mismo tipo de personas que fueron, anteriormente, los más ardientes y excitables conversos de las reuniones de avivamiento.* Los «Mesías», «Elías» y «Profetas del Amanecer» que han aparecido en gran número en Estados Unidos y en Inglaterra entre finales del XIX y principios del XX han sido reclutados casi exclusivamente entre aquellos que anteriormente «experimentaron» el fervor del avivamiento en las iglesias ortodoxas. Es la vieja historia de la formación del sujeto que será hipnotizado. Esta forma de embriaguez emocional es especialmente nociva entre los jóvenes y las mujeres. Debemos recordar que el período de la adolescencia es uno en el que la naturaleza mental del individuo experimenta grandes cambios. Es un período marcado por un peculiar desarrollo del modo de ser emocional, sexual y religioso. Las condiciones existentes durante este período hacen que la corrupción psíquica del avivamiento, la sesión de espiritismo o la exhibición hipnótica sea particularmente dañina. Durante esta época de la vida, la excesiva excitación emocional, unida al misterio, el miedo y el temor reverencial suelen tener como resultado la aparición de condiciones enfermizas y anormales posteriormente. Como bien dice Davenport: «No es una época para la conmoción del miedo o la agonía del remordimiento. Probablemente, el único resultado de ese ardor emocional mal encaminado será, en muchos casos, un reforzamiento de esas tendencias al pesimismo y a la histeria, a la oscuridad y la duda, especialmente en las mujeres».

Existen otros factores conectados con la estrecha relación existente entre la excitación religiosa anormal y la excesiva estimulación de la naturaleza sexual, que bien conocen todos los estudiantes del tema, pero de las que no podemos hablar aquí. No obstante, como indicio, el siguiente extracto de Davenport cumplirá su propósito:

En la época de la pubertad tiene lugar un proceso orgánico que impulsa, prácticamente al mismo tiempo, a la actividad sexual y espiritual. Sin embargo, no hay ninguna prueba de la causalidad de la segunda por la primera, pero sí parece ser cierto que las dos están estrechamente relacionadas en el punto del proceso físico en el que se separan en diferentes direcciones, ya que en ese período crítico cualquier excitación radical de una de ellas influye en la otra. Una consideración cuidadosa de esta importante declaración servirá para explicar muchas cosas que han dejado seriamente perplejas a muchas buenas personas en el pasado, en relación con la excitación del avivamiento en pueblos, reuniones de acampada... Se considera que esta aparente influencia del diablo, que tanto preocupaba a nuestros padres, no es más que el funcionamiento de las leyes naturales psicológicas y fisiológicas. Comprenderlo es tener el remedio a mano.

Pero, ¿qué dicen las autoridades del avivamiento del futuro, el nuevo avivamiento, el verdadero avivamiento? Dejemos que el profesor Davenport hable por los críticos, pues está bien preparado para la tarea. Dice:

Creo que habrá un uso mucho menor de las reuniones de avivamiento como instrumento coactivo para suprimir la voluntad y aplastar la razón del hombre individual. La influencia de las reuniones públicas religiosas será más indirecta, menos intrusa. Se reconocerá que la hipnotización y las opciones forzadas debilitan el alma, y no se intentará presionar a alguien hacia una decisión sobre un asunto tan importante bajo el hechizo de la excitación, el contagio y la sugestión [...] Los conversos podrán ser pocos, o podrán ser muchos. Esto no se medirá por la capacidad del predicador para el hipnotismo administrativo, sino por la capacidad de amistad desinteresada de cada hombre y mujer cristianos. Pero creo que podemos confiar en una cosa: los días de efervescencia religiosa y desenfreno pasional están llegando a su fin. Los días de devoción inteligente, reservada y abnegada están llegando. Actuar con justicia, amar la piedad, hablar humildemente con Dios: ésas siguen siendo las pruebas fundamentales de lo divino en el hombre. [...] La experiencia religiosa es una evolución. Pasamos de lo rudimentario y lo primitivo a lo racional y lo espiritual. Y, creed a Pablo, el fruto maduro del Espíritu no es la erupción repentina, la falta de inhibición, sino el amor moderado, la alegría, la paz, la resignación, la generosidad, la bondad, la fidelidad, la mansedumbre y el autocontrol.

La LEY DE LA CONCENTRACIÓN es una de los principios fundamentales que debe comprender y aplicar con inteligencia todo aquel que desee experimentar eficazmente el principio que se describe como la «mente maestra» en este curso. Los comentarios anteriores de importantes autoridades del mundo te ayudarán a entender mejor la LEY DE LA CONCENTRACIÓN, tal como la utilizan a menudo quienes quieren «combinar» o «fundir» las mentes de una multitud para que funcionen como una sola.

Ahora estás preparado para la lección sobre la COOPERACIÓN, la cual te internará más profundamente en los métodos de aplicación de las leyes psicológicas en las que se basa esta filosofía del éxito.

Hasta que hayas aprendido a ser tolerante

con las personas que no siempre están de acuerdo

contigo, hasta que hayas cultivado el hábito

de decir alguna palabra amable a aquellos

a los que no admiras, hasta que te hayas formado

el hábito de buscar lo bueno en los demás en lugar

de lo malo, no podrás tener éxito, ni ser feliz.

LAS LEYES DEL ÉXITO

Decimotercera lección

LA COOPERACIÓN

«¡Puedes hacerlo si crees que puedes!»

La COOPERACIÓN es el principio de todo esfuerzo organizado. Como dijimos en la segunda lección de este curso, Andrew Carnegie acumuló una gigantesca fortuna mediante los esfuerzos cooperativos de un pequeño grupo de hombres que no superaban la veintena. Tú también puedes aprender a usar este principio.

Hay dos formas de COOPERACIÓN hacia las que dirigiremos tu atención en esta lección, a saber:

1º. La COOPERACIÓN entre las personas que se agrupan o forman alianzas con el propósito de alcanzar un determinado fin, utilizando los principios conocidos como la LEY DE LA «MENTE MAESTRA».

2º. La COOPERACIÓN entre las mentes consciente y subconsciente, la cual forma una hipótesis razonable de la capacidad del ser humano para contactar con la *inteligencia infinita*, comunicarse con ella y utilizarla.

A quien no ha pensado seriamente en este tema, la anterior hipótesis puede parecerle poco razonable, pero primero debería conocer las pruebas de su solidez, estudiar los datos en los que se basa y luego sacar sus propias conclusiones.

Comencemos con un breve repaso de la construcción física del cuerpo (Juez T. Troward, *The Edinburgh Lectures on Mental Science* [Las conferencias de Edimburgo sobre ciencia mental])

Sabemos que todo el cuerpo es atravesado por una red de nervios que sirven como canales de comunicación entre el ego espiritual interior, al que llamamos mente, y las funciones del organismo externo.

Este sistema nervioso es dual. Un sistema conocido como el sistema simpático es el canal para todas aquellas actividades que no son dirigidas conscientemente por nuestra voluntad, como el funcionamiento de los órganos digestivos, la reparación del desgaste diario, la rotura de tejidos y cosas por el estilo.

El otro sistema, conocido como voluntario o cerebroespinal, es el canal a través del cual recibimos la percepción consciente de los sentidos físicos y ejercemos el control de los movimientos del cuerpo. Este sistema tiene su centro en el cerebro, mientras que el otro lo tiene en la masa ganglionar, en la parte posterior del estómago conocida como el plexo solar, a veces conocida como cerebro abdominal. El sistema cerebroespinal es el canal de nuestra acción mental voluntaria o consciente, y el sistema simpático es el canal de esa acción mental que apoya inconscientemente las funciones vitales del cuerpo.

Así, el sistema cerebroespinal es el órgano de la mente consciente y el simpático, el de la mente subconsciente. Pero la interacción de las mentes consciente y subconsciente requiere de una interacción similar entre los correspondientes sistemas nerviosos. Una conexión notable con la que se asegura esto es el nervio vago. Este nervio sale de la región cerebral como parte del sistema voluntario, y a través de él controlamos a los órganos vocales. Luego avanza hasta el tórax, enviando ramificaciones al corazón y a los pulmones y, por último, pasando por el diafragma, pierde el revestimiento exterior que distingue a los nervios del sistema voluntario y empieza a identificarse con los del sistema simpático, formando así un vínculo de conexión entre los dos y haciendo que el ser humano sea, físicamente, una sola entidad.

De manera similar, diferentes áreas del cerebro indican su conexión con las actividades objetivas y subjetivas de la mente respectivamente. En términos generales, podemos asignar la parte frontal del cerebro a las primeras y la parte posterior a las segundas, mientras que la parte intermedia comparte el carácter de ambas.

La facultad intuitiva tiene su correspondencia en la zona superior del cerebro, situada entre la parte frontal y la posterior, y fisiológicamente hablando, allí es donde las ideas intuitivas encuentran la entrada. Éstas, al principio, están más o menos sin forma y son de carácter generalizado pero, no obstante, son percibidas por la mente consciente; de lo contrario, no seríamos conscientes de ellas en absoluto. El esfuerzo de la naturaleza consiste en dar a estas ideas una forma más definida y práctica, para que la mente consciente se apodere de ellas e induzca una corriente vibratoria correspondiente en el sistema nervioso voluntario y éste, a su vez, induzca una corriente similar en el sistema involuntario, pasándole la idea a la mente subjetiva. La corriente vibratoria que primero había descendido desde la parte superior del cerebro hasta la parte frontal, pasando por el sistema voluntario hasta llegar al plexo solar, ahora da marcha atrás y asciende desde el plexo solar, pasando por el sistema simpático, hasta llegar a la parte posterior del cerebro. Esta corriente de retorno indica la acción de la mente subjetiva.

Si retirásemos la superficie de la parte superior del cerebro, inmediatamente encontraríamos debajo el reluciente cinturón de sustancia cerebral llamado *hábeas callosum*. Éste es el punto de unión entre lo subjetivo y lo objetivo y, cuando la corriente regresa desde el plexo solar hasta allí, es devuelto a la parte objetiva del cerebro con una forma nueva que ha adquirido mediante la silenciosa alquimia de la mente subjetiva. Así, el concepto que al principio sólo fue vagamente reconocido es devuelto a la mente objetiva en una forma clara y práctica. Entonces, la mente objetiva, actuando a través del cerebro frontal (la zona de la comparación y el análisis) pasa a trabajar en una idea claramente percibida y a sacar a relucir las potencialidades que están latentes en ella.

¿Has fracasado muchas veces? ¡Qué afortunado eres! A estas alturas, deberías conocer algunas de las cosas que no debes hacer. El término «mente subjetiva» es equivalente al término «mente subconsciente», y el término «mente objetiva» es equivalente al término «mente consciente». Intenta entender los diferentes términos.

Al estudiar este *sistema dual* mediante el cual el cuerpo transmite energía, descubrimos los puntos exactos en los que se conectan los dos sistemas y cómo podemos transmitir un *pensamiento* de la mente consciente a la mente subconsciente.

Este *sistema nervioso dual* cooperativo es la forma de cooperación más importante conocida por el hombre, pues es con la ayuda de este sistema como el principio de evolución lleva a cabo su trabajo de desarrollar el *pensamiento correcto*, tal como se describe en la undécima lección.

Cuando grabas cualquier idea en tu mente subconsciente con el principio de la autosugestión, lo haces con la ayuda de este *sistema nervioso dual*, y cuando tu mente subconsciente elabora un plan claro de cualquier *deseo* que quieres grabar en ella, dicho plan es entregado de vuelta a tu mente consciente a través de este *sistema nervioso dual*.

Este sistema cooperativo de los nervios constituye, literalmente, una línea directa de comunicación entre tu mente consciente normal y la *inteligencia infinita*. Puesto que sé, por mi propia experiencia previa como estudiante de este tema, lo difícil que resulta aceptar las hipótesis aquí descritas, ilustraré su solidez de una manera muy sencilla que podrás entender y comprobar por ti mismo.

Antes de dormirte por la noche, graba en tu mente el *deseo* de despertarte a la mañana siguiente a una determinada hora (por ejemplo, a las cuatro de la madrugada). Si esta impresión va acompañada de la *determinación positiva* de despertar a esa hora, tu mente subconsciente registrará lo que has grabado y te despertará exactamente a esa hora.

Ahora bien, podrías preguntar: «Si puedo grabar en mi mente el *deseo* de levantarme a una hora especificada y ella me despierta a dicha hora, ¿por qué no adquiero el hábito de grabar en ella otros *deseos* más importantes?».

Si te haces esta pregunta, *e insistes en recibir una respuesta*, te encontrarás muy cerca de la puerta secreta del *conocimiento* que se describe en la lección undécima, o estarás en el camino que conduce a ella.

Ahora trataremos el tema de la COOPERACIÓN entre personas que se unen, o se agrupan, con el propósito de alcanzar un determinado fin. En la segunda lección de este curso nos referimos a este tipo de cooperación como ESFUERZO ORGANIZADO. No puedes asustar a un hombre que está en paz con Dios, con sus semejantes y consigo mismo. No hay lugar para el miedo en el corazón de alguien así. Cuando el miedo es bienvenido, es porque hay algo que necesita despertar.

Este curso toca alguna fase de la cooperación en prácticamente todas las lecciones. Este resultado era inevitable porque el objeto de este curso es ayudar al estudiante a desarrollar el *poder*, y el poder se desarrolla únicamente mediante el ESFUERZO ORGANIZADO.

Estamos viviendo en una era de esfuerzo cooperativo. Prácticamente todos los negocios de éxito se realizan bajo alguna forma de cooperación. Lo mismo se aplica al campo de la industria y las finanzas, así como en el campo profesional.

Los médicos y los abogados tienen sus alianzas para ayudarse y protegerse mutuamente en forma de colegios de abogados y colegios médicos. Los banqueros tienen asociaciones locales y nacionales para la ayuda mutua y el desarrollo. Los comerciantes al por menor tienen sus asociaciones con el mismo propósito. Los propietarios de automóviles se han agrupado en clubes y asociaciones. Los impresores tienen sus asociaciones, al igual que los fontaneros y los comerciantes del carbón tienen las suyas. La COOPERACIÓN es el objeto de todas ellas. Los trabajadores tienen sus sindicatos y quienes proveen el capital de trabajo y supervisan los esfuerzos de los trabajadores tienen sus alianzas, bajo diversos nombres.

Las naciones tienen sus alianzas de cooperación, aunque todavía parecen no haber descubierto el significado completo de esta palabra. El intento del ex presidente Wilson de perfeccionar la Sociedad de las Naciones, seguido de los esfuerzos del ex presidente Harding de perfeccionar la misma idea bajo el nombre de World Court indica la tendencia de los tiempos hacia la cooperación.

Lentamente, se está haciendo evidente para el hombre que quienes aplican más eficazmente el principio del esfuerzo cooperativo sobreviven más tiempo y que este principio se aplica desde la forma de vida animal más baja hasta la forma más elevada de esfuerzo humano. El señor Carnegie, el señor Rockefeller y el señor Ford han enseñado al empresario el valor del esfuerzo cooperativo; esto es, le han enseñado el principio con el que acumularon grandes fortunas a todo aquel que ha querido conocerlo.

La cooperación es la base misma de todo liderazgo eficaz. El factor positivo más tangible de Henry Ford es la fuerza de agencia organizada que ha establecido. Esta organización no sólo le proporciona una salida para todos los automóviles que puede fabricar, sino, lo que es todavía más importante, le proporciona el poder económico suficiente para enfrentarse a cualquier emergencia que pueda surgir (algo que ya ha demostrado en más de una ocasión).

Como consecuencia de su comprensión del valor del principio cooperativo, Ford se ha alejado de la habitual situación de dependencia de las instituciones financieras y, al mismo tiempo, se ha hecho con un poder comercial mayor del que puede llegar a utilizar.

El Sistema Bancario de la Reserva Federal es otro ejemplo de esfuerzo cooperativo que prácticamente asegura que Estados Unidos esté protegido del pánico monetario.

Los sistemas de cadenas de tiendas constituyen otra forma de cooperación comercial que ofrece ventajas tanto a través del sector comprador como del sector distribuidor del negocio. Los grandes almacenes modernos, que son el equivalente de un grupo de tiendas pequeñas que funcionan bajo un mismo techo, una administración y unos gastos generales, son otro ejemplo de las ventajas del esfuerzo cooperativo en el campo comercial.

En la decimoquinta lección verás las posibilidades del esfuerzo cooperativo en su forma más elevada y, al mismo tiempo, el importante papel que desempeña en el desarrollo del *poder*.

Como ya sabes, el *poder* es *esfuerzo organizado*. Los tres factores más importantes que intervienen en el proceso de organizar esfuerzos son: CONCENTRACIÓN, COOPERACIÓN Y COORDINACIÓN.

Cómo se desarrolla el poder mediante la cooperación

Como ya hemos visto, el poder es esfuerzo o energía organizados. El poder personal se desarrolla mediante el desarrollo, la organización y la coordinación de las facultades de la mente. Esto se puede lograr con el dominio y la aplicación de los quince principios fundamentales en los que se funda este curso. El procedimiento necesario por el que se pueden dominar estos principios se describe a fondo en la lección decimosexta. El desarrollo del poder personal no es más que el primer paso requerido en el desarrollo del poder potencial al que podemos acceder a través del esfuerzo conjunto, o la *cooperación*, que podría denominarse «poder grupal».

Es un hecho conocido que todas las personas que han amasado grandes fortunas han tenido fama de ser unas «organizadoras» hábiles. Con esto quiero decir que poseían la capacidad de reclutar los esfuerzos cooperativos de otras personas que les proporcionaban el talento y las habilidades que ellas no poseían.

El principal objeto de este curso es desplegar los principios del esfuerzo *organizado* y *cooperativo* o conjunto para que el estudiante pueda comprender su importancia y convertirlos en la base de su filosofía.

Toma como ejemplo cualquier negocio o profesión que elijas y, mediante el análisis, verás que está limitado únicamente por la falta de aplicación del esfuerzo *organizado* y *cooperativo*. Como ejemplo, piensa en la profesión del derecho.

Si un bufete de abogados está formado sólo por un tipo de mentes, estará en seria desventaja, aunque se trate de una docena de personas capaces que tenga ese tipo de mente en particular. El complicado sistema legal exige una variedad de talentos mayor que la que cualquier persona puede llegar a ofrecer.

Por lo tanto, es evidente que el mero esfuerzo organizado no es suficiente para asegurar un éxito sobresaliente; la organización debe estar formada por un grupo de personas en el que cada una de ellas aporte algún talento especializado que las demás no posean.

Un bufete de abogados bien organizado incluiría un talento especializado en la preparación de casos y personas con visión e imaginación que comprendan cómo armonizar las leyes y las pruebas de un caso con un plan solvente. Quienes poseen esas habilidades no siempre tienen la habilidad para presentar un caso en los tribunales; por lo tanto, se debe contar también con personas expertas en procedimientos judiciales. Si vamos más lejos en este análisis, veremos que existen muchos tipos de casos distintos que requieren diferentes tipos de personas, con habilidades especializadas tanto en la preparación como en el procesamiento de los mismos. Un abogado que se ha preparado como especialista en leyes corporativas podría no estar preparado para llevar un caso de procedimiento criminal.

Al formar un bufete, la persona que entiende los principios del *esfuerzo organizado* y *cooperativo*, se rodearía de talentos especializados en cada rama del derecho y del procedimiento legal en los que quisiera ejercer la abogacía. La persona que desconociera del todo el poder potencial de estos principios, probablemente elegiría a sus socios mediante el método habitual de «acierta o equivócate», basando sus elecciones más en la personalidad o en el caracter de su relación que en la consideración del tipo de talento legal que cada uno de ellos posee.

Una buena dosis de seguridad en ti mismo
y un traje nuevo te ayudarán
a conseguir un puesto sin «enchufe»,
pero nada te ayudará tanto a mantenerlo
como el empuje, el entusiasmo y la determinación
de hacer más que aquello para lo que se te paga.

El tema del *esfuerzo organizado* ha sido tratado en las lecciones anteriores de este curso, pero lo vuelvo a sacar a relucir en esta lección con el propósito de indicar la necesidad de crear alianzas u organizaciones formadas por individuos que aporten *todo el talento necesario que se puede requerir para alcanzar el objetivo que se tiene en mente.*

En prácticamente todas las iniciativas comerciales se necesitan, como mínimo, tres tipos de talento: es decir, compradores, vendedores y personas familiarizadas con las finanzas.

Se verá fácilmente que cuando estos tres tipos de personas *organizan* y *coordinan* sus esfuerzos mediante esta forma de *cooperación*, consiguen un *poder* que ningún individuo del grupo puede poseer.

Muchos negocios fracasan porque todas las personas que están detrás o son vendedoras, o economistas, o compradoras. Por naturaleza, los vendedores más hábiles son optimistas, entusiastas y emocionales, mientras que los economistas hábiles, por lo general, son fríos, prudentes y conservadores. Ambos tipos de persona son esenciales para el éxito de una iniciativa comercial, pero cualquiera de los dos sería un peso demasiado grande para cualquier negocio si no contara con la influencia modificadora del otro.

La mayoría de la gente está de acuerdo en que James J. Hill fue el constructor de ferrocarriles más eficiente que Estados Unidos ha producido jamás, pero también sabemos que no era ingeniero civil, ni constructor de puentes, ni ingeniero de locomotoras, ni ingeniero mecánico, ni químico, a pesar de que esos tipos de talentos altamente especializados son esenciales para la construcción de ferrocarriles. El señor Hill entendía los principios del *esfuerzo organizado* y la *cooperación* y, por ello, se rodeó de personas que poseían todas estas habilidades necesarias con las que él no contaba.

Los grandes almacenes modernos son un ejemplo magnífico del *esfuerzo organizado y cooperativo*. Cada departamento comercial está dirigido por alguien que entiende de la compra y la comercialización de los artículos que lleva dicha sección. Detrás de todos esos directores de sección hay un personal general formado por especialistas en compra, en venta, en financiación y en dirección de unidades o grupos de personas. Esta forma de *esfuerzo organizado* respalda cada departamento con una capacidad de *venta* y de *compra* que no se podría permitir si estuviese separado del grupo y tuviese que funcionar por sí solo, en otro lugar. Los Estados Unidos de América son una de las naciones más ricas y *poderosas* del mundo. En el análisis, se verá que este enorme poder ha surgido de los esfuerzos *cooperativos* de los estados de la Unión.

Con el propósito de salvar este poder, el inmortal Lincoln decidió borrar la línea Mason-Dixon. Salvar a la Unión tenía para él una importancia mucho mayor que la libertad de los esclavos del sur. De no haber sido así, la actual situación de este país como un poder entre las naciones del mundo habría sido muy distinta.

Woodrow Wilson tenía en mente este mismo principio de esfuerzo *cooperativo* cuando creó su plan para la Sociedad de las Naciones. Previó la necesidad de un plan de este tipo como un medio para prevenir la guerra entre las naciones, del mismo modo que Lincoln la vio como un medio para armonizar los esfuerzos de su pueblo, conservando así la Unión. Así pues, se puede ver que el principio del esfuerzo *organizado y cooperativo*, con cuya ayuda la persona puede desarrollar el poder personal, es el mismo principio que se debe emplear para desarrollar un poder grupal.

Andrew Carnegie dominó fácilmente el negocio siderúrgico durante su activa relación con dicha industria, porque aprovechó el principio del esfuerzo *organizado y cooperativo* rodeándose de economistas, químicos, directores de ventas, compradores de materias primas, expertos en transportes altamente especializados y de otras personas cuyos servicios eran esenciales para esa industria. Organizó a este grupo de «cooperadores» en lo que él llamó una «mente maestra».

Cualquier gran universidad ofrece un excelente ejemplo de la necesidad de un esfuerzo *organizado y cooperativo*. El profesorado está formado por hombres y mujeres con habilidades altamente especializadas, aunque muy distintas. Un departamento está presidido por expertos en literatura, otro por expertos matemáticos, otro por expertos en química, otro por expertos en filosofía económica, otro por expertos en medicina, otro por expertos en derecho... La universidad, en su totalidad, equivale a un grupo de facultades, cada una de las cuales es dirigida por expertos de su propia rama, cuya eficiencia aumenta enormemente con el esfuerzo conjunto o *cooperativo* que es dirigido por una sola persona.

Analiza el *poder* dondequiera que se encuentre, o en cualquier forma en que se encuentre, y verás que la *organización* y la *cooperación* son los principales factores que están detrás de él. Descubrirás que esos dos principios son evidentes tanto en la forma más primitiva de vegetación como en la forma más elevada de vida animal, que es el hombre.

Frente a las costas de Noruega se encuentra el *maelstrom* más famoso e irresistible del mundo. Por lo que se sabe, este gran remolino de movimiento incesante jamás ha devuelto a ninguna víctima que haya sido atrapada por su abrazo circular de aguas espumosas.

También son víctimas de la destrucción las almas desafortunadas que están atrapadas en ese gran remolino de la vida hacia el que se dirigen todos aquellos que no comprenden el principio del esfuerzo *organizado y cooperativo*. Vivimos en un mundo en el que la ley de la supervivencia del más fuerte es evidente en todas partes. Quienes son «fuertes» son los que tienen el *poder*, y el poder es *esfuerzo organizado*.

Desafortunada es la persona que, ya sea por ignorancia o por egocentrismo, imagina que puede navegar por el mar de la vida en la frágil barca de la independencia. Una persona así acabará descubriendo que hay remolinos más peligrosos que el mero remolino de aguas poco amistosas. Todas las leyes naturales y todos los planes de la naturaleza se basan en un esfuerzo *cooperativo* armonioso, como han descubierto las personas que han llegado alto en el mundo.

Dondequiera que la gente esté librando un combate hostil, no importa cuál sea su naturaleza o su causa, uno puede ver la cercanía de uno de esos torbellinos que espera a los combatientes.

El éxito en la vida no puede alcanzarse si no es mediante el esfuerzo *cooperativo* pacífico y armonioso, y tampoco se puede alcanzar sin ayuda o de modo independiente. Aunque un hombre viva como un ermitaño en el desierto, alejado de toda señal de civilización, *depende*, no obstante, de fuerzas externas a él para su existencia. Cuanto más forme parte de la civilización, más *dependiente* será del esfuerzo cooperativo.

Tanto si un hombre se gana la vida con sus días de trabajo como si vive de los intereses de la fortuna que ha amasado, obtendrá ese dinero con menos oposición a través de una *cooperación* amistosa con los demás. Además, la persona cuya filosofía se basa en la *cooperación*, en lugar de hacerlo en la *competencia*, no sólo adquirirá las cosas básicas y los lujos de la vida con menos esfuerzo, sino que disfrutará de una recompensa adicional de *felicidad* que otros no sentirán jamás.

Las fortunas que se adquieren mediante el esfuerzo *cooperativo* no infligen heridas en los corazones de sus propietarios, lo cual es más de lo que se puede decir de las fortunas que son adquiridas a través del conflicto y los métodos competitivos que bordean la extorsión.

La acumulación de riqueza material, tanto si el objeto es la subsistencia como si es el lujo, consume la mayor parte del tiempo que invertimos en esta lucha mundana. Si no podemos cambiar esta tendencia materialista de la naturaleza humana, al menos podemos cambiar el método para realizarla, adoptando la *cooperación* como su base.

La *cooperación* ofrece la doble recompensa de proporcionarnos las cosas necesarias y los lujos de la vida, y la serenidad de ánimo que los codiciosos nunca llegan a conocer. La persona avariciosa y codiciosa puede amasar una gran fortuna en riquezas materiales, eso es innegable, pero es un mal negocio pues habrá vendido su alma por unas comodidades materiales.

Tengamos presente el hecho de que todo éxito se basa en el poder, y que el poder surge del conocimiento que ha sido organizado y expresado en términos de ACCIÓN.

El mundo paga solamente por un tipo de conocimiento, y es el tipo de conocimiento que se expresa en términos de servicio constructivo. Al dirigirse a la clase que se graduaba en una escuela de comercio, uno de los banqueros más conocidos de los Estados Unidos dijo:

Deberíais estar orgullosos de vuestros títulos, porque son la prueba de que habéis estado preparándoos para la acción en el gran campo de los negocios.

Una de las ventajas de la formación de una escuela de comercio ¡es que te prepara para la acción! No para despreciar los métodos educativos, sino para exaltar el moderno método de las escuelas de comercio, debo decir que hay algunas escuelas en las que la mayoría de alumnos se está preparando para prácticamente cualquier cosa, excepto para la acción.

Llegasteis a esta escuela de comercio con un solo objetivo a la vista, y ese objetivo era el de aprender a prestar un servicio y a ganaros la vida. La última moda en ropa os ha interesado poco porque os habéis estado preparando para un trabajo en el que la ropa de última moda no tendrá un papel importante. No vinisteis aquí a aprender a servir el té en una merienda, ni a convertiros en maestros de la amabilidad afectada mientras interiormente sentís envidia de quienes visten ropas más finas y conducen coches más costosos: ¡vinisteis a aprender a trabajar!

En la clase de graduados para los que habló este hombre había trece muchachos, todos ellos tan pobres que apenas tenían dinero para sus gastos. Algunos de ellos los pagaban trabajando antes y después de ir a la escuela.

Ser «quisquilloso» respecto al sueldo «para empezar» ha hecho que más de una persona pierda la gran oportunidad de su vida. Si lo darías todo por el puesto que persigues, acéptalo, incluso si tienes que trabajar sin ganar nada hasta que hayas demostrado lo que eres capaz de hacer. A partir de entonces, se te pagará en proporción a la calidad y la cantidad del trabajo que realices.

Eso ocurría a principios del s. XX. El verano pasado, me encontré con el director de la escuela de comercio a la que asistían esos muchachos y me contó la historia de cada uno de ellos, desde el momento de su graduación hasta el momento en que estábamos hablando. Uno de ellos es ahora director de una de las grandes empresas farmacéuticas y es un hombre rico, otro es un abogado de éxito, dos de ellos son propietarios de grandes escuelas de negocios, uno es profesor en el departamento de economía en una de las grandes universidades norteamericanas, uno es director de una de las grandes fábricas de coches, dos son directores de bancos y hombres ricos, uno es propietario de unos grandes almacenes, otro es subdirector de una de las grandes empresas ferroviarias del país, otro es un contable público certificado con una buena posición, otro está muerto y el decimotercero está compilando este curso sobre las LEYES DEL ÉXITO.

Once éxitos en una clase de trece muchachos no es un mal historial, gracias al espíritu de *acción* desarrollado por la formación de esa escuela de comercio.

Lo que cuenta no es la educación que recibes: es la medida en que expresas aquello que has aprendido de tu formación mediante una *acción* bien organizada y dirigida inteligentemente.

Yo no despreciaría la educación superior, en absoluto, pero quisiera dar esperanzas y ánimos a aquellas personas que no la han tenido, siempre y cuando expresen lo que saben, por poco que sea, con una *acción* intensa, de una forma constructiva.

Uno de los más grandes presidentes que han ocupado la Casa Blanca había recibido una educación escasa, pero expresó tan bien los conocimientos que había adquirido con ella, con una *acción* dirigida adecuadamente, que su nombre ha quedado entretejido inseparablemente en la historia de Estados Unidos.

Cada ciudad, pueblo y caserío tiene su población de esos famosos personajes llamados «perdidos», y si analizas a esas desafortunadas personas verás que una de sus características más destacadas es la *dilación*. La falta de *acción* las ha hecho ir hacia atrás hasta caer en una «rutina», en la cual permanecerán a menos que, accidentalmente, se vean obligadas a entrar en el camino del esfuerzo, donde la *acción* inusual se hará necesaria. No te permitas caer en esa situación.

Cada oficina, cada tienda, cada banco, cada gran almacén y todos los demás lugares de trabajo tienen sus víctimas destacadas de la *dilación*, que marchan a paso de ganso por la polvorienta carretera del *fracaso*, porque no han desarrollado el hábito de expresarse en la *acción*.

Podrás encontrar a estos desafortunados a tu alrededor si empiezas a analizar a las personas con las que entras en contacto cada día. Si hablas con ellos, observarás que se han creado una falsa filosofía, que es algo así: «Estoy haciendo aquello para lo que me pagan, y me las arreglo».

Sí, «se las arreglan», pero eso es lo único que están consiguiendo.

Hace algunos años, en una época en la que el trabajo escaseaba y los sueldos eran inusualmente elevados, vi a decenas de hombres sanos tumbados en los parques de Chicago sin hacer nada. Sentí curiosidad por saber qué tipo de excusa ofrecerían por su conducta, de modo que, una tarde, me dediqué a entrevistar a siete de ellos.

Con la ayuda de una generosa provisión de puros, cigarrillos y algunas monedas, compré su confianza y, de ese modo, obtuve una visión bastante íntima de su filosofía. Todos me dieron exactamente el mismo motivo para estar allí, sin empleo. Me dijeron: «¡¡¡El mundo no me quiere dar una oportunidad!!!». (Los signos de exclamación son míos.)

Piensa en ello: el mundo no quería «darles una oportunidad». Ciertamente, el mundo no les iba a *dar* una oportunidad, pues jamás le *da* una oportunidad a nadie. El hombre que quiere una oportunidad puede crearla mediante la *acción*, pero si espera a que alguien se la dé en una bandeja de plata, tendrá una decepción.

Me temo que esa excusa de que el mundo no le *da* a una persona una oportunidad está bastante generalizada, y tengo serias sospechas de que es una de las causas más habituales de la pobreza y el fracaso.

El séptimo hombre al que entrevisté en aquella tarde bien aprovechada era un individuo especialmente guapo. Estaba tumbado en el suelo, dormido, con un periódico sobre su rostro. Cuando levanté el papel que le tapaba la cara, él me lo arrebató de las manos, se lo volvió a poner sobre el rostro y siguió durmiendo. Así que utilicé una pequeña estrategia, retirándole el periódico del rostro y colocándolo detrás de mí, donde no podía alcanzarlo. Entonces se incorporó, sentado en el suelo, y lo entrevisté. Aquel tipo se había graduado de dos de las grandes universidades del este, obteniendo una maestría en una y un doctorado en la otra. Su historia era patética.

Había tenido un empleo tras otro, pero su jefe o sus compañeros siempre «le tenían manía». No había sido capaz de hacerles ver el valor de su educación universitaria. Ellos no le habían querido «dar una oportunidad».

Éste era un hombre que podría haber sido el director de alguna gran empresa, o la figura destacada en alguna profesión si no hubiera construido su casa sobre las arenas de la *dilación* y si no hubiera sucumbido a la falsa creencia de que el mundo debía pagarle *por lo que sabía*.

Afortunadamente, la mayoría de universitarios no se construyen sobre unos cimientos tan endebles, porque ninguna universidad en el mundo puede coronar con el éxito a una persona que intenta ganar dinero por lo que sabe, en lugar de hacerlo por lo que *puede hacer con lo que sabe*.

El hombre al que he hecho referencia pertenecía a una de las familias más conocidas de Virginia. Sus antepasados se remontaban a la llegada del Mayflower. Echó los hombros hacia atrás, se dio unos golpes en el pecho con el puño y dijo: «¡Piense en ello, señor! ¡Soy hijo de una de las primeras familias que llegaron a la vieja Virginia!».

Mis observaciones me llevaron a creer que ser hijo de una de las «primeras familias» no siempre es una suerte para el hijo, ni para la familia. Con demasiada frecuencia, estos hijos de las «primeras familias» tratan de apoyarse en sus apellidos para conseguir lo que quieren. Ésta podría ser una idea peculiar mía, pero he observado que los hombres y mujeres que están realizando el trabajo del mundo tienen poco tiempo para alardear de sus ancestros y ningún interés en hacerlo.

No hace mucho tiempo, hice un viaje al sudoeste de Virginia, al lugar donde nací. Era la primera vez que volvía allí después de más de veinte años. Era una triste visión comparar a los hijos de quienes eran conocidos como miembros de las «primeras familias» con los hijos de hombres sencillos que se habían ocupado de expresarse mediante una *acción* sumamente intensa. ¡La comparación no dejaba nada bien a los chicos de las «primeras familias»! Sin ningún sentimiento de exaltación, expreso mi gratitud por no haber sido traído al mundo por unos padres pertenecientes a dicha clase. Eso, por supuesto, no es algo que yo pudiera elegir y, de haber podido hacerlo, puede que yo también hubiese elegido unos padres pertenecientes a las «primeras familias».

He aquí una buena broma para gastarle a tu jefe: Llega a tu trabajo un poco más temprano y márchate un poco más tarde de tu hora. Maneja sus herramientas como si te pertenecieran. Tómate la molestia de decir algunas palabras amables sobre tu jefe a tus compañeros de trabajo. Cuando haya exceso de trabajo, ofrécete voluntario para hacerlo. No te muestres sorprendido cuando él hable contigo y te ofrezca ser el jefe de tu sección o ser socio en el negocio, porque ésa es la mejor parte de esta «broma».

No hace mucho tiempo fui invitado a dar una charla en Boston, Massachussets. Cuando hube acabado mi trabajo, un comité de recepción se ofreció a mostrarme la ciudad, incluyendo un viaje a Cambridge, donde visité la Universidad de Harvard. Mientras estaba allí, observé a muchos hijos de «primeras familias», algunos de los cuales tenían automóviles de la marca Packard. Veinte años atrás, yo habría estado orgulloso de ser un estudiante de Harvard con un Packard, pero el efecto iluminador de mis años más maduros me ha llevado a la conclusión de que, de haber tenido el privilegio de ir a Harvard, me habría ido igualmente bien sin la ayuda de ese automóvil.

Me fijé en algunos de los chicos de Harvard que no tenían un Packard. Trabajaban de camareros en un restaurante en el que comí y, por lo que pude ver, no se estaban perdiendo nada valioso por no tener un Packard, ni parecían estar sufriendo por la comparación con quienes podrían alardear de tener unos padres pertenecientes a las «primeras familias».

Todo esto no es una reflexión sobre la Universidad de Harvard (una de las grandes universidades del mundo), ni sobre las «primeras familias» que envían a sus hijos a Harvard. Por el contrario, lo que pretendo es dar ánimos a los desafortunados que, como yo, tienen poco y saben poco, pero expresan lo poco que saben en términos de una *acción* constructiva y útil.

La psicología de la *inacción* es una de las razones principales por las que algunos pueblos y ciudades están muriendo de podredumbre. Tomemos el ejemplo de la ciudad X. La reconocerás por la descripción, si estás familiarizado con esa parte de Estados Unidos. Las leyes conservadoras han cerrado todos los restaurantes los domingos. Los trenes deben disminuir la velocidad a veinte kilómetros por hora al pasar por esta ciudad. Los carteles de «Prohibido pisar el césped» se exhiben prominentemente en los parques. Las ordenanzas desfavorables de uno u otro tipo han hecho que las mejores industrias se trasladen a otras ciudades. Por ambos lados, uno puede ver evidencias de restricción. La gente de la calle muestra signos de restricción en sus rostros, en sus gestos y en su forma de andar. La psicología de masas de la ciudad es negativa.

En cuanto uno se baja del tren en la estación, esta atmósfera negativa se hace evidente de un modo deprimente y logra que uno quiera subirse al siguiente tren. El lugar recuerda a un cementerio y las personas parecen fantasmas andantes. ¡No dan ninguna señal de *acción*!

Los extractos bancarios de las instituciones bancarias reflejan este estado de ánimo negativo, *inactivo*. Las tiendas lo reflejan en sus escaparates y en los rostros de los vendedores. Entré en una de ellas para comprar un par de medias. Una mujer joven con el pelo a lo *garçon* que, si no hubiese sido tan perezosa habría sido muy moderna, lanzó una caja de medias sobre el mostrador. Cuando recogí la caja, revisé las medias y mostré una expresión de desaprobación, ella dijo bostezando lánguidamente: «¡Es lo mejor que puede encontrar en este vertedero!». «¡*Vertedero*!». Debía de saber leer el pensamiento, pues «vertedero» era la palabra que tenía en la mente antes de que ella hablara. La tienda me recordaba a un vertedero de basura, y la ciudad también. Sentía que aquello se estaba introduciendo en mi propia sangre. La actitud negativa de la gente realmente me estaba alcanzando y aferrando.

Maine no es el único estado que tiene una ciudad como la que acabo de describir. Podría nombrar otras, pero quizá algún día quiera dedicarme a la política y, por lo tanto, dejaré que seas tú quien analice y compare las ciudades que están vivas, llenas de *acción*, y las que están muriendo lentamente de podredumbre por la *inacción*.

Conozco empresas que se encuentran en ese mismo estado de *inacción*, pero omitiré sus nombres. Probablemente tú también conoces algunas.

Hace muchos años, Frank A. Vanderlip, uno de los banqueros más conocidos y capaces de Estados Unidos, entró a trabajar para el National City Bank de Nueva York. Su sueldo estuvo por encima de la media desde el principio, puesto que se trataba de alguien capaz, que tenía un historial de éxitos que lo convertía en un hombre valioso. Se le asignó un despacho privado que estaba equipado con un fino escritorio de caoba y una silla cómoda. Encima de la mesa había un pulsador eléctrico que conectaba con el escritorio de la secretaria, que se encontraba fuera.

El primer día pasó sin que llegara nada de trabajo a su escritorio. El segundo, el tercero y el cuarto pasaron sin que se le diera nada que hacer. Nadie vino a verlo ni le dijo nada. Al final de la semana, comenzó a sentirse intranquilo. (Los hombres de *acción* siempre se sienten intranquilos cuando no hay trabajo a la vista.). La semana siguiente, el señor Vanderlip entró al despacho del director y dijo: «Usted me está pagando un gran sueldo y no me está dando nada que hacer, ¡y eso me está destrozando los nervios!».

El director levantó la mirada con un centelleo alegre en los ojos. «Pues bien, continuó el señor Vanderlip, mientras estaba allí sentado sin nada que hacer, he estado pensando en un plan para incrementar el negocio de este banco».

El director le aseguró que tanto los «pensamientos» como los «planes» eran valiosos y le pidió que continuara con su entrevista.

«He ideado un plan, siguió diciendo el señor Vanderlip, que reportará al banco el beneficio de mi experiencia en el negocio los bonos. Propongo crear un departamento de bonos para este banco y publicitarlo como una característica de nuestro negocio».

«¿Qué? ¿Hacer publicidad para este banco?», preguntó el director. «Nosotros nunca hemos hecho publicidad, desde que empezamos en el negocio. Nos las hemos arreglado sin ella.»

«Bueno, ahora es cuando van a empezar a hacer publicidad, dijo el señor Vanderlip, y lo primero que va a anunciar es este nuevo departamento de bonos que he diseñado».

¡El señor Vanderlip ganó! Los hombres de *acción* suelen ganar: ésa es una de sus características distintivas. El National City Bank también ha salido ganando, porque esa entrevista fue el principio de una de las campañas publicitarias más avanzadas y rentables que jamás ha realizado un banco, con el resultado de que el National City Bank se convirtió en una de las instituciones financieras más poderosas de Estados Unidos.

Hubo otros resultados también, que vale la pena mencionar. Entre ellos, el que el señor Vanderlip creciera con el banco, ya que los hombres de *acción* suelen crecer en aquello que ayudan a construir, hasta que, finalmente, se convirtió en el director de aquella gran casa de banca.

En la lección sobre la *imaginación* aprendiste a recombinar viejas ideas con nuevos planes, pero por muy prácticos que sean tus planes, serán inútiles si no se expresan en la *acción*. Tener sueños y visiones de la persona que te gustaría ser o de la posición que te gustaría conseguir en la vida es admirable, siempre y cuando conviertas tus sueños y tus visiones en realidad mediante una *acción* intensiva.

Hay personas que sueñan, pero no hacen mucho más que eso. Hay otras que toman las visiones de los soñadores y las trasladan a la piedra, el mármol, la música, los buenos libros, los ferrocarriles y los buques de vapor. Y hay otras que *sueñan* y convierten esos sueños en realidad: son del tipo soñador-hacedor.

Existe un motivo psicológico, así como económico, por el cual deberías adquirir el hábito de la *acción* intensiva. Tu cuerpo está hecho de billones de células diminutas que son altamente sensibles y susceptibles a la imaginación de tu mente. Si tu mente es letárgica e *inactiva*, las células de tu cuerpo también se tornarán perezosas e inactivas. Del mismo modo que el agua estancada de una charca inactiva se vuelve impura y poco saludable, también las células de un cuerpo inactivo acaban enfermando.

La pereza no es más que la influencia de una mente inactiva sobre las células del cuerpo. Si dudas de esto, la próxima vez que sientas pereza, toma un baño turco y haz que te froten bien, estimulando así las células de tu cuerpo por medios artificiales, y verás con cuánta rapidez desaparece tu pereza. Otro sistema mejor es llevar tu mente a algún juego que te guste y observar con cuánta rapidez responden las células de tu cuerpo a tu entusiasmo y cómo desaparece tu sentimiento de pereza.

Todo fracaso te dará una lección
si mantienes los ojos y los oídos abiertos
y estás dispuesto a que te enseñen. Toda adversidad
suele ser una bendición disfrazada.
Si no hubiera reveses y derrotas temporales,
jamás sabrías de qué estás hecho.

Las células del cuerpo responden al estado de ánimo, exactamente del mismo modo que las personas de una ciudad responden a la psicología de masas que la domina. Si un grupo de líderes lleva a cabo la *acción* suficiente para darle a ésta la reputación de ser una ciudad «llena de vida», esa *acción* influirá en todos los que la habitan. El mismo principio se aplica a la relación entre la mente y el cuerpo. Una mente *activa* y dinámica mantiene a las células que forman las partes físicas del cuerpo en una constante actividad.

Las condiciones artificiales en las que vive la mayoría de habitantes de nuestras ciudades han producido un estado físico que se conoce como autointoxicación, es decir, autoenvenenamiento por el estado de inactividad de los intestinos. La mayoría de dolores de cabeza se pueden curar en una hora simplemente limpiando los intestinos con un enema.

Ocho vasos de agua al día y una cantidad razonable de la *acción* física que se conoce popularmente como «ejercicio» reemplazará al enema. Pruébalo durante una semana y luego no tendrán que recomendarte encarecidamente que lo mantengas, pues te sentirás como nuevo, a menos que la naturaleza de tu empleo sea tal que hagas mucho ejercicio físico y bebas mucha agua durante la realización habitual de tus tareas.

En dos páginas de este libro se podrían registrar unos buenos consejos para mantener a la persona media sana y lista para la *acción* durante dieciséis de las veinticuatro horas del día, pero serían tan sencillos que la mayoría de la gente no los seguiría.

La cantidad de trabajo que yo realizo cada día, manteniéndome en buenas condiciones físicas, es una fuente de asombro y misterio para quienes me conocen íntimamente, pero, sin embargo, no hay ningún misterio en ello, y el sistema que sigo no cuesta nada.

Aquí lo tienes, para tu uso, si así lo deseas:

1º. En cuanto me levanto por la mañana bebo una taza de agua caliente, antes de desayunar.

2º. Mi desayuno consiste en unos panecillos de harina integral y fibra, cereales, fruta, huevos pasados por agua de vez en cuando, y café. Para comer tomo verduras (prácticamente de cualquier tipo), pan integral y un vaso de suero de leche. Para cenar tomo un bistec muy hecho una o dos veces por semana, verduras (especialmente lechuga) y café.

3º. Camino un promedio de dieciséis kilómetros al día: ocho en dirección al campo y ocho de regreso, usando ese período para meditar y pensar. Quizá pensar sea tan valioso para la salud como caminar.

4º. Me tumbo sobre una silla de base recta, tendido sobre mi espalda, con la mayor parte de mi peso descansando sobre la parte más estrecha de la espalda y la cabeza y los brazos completamente relajados hasta prácticamente tocar el suelo. Esto le da a la energía nerviosa de mi cuerpo la oportunidad de equilibrarse y distribuirse correctamente. Diez minutos en esta posición alivian del todo cualquier signo de fatiga, por muy cansado que pueda llegar a estar.

5º. Me hago un enema al menos una vez cada diez días, y con más frecuencia si siento que lo necesito, utilizando agua a una temperatura ligeramente inferior a la de la sangre, mezclada con una cucharadita de sal, en la posición de rodillas tocando el pecho.

6º. Todos los días, normalmente por la mañana, al levantarme, me doy una ducha caliente seguida de una ducha fría.

Estas cosas sencillas las hago por mí. La madre naturaleza se ocupa de todas las demás cosas necesarias para mi salud.

Todo el énfasis que ponga en la importancia de mantener los intestinos limpios será poco, pues se sabe que los habitantes de las ciudades de hoy en día están, literalmente, envenenándose hasta la muerte al no limpiar sus intestinos con agua. No deberías esperar a estar estreñido para hacerte un enema. Cuando llegas a la etapa del estreñimiento ya estás prácticamente enfermo y un alivio inmediato es absolutamente esencial, pero si te prestas la atención adecuada regularmente, de la misma manera en que mantienes limpio el exterior de tu cuerpo, nunca sufrirás las diversas molestias que conlleva el estreñimiento.

Durante más de quince años, no hubo ni una sola semana en la que yo no tuviera un dolor de cabeza. Normalmente tomaba una dosis de aspirina y conseguía un alivio temporal. Estaba padeciendo una autointoxicación y no lo sabía, puesto que no estaba estreñido.

Cuando descubrí cuál era mi problema, hice dos cosas que te recomiendo: es decir, *dejé de tomar aspirinas* y disminuí mi consumo de alimentos prácticamente a la mitad.

Sólo diré unas palabras sobre la aspirina (que no gustarán a quienes se lucran con su venta): No ofrece una cura permanente para el dolor de cabeza. Lo único que hace se podría comparar a un técnico que corta el cable del telégrafo mientras la operadora utiliza ese cable en una llamada de ayuda al departamento de bomberos para apagar un incendio en el edificio en que se encuentra. La aspirina corta o «alivia» la línea de comunicación nerviosa que va del estómago, o la región intestinal donde la autointoxicación está vertiendo veneno en la sangre, hasta el cerebro, donde el efecto de dicho veneno está registrando su llamada en forma de un dolor intenso.

Cortar la línea de telégrafo por la que se está enviando una llamada al departamento de bomberos no apaga el fuego, ni tampoco elimina la causa aliviar, con una dosis de aspirina, la línea nerviosa por la que el dolor de cabeza está registrando una llamada pidiendo ayuda.

1º. No puedes ser una persona de *acción* si te permites no prestarte una atención física adecuada hasta que la intoxicación convierte a tu cerebro en una masa inoperante semejante a una bola de masilla. Tampoco puedes ser una persona de *acción* si comes la habitual mezcla desvitalizada llamada «pan blanco» (al cual le han extraído todo el valor alimenticio real) y el doble de carne del que tu sistema es capaz de digerir y eliminar correctamente.

2º. No puedes ser una persona de *acción* si corres hacia el frasco de pastillas cada vez que tienes, o *imaginas* que tienes, un dolor o una molestia, o si tomas una aspirina cada ves que tus intestinos le piden a tu cerebro ser limpiados con un enema de agua con una cucharadita de sal.

3º. No puedes ser una persona de *acción* si *comes en exceso y haces poco ejercicio.*

4º. No puedes ser una persona de *acción* si lees los prospectos de las medicinas e imaginas que tienes los síntomas descritos por un publicista inteligente que ha llegado a tu bolsillo mediante el poder de la *sugestión*.

No he tomado ninguna medicina desde hace más de cinco años y, durante ese período, no he estado enfermo ni indispuesto, a pesar de que cada día trabajo más que la mayoría de los hombres de mi profesión. Tengo *entusiasmo, resistencia y acción*, porque como alimentos sencillos que contienen los elementos que necesito para el desarrollo del cuerpo y me ocupo de los procesos de eliminación con el mismo cuidado con que baño mi cuerpo.

Si estas cosas sencillas y francas que he reconocido te interesan porque se basan en el sentido común, tómalas y ponlas a prueba, y si te funcionan tan bien como me sirven a mí, los dos nos habremos beneficiado del valor que tuve que reunir para mencionarlas como parte de esta lección.

Normalmente, cuando alguien que no es un médico ofrece sugerencias sobre el cuidado del cuerpo, se le cataloga inmediatamente como un «intruso», y reconozco que ese análisis suele ser correcto. En este caso, no hago ninguna recomendación más encarecida que ésta:

La próxima vez que tengas un dolor de cabeza, prueba hacerte un enema, y si alguna de las otras sugerencias te resultan atractivas, ponlas a prueba hasta que decidas si son razonables o no.

Antes de dejar este tema, quizá debería explicar que para el enema se debería usar agua que apenas esté ligeramente tibia, ya que esto hace que los músculos del intestino se contraigan, lo cual, a su vez, obliga a la materia venenosa a salir de los poros de los revestimientos mucosos. Esto ejercita a esos músculos y, a la larga, también los desarrollará para que hagan su trabajo de una forma natural, sin ayuda del enema. Un enema de agua caliente es muy perjudicial porque relaja los músculos de los intestinos, lo cual, con el tiempo, hace que dejen de funcionar del todo, produciendo lo que se conoce comúnmente como el «hábito del enema».

Con las debidas disculpas a mis amigos los médicos, los osteópatas, los quiroprácticos y otros profesionales de la salud, ahora te invitaré a regresar a esa parte del tema de esta lección sobre la cual no puede haber conflicto de opiniones en cuanto a la solidez de mis consejos.

Hay otro enemigo al que debes vencer para poder convertirte en una persona de *acción*, y es el *hábito de la preocupación*.

La preocupación, la envidia, los celos, el odio, la duda y el miedo son, todos, estados mentales que resultan fatales para la *acción*.

Cualquiera de esos estados mentales interferirá en el proceso digestivo por el que los alimentos son asimilados y preparados para su distribución por el cuerpo, y en algunos lo destruirá del todo. Esta interferencia es física, pero el daño no acaba aquí, pues esos estados mentales negativos destruyen el factor más esencial para alcanzar el *éxito*: a saber, el *deseo* de conseguirlo.

En la segunda lección de este curso aprendiste que tu claro objetivo principal en la vida debería estar apoyado por un ardiente deseo de su realización. No puedes tener un ardiente deseo de éxito cuando estás en un estado mental negativo, independientemente de cuál sea la causa de dicho estado.

Una desgracia ocasional es una buena cosa.

Nos recuerda que nadie

tiene una independencia absoluta.

Para mantenerme en un marco mental positivo, he descubierto un eficaz «atrapapenas».Puede que ésta no sea una forma muy elegante de expresar lo que quiero decir, pero puesto que el tema de esta lección es la *acción* y no la elegancia, la utilizaré. Este «atrapapenas» al que me refiero es una *risa sana*. Cuando me siento «molesto» o inclinado a discutir con alguien por algo que no vale la pena, sé que necesito a mi «atrapapenas», y me retiro a un lugar donde no moleste a nadie y me río de buena gana. Si no consigo encontrar nada realmente gracioso de lo que reírme, simplemente tengo una risa forzada. El efecto es el mismo en ambos casos.

Cinco minutos de este tipo de ejercicio mental y físico (pues es ambas cosas) estimulará una *acción* libre de tendencias negativas. No me tomes la palabra: ¡pruébalo!

No hace mucho tiempo, oí un disco titulado, según recuerdo, «El loco que ríe», que debería estar al alcance de todos aquellos cuya dignidad les impide reír de buena gana por el bien de su salud. Este disco es todo lo que su nombre implica. Está hecho por un hombre y una mujer; el hombre intenta tocar una trompeta y la mujer se ríe de él. Se ríe de una forma tan eficaz que finalmente hace reír al hombre, y la sugestión es tan fuerte que todo aquel que lo oye suele reír también de buena gana, tanto si tiene ganas de hacerlo como si no.

«Como una persona piensa en su corazón, así es.»

No puedes pensar en el *miedo* y actuar con valentía. No puedes pensar con odio y actuar con amabilidad con las personas con las que te relacionas. Los pensamientos dominantes de tu mente (con esto quiero decir los más fuertes, más intensos y más frecuentes) influyen en la *acción* física de tu cuerpo. Cada pensamiento llevado a la acción por tu cerebro llega a cada célula de tu cuerpo e influye en ella. Cuando piensas con *miedo*, tu mente telegrafía ese pensamiento hasta las células que forman los músculos de tus piernas y les dice que *actúen* y te lleven lejos lo más rápidamente que puedan. Un hombre que está asustado huye corriendo porque sus piernas lo llevan, y lo llevan porque el pensamiento de *miedo* en su mente les ha indicado que lo hagan, aunque esas instrucciones hayan sido dadas inconscientemente.

En la primera lección de este curso aprendiste cómo viaja el pensamiento de una mente a otra por el principio de la telepatía. En esta lección deberías ir un paso más allá y aprender que tus pensamientos no sólo se registran en las mentes de otras personas, por el principio de la telepatía, sino que, lo que es un millón de veces más importante, se registran en las células de tu propio cuerpo y afectan a esas células de una forma que armoniza con la naturaleza de los pensamientos.

Entender este principio es entender la solidez de la afirmación: «Como una persona piensa en su corazón, así es».

La *acción*, en el sentido del término que se utiliza en esta lección, es de dos formas: una es física y la otra es mental. Puedes ser muy activo con tu mente, mientras tu cuerpo es enteramente inactivo, a excepción de la acción involuntaria de los órganos vitales. O puedes ser muy activo tanto con el cuerpo como con la mente.

Al hablar de personas de *acción*, nos podemos referir a los dos tipos o a uno de ellos. Uno es el tipo «cuidadora» y el otro es el tipo «promotora o vendedora». Ambos tipos son esenciales en los negocios, la industria y las finanzas modernos. A uno se le conoce como una «dinamo», mientras que al otro se le suele llamar «rueda de equilibrio».

Muy de vez en cuando es posible encontrar a una persona que es, a la vez, una dinamo y una rueda de equilibrio, pero esas personalidades equilibradas son escasas. Las organizaciones empresariales más exitosas que manejan un gran volumen están hechas de ambos tipos.

La «rueda de equilibrio» que no hace más que recopilar datos, cifras y estadísticas es una persona de *acción* en la misma medida que lo es alguien que se sube a una tribuna y vende una idea a mil personas por el mero poder de su personalidad *activa*. Para determinar si alguien es, o no es, una persona de *acción*, es necesario analizar sus hábitos mentales y físicos.

En la primera parte de esta lección dije que «el mundo te paga por lo que haces y no por lo que sabes». Esta afirmación podría ser interpretada erróneamente con mucha facilidad. Porque en realidad el mundo te paga por *lo que haces*, o por *lo que consigues que hagan otras personas*.

Alguien capaz de inducir a otras personas a cooperar y a realizar un trabajo en equipo eficaz, o de inspirarlas a ser más *activas*, es una persona de *acción* en la misma medida en que lo es la que presta un servicio eficaz de una forma más directa.

En el campo de la industria y los negocios, hay personas que tienen la habilidad de inspirar y dirigir de tal forma los esfuerzos de otros, que quienes están bajo su dirección hacen más de lo que harían sin su influencia directiva. Se sabe que Carnegie dirigía con tanta habilidad los esfuerzos de quienes formaban parte de su personal, que hizo ricas a personas que jamás habrían llegado a serlo sin el genio directivo de su cerebro. Lo mismo puede decirse de prácticamente todos los grandes líderes en el campo de la industria y los negocios: las ganancias no lo son todo para los líderes. Quienes están bajo su dirección suelen beneficiarse más de su liderazgo. Para cierto tipo de hombres es una práctica habitual censurar a sus jefes por tener una situación económica opuesta a la suya. Normalmente, ese tipo de hombres estarían infinitamente peor si no tuvieran esos jefes.

En la primera lección de este curso se puso un énfasis especial en el valor del esfuerzo conjunto porque algunas personas tienen la visión de planificar, mientras que otras tienen la habilidad para llevar los planes a la *acción*, aunque no tienen la *imaginación* o la visión para crear los planes que ejecutan.

Fue esta comprensión del principio del esfuerzo conjunto lo que permitió a Andrew Carnegie rodearse de un grupo de personas constituido por unos hombres capaces de planificar y otros capaces de ejecutar. En este grupo de asistentes, Carnegie tenía a algunos de los vendedores más eficientes del mundo, pero si la totalidad de su personal hubiese estado formado por personas que sólo sabían vender, jamás hubiera podido acumular la fortuna que acumuló. Si todo su personal hubiese estado constituido únicamente de vendedores, habría tenido *acción* en abundancia, pero la *acción*, en el sentido en que se utiliza en esta lección, debe estar guiada con inteligencia.

Una de las empresas más conocidas de Estados Unidos está formada por dos abogados, uno de los cuales nunca aparece en los tribunales. Él prepara los casos de la empresa para los juicios, mientras que el otro acude a los tribunales y los defiende. Los dos son hombres de intensa *acción*, pero se expresan de maneras distintas. En la mayoría de tareas puede haber tanta *acción* en la *preparación* como en la *ejecución*.

Miles de personas caminaron sobre la mina de cobre de Calumet sin descubrirla. Sólo un hombre solitario se puso a trabajar con un pico y la encontró. Podrías estar sobre tu «mina de Calumet» ahora mismo, sin saberlo, en cualquier puesto que estés ocupando. Cava y observa lo que hay bajo la superficie de tu puesto.

Para encontrar tu propio lugar en el mundo, deberías analizarte y averiguar si eres una «dinamo» o una «rueda de equilibrio» y elegir un *claro objetivo principal* para ti que armonice con tus habilidades innatas. Si estás en un negocio con otras personas, deberías analizarlas a ellas también y encargarte de ver que cada una de ellas tenga el papel que encaja mejor con su temperamento y sus habilidades innatas.

Dicho de otro modo, las personas pueden clasificarse bajo dos categorías: unas son las promotoras y otras son las cuidadoras. Las que son del tipo promotor son buenas vendedoras y organizadoras; las del tipo cuidador son excelentes conservadoras de los activos, una vez que éstos han sido acumulados.

Pon a alguien del tipo cuidador a cargo de una colección de libros y estará feliz, pero ponlo en el exterior, vendiendo, y será infeliz y un fracaso en su trabajo. Pon a un promotor a cargo de una colección de libros y será desgraciado. Su naturaleza le pide una *acción* más intensa. La acción de tipo pasiva no satisface sus ambiciones, y si se le mantiene en un empleo que no le proporciona la acción que su naturaleza exige, será un fracaso. Con mucha frecuencia, resulta ser que las personas que malversan fondos que están a su cargo son del tipo promotor y no habrían caído en esa tentación si sus esfuerzos se hubiesen puesto en un trabajo más adecuado para ellas.

Dale a un hombre el tipo de trabajo que armoniza con su naturaleza y sacará lo mejor de él. Una de las tragedias más notorias del mundo es que la mayoría de la gente no se dedica al trabajo que encaja mejor con su temperamento. Con demasiada frecuencia, al elegir el trabajo para esta vida, se comete el error de elegir el que parece ser más lucrativo desde el punto de vista monetario, sin tener en cuenta nuestras habilidades innatas. Si el dinero por sí solo trajera el éxito, este procedimiento sería el adecuado, pero el *éxito*, en sus formas más elevadas y nobles, requiere una serenidad de ánimo, un disfrute y una felicidad que sólo experimenta la persona que ha encontrado el trabajo que más le gusta.

El propósito principal de este curso es ayudarte a analizarte a ti mismo y a determinar para qué estás más capacitado según tus habilidades innatas. Deberías realizar este análisis estudiando detenidamente la tabla que acompaña a la lección introductoria antes de elegir tu claro objetivo principal.

Ahora llegamos al comentario sobre el principio por el cual se puede desarrollar la *acción*. Para entender cómo llegar a ser *activo* es necesario comprender cómo hacer para no andarse con dilaciones.

Estas sugerencias te darán las instrucciones necesarias:

1°. Adquiere el *hábito* de hacer primero las tareas menos agradables, todos los días. Este procedimiento te resultará difícil al principio, pero cuando te hayas formado el *hábito* te enorgullecerás de ponerte a trabajar enérgicamente primero en la parte más dura y desagradable de tu trabajo.

2°. Coloca este cartel delante de ti, donde puedas verlo en tu trabajo diario, y pon una copia en tu dormitorio, donde te lo encuentres al irte a dormir y al despertar: «*No les digas lo que eres capaz de hacer. ¡Demuéstraselo!*».

3°. Repite las siguientes palabras, en voz alta, doce veces cada noche, justo antes de irte a dormir: «Mañana haré todo lo que tenga que hacer, cuando haya que hacerlo, y como debo hacerlo. Realizaré las tareas más difíciles primero, porque eso acabará con el hábito de la dilación y, en su lugar, desarrollará el hábito de la *acción*».

4°. Sigue estas instrucciones con fe en su solidez y con la convicción de que desarrollarán, en el cuerpo y en la mente, la *acción* suficiente para permitirte realizar tu *claro objetivo principal*.

La característica destacada de este curso es la sencillez de estilo con que está escrito. En un análisis final, todas las grandes verdades fundamentales son sencillas y, tanto si uno está dando una charla como si está escribiendo un curso de formación, el propósito debería ser transmitir impresiones y una exposición de datos de la manera más clara y concisa posible.

Antes de finalizar esta lección, permíteme volver a lo que se dijo sobre el valor de una risa sana como estimulante saludable para la *acción* y añadir la afirmación de que cantar produce el mismo efecto y, en algunos casos, es muy preferible a la risa.

De Billy Sunday, uno de los predicadores más dinámicos y *activos* del mundo, se ha dicho que sus sermones perderían gran parte de su efectividad si no fuera por el efecto psicológico de sus oficios cantados.

Es un hecho conocido que el ejército alemán era un ejército ganador, al principio y mucho después del inicio de la Primera Guerra Mundial, y se ha dicho que esto se debía, en gran medida, a que era un ejército que cantaba. Luego llegaron los soldados norteamericanos vestidos de caqui, y ellos también cantaban. Detrás de sus cantos había una fe perdurable en la causa por la que luchaban. Al poco tiempo, los alemanes empezaron a dejar de cantar, y al hacerlo, la marea de la guerra empezó a volverse en su contra. Si no hubiera ninguna otra razón para recomendar la asistencia a un servicio religioso, excepto el efecto psicológico de cantar durante el oficio, sería motivo suficiente, ya que nadie puede unirse al canto de un himno hermoso sin sentirse mejor.

Durante muchos años, he observado que podía escribir con mayor eficacia después de haber asistido a un servicio con cantos. Comprueba lo que digo, para tu propia satisfacción, asistiendo a la iglesia el próximo domingo por la mañana y participando en la ceremonia cantando con todo el entusiasmo del que dispongas.

Durante la Primera Guerra Mundial ayudé a idear nuevas maneras y medios para acelerar la producción en las plantas industriales que se dedicaban a fabricar material armamentístico. Mediante una prueba real, en una fábrica en la que trabajaban 3.000 hombres y mujeres, la producción se incrementó en un cuarenta y cinco por ciento en menos de treinta días después de que hubiéramos organizado a los trabajadores en grupos de canto e instalado orquestas y bandas que tocaban en intervalos de diez minutos canciones tan emocionantes como «Over there», «Dixie» y «There'll Be a Hot Time in the Old Town Tonight». Los trabajadores cogían el ritmo de la música y aceleraban su trabajo de acuerdo con él.

Una música elegida adecuadamente estimularía a cualquier tipo de trabajador a aumentar la *acción*, y esto es algo que no parecen comprender quienes dirigen los esfuerzos de un gran número de personas.

En todos mis viajes, sólo he encontrado una empresa comercial cuyos directivos utilizasen la música como un estimulante para sus trabajadores. Se trata de la Filene Department Store, en Boston, Massachussets. Durante los meses de verano, esta tienda les proporciona una orquesta que interpreta lo último en música bailable durante una media hora antes de la hora de entrada, por la mañana. Los vendedores utilizan los pasillos de la tienda para bailar y, cuando finalmente se abren las puertas, se hallan en un estado mental y corporal *activo*, que los acompaña durante todo el día.

Por cierto, jamás he visto unos vendedores tan amables o eficientes como los empleados de la tienda Filene. Uno de los directores de departamento me dijo que, como consecuencia del programa musical de las mañanas, todas las personas de su sección ofrecían un mejor servicio y con menos esfuerzo.

Un ejército que canta es un ejército ganador, tanto en el campo de batalla, en la guerra, o detrás del mostrador en unos grandes almacenes. Hay un libro titulado *Singing Through Life With God* [Cantar a lo largo de la vida con Dios) de George Wharton James, que recomiendo a todas las personas interesadas en la psicología del canto.

Si yo fuera director de una planta industrial en la que el trabajo fuera pesado y monótono, implementaría algún tipo de programa musical para que todo trabajador tuviera música. En la parte baja de Broadway, en la ciudad de Nueva York, un ciudadano ingenioso de origen griego ha descubierto cómo entretener a sus clientes y, al mismo tiempo, acelerar el ritmo de trabajo de sus ayudantes con el uso de un fonógrafo. Allí, todos los muchachos siguen el ritmo de la música mientras pasan el trapo por los zapatos y, al parecer, se divierten mucho más con su trabajo al hacerlo. Lo único que tiene que hacer el propietario para acelerar el trabajo es incrementar la velocidad del fonógrafo.

Cualquier esfuerzo grupal en el que dos o más personas forman una alianza cooperativa con el propósito de realizar un claro objetivo, se torna más poderoso que el mero esfuerzo individual.

No lo sé a ciencia cierta, pero tengo la fuerte sospecha de que a la persona que presta un servicio mayor en cantidad y en calidad que el servicio para el que se le paga, le acabarán pagando más por lo que hace.

Un equipo de fútbol puede ganar continuamente si está bien coordinado, aunque sus miembros puedan ser poco amigables y no estar en armonía en muchos aspectos fuera de su trabajo en el campo de fútbol. Puede haber desacuerdo entre las personas que forman una junta directiva, pueden ser poco amistosas y no simpatizar unas con otras en absoluto, y aun así llevar un negocio que aparentemente es sumamente exitoso.

Un hombre y su esposa pueden vivir juntos, acumular una fortuna mediana o incluso grande, y criar y educar a unos hijos sin el vínculo de armonía que es esencial para el desarrollo de una «mente maestra». El mero esfuerzo cooperativo produce poder, de ello no cabe duda, pero el esfuerzo cooperativo que se basa en una armonía de propósito desarrolla un superpoder.

Si consigues que cada uno de los miembros de cualquier grupo cooperativo ponga su corazón en la realización de un mismo objetivo claro, en un espíritu de perfecta armonía, habrás preparado el terreno para el desarrollo de una «mente maestra», siempre y cuando todos ellos subordinen de buena gana sus propios intereses personales a dicho objetivo.

Los Estados Unidos de América se han convertido en una de las naciones más poderosas de la Tierra, principalmente debido al esfuerzo cooperativo altamente organizado de sus estados. Será útil recordar que nacieron como consecuencia de una de las mentes maestras más poderosas que se han creado jamás. Los miembros de esta «mente maestra» fueron los que firmaron la Declaración de Independencia.

Los hombres que firmaron dicho documento pusieron en funcionamiento, consciente o inconscientemente, el poder conocido como «mente maestra», y ese poder bastó para permitirles derrotar a todos los soldados que fueron enviados a combatir contra ellos. Los hombres que lucharon por hacer que la Declaración de Independencia perdurase no lo hicieron por dinero; lucharon por el principio de libertad, que es la fuerza motivadora más elevada.

Un gran líder, ya sea en los negocios, en las finanzas, en la industria o en el gobierno, es alguien que entiende cómo se crea un objetivo motivador que será aceptado con entusiasmo por cada uno de los miembros de su grupo de seguidores.

En política, ¡un «tema vivo» lo es todo! Con «tema vivo» me refiero a cualquier objetivo popular para cuya consecución se podría reunir a la mayoría de votantes. Estos «temas», por lo general, son lanzados en forma de eslóganes concisos, como «Quédate tranquilo con Coolidge», el cual sugería a las mentes de los votantes que quedarse con Coolidge equivalía a mantener la prosperidad. ¡Y funcionó!

Durante la campaña electoral de Lincoln, el grito era: «Respalda a Lincoln y conserva la Unión». Y funcionó. Los directores de la campaña de Woodrow Wilson, durante su segunda campaña, acuñaron el eslogan «Nos mantuvo fuera de la guerra», y funcionó.

El grado de poder creado por el esfuerzo cooperativo de cualquier grupo de personas siempre se mide por la naturaleza del tema que el grupo está intentando crear. Este tema pueden tenerlo presente provechosamente todos aquellos que organicen el esfuerzo grupal con cualquier propósito. Encuentra un tema en torno al cual se podría inducir a la gente a reunirse en un espíritu altamente emocional y entusiasta de perfecta armonía, y habrás encontrado el punto de partida para la creación de una «mente maestra».

Se sabe que las personas están dispuestas a trabajar más duro para la realización de un ideal de lo que lo harían por el mero dinero. Al buscar un «tema» como base para desarrollar un esfuerzo grupal cooperativo, habría que tener en cuenta esto.

En el momento en que escribo esta lección, hay una gran agitación adversa y una crítica general dirigidas contra los ferrocarriles del país.

Este autor ignora quién está detrás de esta agitación, pero lo que sí sabe es que el hecho de que exista podría, y debería, convertirse en la fuerza motivadora en torno a la cual los directivos ferroviarios podrían reunir a cientos de miles de empleados ferroviarios que se ganan la vida en los ferrocarriles, creando así un poder que podría eliminar eficazmente estas críticas adversas.

Los ferrocarriles son la espina dorsal del país. Si se paralizara todo el servicio, la gente de las grandes ciudades moriría de hambre antes de que los alimentos llegasen. En este hecho se podría encontrar un punto de encuentro para reunir a una gran mayoría del público a fin de apoyar cualquier plan de autoprotección que los directivos del ferrocarril quisieran llevar a cabo.

El poder que representan todos los empleados ferroviarios y una mayoría del público que utiliza los trenes es suficiente para proteger a los ferrocarriles de todo tipo de legislaciones adversas y de otros intentos de despreciar sus propiedades, pero el poder sólo es potencial hasta que es organizado y colocado definitivamente detrás de un motivo específico.

El ser humano es un animal extraño. Con un motivo energizado, un hombre de capacidad media, en circunstancias normales, desarrollará repentinamente un superpoder. Lo que el hombre puede hacer, y hará, para agradar a la mujer que ha elegido (siempre y cuando ella sepa cómo incitarlo a la acción) ha sido siempre motivo de asombro para quienes estudian la mente humana.

Hay tres fuerzas motivadoras importantes a las que el hombre responde en prácticamente todos sus esfuerzos. Son las siguientes:

1°. El motivo de su propia conservación.
2°. El motivo del contacto sexual.
3°. El motivo del poder económico y social.

Dicho de una forma más breve, los motivos principales que impelen al hombre a la acción son el dinero, el sexo y la autoconservación. Los líderes que buscan una fuerza motivadora con la que asegurarse la acción de sus seguidores podrían encontrarla bajo una, o más, de estas clasificaciones.

Como has observado, esta lección está estrechamente relacionada con la lección introductoria y con la segunda lección, que trata sobre la LEY DE LA «MENTE MAESTRA». Es posible que los grupos funcionen cooperativamente sin crear una «mente maestra», como ocurre, por ejemplo, cuando las personas cooperan únicamente por necesidad, sin un espíritu de armonía como base de sus esfuerzos. Este tipo de cooperación puede producir un poder considerable, pero nada comparado con lo que es posible cuando cada una de las personas que forman una alianza subordina sus propios intereses individuales y coordina todos sus esfuerzos con los de los demás miembros, en perfecta armonía.

La medida en que las personas pueden ser persuadidas para que cooperen en armonía depende de la fuerza motivadora que las impulse a la acción. La perfecta armonía como la que es esencial para crear una «mente maestra» puede conseguirse únicamente cuando la fuerza motivadora de un grupo es suficiente para hacer que cada uno de sus miembros olvide completamente sus propios intereses personales y trabaje para el bien del grupo, o para alcanzar algún objetivo idealista, caritativo o filantrópico.

Las tres principales fuerzas motivadoras de la humanidad han sido mencionadas aquí para orientar al líder que desee crear planes a fin de asegurarse la cooperación de los seguidores que estén dispuestos a lanzarse a la ejecución de sus planes con un espíritu desinteresado y de perfecta armonía.

La gente no se reunirá para apoyar a un líder con ese espíritu de armonía a menos que el motivo que la impulse a hacerlo las induzca a dejar de pensar en sí misma. Hacemos bien aquello que nos encanta hacer, y afortunado es el líder que tiene el buen juicio de tener esto presente y hacer sus planes de manera que a todos sus seguidores se les asigne un papel que esté en armonía con esta ley.

El líder que obtiene de sus seguidores todo lo que puede obtenerse lo hace porque ha puesto en la mente de cada uno de ellos un motivo lo bastante fuerte como para lograr que subordine sus propios intereses y trabaje en un perfecto espíritu de armonía con todos los demás miembros del grupo.

Seas quién seas, o sin importar cuál pueda ser tu *claro objetivo principal*, si planeas alcanzar el objeto de tu *objetivo principal* mediante el esfuerzo cooperativo de otras personas, debes colocar en sus mentes un motivo lo suficientemente importante para asegurarte su cooperación plena, íntegra y desinteresada, porque entonces estarás respaldando tus planes con el poder de la LEY DE LA «MENTE MAESTRA».

Tu puesto no es más que una oportunidad
para mostrar el tipo de habilidad que posees.
Obtendrás de él exactamente lo que pongas en él:
ni más ni menos. Un «gran» puesto no es más
que la suma total de numerosos
puestos «pequeños» bien ocupados.

Ahora estás preparado para asimilar la lección decimocuarta, que te enseñará a capitalizar todos los fallos, errores y fracasos que has experimentado, y también a beneficiarte de los errores y fracasos de los demás.

El director de uno de los grandes sistemas ferroviarios de Estados Unidos, después de leer la siguiente lección, dijo que «contiene una sugerencia que, si es tenida en cuenta y comprendida, permitirá que cualquier persona se convierta en un maestro en el trabajo que ha elegido en la vida». Por motivos que quedarán claros cuando hayas acabado de leerla, la próxima lección es la favorita del autor en este curso.

TU EJÉRCITO PERMANENTE
Una charla con el autor después de la lección

(Estos quince soldados son: CLARO OBJETIVO PRINCIPAL, SEGURIDAD EN UNO MISMO, HÁBITO DE AHORRAR, IMAGINACIÓN, INICIATIVA Y LIDERAZGO, ENTUSIASMO, AUTO-CONTROL, HACER MÁS QUE AQUELLO PARA LO QUE TE PAGAN, PERSONALIDAD AGRADABLE, PENSAMIENTO CORRECTO, CONCENTRACIÓN, COOPERACIÓN, FRACA-SO, TOLERANCIA y la REGLA DE ORO).

El poder proviene del esfuerzo organizado. En la ilustración de arriba puedes ver las fuerzas que intervienen en el esfuerzo organizado. Domina estas quince fuerzas y podrás tener cualquier cosa que desees en la vida, y los demás no podrán destruir tus planes. Haz tuyas estas quince fuerzas y serás un pensador correcto.

En la imagen que aparece en la parte superior de esta página se puede ver al ejército más poderoso que hay sobre la Tierra. Observa que el énfasis está puesto en la palabra PODEROSO.

Este ejército está firme, listo para hacer lo que cualquier persona le ordene. Es tu ejército, si te haces cargo de él. Te dará el poder suficiente para acabar con cualquier oposición con la que te encuentres. Estudia la ilustración detenidamente, haz inventario de ti mismo y averigua a cuántos de estos soldados necesitas.

* * *

Si eres una persona normal, anhelas el éxito material. El éxito y el PODER siempre van unidos. No puedes asegurarte el éxito a menos que tengas poder, y no puedes tener poder a menos que lo desarrolles mediante estas quince cualidades esenciales.

Cada una de estas quince cualidades podrían compararse con el comandante de un regimiento de soldados. Desarróllalas en tu propia mente y tendrás poder. El más importante de los comandantes de este ejército es el *claro objetivo*.

Sin la ayuda de un claro objetivo, el resto del ejército no te serviría. Averigua lo antes posible cuál será tu objetivo principal en la vida. Hasta que lo hayas hecho no serás más que un vagabundo, susceptible de ser controlado por cada viento de las circunstancias que sople en dirección a ti.

Millones de personas van por la vida sin saber lo que quieren. Todos tenemos un objetivo, pero sólo dos de cada cien tienen un objetivo claro. Antes de decidir si tu objetivo es claro, o si no lo es, busca el significado de la palabra en el diccionario.

¡Nada es imposible para la persona que sabe lo que quiere y está decidida a conseguirlo!

Colón tenía un claro objetivo y éste se hizo realidad. El principal claro objetivo de Lincoln era liberar a los esclavos negros del sur y lo convirtió en una realidad. El principal objetivo de Roosevelt, durante su primer mandato, era construir el canal de Panamá, y vivió para verlo hecho realidad. El claro objetivo de Henry Ford era fabricar el automóvil con el precio más popular del mundo. Dicho objetivo, respaldado persistentemente, lo convirtió en el hombre más poderoso sobre la planeta. El claro objetivo de Burbank era mejorar la vida de las plantas, y ya ha hecho posible que en dieciséis kilómetros cuadrados de tierra se produzca lo suficiente para alimentar al mundo entero.

Hace veinte años, Edwin C. Barnes formó un claro objetivo en su mente, que era convertirse en socio de Thomas A. Edison en los negocios. Cuando eligió este objetivo, el señor Barnes no tenía ninguna cualificación que le diera derecho a asociarse con el inventor más grande del mundo. A pesar de esta desventaja, se convirtió en socio del gran Edison. En 1923 se retiró de la actividad empresarial con más dinero del que necesita o puede gastar: una riqueza que acumuló en su asociación con Edison. *¡Nada es imposible para la persona que tiene un claro objetivo!* Las oportunidades, el capital, la cooperación de otras personas y todos los demás factores esenciales para el éxito, ¡gravitan hacia la persona que sabe lo que quiere! Vitaliza tu mente con un claro objetivo, y ésta se convertirá inmediatamente en un imán que atraerá todo aquello que armonice con ese objetivo.

James J. Hill, el gran constructor de ferrocarriles, era un operador de telégrafo mal pagado. Además, ya había llegado a la edad de cuarenta años y seguía dándole a la tecla del telégrafo sin ninguna apariencia exterior de éxito. ¡Entonces ocurrió algo importante! Importante para Hill y para el pueblo de Estados Unidos. Hill creó el claro objetivo de construir un ferrocarril que atravesara el inmenso desierto del Oeste. Sin tener una reputación, un capital o el apoyo de otras personas, James J. Hill consiguió el dinero y construyó el mayor sistema ferroviario del país.

Woolworth era un dependiente mal pagado en una tienda. En el ojo de su mente, vio una cadena de tiendas de novedades especializadas en artículos de cinco y diez centavos. Esa cadena de tiendas se convirtió en su claro objetivo. Lo hizo realidad y le hizo ganar más millones de los que podía llegar a gastar.

Cyrus H. K. Curtis eligió como su claro objetivo la publicación de la mejor revista del mundo. Empezando sin tener nada, excepto el nombre de *Saturday Evening Post*, y con la oposición de amigos y consejeros que le decían que «eso no se podía hacer», convirtió su objetivo en una realidad.

Martín W. Littleton llegó a ser el abogado mejor pagado del mundo y no aceptaba ningún anticipo menor de 50.000 dólares. Con doce años, jamás había entrado en una escuela. Fue a ver a un abogado defender a un asesino. Aquel discurso le impresionó de tal manera que tiró fuertemente de la mano de su padre y le dijo: «Algún día seré el mejor abogado de Estados Unidos y haré discursos como los de ese hombre».

«Qué suerte para un joven ignorante de las montañas, haberse convertido en un gran abogado», dirían algunos, pero recuerda que nada es imposible para la persona que sabe lo que quiere y está decidida a conseguirlo.

* * *

Estudia a cada uno de los quince soldados que aparecen al mando del ejército en la ilustración que está al principio de este apartado. Al contemplar la imagen, recuerda que ninguno de ellos tiene el poder suficiente para asegurar el éxito. Elimina a cualquiera de ellos y todo el ejército se verá debilitado.

La persona poderosa es aquella que ha desarrollado, en su propia mente, las quince cualidades representadas por los quince comandantes que aparecen en la ilustración. Para lograr tener poder, debes tener un *claro objetivo*, debes tener una *seguridad en ti mismo* que lo respalde, debes tener *iniciativa* y *liderazgo* para ejercitar tu *seguridad* en ti mismo, debes tener *imaginación* para crear tu claro objetivo y para diseñar los planes con los que lo convertirás en realidad y los llevarás a la acción. Debes mezclar *entusiasmo* con la acción, pues de lo contrario ésta será insípida y carente de «emoción». Debes ejercitar el *autocontrol*. Debes adquirir el *hábito de hacer más que aquello para lo que te pagan*. Debes cultivar una *personalidad agradable*. Debes adquirir el *hábito de ahorrar*. Debes convertirte en un *pensador correcto* recordando que, al desarrollar esta cualidad, ese pensamiento correcto se basará en hechos y no en lo que han dicho otras personas, ni en la mera información. Debes adquirir el hábito de la *concentración*, poniendo atención exclusivamente en una tarea a la vez. Debes adquirir el hábito de la *cooperación* y practicarla en todo tus planes. Debes beneficiarte del *fracaso*: tanto del tuyo como del de los demás. Debes cultivar el hábito de la *tolerancia*. Y por último (y no por ello menos importante), debes hacer que la *regla de oro* sea la base de todo lo que hagas que afecte a otras personas.

Pon esta ilustración en algún lugar donde puedas verla todos los días y llama a esos quince soldados, uno a uno, para que salgan de la fila, y luego estúdialos. Asegúrate de que el equivalente de cada uno de ellos se desarrolle en tu propia mente.

¡Todos los ejércitos eficientes son muy disciplinados! El ejército que estás creando en tu propia mente también debe serlo. Tiene que obedecer tus órdenes a cada paso.

Cuando llames fuera de fila al soldado decimotercero, el «FRACASO», recuerda que nada hará tanto por desarrollar la disciplina como el fracaso y la derrota temporal. Mientras estás comparándote con este soldado, determina si te has estado beneficiando de tus propios fracasos y derrotas temporales.

En un momento u otro, el fracaso nos llega a todos. Cuando te llegue, asegúrate de aprender algo valioso de su visita. Ten por seguro, además, que no te visitaría si no hubiera lugar para él en tu forma de ser.

Para comenzar a progresar en este mundo debes apoyarte únicamente en las fuerzas que están dentro de tu propia mente. Una vez que has comenzado, debes recurrir a otras personas en busca de asistencia, pero el primer paso debes darlo sin ayuda exterior.

Cuando hayas hecho este «inicio», te sorprenderás al ver cuántas personas encuentras que se ofrecen a ayudarte de buena gana.

El éxito está formado por muchos hechos y factores, principalmente por las quince cualidades representadas por estos quince soldados. Para disfrutar de un éxito bien equilibrado y completo, uno debe apropiarse de tanto o de tan poco de esas quince cualidades como le falte en sus propias habilidades heredadas.

Cuando llegaste a este mundo estabas dotado de ciertas características innatas, resultado de millones de años de cambios evolutivos, a través de miles de generaciones de antepasados. Además de estas características innatas, adquiriste muchas otras cualidades de acuerdo con la naturaleza de tu entorno y las enseñanzas que recibiste durante los primeros años de tu infancia. Eres la suma total de lo que nació en ti y lo que obtuviste de tus experiencias, de lo que has pensado y de lo que te han enseñado desde tu nacimiento. Por la ley de las oportunidades, una persona en un millón recibirá, por herencia innata y por los conocimientos adquiridos después de nacer, las quince cualidades representadas en la ilustración. Las que no han tenido la fortuna de haber adquirido los factores esenciales para el éxito deben desarrollarlos en su interior.

El primer paso en este proceso de «desarrollo» es darte cuenta de qué cualidades faltan en el equipamiento que has adquirido de una forma natural. El segundo paso es tener un deseo profundamente arraigado de desarrollar el aspecto en que ahora eres deficiente.

La oración funciona en algunas ocasiones, pero en otras no. Siempre funciona cuando está respaldada por una FE incondicional. Ésta es una verdad que nadie puede negar pero, sin embargo, también es una verdad que nadie puede explicar. Lo único que sabemos es que la oración funciona cuando creemos que funcionará. La oración sin FE no es nada más que una serie de palabras vacías.

Un claro objetivo puede convertirse en realidad únicamente si uno cree que eso puede ocurrir. Quizá la misma ley que convierte en realidad a la oración basada en la fe convierte también en realidad el claro objetivo que está fundado en la convicción. No te hará ningún daño hacer que tu claro objetivo sea el objeto de tu oración diaria. Y cuando reces, recuerda que la oración que se basa en la fe siempre funciona.

Desarrolla en tu propia mente estas quince cualidades, desde el claro propósito hasta la regla de oro, y descubrirás que la aplicación de la fe no es difícil. Haz inventario de ti mismo. Averigua cuántas de esas quince cualidades posees actualmente. Añade a este inventario las cualidades que te faltan, hasta que las tengas todas en tu mente. Entonces estarás preparado para medir tu éxito en los términos que tú desees.

«Todos los mundos existen para ser conquistados

y gobernados por el hombre. Ésa es la gloria de su vida.

Mas ésta es su ley de acero: primero se ha de instruir.

Aquí empieza y acaba toda lucha.»

Las cualidades representadas por los quince soldados que aparecen en la ilustración son los ladrillos, el mortero y el material de construcción con los que construirás tu TEMPLO DEL ÉXITO. Domina esas quince cualidades y podrás tocar una perfecta sinfonía del éxito en cualquier cosa que hagas, del mismo modo que alguien que ha dominado los fundamentos de la música puede tocar cualquier pieza que tenga a la vista.

Haz tuyas esas quince cualidades y serás una persona cultivada, porque tendrás la capacidad de conseguir cualquier cosa que desees en la vida sin vulnerar los derechos de los demás.

LAS LEYES DEL ÉXITO

Decimocuarta lección

EL FRACASO

«¡Puedes hacerlo si crees que puedes!»

En circunstancias normales, el término «fracaso» es un término negativo. En esta lección se le dará un nuevo significado a esta palabra, porque ha sido muy mal utilizada y, por ese motivo, ha supuesto un pesar y un infortunio innecesarios para millones de personas.

Para empezar, diferenciemos el «fracaso» de la «derrota temporal». Veamos si aquello que a menudo se considera un «fracaso» no es, en realidad, una «derrota temporal». Veamos, también, si esa derrota temporal no es, con frecuencia, una bendición disfrazada, pues nos sacude y redirige nuestras energías por unas vías distintas y más deseables.

En la novena lección de este curso aprendimos que la fuerza surge de la resistencia y en esta lección aprenderemos que un carácter sólido suele ser obra de los reveses, los contratiempos y las derrotas personales a los que la parte desinformada del mundo llama «fracasos».

Ninguna derrota temporal o adversidad equivale a un fracaso en la mente de la persona que la considera una maestra que le impartirá alguna lección necesaria. De hecho, en todo revés y en toda derrota hay una gran lección duradera, y suele ser una lección que no podría aprenderse de ninguna otra manera.

La derrota suele hablarnos en un «lenguaje mudo» que no comprendemos. Si esto no fuera así, no cometeríamos los mismos errores una y otra vez, sin beneficiarnos de las lecciones que podrían enseñarnos. Si esto no fuera cierto, veríamos más de cerca los errores que cometen otras personas y nos beneficiaríamos de ellos. El principal objeto de esta lección es ayudar al estudiante a comprender este «lenguaje mudo» con el que nos habla la derrota y a beneficiarnos de él.

El ayer es sólo un sueño, el mañana es sólo una visión.

Pero el presente bien vivido hace que cada ayer

sea un sueño de felicidad y cada mañana una visión de

esperanza. Por lo tanto, ocúpate bien de este día.

DEL SÁNSCRITO

Quizá la mejor manera de ayudarte a interpretar el significado de la derrota sea relatándote algunas de mis propias experiencias durante un período de aproximadamente treinta años. Dentro de ese período me he visto, en siete ocasiones, en esa coyuntura crítica que los que no están informados llaman «fracaso». En cada una de esas coyunturas críticas pensé que había tenido un fracaso catastrófico, pero ahora sé que lo que parecía ser un fracaso no era más que una mano amable, invisible, que me detenía en el rumbo que yo había elegido y, con gran sabiduría, me obligaba a redirigir mis esfuerzos por caminos más ventajosos.

Sin embargo, llegué a esta conclusión sólo después de haber visto mis experiencias en retrospectiva y de haberlas analizado bajo la luz de muchos años de pensamiento juicioso y meditativo.

La primera coyuntura crítica

Tras acabar un curso en una escuela de comercio, me aseguré un puesto como taquígrafo y contable que conservé durante los cinco años siguientes. Como consecuencia de haber practicado el hábito de realizar un trabajo mayor y mejor que aquel para el que me pagaban, como se describe en la novena lección de este curso, progresé rápidamente hasta asumir responsabilidades y recibir un salario que estaba absolutamente fuera de proporción con mi edad. Ahorré dinero y mi cuenta bancaria ascendía a varios miles de dólares. Mi reputación se extendió y me encontré conque personas competitivas pujaban por mis servicios.

Para hacer frente a estas ofertas de la competencia, mi jefe me ascendió al puesto de director general de las minas para las que trabajaba. Rápidamente, estaba llegando a la cima del mundo ¡y lo sabía! ¡Ay! Pero ésa era la parte triste de mi suerte: ¡lo sabía!

Entonces, la bondadosa mano del destino me tocó y me dio un ligero codazo. Mi jefe perdió su fortuna y yo perdí mi puesto. Ésa fue mi primera verdadera derrota y, aunque me llegó como consecuencia de unas causas que estaban fuera de mi control, debí de haber aprendido una lección, lo cual, por supuesto, hice, pero muchos años más tarde.

La segunda coyuntura crítica

Mi siguiente puesto fue el de director de ventas para una gran empresa maderera en el sur. Yo no tenía ningún conocimiento sobre la madera y entendía poco de la dirección de ventas, pero había aprendido que era provechoso prestar un servicio mayor que aquel para el que te pagan, y también que valía la pena tomar la iniciativa y averiguar qué debía hacerse sin que alguien te lo tuviera que decir. Una cuenta bancaria de unas buenas dimensiones, además de un historial de progreso continuo en mi puesto anterior, me proporcionaron toda la seguridad en mí mismo que necesitaba, quizá un poco en exceso.

Mi progreso fue rápido y me aumentaron el sueldo en dos ocasiones durante el primer año. Me fue tan bien en la dirección de ventas que mi jefe me hizo socio. Empezamos a hacer dinero ¡y yo empecé a verme *otra vez en la cima del mundo!*

Estar «en la cima del mundo» te da una sensación maravillosa, pero es un lugar muy peligroso para estar, a menos que uno se mantenga en pie muy firmemente, porque la caída es muy larga y dura si uno da un traspié.

¡Yo estaba teniendo éxito a grandes saltos! Hasta ese momento, nunca se me había ocurrido que el *éxito* pudiera medirse en otros términos que no fueran el dinero y la autoridad. Quizá esto se debiera al hecho de que yo tenía más dinero del que necesitaba y más autoridad de la que podía manejar sin peligro a esa edad.

No sólo estaba teniendo «éxito», desde mi punto de vista, sino que sabía que me estaba dedicando al único negocio que encajaba con mi temperamento. Nada podría haberme persuadido de cambiar de ocupación. Es decir: nada, excepto lo que ocurrió, lo cual me *obligó* a cambiar.

La mano invisible del destino me permitió pavonearme bajo la influencia de mi propia vanidad hasta que empecé a sentir mi importancia. A la luz de mis años más juiciosos, ahora me pregunto si esa mano invisible no permite intencionadamente que nosotros, necios seres humanos, nos paseemos delante de nuestros propios espejos de vanidad hasta que lleguemos a ver la forma tan vulgar en que estamos actuando y nos avergoncemos. En cualquier caso, yo parecía tener el camino despejado ante mí, había abundancia de carbón en la carbonera, había agua en el tanque, mi mano estaba en el regulador: lo abrí completamente y avancé a toda velocidad.

¡Ay de mí! El destino me esperaba a la vuelta de la esquina, con una porra rellena, pero no precisamente de algodón. Cierta-mente, no vi la ruina inminente hasta que llegó. Mi historia fue triste, pero no muy distinta a la que podrían contar muchas otras personas si fueran francas consigo mismas.

Como un rayo proveniente de un cielo despejado, el pánico de 1907 cayó sobre mí. Y, de la noche a la mañana, me hizo un favor permanente destruyendo mi negocio y quitándome cada dólar que poseía. Ésa fue mi primera *derrota* seria. En ese momento la confundí, erróneamente, con un fracaso, pero no lo fue, y antes de acabar esta lección te diré por qué.

La tercera coyuntura crítica

Hicieron falta el pánico de 1907 y la derrota que trajo consigo para mí, para que yo desviara y redirigiera mis esfuerzos del negocio de la madera hacia los estudios de derecho. Nada en este mundo, excepto la derrota, podía haber producido ese resultado. Por lo tanto, la tercera coyuntura crítica de mi vida llegó sobre las alas de lo que la mayoría de la gente llamaría «fracaso», lo cual me recuerda que debo decir, una vez más, que toda derrota enseña una lección necesaria a quienes están preparados y dispuestos a aprender.

Uno de los más grandes líderes que ha existido
jamás expresó el secreto de su liderazgo
con las siguientes palabras:
«La amabilidad es más poderosa que la coacción».

Cuando entré en la facultad de derecho, lo hice con la firme convicción de que saldría doblemente preparado para llegar al final del arco iris y reclamar mi recipiente lleno de oro, pues mi único concepto del éxito seguía siendo el de dinero y poder.

Asistía a la facultad de derecho por las noches y trabajaba como vendedor de automóviles durante el día. Saqué buen provecho de mi experiencia en el negocio maderero. Prosperé rápidamente y me fue tan bien (seguía presentando el hábito de prestar un servicio mejor y mayor que aquel para el que me pagaban) que me llegó la oportunidad de entrar en el negocio de fabricación de automóviles. Vi la necesidad de mecánicos de coches con una formación y, por lo tanto, abrí un departamento educativo en la fábrica y comencé a instruir a mecánicos corrientes en el montaje y reparación de automóviles. La escuela prosperó y me hizo ganar más de mil dólares mensuales en beneficios netos.

Una vez más, estaba empezando a acercarme al final del arco iris. Una vez más, sabía que por fin había encontrado mi sitio en el mundo laboral, que nada podía desviarme de mi rumbo o desviar mi atención del negocio automovilístico.

Mi banquero sabía que yo estaba prosperando, de modo que me prestó dinero para ampliar el negocio. Una característica peculiar de los banqueros, que puede estar más o menos desarrollada en el resto de los mortales, es que te prestan dinero sin vacilar ¡cuando saben que eres *próspero!* Mi banquero me prestó dinero hasta que llegué a estar excesivamente endeudado. Entonces él se hizo cargo de mi negocio con la misma tranquilidad que hubiera tenido si fuera suyo, ¡y lo era!

Desde la situación de un hombre de negocios que disfruta de unos ingresos de más de mil dólares mensuales, súbitamente me vi reducido a la pobreza. Ahora, veinte años más tarde, doy gracias a la mano del destino por haber forzado este cambio, pero en ese momento no lo veía más que como un *fracaso.*

El final del arco iris había desaparecido, y con él el proverbial recipiente lleno de oro que se supone que se encuentra allí. Esta actitud temporal de cuestionamiento no llegó a ser una rebelión abierta, ni continué manteniéndola hasta obtener una respuesta. Llegó simplemente como un pensamiento fugaz, como lo hacen muchos otros pensamientos a los que no prestamos atención, y salió de mi mente. Si hubiese sabido entonces lo que sé ahora sobre la LEY DE LA COMPENSACIÓN y si hubiese sido más capaz de interpretar las experiencias como puedo hacerlo ahora, habría reconocido ese acontecimiento como un suave toque de la mano del destino.

Después de librar la batalla más dura de mi vida hasta ese momento, acepté mi derrota temporal como un *fracaso,* y así se inició mi cuarta coyuntura crítica, la cual me dio la oportunidad de poner en práctica el conocimiento de la ley que había adquirido.

La cuarta coyuntura crítica

Puesto que la familia de mi mujer era influyente, conseguí un puesto como ayudante del abogado principal de una de las empresas más grandes del mundo de la industria del carbón. Mi sueldo estaba absolutamente fuera de proporción con lo que se suele pagar a los principiantes y todavía más fuera de proporción con lo que yo valía, pero el «enchufe» es el «enchufe», y yo seguía estando allí a pesar de todo. Ocurría que lo que me faltaba en cuanto a habilidades legales lo compensaba con creces con la aplicación del principio de hacer más que aquello para lo que me pagaban, y tomando la iniciativa y haciendo lo que debía hacerse sin que me lo tuvieran que decir.

Mantenía mi puesto sin ninguna dificultad. Prácticamente habría conseguido un lugar agradable en la vida, si me hubiera preocupado de mantenerlo. Sin consultar con mis amigos y sin previo aviso, ¡renuncié!

Ésta fue la primera coyuntura crítica elegida por mí. Nadie me obligó. Vi al viejo destino llegar y lo eché a patadas. Cuando me presionaron para que dijera el motivo de mi renuncia, di uno que me pareció muy razonable, pero me costó convencer al círculo familiar de que había actuado sabiamente.

Dejé aquel puesto porque el trabajo era demasiado fácil y lo estaba haciendo con demasiado poco esfuerzo. Me vi siendo arrastrado hacia el hábito de la inercia. Sentía que me estaba acostumbrando a tomarme la vida con facilidad y sabía que el siguiente paso sería el retroceso. Tenía tantos amigos en los tribunales que no tenía ninguna necesidad de seguir haciendo progresos. Me encontraba entre amigos y parientes y tenía un puesto que podía conservar siempre que lo quisiera, sin esforzarme. Recibía unos ingresos que cubrían todas mis necesidades básicas y me proporcionaban algunos lujos, incluyendo un coche y la gasolina suficiente para mantenerlo en funcionamiento. ¿Qué más podía necesitar? «Nada», estaba empezando a decirme a mí mismo.

Ésta era la actitud en la que sentía que estaba cayendo. Era una actitud que, por alguna razón que todavía desconozco, me asustaba tanto que renuncié, algo que muchos consideraron irracional. Por muy ignorante que yo pudiera ser en otras materias en aquella época, desde entonces me he sentido muy agradecido por haber tenido el suficiente juicio para darme cuenta de que la fortaleza y el crecimiento sólo llegan con el esfuerzo y la *lucha* continuos, y que el desuso produce atrofia y decadencia.

Este paso resultó ser la siguiente coyuntura crítica más importante de mi vida, aunque fue seguida de diez años de esfuerzo que trajeron prácticamente todos los pesares concebibles que un ser humano puede experimentar. Dejé mi empleo en el campo legal, en el que me iba bien, codeándome con amigos y parientes, y en el que tenía lo que ellos consideraban un futuro especialmente brillante y prometedor por delante. Debo admitir, francamente, que no deja de asombrarme por qué y cómo reuní el valor para dar ese paso. Por lo que puedo interpretar de ese hecho, lo que me hizo tomar la decisión de renunciar fue más un «pálpito» o una especie de «impulso», que entonces no comprendí, que un razonamiento lógico.

Elegí Chicago como mi nuevo campo de acción. Lo hice porque creía que era un lugar donde uno podía averiguar si poseía esas importantes cualidades que son tan esenciales para la supervivencia en un mundo tan competitivo. Decidí que, si podía obtener reconocimiento en un trabajo honorable en Chicago, me demostraría que estaba hecho del tipo de material que puede convertirse en una verdadera habilidad. Era un proceso de razonamiento un tanto extraño; al menos, era un proceso insólito para mí en aquella época, lo cual me recuerda que debo decir que, a menudo, los seres humanos nos atribuimos un mérito de inteligencia al que no tenemos derecho. Me temo que, con demasiada frecuencia, nos enorgullecemos de una sabiduría y unos resultados que provienen de unas causas sobre las que no tenemos absolutamente ningún control.

Aunque no quiero dar la impresión de que creo que todos nuestros actos están controlados por unas causas que no podemos dirigir, te recomiendo encarecidamente que estudies e interpretes correctamente las causas que marcaron las coyunturas críticas más importantes de tu vida; los momentos en los que tus esfuerzos se desviaron (de los viejos canales a unos nuevos) a pesar de todo lo que pudieras hacer. Al menos, abstente de aceptar cualquier derrota como un fracaso hasta que hayas tenido tiempo para analizar el resultado final.

Mi primer puesto en Chicago fue el de director de publicidad de una gran escuela por correspondencia. Sabía muy poco de publicidad, pero mi experiencia previa como vendedor, además de la ventaja obtenida al brindar un servicio mayor que aquel por el que me pagaban, me permitieron tener una actuación notable.

El primer año, gané 5.200 dólares. Estaba «volviendo» a grandes saltos. Gradualmente, el final del arco iris empezó a rondarme y, una vez más, vi el recipiente brillante lleno de oro casi a mi alcance. La historia está llena de evidencias de que normalmente una fiesta precede a una hambruna. Yo estaba disfrutando de una fiesta, pero no esperaba la hambruna que había de venir. Las cosas me iban tan bien, que estaba absolutamente satisfecho de mí mismo.

Cuando las cosas se vuelvan en tu contra,

recuerda esto: de todas las expresiones

que llevas en tu rostro, la luz de la alegría

es la que más brilla, llegando hasta el mar.

La satisfacción con uno mismo es un estado mental sumamente peligroso. Ésta es una gran verdad que muchas personas no conocen hasta que la reblandecedora mano del tiempo ha descansado sobre sus hombros durante la mayor parte sus vidas. Algunas no lo aprenden nunca y las que lo hacen son las que finalmente comienzan a entender el «lenguaje mudo» de la derrota.

Estoy convencido de que uno tiene pocos enemigos peligrosos que combatir (si es que tiene alguno), excepto el de la satisfacción con uno mismo. Personalmente, le temo más que a la derrota. Esto me lleva a mi quinta coyuntura crítica, la cual también fue elegida por mí.

La quinta coyuntura crítica

Tenía un historial tan bueno como director de ventas de la escuela por correspondencia, que el director me convenció de que renunciara a mi puesto y entrara en el negocio de fabricación de dulces con él. Organizamos la Betsy Ross Candy Company y me convertí en su primer director, iniciando así la siguiente coyuntura crítica más importante de mi vida.

El negocio crecía rápidamente, hasta que llegamos a tener una cadena de tiendas en dieciocho ciudades distintas. Una vez más, vi que el final del arco iris estaba prácticamente a mi alcance. Sabía que finalmente había encontrado el negocio al que quería dedicarme durante el resto de mi vida. El negocio de los dulces era lucrativo y, puesto que para mí el dinero era la única prueba del éxito, naturalmente creía que estaba a punto de conseguirlo.

Todo iba de maravilla, hasta que mi socio y un tercer hombre al que habíamos incorporado al negocio tuvieron la idea de obtener el control de mis acciones en el negocio sin pagar por ellas.

Su plan tuvo éxito, en cierto modo, pero yo ofrecí más resistencia de la que ellos se esperaban. Por lo tanto, con el propósito de «persuadirme amablemente», me hicieron arrestar con una acusación falsa y luego se ofrecieron a retirar los cargos con la condición de que yo les cediera mi participación en el negocio.

Por primera vez, había comenzado a aprender que hay mucha crueldad, injusticia y deshonestidad en los corazones de los hombres.

Cuando llegó el momento de la vista preliminar, los demandantes no aparecían por ninguna parte. Pero los mandé buscar y los obligué a subir a la tribuna de los testigos y contar su historia, lo cual tuvo como resultado mi vindicación y un pleito por daños y perjuicios contra los autores de esta injusticia.

Este incidente abrió una brecha irreparable entre mis socios y yo, la cual acabó costándome mi participación en el negocio, pero eso era nimio comparado con lo que les costó a ellos, pues todavía están pagando y, sin duda, continuarán haciéndolo mientras vivan.

Mi pleito por daños y perjuicios se presentó como una acción «por agravios», en la cual se entabló una demanda por daños intencionados a la persona. En Illinois, donde tuvo lugar el proceso, la sentencia por una acción por agravios le otorga al demandante el derecho a hacer que el acusado sea ingresado en prisión hasta que la suma de dinero se haya acabado de pagar. En su debido tiempo, conseguí una dura sentencia contra mis antiguos socios. *Entonces podría haberlos puesto tras las rejas.*

Por primera vez en mi vida, tuve frente a mí la oportunidad de devolverles el golpe a mis enemigos de una forma que les dolería. Tenía un arma con «dientes»; un arma que ellos mismos habían puesto allí. El sentimiento que me invadió fue muy extraño.

¿Haría encarcelar a mis enemigos, o aprovecharía esta oportunidad para ser compasivo con ellos, demostrándome así, a mí mismo que estaba hecho de un material distinto?

En ese momento se establecieron, en mi corazón, los cimientos sobre los que está edificada la decimosexta lección de este curso, pues decidí permitir que mis enemigos fuesen libres: tan libres como podían ser gracias a mi compasión y mi perdón.

Pero mucho antes de llegar a esta decisión, la mano del destino había comenzado a tratar duramente a estos hombres que habían intentado, en vano, destruirme. El tiempo, el maestro trabajador, al que tarde o temprano debemos rendirnos todos, ya había estado ocupándose de mis antiguos socios, y los había tratado con menos piedad que yo. Uno de ellos fue sentenciado, más adelante, a una larga condena en prisión por otro delito que había cometido contra otra persona y el otro, mientras tanto, había caído en la pobreza.

Podemos burlar las leyes que los hombres colocan en los códigos de leyes, pero a la LEY DE LA COMPENSACIÓN, ¡jamás!

La sentencia que conseguí contra estos hombres se encuentra en los registros del Tribunal Superior de Chicago como una prueba silenciosa de mi carácter, pero también me sirve de otra manera que es aún más importante: me sirve como recordatorio de que fui capaz de perdonar a unos enemigos que habían intentado destruirme. Y por ese motivo sospecho que aquel incidente, en lugar de destruir mi carácter, lo fortaleció.

En aquella época, ser arrestado me parecía una terrible desgracia, aunque la acusación fuese falsa. No disfruté de la experiencia y no me gustaría tener que volver a pasar por una experiencia similar, pero debo admitir que bien valió todo el dolor que me causó, porque me dio la oportunidad de descubrir que la venganza no formaba parte de mi naturaleza.

Aquí quisiera dirigir tu atención hacia un análisis detenido de los hechos descritos en esta lección pues, si observas cuidadosamente, verás que todo este curso se ha desarrollado a partir de ellos. Cada derrota temporal dejó su marca en mi corazón y me proporcionó parte del material con el que he construido este curso.

Si observásemos, en las biografías de personas importantes, que prácticamente todas ellas fueron juzgadas duramente y pasaron por unas experiencias despiadadas antes de «llegar», dejaríamos de temer las experiencias difíciles, o de huir de ellas. Esto hace que me pregunte si la mano del destino no pone a prueba «el metal del que estamos hechos» de varias y diversas maneras antes de colocar grandes responsabilidades sobre nuestros hombros.

Antes de pasar a la siguiente coyuntura crítica de mi vida, ahora quisiera te fijaras en el hecho significativo de que cada una de ellas me acercaba más y más al final del arco iris y me aportaba algunos conocimientos útiles que más tarde se convirtieron en una parte permanente de mi filosofía de vida.

La sexta coyuntura crítica

Ahora llegamos a la coyuntura crítica que probablemente me acercó más al final del arco iris que cualquiera de las otras, porque me colocó en una posición en la que me vi en la necesidad de hacer uso de todos los conocimientos que había adquirido hasta entonces en relación con prácticamente todos los temas con los que estaba familiarizado, y me dio una oportunidad de expresarme y desarrollarme que rara vez tiene un hombre tan pronto en su vida. Esta coyuntura llegó poco después de que mis sueños de éxito en el negocio de los dulces se hubieran destrozado, cuando dirigí mis esfuerzos a enseñar publicidad y el arte de vender en un departamento de una de las escuelas superiores del medio oeste.

Algún sabio filósofo dijo que nunca aprendemos tanto sobre un determinado tema como cuando empezamos a enseñarlo a los demás. Mi primera experiencia como profesor me demostró que esto era cierto. La escuela prosperó desde el principio. Yo tenía una clase como profesor interno y también enseñaba en una escuela por correspondencia a estudiantes de prácticamente todos los países de habla inglesa. A pesar de los estragos de la guerra, la escuela estaba creciendo rápidamente y, una vez más, empecé a ver el final del arco iris.

Entonces llegó la segunda llamada a filas del ejército, lo cual prácticamente acabó con mi escuela, pues se llevó a la mayoría de los que se inscribieron como estudiantes. De un solo golpe, perdí más de 75.000 dólares en cuotas de inscripción y, al mismo tiempo, presté mi propio servicio a mi país. Una vez más, ¡estaba sin un centavo!

> Es mucho mejor estar asociado a unas pocas personas que están en lo cierto, que con una multitud que está equivocada porque, al final, la verdad siempre triunfa.

Desafortunada es la persona que nunca ha experimentado la emoción de estar sin un centavo alguna vez, porque, como dijo Edward Bok con razón, la pobreza es la experiencia más rica que puede tener un hombre (una experiencia que, no obstante, nos recomienda que dejemos atrás lo antes posible).

Una vez más, me vi obligado a redirigir mis esfuerzos, pero antes de proceder a describir la siguiente, y más importante, coyuntura crítica, me gustaría que te fijaras en el hecho de que ninguno de los acontecimientos narrados hasta el momento tiene, en sí mismo, una importancia práctica. Las seis coyunturas críticas que he descrito brevemente no significaron nada para mí individualmente y no significarán nada para ti si las analizas individualmente. Pero toma estos hechos colectivamente y entonces formarán una base sumamente importante para la siguiente coyuntura crítica y constituirán una prueba fiable de que los seres humanos estamos experimentando continuamente cambios evolutivos como resultado de las experiencias de vida que tenemos, aunque aparentemente ninguna experiencia por sí sola contiene una lección clara y útil.

Me siento impulsado a extenderme en lo que estoy intentando dejar claro aquí, porque ahora he llegado a ese punto en mi carrera en que uno cae en una derrota permanente o se eleva, con energías renovadas, hacia unas alturas de éxito de magníficas proporciones, dependiendo de cómo interprete sus experiencias del pasado y las utilice como base para desarrollar planes. Si mi historia acabara aquí, no te serviría de nada, pero hay otro capítulo, mucho más significativo, que todavía está por escribirse, que habla de la séptima coyuntura crítica de mi vida, y la más importante.

A lo largo de toda mi descripción de las seis coyunturas ya narradas, te debe de haber resultado evidente que yo todavía no había encontrado mi lugar en el mundo. Debe de ser obvio para ti que la mayoría, o todas, mis derrotas temporales se debieron principalmente al hecho de que todavía no había encontrado el trabajo en el que podía poner el corazón y el alma. Encontrar el trabajo que encaja mejor con uno y que a uno le gusta más se asemeja mucho a encontrar a la persona que uno ama más: no hay ninguna regla para realizar la búsqueda, pero cuando uno encuentra el puesto adecuado, lo reconoce inmediatamente.

La séptima coyuntura crítica

Antes de acabar, describiré las lecciones colectivas que aprendí de cada una de las coyunturas críticas de mi vida, pero primero permíteme que describa la séptima, y la última. Para hacerlo, debo remontarme a aquel día lleno de acontecimientos: ¡El once de noviembre de mil novecientos dieciocho!

Como todo el mundo sabe, ése fue el día del armisticio. Ya he explicado que la guerra me había dejado sin un centavo, pero yo estaba feliz de saber que la matanza había cesado y que, una vez más, la razón estaba a punto de rescatar a la civilización.

De pie junto a la ventana de mi oficina, mientras contemplaba a la muchedumbre clamorosa que celebraba el final de la guerra, mi mente regresó a mi pasado, especialmente a ese importante día en que aquel amable anciano había puesto su mano sobre mi hombro y me había dicho que si yo adquiría una educación, podía dejar mi marca en el mundo: había estado adquiriéndola sin saberlo. Durante un período de más de veinte años, había estado asistiendo a la universidad de los golpes duros, como habrás podido observar por mi descripción de las diversas coyunturas críticas de mi vida. Mientras estaba de pie junto a la ventana, todo mi pasado desfiló delante de mí, con sus partes amargas y sus partes dulces, sus subidas y bajadas.

¡Había llegado el momento de dar otro giro! Me senté delante de mi máquina de escribir y, para mi asombro, mis manos comenzaron a interpretar una melodía regular en el teclado. Nunca antes había escrito con tanta rapidez, o con tanta facilidad. No había planeado, ni pensado, lo que estaba escribiendo: *¡simplemente escribía lo que me venía a la mente!*

Inconscientemente, estaba poniendo los cimientos de la coyuntura más importante de mi vida porque, cuando hube terminado, tenía un documento con el cual financié una revista nacional que me puso en contacto con personas de todo el mundo de habla inglesa. Tan enormemente influyó dicho documento en mi propia carrera y en las vidas de decenas de miles de personas, que creo que interesará a los estudiantes de este curso. Por lo tanto, voy a reproducirlo, tal como apareció en la revista *Hill's Golden Rule*, donde fue publicado por primera vez, tal como sigue:

UNA CHARLA PERSONAL CON EL DIRECTOR

Estoy escribiendo esto el lunes once de noviembre de 1918. Este día pasará a la historia como el día festivo más maravilloso.

En la calle, junto a la ventana de mi oficina, una agitada multitud está celebrando la caída de una influencia que ha sido una amenaza para la civilización durante los últimos cuatro años.

¡La guerra ha terminado!

Pronto, nuestros muchachos estarán regresando a casa desde los campos de batalla de Francia.

¡El amo y señor de la Fuerza Bruta no es más que un oscuro fantasma del pasado!

Hace dos mil años, el Hijo del hombre era un paria, sin una morada. Ahora, la situación se ha invertido y el diablo ya no tiene dónde descansar la cabeza.

Que cada uno de nosotros aprenda esta gran lección que la Guerra Mundial nos ha enseñado: a saber, que únicamente aquello que se basa en la justicia y en la piedad para todos (débiles y fuertes, ricos y pobres, por igual) puede sobrevivir. Todo lo demás debe morir.

De esta guerra surgirá un nuevo idealismo, un idealismo que estará basado en la filosofía de la REGLA DE ORO, un idealismo que nos guiará, no para ver cuánto podemos «sacar» de nuestro prójimo, sino cuánto podemos hacer para aliviar sus penas y hacerlo más feliz mientras permanece al borde del camino de la vida.

Emerson expresó este idealismo en su gran ensayo sobre la LEY DE LA COMPENSACIÓN. Otro gran filósofo lo expresó en estas palabras: «Cualquier cosa que un hombre siembre, eso también será lo que recoja».

El momento para practicar la filosofía de REGLA DE ORO ha llegado. En los negocios, así como en las relaciones sociales, aquel que olvide usar, o se niegue a usar, esta filosofía como base de sus transacciones, sólo conseguirá acelerar la llegada de su fracaso.

Y, aunque estoy embriagado con la gloriosa noticia del fin de la guerra, ¿acaso no es justo que intente hacer algo para ayudar a conservar para las generaciones venideras una de las grandes lecciones que debemos aprender del esfuerzo de Guillermo de Hohenzollern de gobernar el mundo por la *fuerza*? La mejor manera de hacerlo es remontándome veintidós años atrás, a mis inicios. ¿Por qué no me acompañas?

Era una triste mañana de noviembre, probablemente no muy distante del día once del mes, cuando conseguí mi primer trabajo en la región de las minas de carbón de Virginia, ganando un dólar al día.

Un dólar diario era una gran suma en aquella época, especialmente para un chico de mi edad. Con ese dinero, pagaba 50 centavos al día por mi comida y mi alojamiento.

Poco después de empezar a trabajar, los mineros comenzaron a sentirse insatisfechos y a hablar de huelga. Yo escuchaba con ansia todo lo que decían. Estaba especialmente interesado en el hombre que había organizado el sindicato. Era uno de los mejores oradores que había oído jamás y sus palabras me fascinaban. Dijo algo en particular que no he olvidado jamás, y si supiera dónde encontrarle, hoy lo miraría con admiración y le daría las gracias cálidamente por haberlo dicho. La filosofía que obtuve de sus palabras ha tenido una influencia de lo más profunda y duradera en mí.

Quizá dirás que la mayoría de agitadores no son unos filósofos muy sensatos, y estaría de acuerdo contigo si lo dijeras. Es posible que este hombre no fuera un filósofo sensato, pero sin duda la filosofía que expresó en aquella ocasión sí lo fue. De pie sobre una caja de mercancía seca, en un rincón de una vieja tienda donde se estaba celebrando la reunión, dijo:

«Compañeros, estamos hablando de una huelga. Antes de que votéis, quisiera llamar vuestra atención acerca de algo que os beneficiará si hacéis caso de lo que os digo.

Vosotros queréis que os paguen más dinero por vuestro trabajo, y yo quisiera que lo consiguierais, porque creo que os lo merecéis.

¿Acaso no puedo deciros cómo conseguir más dinero y, aun así, conservar la buena voluntad del propietario de esta mina?

Podemos hacer una huelga y probablemente obligarlo a pagarnos más dinero, pero no podemos obligarlo a que lo haga y que le guste. Antes de convocar una huelga, seamos justos con el propietario de la mina y con nosotros mismos: vayamos a verlo y preguntémosle si estaría dispuesto a compartir los beneficios de su mina con nosotros justamente.

Si dice que sí, como probablemente hará, entonces preguntémosle cuánto ganó el mes pasado y si estaría dispuesto a compartir con nosotros una proporción justa de cualquier beneficio adicional que pueda obtener si todos nosotros lo ayudamos a ganar más dinero el mes que viene.

Puesto que es un ser humano como cada uno de nosotros, sin duda dirá: "Por supuesto, muchachos. Poneos en ello y compartiré los beneficios con vosotros". Lo normal es que diga eso, chicos.

Cuando haya aceptado este plan, como creo que lo hará si lo convencemos de que hablamos en serio, quiero que todos vosotros vengáis a trabajar con una sonrisa en el rostro durante los próximos treinta días. Quiero oíros silbando una melodía al entrar en las minas. Quiero que hagáis vuestro trabajo sintiendo que sois uno de los socios en este negocio.

Podéis realizar casi el doble del trabajo que estáis haciendo, sin haceros daño, y si trabajáis más, seguramente ayudaréis al propietario de esta mina a ganar más dinero. Y si él gana más dinero, estará encantado de compartir una parte con vosotros. Lo hará por unos buenos motivos económicos, si es que no lo hace por un espíritu de juego limpio.

Con la misma seguridad de que hay un Dios allí arriba, él os corresponderá. Si no lo hace, yo seré responsable de ello, ¡y si me lo pedís, haré volar esta mina hasta hacerla añicos!

Eso es lo que pienso del plan, chicos. ¿Estáis conmigo?

¡Estaban con él!

Aquellas palabras me llegaron a lo más hondo del corazón, como si hubiesen sido grabadas en él con un hierro al rojo vivo.

Al mes siguiente, cada uno de los trabajadores de la mina recibió una prima de un veinte por ciento de su sueldo mensual. A partir de entonces, cada uno de ellos empezó a recibir un sobre de color rojo intenso que contenía las ganancias adicionales. En el sobre estaban impresas estas palabras: TU PARTE DE LOS BENEFICIOS DEL TRABAJO REALIZADO POR EL QUE NO SE TE PAGÓ.

Desde aquella época, veinte años atrás, he pasado por algunas experiencias bastante duras, pero siempre he salido ganando: un poco más sabio, un poco más feliz y un poco mejor preparado para ser útil a mis semejantes, gracias a haber aplicado el principio de hacer un trabajo mayor que aquel para el que me pagaban.

Quizá te interese saber que el último empleo que tuve en el negocio del carbón fue de ayudante del abogado principal de una de las empresas más grandes: un salto que no podría haber dado jamás sin ayuda de este principio de hacer más que aquello para lo que me pagaban.

Ojalá tuviera el espacio para hablarte de la cantidad de veces que esta idea de realizar un trabajo mayor que aquel para el que me pagaban me ha ayudado a superar momentos difíciles.

Ha habido muchas ocasiones en las que, con ayuda de este principio, he hecho que un jefe mío estuviera tan en deuda conmigo, que me concedía cualquier cosa que yo le pedía sin vacilar o buscar evasivas, sin quejas ni resentimientos y, lo que es aún más importante: sin que yo sintiera que me estaba aprovechando injustamente de él.

Creo seriamente que cualquier cosa que uno consiga de otra persona, sin su pleno consentimiento, acabará haciendo un agujero en su bolsillo, o una ampolla en las palmas de sus manos, por no hablar de los problemas de conciencia que harán que el corazón le duela de arrepentimiento.

Como dije al principio, estoy escribiendo esto en la mañana del once de noviembre, ¡mientras la muchedumbre celebra la gran victoria del *bien* sobre el *mal*!

Por lo tanto, es natural que deba recurrir al silencio de mi corazón para encontrar algún pensamiento que transmitir al mundo hoy; algún pensamiento que ayude a mantener vivo en las mentes de los norteamericanos el espíritu de idealismo por el que han luchado y con el que fueron a la guerra.

No encuentro nada más apropiado que la filosofía que he descrito, porque realmente creo que fue el arrogante desprecio de ella lo que llevó a Alemania (al Káiser y su pueblo) al fracaso. Para que esta filosofía entre en los corazones de quienes la necesitan, publicaré una revista que se llamará *Hill's Golden Rule*.

Para publicar una revista nacional hace falta dinero y, en el momento de escribir esto, yo no tengo mucho, pero con la ayuda de la filosofía que he intentado exponer aquí, antes de que haya transcurrido un mes encontraré a alguien que me proporcione el dinero necesario y que haga posible que yo transmita al mundo la sencilla filosofía que me sacó de las sucias minas de carbón y me colocó en un lugar en el que puedo ser útil a la humanidad. Una filosofía que hará que asciendas, querido lector, quienquiera que seas y cualquiera que sea tu ocupación, hacia la posición en la vida que decidas alcanzar.

Toda persona tiene, o debería tener, el deseo innato de poseer algo de valor monetario. Al menos de una forma vaga, toda persona que trabaja para otros (y esto nos incluye prácticamente a todos) espera con ilusión el momento en que tenga algún negocio o profesión propios.

La mejor manera de realizar esta ambición es realizar un trabajo mayor que aquel para el que te pagan. Puedes arreglártelas con una formación escasa, puede arreglártelas con poco capital, puedes superar prácticamente cualquier obstáculo con el que te enfrentes, si estás dispuesto, sincera y seriamente, a realizar el mejor trabajo del que eres capaz, independientemente de cuánto dinero recibas a cambio.

(*Nota:* Hoy es el veintiuno de noviembre por la tarde, exactamente diez días después de haber escrito el editorial anterior. Acabo de leérselo a George B. Williams, de Chicago, un hombre que empezó desde abajo con ayuda de la filosofía que acabo de describir y que *ha hecho posible la publicación de Hill's Golden Rule*).

Nadie vive bien, a menos que viva de tal manera

que todo aquel que se encuentre con él

se vaya más seguro de sí mismo

y más alegre gracias a ese contacto.

LILIAN WHITING

Fue de esta forma un tanto espectacular como un deseo que había estado dormido en mi mente durante prácticamente veinte años se convirtió en realidad. Durante todo ese tiempo, yo había querido ser director de un diario. Cuando era un niño muy pequeño, solía «comentar» la prensa para mi padre cuando él publicaba un pequeño periódico semanal y llegué a amar el olor de la tinta de impresión.

Quizá este deseo estuviera cobrando impulso subconscientemente durante todos esos años de preparación, mientras yo tenía las experiencias descritas en las coyunturas críticas de mi vida, hasta que finalmente tuvo que brotar en forma de acción, o acaso fuera que había otro plan, sobre el que yo no tenía ningún control, que me instaba a seguir adelante, sin darme jamás ningún descanso en ninguna otra profesión, hasta que empecé a publicar mi primera revista. De momento, podemos dejar este punto. El hecho importante al que quiero dirigir tu atención ahora es que encontré el lugar adecuado para mí en el mundo laboral y eso me hizo muy feliz.

Extrañamente, entré en este trabajo sin pensar jamás en buscar el final del arco iris o el proverbial recipiente lleno de oro que se supone que se encuentra allí. Por primera vez en mi vida, al parecer me estaba dando cuenta, más allá de la duda, de que hay otra cosa en la vida que vale más que el oro. Por ende, realizaba mi trabajo editorial con un pensamiento principal en la mente (y haré una pausa mientras tú piensas en él): Ese pensamiento era brindar al mundo el mejor servicio del que yo fuera capaz, ¡tanto si mis esfuerzos me hacían ganar dinero como si no!

La publicación de la revista *Hill's Golden Rule* me puso en contacto con el tipo de gente pensante del país entero. Me proporcionó la gran oportunidad de ser oído. El mensaje de optimismo y buena voluntad entre las personas que transmitía se hizo tan popular que fui invitado a hacer una gira por todo el país dando charlas a principios de 1920, durante la cual tuve el privilegio de conocer a algunos de los pensadores más progresistas de esta generación y de hablar con ellos. El contacto con estas personas contribuyó enormemente a darme el valor para continuar realizando el trabajo que había empezado. Esta gira fue una educación liberal en sí misma, porque me puso en contacto, de una forma sumamente cercana, con gente de prácticamente toda condición y me dio la oportunidad de ver que los Estados Unidos de América son un país bastante grande.

Dar placer a un solo corazón
con un único acto amable es mejor que mil
inclinaciones de cabeza durante la plegaria.

SAADI

A continuación, ofrezco una descripción del punto culminante de la séptima coyuntura crítica de mi vida.

Durante mi gira para dar charlas, me encontraba en un restaurante en Dallas, Texas, contemplando la lluvia más torrencial que he visto en mi vida. El agua caía sobre la ventana de vidrio cilindrado en dos grandes chorros y, moviéndose de atrás a delante, de uno de estos chorros al otro, había unos pequeños hilos de agua que parecían formar una gran escalera.

Mientras contemplaba esta poco corriente escena, me vino a la mente «como un rayo» que daría una charla magnífica si organizaba todo lo que había aprendido de las siete coyunturas críticas de mi vida y del estudio de las vidas de hombres de éxito, y la ofrecí bajo el título de «La escalera mágica hacia el éxito».

En la parte posterior de un sobre esbocé los quince puntos en los que se basaría la conferencia, y más adelante los convertí en una charla que estaba hecha, literalmente, de las derrotas temporales descritas en las siete coyunturas críticas de mi vida.

Todo lo que afirmo saber que es de valor está representado por estos quince puntos, y el material del cual fueron obtenidos estos conocimientos no es ni más ni menos que los conocimientos que me fueron *impuestos* a través de las experiencias que, sin duda, han sido clasificadas por algunos como *fracasos*.

El curso del que esta lección forma parte no es más que la suma total de aquello que yo aprendí de esos «fracasos». Si este curso resulta ser de valor para ti, como espero que lo sea, puedes atribuir los méritos a los «fracasos» que describo en esta lección.

Quizá desees saber qué beneficios materiales, económicos, he obtenido de esas coyunturas críticas, porque probablemente te das cuenta de que estamos viviendo en una época en la que la vida·es una pesada lucha por la supervivencia y no muy agradable para quienes son víctima de la pobreza.

¡Muy bien! Seré franco contigo.

Para empezar, lo único que necesito son los ingresos estimados de la venta de este curso, y eso a pesar de haber insistido en que mis editores apliquen la filosofía de Ford y lo vendan a un precio popular que esté al alcance de todo aquel que lo requiera.

Además de los ingresos de la venta del curso (espero que tengas en cuenta que sólo es la venta de unos conocimientos que he adquirido a través del «fracaso»), ahora estoy escribiendo una serie de editoriales ilustrados que se han de vender y publicar en periódicos del país. Estos editoriales se basan en los mismos quince puntos, tal como se describen en este curso.

Los ingresos estimados netos de la venta de los editoriales son más que suficientes para cubrir mis necesidades.

Además, ahora estoy colaborando con un grupo de científicos, psicólogos y comerciantes en la redacción de un curso de posgrado que pronto estará disponible para todos los estudiantes que hayan dominado este curso más elemental, el cual no trata sólo sobre las quince leyes descritas aquí desde un punto de vista más avanzado, sino también acerca de otras leyes que se han descubierto en fecha reciente.

Menciono esto únicamente porque sé que es muy corriente que todos nosotros midamos el éxito en términos de dinero y rechacemos, por considerarlas poco fiables, todas las filosofías que no produzcan una buena cuenta bancaria.

Prácticamente todos los años anteriores de mi vida han sido pobres, sumamente pobres, en lo que a cuentas bancarias se refiere. Esta situación ha sido, en buena medida, una elección mía, porque he estado invirtiendo la mejor parte de mi tiempo en la ardua tarea de liberarme de parte de mi ignorancia y adquirir algunos conocimientos de la vida que sentía que necesitaba.

De las experiencias descritas en estas siete coyunturas críticas de mi vida, he reunido algunos hilos de oro de conocimiento que sólo podía obtener mediante el *fracaso*.

Mis propias experiencias me han llevado a creer que el «lenguaje mudo» de la *derrota* es el lenguaje más simple y eficaz del mundo cuando uno lo empieza a comprender. Casi me siento tentado a decir que creo que es el lenguaje universal con el que la naturaleza nos grita cuando no queremos escuchar ningún otro lenguaje.

¡Me alegro de haber experimentado muchas derrotas! Esto ha tenido el efecto de templarme con el valor para realizar tareas que, de haber estado rodeado de influencias protectoras, jamás habría acometido.

La derrota es una fuerza destructiva ¡únicamente cuando la aceptamos como un fracaso! Cuando la aceptamos como algo que nos imparte una lección necesaria, siempre es una bendición.

¡Yo solía odiar a mis enemigos! Eso era antes de haber aprendido que me estaban ayudando a mantenerme siempre alerta, no fuera a ser que algún punto débil de mi carácter les ofreciera una abertura por la que pudieran dañarme.

En vista de lo que he aprendido sobre el valor de los enemigos, si no tuviera ninguno me sentiría obligado a crear unos pocos. Descubrirían mis defectos y me los señalarían, mientras que mis amigos, si llegaran a ver alguna de mis debilidades, no dirían nada al respecto.

De todos los poemas de Joaquin Miller, ninguno expresa un pensamiento tan noble como éste:

Todo el honor para aquel que gane un premio»,
ha exclamado el mundo durante mil años;
pero aquel que lo intenta y falla y muere,
me merece un gran respeto y gloria y lágrimas.

Dadle gloria y honor y lágrimas lastimosas
a todos aquellos que fracasan en sus actos sublimes.
Sus fantasmas son muchos en la vanguardia de los años;
nacieron con el Tiempo, por delante del Tiempo.

Ay, grande es el héroe que se gana un nombre,
pero muchas, muchas veces, es más grande
algún hombre de rostro pálido que muere en la deshonra
y deja que Dios acabe el pensamiento sublime.

Y grande es el hombre con una espada sin desenfundar,
y bueno es aquel que se abstiene de beber vino,
pero el hombre que falla y sigue luchando,
ése es mi hermano gemelo.

Si pudiéramos leer la historia secreta
de nuestros enemigos, descubriríamos en la vida de
cada hombre la tristeza y el sufrimiento suficientes
para desactivar cualquier hostilidad.

LONGFELLOW

No puede haber fracaso para el hombre que «sigue luchando». Una persona jamás puede fracasar si no acepta la derrota temporal como un fracaso. Hay una gran diferencia entre la derrota temporal y el fracaso: una diferencia que he intentado describir a lo largo de esta lección.

En su poema titulado «Cuando la Naturaleza quiere a un hombre», Angela Morgan expresó una gran verdad en apoyo de la teoría explicada en esta lección de que, por lo general, la adversidad y la derrota son bendiciones disfrazadas.

Cuando la Naturaleza quiere instruir a un hombre
y emocionar a un hombre
y perfeccionar a un hombre.
Cuando la Naturaleza quiere moldear a un hombre
para que interprete el papel más noble;
cuando anhela con todo su corazón
crear a un hombre tan grande y tan audaz
que el mundo entero lo adorará;
¡observa su método, observa su proceder!
Cómo perfecciona implacablemente
al que elige magníficamente;
cómo lo martillea y le hace daño,
y con unos golpes poderosos lo convierte
en formas de prueba en barro que sólo la Naturaleza
[comprende
¡mientras su torturado corazón llora y él levanta unas
[manos suplicantes!
Cómo ella se curva, pero jamás se rompe,
cuando realiza su bien...
Cómo usa a quien ella elige
y con cada propósito lo funde,
con todas las artes lo induce
a probar su esplendor;
la Naturaleza sabe lo que pretende.

Cuando la Naturaleza quiere tomar a un hombre,
y agitar a un hombre,
y despertar a un hombre;
cuando la Naturaleza quiere crear a un hombre
para que haga la voluntad del Futuro;

cuando intenta con toda su capacidad
y desea con toda su alma
crearlo grande y entero...
¡con cuánta astucia lo prepara!
Cómo lo provoca, ¡y jamás se apiada de él!
Cómo lo estimula y lo molesta,
y en la pobreza lo engendra...
Con cuánta frecuencia lo decepciona,
cuán sagradamente lo unge,
con qué sabiduría lo oculta,
sin importarle cuanto le acontezca,
como si despreciara su sollozo,
¡y su orgullo no pudiera olvidar!
Lo obliga a esforzarse más todavía.
Hace que se sienta solo,
para que únicamente
los elevados mensajes de Dios lo alcancen,
para que ella pueda enseñarle
lo que la Jerarquía planeó.
Aunque él no lo pueda comprender,
ella le da pasiones que dominar.
Con cuánta implacabilidad ella lo espolea,
con tremenda vehemencia lo provoca,
cuando, conmovedoramente, ¡lo prefiere!

Cuando la Naturaleza quiere dar nombre a un hombre
y dar fama a un hombre
y domesticar a un hombre;
cuando la Naturaleza quiere avergonzar a un hombre
para que haga las cosas lo mejor posible...
Cuando realiza la prueba más elevada
que considera que puede hacer;
¡cuando quiere a un dios o un rey!
Cómo lo refrena y lo constriñe
para que su cuerpo escaso lo contenga

¡mientras ella lo exalta y lo inspira!
Lo mantiene anhelante, siempre ardiendo por una meta
seductora; atrae y lastima su alma.
Plantea un desafío para su espíritu
y lo aleja cuando él ya está cerca,
crea una jungla para que él la despeje;
crea un desierto para que él lo tema
y lo domine, si es que puede:
así hace la Naturaleza al hombre.
Luego, para poner a prueba la cólera de su espíritu
coloca una montaña en su camino;
lo enfrenta a una decisión amarga
y permanece implacablemente por encima de él.
«¡Asciende o perece!», dice ella...
¡Observa su propósito, observa su proceder!

El plan de la Naturaleza nos resultaría asombroso
si pudiéramos comprender su mente...
Necios son los que la llaman ciega.
Cuando los pies del hombre están rotos y sangrantes,
su espíritu asciende sin prestar atención,
con sus poderes superiores acelerándose,
abriendo nuevos y hermosos caminos;
cuando la fuerza que es divina
da un salto para desafiar cada fracaso y su ardor sigue
[siendo dulce
y el amor y la esperanza arden en presencia de la derrota...
¡Surge la crisis! Surge el grito
que hará que aparezca el líder.
Cuando las personas necesiten ser salvadas,
él vendrá a dirigir la nación...
Entonces la Naturaleza mostrará su plan
cuando el mundo haya encontrado ¡A UN HOMBRE!».[*]

---

[*]. De *Forward, March!*, The John Lane Company.

Estoy convencido de que el fracaso es el plan de la naturaleza con el que salta por encima de los obstáculos del destino de las personas y las prepara para hacer su trabajo. El fracaso es el gran crisol de la naturaleza, en el cual quema la escoria del corazón humano y, de ese modo, purifica el metal de la persona para que pueda resistir la prueba del trato duro.

He descubierto pruebas que apoyan esta teoría en el estudio de las biografías de decenas de grandes hombres, desde Sócrates hasta Cristo, continuando por los siglos hasta llegar a los conocidos hombres de éxito de nuestros tiempos modernos. El éxito de cada uno de ellos parecía estar en una proporción casi exacta con el grado de los obstáculos y las dificultades que tuvo que superar.

Ninguna persona se ha levantado jamás del fuerte golpe de la derrota sin haber adquirido una fuerza y una sabiduría mayores con la experiencia. La derrota nos habla en su propio lenguaje: un lenguaje que debemos escuchar, nos guste o no.

Ciertamente, hay que tener una valentía considerable para ver la derrota como una bendición disfrazada, pero para alcanzar cualquier posición en la vida que valga la pena es necesario disponer de mucha «arena», lo cual me trae a la memoria un poema que armoniza con la filosofía de esta lección.

Un día, una locomotora en las cocheras vi,
que en la rotonda esperaba.
Ya provista de carbón, con toda su tripulación,
iniciar el viaje anhelaba,
mientras el bombero una caja de arena llenaba.

Las locomotoras,
al delgado camino de hierro no siempre se agarran,
pues en ocasiones las ruedas resbalan.
Al llegar a una zona resbaladiza, sus maniobras ordenan,
y para que a los rieles se agarren esparcen arena.

Esto es como viajar por el camino resbaladizo de la vida;
si tu carga es demasiado pesada, siempre resbalarás.

De modo que, si entiendes completamente
a la locomotora corriente,
desde el principio bien abastecido de arena estarás.
Si la pendiente es pronunciada
y el camino montañoso y escarpado;
si quienes te han precedido,
unos rieles resbaladizos han dejado;
si alcanzas la cima de la meseta superior,
descubrirás que para hacerlo,
generosamente, la arena has usado.

Si te encuentras con un clima glacial y descubres a tus expensas
que sobre una gruesa capa de hielo puedes resbalar,
entonces, una acción rápida y decidida debes ejecutar,
y si no llevas arena, hasta la base vas a deslizar.

Puedes ir a cualquier estación en el itinerario de la vida,
si hay fuego bajo la caldera de la fuerte máquina de la ambición,
y a gran velocidad llegarás a un lugar llamado Ciudad Nivelada,
pues para los puntos resbaladizos
llevas una buena cantidad de arena.

No te hará ningún daño memorizar los poemas citados en esta lección
y hacer tuya la filosofía en la que se basan.

Es el contacto humano lo que cuenta
en este mundo,
el contacto de tu mano y la mía,
que significa mucho más para
el corazón débil, que el cobijo y el pan y el vino;
pues el cobijo se acaba cuando la noche
llega a su fin,
y el pan sólo dura un día,
pero el contacto de la mano

y el sonido de la voz
cantan eternamente en el alma.

SPENCER M. TREE

Al acercarme al final de esta lección sobre el fracaso, me viene a la mente una filosofía extraída de las obras del gran Shakespeare, a la cual deseo desafiar, porque la considero errónea. Se encuentra en la siguiente cita:

Hay una marea en los asuntos de los hombres
que, si se toma en la subida, conduce a la fortuna;
Si es ignorada, toda la travesía de sus vidas
estará encallada en bajíos y desdichas.
En un mar tan rebosante estamos ahora a flote,
y debemos aprovechar la corriente cuando nos sirve,
o perder nuestras aventuras.

El miedo y la aceptación del fracaso son los lazos que hacen que estemos «encallados en bajíos y desdichas». Podemos romper esos lazos y lanzarlos lejos. Mejor aún, si observamos las lecciones que nos enseñan y nos beneficiamos de ellas, podemos aprovecharlos y hacer que nos sirvan como sirgas para que nos lleven hasta la costa.

Quien nunca ha sufrido, sólo ha vivido a medias.
Quien nunca ha fallado, nunca ha luchado o buscado.
Quien nunca ha llorado desconoce la risa,
y quien nunca ha dudado, nunca ha pensado.

Al llegar al final de esta, mi lección favorita de este curso, cierro los ojos durante unos instantes y veo ante mí un gran ejército de hombres y mujeres cuyos rostros muestran gestos de preocupación y desesperación.

Algunos van en harapos, habiendo llegado a la última etapa de ese larguísimo camino al que la gente llama *fracaso*.

Otros se encuentran en una mejor situación, pero el miedo al hambre se ve claramente en sus rostros; la sonrisa valiente ha abandonado sus labios, y ellos, también, parecen haber renunciado a la batalla. ¡La escena cambia! Vuelvo a mirar y soy llevado hacia atrás, hacia la historia de la lucha de un hombre por un lugar en el mundo y veo, también, los «fracasos» del pasado: fracasos que han significado más para la humanidad que todos los llamados éxitos registrados en la historia del mundo.

Veo el rostro poco atractivo de Sócrates cuando se encontraba al final de ese camino llamado fracaso, esperando, con los ojos vueltos hacia arriba, en esos instantes que debieron parecerle una eternidad, justo antes de beber la copa de cicuta que le obligaron a tomar sus atormentadores. Veo, también, a Cristóbal Colón como un prisionero encadenado: ése fue el tributo que le pagaron por sacrificarse navegado por un mar desconocido e inexplorado para descubrir un continente extraño. Veo, también, el rostro de Thomas Paine, el hombre al que los ingleses quisieron capturar y ejecutar por considerarlo el verdadero instigador de la revolución norteamericana. Lo veo tendido en una prisión inmunda en Francia, mientras aguarda serenamente, bajo la sombra de la guillotina, la muerte que él esperaba que le impondrían por lo que había hecho en beneficio de la humanidad.

Y veo también el rostro del Hombre de Galilea cuando sufría en la cruz del Calvario: la recompensa que recibió a sus esfuerzos por el bien de la humanidad sufriente.

¡Todos «fracasos»! Ojalá yo fuera un fracaso así. Ojalá pasara a la historia, como hicieron estos hombres, como alguien que fue lo bastante valiente como para poner a la humanidad por encima del *individuo* y los principios por encima de las ganancias. Sobre estos «fracasos» descansan las esperanzas del mundo.

Oh, hombres que sois calificados como «fracasos»:
¡levantaos! ¡volved a levantaros y actuad!
En algún lugar, en el mundo de la acción, hay sitio;
hay sitio para vosotros.
Ningún fracaso ha quedado registrado jamás
en los anales de los hombres veraces,
excepto el del cobarde que falla y no lo vuelve a intentar.
La gloria está en el hacer y no en el trofeo que se gana.

Las paredes construidas en la oscuridad
pueden reír con el beso del sol.
Ay, fatigado y acabado y golpeado,
¡ay, hijo de los crueles vientos del destino!
Canto para animarlo con alegría;
le canto al hombre que fracasa.

Agradece esa derrota que los hombres llaman fracaso porque, si puedes sobrevivir a ella y seguir intentándolo, tendrás la oportunidad de demostrar tu habilidad para alcanzar el éxito en la profesión que has elegido.

Nadie tiene derecho a calificarte como un fracaso, excepto tú mismo. Si en un momento de desesperación te sientes inclinado a calificarte como un fracaso, recuerda las palabras del rico filósofo Creso, que fue consejero de Ciro, rey de los persas:

Recuerdo, oh rey, y tomaos esta lección en serio, que hay una rueda
en la que pueden girar los asuntos de los hombres, y su mecanismo
es tal que impide que cualquier hombre sea siempre afortunado.

Qué maravillosa lección esconden estas palabras: una lección de esperanza, valentía y promesas. ¿Quién no ha visto días «negros», en los que todo parece ir mal? Ésos son los días en los que vemos sólo el lado plano de la gran rueda de la vida.

Debemos recordar que la rueda está siempre girando. Si hoy nos trae pesar, mañana nos traerá alegría. La vida es un ciclo de acontecimientos cambiantes: de suerte e infortunios.

No podemos hacer que la rueda del destino deje de girar, pero podemos modificar el infortunio que trae, recordando que si mantenemos la fe y hacemos las cosas lo mejor posible, seria y honestamente, tras él llegará la buena suerte con la misma seguridad con que la noche sigue al día. En sus momentos más difíciles, con frecuencia se oyó al inmortal Lincoln decir: «Y esto, *también, pronto pasará*».

Si estás sufriendo por los efectos de alguna derrota temporal que te cuesta olvidar, permíteme que te recomiende este pequeño poema estimulante de Walter Malone:

LA OPORTUNIDAD

Me hace daño quien dice que ya no vengo,
cuando llamo y no te encuentro dentro;
pues cada día espero fuera, junto a tu puerta,
y te ordeno que despiertes y te levantes para luchar y ganar.
No te lamentes
por las valiosas oportunidades que pasaron de largo,
no llores por los años dorados que están menguando.
Cada noche, quemo los registros del día.
Con la salida del sol, todas las almas vuelven a nacer.
Ríe como un niño ante los esplendores que se han ido,
y sé ciego, sordo y mudo a las alegrías que han desaparecido.
Mis juicios cierran el pasado muerto con sus muertos,
pero jamás atan un momento que todavía ha de llegar.

Aunque estés profundamente hundido en el lodo,
no aprietes los puños, no llores,
pues yo tiendo la mano a todo aquel que dice «¡Yo puedo!».
¡Jamás un paria avergonzado se ha hundido tanto
que no pueda levantarse y volver a ser un hombre!
¿Contemplas tu juventud perdida horrorizado?
¿Te tambaleas por el golpe del justo castigo?
Entonces aléjate de los archivos emborronados del pasado
y encuentra las páginas del futuro, blancas como la nieve.
¿Eres un doliente? Elévate y sal de tu hechizo.
¿Eres un pecador? Los pecados pueden ser perdonados:
Cada mañana te da alas para escapar volando del infierno
y cada noche una estrella para guiar tus pasos hacia el Cielo.

LAS LEYES DEL ÉXITO

Decimoquinta lección

LA TOLERANCIA

«¡Puedes hacerlo si crees que puedes!»

Son dos las características significativas de la intolerancia, y al comenzar esta lección dirigiremos tu atención hacia ellas. Estas características son:

1º. La intolerancia es una forma de ignorancia que debe ser dominada para poder alcanzar cualquier forma de éxito duradero. Es la primera causa de todas las guerras. Hace enemigos en los negocios y en las profesiones. Desintegra fuerzas organizadas de la sociedad de mil maneras y se erige, cual poderoso gigante, como una barrera contra la erradicación de la guerra. Destrona la razón y la sustituye con la psicología de las masas.

2º. La *intolerancia* es la principal fuerza desintegradora en las religiones organizadas del mundo, donde hace estragos en el mayor poder para el bien que hay sobre la Tierra, dividiéndolo en pequeños grupos y denominaciones que ponen tanto empeño en enfrentarse unos a otros como el que ponen en eliminar los males del mundo.

Pero esta acusación contra la *intolerancia* es general. Ahora veamos cómo te afecta a ti en tanto que persona. Ciertamente, es obvio que cualquier cosa que impida el progreso de la civilización es también una barrera para el individuo. Dicho de otro modo: cualquier cosa que nuble la mente de una persona y retrase su desarrollo mental, moral y espiritual, retrasa asimismo el progreso de la civilización.

Ésta es una afirmación abstracta de una gran verdad, pero puesto que las afirmaciones abstractas no son interesantes, ni muy informativas, procedamos a ilustrar más concretamente los efectos perniciosos de la *intolerancia*.

No te esfuerces por desterrar el dolor y la duda

en el ruidoso estruendo del placer.

La paz que buscas en el exterior,

sólo se encuentra dentro de ti. CARY

Empezaré esta ejemplificación describiendo un incidente que he mencionado de una forma bastante extensa en prácticamente todas las conferencias públicas que he impartido en los últimos cinco años. Puesto que la fría página impresa tiene un efecto modificador susceptible de una interpretación errónea del incidente que describiré, creo necesario advertirte que no leas entre líneas un significado que yo no tengo ninguna intención de poner allí. Serías injusto contigo mismo si olvidaras o te negaras intencionadamente a estudiar este ejemplo en sus palabras exactas y con el significado exacto que he pretendido que transmitan: un significado tan claro como el que soy capaz de transmitir en mi idioma. Al leer sobre este incidente, ponte en mi lugar y piensa si no has tenido tú también alguna experiencia similar y, si es así, ¿qué lección aprendiste de ella?

Un día me presentaron a un joven con un buen aspecto poco habitual. Su mirada limpia, su cálido apretón de manos, el tono de su voz y el espléndido gusto con el que se había arreglado lo señalaban como un hombre sumamente intelectual. Era el típico estudiante universitario norteamericano y, al recorrerlo con la mirada, estudiando rápidamente su personalidad como lo haría uno naturalmente en esas circunstancias, observé que llevaba un *pin* de los caballeros de Colón en el chaleco. Instantáneamente, ¡le solté la mano como si se tratara de un trozo de hielo!

Lo hice con tanta rapidez que nos sorprendió tanto a mí como a él. Mientras me excusaba y comenzaba a alejarme, eché una mirada al *pin* masón que yo llevaba en mi propio chaleco, luego volví a mirar el suyo de los caballeros de Colón y me pregunté por qué un par de baratijas como ésas podían crear una brecha tan profunda entre dos hombres que no sabían nada el uno sobre el otro.

Hay almas en este mundo que tienen el don

de hallar alegría en todas partes

y de dejarla dondequiera que vayan. FABER

Durante el resto del día, seguí pensando en aquel incidente, ya que me inquietaba. Siempre me había enorgullecido notablemente al considerarme tolerante con todas las personas, pero aquí había ocurrido una explosión espontánea de *intolerancia* que demostraba que en mi mente subconsciente existía un complejo que me estaba influyendo y me llevaba a una estrechez de miras.

Este descubrimiento me resultó tan chocante que inicié un proceso sistemático de análisis psicológico mediante el cual busqué en las profundidades de mi alma la causa de mi descortesía.

Me pregunté una y otra vez: «¿Por qué soltaste abruptamente la mano de aquel joven y te alejaste, si no sabías nada acerca de él?».

Por supuesto, la respuesta me conducía siempre de vuelta al *pin* de los caballeros de Colón que él llevaba, pero ésa no era una verdadera respuesta y, por lo tanto, no me satisfacía.

Entonces inicié una investigación en el campo de la religión. Comencé a estudiar el catolicismo y el protestantismo hasta llegar a sus inicios. Debo confesar que este procedimiento me aportó una mayor comprensión de los problemas de la vida que la que había obtenido de todas las demás fuentes, por una razón: me reveló que el catolicismo y el protestantismo difieren más en la *forma* que en el *efecto* y que ambas religiones se basan en exactamente la misma *causa*, que es el cristianismo.

Pero esto no fue todo, en absoluto, ni fue el más importante de mis descubrimientos, pues mis investigaciones me llevaron necesariamente en muchas direcciones y me obligaron a entrar en el campo de la biología, donde aprendí muchas cosas que necesitaba saber acerca de la vida en general y del ser humano en particular. Mis investigaciones me condujeron, también, al estudio de la teoría de la evolución de Darwin, tal como la describe en *El origen de las especies* y ello, a su vez, me llevó a un análisis de la dimensión psicológica mucho más extenso que el que había realizado anteriormente.

Cuando comencé a buscar conocimientos en una y otra dirección, mi mente empezó a desarrollarse y a ampliarse a una velocidad tan alarmante que prácticamente *tuve la necesidad de limpiar la «pizarra» de lo que yo consideraba que eran mis conocimientos adquiridos anteriormente y desaprender gran parte de lo que antes había creído que era la verdad.*

¡Intenta comprender el significado de lo que acabo de expresar! Imagínate que súbitamente descubres que la mayor parte de tu filosofía de vida está hecha de tendencias y prejuicios, y te ves obligado a reconocer que, lejos de ser un erudito, *¡a duras penas estás cualificado para convertirte en un estudiante inteligente!*

Ésa era exactamente la posición en la que me encontraba con respecto a muchos de los que yo había considerado los sólidos fundamentos de la vida. Pero de todos los descubrimientos a los que me condujo esta investigación, ninguno fue tan importante como el de la relativa importancia de la herencia *física* y *social*, pues ese descubrimiento fue el que me reveló la *causa* de mi actuación cuando, en la ocasión que he descrito, me alejé de un hombre al que no conocía.

Este descubrimiento me reveló *cómo* y *dónde* había adquirido yo mis puntos de vista sobre religión, política, economía y muchos otros temas igualmente significativos, y me entristece y al mismo tiempo me alegra decir que *descubrí que la mayoría de mis puntos de vista sobre estos temas no estaban respaldados siquiera por una hipótesis razonable,* y mucho menos por *datos* sólidos o por la razón.

Entonces recordé una conversación que había mantenido con el ex senador Robert L. Taylor, en la que hablamos de política. Fue una discusión amistosa, pues teníamos las mismas ideas políticas, pero el senador me hizo una pregunta que nunca le perdoné, hasta que inicié la investigación a la que he hecho referencia.

«Veo que es usted un demócrata sumamente leal, me dijo, y me pregunto si sabe *por qué* lo es».

Medité unos segundos sobre su pregunta y luego dejé escapar impulsivamente esta respuesta:

«¡Soy un demócrata porque mi padre también lo era, por supuesto!».

Con una amplia sonrisa en el rostro, el senador demostró la poca solidez de mi argumento con esta réplica:

«¡Ya me parecía! Ahora bien, ¿no cree que usted estaría en un aprieto si su padre hubiese sido un ladrón de caballos?».

Los corazones, como las puertas, pueden abrirse

fácilmente con unas llaves muy, muy pequeñas.

No olvides que son éstas: «Gracias» y «Por favor».

Muchos años más tarde, después de iniciar el trabajo de investigación aquí descrito, comprendí el verdadero significado de la broma del senador Taylor. Con demasiada frecuencia tenemos opiniones que se basan en unos cimientos tan poco sólidos como las creencias de otra persona.

Para que puedas tener un ejemplo detallado de los efectos de largo alcance de uno de los importantes principios que me reveló el incidente al que me he referido, y...

para que puedas saber *cómo y dónde adquiriste tu filosofía de vida* en general, para que puedas conocer *la fuente original de tus prejuicios y tus predisposiciones*, para que puedas descubrir, como descubrí yo, que *en gran medida eres el resultado de la formación que recibiste* antes de llegar a los quince años...

... ahora citaré el texto completo de un plan que presenté al comité del señor Edward Bok, el American Peace Award, para la erradicación de la guerra. Este plan no sólo trata sobre el más importante de los principios a los que me refiero, sino que además, como podrás ver, muestra cómo se puede aplicar el principio del *esfuerzo organizado* (descrito en la segunda lección de este curso) para solucionar uno de los principales problemas del mundo y, al mismo tiempo, te ofrece una idea más comprensiva de cómo aplicarlo para *la realización* de tu *claro objetivo principal*.

CÓMO ERRADICAR LA GUERRA

Antecedentes

Antes de ofrecer este plan para la prevención de la guerra, creo que es necesario esbozar brevemente unos antecedentes que describirán claramente el principio que constituye la urdimbre y la trama del mismo. Las causas de la guerra se pueden omitir por tener muy poca, o ninguna, relación con el principio por el que la guerra se puede evitar.

El inicio de este esbozo trata sobre dos factores importantes que constituyen las principales fuerzas de control de la civilización: uno es la *herencia física* y otro la *herencia social*.

El tamaño y la forma del cuerpo, la textura de la piel, el color de los ojos y la capacidad de funcionamiento de los órganos vitales son el resultado de la herencia física: son estáticos y fijos y no pueden cambiarse, pues son el resultado de un millón de años de evolución. Pero, con mucho, la parte más importante de lo que somos es resultado de la herencia social y llegó a nosotros a través de los efectos de nuestro entorno y nuestra formación inicial.

Nuestra idea de religión, política, economía, filosofía y otros temas de una naturaleza similar, incluyendo la guerra, es enteramente el resultado de esas fuerzas dominantes de nuestro entorno y nuestra formación.

El católico lo es por su formación inicial y el protestante lo es por el mismo motivo, pero al decir esto, difícilmente estoy declarando la verdad con suficiente énfasis, pues se podría decir que el católico es católico y el protestante es protestante *¡porque no lo pueden evitar!* Con pocas excepciones, la religión del adulto es el resultado de la formación religiosa que recibió entre los cuatro y los catorce años, cuando la religión le fue *impuesta* por sus padres o por quienes tenían el control de su educación.

Un importante clérigo mostró lo bien que comprendía el principio de la herencia social cuando dijo: «Deme el control del niño hasta los doce años y, después de eso, usted le podrá enseñar cualquier religión que le plazca, pues yo le habré imbuido mi propia religión tan profundamente en su mente que ningún poder sobre la tierra podrá deshacer mi trabajo».

Las creencias más sobresalientes y prominentes del hombre son aquellas que se le imponen o que él ha absorbido espontáneamente en unas condiciones *altamente emocionales*, cuando su mente estaba receptiva. En esas condiciones, en una hora de oficio de avivamiento el evangelista puede sembrar la idea de la religión de una forma más profunda y permanente de lo que podría hacerlo durante años de formación en condiciones normales en las que la mente no se encuentra en un estado de alteración emocional.

El pueblo de Estados Unidos ha inmortalizado a Washington y a Lincoln porque ellos fueron líderes de la nación durante unas épocas en que las mentes de las personas arrastraban una gran carga emotiva como consecuencia de las calamidades que sacudieron los cimientos mismos de nuestro país y afectaron a los intereses de todas las personas. Por el principio de la herencia social, que opera a través de las escuelas (historia norteamericana) y otras formas de enseñanza impresionante, la inmortalidad de Washington y Lincoln fue inculcada en las mentes de los jóvenes y, de ese modo, se mantuvo viva.

Las tres grandes *fuerzas organizadas* a través de las cuales opera la herencia social son:

1. Las escuelas
2. Las iglesias
3. La prensa pública

Cualquier ideal que cuente con la cooperación activa de estas tres fuerzas puede *ser impuesto, en el breve período de una generación, en las mentes de los jóvenes con tanta eficacia que no podrán resistirse.*

En 1914, el mundo despertó una mañana para descubrir que estaba en llamas, con una guerra a una escala nunca antes conocida. El rasgo distintivo de una importancia destacable en esta calamidad mundial fue la gran organización de los ejércitos alemanes. Durante más de tres años, estos ejércitos ganaron terreno con tanta rapidez que la dominación mundial por parte de Alemania parecía segura. La maquinaria militar alemana funcionaba con una eficacia que nunca antes se había visto en una guerra. Con la *kultur* como su ideal confesado, ese moderno país derrotó a los ejércitos enemigos que tenía delante como si éstos no tuvieran líderes, a pesar de que las fuerzas aliadas superaban en número a las suyas en todos los frentes.

La capacidad de sacrificio de los soldados alemanes, en apoyo de un ideal de *kultur*, fue la sorpresa destacada de la guerra, y esa capacidad era, en gran medida, el resultado del trabajo de dos hombres. Estos hombres eran Adalbert Falk, ministro de educación prusiano hasta 1879, y el emperador alemán Guillermo II. Estos hombres consiguieron esos resultados a través de la *herencia social*: la imposición de un ideal en las mentes de los jóvenes en unas condiciones de alta emocionalidad.

La *kultur*, como un ideal nacional, fue fijada en las mentes de los jóvenes alemanes, empezando primero en las escuelas primarias y extendiéndose hasta las escuelas secundarias y las universidades. *Maestros y profesores fueron obligados a implantar el ideal de la kultur en las mentes de los estudiantes* y, en una sola generación, de estas enseñanzas emanó esa capacidad de sacrificio del individuo en interés de la nación que tanto asombró al mundo.

Como tan bien argumentó Benjamin Kidd: «La meta del estado de Alemania estaba en todas partes para orientar a la opinión pública a través de los directores de sus departamentos espirituales y laicos, a través de la burocracia, a través de los oficiales del ejército, a través de la dirección estatal de la prensa y, por último, a través de la dirección estatal de todo el comercio y la industria del país, para llevar el idealismo de todo el pueblo a una idea: la política nacional de la Alemania moderna, y a su respaldo».

Alemania controlaba a la prensa, el clero y las escuelas; por lo tanto, ¿es de extrañar que produjera, en una sola generación, un ejército de soldados que representaban para la persona su ideal de *kultur*? ¿Es de extrañar que los soldados alemanes se enfrentaran a una muerte segura con una imperturbabilidad audaz, si tenemos en cuenta que les habían enseñado desde niños que el sacrificio es un raro privilegio?

Pasemos ahora de esta breve descripción del *modus operandi* con el que Alemania preparó a su pueblo para la guerra a otro fenómeno extraño: Japón. Ninguna nación occidental, con excepción de Alemania, ha manifestado tan claramente su comprensión de la influencia de largo alcance que tiene la herencia social como lo ha hecho ese país. En una sola generación, Japón ha avanzado desde su situación como una nación de cuarta categoría hasta los niveles de las naciones que son las potencias reconocidas del mundo. Estudia a Japón y verás que impone en las mentes de sus jóvenes, exactamente con los mismos métodos empleados por Alemania, el ideal de subordinación de los derechos individuales por el bien de la acumulación de poder por parte del país.

Sólo hace falta un segundo para dar una reprimenda, pero quien la recibe puede necesitar toda una vida para olvidarla.

En todas sus controversias con China, los observadores competentes han visto que detrás de las causas aparentes estaba el intento sigiloso de Japón de dominar las mentes de los jóvenes mediante el control de las escuelas. *Si Japón pudiera controlar las mentes de los jóvenes chinos, podría dominar a esa gigantesca nación en una sola generación.*

Si quieren estudiar los efectos de la herencia social tal como se utiliza para el desarrollo de un ideal nacional por parte de otra nación de occidente, observen lo que ha estado ocurriendo en Rusia desde la llegada al poder del gobierno soviético que ahora está moldeando las mentes de los jóvenes para que se ajusten a un ideal nacional, *y no hace falta ser un analista experto para interpretar su naturaleza.* Ese ideal, cuando se desarrolle plenamente durante la madurez de la actual generación, representará exactamente aquello que el gobierno soviético quiere que represente.

De toda la inundación de propaganda acerca del gobierno soviético de Rusia que ha entrado a este país a través de las decenas de miles de columnas de espacios periodísticos dedicados a ella desde el final de la guerra, el siguiente breve informe es, con mucho, el más significativo:

> Rojos rusos encargan libros. Se están haciendo contratos en Alemania por 20.000.000 de ejemplares. Propaganda educativa dirigida principalmente a niños.
>
> Por George Witts

Cablegrama especial al Servicio Exterior del *Chicago Daily News*. Berlín, Alemania, 9 de noviembre de 1920.

Contratos para imprimir 20.000.000 de libros *en el idioma ruso*, principalmente para niños, se están firmando en Alemania en nombre del gobierno soviético por Grschebin, un conocido editor de Petrogrado y amigo de Máximo Gorky. Grschebin fue primero a Inglaterra, pero allí fue recibido con indiferencia cuando planteó el tema al gobierno británico. *Los alemanes, sin embargo, no sólo le dispensaron una entusiasta bienvenida, sino que le propusieron unos precios tan bajos que ningún otro país podría competir con ellos.* Los Ullstein, editores de diarios y libros en Berlín, han acordado imprimir varios millones de libros a un precio menor que el coste.

Esto es sólo una muestra de lo allí ocurrido.

Lejos de quedar pasmados ante este significativo informe de prensa, la mayoría de periódicos de Estados Unidos no lo publicaron, y los que sí lo hicieron lo colocaron en un lugar poco llamativo del diario, en una tipografía pequeña. Su verdadera importancia será más evidente dentro de unos veinte años, cuando el gobierno soviético de Rusia haya desarrollado un ejército de soldados que respalden, para el hombre, *cualquier ideal nacional que el gobierno soviético establezca.*

La posibilidad de que la guerra exista actualmente como una dura realidad únicamente por el principio de la herencia social no sólo ha sido utilizada como una fuerza sancionadora en apoyo de la guerra, sino que, de hecho, ha sido utilizada como el principal medio por el cual las mentes de los hombres han sido preparadas deliberadamente para la guerra. Para encontrar pruebas que apoyen esta afirmación, examinen cualquier historia nacional o del mundo y *observen con cuánto tacto y con cuánta eficacia se ha glorificado la guerra, describiéndola de una manera que no conmocionara la mente del estudiante, sino que, en realidad, estableciera una justificación plausible para ésta.*

Acudan a las plazas públicas de nuestras ciudades y observen los monumentos erigidos a los líderes de la guerra. Fíjense en la postura de estas estatuas, levantadas como símbolos vivos para glorificar a unos hombres que no hicieron más que conducir a sus ejércitos a unas aventuras de destrucción. Observen lo bien que sirven estas estatuas de guerreros montados sobre corceles a la carga como un medio para estimular las mentes de los jóvenes y prepararlos para la aceptación de la guerra, no sólo como un acto perdonable, sino como una forma claramente deseable de alcanzar la gloria, la fama y el honor. En el momento en que escribo esto, algunas damas bienintencionadas están mandando esculpir la imagen de los soldados confederados en el granito inmortal de Stone Mountain en Georgia, en figuras de 30 metros de altura, buscando así perpetuar el recuerdo de una «causa» perdida que jamás fue una «causa» y, por lo tanto, cuanto antes se olvide, mejor.

Si estas referencias a los países como Rusia, Japón y Alemania parecen poco convincentes y abstractas, estudiemos entonces el principio de la herencia social tal como está funcionando, a una escala sumamente desarrollada, en Estados Unidos, pues quizá sería esperar demasiado del ser humano medio suponer que le interesará lo que está ocurriendo fuera de la parcela de terreno que limita en el norte con Canadá, en el este con el Atlántico, en el oeste con el Pacífico y en el sur con México.

Nosotros, también, estamos instalando en las mentes de nuestros jóvenes un ideal nacional, a través del principio de la herencia social, que ya se ha convertido en el ideal dominante de la nación. *¡Ese ideal es el deseo de riqueza!*

Lo primero que preguntamos acerca de alguien que acabamos de conocer no es «¿Quién eres?», sino «¿Qué tienes?». Y la siguiente pregunta es: *«¿Cómo puedo obtener eso que tú tienes?».*

Nuestro ideal no se mide en términos de guerra, sino en términos de finanzas, industria y negocios. Nuestros Patrick Henry, nuestros George Washington y nuestros Abraham Lincoln de unas pocas generaciones atrás están ahora representados por los líderes capaces que dirigen nuestras fábricas de acero, nuestras minas de carbón, nuestras tierras maderables, nuestras instituciones bancarias y nuestros ferrocarriles. Podemos negar esta acusación si queremos, pero los datos no respaldan tal negación.

El problema más destacado del pueblo norteamericano en la actualidad es el espíritu de inquietud por parte de las masas que encuentran que su lucha por la subsistencia se está haciendo cada vez más dura porque los cerebros más competentes del país están dedicados al intento, sumamente competitivo, de acumular riqueza y controlar la maquinaria de producción de riqueza de la nación.

No es necesario extenderse mucho en esta descripción de nuestro ideal dominante, ni ofrecer pruebas que respalden su existencia, puesto que su existencia es evidente y la entienden tan bien los más ignorantes como los que se jactan de pensar correctamente.

Tan profundamente se ha instalado este loco deseo de dinero, que estamos absolutamente dispuestos a que las otras naciones del mundo se hagan añicos en la guerra, siempre y cuando no interfieran con nuestro afán de riqueza. Y ésta no es la parte más triste de la crítica que podríamos hacernos a nosotros mismos, pues no sólo estamos *dispuestos* a que otros países entren en guerra, sino que hay abundantes motivos para pensar que aquellos que se benefician de la venta de material armamentístico las fomentan.

Plan

La guerra surge del deseo de la persona de obtener una ventaja a expensas de sus semejantes, y los rescoldos de este deseo, que arden lentamente, son avivados hasta convertirse en una llama mediante la agrupación de esas personas que colocan los intereses de su grupo por encima de los de otros.

¡La guerra no se puede detener súbitamente! Sólo puede ser eliminada mediante la educación, con la ayuda del principio de subordinación de los intereses individuales a los intereses de la humanidad en su totalidad.

Las tendencias y las actividades del hombre, como ya hemos dicho, emanan de dos grandes fuerzas: una es la herencia *física* y la otra es la herencia *social*. A través de la herencia física, el hombre hereda esas tendencias tempranas a destruir a sus semejantes por autoprotección. Esta práctica proviene del pasado, de la época en que la lucha por la supervivencia era tan grande que sólo sobrevivían los que eran físicamente fuertes.

Gradualmente, el ser humano empezó a darse cuenta de que una persona podía sobrevivir en circunstancias más favorables si se aliaba con otras. A partir de este descubrimiento, se desarrolló nuestra sociedad moderna, en la que grupos de personas han formado estados y éstos, a su vez, han creado naciones. La tendencia a la guerra entre las personas de un determinado grupo o nación es sumamente escasa, ya que a través del principio de la herencia *social* han aprendido que pueden sobrevivir mejor si subordinan el interés del individuo al interés del grupo.

Desafortunado, ciertamente, es el hombre que se habitúa tanto al mal que ya no le parece abominable.

Ahora bien, el problema es extender este principio de agrupamiento, para que *las naciones del mundo subordinen sus intereses individuales a los de la humanidad en su totalidad.*

Esto sólo puede hacerse por el principio de la herencia *social. Imponiendo en las mentes de los jóvenes de todas las razas que la guerra es abominable y no sirve ni a los intereses de la persona que participa en ella, ni al grupo al que pertenece.*

Entonces surge la pregunta: «¿Cómo se puede conseguir esto?». Antes de responder a la pregunta, definamos una vez más el término «*herencia social*» y averigüemos cuáles son sus posibilidades.

La herencia social es el principio por el cual los jóvenes de la raza absorben de su entorno y, particularmente, de la formación inicial recibida de sus padres, sus maestros y sus líderes religiosos, *las creencias y tendencias de los adultos que los dominan.*

Cualquier plan para eliminar la guerra, para tener éxito, depende de la coordinación eficaz de esfuerzos de *todas las iglesias y escuelas del mundo con el admitido propósito de fertilizar las mentes de los jóvenes con la idea de erradicar la guerra de manera tal que su mera mención produzca terror en sus corazones.*

¡No hay ninguna otra forma de erradicar la guerra!

La siguiente pregunta que surge es: «¿Cómo pueden organizarse las iglesias y las escuelas del mundo con este elevado ideal como objetivo?». La respuesta es que no se puede persuadir a todas ellas para que entren simultáneamente en una alianza de este tipo, pero se puede convencer al número suficiente de las más influyentes y esto, con el tiempo, llevará u *obligará* a las restantes a entrar en la alianza en cuanto la opinión pública comience a *exigirlo*.

Luego viene la pregunta: «¿Quién tiene la influencia suficiente para convocar una asamblea de los líderes religiosos y educativos más poderosos?». La respuesta es: el presidente y el Congreso de Estados Unidos.

Esta iniciativa *exigiría* el apoyo de la prensa a una escala hasta ahora desconocida y, sólo por esta fuente, la propaganda comenzaría a llegar a las mentes de las personas de todos los países civilizados del mundo y a fertilizarlas, preparándolas para la adopción de un plan en las iglesias y escuelas del mundo entero. El plan para la erradicación de la guerra podría compararse a una gran obra teatral, con estos factores principales:

Montaje del escenario: Capitolio de los Estados Unidos.

Actores protagonistas: Presidente y miembros del Congreso.

Actores secundarios: Los principales clérigos de todas las confesiones religiosas y los principales educadores, todos en el escenario por invitación del gobierno de Estados Unidos, el cual asumirá todos los gastos.

Sala de prensa: Representantes de las agencias de noticias de todo el mundo.

Equipo para el escenario: Una emisora de radio que transmita todos los actos por medio mundo.

Título de la obra: «¡No matarás!».

Objeto de la obra: La creación de un tribunal mundial, formado por representantes de todas las razas, cuya tarea consista en escuchar testimonios y juzgar los casos que surjan de los desacuerdos entre naciones.

Otros factores entrarían en esta gran obra teatral mundial, pero serían de menor importancia. Los temas principales y los factores esenciales están enumerados aquí.

Pero queda una pregunta: «¿Quién pondrá en marcha la maquinaria del gobierno de Estados Unidos para que convoque esta asamblea?». La opinión pública, con la ayuda de un organizador y líder capaz, que organizará y dirigirá los esfuerzos de la Sociedad de la Regla de Oro, cuyo objetivo será hacer que el presidente y el Congreso actúen.

Ninguna Sociedad de las Naciones y ningún mero acuerdo entre naciones puede erradicar la guerra mientras haya la mínima evidencia de aprobación de la guerra en los corazones de la gente. La paz universal entre naciones emergerá de un movimiento que comenzará y continuará, inicialmente, un número de pensadores relativamente reducido. Gradualmente, este número crecerá hasta que esté formado por los principales educadores, clérigos y publicistas del mundo, y éstos, a su vez, establecerán la *paz* de una forma tan profunda y permanente como un ideal mundial que se acabará convirtiendo en realidad.

Con el tipo de liderazgo adecuado, este fin deseable puede alcanzarse en una sola generación, pero lo más probable es que sean necesarias muchas generaciones futuras para alcanzarlo, puesto que, quienes tienen la capacidad de asumir este liderazgo, están demasiado ocupados persiguiendo la riqueza mundana como para hacer el sacrificio necesario para el bien de las generaciones que todavía no han nacido.

La guerra puede ser eliminada, pero no apelando a la razón, sino apelando al lado emocional de la humanidad. Esto debe hacerse organizando y suscitando las emociones de las personas de las diferentes naciones del mundo en apoyo de un plan universal para la paz, y éste debe ser impuesto en las mentes de las generaciones venideras con el mismo cuidado diligente con que ahora imponemos en las mentes de nuestros jóvenes el ideal de nuestras respectivas religiones.

No es exagerado decir que las iglesias del mundo podrían establecer la paz universal como un ideal internacional en una generación si dirigieran a ese fin la mitad de los esfuerzos que dedican actualmente a enfrentarse unas a otras.

Seguiríamos estando dentro de los límites del conservadurismo si afirmásemos que las iglesias cristianas, por sí solas, tendrían la influencia suficiente para establecer, en tres generaciones, la paz universal como un ideal mundial si las diversas facciones unieran sus fuerzas con ese propósito.

Lo que las principales iglesias de todas las religiones, las principales escuelas y la prensa pública del mundo podrían conseguir para imponer el ideal de la paz universal en las mentes de los adultos y de los niños del mundo en una sola generación, asombraría a la imaginación.

Si las religiones organizadas del mundo, tal como existen actualmente, no subordinan sus intereses y propósitos individuales al de establecer la paz universal, entonces la solución se encuentra en crear una iglesia universal del mundo que funcione con todas las razas y cuyo credo se base enteramente en el único propósito de implantar en las mentes de los jóvenes el ideal de una paz mundial.

Una iglesia así atraería gradualmente a seguidores de las filas de todas las demás iglesias. Y si las instituciones educativas del mundo no cooperan en la promoción de este elevado ideal de paz universal, entonces la solución estará en la creación de un sistema educativo enteramente nuevo que implante en las mentes de los jóvenes el ideal de la paz universal.

Y si la prensa pública del mundo no coopera en el establecimiento del ideal de la paz universal, entonces la solución será la creación de una prensa independiente que utilice tanto el papel impreso como las fuerzas del aire con el propósito de crear un apoyo masivo a este elevado ideal.

En pocas palabras: si las actuales *fuerzas organizadas* del mundo no prestan su apoyo al establecimiento de la paz universal como un ideal internacional, entonces deben crearse nuevas organizaciones que lo hagan.

La mayoría de la gente del mundo desea la paz, ¡y allí reside la posibilidad de alcanzarla!

Inicialmente, pareciera como si fuera esperar demasiado que se pueda convencer a las iglesias organizadas del mundo de aunar su poder y subordinar sus intereses individuales a los de la civilización en su totalidad. Pero este obstáculo aparentemente insuperable en realidad no es ningún obstáculo, puesto que cualquier apoyo que este plan consiga de las iglesias se lo devolverá multiplicado por mil mediante el aumento de poder que éstas experimentarán.

Veamos qué ventajas obtendría la iglesia de su participación en este plan para establecer la *paz universal* como un ideal mundial. En primer lugar, se verá claramente que ninguna iglesia individual pierde ninguna de sus ventajas por aliarse con otras confesiones para establecer un ideal mundial. La alianza no cambia ni interfiere en modo alguno con el credo de ninguna iglesia. Todas las iglesias que entren en la alianza saldrán de ella con todo el poder y todas las ventajas que tenían antes, además de la ventaja adicional de la mayor influencia de que disfrutará la iglesia en su totalidad por haber servido como el factor fundamental en la implantación en la civilización del mayor beneficio del que ha disfrutado en la historia del mundo.

¡Empieza grandemente!

Aunque sólo tengas tiempo para una frase,

que sea sublime...

Ningún fracaso es un crimen;

solamente el aspirar a poco.

Si la iglesia no obtuviera ninguna otra ventaja de esta alianza, esta sería suficiente para compensarla. Pero *la importante ventaja que habrá conseguido la iglesia con esta alianza será descubrir que tiene el poder suficiente para imponer sus ideales en el mundo cuando respalda en conjunto una iniciativa.*

Con esta alianza, la iglesia habrá captado la importancia de largo alcance del principio del esfuerzo organizado, con ayuda del cual podría dominar fácilmente el mundo e imponer sus ideales en la civilización.

Actualmente, la iglesia es, con mucho, el mayor poder potencial en el mundo, pero su poder es meramente potencial y seguirá siéndolo hasta que haga uso del principio del esfuerzo conjunto u organizado; es decir, hasta que todas las confesiones formulen un acuerdo de trabajo en el que la fuerza combinada de las religiones organizadas se utilice como un medio para imponer un ideal superior en las mentes de los jóvenes.

La razón por la cual la iglesia es el mayor poder potencial en el mundo es porque su poder surge de las emociones del hombre. Las emociones gobiernan el mundo y la iglesia es la única organización que se apoya únicamente en el poder de la emoción. La iglesia es el único factor organizado de la sociedad que tiene la capacidad de aprovechar y dirigir las fuerzas emocionales de la civilización, puesto que las emociones son controladas por la FE, ¡y no por la razón! Y la iglesia es la única gran corporación organizada en la que se centra la fe del mundo.

La iglesia, actualmente, es una de las diversas unidades de poder que están desconectadas, y no estaríamos exagerando las posibilidades si dijéramos que cuando estas unidades se conecten mediante el esfuerzo conjunto, el poder combinado de dicha alianza gobernará el mundo ¡y no habrá ningún poder opuesto sobre la tierra que pueda derrotarla!

Esta afirmación va seguida de otra que puede parecer más radical, pero sin ánimo de desalentar. A saber:

La tarea de crear esta alianza de las iglesias en apoyo del ideal mundial de la paz universal debe descansar en los miembros femeninos de la iglesia, puesto que la erradicación de la guerra promete unas ventajas que podrían prolongarse en el futuro y que sólo pueden corresponder a las generaciones que todavía no han nacido.

En la amarga acusación de Schopenhauer a la mujer, inconscientemente dijo una verdad en la que descansa la esperanza de la civilización cuando declaró que, para ella, la raza humana siempre es más que la persona. Schopenhauer acusa a la mujer de ser la enemiga natural del hombre por esta característica innata de poner los intereses de la humanidad por delante de los de la persona.

Me parece una profecía razonable sugerir que la civilización ha entrado en una nueva era, empezando con la Guerra Mundial, en la que la mujer debe hacerse cargo de elevar los valores éticos del mundo. Esta es una señal esperanzadora, puesto que está en la naturaleza de la mujer subordinar los intereses del presente a los del futuro. Está en su naturaleza implantar en la mente de los jóvenes ideales que beneficien a las generaciones que todavía no han nacido, mientras que, por lo general, el hombre suele estar motivado por las oportunidades del presente.

En el cruel ataque de Schopenhauer a la mujer, ha declarado una gran verdad respecto a su naturaleza: una verdad que bien podría ser utilizada por todos aquellos que se dedican a la valiosa labor de establecer *la paz universal como un ideal mundial.*

Las asociaciones de mujeres del mundo están destinadas a tener un papel en los asuntos mundiales, aparte de conseguir el sufragio universal.

¡Que la civilización recuerde esto!

Quienes no desean la paz son aquellos que se benefician de la guerra. En número, este grupo sólo constituye un fragmento del poder mundial, y podría ser eliminado como si no existiera, si la multitud que no desea la guerra se organizara con el elevado ideal de la paz universal como objetivo.

Para acabar, me parece apropiado disculparme por el estado inacabado de este ensayo, pero podría ser perdonable sugerir que los ladrillos y el mortero, y las primeras piedras y todos los otros materiales necesarios para la construcción del *templo de la paz universal* han sido reunidos aquí, donde podrían ser reorganizados y convertidos en este elevado ideal como una realidad mundial.

Procedamos ahora a aplicar el principio de la *herencia social* al tema de la economía comercial y a determinar si puede o no tener beneficios prácticos en la adquisición de riqueza material.

Si yo fuera banquero, conseguiría una lista de todos los nacimientos en las familias dentro de una determinada distancia a mi lugar de trabajo y haría que cada uno de los bebés recibiera una carta apropiada, felicitándolo por su llegada al mundo en un momento tan oportuno, en un vecindario tan favorable, y a partir de ese momento recibiría de su banco una tarjeta de cumpleaños adecuada. Cuando llegara a la edad de los cuentos, recibiría de su banco un interesante libro de cuentos en el que, en forma de una historia, se le hablaría de las ventajas de ahorrar. Si se tratara de una niña, recibiría como regalo de cumpleaños libros con muñecas recortables con el nombre del banco en la parte posterior de cada muñeca. Si se tratara de un niño, recibiría bates de béisbol. Se separaría uno de los pisos más importantes de su banco (o incluso un edificio entero, cercano) como sala de juegos para los niños, la cual estaría equipada con tiovivos, toboganes, columpios, patinetes, juegos y montoncitos de arena, con un supervisor competente encargado de hacer que los niños se divirtieran. Dejaría que esa sala de juegos se convirtiera en un hábitat popular de los niños del vecindario, donde las madres pudieran dejar a sus retoños en un entorno seguro mientras hacen sus compras o están de visita.

Entretendría a estos jovencitos de una forma tan espléndida, que cuando crecieran y abrieran cuentas que valieran la pena, estarían inseparablemente ligados a mi banco. Entretanto, no desperdiciaría, en modo alguno, mis oportunidades de hacer que sus padres y madres depositaran su dinero.

Si yo fuera propietario de una escuela de comercio, empezaría cultivando a los niños y las niñas de mi vecindario desde el momento en que llegaran a la educación primaria, y continuando en el instituto, de manera que cuando acabaran la enseñanza secundaria y estuvieran preparados para elegir una vocación, el nombre de mi escuela de comercio estaría bien fijado en sus mentes.

Si fuera comerciante, o propietario de unos grandes almacenes, o farmacéutico, cultivaría a los niños, para de ese modo, atraerlos a ellos y a sus padres a mi negocio, pues es sabido que no hay camino más corto para llegar al corazón de un padre o una madre que aquel que pasa por el interés manifiesto en sus hijos. Si fuese propietario de unos grandes almacenes y me anunciara en páginas enteras en los periódicos, como hace la mayoría, tendría una tira cómica en la parte inferior de cada página y la ilustraría con escenas de mi sala de juegos y, de ese modo, induciría a los niños a leer mis anuncios.

Si fuera predicador, equiparía el sótano de mi iglesia con una sala de juegos que atrajera a los niños del vecindario todos los días de la semana. Y si mi estudio estuviera cerca de allí, pasaría por la sala de juegos y disfrutaría de la diversión con los pequeños, obteniendo así la inspiración para predicar mejores sermones mientras, al mismo tiempo, conseguía feligreses para el futuro. No se me ocurre ningún método más eficaz que éste para prestar un servicio en armonía con el cristianismo y, al mismo tiempo, haga que mi iglesia sea un hogar popular para los jóvenes.

Si fuera publicista a nivel nacional, o el propietario de una empresa de ventas por correo, encontraría maneras y medios apropiados para establecer un punto de contacto con los niños del país, pues, permíteme repetirlo, no hay mejor forma de influir en un padre que «capturando» al niño.

Si fuera barbero, tendría una habitación equipada exclusivamente para los niños, pues ello me traería el favor tanto de los padres como de los hijos.

La resolución es uno de los factores esenciales para el éxito en la vida, sea cual sea tu meta.

JOHN D. ROCKEFELLER, JR.

En los alrededores de cada ciudad hay una oportunidad para tener un negocio floreciente para alguien que lleve un restaurante y sirva platos de «comida casera» de la mejor calidad, o atender a familias que quieran llevar a sus hijos a comer fuera ocasionalmente. Si yo lo gestionara, tendría el lugar equipado con unas charcas bien provistas de peces, y tendría ponis y todo tipo de animales y aves en los que los niños están interesados, y convencería a los pequeños para que vinieran habitualmente a pasar todo el día allí. ¿Por qué hablar de minas de oro cuando oportunidades como éstas abundan?

Éstas son algunas de las formas como se puede usar provechosamente el principio de la *herencia social* en los negocios. *¡Atrae a los niños y atraerás a sus padres!*

Si las naciones pueden crear soldados de guerra a la orden, inclinando las mentes de los jóvenes en dirección a la guerra, los hombres de negocios pueden crear clientes a la orden con el mismo principio.

Ahora llegamos a otro rasgo distintivo importante de esta lección, a través de la cual veremos, desde otro ángulo, cómo se puede acumular poder mediante el ESFUERZO ORGANIZADO y cooperativo.

En el plan para la erradicación de la guerra, observaste cómo la coordinación de esfuerzos entre tres de los grandes poderes organizados del mundo (escuelas, iglesias y prensa pública) pueden servir para imponer la paz universal.

Aprendimos muchas lecciones valiosas de la Primera Guerra Mundial, terrible y destructiva como fue, pero ninguna tan importante como la del efecto del ESFUERZO ORGANIZADO. Recordarás que la corriente de la guerra comenzó ir a favor de los ejércitos aliados justo después de que todas las fuerzas armadas pasaran a ser dirigidas por el general Foch, lo cual produjo una absoluta coordinación de esfuerzos en las filas aliadas.

Nunca antes en la historia del mundo se había concentrado tanto poder en un grupo de hombres como el que se creó a través del *esfuerzo organizado* de los ejércitos aliados. Ahora llegamos a uno de los hechos más destacables y significativos que se pueden encontrar en el análisis de estos ejércitos aliados, a saber, que estaban constituidos por el grupo de soldados más cosmopolita que se ha reunido jamás en el mundo.

Católicos y protestantes, judíos y gentiles, negros y blancos, asiáticos y morenos, y todas las razas del mundo estaban representadas en esos ejércitos. Si tenían alguna diferencia por motivo de la raza o el credo, la dejaban de lado y la subordinaban a la *causa* por la que estaban luchando. Bajo la tensión de la guerra, la gran masa de la humanidad se vio reducida a un nivel común en el que luchaba hombro a hombro, lado a lado, sin hacerse preguntas acerca de las tendencias raciales o las creencias religiosas.

Si ellos fueron capaces de dejar de lado la *intolerancia* durante el tiempo suficiente para luchar por sus vidas allí, ¿por qué no hacemos nosotros lo mismo aquí, mientras luchamos por unos valores éticos más elevados en los negocios, las finanzas y la industria? ¿Únicamente cuando las personas civilizadas luchan por sus vidas pueden tener la visión de dejar de lado la *intolerancia* y cooperar para promover una meta común?

Si era ventajoso para los ejércitos aliados pensar y actuar como un cuerpo perfectamente coordinado, ¿sería menos ventajoso para las personas de una ciudad o un vecindario o una industria hacer lo mismo?

¿Es que no ves que si todas las iglesias, escuelas, diarios, asociaciones y organizaciones cívicas de tu ciudad se aliaran para promover una causa común crearían el poder suficiente para asegurar el éxito de dicha causa?

Acerca un poco más esta ejemplificación a tus propios intereses individuales mediante una alianza imaginaria entre todos los jefes y todos los empleados de tu ciudad con el propósito de reducir las fricciones y los malentendidos, permitiéndoles así prestar un mejor servicio a menor costo para el público y mayores beneficios para ellos.

De la Guerra Mundial aprendimos que no podemos destruir una parte sin debilitar a la totalidad; que cuando una nación o un grupo de personas se ve reducida a la pobreza y la necesidad, el resto del mundo sufre también. Dicho inversamente: aprendimos de la Guerra Mundial que la *cooperación* y la *tolerancia* son los cimientos mismos de un éxito duradero.

Sin duda, las personas más serias y observadoras no dejarán de beneficiarse (como personas) de estas grandes lecciones que aprendimos de la guerra.

Soy consciente del hecho de que probablemente *tú* estás estudiando este curso con el propósito de beneficiarte, de todas las formas posibles, desde un punto de vista puramente personal, de los principios en los que se funda. Precisamente por este motivo, he procurado explicar la aplicación de los mismos en la gama más amplia posible de temas.

En esta lección, has tenido la oportunidad de observar la aplicación de los principios que subyacen a los temas del *esfuerzo organizado*, la *tolerancia* y la *herencia social* en la medida en que pueda darte que pensar y en que pueda aportar a tu *imaginación* mucho espacio para ejercitarse.

He procurado mostrarte cómo se pueden emplear estos principios para promover tus propios intereses individuales en cualquiera que sea tu profesión y para beneficiar a la civilización en su totalidad.

Tanto si tu vocación es pronunciar sermones, vender artículos o servicios personales, practicar el derecho, dirigir los esfuerzos de otros o trabajar como jornalero, no me parece exagerado esperar que encontrarás en esta lección un estímulo para el pensamiento que podría llevarte a conseguir mayores éxitos. Si, por casualidad, eres escritor de anuncios publicitarios, seguramente encontrarás en esta lección el suficiente alimento para el pensamiento como para añadir más poder a tu pluma. Si vendes servicios personales, no es poco razonable esperar que esta lección te sugiera maneras y medios para comercializarlos sacándoles un mayor partido.

Al revelarte la fuente a partir de la cual suele desarrollarse la *intolerancia*, esta lección también te ha llevado al estudio de otros temas que dan que pensar y que podrían marcar, fácilmente, la coyuntura más beneficiosa de tu vida. Los libros y las lecciones, en sí mismos, tienen poco valor; su valor real, si lo tienen, no se encuentra en sus páginas impresas, sino *en la posible acción que podrían mover al lector a realizar*.

Por ejemplo, cuando mi correctora de pruebas acabó de leer el manuscrito para esta lección, me informó de que les había impresionado tanto a su marido y a ella, que tenía la intención de entrar en el negocio publicitario y ofrecer a los bancos un servicio de publicidad que llegara a los padres a través de los hijos. Ella está convencida de que podría ganar diez mil dólares anuales con este plan.

Francamente, su plan me pareció tan atractivo que yo calcularía su valor, como mínimo, en más del triple de la cifra mencionada por ella, y no dudo que se podría ganar cinco veces más que esa cantidad si fuese organizado y comercializado por un vendedor capaz.

Y esto no es todo lo que esta lección ha conseguido antes de abandonar la etapa de manuscrito. Un importante propietario de una escuela superior, al cual le mostré el manuscrito, ya ha comenzado a aplicar la sugerencia referente al uso de la *herencia social* como un medio para «cultivar» a los estudiantes, y es lo bastante optimista como para creer que se podría vender un plan, similar al que pretende usar, a la mayoría de las 1.500 escuelas de comercio de Estados Unidos y Canadá, sobre una base que produciría, para el promotor del plan, unos ingresos anuales mayores que el salario del presidente de Estados Unidos.

Y, mientras acabo esta lección, he recibido una carta del doctor Charles F. Crouch, de Atlanta, Georgia, en la que me informa de que un grupo de importantes hombres de negocios de Atlanta acaban de organizar el CLUB DE LA REGLA DE ORO, cuyo principal objetivo es poner en funcionamiento, a escala nacional, el plan para la erradicación de la guerra tal como se explica en esta lección. (Varias semanas antes de acabar esta lección, le envié al doctor Crouch una copia de la parte de la lección que trata sobre la erradicación de la guerra).

Estos tres hechos, que ocurrieron uno detrás del otro en un período de pocas semanas, han reforzado mi creencia de que, de las dieciséis lecciones, ésta es la más importante, pero el valor que tenga para *ti* dependerá enteramente de la medida en que te incite a *pensar* y a *actuar* de una forma en que no lo habrías hecho sin su influencia.

El principal objetivo de este curso y, particularmente, de esta lección es *educar*, más que *informar*: «educar» en el sentido de educir, sacar, desarrollar desde el interior, *para hacer que utilices el poder que está dormido dentro de ti, esperando ser despertado por la mano de algún estímulo apropiado para incitarte a la acción.*

Para concluir, permíteme que te deje con mis sentimientos personales de tolerancia en el siguiente ensayo que escribí al pasar por mi experiencia más difícil, cuando un enemigo estaba intentando arruinar mi reputación y destruir los resultados de toda una vida de esfuerzos honestos por hacer algún bien en el mundo.

TOLERANCIA

Cuando el amanecer de la inteligencia haya extendido sus alas sobre el horizonte oriental del progreso, y la ignorancia y la superstición hayan dejado sus últimas huellas en las arenas del tiempo, quedará registrado en el libro de los crímenes y errores del hombre que su pecado más grave fue el de la intolerancia.

La intolerancia más implacable surge de las diferencias de opiniones raciales y religiosas, como resultado de una formación en la más temprana infancia. ¿Cuánto tiempo ha de pasar, ay, Señor de los destinos humanos, hasta que nosotros, pobres mortales, comprendamos la locura de intentar destruirnos unos a otros por causa de dogmas, credos y otros asuntos superficiales en los que no estamos de acuerdo? El tiempo del que disponemos en esta tierra es, en el mejor de los casos, ¡un breve instante!

Como una vela, se nos enciende, brillamos durante unos momentos, ¡y luego nos apagamos! ¿Por qué no podemos vivir durante esta breve estadía en la tierra de manera tal que cuando la gran caravana llamada muerte se acerque y anuncie que la visita está a punto de acabar, estemos preparados para plegar nuestras tiendas y, como los árabes del desierto, seguirla silenciosamente hasta las tinieblas de lo desconocido sin miedo y sin temblar?

Cuando haya cruzado al otro lado, espero no encontrar ni judíos ni gentiles, ni católicos ni protestantes, ni alemanes ni ingleses, ni franceses ni rusos, ni blancos ni negros, ni rojos ni amarillos.

Espero encontrar únicamente almas humanas, todos hermanos y hermanas que no estén marcados por la raza, el credo o el color, pues quiero haber acabado con la intolerancia, para poder tenderme y descansar durante uno o dos eones, sin ser molestado por la lucha, la ignorancia, la superstición y los pequeños malentendidos que manchan esta existencia terrenal con caos y dolor.

Si un hombre ha desarrollado un carácter sólido,

poco importa lo que la gente diga de él,

porque, al final, él acabará ganando.

Napoleon Hill, padre

LAS LEYES DEL ÉXITO

Decimosexta lección

LA REGLA DE ORO

«¡Puedes hacerlo si crees que puedes!»

Con esta lección nos aproximamos a la cima de la pirámide de este curso sobre las LEYES DEL ÉXITO. Esta lección es la estrella guía que te permitirá utilizar provechosa y *constructivamente* los conocimientos recogidos en las lecciones anteriores. Hay más poder contenido en las lecciones anteriores de este curso del que la mayoría de las personas se permitirían usar; por lo tanto, esta lección es un regulador que, si es observado y aplicado, te permitirá conducir tu nave de conocimientos por encima de las rocas y los arrecifes del fracaso que suelen dificultar el camino de todos aquellos que repentinamente se encuentran en posesión del poder.

Durante más de veinticinco años he estado observando la forma en que se comportan las personas cuando tienen poder y me he visto obligado a concluir que quien lo obtiene mediante un proceso que no sea lento, paso a paso, está continuamente en peligro de destruirse y de destruir a todos aquellos en los que influye.

Ya debe ser evidente para ti que este curso, en su totalidad, conduce a la adquisición de un *poder* de unas proporciones tales que puede conseguir lo aparentemente «imposible». Afortunadamente, queda claro que este *poder* sólo puede obtenerse mediante la observancia de varios principios fundamentales que convergen en esta lección, la cual se basa en una ley que iguala y trasciende en importancia a todas las demás leyes explicadas en las lecciones precedentes.

Asimismo, queda claro para el estudiante serio que este *poder* puede perdurar únicamente mediante la observancia fiel de la ley en la que se basa esta lección, en la cual se encuentra la «válvula de seguridad» que protege al alumno descuidado de los peligros de sus propias necedades y además protege a aquellas personas a las que podría poner en peligro si intentara pasar por alto lo que se indica en esta lección.

«Bromear» con el poder que se puede obtener de los conocimientos incluidos en las lecciones anteriores de este curso, sin una plena comprensión y una estricta observancia de la ley expresada en esta lección, equivale a «bromear» con un poder que podría destruir tanto como es capaz de crear.

No hay nadie que pueda leer

la filosofía de las LEYES DEL ÉXITO,

aunque fuera una sola vez, sin estar en consecuencia

mejor preparado para tener éxito

en cualquier actividad a la que se dedique.

ELBERT H. GARY

Ahora no estoy hablando de algo que sospecho que es cierto, sino de algo ¡que sé que es verdad! La verdad en la que se basa todo este curso, y esta lección en particular, no es una invención mía. No hago ninguna reivindicación de ella, excepto la de haber observado su aplicación invariable en los ámbitos cotidianos de la vida durante un período de más de veinticinco años de lucha y de haber hecho todo el uso de ella que pude, a la luz de mis fragilidades y debilidades humanas.

Si exiges una prueba *concluyente* de la solidez de las leyes en las que se basa este curso en general y esta lección en particular, debo declarar mi incapacidad de ofrecértela, excepto a través de un único testigo, y ése eres *tú*. Puedes obtener una prueba *concluyente* únicamente si pruebas y aplicas estas leyes tú mismo.

Si exiges unas pruebas más sustanciales y autoritarias que las mías, entonces tendré el privilegio de remitirte a las enseñanzas y la filosofía de Cristo, Platón, Sócrates, Epicteto, Confucio, Emerson y dos filósofos más modernos, James y Münsterberg, de cuyas obras he extraído los fundamentos más importantes de esta lección, con excepción de lo que he obtenido de mi propia y limitada experiencia.

Durante más de cuatro mil años, el hombre ha venido predicando la REGLA DE ORO como una regla adecuada para la conducta del ser humano, pero desgraciadamente el mundo ha aceptado las palabras escritas aunque sin captar, en absoluto, el espíritu de este mandato universal. Hemos aceptado la filosofía de la REGLA DE ORO solamente como una regla sensata para la conducta ética, pero no hemos llegado a comprender la ley en la que se basa.

He oído citar la REGLA DE ORO decenas de veces, pero no recuerdo haber oído jamás una explicación de la ley en la que se basa y empecé a comprender esta ley sólo hace pocos años, por lo que me inclino a pensar que quienes la citaban no la entendían.

La REGLA DE ORO consiste, sustancialmente, en tratar a los demás como te gustaría que te trataran a ti si las posiciones estuvieran invertidas. Pero, ¿por qué? ¿Cuál es la *verdadera* razón de esta amable consideración hacia los demás?

La verdadera razón es ésta: hay una ley eterna por cuyo funcionamiento uno recoge lo que siembra. Cuando eliges la regla de conducta con la que te guiarás en tus relaciones con los demás, muy probablemente serás justo y equitativo si sabes que, por esa elección, estás poniendo en movimiento un *poder* que seguirá su curso, para bien o para mal, en las vidas de otras personas y que al final regresará para ayudarte o para perjudicarte, según sea su naturaleza.

«Aquello que un hombre siembre, ¡también lo recogerá!» Tienes el privilegio de tratar injustamente a los demás, pero si comprendes la ley en que se basa la REGLA DE ORO, debes saber que tu trato injusto «producirá su fruto amargo».

Si comprendes plenamente los principios descritos en la undécima lección, que trata sobre el *pensamiento correcto*, te resultará bastante fácil entender la ley en que se basa la REGLA DE ORO. No puedes forzar o cambiar el rumbo de esta ley, *pero puedes adaptarte a su naturaleza y, de ese modo, usarla como un poder irresistible que te llevará a unas alturas de éxito que no podrías alcanzar sin su ayuda.*

Todo hombre se cuida de que su prójimo no lo engañe,
pero llega un día en que empieza a preocuparse
de no engañar a su prójimo. Entonces todo va bien:
ha convertido su carrito de supermercado
en un carro del sol.

Esta ley no se detiene en la mera devolución de tus *actos* de injusticia y falta de amabilidad hacia los demás, sino que va más allá (mucho más allá) y te devuelve los resultados de cada *pensamiento* que emites. Por lo tanto, no sólo es aconsejable que «trates a los demás como te gustaría que te trataran» sino que, para recibir plenamente los beneficios de esta gran ley universal, debes «pensar de los demás como te gustaría que piensen de ti».

La ley en que se basa la REGLA DE ORO empieza a afectarte, para bien o para mal, en el momento en que liberas un *pensamiento*. El hecho de que generalmente la gente no comprenda esta ley, prácticamente ha producido una tragedia a escala mundial. A pesar de su simplicidad, es casi todo lo que hay que aprender que tenga un valor duradero para el hombre, pues es el medio por el cual nos convertimos en maestros de nuestro propio destino.

Si entiendes esta ley comprenderás *todo* lo que la Biblia tiene que enseñarte, pues la Biblia presenta una cadena de pruebas que respaldan el hecho de que el hombre es el creador de su propio destino y que sus *pensamientos* y sus *actos* son herramientas con las que lo *crea*.

Durante épocas de menor ilustración y tolerancia que la actual, algunos de los más grandes pensadores que el mundo ha producido han pagado con sus vidas la osadía de revelar esta ley universal para que pudiera ser comprendida por todos. A la luz de la historia del mundo, es alentador constatar, en apoyo del hecho de que el ser humano está retirando gradualmente el velo de ignorancia e intolerancia, que no corro riesgo de sufrir un daño físico por estar escribiendo algo que, hace unos siglos, me habría costado la vida.

Aunque este curso trata sobre las leyes más elevadas del universo que el hombre es capaz de interpretar, su propósito es mostrar cómo se pueden utilizar en los asuntos prácticos de la vida. Con este objeto de aplicación práctica en mente, procedamos ahora a analizar el efecto de la REGLA DE ORO a través del siguiente incidente.

El poder de la oración

—No –dijo el abogado– no insistiré en su demanda contra ese hombre. Puede buscar a otra persona para que lleve su caso, o puede retirar la demanda. Como usted quiera.

—¿Cree que no se puede ganar dinero con ella?

—Probablemente se pueda ganar dinero con ella, ¡pero provendría de la subasta de esa casita que el hombre ocupa y llama su hogar! De todos modos, no quiero mezclarme en ese asunto.

—Lo asusta, ¿eh?

—En absoluto.

—Supongo que probablemente el tipo le ha rogado insistentemente para que lo deje, ¿verdad?

—Bueno, sí, lo hizo.

—Y probablemente, usted cedió.

—Sí.

—¿Qué hizo usted?

—Supongo que derramé algunas lágrimas.

—¿Y dice usted que el tipo le rogó insistentemente?

—No, yo no he dicho eso. Él no me dijo ninguna palabra.

—Bueno, ¿podría preguntarle, con todo respeto, a quién se dirigió en su vista?

—A Dios Todopoderoso.

—Ah, ¿se puso a rezar?

—No que yo sepa, al menos. Verá, encontré la pequeña casa fácilmente y llamé a la puerta, que estaba entreabierta, pero nadie me oyó, de modo que entré en el pequeño recibidor y vi, por la rendija de una puerta, una acogedora salita y allí, sobre la cama, con su cabeza plateada sobre las almohadas, se encontraba una anciana exactamente con el mismo aspecto que tenía mi madre la última vez que la vi en este mundo. Pues bien, estaba a punto de llamar a la puerta, cuando ella dijo: «Vamos, papá, empieza ya. Estoy preparada». Y, de rodillas, a su lado, había un hombre anciano, de cabello blanco, todavía más viejo que su esposa, diría yo, y no fui capaz de llamar a la puerta, lo juro por mi vida. Pues bien, él empezó. Primero le recordó a Dios que ellos seguían siendo Sus hijos sumisos, mamá y él, y que no importaba lo que Él considerara adecuado que les sobreviniera, ellos no se rebelarían ante Su voluntad. Sin duda, sería difícil para ellos quedarse sin casa a su avanzada edad, especialmente con la pobre mamá tan enferma y desvalida, y qué distinto habría sido si alguno de los chicos viviera todavía. Entonces su voz se quebró y una mano blanca emergió sigilosamente de debajo de la colcha y acarició suavemente su pelo níveo. Él siguió repitiendo que nada podía ser tan duro como haber tenido que despedirse de sus tres hijos, excepto que mamá y él fuesen separados.

»Pero, finalmente, el anciano se consoló con el hecho de que el amado Señor sabía que no era debido a ninguna falta suya que mamá y él se vieran amenazados con la pérdida de su querida casita, lo cual significaría mendigar y vivir en el hospicio para pobres: rezaban para no tener que ir allí, si eso era consecuente con la voluntad de Dios. Y entonces él citó una multitud de promesas de seguridad para quienes depositan su confianza en el Señor. De hecho, ése ha sido el ruego más emocionante que he oído jamás. Y finalmente rezó para que Dios bendijera a todos aquellos que están a punto de pedir justicia».

Entonces, el abogado continuó, más humilde que nunca:

—Y creo que prefiero tener que ir yo mismo al asilo para pobres, antes que manchar mi corazón y mis manos con la sangre de un juicio como ése.

—Tiene un poco de miedo de derrotar a la oración del anciano, ¿eh?

—Por Dios, hombre, ¡no es posible derrotarla! —dijo el abogado—. Le digo que dejó todo en manos de Dios, pero afirmó que se nos ha dicho que debemos dar a conocer nuestros deseos al Señor. De todos los alegatos que he oído en mi vida, ése los supera con creces. Verá, en mi infancia me enseñaron ese tipo de cosas. De cualquier modo, ¿por qué fui enviado a oír esa plegaria? Estoy seguro de que no lo sé, pero no le paso este caso a otra persona.

—Ojalá —dijo el cliente moviéndose intranquilo— usted no me hubiera hablado de la oración del anciano...

—¿Por qué motivo?

—Bueno, porque quiero el dinero que me daría esa casa, pero me enseñaron la Biblia de una forma bastante directa cuando era niño y odiaría oponerme a lo que usted me cuenta. Ojalá no hubiera escuchado ni una palabra al respecto, y en otra época no habría escuchado peticiones que estaban dirigidas a mis oídos.

El abogado sonrió.

—Mi querido amigo —dijo— vuelve a equivocarse otra vez. Estaba dirigido a mis oídos y a los suyos también, y Dios Todopoderoso quiso que así fuera. Si mal no recuerdo, mi anciana madre solía cantar que Dios se movía de maneras misteriosas.

—Bueno, mi madre solía cantar eso también —dijo el demandante, mientras retorcía los papeles de la demanda entre sus dedos.

—Si quiere, puede llamar por la mañana y decirles a «mamá» y a «él» que la demanda ha sido retirada.

Ni esta lección, ni el curso del que forma parte, se basan en un llamamiento a la sensiblería, pero no se puede escapar a la verdad de que el *éxito*, en su forma más elevada y noble, finalmente lo lleva a uno a ver todas las relaciones humanas con un sentimiento de profunda emoción como el que este abogado tuvo al escuchar la oración del anciano.

Quizá ésta sea una idea anticuada, pero, de algún modo, no puedo evitar creer ¡que nadie puede alcanzar el éxito en su forma más elevada sin la ayuda de la oración sincera! La oración es la llave con la que uno puede abrir la puerta secreta a la que me referí en la undécima lección. En estos tiempos de asuntos mundanos, cuando el pensamiento predominante de la mayoría de gente está centrado en la acumulación de riqueza o en la lucha por la mera subsistencia, es fácil y natural que subestimemos el poder de la oración sincera.

No estoy diciendo que debas recurrir a la oración como un medio para resolver tus problemas cotidianos que exigen una atención inmediata; no, no voy a ir tan lejos en un curso de formación que será estudiado principalmente por quienes buscan en él el camino hacia un *éxito* que se mide en dinero pero, ¿te puedo sugerir, modestamente, que al menos le des una oportunidad a la oración cuando *todo lo demás no consiga* proporcionarte *un éxito satisfactorio?*

Treinta hombres despeinados y con los ojos enrojecidos formaban una fila delante del juez del tribunal correccional de San Francisco. Era el grupo habitual de borrachos y revoltosos. Algunos eran viejos y se habían endurecido; otros inclinaban la cabeza avergonzados. Justo cuando el desorden momentáneo de la entrada de los prisioneros se tranquilizó, ocurrió algo extraño. Una voz fuerte y clara, proveniente de la parte inferior, comenzó a cantar:

«Anoche mientras dormía,
tuve un sueño muy bonito».

«¡Anoche!» Para todos ellos había sido una pesadilla o el estupor de una borrachera. La canción fue un contraste tan grande con la terrible realidad, que nadie pudo evitar conmocionarse repentinamente ante el pensamiento que la canción sugería.

«Estaba en la vieja Jerusalén,
junto al Templo que hay allí»...

... continuaba la canción. El juez hizo una pausa. Hizo sus averiguaciones tranquilamente. Un antiguo miembro de una famosa compañía de ópera conocida en el país entero estaba esperando un juicio por falsificación. Era él quien cantaba en su celda.

Entretanto, la canción continuaba y todos los hombres de la fila dejaban ver su emoción. Uno o dos de ellos cayeron de rodillas; un chico que estaba al final de la cola, tras un desesperado esfuerzo por controlarse, se apoyó contra la pared, escondió su rostro entre sus brazos cruzados y sollozó: «Ay, mamá, mamá».

Los sollozos, que penetraban en el corazón mismo de los hombres que los oían, y la canción, que todavía se abría paso por la sala, se fundieron con el silencio. Finalmente, un hombre protestó: «Señor juez, dijo, ¿tenemos que soportar esto? Estamos aquí para recibir nuestro castigo, pero esto...». Y él, también, comenzó a sollozar.

Era imposible continuar con los asuntos del juzgado, pero no se dio la orden de detener la canción. El sargento de policía, tras un esfuerzo por mantener a los hombres en fila, dio un paso atrás y esperó con el resto. La canción llegó a su clímax:

«¡Jerusalén, Jerusalén!
¡Canta, pues la noche ha terminado!
¡Hosanna, en lo más alto!
¡Hosanna, por siempre jamás!»

Las últimas palabras sonaron en un éxtasis de melodía y luego se hizo el silencio. El juez observó los rostros de los hombres que estaban delante de él. No había ninguno que no se hubiera conmovido con la canción; ninguno en el que no se hubiera despertado algún impulso mejor. No llamó a los casos individualmente: con algunos consejos amables, los dejó marchar a todos. Ningún hombre fue multado, ni sentenciado a vivir en el asilo de pobres aquella mañana. La canción había hecho un mayor bien del que el *castigo* hubiera podido llegar a hacer.

Has leído la historia de un abogado de la REGLA DE ORO y la de un juez de la REGLA DE ORO. En estos dos incidentes triviales de la vida cotidiana, has observado cómo funciona la REGLA DE ORO cuando se la *aplica*.

Un gesto bondadoso de poca importancia aquí y allí,

es apenas un episodio sencillo y pequeño;

pero si en tu vida los has sembrado generosamente,

tu cosecha de felicidad será abundante.

Una actitud pasiva hacia la REGLA DE ORO no producirá resultados; no basta con *creer* en esta filosofía si, al mismo tiempo, uno no la *aplica* en sus relaciones con los demás. Si quieres resultados, debes tener una actitud *activa* hacia la REGLA DE ORO. Una mera actitud pasiva, representada por la creencia en su solidez, será inútil.

También será inútil proclamar al mundo tu creencia en la REGLA DE ORO, si tus actos no están en armonía con tu proclamación. Dicho inversamente, no te servirá de nada aparentar que practicas la REGLA DE ORO si, en el fondo, estás deseando utilizar esta ley universal de conducta correcta como un manto para cubrir tu naturaleza codiciosa y egoísta. Todo acaba por saberse. Incluso la persona más ignorante te «percibirá» tal como eres.

El carácter humano se está publicando continuamente. No puede ocultarse. Detesta la oscuridad; corre hacia la luz... Oí a un abogado experimentado decir que jamás temía el efecto que pudiera tener sobre el jurado un abogado que no está convencido en lo más profundo de su ser de que su cliente se merece un veredicto favorable. Si él no lo cree, su incredulidad será patente a pesar de todas sus protestas, y se convertirá en la incredulidad del jurado. Ésta es la ley según la cual una obra de arte, de cualquier tipo, nos coloca en el mismo estado de ánimo en que se encontraba el artista cuando la realizó. Aquello que no creemos, no lo podemos *expresar adecuadamente*, aunque repitamos las palabras con mucha frecuencia. Ésta fue la convicción que expresó Swedenborg cuando describió a un grupo de personas en el mundo espiritual que intentaban en vano expresar una propuesta en la que no creían: no lo conseguían, por mucho que movieran y arrugaran los labios, incluso hasta la indignación.

> «Un hombre deja ver lo que vale. Lo que él es se graba en su rostro, en su forma, en sus fortunas, en letras de luz que todos pueden leer, excepto él mismo... Si quieres que se te conozca por haber hecho algo, no lo hagas jamás. Un hombre puede hacerse el tonto en los terrenos de acarreo del desierto, pero parecerá que cada grano de arena lo ve.»
>
> EMERSON

En esta cita, Emerson hace referencia a la ley en que se basa la filosofía de la REGLA DE ORO, y tenía en mente esa misma ley cuando escribió lo siguiente:

«Cada violación de la verdad no sólo es una especie de suicidio para el mentiroso, sino que es también una puñalada a la salud de la sociedad humana. En la mentira más provechosa, la marcha de los acontecimientos pondrá luego una carga destructiva, mientras que la franqueza resulta ser la mejor de las tácticas, pues invita a la franqueza, coloca a ambas partes en una relación conveniente y convierte el intercambio en una amistad. Confía en los hombres y ellos te serán fieles; trátalos con grandeza y se mostrarán grandes, aunque hagan una excepción a tu favor en todas sus reglas de comercio».

La filosofía de la REGLA DE ORO se basa en una ley que ninguna persona puede evadir. Esta ley es la misma que se describe en la undécima lección, que trata sobre el *pensamiento correcto*, con cuyo funcionamiento los pensamientos que tenemos se convierten en realidad, correspondiéndose exactamente con su naturaleza.

«Una vez que reconocemos el poder creativo de nuestros pensamientos, se acaba el esforzarnos para obtener lo que queremos y se acaba el conseguirlo *a expensas de otra persona*, ya que, según la hipótesis de que podemos crear lo que deseamos, la forma más sencilla de obtenerlo no es arrebatárselo a alguien, sino crearlo para nosotros. Y puesto que no hay límite al pensamiento, no puede haber necesidad de esforzarse para conseguirlo. Que todo el mundo pueda obtener lo que quiera *de esta manera* significa erradicar la lucha, la necesidad, la enfermedad y la tristeza de la Tierra.»

«Ahora bien, la Biblia descansa, precisamente, sobre este supuesto del poder creativo de nuestros pensamientos. Si no fuera así, ¿cuál sería el significado de ser salvados por la fe? La fe es, esencialmente, pensamiento y, por lo tanto, cada llamada a tener fe en Dios es una llamada a confiar en el poder de tus propios pensamientos acerca de Dios. "Según tu fe, te será dado", dice el Antiguo Testamento. Todo el libro no es más que una declaración continua del poder creativo del pensamiento.

La ley de la individualidad del hombre es, por lo tanto, la ley de la libertad y es, igualmente, el evangelio de la paz, pues cuando comprendemos verdaderamente la ley de nuestra propia individualidad, vemos que esa misma ley encuentra su expresión en todos los demás y, en consecuencia, honraremos *la ley en los demás* exactamente en la misma medida en que la valoramos en nosotros mismos. Hacer esto es seguir la REGLA DE ORO de tratar a los demás como nos gustaría que nos trataran y, puesto que sabemos que la ley de la libertad en nosotros mismos debe incluir el libre uso de nuestro poder creativo, ya no hay ningún aliciente para infringir los derechos de los demás, ya que podemos satisfacer nuestros propios deseos mediante el ejercicio de nuestro conocimiento de la ley.

Cuando esto se llega a entender, la cooperación ocupa el lugar de la competencia, con el resultado de que se elimina toda base para la enemistad, ya sea entre personas, clases o naciones...»

(La cita precedente es del libro *Bible Mystery and Bible Meaning* [Misterio y significado de la Biblia] del juez T. Troward, publicado por Robert McBride & Company, Nueva York. El juez Troward fue autor de varios interesantes volúmenes, entre ellos *The Edinburgh Lectures* [Las conferencias de Edimburgo] que recomiendo a todos los estudiantes de este curso.)

Si deseas saber qué le ocurre a una persona cuando hace caso omiso de la ley en que se basa la REGLA DE ORO, elige a cualquier individuo de tu vecindario que sepas que vive con el único propósito dominante de acumular riqueza y que no tenga ningún escrúpulo respecto a cómo obtenerla. Estúdialo y verás que no hay calidez en su alma, que no hay amabilidad en sus palabras y que no hay cordialidad en su rostro. Se ha convertido en un esclavo de su deseo de riqueza; está demasiado ocupado para disfrutar de la vida y es demasiado egoísta para desear ayudar a los demás a disfrutarla. Camina, habla y respira, pero no es más que un autómata humano. Sin embargo, hay muchas personas que envidian a una persona así y les gustaría ocupar su lugar, creyendo neciamente que ella es un *éxito*.

Nunca puede haber *éxito* sin felicidad, y ningún hombre puede ser feliz sin dispensar felicidad a los demás. Asimismo, la dispensación debe ser voluntaria y sin otro objeto que llevar alegría a los corazones de quienes tienen un corazón lleno de cargas.

George D. Herron pensaba en la ley en que se basa la filosofía de la REGLA DE ORO cuando dijo:

Hemos hablado mucho de la hermandad futura, pero la hermandad siempre ha sido la realidad de nuestra vida, mucho antes de convertirse en un sentimiento moderno e inspirado. Sólo que hemos sido hermanos en la esclavitud y el tormento, hermanos en la ignorancia y en su perdición, hermanos en la enfermedad, en la guerra y en la necesidad, hermanos en la prostitución y en la hipocresía. Lo que le ocurre a uno de nosotros, tarde o temprano le ocurrirá a todos; siempre hemos estado inevitablemente envueltos en un destino común. El mundo tiende constantemente a ir hacia el nivel del hombre que está más abajo, y ese hombre es el verdadero gobernador del mundo, apretándolo contra su pecho, arrastrándolo a su muerte. Tú no crees que es así, pero es cierto, y debería serlo. Porque si hubiera alguna forma en que algunos de nosotros pudiésemos liberarnos, apartarnos de los demás, si hubiera alguna forma en la que algunos de nosotros pudiésemos tener el cielo mientras otros tienen el infierno, si hubiera alguna forma en que parte del mundo pudiese escapar del infortunio, el peligro y la miseria del trabajo desheredado, entonces, ciertamente, nuestro mundo estaría perdido y condenado; pero, puesto que los hombres nunca han sido capaces de separarse de los infortunios y los agravios de los demás, puesto que la historia nos ha enseñado la lección de que no podemos escapar a algún tipo de hermandad, puesto que toda la vida nos enseña que estamos eligiendo a cada momento entre la hermandad en el sufrimiento y la hermandad en el bien, somos nosotros los que debemos elegir la hermandad de un mundo cooperativo, con todos los frutos que conlleva: los frutos del amor y la libertad.

La Primera Guerra Mundial nos introdujo en una era de esfuerzo cooperativo en la cual la ley de «vive y deja vivir» destaca como una estrella brillante que nos guía en nuestras relaciones. Esta gran llamada universal al esfuerzo cooperativo está adquiriendo muchas formas, algunas de las cuales, no menos importantes, son los clubes de rotarios, los clubes de kiwanis, los clubes de leones y muchos otras asociaciones en las que los hombres se reúnen en un espíritu de intercambio amistoso, pues éstas marcan el inicio de una era de competencia amistosa en los negocios. El siguiente paso será una alianza más estrecha de este tipo de asociaciones con un espíritu de cooperación amistosa.

Ninguna persona ociosa está segura jamás,

independientemente de si es rica o pobre,

blanca o negra, culta o analfabeta.

BOOKER T. WASHINGTON

El intento de Woodrow Wilson y sus contemporáneos de establecer la Sociedad de las Naciones, seguido de los esfuerzos de Warren G. Harding de sentar las bases para la misma causa bajo el nombre de Tribunal Mundial, señaló el primer intento en la historia mundial de hacer que la REGLA DE ORO fuera eficaz como un punto de encuentro para las naciones del mundo.

No se puede escapar al hecho de que el mundo ha despertado a la verdad que hay en la declaración de George D. Herron de que «estamos eligiendo a cada momento entre la hermandad en el sufrimiento y la hermandad en el bien». La Primera Guerra Mundial nos ha enseñado (o mejor dicho, ha impuesto en nosotros) la verdad de que una parte del mundo no puede sufrir sin que ello dañe al mundo entero. Estos hechos son llevados a tu atención, no con la intención de moralizar, sino con el propósito de dirigir tu atención hacia la ley subyacente por la cual se están produciendo estos cambios. Durante más de cuatro mil años el mundo ha estado pensando en la filosofía de la REGLA DE ORO y ese *pensamiento* se está transformando ahora en la conciencia de los beneficios que reciben quienes la aplican.

Aunque soy consciente de que el estudiante de este curso está interesado en un éxito material que puede medirse en estados de cuenta bancarios, me parece apropiado sugerir aquí que quien lo desee puede beneficiarse moldeando su filosofía de los negocios para que se ajuste a este cambio drástico hacia la cooperación que se está produciendo en el mundo entero.

Si puedes comprender el significado del enorme cambio que ha experimentado el mundo desde el final de la Guerra Mundial y si eres capaz de interpretar el significado de todos los clubes gastronómicos y otras asociaciones similares que reúnen a hombres y mujeres en un espíritu de cooperación amistosa, seguramente tu imaginación te sugerirá que éste es un momento oportuno para aprovecharlo adoptando ese espíritu como la base de tu propia filosofía comercial o profesional. Dicho inversamente, debería ser evidente para todos los que pretenden pensar correctamente, que se acerca una época en la que dejar de adoptar la REGLA DE ORO como base de tu filosofía comercial o profesional equivaldría a un suicidio económico.

Quizá te hayas preguntado por qué no se ha abordado el tema de la *honradez* como prerrequisito para el éxito en este curso y, si es así, encontrarás la respuesta en esta lección. La filosofía de la REGLA DE ORO, si se comprende y aplica correctamente, hace que la falta de honradez sea imposible. Más que eso: imposibilita todas las demás cualidades destructivas, como el egoísmo, la codicia, la envidia, la intolerancia, el odio y la malicia.

Cuando aplicas la REGLA DE ORO, te conviertes, al mismo tiempo, en el juez y el juzgado, en el acusado y el acusador. Esto lo coloca a uno en una posición en la que la *honradez* comienza en su propio corazón, con uno mismo, y se extiende a todos los demás con igual efecto. La *honradez* que se basa en la REGLA DE ORO no es el tipo de honradez que sólo reconoce la conveniencia.

No es ningún mérito ser honrado ya que, obviamente, la honradez es la táctica más *beneficiosa* si uno no quiere perder a un buen parroquiano, o a un cliente valioso, o ser enviado a la cárcel por estafa. Pero cuando la honradez significa una pérdida material, temporal o permanente, entonces se convierte en un *honor* del grado más alto para todo aquel que la practica. Una honradez de ese tipo tiene su recompensa apropiada en el poder de carácter y la buena reputación de que disfrutan todos los que se lo merecen.

Quienes comprenden y aplican la filosofía de la REGLA DE ORO son siempre escrupulosamente honrados, no sólo por su deseo de ser justos con los demás, sino también por su deseo de ser justos consigo mismos. Entienden la ley eterna en que se basa la REGLA DE ORO y saben que a través del funcionamiento de dicha ley *todos los pensamientos que liberan y todos los actos que realizan tienen su equivalente en algún hecho o circunstancia con el que más adelante se enfrentarán.*

Los filósofos de la REGLA DE ORO son honrados porque comprenden la verdad de que la honradez añade a su propio carácter ese «algo esencial» que le aporta vida y poder. Quienes entienden la ley por la que opera la REGLA DE ORO envenenarían su propia agua de beber tan pronto como cometieran un acto de injusticia hacia otra persona, pues saben que una injusticia inicia una cadena de causalidad que no sólo les traerá sufrimiento físico, sino que además destruirá su carácter, manchará su reputación e imposibilitará la consecución de un éxito duradero.

La ley por la cual funciona la filosofía de la REGLA DE ORO no es otra que la ley por la cual funciona el principio de la autosugestión. Esta afirmación te sugiere algo a partir de lo cual deberías ser capaz de hacer una deducción de largo alcance e inestimable valor. Haz una prueba para ver tu progreso en el dominio de este curso analizando la afirmación anterior para determinar, antes de seguir leyendo, qué sugerencia te ofrece.

¿En qué te podría beneficiar saber que cuando tratas a los demás como si fueran tú mismo (lo cual es la suma y la sustancia de la REGLA DE ORO) estás poniendo en marcha una cadena de causalidad, con ayuda de una ley que afecta a los demás según la naturaleza de tu acto, *y que, al mismo tiempo, estás incorporando a tu carácter, a través de la mente subconsciente, los efectos de dicho acto?*

Esta pregunta prácticamente sugiere su propia respuesta, pero puesto que estoy decidido a hacerte pensar sobre este tema crucial, te plantearé la pregunta de otra forma: si todos tus actos hacia los demás, e incluso tus pensamientos sobre ellos, son registrados en tu mente subconsciente por el principio de la autosugestión, construyendo así tu propio carácter como un duplicado exacto de tus *pensamientos* y tus *actos*, ¿acaso no ves cuán importante es vigilar tales actos y pensamientos?

Ahora estamos en el centro del verdadero motivo para tratar a los demás como nos gustaría que nos trataran, pues es evidente que cualquier cosa que hagamos a los demás nos la hacemos a nosotros mismos. Dicho de otro modo: cada *acto* y cada *pensamiento* que liberas modifica tu propio carácter en exacta conformidad con la naturaleza del acto o el pensamiento, y tu carácter es una especie de imán que atrae hacia ti a personas y situaciones que armonizan con él. No puedes realizar un acto hacia otra persona sin haber creado antes la naturaleza de dicho acto en tu propio pensamiento y no puedes liberar un pensamiento sin colocar la suma y la sustancia de él en tu propia mente subconsciente, donde se convertirá en parte y parcela de tu propio carácter.

Si comprendes este sencillo principio, comprenderás por qué no te puedes permitir odiar o envidiar a otra persona. Entenderás, también, por qué no te puedes permitir devolver el golpe, con su equivalente, a quienes cometen una injusticia contigo. Asimismo, comprenderás el mandato de «devolver bien por mal».

Si entiendes la ley en que se basa el mandato de la REGLA DE ORO entenderás también la ley que une a toda la humanidad con un mismo lazo de compañerismo y hace imposible que le hagas daño a otra persona, mediante *pensamientos* o *actos*, sin hacerte daño a ti mismo y, asimismo, añade a tu propio carácter los resultados de todos los *pensamientos* y *actos* amables que salen de ti.

Parece casi un acto de la Providencia que el mayor agravio y la más grave injusticia que me ha hecho jamás un semejante me los hicieran justamente cuando empezaba a escribir esta lección. (Algunos estudiantes de este curso sabrán a qué me refiero.)

Esta injusticia ha supuesto un infortunio temporal para mí, pero tiene poca importancia comparada con la ventaja que me ha dado al proporcionarme una ocasión oportuna para poner a prueba la solidez de la totalidad de la premisa en que se basa esta lección.

> No existe ninguna derrota, excepto la que proviene de tu interior. Realmente, no hay ningún obstáculo insuperable, excepto tu propia e inherente debilidad de propósito.
>
> EMERSON

La injusticia a la que me refiero dejó abiertas dos líneas de acción para mí. Podía buscar alivio «devolviendo el golpe» a mi enemigo, a través de una demanda civil y de medidas penales por difamación, o podía ejercer mi derecho a perdonarlo. Una línea de acción me habría aportado una suma de dinero sustancial y la alegría y satisfacción que podría haber en el hecho de derrotar y *castigar* al enemigo. La otra línea de acción me habría aportado el respeto a uno mismo del que disfrutan todas aquellas personas que se han enfrentado con éxito a una prueba y han descubierto que han evolucionado hasta el punto de que pueden recitar el padre nuestro *¡y decirlo en serio!*

Yo elegí la segunda línea. Lo hice a pesar de las recomendaciones de amigos personales cercanos de «devolver el golpe» y a pesar de la oferta de un importante abogado de hacerlo por mí *sin ningún coste.*

Pero dicho abogado se ofrecía a hacer lo imposible, ya que ningún hombre puede «devolver el golpe» a una persona *sin ningún coste*. El coste no es siempre monetario, pues hay otras cosas con las que uno puede pagar que son más queridas que el dinero.

Intentar que alguien que no conoce la ley en que se basa la REGLA DE ORO entienda por qué me negué a devolverle el golpe a ese enemigo sería tan inútil como intentar explicarle a un simio la ley de la gravedad. Si comprendes esta ley comprenderás, también, por qué decidí *perdonar* a mi enemigo.

En el padre nuestro se nos dice que debemos perdonar a nuestros enemigos, pero este mandato caerá en oídos sordos si quien lo escucha no comprende la ley en que está basado. Esa ley no es otra que aquella en que se basa la REGLA DE ORO. Es la ley que constituye los cimientos de toda esta lección y por la cual debemos cosechar, inevitablemente, aquello que sembramos. No se puede escapar al funcionamiento de esta ley, ni tenemos ningún motivo para intentar evitar sus consecuencias sin poner en movimiento *pensamientos* y *actos* destructivos.

Para que podamos describir de una forma más concreta la ley en que se basa esta lección, vamos a representarla en un código ético que podría adoptar la persona que quisiera seguir literalmente el mandato de la REGLA DE ORO, de la siguiente manera:

Mi código de ética

1. Creo en la REGLA DE ORO como la base de toda conducta humana; por lo tanto, jamás le haré a otra persona aquello que no me gustaría que ella me hiciera a mí si nuestros lugares fuesen intercambiados.

2. Seré honrado, incluso hasta el mínimo detalle, en mi trato con los demás, no sólo por mi deseo de ser justo con ellos, sino también por mi deseo de imprimir la idea de honradez en mi propia mente subconsciente, incorporando así esta cualidad esencial a mi propio carácter.

3. Perdonaré a quienes sean injustos conmigo, sin pensar si se lo merecen o no, porque entiendo la ley por la cual el perdonar a los demás fortalece mi propio carácter y borra los efectos de las propias transgresiones de mi mente subconsciente.

4. Siempre seré justo, generoso e imparcial con los demás, aunque sepa que estos actos no serán percibidos o recompensados en los términos habituales de recompensa, porque entiendo y pretendo aplicar la ley con cuya ayuda el carácter de una persona es la suma total de sus *actos* y sus *hechos*.

5. El tiempo que pueda tener para dedicar al descubrimiento y la exposición de las debilidades y faltas de otras personas lo dedicaré, de una forma más provechosa, al descubrimiento y *corrección* de las mías.

6. No calumniaré a nadie, por mucho que crea que la persona se lo merezca, porque no deseo sembrar sugestiones destructivas en mi propia mente subconsciente.

7. Reconozco el poder del pensamiento como una entrada que conduce al interior de mi cerebro desde el océano universal de la vida; por lo tanto, no dejaré pensamientos destructivos flotando en dicho océano, para que no contaminen las mentes de los demás.

8. Dominaré la habitual tendencia humana hacia el odio, la envidia, el egoísmo, los celos, la malicia, el pesimismo, la duda y el miedo, porque creo que son la semilla a partir de la cual el mundo recoge la mayoría de sus problemas.

9. Cuando mi mente no esté ocupada con pensamientos que tiendan a la consecución de mi *claro objetivo principal* en la vida, la mantendré llena, voluntariamente, de pensamientos de valentía, seguridad en mí mismo, buena voluntad hacia los demás, fe, bondad, lealtad, amor por la verdad y justicia, pues creo que ésas son las semillas de las que el mundo recoge su cosecha de crecimiento progresivo.

10. Entiendo que una mera creencia pasiva en la solidez de la filosofía de la REGLA DE ORO no sirve absolutamente de nada, ni

para mí ni para los demás. Por lo tanto, pondré *activamente* en funcionamiento esta regla universal para bien en todos mis intercambios con los demás.

11. Entiendo la ley por cuyo funcionamiento se desarrolla mi propio carácter a partir de mis propios *actos* y *pensamientos*; por lo tanto, vigilaré de cerca todo lo que interviene en su desarrollo.

12. Puesto que me doy cuenta de que la felicidad duradera proviene únicamente de ayudar a los demás a encontrarla y que ningún acto de bondad queda sin recompensa, aunque es posible que nunca se pague de una forma directa, me esforzaré por ayudar a otras personas cuando y donde se presente la oportunidad.

A lo largo de todo este curso, habrás notado que se hace una referencia frecuente a Emerson. Todos los estudiantes del curso deberían tener un ejemplar de los *Ensayos* de Emerson, y el ensayo sobre la compensación debería leerse y estudiarse al menos cada tres meses. Cuando lo leas, fíjate que trata acerca de la misma ley en que se basa la REGLA DE ORO.

Algunas personas creen que la filosofía de la REGLA DE ORO no es más que una teoría y que no está relacionada, en modo alguno, con una ley inmutable. Estas personas han llegado a esa conclusión por experiencias personales en las que prestaron un servicio a otros sin disfrutar de los beneficios de una reciprocidad directa.

No has cumplido con todas tus obligaciones
a menos que hayas cumplido con la de ser agradable.

CHARLES BUXTON

¿Cuántas personas hay que no hayan prestado un servicio a los demás que no fuera correspondido o apreciado? Estoy seguro de que yo he tenido esa experiencia, no una, sino muchas veces, pero también estoy seguro de que tendré experiencias similares en el futuro y que no dejaré de ayudar a los demás solamente porque *ellos* no me correspondan y no aprecien mis esfuerzos. Y éste es el motivo:

Cuando presto un servicio a otra persona o realizo un acto de bondad, almaceno en mi mente subconsciente el efecto de mis esfuerzos, lo cual se podría comparar con «cargar» una batería eléctrica. Luego, si realizo un número suficiente de actos de ese tipo habré desarrollado un carácter positivo, dinámico, que *atraerá* hacia mí a personas que armonicen con mi propio carácter o se asemejen a él.

Las personas a las que *atraiga* me corresponderán con los actos de bondad y de servicio que yo he prestado a otras, y así, la ley de la compensación habrá equilibrado la balanza de la justicia para mí, devolviéndome a través de una fuente completamente distinta los resultados del servicio que yo presté.

Has oído decir con frecuencia que la primera venta de un vendedor debería ser a sí mismo, lo cual significa que, a menos que se convenza primero de los méritos de sus productos, no será capaz de convencer a los demás. Aquí, una vez más, entra en juego la ley de la atracción, pues es sabido que el *entusiasmo* es contagioso, y cuando un vendedor muestra un gran *entusiasmo* por sus productos, despierta el correspondiente interés en las mentes de otras personas.

Podrás comprender esta ley con bastante facilidad si imaginas que eres una especie de imán humano que atrae a aquellas personas cuyo carácter armoniza con el tuyo. Al verte como un imán que atrae hacia ti a quienes armonizan con tus características dominantes y repele a los que no lo hacen, deberías tener en cuenta también que *tú eres el creador de ese imán* y que puedes cambiar su naturaleza para que encaje con cualquier ideal que desees establecer y seguir. Y el hecho más importante que deberías tener presente es que todo este proceso de cambio tiene lugar *a través del pensamiento*.

¡Tu carácter es la suma total de tus *pensamientos* y tus *actos!* Esta verdad se ha dicho de muchas maneras distintas a lo largo de este curso.

Debido a esta gran verdad, es imposible que prestes cualquier servicio útil o realices cualquier acto de bondad hacia otras personas sin que ello te beneficie. Igualmente, es imposible que realices un *acto* destructivo o tengas un *pensamiento* destructivo sin ser penalizado con la pérdida de una cantidad correspondiente de tu propio poder.

El *pensamiento positivo* desarrolla una personalidad dinámica. El *pensamiento negativo* desarrolla una personalidad de la naturaleza opuesta. En muchas de las lecciones anteriores de este curso, así como en ésta, se dan instrucciones claras en cuanto al método exacto para desarrollar la personalidad mediante el *pensamiento positivo*. Estas instrucciones están particularmente detalladas en la tercera lección, que trata sobre la *seguridad en uno mismo*. En ella, encontrarás una fórmula muy clara de ejemplo. Todas las fórmulas ofrecidas en este curso tienen el propósito de ayudarte a dirigir *conscientemente* el poder del *pensamiento* para desarrollar una personalidad que atraiga a la gente que pueda ayudarte a alcanzar tu *claro objetivo personal*.

No necesitas ninguna prueba de que tus *actos* hostiles o crueles hacia otras personas producen el efecto de la revancha. Además, la revancha suele ser clara e inmediata. Asimismo, no necesitas ninguna prueba de que puedes conseguir más si tratas a los demás de manera tal que quieran cooperar contigo. Si has dominado la octava lección, que trataba sobre el autocontrol, sabrás cómo persuadir a otras personas para que actúen contigo como a ti te gustaría que lo hagan, *mediante tu propia actitud hacia ellas*.

La ley del «ojo por ojo y diente por diente» se basa en la misma ley según la cual funciona la REGLA DE ORO. No es nada más que la regla de la compensación con la que todos estamos familiarizados. Incluso la persona más egoísta responderá a esta ley, *¡porque no lo podrá evitar!* Si hablo mal de ti, aunque diga la verdad, tú no pensarás bien de mí. Además, lo más probable es que me pagues con la misma moneda. Pero si hablo de tus virtudes, pensarás bien de mí y, por lo general, cuando se presente la oportunidad me corresponderás de una forma equivalente.

A través del funcionamiento de esta ley de la atracción, las personas desinformadas están atrayendo continuamente problemas, tristeza, odio y la oposición de los demás mediante sus palabras no vigiladas y sus actos destructivos. ¡Trata a los demás como te gustaría que te trataran! Hemos oído este mandato miles de veces y, sin embargo, ¿cuántos de nosotros comprendemos la ley en la que se basa? Para que este mandato quede un poco más claro, me gustaría expresarlo en mayor detalle, aproximadamente de la siguiente manera:

Trata a los demás como te gustaría que te trataran, *teniendo presente que la naturaleza humana tiende a pagar con la misma moneda*.

Confucio debe de haber tenido en mente la ley de la compensación cuando expresó la filosofía de la REGLA DE ORO aproximadamente de esta manera: No hagas a los demás lo que no te gustaría que te hicieran. Y bien podría haber añadido la explicación de que la razón de ser de este mandato se basa en la tendencia habitual del ser humano a pagar con la misma moneda.

Quienes no entienden la ley en que se basa la REGLA DE ORO se inclinan a argumentar que no funcionará porque el hombre tiende al principio de exigir «ojo por ojo y diente por diente», lo cual no es, ni más ni menos, que la ley de la compensación. Si fuesen un paso más allá en su razonamiento, comprenderían que están viendo los efectos *negativos* de esta ley y que esa misma ley es capaz de producir también efectos *positivos*.

En otras palabras, si no quieres que te arranquen tu propio ojo, entonces guárdate de esa desgracia negándote a arrancarle el ojo a otra persona. Ve un paso más allá y realiza un acto de servicio benévolo y útil hacia ella y, *por el funcionamiento de esta misma ley de la compensación*, ella te prestará un servicio similar. ¿Y si no correspondiera a tu bondad? ¿Entonces qué? De cualquier modo, te habrás beneficiado gracias al efecto que tendrá tu acto *en tu propia mente subconsciente*.

Así pues, al realizar actos de bondad y aplicar siempre la filosofía de la REGLA DE ORO, seguramente recibirás beneficios de una fuente y, al mismo tiempo, muy probablemente, tendrás la oportunidad de recibirlos de otra fuente también.

Puede ocurrir que bases todos tus actos hacia los demás en la REGLA DE ORO sin disfrutar directamente de ninguna compensación durante un largo período de tiempo y es posible que las personas para las que has realizado esos actos de bondad jamás te correspondan, pero, entretanto, habrás estado añadiendo vitalidad a tu propio carácter y, tarde o temprano, ese *carácter positivo* que has estado construyendo comenzará a imponerse y descubrirás que has estado recibiendo interés compuesto sobre interés compuesto a cambio de esos actos que aparentemente se habían desperdiciado en personas que ni los apreciaron ni los correspondieron.

Recuerda que tu *reputación* la crean los demás, ¡pero tu *carácter* lo creas *tú!* Te interesa que tu reputación sea buena, pero no puedes estar seguro de que lo será, puesto que es algo que existe fuera de tu propio control, en las mentes de los demás, ya que es lo que los demás creen que eres. Pero cuando se trata de tu carácter es distinto. Tu carácter es lo que *tú eres* como resultado de tus *pensamientos* y tus *actos.* Tú lo controlas. Puedes conseguir que sea débil, bueno o malo. Cuando estás satisfecho y sabes que tu carácter está por encima de toda crítica, no tienes que preocuparte por tu reputación, porque que tu carácter sea destruido o dañado por cualquiera que no seas tú es tan imposible como destruir la materia o la energía.

Ésa es la verdad que Emerson tenía en mente cuando dijo: «Una victoria política, una subida de las rentas, la recuperación de un enfermo o el regreso de un amigo ausente, o algún otro hecho externo te levanta el ánimo y crees que tus días están arreglados para ti. *No lo creas.* Eso nunca puede ser así. *Nada puede darte paz, excepto el triunfo de los principios».*

Un motivo para ser justos con los demás es que dicha acción puede hacer que te paguen con la misma moneda, pero un motivo mejor es el hecho de que la bondad y la justicia con los demás desarrolla un *carácter positivo* en todo aquel que realiza esos actos.

Puedes dejar de darme la recompensa que me merezco por haberte prestado un servicio útil, pero nadie puede privarme de los beneficios que se derivan de ella en tanto que se añaden a mi propio *carácter.*

Estamos viviendo en una gran era industrial. Por todas partes vemos las fuerzas de la evolución realizando grandes cambios en el método y la forma de vivir, y reorganizando las relaciones entre las personas en la búsqueda corriente de vida, libertad y un sustento.

Ésta es una era de esfuerzo organizado. En todas partes vemos evidencias de que la organización es la base de todo éxito financiero y, aunque en la consecución del éxito entran otros factores distintos al de la organización, este factor sigue siendo el más importante.

Esta era industrial ha creado dos términos relativamente nuevos: uno es «capital» y el otro es «trabajadores». El capital y los trabajadores constituyen las principales ruedas en la maquinaria del esfuerzo organizado. Estas dos grandes fuerzas disfrutan del éxito en proporción exacta con la medida en que ambas comprenden y aplican la filosofía de la REGLA DE ORO. No obstante, a pesar de esto, la armonía entre estas dos fuerzas no siempre prevalece, gracias a los destructores de confianza que se ganan la vida sembrando la semilla de la discordia y agitando la lucha entre patrones y empleados.

Durante los últimos quince años he dedicado una cantidad de tiempo considerable al estudio de las causas de desacuerdo entre patrones y empleados. Además, he recibido mucha información sobre este tema de otros hombres que también lo han estado estudiando.

Sólo hay una solución que, si es comprendida por todos los implicados, llevará armonía al caos y establecerá una perfecta relación de trabajo entre el capital y los trabajadores. Esta solución no es una invención mía. Se basa en la gran ley universal de la naturaleza y ha sido expresada por uno de los grandes hombres de esta generación, en las siguientes palabras:

«La cuestión que nos proponemos considerar está despertando un gran interés en la actualidad, pero no más del que exige su importancia. Es uno de los signos esperanzadores de esta época el que estos temas de gran interés para la felicidad humana estén apareciendo continuamente para poder ser explicados, que estén llamando la atención de los hombres más sabios y despertando las mentes de todo tipo de personas. El amplio predominio de este movimiento demuestra que una nueva vida está latiendo en el corazón de la humanidad, influyendo en sus facultades como un cálido y suave viento de primavera que sopla sobre el suelo congelado y los gérmenes inactivos de la planta. Provocará una gran agitación, romperá muchas formas congeladas y muertas, producirá grandes cambios que, en algunos casos, podrían ser destructivos, pero anuncia el florecer de nuevas esperanzas y la llegada de nuevas cosechas para la provisión de las necesidades humanas y los medios para una mayor felicidad. Hay una gran necesidad de sabiduría para guiar a las nuevas fuerzas que entrarán en acción. Cada hombre tiene la más solemne obligación de cumplir con su parte para formar una correcta opinión pública y dar una dirección sabia a la voluntad popular.

»La única solución a los problemas de los trabajadores, de necesidad, de abundancia, de sufrimiento y de pesar sólo se puede hallar si se los considera desde un punto de vista moral y espiritual. Se los debe ver y examinar bajo una luz que no es suya. Las verdaderas relaciones de los trabajadores y el capital nunca pueden ser descubiertas por el egoísmo humano. Deben verse desde un propósito superior al de los sueldos o la acumulación de riqueza. Deben ser consideradas desde su relevancia en los propósitos para los que el hombre fue creado. Éste es el punto de vista desde el que propongo considerar el tema abordado.

»El capital y los trabajadores se necesitan mutuamente. Sus intereses están tan ligados que no pueden separarse. En las poblaciones civilizadas e ilustradas, son mutuamente dependientes. Si hay alguna diferencia, sería que el capital depende más de los trabajadores que éstos del capital. Los animales, con unas pocas excepciones, no tienen propiedades y no se angustian pensando en el mañana, y nuestro Señor nos los presenta como ejemplos dignos de imitar. "Mirad las aves en el cielo", dice Él, "porque ellas ni siembran, ni cosechan, ni guardan en graneros, pero vuestro Padre Celestial las alimenta." Los salvajes viven sin capital. De hecho, la gran masa de seres humanos vive de su trabajo, día a día, de la mano a la boca. Pero ningún hombre puede vivir de su riqueza. No puede comer su oro y su plata, no puede vestirse con escrituras y certificados de acciones. El capital no puede hacer nada sin los trabajadores y su único valor está en su capacidad de comprar la mano de obra o sus resultados. Es, en sí mismo, el producto de los trabajadores. Por lo tanto, no puede asumir una importancia que no le pertenece. No obstante, a pesar de ser absolutamente dependiente de los trabajadores para adquirir su valor, es un factor esencial en el progreso humano.

»En cuanto el hombre empieza a pasar de un estado salvaje y relativamente independiente a un estado civilizado y dependiente, el capital se hace necesario. Las personas tienen relaciones más estrechas unas con otras. En lugar de que cada una de ellas lo haga todo, empiezan a dedicarse a empleos particulares y a depender de otras para proveerse de muchas cosas mientras se dedican a alguna ocupación particular. De esta forma, el trabajo se diversifica. Una persona trabaja el hierro, otra la madera, una fabrica telas, otra las convierte en vestidos; algunas cultivan alimentos para los que construyen casas y fabrican instrumentos de labranza. Esto necesita de un sistema de intercambios y, para facilitarlos, deben construirse carreteras y se debe contratar gente para que las hagan. A medida que la población va aumentando y las necesidades se multiplican, el intercambio comercial crece, hasta que tenemos fabricas enormes, ferrocarriles que forman redes en la tierra con sus tiras de hierro, buques de vapor que surcan todos los mares y una multitud de personas que no pueden hacer pan o fabricar ropa, ni hacer ninguna cosa directamente para cubrir sus propias necesidades.

»Ahora bien, podemos ver cómo nos hacemos más dependientes unos de otros a medida que nuestras necesidades se van multiplicando y la civilización avanza. Cada uno, en su empleo especial, realiza un mejor trabajo, porque puede dedicar todos sus pensamientos y todo su tiempo a una forma de empleo para el que está especialmente capacitado y contribuye en mayor medida al bien público. Mientras está trabajando para los demás, todos los demás están trabajando para él. Cada miembro de la comunidad trabaja para la totalidad, y la totalidad lo hace para cada miembro. Ésta es la ley de la vida perfecta, una ley que gobierna en todas partes en el cuerpo material. Cada persona que se dedica a cualquier empleo útil para el cuerpo o la mente es un filántropo, un benefactor público, tanto si cultiva maíz en las llanuras o algodón en Texas o en la India, como si extrae carbón de las minas en las cavidades de la tierra o lo introduce a los motores en las bodegas de un buque de vapor. Si el egoísmo no estropeara y destruyera los motivos humanos, todos los hombres y las mujeres cumplirían con la ley de la caridad mientras se dedican a sus quehaceres diarios.

»Para continuar con este inmenso sistema de intercambios, para colocar lado a lado al bosque y la granja, la fábrica y la mina, y entregar a cada puerta los productos de todas las regiones, hace falta un enorme capital. Un hombre no puede hacer trabajar su granja o su fábrica y construir un ferrocarril o una línea de buques a vapor. Del mismo modo que unas gotas de lluvia que actúan individualmente no pueden impulsar un molino o suministrar vapor para un motor pero, si son recogidas en un recipiente amplio, se convierten en el poder irresistible del Niágara o en la fuerza que impulsa a la locomotora y al buque de vapor como poderosas lanzaderas de la montaña a la costa y de una orilla a otra, tampoco unos cuantos dólares en una multitud de bolsillos pueden proporcionar los medios para estas enormes operaciones, pero unidos pueden mover el mundo.

»El capital es amigo de los trabajadores y es esencial para su ejercicio económico y para una remuneración justa. Puede ser, y a menudo es, un terrible enemigo cuando se emplea únicamente con propósitos egoístas, pero la gran masa de él es más amigo de la felicidad humana que lo que se suele suponer. No puede ser empleado sin ayudar de alguna manera, directa o indirectamente, al trabajador. Pensamos en los males que padecemos, pero dejamos que el bien del que disfrutamos pase inadvertido. Pensamos en los males que podrían ser aliviados con unos medios mayores y en las comodidades que éstos nos proporcionarían, pero pasamos por alto las bendiciones de las que disfrutamos que habrían sido imposibles sin grandes acumulaciones de capital. El papel de la sabiduría es valorar el bien que recibimos, así como los males que sufrimos.

»Actualmente se suele decir que los ricos son cada vez más ricos y los pobres cada vez más pobres, pero cuando todas las posesiones del hombre son tenidas en cuenta tenemos buenos motivos para dudar de esta afirmación. Es cierto que los ricos son cada vez más ricos. También es cierto que la situación del trabajador está mejorando continuamente. El trabajador corriente tiene ventajas y comodidades que los príncipes no podían exigir hace un siglo. Viste mejor, tiene una mayor abundancia y una variedad de alimentos, vive en una vivienda más confortable y tiene muchas más comodidades para gestionar los asuntos domésticos y cumplir con su trabajo que las que el dinero podía comprar hace unos pocos años. Un emperador no podía viajar con la facilidad, la comodidad y la rapidez con las que viaja actualmente el trabajador corriente. Es posible que el trabajador crea que está solo, sin nadie que lo ayude, pero en realidad tiene un enorme séquito de sirvientes que lo atienden continuamente, listos y ansiosos por hacer lo que él ordene. Se requiere un vasto ejército de personas y una inmensa inversión de capital para proporcionar una comida corriente como aquella de la que todo hombre y toda mujer han disfrutado hoy, sin excepciones.

»Piensa en la amplia combinación de medios y personas y fuerzas que se necesitan para suministrarte incluso una comida frugal. El chino produce tu té, el brasileño tu café, el habitante de las Indias Orientales tus especias, el cubano tu azúcar, el granjero de las llanuras del oeste tu pan y posiblemente tu carne, el agricultor tus vegetales y el lechero tu mantequilla y tu leche; el minero ha extraído de las montañas el carbón con el que has cocinado tu comida y has calentado tu casa, el carpintero te ha proporcionado sillas y mesas, el cuchillero cuchillos y tenedores, el ceramista platos, el irlandés el mantel para tu mesa, el carnicero tu carne y el molinero tu harina.

»Pero estos diversos artículos alimenticios, y los medios para prepararlos y servirlos, fueron producidos a enormes distancias de ti, y unos de otros. Fue necesario atravesar océanos, nivelar montañas, rellenar valles, construir túneles, fabricar barcos, construir ferrocarriles y formar a un gran ejército de hombres en todas las artes y emplearlos para que los productos para tu cena pudieran prepararse y servirse. También ha de haber hombres para recolectar, comprar, vender y distribuir esos productos. Todo el mundo está en su propio lugar y hace su propio trabajo, y luego recibe su sueldo. Pero, con todo, está trabajando para ti y sirviéndote con la misma fidelidad y efectividad con que lo estaría haciendo si estuviera contratado especialmente por ti y recibiera su sueldo de tu mano. A la luz de estos hechos, que todo el mundo debe reconocer, podemos ver más claramente la verdad de que todo hombre y toda mujer que realiza un trabajo útil es un benefactor público, y ese pensamiento y ese propósito ennoblecerá el trabajo y al trabajador. Estamos unidos por lazos comunes. Los ricos y los pobres, los cultos y los ignorantes, los fuertes y los débiles estamos entretejidos en una red social y cívica. El daño que se le hace a uno se le hace a todos; ayudar a uno es ayudarlos a todos.

»Puedes ver el enorme ejército de sirvientes requeridos para proporcionarte tu comida. ¿Acaso no ves que es necesaria una cantidad correspondiente de capital para crear esta complicada maquinaria y mantenerla en marcha? ¿Y no ves que cada hombre, cada mujer y cada niño están disfrutando de sus beneficios? ¿Cómo podríamos obtener nuestro carbón, nuestra carne, nuestra harina, nuestro té y nuestro café, nuestra azúcar y nuestro arroz? El trabajador no puede construir barcos y navegar en ellos y mantenerse mientras lo hace. El granjero no puede dejar su granja y llevar sus productos al mercado. El minero no puede trabajar en la mina y transportar el carbón. El granjero de Kansas puede estar quemando maíz hoy para preparar su comida y calentar su vivienda, y el minero puede anhelar el pan que el maíz produciría, porque no pueden intercambiar los frutos de su trabajo. Cada área de tierra, cada bosque y cada mina han aumentado su valor con los ferrocarriles y los barcos de vapor, y las comodidades de la vida y los medios de cultura social e intelectual han llegado a los lugares más inaccesibles.

»Pero los beneficios del capital no se limitan a proporcionar las necesidades y las comodidades actuales. El capital abre nuevos caminos para el trabajo. Lo diversifica y ofrece un campo más amplio a fin de que todas las personas hagan el trabajo para el que son más aptas por su gusto natural y su genio. El número de empleos creados por los ferrocarriles, los buques de vapor, el telégrafo y las fábricas con maquinaria es difícil de calcular. El capital también se invierte en gran medida en proporcionar los medios de la cultura intelectual y espiritual. Los libros se multiplican a unos precios cada vez más bajos y el mejor pensamiento del mundo es accesible para el trabajador más humilde por medio de nuestras grandes editoriales. No hay mejor ejemplo de los beneficios que el trabajador corriente obtiene del capital que los periódicos. Por dos o tres centavos, la historia del mundo durante veinticuatro horas es llevada a cada puerta. Mientras el trabajador va o viene del trabajo en un vehículo cómodo, puede visitar todas las partes del mundo conocido y tener una idea más fiel de los acontecimientos del día que la que podría tener si estuviera físicamente presente. Una batalla en China o en África, un terremoto en España, una explosión de dinamita en Londres, un debate en el congreso, los movimientos de la gente en su vida pública y privada para la represión de las actividades delictivas, para ilustrar a los ignorantes, ayudar a los necesitados y mejorar a la gente en general, se extienden ante él en un pequeño abanico y lo ponen en contacto y en igualdad, con respecto a la historia del mundo, con reyes y reinas, con santos y sabios, y con personas de todas las extracciones. Cuando lees el diario por la mañana, ¿alguna vez piensas en cuántas personas han estado haciendo recados para ti, recolectando información para ti de todas partes del mundo y dándole una forma conveniente para tu consumo? Ha sido necesaria la inversión de millones de dinero y el empleo de miles de personas para producir ese diario y dejarlo en tu puerta. ¿Y cuánto te ha costado todo ese servicio? Unas cuantas monedas.

»Éstos son ejemplos de los beneficios que todo el mundo recibe del capital, beneficios que no podrían obtenerse sin grandes desembolsos de dinero, beneficios que llegan a nosotros sin que nos tengamos que preocupar y dejan sus regalos a nuestros pies. No se puede invertir capital en cualquier producción útil sin la aprobación de una multitud de personas. El capital pone en marcha la maquinaria de la vida, multiplica el empleo, lleva la producción de todas las regiones a todos los hogares, une a personas de todas las naciones, pone a las mentes en contacto y le da a cada hombre y cada mujer una parte grande y valiosa del producto. Éstos son hechos que todas las personas, por muy pobres que sean, harían bien en considerar.

»Si el capital es una bendición para los trabajadores, si sólo puede ser puesto en servicio por los trabajadores y deriva todo su valor de ellos, ¿cómo puede estar en conflicto con ellos? No podría haber ningún conflicto si tanto el capitalista como el trabajador actuaran de acuerdo con unos principios humanos y cristianos. Pero no lo hacen. Están gobernados por unos principios inhumanos y no cristianos. Cada grupo intenta conseguir las mayores ganancias por un menor servicio. El capital desea mayores beneficios y los trabajadores unos sueldos más altos. Los intereses del capitalista y el trabajador entran en colisión directa. En esta guerra, el capital tiene grandes ventajas y ha sido rápido para hacerse con ellas. Ha exigido y se ha llevado la mayor parte de los beneficios. Ha despreciado al sirviente que los enriqueció. Ha considerado al trabajador como un criado, un esclavo cuyos derechos y cuya felicidad no debía respetar. Influye en los legisladores para que redacten las leyes a su favor, subvenciona al gobierno y ejerce el poder para su propia ventaja. El capital ha sido el amo y el trabajador el sirviente. Mientras el sirviente era dócil y obediente, satisfecho con la compensación que el amo decidía darle, no había ningún conflicto. Pero los trabajadores se están levantando, dejando atrás una situación servil, sumisa y desesperada. Han adquirido fuerza e inteligencia; han asumido la noción de que tienen derechos y deben ser respetados, y ahora empiezan a hacerse valer y a unirse para respaldarlos.

»Cada una de las partes en esta guerra ve el tema desde sus propios intereses egoístas. El capitalista supone que las ganancias para los trabajadores son pérdidas para él y que debe ver por sus propios intereses primero; que, cuanto más barata sea la mano de obra, mayores serán sus ganancias. En consecuencia, le interesa mantener el precio lo más bajo posible. Por el contrario, el trabajador piensa que pierde lo que el capitalista gana y, en consecuencia, que le interesa recibir el salario más alto posible. Desde estos puntos de vista opuestos, sus intereses parecen ser directamente hostiles. Lo que un grupo gana, el otro lo pierde: de ahí el conflicto. Ambos están actuando desde unos motivos egoístas y, por ende, deben estar equivocados. Los dos grupos sólo ven la mitad de la verdad y, al confundirla con la totalidad, caen en un error que es ruinoso para ambos. Cada uno de ellos defiende su postura y considera el tema enteramente desde su punto de vista y bajo la luz engañosa de su propio egoísmo. La pasión inflama la mente e impide el entendimiento, y cuando se despierta la pasión, el hombre es capaz de sacrificar sus propios intereses para dañar a otros, y ambos salen perdiendo. Se harán la guerra continuamente; recurrirán a todos los mecanismos y aprovecharán cada necesidad para conseguir una victoria. El capital intenta hacer que el trabajador pase hambre para llevarlo a la sumisión, cual ciudad sitiada, y el hambre y la necesidad son las armas más poderosas. Los trabajadores resisten con resentimiento e intentan destruir el valor del capital haciéndolo improductivo. Si la necesidad o el interés exigen que haya un paro, será un paro hostil, y se mantendrá con el propósito de renovar las hostilidades en cuanto haya alguna posibilidad de éxito. Así, los trabajadores y los capitalistas se enfrentan como dos ejércitos armados, preparados para reanudar el conflicto en cualquier momento. Seguramente se reanudará y continuará con un éxito variable hasta que ambas partes descubran que están en un error, que sus intereses son mutuos y que sólo pueden tener una absoluta estabilidad si cooperan y se dan unos a otros la recompensa que merecen. El capitalista y el trabajador deben agarrarse de la mano por encima del foso sin fondo en el que ha caído tanta riqueza y tanto trabajo.

»Cómo se debe llevar a cabo esta reconciliación es una pregunta que actualmente está ocupando las mentes de muchos hombres sabios y buenos de ambas partes. Sin duda, una legislación sabia e imparcial será un agente importante para poner límite a la pasión ciega y proteger a todas las clases de la codicia insaciable, y es el deber de cada persona esforzarse por asegurar que haya una legislación de ese tipo en los gobiernos estatales y nacionales. Las organizaciones de trabajadores dedicadas a proteger sus propios derechos y asegurarse una mejor remuneración por su trabajo tendrán una gran influencia. Esa influencia continuará aumentando a medida que su estado de ánimo se vuelva normal y firme y sus exigencias se basen en la justicia y la humanidad. La violencia y las amenazas no producirán ningún bien. La dinamita, en forma de explosivos o como la fuerza más destructiva de la pasión salvaje y temeraria, no curará las heridas ni controlará los sentimientos de hostilidad. El arbitraje es, sin duda, el medio más sabio y más practicable del que ahora se dispone para crear relaciones amistosas entre estas partes hostiles y asegurar que haya justicia para ambas. Darle al trabajador una participación de los beneficios del negocio ha funcionado bien en algunos casos, pero comporta grandes dificultades prácticas que requieren de una sabiduría, un autocontrol y una consideración mayores hacia los intereses comunes de ambas partes que, a menudo, se pueden encontrar. Muchos recursos tienen un efecto parcial y temporal, pero no es posible conseguir ningún progreso permanente en la resolución de este conflicto sin restringir y, finalmente, eliminar, su causa.

»Su verdadera causa central es un amor desmesurado por uno mismo y por el mundo, y continuará funcionando mientras siga existiendo. Puede ser restringida y moderada, pero se impondrá cuando la ocasión lo permita. Toda persona sabia debe, por lo tanto, intentar eliminar la causa, y en la medida de lo posible, controlará los efectos. Purifica la fuente y conseguirás que todo el torrente sea puro y saludable.

»Hay un principio de influencia universal que debe subyacer y guiar a todo esfuerzo eficaz por crear armonía entre estos dos grandes factores del bien humano que ahora se enfrentan el uno al otro con propósitos hostiles. Éste no es un invento o descubrimiento mío. Representa una sabiduría superior a la humana. No es difícil de comprender o de aplicar. Hasta un niño lo puede entender y actuar en consecuencia. Es universal en su aplicación y absolutamente útil en sus efectos. Aligerará las cargas del trabajo y aumentará sus recompensas. Dará seguridad al capital y conseguirá que sea más productivo. Se trata, simplemente, de la REGLA DE ORO, encarnada en estas palabras: "Por lo tanto, todo lo que queráis que hagan con vosotros los hombres, hacedlo vosotros también con ellos: pues ésa es la ley y los profetas".

»Antes de proceder a aplicar este principio al asunto que nos ocupa, permíteme que te pida que le prestes especial atención. Se trata de una ley sumamente destacable de la vida humana que, aparentemente, por lo general, han pasado por alto los estadistas, filósofos y maestros religiosos. Esta ley representa a la totalidad de la religión: comprende todos los preceptos, mandamientos y medios de los futuros triunfos del bien sobre el mal, de la verdad sobre el error y de la paz y la felicidad de los hombres anunciadas en las gloriosas visiones de los profetas. Recuerda estas palabras, pues no sólo dicen que es una regla sabia, que está de acuerdo con los principios del orden divino revelados en la ley y en los profetas. Encarna todo eso: "Es la ley y los profetas". Comprende el amor a Dios. Dice que deberíamos considerar a Dios como nos gustaría que Él nos considerase a nosotros; que deberíamos tratarlo como nos gustaría que Él nos tratara. Si deseamos que Él nos ame con todo Su corazón, con toda Su alma, con toda Su mente y con todas Sus fuerzas, nosotros debemos amarlo de la misma manera. Si queremos que nuestro prójimo nos ame como se ama a sí mismo, debemos amarlo como nosotros nos amamos a nosotros mismos. Por tanto, aquí tenemos a la ley universal y divina del servicio y el compañerismo humanos. No es un precepto de sabiduría humana: tiene su origen en la naturaleza divina y su encarnación en la naturaleza humana. Ahora la aplicaremos al conflicto entre los trabajadores y el capital.

»Supongamos que eres un capitalista. Tu dinero se invierte en fábricas, tierras, minas, mercancías, ferrocarriles y barcos, o se lo prestas a otros con intereses. Empleas a personas, directa o indirectamente, para el uso de tu capital. No puedes llegar a una conclusión justa respecto a tus derechos, obligaciones y privilegios si contemplas únicamente tus propias ganancias. El resplandor de la plata y el oro ejercerán un hechizo tan potente sobre tu mente que te cegará a todas las demás cosas. No puedes ver otros intereses que los tuyos. No conoces al trabajador ni lo ves como un hombre que tiene unos intereses que tú debas tener en cuenta. Lo ves únicamente como un esclavo, como tu herramienta, tu medio para aumentar tu riqueza. Bajo esta luz, es un amigo mientras te sirve y un enemigo cuando no te sirve. Pero, ahora cambia tu punto de vista. Ponte en su lugar y ponlo a él en tu lugar. ¿Cómo te gustaría que te trataran si estuvieras en su lugar? Quizá hayas estado ahí. Es muy probable que así sea, pues el capitalista de hoy fue el trabajador de ayer, y el que es trabajador hoy será el patrón mañana. Sabes, a partir de experiencias vívidas y dolorosas, cómo te gustaría que te trataran. ¿Te gustaría que te consideraran un mero instrumento? ¿Un medio para enriquecer a otros? ¿Te gustaría que tu sueldo se mantuviera en los mínimos, alcanzando apenas para cubrir tus necesidades básicas? ¿Te gustaría que te vieran con indiferencia y te trataran con brutalidad? ¿Te gustaría que tu sangre, tu fuerza y tu alma fueran convertidas en dólares para el beneficio de otros? Estas preguntas son fáciles de responder. Todo el mundo sabe que se alegraría de ser tratado con amabilidad, de que sus intereses fuesen tenidos en cuenta, de que sus derechos fuesen reconocidos y protegidos. Todo el mundo sabe que esta consideración despierta una respuesta en su propio corazón. La bondad engendra bondad; el respeto despierta respeto. Ponte en su lugar. Imagina que estás tratando contigo mismo y no tendrás ninguna dificultad para decidir si deberías darle otro giro a la tuerca, para obtener un centavo más de los músculos del trabajador, o relajar su presión y, a ser posible, aumentar un poco su salario y ofrecerle un respeto por sus servicios. Trátalo como te gustaría que te trataran si estuvieras en su situación.

»Supongamos que eres un trabajador. Recibes una determinada suma de dinero por un día de trabajo. Ponte en el lugar de tu patrón. ¿Cómo te gustaría que trabajaran las personas que has contratado? ¿Te parecería bien que te vieran como su enemigo? ¿Considerarías honrado que redujeran su trabajo para hacer el mínimo y ganar el máximo posible? Si tuvieras un gran contrato que debiera ser completado en una fecha límite, o de lo contrario sufrirías una gran pérdida, ¿te gustaría que tus trabajadores se aprovecharan de tu situación para obligarte a aumentarles el sueldo? ¿Te parecería correcto e inteligente que interfirieran contigo en la administración de tu negocio? ¿Que te dijeran a quien deberías contratar y en qué términos? ¿No preferirías que realizaran un trabajo honrado con un espíritu amable y bueno? ¿Acaso no estarías mucho más dispuesto a velar por sus intereses, a aligerar su trabajo, a aumentar sus sueldos cuando te lo pudieras permitir y a preocuparte por el bienestar de sus familias, si supieras que ellos respetan la tuya? Sé que sería así. Es cierto que los hombres son egoístas y que algunos son tan malvados y tan mezquinos de espíritu que no son capaces de ver ningún interés excepto el suyo, y cuyos corazones, que no están hechos más que de plata y oro, son tan duros que ningún sentimiento humano los conmueve y no les importa cuánto sufran los demás si ellos pueden ganar un centavo con ello. Pero son la excepción, no la regla. Somos influidos por el respeto y la devoción de los demás a nuestros intereses. El trabajador que sabe que su patrón tiene sentimientos benévolos hacia él, que desea tratarlo justamente y tener en cuenta su bien, trabajará más y mejor y estará dispuesto a velar por los intereses de su patrón tanto como por los suyos.

»Soy consciente de que muchos pensarán que esta ley divina y humana de tratar a los demás como te gustaría que te trataran es impracticable en esta época egoísta y mundana. Si ambas partes estuvieran gobernadas por esta ley, cualquiera puede ver lo positivos que serían los resultados. Pero dirán que eso no ocurrirá. Que el trabajador no trabajará a menos que la necesidad lo obligue. Que se aprovechará de todas las necesidades. Que en cuanto obtenga una cierta independencia de su patrón, se volverá orgulloso, arrogante y hostil. Que el patrón utilizará todos los medios para que los trabajadores sigan dependiendo de él y para sacar el máximo posible de ellos. Que cada centímetro de terreno que los trabajadores cedan, el capital lo ocupará y se atrincherará allí, y desde esa posición de ventaja llevará al trabajador a una mayor dependencia y a una sumisión más servil. Pero están en un error. La historia del mundo atestigua que cuando las mentes de los hombres no están amargadas por una intensa hostilidad y sus sentimientos no son ultrajados por crueles agravios, están dispuestos a oír unos consejos serenos, desinteresados y juiciosos. Un hombre que tenía empleada a una gran cantidad de trabajadores en una mina de carbón me dijo que jamás había conocido ningún caso en el que no consiguiera una respuesta serena y cándida cuando había apelado a motivos honorables, de hombre a hombre, pues los dos reconocen una humanidad común. En esta ciudad hay un ejemplo reciente y sumamente notable del efecto positivo de los consejos serenos, desinteresados y juiciosos para resolver unas dificultades entre patrones y trabajadores que eran desastrosas para ambos.

»Cuando la mente está inflamada por la pasión, los hombres no entran en razón. Se ciegan a sus propios intereses y desprecian los intereses de los demás. Las dificultades jamás se resuelven mientras la pasión sigue viva. Jamás se resuelven mediante el conflicto. Una de las partes puede ser subyugada por el poder, pero la sensación de injusticia permanecerá y el fuego de la pasión estará preparado para volver a estallar a la primera ocasión. Pero deja que el trabajador o el capitalista se sientan seguros de que la otra parte no tiene intención de aprovecharse, de que hay un deseo y una determinación sinceros por ambas partes de ser justos y tener en consideración los intereses comunes, y todo el conflicto entre ellos cesará, igual que se calman las olas salvajes en el océano cuando los vientos están en reposo. El trabajador y el capitalista tienen un interés mutuo y común. Ninguno de los dos puede prosperar permanentemente sin la prosperidad del otro. Son parte de un mismo cuerpo. Si los trabajadores son el brazo, el capital es la sangre. Si desvitaliza o desperdicia la sangre, el brazo perderá su poder. Si destruye el brazo, la sangre no servirá de nada. Pero si deja que se cuiden mutuamente, ambos se verán beneficiados. Si cada uno de ellos toma la REGLA DE ORO como su guía, todos los motivos de hostilidad serán eliminados, todos los conflictos cesarán y ellos irán de la mano a hacer su trabajo y recoger una recompensa justa.»

Si has dominado los fundamentos en los que se basa esta lección, comprenderás por qué ningún orador puede conmover a su audiencia o convencer a la gente de sus argumentos, a menos que él también crea en lo que está diciendo. Entenderás, también, por qué ningún vendedor puede convencer a su potencial comprador a menos que él se convenza primero de los méritos de sus mercancías.

A lo largo de todo este curso, se ha enfatizado un principio en particular con el propósito de ilustrar la verdad de que cada personalidad es la suma total de los *pensamientos* y los *actos* del individuo, y de que acabamos pareciéndonos a nuestros *pensamientos* dominantes.

El *pensamiento* es el único poder que puede, sistemáticamente, organizar, acumular y reunir datos y materiales según un plan definido. Un río que fluye puede arrastrar barro y crear tierra firme, y una tormenta puede reunir y juntar ramitas formando una masa informe de desechos, pero ni la tormenta ni el río pueden *pensar*; por lo tanto, los materiales no son reunidos de una forma clara y organizada.

El ser humano, por sí solo, tiene la capacidad de transformar sus *pensamientos* en realidad física; el ser humano, por sí solo, puede soñar y hacer realidad sus sueños. El ser humano tiene la capacidad de crear ideales y llegar a hacerlos realidad. ¿Cómo es que el hombre es la única criatura sobre la tierra que sabe cómo usar el poder del *pensamiento*? Ocurre que el hombre es el ápice de la pirámide de la evolución, producto de millones de años de lucha durante los cuales se ha elevado por encima de las demás criaturas de la tierra *como resultado de sus propios pensamientos y de sus efectos*.

Exactamente cuándo, dónde y cómo empezaron a fluir los primeros rayos de *pensamiento* hacia el cerebro del ser humano, nadie lo sabe, pero todos sabemos que el *pensamiento* es el poder que distingue al hombre de todas las demás criaturas y, asimismo, que el *pensamiento* es el poder que le ha permitido elevarse por encima de todas ellas. Nadie conoce los límites del poder del *pensamiento*, o si los tiene. Cualquier cosa que el hombre *crea* que puede hacer, acabará haciéndolo. Unas pocas generaciones atrás, los escritores más imaginativos se atrevieron a escribir acerca de un «carro sin caballos», y hete aquí que se hizo realidad y ahora éste es un vehículo corriente. Por el poder evolutivo del *pensamiento*, las esperanzas y las ambiciones de una generación se hicieron realidad en la siguiente.

A lo largo de este curso, se le ha dado al poder del *pensamiento* un lugar dominante porque ése es el lugar que le corresponde. La posición dominante del hombre en el mundo es el resultado directo del *pensamiento* y ese debe ser el poder que tú, como persona, utilices para alcanzar el *éxito*, con independencia de cuál sea tu idea de lo que el *éxito* representa.

Ahora has llegado al punto en el que deberías hacer inventario de ti mismo con el propósito de determinar qué cualidades necesitas para tener una personalidad equilibrada e integrada.

En la construcción de este curso intervinieron quince factores principales. Analízate detenidamente, con ayuda una o más personas si lo consideras necesario, con el propósito de determinar en cuáles de los quince factores de este curso eres más débil. A continuación, concentra tus esfuerzos en esas lecciones en particular hasta que hayas desarrollado completamente los factores que representan.

LA INDECISIÓN
Una charla con el autor después de la lección

¡EL TIEMPO!

La dilación hace que pierdas oportunidades. Es un hecho significativo que nunca se ha sabido de ningún gran líder que se haya andado con dilaciones. Eres afortunado si la AMBICIÓN te mueve a la acción, sin permitirte jamás vacilar o echarte atrás una vez que has tomado la DECISIÓN de ir hacia adelante. Segundo a segundo, mientras el reloj va haciendo tic tac, el TIEMPO de distancia está corriendo una carrera CONTIGO. El retraso significa derrota, porque ningún hombre puede recuperar jamás ni un segundo de TIEMPO perdido. El TIEMPO es un maestro trabajador que sana las heridas del fracaso y la decepción, y corrige todos los males y capitaliza todos los errores, pero favorece únicamente a aquellos que acaban con la dilación y se mantienen en la ACCIÓN cuando hay que tomar decisiones.

La vida es un gran tablero de damas. El jugador que está delante de ti es el TIEMPO.

Si dudas serás eliminado del tablero. Si te mantienes en movimiento, puedes ganar. El único capital real es el TIEMPO, pero sólo es capital cuando se lo utiliza.

Quizá te sorprendas si llevas un registro preciso del TIEMPO que desperdicias en un solo día. Si quieres, puedes echar una mirada a la ilustración de la página anterior para conocer el destino de todos los que juegan despreocupadamente con el TIEMPO.

La imagen de la página anterior cuenta la historia verdadera de una de las principales causas del FRACASO. Uno de los jugadores es el «TIEMPO» y el otro es el señor Hombre Medio (llamémoslo TÚ).

Jugada a jugada, el Tiempo ha ido eliminando a todos los hombres del señor Hombre Medio hasta que finalmente ha quedado arrinconado en un lugar donde el Tiempo lo atrapará, independientemente de hacia dónde se mueva. La INDECISIÓN lo ha llevado a ese rincón.

Pregúntale a cualquier vendedor bien informado y te dirá que la indecisión es la debilidad predominante de la mayoría de la gente. Todo vendedor conoce la gastada excusa de «Me lo voy a pensar», que es la última línea de defensa de quienes no tienen el valor de decir «Sí» o «No». Como el jugador de la ilustración, no son capaces de decidir en qué dirección moverse. Mientras tanto, el tiempo los va arrinconando hacia un lugar del que ya no se podrán mover.

Los grandes líderes del mundo fueron hombres y mujeres de decisión rápida. Se podían decir pocas cosas a favor del general Grant, excepto que tenía la cualidad de la decisión rápida, y esto bastaba para contrarrestar todos sus puntos débiles. Toda la historia de su éxito militar puede reunirse en su respuesta a sus críticos cuando dijo: «Lucharemos de esta forma, aunque nos tome todo el verano».

Cuando Napoleón llegaba a la decisión de mover a su ejército en una determinada dirección, no permitía que nada le hiciera cambiar de parecer. Si su línea de marcha llevaba a sus soldados a una zanja cavada por sus enemigos para detenerlo, él daba la orden de cargar hasta que la zanja se llenaba con los hombres y caballos muertos suficientes para poder atravesarla.

El suspenso de la indecisión lleva a millones de personas al fracaso. Un hombre condenado dijo en una ocasión que el pensamiento de su ejecución inminente no era tan aterrador una vez que había tomado la decisión de aceptar lo inevitable.

La falta de decisión es el principal obstáculo para todos los trabajadores de las reuniones de avivamiento religioso. Todo su trabajo consiste en conseguir que hombres y mujeres se decidan, en sus propias mentes, a aceptar un determinado dogma religioso. Billy Sunday dijo en una ocasión: «La indecisión es la herramienta favorita del diablo».

Andrew Carnegie visualizó una gran industria siderúrgica, pero dicha industria no sería lo que es actualmente si él no hubiera tomado la decisión de convertir su visión en una realidad.

James J. Hill vio, en su mente, un gran sistema ferroviario transcontinental, pero éste nunca habría sido una realidad si él no se hubiese decidido a poner en marcha el proyecto.La imaginación, por sí sola, no basta para asegurar el éxito. Millones de personas tienen imaginación y hacen planes que podrían aportarles fácilmente fama y fortuna, pero esos planes jamás llegan a la etapa de la DECISIÓN.

Samuel Insul era un taquígrafo corriente, empleado de Thomas A. Edison. Con la ayuda de su imaginación, vio las grandes posibilidades comerciales de la electricidad. Pero hizo algo más que ver eso: tomó la decisión de transformarlas en realidades y actualmente es millonario y director de una planta de luz eléctrica.

Demóstenes era un muchacho griego pobre que tenía el firme deseo de ser un gran orador. No hay nada extraño en ello, pues otros han «deseado» tener esa habilidad, u otras similares, sin ver sus deseos cumplidos. Pero Demóstenes añadió DECISIÓN a su DESEO y, a pesar de ser tartamudo, dominó su problema y se convirtió en uno de los más grandes oradores de su tiempo.

Martin W. Littleton era un muchacho pobre que no traspasó el umbral de una escuela hasta que tuvo más de doce años. Su padre lo llevó a ver a un gran abogado defender a un asesino en una de las ciudades sureñas. El discurso del letrado impresionó al chico de tal manera, que cogió la mano de su padre y le dijo: «Padre, un día de éstos voy a convertirme en el mejor abogado de Estados Unidos».

¡Ésa fue una CLARA DECISIÓN! Con el tiempo, Martin W. Littleton llegó a no aceptar unos honorarios inferiores a 50.000 dólares y, según dicen, siempre tuvo trabajo. Se convirtió en un buen abogado porque tomo la DECISIÓN de hacerlo.

Edwin C. Barnes tomó la DECISIÓN, en su propia mente, de llegar a ser socio de Thomas A. Edison. Con la desventaja de carecer de una educación, sin dinero para pagarse el billete de tren y sin ningún amigo influyente que le presentara al señor Edison, el joven Barnes llegó a East Orange en un vagón de mercancías y se vendió tan bien al señor Edison que consiguió la oportunidad que lo llevó a asociarse con él. Sólo veinte años más tarde de haber tomado esa decisión, el señor Barnes vivía en Brandenton, Florida, jubilado, y con todo el dinero que necesitaba.

¡Los hombres decididos suelen conseguir lo que se proponen!

Muy dentro de la memoria de este escritor, un pequeño grupo de hombres se reunió en Westerville, Ohio, y organizó lo que ellos llamaron la «Asociación Antibares». El público que frecuentaba los bares se lo tomó a broma. La gente, en general, se reía de ellos, pero ellos habían tomado una decisión. Esa decisión fue tan firme que al final acabó arrinconando a los poderosos propietarios de los bares.

William Wrigley, hijo, tomó la decisión de dedicar toda su carrera comercial a la fabricación y venta de paquetes de chicles de cinco centavos y consiguió que esa decisión le aportase unos beneficios económicos de millones de dólares anuales.

Henry Ford tomó la decisión de fabricar y vender un automóvil de un precio popular, que estuviera al alcance de todo aquel que quisiera comprarlo. Esa decisión convirtió a Ford en el hombre más poderoso del mundo y ha ofrecido a millones de personas la oportunidad de viajar.

Todos estos hombres tenían dos cualidades destacables: Un CLARO PROPÓSITO y la firme DECISIÓN de convertirlo en realidad.

El hombre DECIDIDO consigue lo que se propone, sin importar cuánto tiempo le lleve la tarea, o cuán difícil sea. Un vendedor muy hábil deseaba conocer a un banquero de Cleveland, pero el banquero en cuestión no quería recibirlo. Una mañana, el vendedor esperó cerca de la casa del banquero hasta que lo vio entrar en su coche y empezar a conducir por la ciudad. Intuyendo su oportunidad, el vendedor chocó suavemente con su propio automóvil contra el del banquero y le provocó unos ligeros desperfectos. El vendedor se bajó de su coche y le entregó su tarjeta al banquero, diciendo que lamentaba muchísimo los daños que había causado y prometiéndole que le entregaría un automóvil nuevo idéntico al dañado. Aquella tarde, el banquero recibió un automóvil nuevo y de esa transacción surgió una amistad que acabó, finalmente, en una asociación comercial que todavía existe. ¡Nada puede detener a una persona DECIDIDA!

¡Nada puede poner en marcha a una persona INDECISA! Tú eliges.

> Detrás de él se extendían las grises Azores,
> detrás de las puertas de Hércules;
> Delante de él, los fantasmas de las costas se habían esfumado;
> ante él sólo mares sin costa.
> El buen compañero dijo: «Ahora debemos rezar,
> porque, ¡ay!, hasta las estrellas han desaparecido.
> Valeroso almirante, hablad: "¿Qué debo decir?"».
> «Pues diga: "¡Sigan navegando!"».

Cuando Colón inició su famoso viaje, tomó una de las DECISIONES más importantes en la historia de la humanidad. De no haberse mantenido firme en aquella decisión, la libertad de América, tal como se conoce actualmente, jamás se hubiera dado.

Fíjate en las personas que te rodean y observa este hecho significativo: Los hombres y mujeres de éxito son aquellos que toman decisiones rápidamente y después de tomarlas se mantienen firmes en lo que han decidido. Si eres una de esas personas que toman una decisión hoy y cambian de opinión mañana, estás condenado al fracaso. Si no estás seguro de hacia dónde ir, lo mejor es que cierres los ojos y avances en la oscuridad, en lugar de quedarte quieto y no hacer ningún movimiento.

El mundo te perdonará si cometes errores, pero nunca te perdonará si no tomas ninguna decisión, porque jamás oirá hablar de ti fuera del vecindario en el que vives.

No importa quién seas o cuál sea tu trabajo en esta vida, ¡estás jugando a las damas con el tiempo! Siempre es tu próxima jugada. Muévete con una rápida decisión y el tiempo te favorecerá. Quédate quieto y el tiempo te eliminará del tablero.

No siempre puedes hacer la jugada correcta pero, si haces las jugadas suficientes, puedes aprovechar la ley de los promedios y conseguir un puntaje respetable antes de que el gran juego de la vida haya llegado a su fin.

Índice general